MÁRTIRES Y PERSEGUIDORES

Historia general de las persecuciones
(siglos I-X)

MÁRTIRES
Y
PERSEGUIDORES

Historia general de las persecuciones
(siglos I-X)

Alfonso Ropero, Th.M., Ph.D.

editorial clie

Clie
Colección Historia

EDITORIAL CLIE
C/ Ferrocarril, 8
08232 VILADECAVALLS
(Barcelona) ESPAÑA
E-mail: libros@clie.es
http://www.clie.es

Alfonso Ropero, Th.M., Ph.D.
MÁRTIRES Y PERSEGUIDORES. Historia General de las persecuciones (siglos I-X)
ISBN: 978-84-8267-570-1
Clasifíquese: 0295 - Historia General de la Iglesia Cristiana
CTC: 01-03-0295-12
Referencia: 224683

Impreso en Colombia / Printed in Colombia

ÍNDICE GENERAL

INTRODUCCIÓN

La Iglesia cristiana ha sido fecunda en mártires y fecundada por los mismos. Como alguien ha dicho, antes de ser una Iglesia de mártires, *ecclesia martyrum,* es una Iglesia mártir, *ecclesia martyr.* "En su constitución ontológica se le imprime de modo indeleble la *forma Christi,* que se expresa en la *kénosis* del Hijo hasta el momento culminante de la pasión y muerte de cruz. Lo que pertenece a Cristo es también de su Iglesia; por tanto, también para ella tiene que concretarse y realizarse la forma de la *kénosis* como expresión del seguimiento obediencial, que alcanza su culminación en la pasión y muerte por amor. Por tanto, la Iglesia nace, vive y se construye sobre el fundamento de Cristo mártir; su misión en el mundo tendrá que ser la de orientar la mirada de cada uno hacia «el que fue traspasado (Jn. 19:37; Ap. 1:7), a fin de que de forma eminente se explicite la palabra reveladora del Padre"[1].

El relato de las persecuciones y los mártires, sin olvidar nunca el contexto político y social, nos introduce a la historia de la Iglesia desde la perspectiva interesante y fecunda, además de conmovedora en lo que tiene de heroísmo y ejemplaridad en medio de la crueldad más inimaginable y gratuita. Es la marcha de la Iglesia militante en su calidad de confesora y digna representante del Salvador sufriente, de la "locura de la cruz", "escándalo y necedad", "contradicción de pecadores" (Heb. 12:43), pero también "poder de salvación", "testimonio de la verdad" para la afirmación de la justicia y la salvación del mundo. Como en "los días de su carne", Cristo se acerca al mundo mediante los creyentes que confiesan su nombre en la debilidad de la carne y en el amor que sucumbe al odio, quizá al miedo también, perseguidor e insensato. La pasión de Dios en su Hijo unigénito se perpetúa en la vida de sus hijos adoptivos (cf. Col. 1:24) obligados por los poderes hostiles de este mundo a "tomar la cruz" (Mt. 16:24) por causa del nombre de Cristo. El recuerdo de las persecuciones, pasadas y presentes, nos dice que "el Dios de Jesús no es el Dios de los triunfadores. Es el Dios de los que entregan su vida a una causa y fracasan, el Dios de los torturados, el de los mártires, el Dios de los profetas asesinados, el de los dirigentes encarcelados, el de los pastores que entregan su vida por las ovejas" (José L. Caravias). Pero, paradójicamente, el Dios que sufre y muere en Jesús es el Dios de la esperanza, el que transforma el grito desesperado en confianza absoluta en el triunfo final de su causa. Animados por ese espíritu de confianza esperanzada cientos de

---

[1] R. Fisichella, "Martirio", p. 858, en *Diccionario de Teología Fundamental.* Paulinas, Madrid 1992.

mujeres y de hombres soportaron la opresión y aceptaron con gozo la muerte antes que que renegar de su creencias. El discípulo no es mayor que su Maestro, y cuando llega la ocasión quiere identificarse con él la muerte, doliente, humillado, desnudo, torturado, llagado, ensangrentado, pero invencible. Hay una misteriosa vitalidad en el sufrimiento, semilla de dolor que fecunda a la Iglesia y convierte al mundo.

Por este motivo, desde el principio y a lo largo de los siglos los creyentes han mirado al mártir como una prueba de la veracidad de su causa. "Los que han entregado su vida hasta la muerte por el Evangelio de Cristo, ¿cómo podían hablar a los hombres influidos por prejuicios? —se pregunta Ireneo— Porque si hubieran obrado así, o sea, siguiendo la corriente, no hubieran padecido la muerte. Pero, como predicaban en un sentido diametralmente opuesto a los que rechazaban la verdad, por tal motivo tuvieron que padecer. Es evidente, por tanto, que no abandonaban la verdad, sino que predicaban con total independencia tanto a judíos como a griegos. Proclamaban a los judíos que aquel Jesús, que ellos habían crucificado, era el Hijo de Dios, el juez de vivos y muertos, que había recibido del Padre su reinado eterno sobre Israel, como lo manifestamos, y anunciaban a los griegos a un solo Dios Creador de todas las cosas, y a su Hijo Jesucristo"[2].

A menudo se echa en cara a la Iglesia su comodidad, su poder, su riqueza, su inmovilismo, y se ignora por completo ese magma de vida espiritual que alimenta desde lo más profundo de la piedad callada y sufrida la rica entraña de los fieles y explica suficientemente esa explosión de heroísmo, sacrificio y entrega de los mártires en defensa de su fe; renuncia suprema al propio vivir en pro de la vida de la Iglesia. Hombres y mujeres que serenamente aceptan el suplicio como testimonio del carácter sobrenatural de la religión que profesan. Incomprensible para sus verdugos, que arremeten y se ensañan con lo que no entienden. Pero ¿acaso Dios no se dejó eliminar por el pecador para no tener que, precisamente, eliminar al pecador? Dios se abandona a sí mismo para no abandonar a la humanidad. Dios sufre para que el hombre viva. No otra cosa confiesa la fe cristiana al hacer de la cruz donde se revela el amor sublime de Dios que salva al mundo.

El mártir se hace partícipe históricamente de la cruz de Cristo. Toma la palabra y, como buen soldado de Cristo, ocupa la primera línea de combate en un enfrentamiento de dimensiones cósmicas, espectáculo a Dios y al mundo. "Cuando sois llamados al martirio —dice Orígenes—, se convoca a una muchedumbre de espectadores para ver vuestra lucha: es como si miles y miles de espectadores se reunieran para ver la lucha de unos atletas considerados célebres. Y diréis como Pablo en el transcurso de vuestro combate: 'Hemos sido puestos a modo de espectáculo para el mundo, los ángeles y los hombres' (1 Cor. 4:9). El mundo entero y los ángeles a la derecha y a la izquierda, y todos los hombres, los que pertenecen al partido de Dios y los de todos los otros partidos, oirán decir que entabláis el combate por la religión cristiana. Entonces, o bien los ángeles en el cielo se regocijarán por vosotros, juntos los 'ríos baten sus palmas' (Sal. 98:8), 'los montes y las colinas romperán ante vosotros en gritos de júbilo y todos los árboles del campo batirán palmas' (Is. 55:12); o bien, ¡Dios no lo quiera!, serán las potencias de abajo las que se regocijarán"[3].

---

[2] Ireno de Lyon, *Adv. haer.* III, 12, 13.

[3] Orígenes, *Exhortación al martirio,* 18.

El mártir se convierte en signo de su Señor, "varos de dolores y experimentado en quebranto" (Is. 53:3), y en un recordatorio de que en tanto el mundo perdure, se dará el rechazo de Dios y de la justicia. El valor de los mártires consiste en ofrecer un ejemplo de la fuerza victoriosa de la persona de Cristo, que sigue hoy viviendo en medio de los suyos en la audaz proclamación de la Palabra y la entrega generosa por amor a los hombres.

Los primeros documentos literarios del cristianismo, aparte del Nuevo Testamento, consisten en *Actas* y *Pasiones* de los mártires. Incluso en el mismo Nuevo Testamento, los capítulos dedicados a la Pasión y Muerte de Jesucristo y los dedicados a las persecuciones sufridas por los apóstoles, cubren la mayor parte de la historia del cristianismo naciente. Todos estos documentos, *Actas* y *Pasiones*, juntamente con libros y cartas de lo que llegará a conocerse como Nuevo Testamento, fueron los textos donde las primeras comunidades cristianas reflejaron su vida y su conciencia, con los que formaron el espíritu y carácter de una generación tras otra. Fue leída con pasión y lágrimas en los ojos. La literatura martirial, reflejo de una historia viva y presente en las comunidades, estaba presente en la liturgia, en los sermones y homilías, en los calendarios y en las fiestas más solemnes, en las costumbres populares y en la imaginación de los individuos. Como todo lo que goza de prestigio público, su misma demanda resultó en su ruina. Pronto abundaron los retoques que para ahondar el efecto drámatico recurrió al embellecimiento de los relatos oficiales de lo que en un principio fue un hecho tan terrible como sobrio, dando lugar a falsificaciones y a leyendas sin fundamento, hasta el punto de dar vida a mártires que nunca existieron. A tal punto se llegó que el Sexto Concilio de Cartago (401) protestó contra el culto de mártires, cuyo martirio no fuera seguro (canon XVII). Seguidamente, el Concilio romano del año 494 condenó la lectura pública de actas de mártires sin la discriminación de la jerarquía entendida en el tema[4]. A juzgar por decisiones similares en concilios posteriores, hemos de creer que siguieron falsificándose actas de mártires, pero en honor de la verdad, para callar la boca de los maliciosos que siempre tienen a mano la teoría de una jerarquía interesada en tergiversar la historia en su favor, hay que decir que los máximos dirigentes de la Iglesia siempre vigilaron con cuidado especial el testimonio de la historia. El Concilio de Trullan (692), en Constantinopla, llegó a excomulgar a quienes fueran responsables de la lectura de falsas *actas*.

Con todo, la lectura de la vida de mártires —y de santos y monjes que tomaron el relevo— llena toda la Edad Media. La Reforma protestante del siglo XVI no rompió totalmente con esta costumbre, antes al contrario, recopiló sus propios martirologios, en los que se incluyeron los mártires de casa. El más famoso de todos fue John Foxe (1516-1587), cuyo *Libro de los mártires* ocupó un segundo puesto en los hogares reformados después de la Biblia. Particularmente extenso y desde el punto de vista de los disidentes, Thieleman J. van Braght, recoge los mártires de la causa anabautista hasta el año 1660. *Teatro sangriento* o *Espejo de los mártires* titulará a su monumental obra profusa en memoriales y testimonios, complementada por editores posteriores.

La piedad católica sigue siendo especialmente sensible a la *gesta de la sangre*. Y es bueno que sea así. Manifiesta una identidad con el pasado de primera importancia en orden a la

[4] *Patrología Latina*, LIX, 171-2.

autoconciencia cristiana cara a su testimonio al mundo, su papel y su destino en las luchas de este mundo.

La relación cristiana con la persecución por motivo de conciencia arrastra una grave contradicción que es preciso asumir en todas sus dimensiones. Por un lado, la Iglesia, o mejor, las Iglesias, pueden señalar a sus mártires como testimonio de fidelidad a sus creencias, pero por otro lado, el mundo puede, y de hecho no deja de recordarle, un protagonismo de signo contrario en el que asume no el papel de víctima sino de verdugo: quema de herejes, guerras de religión, condena del pensamiento moderno... Unas y otras Iglesias, desde Ginebra a Roma, han pedido perdón por sus abusos y atropellos. Y lo han hecho porque han entendido perfectamente que no va conforme a su espíritu y profesión. Que la violencia en cuestión de religión y conciencia es un atentado contra Dios y los hombres. Sin embargo, la intolerancia y la violencia motivadas por cuestiones religiosas aún forman parte de nuestro mundo actual, de las noticias de cada día. Una vez más se reviven escenas que se creían enterradas en el polvo de la historia. Y el cristianismo que ha apostado abiertamente por la libertad religiosa conforme a lo mejor del espíritu de la modernidad, puede volver sus ojos al pasado sin mistificaciones ni excusas. Aprendiendo de sus aciertos y de sus errores.

La lealtad a la historia es un síntoma de buena salud espiritual, de madurez y confianza. En el tema de los mártires y de las persecuciones se ha escrito mucho, pero desgraciadamente con un enfoque unilateral. Se exagera por todas partes, por los que ensalzan la gesta de los mártires y por los que la reducen a episodios aislados. De una manera u otra despistan y desconciertan a los neófitos en historia antigua. Grupos seculares y movimientos religiosos no cristianos parecen competir en desquitarse de los años que el cristianismo ostentó una hegemonía espiritual y cultural, tratando de empañar, o menoscabar hasta sus momentos más gloriosos. Los cristianos, por su parte, parece que no han comprendido la lección y permiten que la historia de las persecuciones, que forma parte esencial de la vida de la Iglesia desde su fundación, se escriba desde la perspectiva de la literatura piadosa y devocional, como un subgénero de la historia, la hagiografía y el panegírico, que no convienen a la asunción personal y colectiva de una historia bien asimilada y bien digerida.

Creo que hacía falta una historia general de las persecuciones donde se abordara el tema desde los diversos puntos de vista de los implicados, de los perseguidos y de los perseguidores, y de aquellos factores que pasaron desapercibidos a los implicados, pero que contribuían a dictar sus normas de conducta: los cambios sociales y políticos, la mezcla de pueblos, las catástrofes naturales y humanas. Había que rehuir el guión de una película de buenos y malos, donde toda la verdad y toda la razón están de una parte y nada en la contraria. Nuestro estudio nos ha permitido entrar en la mente de los perseguidores, rastrear sus creencias y sus miedos, comprender sus razones. Se lo debíamos para no repetir la historia a la inversa. Esto nos ha permitido ver los factores imponderables que recorren la historia, el papel tan poderoso que juegan las emociones humanas en el curso de los acontecimientos.

Como cada vez que uno desciende a las galerías subterráneas del pasado histórico hemos sido sobrecogidos por la crueldad humana, tan gratuita como inútil. Hemos sufrido psicológicamente imaginando por unos instantes una realidad no tan distante ni ajena a nuestra experiencia moderna: las múltiples caras de la tortura y la humillación. Pero también hemos regresado a la superficie con la luz de la víctimas y de ese también sobrecogedor sentimiento de asombro ante el valor que menosprecia las amenazas en orden a un ideal, a un modo de vida, a una fe.

La historia, la de los mártires incluidos, no se puede utilizar como un instrumento ideológico a favor de un grupo determinado. Esto la falsea, y nada falso puede servir a la verdad por la que murieron los mártires. No somos quien para jugar con la historia y los criterios que la pueden hacen "edificante". Todos los hechos han de ser juzgados críticamente y esto por una sencilla razón, la realidad es multiforme, abierta a infinitas posibilidades; crece con el tiempo y cada tiempo se salva en la medida que contribuye a desplegar la potencialidad de su pasado, su herencia inalienable. Asumiendo los capítulos oscuros para que destaque con más fuerza la claridad de un mensaje que desde el principio viene diciendo: "¡Gloria a Dios en las alturas, y en la tierra paz entre los hombres de buena voluntad!" (Lc. 2:14, RVA). Necesitamos ese espíritu y esos hombres que no se postran ante los ídolos de moda: fama, poder, dinero; los dioses que en cada época adoptan los valores de la codicia humana.

La historia de los mártires, con su lección de desprendimiento voluntarioso, puede ayudar a corregir una tendencia cada vez más peligrosa en una cristiandad que ha confundido el brillo del éxito con la gloria de la cruz, y que ha olvidado la vieja máxima de que "sin cruz no hay corona", seducidos por una mal llamada "teología de la prosperidad". Los mártires son testigos del reino de Dios, contribuyen a realizar en la historia los principios del evangelio consistentes en afirmación de la justicia y la verdad hasta el punto de la entrega y sacrificio de la propia vida. "Cuando un hombre no es perseguido por su creencia —escribía el filósofo francés Jean Guitton—, no resulta fácil saber lo que cree y a qué profundidad lo cree. En realidad, lo que yo creo, es lo que aceptaría sostener bajo la ironía, bajo el silencio o el desprecio de los que estimo; es aquello por lo que soportaría que me quemaran el dedo meñique. Sólo se cree realmente aquello por lo que aceptaría sufrir, o llegado el caso ser tomado por un imbécil"[5].

Estamos en los albores de un nuevo mundo que nos lleva a reflexionar en la necesidad de construir una teología de la persecución que ilumine y abra la experiencia creyente a una dimensión más rica y plena de su vida y testimonio en la sociedad actual. La cruz no es deseable, ni buscada, pero, desgraciadamente, en este mundo de intereses egoístas y sectarios, la cruz busca al justo. Quien se compromete por el Reino de Dios y su justicia debe tener presente que la cruz es la consecuencia natural a su anuncio, que salva y libera, pero también juzga y condena. El mal desenmascarado reacciona con violencia. Pero el que en Cristo ha muerto al mundo no teme, sino que vive para la justicia. Asume la cruz en solidaridad con los que sufren, porque sabe que al Viernes de Pasión le sigue el Domingo de Resurrección.

ALFONSO ROPERO, TH. M. PH. D.

---

5 Jean Guitton, *Lo que yo creo. Razones por las que creer,* pp. 11-12. Belacqva, Barcelona 2004.

PARTE I
CAUSAS Y TEOLOGÍA DEL MARTIRIO

"La discordia es algo arraigado en la vida humana, porque el hombre es la más delicada de todas las cosas del mundo que el hombre se ve obligado a tratar. Y éste es un animal social y al mismo tiempo un animal dotado de libre voluntad. La combinación de estos dos elementos en la naturaleza del hombre significa que, en una sociedad construida exclusivamente por miembros humanos, habrá un permanente conflicto de las voluntades; y ese conflicto puede llegar a extremos suicidas, a menos que en el hombre no se dé el milagro de la conversión. La conversión del hombre es necesaria para la salvación del hombre, porque su libre e insaciable voluntad le da su potencialidad, pero haciéndole correr el riesgo de alejarse de Dios".

Arnold J. Toynbee[6]

6 A. J. Toynbee, *Estudio de la Historia.* Compendio V/VIII, vol. 2, p. 442. Alianza Editorial, Madrid 1979, 4ª ed.

1. Una fe bajo el signo de la cruz

Las noticias cada vez más frecuentes sobre la intolerancia religiosa, asesinato de misioneros, quema de iglesias, ataque a comunidades cristianas, han devuelto a un primer plano una cuestión que parecía pertenecer al pasado atávico de los pueblos, la persecución por motivos religiosos, el martirio, la muerte violenta por el testimonio de fe cristiana. Creíamos haber enterrado para siempre la intolerancia y el fanatismo religioso que llevan a la persecución y eliminación de los que no aceptan el credo oficial, pero nos equivocamos. Los demonios exorcizados del pasado reaparecen con nueva fuerza, nuevos argumentos y nuevo ropaje, con nuevos motivos y razones. La verdad es que no nos abandonaron nunca, ni han cambiado tanto.

El siglo XX de nuestros amores, de avance científico, de viajes interplanetarios, de aldea global, de derechos humanos, de experimentos sociales y pensamiento libre y libertad religiosa, se saldó con el espantoso saldo de miles, millones de personas que perdieron su vida por motivos religiosos[7]. Primero fue el comunismo ateo el que clausuró iglesias, encerró, torturó y asesinó a miles de creyentes. Después, por motivos nacionalistas, comunidades enteras fueron masacradas por pertenecer a otra fe; preludio de los fundamentalismos e integrismos modernos, con el islam a la cabeza, sin olvidar el hinduismo tradicional. "Al término del segundo milenio, la Iglesia ha vuelto de nuevo a ser Iglesia de mártires... Es un testimonio que no hay que olvidar"[8].

El cristianismo, que llevaba años luchando por la liberación de los pueblos y por la emancipación de la conciencia, se da cuenta de que tiene que volver a armarse con la idea de la denuncia profética, pero sin olvidar que la suerte del profeta corre a menudo pareja de la del mártir. Hoy se impone, con toda claridad, una teología del martirio, una teología del sacrificio a la luz del Evangelio y de la situación presente. La historia de las misiones modernas ha vuelto a recordar que, una vez más, la sangre de los mártires es la semilla de los nuevos cristianos. Es como si el espíritu humano no estuviera dispuesto a aceptar una creencia nueva sino hasta comprobar su resistencia en las débiles carnes del propio predicador, antes que en la consistencia de su doctrina y argumentos.

Pero no son los individuos los que obedecen a esa paradójica dialéctica: oposición-rechazo-aceptación, creyendo que se puede completar el ciclo en un solo plazo existencial. Son las generaciones. A veces es preciso que la generación "rebelde" muera agotada en el desierto del resentimiento antes de que surja la generación de la aceptación gozosa.

El cristianismo nació al pie de una cruz, de la sangre y del agua que manaban del costado de Cristo, y creció y se extendió bajo la sombra de esa cruz y de esa agua. De esa muerte y de esa vida. De esa muerte que es vida y de esa vida que es muerte. Ni en los tiempos de calma está la Iglesia libre de tormentas. El mundo, torturado por sus contradicciones internas y perseguido por sus propios fantasmas se ceba en los pobres y los débiles que no tienen medios ni posibilidad de defensa. Son las potencias demoníacas de la historia las que convierten a un Herodes en asesino de niños inocentes y emperadores y gobernantes en sacerdotes de un rito macabro: el sacrificio de los cristianos en honor de los dioses patrios.

---

7 Andrea Riccardi, *El siglo de los mártires*. Plaza & Janés Editores, Barcelona 2001.

8 Juan Pablo II, *Tertio millennio adveniente,* 1994.

En la concepción cristiana de Dios el martirio pertenece a la misma esencia de Dios. Es el Dios crucificado que muere por nuestros pecados. Siglos de quehacer teológico bajo las consignas de la filosofía griega han hecho creer a los cristianos que su Dios no puede sufrir, que el Señor omnipotente creador del cielo y de la tierra es *impasible*, no puede padecer; si sufriera no sería Dios. Se olvidaba que en la Biblia se presenta a Dios de una manera muy diferente. Es cierto que Dios no puede sufrir al modo de la criatura limitada que sufre por faltarle algo; a Él no le puede venir ningún sufrimiento inesperado, como fatalidad o castigo. Sufre por amor al hombre. Si Dios fuera impasible, seguramente sería incapaz de amar a sus criaturas y permanecería siempre alejado de ellas. Pero si Dios es capaz de amar a otros está expuesto a los sufrimientos que le acarreará este amor; aunque el mismo amor no le permita sucumbir al dolor. Dios padece por efecto de su amor, que es el desbordamiento de su ser. En este sentido Dios parece estar sujeto al sufrimiento. Al crear Dios toma sobre sí mismo el riesgo de amar y sufrir. En cierta medida, Dios se vuelve vulnerable, se compromete con un pueblo y su historia y experimenta sus sufrimientos. Sufre con ellos y por ellos (cf. Os. 11:1-9; Is. 49:15-16; 66:13; Mal. 3:17; Sal. 102:13). Finalmente se encarna y, en lugar de sentarse sobre un trono de oro, muere ejecutado en una ignominiosa cruz. Por eso el Dios de la cruz sorprendió a propios y extraños. Motivo de escándalo y signo de contradicción. Ciertamente, el Dios de Jesucristo es el Dios que destruye y convierte en idolátricas todas las imágenes naturales de Dios. El Dios de Jesús sufre la muerte de su Hijo en el dolor de su amor. Por tanto, en Jesús Dios es también crucificado y muere. Es una reflexión a la que los teólogos están prestando una atención ausente en el pasado, con muy pocas excepciones[9].

La historia de las persecuciones nos introduce de una manera dolorosa, cruel, conmovedora, en la experiencia pasada de la Iglesia militante en su dimensión más pura, no la nominal sino la confesante. Nos descubre el resorte espiritual que animaba el ser y sentir de los creyentes que se alzaron con la palma del martirio. Nos introduce también en los habitáculos tenebrosos de las cárceles que no pudieron aprisionar su vida ni apagar su fe; en la sórdida crueldad humana, tan gratuita como despreciable, que al final es derrotada por la constancia de los creyentes, firmes en su conciencia inocente y, por tanto, victoriosa. La perspectiva del martirio pone a la Iglesia en su debido lugar. Un lugar que con frecuencia abandona para pasarse al campo de sus enemigos, de mártir a verdugo.

También, y como aviso contra todos los intentos de formar una Iglesia exclusivamente de puros, santos y confesores, las persecuciones nos recuerdan que sólo unos pocos —comparativamente hablando— fueron capaces de enfrentar sin miedo la muerte por causa de la fe, salvando así el honor, la credibilidad y la permanencia de la Iglesia. Es comprensible que a la hora de escribir la historia de las persecuciones, los historiadores de la época —todos ellos cristianos y eclesiásticos— se hayan centrado en los de temple heroico y decidido, resaltando su fortaleza y serenidad ante las torturas y el sufrimiento. Pero en la generalidad de los casos esto no fue así. Nos lo dicen esos mismos historiadores de pasada, como telón de fondo de los mártires, que reaccionan al temor y apostasía de sus hermanos de fe. Nos lo confirma también el agrio debate sobre el proceder para readmitir en la comunidad a los apóstatas, a

9 Véase Alfonso Ropero, "Dios y su dolor", cap. V de *Filosofía y cristianismo.* CLIE, Terrassa 1997.

los que obedecieron al César antes que a Dios. Fermiliano, obispo de Cesarea de Capadocia, recuerda que en los días de Maximino el Tracio los fieles huyeron de la persecución atemorizados, yendo de acá para allá, hasta el punto de abandonar su patria y pasar a otras regiones[10]. La Iglesia nunca fue la comunidad de los perfectos, tentación inútil de todas las sectas, sino de los peregrinos, donde la fe brota en unos al 30, en otros al 60 y en otros al 100 por cien. El gallo que adorna la torre de muchas iglesias recuerda que junto al confesor se encuentra el negador, que caer o permanecer en pie es un don y una responsabilidad. El mártir es quien por excelencia "confirma la fe de sus hermanos" (cf. Lc. 22:32). No se impone, se dispone al servicio de la comunidad y en testimonio de la fe.

En muchos casos, dada su antigüedad, las *Actas de los mártires* son el primer documento histórico que poseemos sobre la vida de la Iglesia. Tal es el caso de la Iglesia norteafricana. Aparece en la primitiva historia cristiana en medio del acta del martirio de varios miembros de la comunidad de Estilo (Scillium), aldea de Numidia en el África romana. La perspectiva de las persecuciones, pues, ofrece nuevo e insospechado campo para el examen del estudioso de la historia. Las catacumbas son un paso tan obligatorio como las basílicas y las reuniones conciliares. En la experiencia de la persecución los cristianos no permitieron que se les recluyera en el aislamiento y la amargura contra la sociedad perseguidora. En contra de la concepción generalizada de una "Iglesia de las catacumbas" recluida en sí misma, el martirio, respondiendo a su etimología, llevaba inherente un rasgo proselitista afirmado por el mártir ante sus jueces. "De hecho, las actas de los mártires no rezuman un pesimismo temeroso, que sí había hecho mella en el ambiente pagano de entonces, sino una seguridad y esperanza gozosas"[11].

El martirio como testimonio gozoso de seguimiento de Cristo, la resistencia al sufrimiento injusto por causa de la fe, la oposición a sacrificar a los dioses o al genio del emperador, la respuesta a las calumnias y difamaciones, el rechazo de la hipocresía, la victoria de los mártires sobre sus verdugos, todo esto y mucho más dejó huellas profundas en la experiencia cristiana: en su teología, espiritualidad, soteriología, visión del mundo y de la historia. El martirio como un camino a la gloria seguro e infalible. "Nuestros hermanos salen de este mundo con gloriosa muerte hacia la eternidad"[12]. "Los cielos se abren a los mártires"[13]. "En el bautismo de agua se recibe el perdón de los pecados, en el de la sangre la corona de la fortaleza", después del cual "nadie peca ya jamás, lleva al término la vida creciente de nuestra fe, que inmediatamente nos lleva de este mundo, que dejamos, a la unión con Dios"[14].

La vida como ascesis y renuncia del mundo en combate diario con el pecado. La valoración de los bienes futuros sobre el presente. "Los santos ante cuyas tumbas estamos reunidos, despreciaron el mundo"[15]. La labor misionera como inmolación martirial por el Evangelio. El honor a los mártires como culto a los santos. La unidad eclesial en torno a los obispos

---

[10] Carta de Firmiliano, en Cipriano, *Cartas* 75, 10.

[11] Peter Stockmeier, "Edad antigua", en Josef Lenznweger, ed., *Historia de la Iglesia católica,* p. 83.

[12] Cipriano, *Cartas* 12, 2.

[13] Cipriano, *Cartas* 58, 3.

[14] Cipriano, citado por José Capmany, *"Miles Christi" en la espiritualidad de San Cipriano,* p. 105. Editorial Casulleras, Barcelona 1956.

[15] Gregorio Magno, *Hom. VIII in Evang.* PL 76, 1210.

frente a los enemigos internos y externos. La conversión de perseguidos en perseguidores debido a la trágica dialéctica del mantenimiento de la pureza de la tradición. El concepto de la salvación como premio a una vida de privaciones y sufrimiento. La aceleración de esperanzas escatológicas y de sueños milenarios.

1. Sangre y semilla

"La vida de la carne en la sangre está" (Lv. 17:11). "Esto es mi sangre del pacto, la cual es derramada para el perdón de pecados para muchos" (Mt. 26:28; Mc. 14:24). "La Iglesia del Señor, la cual adquirió para sí mediante su propia sangre" (Hch. 20:28). La Iglesia del primer milenio nació de la sangre de su fundador en especial, y de los mártires en general. "Nos hacemos más numerosos cada vez que nos cosecháis: es semilla la sangre de los cristianos *(semen est sanguis christianorum)*"[16], contesta desafiante Tertuliano a los magistrados de Roma. La victoria surge de la derrota, es una parte inseparable de la enseñanza de Jesús, que constantemente se refiere a la necesidad de estar dispuesto a perder para poder ganar.

Sin la cruenta siembra de mártires de las primeras generaciones cristianas difícilmente se hubiera llegado a los días de Constantino con la entereza moral con que se llegó. Fortalecido el carácter, levantados los ánimos. Es un testimonio que no se ha de olvidar. En los inicios del tercer milenio, la Iglesia ha vuelto a ser Iglesia de mártires. La memoria de cuantos han padecido el martirio en el pasado puede ayudarle a entender y soportar su destino presente.

Jesús antecede a todo, Él el primero, el fiel *testigo* (Ap. 1:5). El mártir por antonomasia. El campeón y prototipo de los mártires. Los mártires se consideraban como seguidores del *mártir* Jesucristo, "copartícipes de Cristo en su muerte"[17]. En la pasión de los mártires de Lyon se dice que "Cristo sufría por Atalo". Tertuliano afirma que "Cristo está en el mártir". Fileas, obispo y mártir, describe a los mártires como "portadores de Cristo, aspirando a los más grandes carismas, afrontaron todo sufrimiento y todo género de torturas"[18].

El odio concentrado en la persona de Jesús que le lleva a la muerte, se dirigirá contra sus seguidores por el hecho de serlo: "Seréis odiados por todos a causa de mi nombre... Os llevarán ante los gobernadores y reyes por mi causa... Si a mí me han perseguido a vosotros también os perseguirán... El discípulo no es más que el maestro..." (cf. Mt. 10:17-36). Seguir a Cristo no es sólo participar privilegiadamente de sus dones taumatúrgicos y soteriológicos, significa también compartir su destino de final violento, "tomar la cruz hasta la muerte" (Mt. 10:38).

Después de Pascua los discípulos toman conciencia de que el seguimiento de Jesús conlleva el sufrimiento. "La persecución forma parte de la misión y es signo de su verdad" (Bruno Maggioni)[19]. Así lo entendieron los mártires de los primeros siglos. Se comprometieron con el mensaje de Jesús sin reservas, en una entrega total. Por eso son la gloria de la Iglesia de todos los tiempos, y su testimonio confiere credibilidad a su mensaje y cubre las faltas de

---

[16] Tertuliano, *Apologético* L, 13.

[17] Cf. Padres Apostólicos, *Martirio de Policarpo* 6.

[18] Eusebio, *Hist. ecl.,* VIII, 9.

[19] B. Maggioni, El relato de Mateo, p. 111. Ed. Paulinas, Madrid 1982.

los miembros no tan gloriosos, que por miedo o debilidad reniegan de la fe. Abundan los relatos de jueces y verdugos convertidos en creyentes como resultado de la constancia de los mártires. "Todos los testigos de la paciencia noble de los mártires, como golpeados en su conciencia, son inflamados con el deseo de examinar el asunto en cuestión; y tan pronto como conocen la verdad, se enrolan de inmediato como discípulos"[20]. La fe cristiana no es nada si no se encarna en la vida de los que la profesan. Su fuerza reside precisamente en el testimonio personal, en el martirio. La predicación no es suficiente, tiene que ir avalada por su encarnación en la persona del predicador.

"De esta manera, peregrinando entre las persecuciones del mundo y los consuelos de Dios, avanza la Iglesia por este mundo en estos días malos, no sólo desde el tiempo de la presencia corporal de Cristo y sus apóstoles, sino desde el mismo Abel, primer justo a quien mató su impío hermano, y hasta el fin de este mundo"[21].

2. Testimonio y martirio

"Vosotros —dijo Jesús— seréis testigos de estas cosas" (Lc. 24:48). Y en otra ocasión: "Vosotros seréis mis testigos en Jerusalén, Judea y Samaria, hasta los últimos confines de la tierra" (Hch. 1:8). La palabra que se traduce "mártir" corresponde a la griega *mártys*, cuyo sentido originario y directo es "testigo" y "testimonio". Del testigo se esperaba que respondiese basándose en lo observado por sí mismo y no en sus propias opiniones o suposiciones, hasta el punto de garantizar con su vida la realidad del hecho testimoniado. En sentido propio y neotestamentario "mártir" es un testigo de Jesús; el que da testimonio de su obra y de su presencia, sobre todo de su resurrección y permanencia: "Así está escrito, y así fue necesario que el Cristo padeciese y resucitase de los muertos al tercer día; y que en su nombre se predicase el arrepentimiento y la remisión de pecados en todas las naciones, comenzando desde Jerusalén. Y vosotros sois testigos de estas cosas" (Lc. 24:46-48). Los discípulos de Jesús darán testimonio *(martyresei)* de Él como parte de una misión universal que cuenta con la asistencia divina del Espíritu Santo, que es a su vez testigo de Jesús (Jn. 15:26; Lc. 24:48; Hch. 1:8). Desde el principio los discípulos dan fe de la presencia del Jesús resucitado en medio de ellos (Hch. 1:22; 3:15). "Nosotros somos testigos de todo lo que hizo en la tierra", afirman (Hch. 10:39). Tal es así que "con gran poder los apóstoles daban testimonio de la resurrección del Señor Jesús, y abundante gracia había sobre todos ellos" (Hch. 4:33). En principio, pues, el testigo cristiano es la persona investida con el poder del Espíritu de Cristo para testimoniar ante el mundo de la suprema realidad del Señor resucitado. Pero es un testimonio comprometedor, no tiene nada que ver con el testimonio ante un tribunal imparcial, sino ante una sociedad que se siente interpelada y molesta con semejante testimonio, que a veces se resuelve en abierta persecución que alcanza la escala progresiva desde las amenazas, malos tratos, encarcelamiento y hasta la muerte (Hch. 4:21; 5:18).

En sentido estricto, *mártires* en cuanto testigos oculares de la vida, de la muerte y de la resurrección de Cristo sólo pueden serlo los apóstoles y las personas que trataron directa y

[20] Tertuliano, *Ad Scapulan* 5.

[21] Agustín, *Ciudad de Dios,* XVIII, 52.

personalmente a Jesús. Ellos son *mártires* por antonomasia. Por eso, para sustituir al apóstol caído Judas, fue "necesario escoger entre los hombres que nos han acompañado todo el tiempo que el Señor Jesús vivió con nosotros uno que con nosotros sea testigo de la resurrección" (Hch. 1:22). Con ello se quiere significar que la fe cristiana está fundada en testimonios fidedignos, comenzando por Jesucristo, a quien se describe como "el testigo fiel" (Ap. 1:5), "el testigo fiel y verdadero" (Ap. 3:14), "el que estuvo muerto y vivió" (Ap. 2:8), de lo cual los apóstoles son garantes, no en cuanto predicadores de nueva religión, sino en cuanto testigos de la resurrección (Hch. 2:32) y "de los sufrimientos de Cristo" (1 Pd. 5:1). Heraldos idóneos "de lo que hemos oído, lo que hemos visto con nuestros ojos, lo que contemplamos y palparon nuestras manos tocante al Verbo de vida". Eso es lo que testifican y anuncian para que también sus oyentes participen de su testimonio igualmente. "Lo que hemos visto y oído lo anunciamos también a vosotros, para que vosotros también tengáis comunión con nosotros. Y nuestra comunión es con el Padre y con su Hijo Jesucristo" (1 Jn. 1:1-3). De aquí parte la fuerza y convicción del mensaje evangélico que se comunica siempre mediante el testimonio personal, vivo y directo, en una cadena ininterrumpida de hombres y mujeres que se sienten animados por el Espíritu de Cristo.

Los que reciben el *testigo* de Cristo de manos de los apóstoles, aunque ya no vivan en un tiempo en que les sea posible presenciar con sus ojos, escuchar con sus oídos y palpar con la mano lo tocante al Verbo encarnado, quedan unidos a Él en virtud de la fe y la palabra testificada por los apóstoles que se encarna —habita, mora— en la comunidad de los creyentes y en su Escritura sagrada, formándose así una gran cadena de testigos que conforman el dinamismo de la Iglesia a lo largo de los siglos.

En segundo lugar, el cristiano es verdadero *mártir* o *testigo* de la fe cuando por medio de su palabra y de su conducta ejemplar testifica de la nueva vida en Cristo, resultado de la experiencia interior de la justificación por la fe y la santificación por el Espíritu. "Nosotros somos testigos de estas cosas... y con nosotros el Espíritu Santo" (Hch. 5:32.41).

En tercer lugar, el cristiano es propiamente *mártir*, según el significado que hoy damos a la palabra, cuando da su vida en defensa de esa fe, según la previsión de Jesucristo: "Seréis entregados a los tribunales, y azotados en las sinagogas, y compareceréis ante los gobernadores y reyes por mi causa, y así seréis mis testigos en medio de ellos" (Mc. 13:9; Mt. 10:17-18; Lc. 21:12-13). Aquí la muerte y el testimonio, la sangre y la palabra, están indisolublemente asociados, como es el caso del protomártir Esteban, que con el sacrificio de su vida ha atestiguado en favor de Cristo, y que en el texto sagrado se puede leer de "la sangre de Esteban tu testigo *(martyros)*" (Hch. 22:20). Luego, en la pluma de los autores neotestamentarios, la palabra "mártir" adquiere un significado desconocido en el mundo clásico. "La palabra misma, con toda la fuerza de su significación, no se halla antes del cristianismo; tampoco en el Antiguo Testamento. Es preciso llegar a Jesucristo para encontrar el pensamiento, la voluntad declarada de hacer de los hombres testigos y como fiadores de una religión"[22].

Antes de ser clausurada la edad apostólica la palabra "mártir" adquiere ya el significado preciso y unívoco que nos es familiar. Se aplica a aquel que no sólo de palabra, sino también

[22] Paul Allard, *El martirio*, lec. 1.

de hecho, con su sangre, da testimonio de Jesucristo. El Apocalipsis, escrito durante la persecución de Domiciano, emplea la palabra "mártir" en dos ocasiones con este sentido. En el mensaje que dirige a la Iglesia de Pérgamo, hablando en el nombre del Señor, menciona a "Antipas, mi fiel testigo *(martys)*, que ha sido entregado a la muerte entre vosotros, allí donde Satanás habita" (Ap. 2, 13). Y en otro pasaje, cuando se abre el quinto sello y se ven "debajo del altar las almas de los que habían sido muertos por causa de la Palabra de Dios y del testimonio *(martyrian)* que habían dado" (Ap. 6:9). Y no será la primera generación cristiana de creyentes la única en dar este testimonio. La historia de los mártires no había hecho nada más que empezar.

En resumen, el cristiano-mártir es el testigo de la vida sobrenatural de Cristo que habita en su interior. Habla por experiencia y por eso pone su experiencia al servicio de la verdad, hasta el punto de la entrega suprema si es necesario. Por medio del sacrificio los mártires testifican la real existencia de Cristo que viven en el Espíritu y de la existencia que les aguarda en la otra vida. No tienen nada que temer, pues quien les arrebata la vida del cuerpo no les puede arrebatar la vida del alma (Mt. 10:28). Están en manos del Padre y comparten el destino del Hijo de Dios en la vida y en la muerte, a la que siempre sigue la resurrección. Entonces pasan a formar parte de la corte triunfante de Cristo en el cielo. "¿Quiénes son y de dónde han venido? Y yo le dije: Señor, tú lo sabes. Y Él me dijo: Éstos son los que han venido de grande tribulación, y han lavado sus ropas, y las han blanqueado en la sangre del Cordero" (Ap. 7:16-17).

La victoria más espléndida, consumada y definitiva es el martirio, que por lo mismo era tenido como la cumbre de la perfección cristiana. Usando el lenguaje paulino, el mártir podía decir: "Para mí el vivir es Cristo, y el morir ganancia" (Flp. 1:21). El martirio para él no podía ser menos que un honor, una gracia el beneficio del martirio: "Porque a vosotros es concedido, por Cristo, no sólo que creáis en Él, sino también que padezcáis por Él" (Flp. 1:29).

3. Mártires y confesores

Al principio el término "mártir" se refería a todo creyente en cuanto testigo de su fe en Cristo, sin que necesariamente tuviera que pasar por el trance de sufrir la pérdida de la vida, aunque se contemplara tal eventualidad, pues se rechazaba la negación de Cristo, cualquiera que fuese la gravedad de las consecuencias que esto pudiera acarrear (Mt. 10:33). De modo que para los teólogos de la Iglesia primitiva, "quien da testimonio de la verdad, ya con palabras ya con actos, tiene derecho a ser llamado mártir", así escribía Orígenes todavía en el siglo III, sin embargo, él mismo da testimonio de una evolución del término, cuyo sentido se había matizado progresivamente debido a una costumbre que se había hecho ley en las comunidades cristianas: "Llevados por su amor a los que lucharon hasta la muerte, entre los hermanos se ha establecido la costumbre de llamar mártires a quienes testimoniaron en favor del misterio de la piedad con la efusión de su sangre"[23]. Ya entonces, el título de "mártir" adquiere el significado de "cristiano sacrificado en aras de su fe". Si no hay muerte, no hay

[23] Orígenes, *In Joan.* II: PG 14, 176.

martirio, no importa los sufrimientos soportados de la mano de jueces o carceleros[24]. Son los mismos cristianos que padecen y sufren los horrores de la persecución, pero sin mediar muerte, quienes rechazan el nombre de "mártir" como un título de honor. En la carta de la Iglesia de Lyon sobre los padecimientos sufridos en su comunidad, se dice que los que tanto se habían esforzado por imitar a Cristo, y que después de haber soportado no algún que otro, sino muchos tipos de suplicios, que sabían lo que eran las fieras y la cárcel, que aún conservaban las llagas de las quemaduras y tenían los cuerpos cubiertos de cicatrices, "no se atrevían a llamarse mártires, ni permitían que se los llamara". Si alguien, por escrito o de palabra, se atrevía a llamárselo, le reprendían con severidad. Tal título de *mártir* pertenece exclusivamente a Cristo, testigo verdadero y fiel, primogénito de los muertos y principio y autor de la vida divina, y a todos aquellos que habían muerto en la confesión de la fe. "Ellos ya son mártires", decían, "porque Cristo ha recibido su confesión y la ha sellado como con su anillo. Nosotros sólo somos pobres y humildes confesores"[25]. Tertuliano es el primero en quien el vocablo griego *mártys* se utiliza como neologismo y con la estricta significación de "muerte por la fe". Estamos hablando de la temprana fecha del 177 d.C.

Los *mártires*, pues, son los que a imitación de Cristo dan su vida por causa de la fe, mientras que los que padecen pero sobreviven sólo son *confesores (ómologuetés),* no importa el grado de sufrimiento soportado durante su arresto. Por la vía de la humildad, rechazando usurpar un título que se considera supremo, bien pronto se establece en las Iglesias una especie de jerarquía espiritual, con el mártir a la cabeza, seguido inmediatamente del confesor, por debajo de aquél, pero muy por encima de los simples fieles. La corona y palma del martirio es *la* muerte, "la efusión de sangre". Es la sangre la que distingue a quien la derrama de quien es testigo sin derramarla. El mártir es quien "ha derramado su sangre con acción de gracias y enviado su espíritu a Dios"[26]. Sólo los mártires de sangre pueden "estar de pie delante del trono y en la presencia del Cordero, vestidos con vestiduras blancas y llevando *palmas* en sus manos" (Ap. 7:9). El mártir no sólo muere *por* Cristo, sino que muere *como* Él, actualizando una y otra vez los sufrimientos y la muerte de Cristo por todo el mundo. Para finales del primer siglo, el paulino término "santos", aplicado a todos los fieles, se restringe casi exclusivamente a los mártires, asociando de por vez primera, y durante muchos siglos por venir, santidad y sacrificio y martirio.

El confesor está a un paso del mártir, y este paso no depende de él, sino de las circunstancias que aceleran o retrasan su muerte. Al llegar ésta recibe la *corona* o *palma* de la santidad, pasa a engrosar la fila de los muertos en el acto de confesar su fe, de los mártires en el sentido pleno de la palabra. "He sabido que algunos de entre vosotros han sido ya coronados —escribe Cipriano—, que algunos, asimismo, se hallan próximos a la corona de la victoria y que todos, en fin, los que, formando un escuadrón glorioso, sufrieron la estrechez de la cárcel, están animados por el calor de la misma valentía a librar el combate como han de estar en el

24 Por ejemplo, Donato, a quien Lactancio dedica su *De mortibus persecutorum,* es "ilustre confesor de estos tiempos, que nueve veces padeció tormento en la cárcel...", pero no es mártir, murió en ella. Y en muchos sentidos, la muerte en el circo era mucho más dulce que los sufrimientos en la cárcel.

25 Eusebio, *Hist. ecl.* V, 2.

26 Clemente de Alejandría, *Stromata,* IV, 21.

campamento divino los soldados de Cristo, de modo que ni los halagos seduzcan la firmeza, ni les venzan los suplicios y tormentos, *porque mayor es el que está en vosotros que el que está en el mundo* (1 Jn. 4:4)"[27].

Llegado el tiempo, con el fin de las persecuciones, el prestigio, entusiasmo y admiración por los mártires se transfiere a los confesores, a los que la nueva situación confiere el apelativo de mártires en sentido amplio. Ya no es sólo la efusión de sangre la que caracteriza el martirio, "sino la cotidiana fidelidad del alma"[28]. Con todo, la tradición mantiene el significado antiguo a lo largo de los siglos. El papa Benedicto XIV (1740-1758), aclarando el tema del martirio escribe que "el deseo del martirio, acompañado a veces de grandes sufrimientos, ha sido muy intenso; tales personas pueden muy bien haber adquirido un mérito semejante al del mártir, pero les ha faltado la aureola del martirio"[29].

4. Coronas y palmas

Desde un principio los cristianos son conscientes de que su vida se asemeja a una lucha en la arena de este mundo. El cristiano no es sólo el *homo viator,* como se llegó a popularizar en tiempos posteriores, un *homo gladiator,* un luchador que muere y es coronado en virtud de su fidelidad.

Como atleta corre por la corona incorruptible de la recompensa prometida, que es y corresponde a la vida eterna. Por eso se la llama correctamente "corona de vida" (Stg. 1:12), que no es ganada en balde sino por medio de muchas tribulaciones. "No tengas ningún temor de las cosas que has de padecer", se dice a los que han de batallar contra enemigos muy superiores en fuerza. "Sé fiel hasta la muerte, y yo te daré la corona de la vida" (Ap. 2:10).

San Pantaleón. Fue decapitado por profesar su fe católica.

Para alcanzar la corona de "justicia" y "gloria" (2 Tim. 4:8; 1 Pd. 5:4), el cristiano tiene, en primer lugar, que privarse de todo lo que no edifica, y en segundo lugar, seguir las reglas del certamen hasta el final de su combate o carrera (2 Tim. 2:5). Sólo entonces recibirá el premio (Flp. 3:14).

En los primeros tiempos la imagen del combate o la carrera se hace coincidir con la del soldado y el atleta, pero a medida que arrecian las persecuciones, la milicia y la carrera serán equiparadas al martirio, cambiando el estadio por la arena. La corona, así como la palma, se convertirá en un atributo de los mártires gloriosos (Ap. 7:9).

27 Cipriano, *Cartas* 10.

28 Jerónimo, *Carta* 108, 3.

29 Benedicto XIV, *De servorum Dei beatificatione et beatorum canonizatione,* cap. XI.

En los discípulos se cumple lo que se afirma respecto a los apóstoles, a quienes "Dios nos ha exhibido en último lugar, como a condenados a muerte; porque hemos llegado a ser espectáculo para el mundo, para los ángeles y para los hombres" (1 Cor. 4:9; cf. Hb. 10:33). Los cristianos son un espectáculo al mundo incrédulo y a las mismas potestades celestes. "La metáfora está sin duda tomada del lenguaje del anfiteatro, y seguramente hace referencia a los condenados a muerte que eran ejecutados en la arena bajo la mirada atenta del público"[30].

Las consecuencias de una vida sometida no sólo a las privaciones, sino a los sufrimientos del martirio, se manifiesta en una ética personal de resistencia y aguante, que durante siglos caracterizará el ideal cristiano de una vida sufrida, llena de negaciones y mortificaciones con vistas a tener dominio del cuerpo y sus apetitos. "Vosotros ¡oh amados de Dios!" —escribe Tertuliano a los creyentes encarcelados por causa de su fe—, "todo cuanto aquí os resulta doloroso tomadlo como entrenamiento, tanto del alma como del cuerpo. Pues lucha fiera tendréis que aguantar"[31].

"Pero presidente del certamen es el mismo Dios; el juez es el Espíritu Santo; el premio, una corona eterna; los espectadores, los seres angélicos; es decir, todos los poderes del cielo y la gloria por los siglos de los siglos. Además, vuestro entrenador es Cristo Jesús, el cual os ungió con su espíritu. Él es quien os condujo a este certamen y quiere, antes del día de la pelea, someteros a un duro entrenamiento, sacándoos de las comodidades, para que vuestras fuerzas estén a la altura de la prueba. Por esto mismo, para que aumenten sus fuerzas, a los atletas se los pone también aparte, y se los aleja de los placeres sensuales, de las comidas delicadas y de las bebidas enervantes. Los violentan, los mortifican y los fatigan porque cuanto más se hubieran ejercitado, tanto más seguros estarán de la victoria. Y éstos —según el Apóstol— lo hacen para conseguir una corona perecedera, mientras que vosotros para alcanzar una eterna (1 Cor. 9:25). Tomemos, pues, la cárcel como si fuera una palestra; de donde, bien ejercitados por todas sus incomodidades, podamos salir para ir al tribunal como a un estadio. Porque la virtud se fortifica con la austeridad y se corrompe por la blandura"[32].

Mediante el recurso a estas metáforas tomadas de la milicia y del deporte, Tertuliano despoja la dura prueba de la cárcel, el tribunal y la final ejecución que suponía para todo ciudadano, expuesto a la vista de los demás como un criminal digno de recibir la peor de las muertes. Arresto, cárcel, torturas, muerte y cualquier otra eventualidad están incluidas en el plan de Dios, forman parte de su dura pedagogía, y, por tanto, no tienen nada de que avergonzarse. El final que a los ojos del mundo resulta en degradación social, en una corona incorruptible de gloria, la palma del triunfo que Dios otorga a los ejercitados en la fe. Ningún poder humano puede hacer nada contra esta nota de victoria que se eleva sobre toda adversidad. En las comunidades cristianas no hay nada más digno que el martirio y la mayor gloria del cristiano es participar en lo que Eusebio llama la "herencia de los mártires" *(kléron tón martyrón).*

---

[30] Juan Antonio Jiménez Sánchez, "El lenguaje de los espectáculos en Patrística de Occidente (siglos III-VI)", en *Polis.* Revista de ideas y formas políticas de la Antigüedad Clásica, n. 12, 2000, pp. 137-180. www.ub.es/grat/grat41.htm

[31] Tertuliano, *Ad Martyres,* 3.

[32] Tertuliano, *Ad Martyres,* 3.

5. Jesús, testigo y ejemplo de la verdad

En el momento de su juicio ante Pilato, Jesús tuvo la oportunidad de expresar uno de los aspectos de su venida al mundo: "Entonces Pilato le dijo: '¿Así que tú eres rey?'. Jesús respondió: 'Tú dices que soy rey. Para esto yo he nacido y para esto he venido al mundo: para dar testimonio a la verdad. Todo aquel que es de la verdad oye mi voz'" (Jn. 18:37; cf. 14:6; 8:32).

En el agitado mundo de su época, alimentado por esperanzas apocalípticas y mesiánicas que describían la próxima ruina de los enemigos de Israel y el engrandecimiento del pueblo elegido, Jesús entendió que esta visión empapada en odio y resentimiento no podía conducir al Reino de Dios, al cumplimiento de su voluntad, tan deseado por los elementos más piadosos del judaísmo. Era necesario nacer de nuevo, dar lugar a la milagrosa transformación del corazón de piedra en corazón de amor. Al igual que Jeremías vio con una certidumbre trágica la proximidad de la conquista babilónica, Jesús vio cómo el juicio amenazaba a Israel concretado en la espada de Roma. Jesús era consciente del peligro que amenazaba a su pueblo. Ni éste ni sus dirigentes, decía, eran capaces de "interpretar las señales de los tiempos" (Mt. 16:3). Josefo, el historiador judío contemporáneo, confirma el veredicto de Jesús. No hacía mucho que unos galileos habían sido degollados por los soldados romanos debido a una colisión en el templo. Al mismo tiempo, una torre de las murallas de Jerusalén se había derrumbado matando a dieciocho personas. Algunos hicieron sus cábalas tratando de adivinar la providencia divina manifestada en esta tragedia. Jesús les advierte: "¿Pensáis que eran más culpables que todos los demás habitantes de Jerusalén? No, antes os digo que si no os arrepentís, todos pereceréis igualmente" (Lc. 13:1-5). El aviso pasó inadvertido y una generación más tarde sufrió las consecuencias[33]. Historiadores y antropólogos modernos se esfuerzan en presentarnos un Jesús en línea con los guerrilleros mesiánicos de su época, posteriormente maquillado por una Iglesia que hizo todo lo posible para eliminar la incómoda tradición de un Mesías violento. Como suele ocurrir en estos casos, se hace un uso selectivo de las fuentes canónicas. Pocos reparan en un hecho significativo, señalado por Dodd: Jesús tenía relaciones amistosas con personas de todos los grupos rivales hebreos. Se mezclaba socialmente con los fariseos (Lc. 7:36; 14:1); y con los publicanos (Mc. 2:14.17; Lc. 19:1-10). Reclutó uno de sus doce ayudantes en el partido zelota (Lc. 6:15). Uno de sus más leales amigos pertenecía al círculo del Sumo Sacerdote (Jn. 18:15). Se mostró contento de conocer a un funcionario romano (Mt. 8:5-13; Lc. 7:1-10). En todo momento Jesús evitó la hostilidad con unos y otros, aunque ésta saltó irremediablemente. Negó a los fariseos que todos los preceptos de la Ley tuvieran el mismo valor en conjunto; Jesús distinguió entre lo esencial y lo no esencial, señalando con palabras de los profetas que "la justicia, la misericordia y la fe" eran lo más importante de la Ley (Mt. 23:23, cf. Miq. 8:4). Chocó con los saduceos y miembros de la aristocracia sacerdotal al estorbar activamente el empleo de los atrios del templo como lugar de mercado y de cambio (Mc. 11:15-19). Se enemistó con los patriotas al negarse a condenar el derecho del emperador a recibir tributo del pueblo conquistado (Mc.

---

[33] Cf. C. H. Dodd, *La Biblia y el hombre de hoy,* pp. 107ss. (Cristiandad, Madrid 1973), y *El fundador del cristianismo* (Herder, Barcelona), a quien seguimos de cerca en esta sección.

12:13-17). Facilitó a sus enemigos ser denunciado a las autoridades romanas como agitador político al permitir ser aclamado como libertador e hijo de David, título de claro significado mesiánico (Mc. 11:8-10; Lc. 23:2). Así sucedió que todos los partidos rivales, antes de volver a sus interminables disputas, se pusieron de acuerdo por un momento para darle muerte.

Jesús encontró la oposición en todas partes porque el mal inherente a la situación reaccionó contra la presencia de una bondad que superaba toda medida humana. La aparente virtud, que también podían reivindicar con razón todos los grupos contendientes, estaba mezclada con los más bajos vicios de la naturaleza humana: codicia, rencor, envidia, cobardía, tradición, brutalidad, etc. "Cuando Jesús entraba en escena, toda esta maldad salía a la luz del día" (C. H. Dodd). Leyendo los Evangelios comprendemos que los hombres se presentaban ante Jesús para ser juzgados. En ningún pasaje se ve con mayor claridad que en la historia de su prendimiento, proceso y ejecución. Jesús se halla ante el Sanedrín, ante el rey y el gobernador, pero quienes realmente están sentados en el banquillo de los acusados son Caifás, Herodes y Pilato; los sacerdotes y el pueblo ciego; Judas el traidor y los discípulos cobardes que le abandonaron en el último momento. Ciertamente, con Jesús llegó "el juicio del mundo" (Jn. 12:31).

Testigo de la verdad divina, sufre en su cuerpo las consecuencias de la maldad de los hombres. El dolor sufrido de este modo, voluntariamente y sin queja, se convierte en un medio para sanar del pecado, todo lo cual estaba en la profecía respecto al siervo sufriente de Yahvé anunciado por Isaías (Is. 52:13-15; 53). La suya es la victoria definitiva del bien sobre el mal. Su resurrección y aparición a sus discípulos significó para ellos que los perdonaba por su deserción y que les ofrecía una segunda oportunidad. Entonces nació la Iglesia. No para perpetuar una doctrina, sino la experiencia de una persona que reúne en sí a Dios y al Hombre.

El recuerdo, la memoria de Jesús, alentó a sus discípulos en la misma lucha contra el espíritu del mal inherente a la historia humana. "También Cristo padeció por nosotros, dejándonos ejemplo, para que sigáis sus pisadas, el cual no hizo pecado, ni se halló engaño en su boca; quien cuando le maldecían, no respondía con maldición; cuando padecía, no amenazaba, sino encomendaba la causa al que juzga justamente" (1 Pd. 2:21-23). De aquí sacaron el valor necesario para hacer posible el anuncio evangélico. Ellos "participaban de los sufrimientos" (Flp. 1:29) del Hijo de Dios y resistían al diablo, "estando firmes en la fe, sabiendo que los mismos sufrimientos se van cumpliendo entre vuestros hermanos en todo el mundo" (1 Pd. 5:9). De manera que el mártir no muere por una causa de naturaleza terrena; acepta la muerte "conscientemente como configuración con el sacrificio y muerte de Cristo en su entrega a Dios Padre. El mártir se alegra de su comunidad de destino con la persona de Cristo, en la cual se realiza juntamente con Cristo la entrega al Padre"[34]. En el martirio el discípulo se asemeja *(assimilatur)* al maestro, que aceptó libremente la muerte por la salvación del mundo, y se conforma a él en la efusión de su sangre como la suprema prueba de amor. Los que dan la vida por confesar el nombre del Señor y soportar todo lo que ha sido predicho por el Señor, dice Ireneo, "se esfuerzan en seguir las huellas de la pasión del Señor, siendo testigos de aquel que se hizo pasible"[35].

[34] Otto Semmelroth, "Martirio", 2.a), en *Sacramentum Mundi*. Herder, Barcelona 1961.

[35] Ireneo, *Adv. haer.* III, 18, 3.

6. Martirio aceptado, no buscado

Ni en Jesús ni en sus discípulos fue el martirio cuestión de fanatismo o estrategia político-religiosa[36]. Fue el precio ineludible de su testimonio a la verdad, que por no agradar a la parte de verdad que cada cual tenía se vio atrapado por la hostilidad y malicia de todos. El mártir siempre es víctima del odio de las turbas y del prejuicio de los jueces y magistrados, funcionarios y guardianes de la traición al servicio del poder. El verdadero mártir no busca la muerte ni dar lecciones de valor, aunque llegado el momento lo haga. Para él es suficiente no renunciar a su fe, a su conciencia. La respuesta al martirio es pasiva, es dejar hacer a sus enemigos: interrogatorio, tortura, muerte. No obedece a ninguna estrategia de resistencia ni acción profética en pro de la verdad. No es quemarse a lo bonzo ni protestar pacíficamente ante las autoridades. El martirio sobreviene al creyente, pero no lo busca, tampoco lo rehúye, simplemente porque puesto en la necesidad de negar o afirmar su fe, se decide por lo segundo. De haberle sido posible hubiera convencido a los jueces de su inocencia y salvado su vida si esto no conllevara la negación de su fe. La prueba la tenemos en las numerosas apologías del siglo II, escritos que rezuman de vida, certeza y seguridad en la victoria final de su causa. Sus autores se dirigen a las más altas autoridades con un solo propósito: mostrar la injusticia del castigo a los cristianos como si fuesen criminales, cuando cualquier juez imparcial tiene que admitir que no son culpables de ningún delito.

La posterior teología del martirio apuntará al hecho de la libertad como un dato esencial en el martirio. El mártir no es alguien que tiene que morir, sino que elige morir por la fe cuando llega el caso. En ocasiones es aconsejable huir de la persecución. Muchos de los grandes mártires, como Policarpo y Cipriano, primero escaparon y luego, cuando los apresaron, confesaron su fe. Más tarde, el mencionado papa Benedicto XIV aclara que "el martirio es el sufrimiento o aceptación voluntaria de la muerte por causa de la fe en Cristo" *(voluntariam mortis perpessionem seu tolerantiam propter fidem Christi).*

El martirio supone una corona de gloria para el cristiano en cuanto disposición a soportar el tormento y la muerte en aras de la fe; lo cual prueba la firmeza de su creencia y su compromiso vital con la misma en contraste con la religiosidad pagana. "El cristiano es más capaz de entregar su vida por la fe, que un pagano entregar un pedazo de su manto por sus ídolos"[37]. El martirio confiere credibilidad y fuerza a la convicción del mártir, pero no es deseable. Es la consecuencia trágica de las fuerzas demoníacas de este mundo que tratan de impedir el conocimiento de la verdad mediante la oposición y la muerte en un acto de injusticia total. "Vuestra crueldad es nuestra gloria", dice Tertuliano a sus jueces[38].

Los dirigentes de las primeras comunidades y los apologetas no alentaron la persecución desatada contra ellos, sino que hicieron todo lo posible por detenerla, protestando por su inocencia y afirmando sinceramente su perplejidad ante la furia perseguidora, en lo que tenía

[36] Y mucho menos de atentado contra sus semejantes. El mártir entrega su vida ante los tribunales, nunca la quita ni pone en peligro la del prójimo. De serle posible, de no verse obligado a renunciar a su fe, lucharía por preservar su vida. Su intención no es criminal, sino confesante. Es atacado, no ataca.

[37] Orígenes, *Carta a Selsios* 7:39.

[38] Tertuliano, *Ad Scapulan* 5.

de injusta por no fundamentada. A ello dedicaron todos sus poderes de persuasión mediante el uso de la lógica y el juicio sano. Que las persecuciones no se detuvieran, si no, por el contrario, aumentasen, no era culpa de ellos, sino del desinterés de los magistrados: "No os preocupáis absolutamente nada de nosotros, a quienes llamáis cristianos y, aunque no cometemos injusticias y nos portemos de la forma más piadosa y justa permitís que se nos persiga, que se nos secuestre y que se nos expulse; que la mayoría nos ataque únicamente por nuestro nombre. Nos atrevemos, sin embargo, a manifestaros lo que nos concierne: nuestro razonamiento os probará que sufrimos injustamente contra toda ley contra toda razón, y os pedimos que examinéis a favor nuestro de que no seamos más víctimas de los delatores"[39].

Las razones del odio persecutorio son siempre las mismas, son razones que intentan ocultar intereses particular con falsos pretextos: el orden religioso y civil, o el bien común. En el caso de Jesús, el sumo sacerdote Caifás esgrimió el viejo argumento del interés nacional: "Conviene que un solo hombre muera por el pueblo, y no que perezca toda la nación" (Jn. 11:49-50). No muy diferente en esencia fue la razón del Estado romano perseguidor: mantener el orden civil mediante un vano culto religioso, sustentado por una hipocresía política que los mártires ponían en evidencia al no entrar en el juego de las autoridades imperiales. De esta manera, el cristiano es mirado como elemento perturbador, como destructor del orden religioso y social, de la convivencia ciudadana.

Pero Jesucristo no envió a los suyos a emprender una labor divisoria ni a arrojarse a una muerte indiscriminada, solamente previó las consecuencias de un mensaje que conducía a adoptar posiciones ante las viejas costumbres y las tradiciones heredadas, con su retahíla de intereses y privilegios de clase. Las divisiones son previas a la irrupción del mensaje evangélico, están ahí como parte del lote sociocultural, amparadas en el prestigio del hábito y la tradición. La palabra que el cristiano pronuncia obliga a tomar posición, discrimina entre verdades e intereses y revela el corazón de los hombres. El discípulo debe comprender todo esto y aceptarlo valerosamente. "He aquí, yo os envío como a ovejas en medio de lobos: sed pues prudentes como serpientes, y sencillos como palomas. Y guardaos de los hombres, porque os entregarán en concilios, y en sus sinagogas os azotarán; y aun a príncipes y a reyes seréis llevados por causa de mí, por testimonio a ellos y a los gentiles" (Mt. 10:16-19). No debe buscar el martirio por sí mismo. Perseguido en una ciudad ha de huir a otra (v. 23). Ésa es la prudencia, la capacidad de valorar situaciones concretas, sabiendo que contra el mal está siempre en desventaja.

En algunas ocasiones hubo cristianos que, exasperados por una parte, y cansados por otra de aparecer como criminales que rehuían la luz y la justicia, hicieron frente a sus perseguidores sin hacer nada para evitar las consecuencias, sino todo lo contrario. Es el caso de los cristianos de Asia mencionados por Tertuliano a Escápula, procónsul de Cartago. En protesta del modo injusto con que el procónsul Arrio Antonino les trataba, todos los cristianos de la provincia en común acuerdo se presentaron ante el tribunal de su perseguidor. Unos pocos fueron ejecutados, el resto tuvo que soportar la reconvención mordaz del funcionario: "Desgraciados, si queréis morir, ¿no tenéis bastantes cuerdas y precipicios?"[40].

---

[39] Atenágoras, *Súplica a propósito de los cristianos,* 1.

[40] Tertuliano, *Ad Scapulan* 5.

Ignacio de Siria, pletórico por la mística del martirio, ruega a la Iglesia de Roma que no haga nada para impedir su muerte, que acelerará el encuentro con su amado Señor. "Escribo a todas las Iglesias, y hago saber a todos que de mi propio libre albedrío moriré gustoso por Dios, si vosotros no lo impedís. Os exhorto, pues, que no uséis de una bondad fuera de tiempo. Dejadme que sea entregado a las fieras para llegar así a Dios. Trigo soy de Dios, y he de ser molido por las dentelladas de las fieras, para que pueda ser hallado pan puro de Cristo. Antes, atraed a las fieras, para que puedan ser mi sepulcro, y que no deje parte alguna de mi cuerpo detrás, y así, cuando pase a dormir, no seré una carga para nadie. Entonces seré verdaderamente un discípulo de Jesucristo, cuando el mundo ya no pueda ver mi cuerpo"[41].

La disposición a padecer el martirio y a buscarlo voluntariamente fue adoptada por muchos cristianos en momentos críticos, en especial en la gran persecución que lleva el nombre de Diocleciano. Entonces se dieron casos verdaderamente atrevidos y heroicos al mismo tiempo, como atreverse a interrumpir la ofrenda ritual de los mismos magistrados, exhortando a los presentes a dar culto al único Dios verdadero. Pero no hay que generalizar ni confundir las fechas ni la geografía; y menos creer que era fomentada por los dirigentes de las Iglesias. "Nuestra disciplina nos prohíbe presentarnos espontáneamente ante los tribunales", responde Cipriano de Cartago al procónsul Galerio Máximo, interesado en saber cuántos presbíteros hay y dónde se encuentran. El obispo Pedro de Alejandría, en los cánones IX y X de su *Epístola Canónica* recrimina el que los cristianos se presenten voluntariamente ante el juez. Esto mismo será igualmente censurado por el *Concilio de Elvira,* canon LX, del año 309.

Digamos que la mística del martirio se dio principalmente en los grupos apocalípticos que ya nada esperaban de este mundo y se atrevían a desafiar a las autoridades esperando de un momento para otro la aparición gloriosa de Cristo Jesús. Tal fue el caso de los montanistas, versión exaltada del cristianismo. Tertuliano, montanista él mismo al final de su vida, aprueba el comportamiento extremado de los provocadores de su propio martirio. Las autoridades de la Iglesia, sin embargo, no vieron con buenos ojos este tipo de acciones e intervinieron para desautorizar el fervor montanista y a cualquiera que provocase la ira de los funcionarios del Estado. Los obispos buscaron por todos los medios —como los apologetas— establecer un acuerdo con los poderes civiles basándose en la inocencia de las prácticas cristianas y la base calumniosa de las acusaciones contra ellas.

Con todo, en momentos de máximo peligro para la continuidad de las Iglesias, con un elevado número de cristianos sometiéndose por miedo a los mandatos imperiales, los mártires que desafían los edictos y hacen frente a los magistrados son saludados como verdaderos héroes que presentan batalla al enemigo en su propio campo. Se puede ver con claridad en los relatos de Eusebio, en especial en los mártires de Palestina.

El menosprecio de los bienes y goces de este mundo, unido a la creencia del encuentro inmediato con su Señor, dieron pie a que entre los romanos —que no distinguían entre grupos cristianos más o menos ortodoxos— se extendiese muy pronto la opinión de que los cristianos eran una especie de suicidas a lo divino. "Mataos todos vosotros mismos y marchad de una vez a vuestro Dios y no nos perturbéis más en nuestros asuntos", decían

[41] Padres Apostólicos, *Ignacio a los Romanos,* 4.

con sarcasmo. "¿Por qué no se matan esos hombres a sí mismos y nos dejan a nosotros en paz?", se preguntaban entre sí los jueces. Sólo veían la parte de negación de la negación: el rechazo a sacrificar y apostatar; sin ojos para el aspecto positivo de la creencia: fidelidad a las propias creencias.

Justino no estaba de acuerdo con la falsa deducción de sus jueces. "Que nadie razone en esta forma", les dice. "Explicaré por qué no hacemos esto y por qué, interrogados, confesamos sin miedo alguno. No en vano hemos aprendido que Dios creó el mundo, sino que lo creó para el género humano, y ya hemos dicho que agradan a Dios los que le imitan y que, por el contrario, le desagradan cuantos de obra o de palabra abrazan lo peor. Si, pues, todos nosotros atentamos contra nuestra vida, seremos, en cuanto de nosotros depende, la causa de que ya no se engendren más hombres ni se instruyan en la divina doctrina, más aún, la causa de que desaparezca la humanidad; obraríamos, pues; contra los designios de Dios si hiciéramos tal cosa. Preguntados, no negamos, porque de ninguna obra mala nos creemos culpables; por otra parte, creemos que es impío no decir en todo la verdad, pues sabemos que el decirla es grato a Dios, y, últimamente, porque os queremos librar de un inicuo prejuicio"[42].

Otro tanto hará Tertuliano, mostrando la larga nómina de personajes de la historia griega y romana que prefirieron la muerte antes que perjudicar sus creencias, su patria o a sus seres queridos.

7. Razones del perseguidor

El derecho a la libertad de conciencia y a seguir la religión que uno encuentre más afín a sus aspiraciones y a su conciencia es un logro moderno, tan reciente en la costumbre de los pueblos que todavía no es universalmente aceptado. Según la sensibilidad moderna de respeto a todas las creencias, no hay ni puede haber ninguna razón para perseguir y ejercer violencia sobre quienes opten por credos distintos, siempre y cuando no atenten contra las leyes cívicas y sociales. Pero este último elemento se vuelve problemático cuando se aplica a sociedades que mantienen un estrecho maridaje entre religión y política, creencia y sociedad, hasta el punto de su imposible separación práctica. Entonces, cuando uno de los elementos de la vida social —la religión— es trastocado, las autoridades se creen en el derecho de actuar con todo el peso de la ley conforme a las reglas que la sociedad se ha dado a sí misma. El perseguidor, pues, también tiene sus razones, por más que se impugnen o rechacen por la parte contraria. Hay que hablar de *razones* en sentido propio, porque durante siglos los teólogos de manual atribuían la persecución particularmente a un único motivo, a saber, el *odium fidei*: "El martirio —se decía— es sufrimiento voluntario de la condenación a muerte, infligida por odio contra la fe o la ley divina". Pero la historia nos dice que, aparte de casos individuales, la persecución se desata cuando las autoridades creen invadido su derecho. Esto no era difícil si tenemos en cuenta el carácter religioso de las sociedades antiguas, para las que no existe el concepto de sociedad civil. Política y religión son dos aspectos de una misma realidad social y cultural. Esto explica que los perseguidos se convierten a su vez en perseguidores cuando las circunstancias cambian y acceden al control de la situación. Durante milenios la religión

[42] Justino, *Segunda Apología,* 4.

ha venido siendo parte integrante de la cultura, política y moral de las naciones, tal como lo vemos hoy en los países islámicos. Ha variado el grado de tolerancia religiosa practicado por unos y otros, los diferentes intentos de solución, pago de un tributo especial para los disidentes, por ejemplo, pero en general no se ha admitido ningún tipo de libertad ni autonomía respecto a cuál debería ser la religión oficial del Estado, con el cual se identifica y al que protege y es protegida.

Las razones de la persecución de que fueron objeto los cristianos por parte de las autoridades judías son más fáciles de comprender que las de la emprendida por los romanos, relativamente tolerantes en materia religiosa. Desde el punto de vista judío, la negación de la observancia de la Ley y de la importancia del templo no sólo era teológicamente escandalosa, sino que equivalía a una apostasía vergonzosa que afectaba tanto a la nación como a la religión. Mientras Pablo fue perseguidor de la Iglesia no había en él mala conciencia de ir contra la razón, las costumbres o la humanidad. Su mismo celo por la Ley exigía el sacrificio del cumplimiento más riguroso. Así se han comportado siempre los inquisidores habidos y por haber, aupados y autorizados por el mismo pueblo que ve en el hereje, en el disidente, un peligro para la sociedad y para la integridad política del Estado.

En el caso de los romanos la situación cambia por completo. El gobierno romano normalmente no se inmiscuía en problemas religiosos y permitía que los residentes no romanos practicasen el culto que les fuese propio, siempre y cuando no afectase al orden público y prestase un reconocimiento formal de los distintivos político-religiosos del Imperio. Más o menos como se comportan hoy todos los gobiernos que reconocen la separación de Iglesia y Estado y toleran toda clase de nuevos grupos religiosos y sectas variopintas siempre y cuando se mantengan en la legalidad vigente. No resulta muy claro por qué los cristianos tuvieron que aparecer a los ojos de los romanos como una superstición maligna. Muchas sectas orientales que florecían en Roma guardaban cierta semejanza con las prácticas y ceremonias cristianas. Y no hay ninguna noticia de que el gobierno imperial se ensañara con ninguna de ellas como lo hizo con el cristianismo.

En un principio las persecuciones contra los cristianos distaron mucho de ser uniformes. La de Nerón fue una reacción puramente local y por una causa ajena a la fe profesada por los cristianos, de manera que ni puede llamarse "persecución", hablando con propiedad, más bien fue una "estratagema" política para desviar sospechas sobre su persona. Nos son desconocidos los motivos de Domiciano. De hecho sólo sabemos las razones de los cristianos. Sólo ha llegado a nosotros el punto de vista cristiano, salvo algunos documentos paganos, por eso se ha impuesto sólo una de las dos perspectivas posibles, la cristiana. Son muy pocos los que han intentado penetrar en las razones de los perseguidores. Éstos aparecen como seres monstruosos, sádicos, enemigos implacables de la Iglesia por el solo hecho de sus creencias. Ya tendremos ocasión de ver las bases jurídicas de las persecuciones, pero en esta cuestión de las razones podemos deducir de la misma realidad cristiana que dejan entrever los escritos cristianos motivos suficientes para inquietar a las autoridades imperiales, sin disculparlas en absoluto, y menos cuando permitieron que subsistiera una situación de ilegalidad respecto a los cristianos, inocentes a todas luces de los crímenes y abominaciones que se les atribuían.

7.1. Religión y política

Los romanos lo veían todo, y de manera particular la religión, bajo una perspectiva política. El juicio y la decisión en el caso de las religiones extranjeras dependían siempre de consideraciones intra y extrapolíticas: tranquilidad y seguridad pública, prestigio del Estado. Los romanos estaban convencidos de la obligación de dar culto a los dioses extranjeros además de a los propios. En todo el Imperio se permitía el ejercicio de las religiones tradicionales de las naciones conquistadas. Los cultos mistéricos que venían de Oriente, como los de Isis o Cibeles, no encontraron obstáculos legales para propagarse entre el pueblo en los primeros siglos del Imperio.

Pero a diferencia de las religiones tradicionales, el cristianismo tenía una pretensión de exclusividad que no afectaba sólo a las religiones extranjeras, sino al mismo corazón de los dioses de Roma. La intransigencia cristiana frente a las divinidades del Imperio, tildadas de "ídolos y demonios", fue el punto que les ganó la fama de ateos y criminales. Lo veremos en detalle bajo el epígrafe *La Pax Deorum* o "benevolencia de los dioses", tan antigua como el origen de la religión romana y resistente a los múltiples cambios políticos, culturales y de interacción con los pueblos conquistados que afectaron a la historia de la religión romana.

Ahora bien, tal como lo veían los romanos, la *impiedad (asebeia),* la falta de respeto a los dioses, era un asunto muy serio, pues según era entendido universalmente, el bien público dependía del culto a los dioses. Tal es la queja que se observa en un abogado romano de la época ante la negativa cristiana a rendir honores a los dioses del panteón romano: "Puesto que existe acuerdo general sobre la existencia de los dioses inmortales aunque su esencia y origen sean inciertos, yo no puedo permitir que nadie se arrogue la insolencia de disolver y debilitar nuestra religión, tan antigua, útil y saludable"[43].

La religión romana había sido siempre un culto de carácter más nacional que individual. En el ámbito privado, respecto a las creencias personales y a los cultos domésticos, cada cual era libre de escoger sus devociones y practicarlas mediante los ritos que le parecieran más efectivos. La religión pública, por el contrario, se componía de un complejo orden de divinidades, fiestas, ritos e instituciones, controlada por el Estado y obligatoria para todos los ciudadanos, independientemente de sus creencias personales. Los dioses del Estado existían para proteger y engrandecer al pueblo. El deber de todo ciudadano romano era prestarles el debido respeto y reverencia en los ritos prescritos rígidamente por tradiciones inmemoriales. Si esto se cumplía al pie de la letra y sin errores, todo podía marchar bien. La más leve infracción o inobservancia podría acarrear la desgracia sobre la comunidad en conjunto. "Si existe una emoción determinante en la piedad romana" —escribe el profesor Scheid—, "no es otra que la voluntad decidida de asegurar por medio de la observancia escrupulosa de la tradición la salud de la *respublica*, ya que, en tanto en cuanto haga patente su respeto hacia los dioses, la *ciuitas* tiene garantizado el triunfo"[44]. Se cree que los cristianos, como los filósofos epicúreos, tachados de ateos, ponen en peligro la *salus publica* protegida por el temor y la veneración de los dioses "con el cual se gobierna a los hombres". A los ojos de los romanos, la negativa

[43] Minucio Félix, *Octavio,* VIII, 1.

[44] John Scheid, *La religión en Roma,* p. XV.

cristiana a sacrificar amenazaba los fundamentos mismos del Imperio, edificados sobre la *Pax Deorum,* su peculiar versión politeísta de Alianza entre el pueblo y los dioses. La ruptura de esta alianza resultaba en desgracia y calamidades. "Por los pecados de los padres tienes que pagar tú, romano, a pesar de tu inocencia, hasta que hayas renovado los amenazados templos y recintos de los dioses, así como las imágenes divinas ensuciadas por el negro humo [...] Los desdeñados dioses han amontonado abundantes desgracias sobre Occidente"[45]. Con estos precedentes, en los momentos de peligro, los emperadores, en especial a partir de Julio César y Augusto, se dieron a la tarea de renovar la religión antigua que, si en un principio sólo obligaba a los ciudadanos romanos —a los extranjeros no les estaba permitido asistir a su ceremonial— la extensión cada vez mayor de la ciudadanía romana a todos los habitantes del Imperio, obligaba a las minorías religiosas a ofrecer sacrificio público a los dioses de Roma. Negarse a practicar este culto público —que no comprometía interiormente a nadie— equivalía, a ojos romanos, a traicionar la comunidad cívica. La *neglegentia deorum* suponía la derrota militar y demás males de origen divino, tales como epidemias, terremotos y otras catástrofes naturales. Por esta razón los ritos al respecto eran financiados por el Estado y dirigidos por los magistrados como garantía de la salvación de Roma. Negarse a participar en ellos suponía no sólo violar las reglas públicas, sino atraer la desgracia sobre la totalidad de la comunidad. El historiador Dión Casio (c. 235 d.C.) nos da una idea del programa restaurador del Imperio: "Honra a los dioses por doquier imitando escrupulosamente la manera de los padres, y obliga también a los otros a tal veneración. Odia y castiga a aquellos que introducen elementos extraños en el culto a los dioses"[46]. Tras un siglo de cruentas guerras civiles la restauración de la religión de los padres supuso algo así como la *refundación* de Roma en términos religiosos. El fin de las guerras civiles, más que ninguna otra cosa, hizo que los romanos fuesen más receptivos a la abandonada religión de los dioses fundacionales, cuyos templos permanecían abandonados y en estado ruinoso. La paz de Augusto fue para su generación un milagro, que el emperador no dudó en atribuir a la inspiración de su genio divino[47].

Los romanos nunca tuvieron problemas con las religiones de las respectivas naciones sometidas a su Imperio, cuyos dioses fueron incorporados a su creciente panteón. Los ideólogos de la Roma imperial se aferraron al "destino manifiesto" de su pueblo como hicieron antes y después otros imperios, por lo que cualquier resistencia a la ocupación romana de tierras extranjeras y al ofrecimiento de su *Pax* era interpretada por ellos como una ofensa y un obstáculo en la gran misión histórica de unificar las diversas naciones bajo una sola cultura universal, que se castigaba con todo el peso de su bien entrenada infantería. Los judíos, que no creyeron en el "destino manifiesto" de los romanos ni en la invencibilidad de sus ejércitos, toda vez que sus dioses eran pura creación humana tan perecedera como los materiales de que estaban hechos, plantaron cara al invasor y durante un tiempo les fue posible soñar con la victoria. Ya sabemos que la historia terminó mal para los judíos. Para los romanos fue una victoria total, pues, según Cicerón, "incluso cuando Jerusalén estaba en pie y los judíos vivían en paz con nosotros, la práctica de sus ritos sagrados iba en contra de la gloria

[45] Horacio, *Carm.,* III, 6, 1-8.

[46] Dion Casio, *Hist. Rom.,* LII, 36.

[47] Cf. John Scheid, *La religión en Roma,* p. 134. R. M. Ogilvie, *Los romanos y sus dioses,* pp. 17-18.

de nuestro Imperio". La exclusividad de Yahvé molestaba terriblemente a los romanos, que nunca cejaron en su empeño de provocar el celo piadoso de los judíos, lo que finalmente desató la tragedia. "Conquistada, reducida a una provincia sometida, convertida en esclava", Judea "demuestra cuán caro fue eso para los dioses inmortales". Ésta era la mentalidad del pueblo romano a principios del siglo I. Los cristianos que continuaron a nivel individual la negativa nacional de los judíos de dar culto a los dioses inmortales de Roma, fueron considerados por todos como "enemigos ocultos", "bárbaros de interior" que ponían en peligro la misma estabilidad del Estado. La obstinación, *obstinatio*, de quemar unos granos de incienso por el genio divino del emperador les resultaba incomprensible e intolerable. Resignado, Galerio confiesa al final de la infructuosa persecución de la que hizo objeto a sus súbditos cristianos que no entiende cómo los cristianos habían abandonado la religión de sus padres: "Por motivos que desconocemos se habían apoderado de ellos una contumacia y una insensatez tales, que ya no seguían las costumbres de los antiguos". No entendían, ignoraban y les era del todo imposible entender la exclusividad religiosa de los cristianos, cuya fe "atraía a gentes de todo tipo y de los más diversos lugares", como formando un mundo aparte regido "únicamente por su libre arbitrio y sus propios deseos *(pro arbitrio suo atque ut isdem libitum)*"[48].

Por esta razón, desde el principio se estableció jurídicamente entre los romanos que los "cristianos no deben existir"[49], prohibición que sólo fue abolida con los mismos términos por el edicto de Galerio (30 de abril del 311), que puso fin a la gran y última persecución romana: "Deben existir de nuevo los cristianos"[50]. Los perseguidos cristianos protestaban de su inocencia y de su buena voluntad hacia el Imperio elevando oraciones por la salud del emperador, pero las autoridades romanas no podían aceptar estas razones, argumentando que la *omisión* de culto a los dioses, la *neglegentia deorum,* era un acto delictivo en sí mismo. De ahí que, en contra de toda la praxis jurídica, las autoridades se vieron en la necesidad de castigar una omisión y no una acción penal, que tanto exasperaba a los cristianos por irracional desde el punto de vista jurídico. Se les trataba a ellos, que eran inocentes de la comisión de ningún delito, peor que a los criminales culpables de fechorías. Los cristianos no alcanzaron a entender que no sólo eran condenados por causa de su religión, tachada de *superstitio* (creencia errónea), sino por odio al género humano *(odium humani generis)* y ateísmo *(atheotes)*. Los romanos nunca llegaron a comprender que los cristianos se preocupaban sinceramente por el bienestar del Imperio y sus ciudadanos dando culto al Dios único y verdadero, del que no podían renunciar mediante actos considerados idolátricos.

7.2. Moral pública y privada

En lo civil, una de las acusaciones más graves contra los cristianos era el delito de incesto, que podía tener fundamento en algunos casos, debido a la libertad con que algunos se tomaron el "fin de la ley" enseñado por el apóstol Pablo; él mismo se escandaliza de este pecado como de cosa "desconocida entre los gentiles" (1 Cor. 5:1). Sabemos que muchas

[48] Lactancio, *Mort. persec.,* 34.
[49] Cf. Ramón Teja, *El cristianismo primitivo en la sociedad romana.* Itsmo, Madrid 1990.
[50] Lactancio, *Mort. pers.* 34, 4.

sectas proclamaron una total libertad de la ley y se dieron a prácticas obscenas como una prueba de su libertad interior respecto a los mandamientos humanos y las leyes dictadas por el creador malvado de este mundo. Ireneo de Lyon dice que los gnósticos "son los primeros en mezclarse en todas las diversiones que se dan en las fiestas paganas, celebradas en honor de los ídolos. Algunos de ellos no se abstienen ni siquiera de los espectáculos homicidas, que horrorizan tanto a Dios como a los hombres, en que los gladiadores luchan contra las fieras o combaten entre sí. Otros, haciéndose hasta la saciedad esclavos de los placeres carnales, dicen que lo carnal se paga con lo carnal y lo espiritual con lo espiritual. Los hay que se relacionan en secreto con las mujeres que adoctrinan, como lo han reconocido con frecuencia, con otros errores suyos, las mujeres seducidas por ellos y convertidas después a la Iglesia de Dios. Otros, procediendo abiertamente y sin el menor pudor, han apartado de sus maridos, para unirse a ellas en matrimonio, a las mujeres de las que se habían enamorado. Incluso otros, después de unos comienzos llenos de gravedad, en que fingían habitar con las mujeres como con hermanas, han visto, con el transcurso del tiempo, descubierto su engaño, al quedar la hermana embarazada de su supuesto hermano"[51].

Las autoridades judiciales, que no estaban para distinguidos teológicos, atribuían al cuerpo central del cristianismo lo que era práctica común en algunas ramas extremas, minoritarias pero llamativas por sus prácticas contrarias a las costumbres. Sucede en la actualidad cuando a las múltiples y variadas sectas se las mete en el mismo saco de un denominar común de peligrosidad, que, en la mayoría de los casos, no tiene fundamento.

Sea como fuere, en el caso de los cristianos primitivos, los numerosos prejuicios populares jugaron contra ellos, trocando fácilmente la duda en certeza, y el rechazo en condenación.

7.3. Amenaza mesiánica

Otro aspecto que durante los primeros siglos de la era cristiana preocupó al Estado romano fue la amenaza de las expectativas mesiánicas que habían levantado al pueblo judío contra el Imperio y causado grandes bajas y humillantes derrotas. Después de la toma de Jerusalén, Vespasiano mandó buscar a todos los descendientes de David, para que no quedase nadie de la casa real entre los judíos. Los parientes de Jesús se hallaban implicados por el hecho de su descendencia davídica[52].

El emperador Domiciano, que sentía un terror mórbido ante los judíos y sus profecías mesiánicas[53], estaba convencido de que los cristianos conspiraban contra él, ya que al no ser judíos, deberían haber aceptado la religión ancestral romana. Ordenó la ejecución de todos los miembros de la familia de David para impedir así la posibilidad de que se produjera una nueva revuelta judía bajo patronazgo real. Una antigua tradición recogida por Hegesipo, judío convertido, refiere que algunos herejes acusaron a los descendientes de Judas, el hermano del Señor según la carne, de pertenecer a la familia de David y de que estaban emparenta-

---

51 Ireneo, *Adv. haer.* I, 6, 3.

52 Eusebio, *Hist. ecl.* III, 12.

53 Suetonio, *Vida de los Césares, Domiciano.* Eusebio interpreta teológicamente este temor como "miedo del Cristo que había de venir, igual que Herodes" (Eusebio, *Hist. ecl.* III, 20).

dos con el mismo Cristo. Conducidos ante Domiciano, los nietos de Judas fueron puestos en libertad luego de un breve interrogatorio y después de ver sus manos encallecidas por el trabajo: se consideró que eran simples campesinos de los que no podía temerse peligro alguno. Preguntados por la naturaleza del Reino de Cristo, los nietos de Judas respondieron que "no era de este mundo, y que sería establecido al fin del siglo, cuando vendría en gloria para juzgar a los vivos y a los muertos y a recompensar a todos según sus obras. Con esto, Domiciano no los condenó, sino que, despreciándolos como gente simple, los dejó libres y ordenó que cesara la persecución contra la Iglesia"[54].

Los temores políticos de Domiciano al mesianismo judío explican que la persecución del siglo II recayera particularmente sobre las Iglesias de Asia, donde se alimentaba una fuerte corriente mesiánica, que esperaba el establecimiento del Reino milenario de Cristo en Jerusalén. Es natural que las autoridades romanas confundieran el milenarismo cristiano con el celotismo guerrillero judío. Confusión sin fundamento, pero suficiente para las medidas excepcionales adoptadas por el Imperio en la cuestión judía. En estados de guerra la simple sospecha se toma por una cuestión de hecho, sin importar quién pague los "daños colaterales".

Unos años después, durante el reinado de Trajano, se detuvo, torturó y ejecutó al anciano Simeón, un primo hermano de Jesús y segundo obispo de Jerusalén, acusado de ser miembro de la casa real judía[55]. Esto viene a confirmar históricamente que la familia de Jesús se atribuía la descendencia davídica y se trataba simplemente de un postulado mesiánico. El episodio de Domiciano y Trajano confirma con bastante probabilidad el origen davídico de Jesús. Pablo, aunque ni conoció a Jesús según la carne ni, al parecer, se preocupó de su historia terrena, aprueba y cita la afirmación tradicional de que Jesús había nacido "del linaje de David según la carne" (Ro. 1:3). Noticia que, aparte de la fe de la Iglesia, podía haber recibido personalmente a través de una fuente directa: Santiago, el hermano del Señor, con quien se había encontrado en Jerusalén (Gál. 1:19). Pese al evidente peligro, los parientes de Jesús no niegan su descendencia davídica —lo que hubiera sido absurdo en caso de ser falsa—, sino que especifican el carácter espiritual de la pretensión mesiánica de Cristo. Por otra parte, el hecho de que otros personajes no davídicos hayan sido proclamados mesías sin dificultad demuestra que la familia de Jesús no tenía necesidad de inventar su descendencia de David para justificar el mesianismo de Jesús. El rabí Akiba proclamó a Bar Kochba como Mesías, sin que fuera del linaje de David, y como Mesías fue seguido por una gran multitud en la rebelión contra los abusos e injusticias del emperador Adriano en el año 132 d. C.[56]

A finales de 1951 los beduinos descubrieron un lote de textos, al que siguieron otros en los primeros meses del año siguiente, que se encontraban escondidos en las cuevas de Wadi Murabba`at y Nahal Hever. Entre los documentos fueron halladas algunas cartas de Bar Kochba, que nos ofrecen una imagen menos negativa que la ofrecida por sus detractores tanto judíos como cristianos.

---

54 Cit. por Eusebio, *Hist. ecl.* III, 20, 1-6.

55 Eusebio, *Hist. ecl.* III, 32.

56 Cf. Eusebio, *Hist. ecl.* I, 7; Yigael Yadin, *Bar-Kokhba. The rediscovery of the legendary hero of the last Jewish revolt against Imperial Rome* (Londres 1971); Domingo Cosenza, *Jesús, el profeta de Galilea.* www.geocities.com/domingocosenza/yeshua/jesus00.html

8. Milenaristas y entusiastas

El mismo hecho de la persecución llevó a exaltar el martirio, como una muestra de desprecio por las autoridades que tan injusta y cruelmente se comportaban con ciudadanos inocentes. La insistencia en la búsqueda del martirio mediante la provocación a las autoridades del Estado está relacionada con la creencia en el inminente retorno de Cristo. En los últimos años del imperio de Marco Aurelio, hacia el 172, en el Asia oriental, esta esperanza adquirió una forma nueva, haciendo coincidir la esperada era de justicia y de gloria milenarias con la venida del Consolador prometido en la persona de Montano. La instauración sobre la tierra de la Jerusalén celestial, cuyas murallas ya habían podido verse con la aurora durante cuarenta días, marcaría ese momento. Sería edificada en una comarca de Frigia, desconocida hasta entonces, la llanura de Pepusa. Las doctrinas de Montano levantaron el entusiasmo de las masas. Sorprende la rapidez con que la nueva doctrina se extendió por el mundo y la apasionada atención que despertó en todas partes, si bien encontró la viva oposición de Apolinar, obispo de Hierápolis a partir del 171[57]. Tertuliano será ganado para la causa del montanismo hacia el 207. Es el partido de los mártires y de los exaltados. Montano no estaba solo. Eusebio menciona a un tal Judas que escribió sobre las setenta semanas de Daniel, haciéndolas terminar el año último del reinado de Severo, es decir, el 203. "Pensaba que la parusía del Anticristo, de que todo el mundo hablaba, estaba llegando; hasta tal punto turbaba la violencia de la persecución a la mayoría de los espíritus"[58].

Hipólito refiere en su *Comentario sobre Daniel* la historia reciente de un obispo sirio que salió al desierto acompañado de su comunidad al encuentro del Señor; y la de un obispo del Ponto que anunciaba que el Juicio final tendría lugar al año siguiente, según ciertas revelaciones recibidas en visión.

9. Literatura martirial: historia y leyenda

Las primeras relaciones de martirio fueron redactadas en forma de carta. Una Iglesia contaba minuciosamente a otra la heroicidad de los suyos. Por ejemplo, la carta de la Iglesia de Esmirna dirigida a otras Iglesias relatando el martirio de su obispo Policarpo y sus compañeros. Unos veinte años después, la Iglesia de Lyon escribe a sus hermanos de Frigia dando a conocer el comportamiento de un numeroso grupo de mártires de su ciudad. Estas cartas eran leídas públicamente en las reuniones cristianas.

Surgió además el deseo de procurarse una relación fidedigna de los interrogatorios y de las respuestas de los mártires. Gracias al escrupuloso espíritu jurídico romano, en ningún tribunal faltaban los *notarii* que recogían taquigráficamente todos los actos del proceso, señaladamente en el interrogatorio, por medio de *notae* o signos de abreviación. Luego se traducía a escritura vulgar, y así pasaban las piezas a los archivos judiciales. Esto llevó a los creyentes a copiar las actas de los mártires, tal como constaban en los archivos oficiales. A estas *actas proconsulares* añadían el testimonio de los testigos que hubieran estado presentes

[57] Cf. Eusebio, *Hist. ecl.* V, 16, 1.

[58] Eusebio, *Hist. ecl.* VI, 7.

durante el interrogatorio y la sentencia. Si era preciso las comunidades cristianas pagaban una buena cantidad por la copia exacta de las actas proconsulares, que ordinariamente eran breves, esquemáticas, redactadas en forma convencional según el estilo original de preguntas y respuestas, pero de inmenso valor. Por eso son conservadas y transmitidas con fervor. Se pasan de una comunidad a otra. Solían leerse en los actos litúrgicos que conmemoraban el aniversario del martirizado. Surge así la *literatura martirial* de los siglos II y III.

Cartas y actas irán encabezadas por una breve introducción y seguidas de una sucinta relación del martirio, o sea, de la ejecución de la sentencia. Se valora la actitud de los mártires ante los tribunales, en los tormentos y en la muerte; su superioridad religiosa sobre los perseguidores; su inquebrantable fidelidad, su constancia y la certeza de la salvación. Tendían a la instrucción edificante de los creyentes y fomentaban la veneración piadosa de los testigos de la fe.

Con el paso del tiempo se fue acumulando una abultada colección de escritos martiriales en parte históricos y en parte legendarios. Son poquísimas las actas auténticas que tenemos, debido principalmente al edicto de Diocleciano que ordenó la entrega y la destrucción de los libros sagrados de los cristianos, entre los que se encontraban las actas dado el valor ejemplarizante que les otorgaban las Iglesias. Las únicas actas verídicas y ajustadas a los hechos no pasan de la media docena: las *Actas de Justino y sus compañeros;* las *Actas de los mártires escilitanos* —el primer documento histórico más antiguo de la Iglesia africana— y las *Actas proconsulares de San Cipriano,* correspondientes al doble juicio que condenó al obispo de Cartago al destierro y al año siguiente a la muerte. A éstas tendría que reservarse el nombre de *Actas de los mártires (acta o gesta martyrium).* Se caracterizan por la sobriedad de los hechos y la corrección del diálogo entre el juez y el acusado, sin que se apostrofen mutuamente como se ve de ordinario en los relatos no auténticos.

Un segundo grupo literario son relatos compuestos a base de recuerdos de los testigos presenciales, o al menos contemporáneos. Su valor histórico es relativo. Se les conoce por *passiones* o *martyria.* A ese género pertenece el *Martirio de Policarpo,* la más antigua y con mayor valor histórico, obra de un testigo ocular, Marciano, redactada en vistas a la celebración del aniversario de la muerte del obispo de Esmirna, y las *Actas de los mártires de Lyon,* que narran el martirio de Pontino y numerosos compañeros, entre ellos Attalus, Sanctus y Blandina. En su redacción se aprecia la reacción contra las tendencias montanistas. Por el contrario, las *Actas de Perpetua y Felicidad,* manifiestan el espíritu montanista. Es el documento más conmovedor que nos ha llegado del tiempo de las persecuciones.

Un tercer grupo abarca las leyendas de mártires compuestas mucho después del martirio, sin la asistencia de testigos oculares ni de documentos de archivo y por consiguiente sujetos a varios tipos de manipulación editorial. En ellas se mezcla la fantasía y la verdad. Los datos son ciertos en lo substancial, pero adornados con hechos sobrenaturales. Realmente pertenecen a un género primitivo de *romances* escritos alrededor de unos pocos hechos reales más semejantes a las primitivas *novelas* piadosas que a la historia. Tales son las actas de los mártires romanos Santa Inés, Santa Cecilia, Santa Felicidad y sus siete hijos, San Hipólito, San Lorenzo, San Sixto, San Sebastián, Santos Juan y Pablo, Cosme y Damián. También el *Martyrium S. Clementis* y el *Martyrium S. Ignatii.*

La historia de Felicidad y sus siete hijos, por ejemplo, parece ser una versión cristiana de un relato contenido en los libros de los Macabeos respecto a siete hermanos judíos apresados junto con su madre y obligados a renegar de sus creencias (2 Mac. 7:1-20). Otros romances simplemente son fruto de la imaginación del autor, auténticas novelas para consumo piadoso que, desafortunadamente, fueron tomadas posteriormente como historia, como el caso de la leyenda de Barlaam y Josafat, adaptación cristiana de la historia de Buda. La historicidad de estos documentos es de poco o ningún valor. Propiamente son romances escritos alrededor de unos pocos hechos reales, que se han preservado en la tradición popular o literaria, o nada más que puras obras de la imaginación de hechos irreales. Por ejemplo, las "actas románticas" de Dídimo y Teodora, que fue salvada de un castigo peor que la muerte; o Antonina y Alejandro, doncella procedente de Tracia liberada por el joven soldado Alejandro, que paga con grandes suplicios su acto. Antonina, entonces, sin pensar en su seguridad, valientemente regresa para compartir con su salvador la corona del martirio. Ficciones literarias todas ellas, escritas con la intención de edificar moralmente y no de engañar al lector. Novelas tempranas que con el paso del tiempo fueron tomadas, desafortunadamente, como historia.

Eusebio, el famoso historiador eclesiástico y testigo ocular de los padecimientos sufridos por los cristianos de su región, reunió una valiosa recopilación de actas martiriales que mencionaba en el prefacio del V libro de su *Historia eclesiástica,* pero desgraciadamente esta fuente se ha perdido. Pero no es tan malo como podría ser. Un resumen de la mayoría de estas actas se encuentra en su *Historia eclesiástica,* a la que hay que añadir su relato sobre *Los mártires de Palestina,* cuya traducción transcribimos en su lugar correspondiente.

No obstante las dificultades que los documentos sobre el martirio presentan al historiador, se han hecho trabajos importantísimos de investigación y examen científico de los mismos, en los que han participado católicos y protestantes: O. von Gebhardt[59], De Rossi, M. Aubé[60], Pío Franchi de Cavalieri, Edmond-Frederic Le Blant[61], Frederick C. Conybeare[62], Adolf Harnack[63], Paul Allard, J. Leclercq y, sobre todo, Hippolyte Delehaye[64]. Gracias a la ingente labor crítica realizada por los bolandistas[65] desde hace siglos en el campo de la hagiografía es ya posible ponderar los textos de carácter hagiográfico como documentación

[59] *Acta Martyrum Selecta. Ausgewählte Märtyrer-acten und andere Urkunden aus der Verfolgungszeit der christlichen Kirche.* Berlín 1902.

[60] *Histoire des persécutions de l'Eglise jusqu'à la fin des Antonins* (París, 1875); *Histoire des persécutions de l'Eglise. La polémique païenne à la fin du IIe siècle* (París, 1878); *Les Chrétiens dans l'Empire romain de la fin des Antonins au milieu du IIIe siècle* (180-249) (París, 1881).

[61] Les actes des martyrs. Supplemént aux Acta sincera de dom Ruinart, *Mémoires de l'Academie des Inscriptions et Belles Lettres* 30 (París, 1882); *Persécuteurs et Martyrs.* París 1893.

[62] *The Armenian Apology and Acts of Apollonius, and Other Monuments of Early Christianity.* Londres 1894.

[63] *Des heiligen Irenäus Schrift zum Erweise der apostolischen Verkündigung* (Leipzig, 1908, 2 ed.); *Die Chronologie der altchristlichen Litteratur bis Eusebius* (2 vols. Leipzig, 1897, 1904).

[64] *Cinq leçons sur la méthode hagiographique* (Bruselas, 1934); *Les légendes hagiographiques* (Bruselas, 1955, 4 ed.); *Les passions des martyrs et les genres littéraires* (Bruselas, 1966, 2 ed.).

[65] Orden religiosa que recibe su nombre del jesuita Jean Bolland (m. 1665), dedicada a la hagiografía desde hace más de 350 años (www.kbr.be/~socboll). Cf. Hippolyte Delehaye, *The Work of the Bollandists through three Centuries, 1615-1915* (Princeton University Press, Princeton 1922); P. Peeters, *L'oeuvre des Bollandistes* (Bruselas, 1968, 2 ed.). Son importantísimos la trilogía bolandista: *Bibliotheca Hagiographica Latina; Bibl. Hagiographica Graeca* y *Bibl. Hagiographica Orientalis* y los estudios monográficos publicados en *Subsidia hagiographica.*

histórica. Aplicando el método hagiográfico de Hippolyte Delehaye al estudio de las *Acta Martyrum,* se puede extraer, debidamente tamizada, una preciosa información que, a menudo, no se documenta en ninguna otra fuente. Así, discerniendo las actas martiriales históricas de aquellas que no lo son mediante la cronología, la homonimia, así como otras variables, se obtienen datos importantes que amplían nuestro conocimiento de la historia del cristianismo primitivo y de su contexto imperial.

En el plano de la vida interna de la Iglesia, la literatura martirial jugó un papel principal en la formación de la espiritualidad y conciencia cristianas. La lectura de sus historias llevó a muchos jóvenes al anhelo de morir por causa de la fe, como aquella niña Teresa de Ahumada, más conocida por Santa Teresa, que abandonó su casa para ir a morir a tierra de infieles después de haber leído estos relatos. Durante siglos la lectura de las populares *vidas de santos* y mártires fue el equivalente a las novelas modernas, y ejercieron una poderosa influencia en el espíritu de sus lectores[66]. Los mártires, rodeados desde el principio con la aureola de la santidad, aparecen siempre con rasgos casi divinos y sobrenaturales. Sus vidas son un continuo milagro en medio de prolongadas torturas, multiplicadas para hacer resaltar el prodigio y fortaleza del mártir. En algunos casos la fantasía piadosa se desborda y ofrece aspectos entre truculentos y fabulosos, como aquel San Lamberto que anduvo con la cabeza cortada 40 kilómetros después de muerto. O el tan traído y llevado Dionisio el Areopagita, el converso de Pablo en Atenas (Hch. 17:32-34), apóstol de las Galias que fue decapitado, y que con la cabeza desprendida entre sus manos se encaminó hacia el lugar que todavía hoy lleva su nombre: Saint-Denys (Francia), donde la dejó en el suelo y expiró. Con mucha frecuencia las pasiones de los mártires presentan al emperador como juez, algo rarísimo en verdad, y a veces actúan como perseguidores emperadores que jamás lo fueron, como Alejandro Severo y Numeriano, o aparece Diocleciano juzgando a los mártires romanos, a pesar de que casi nunca estuvo en Roma.

BIBLIOGRAFÍA

Concepto del martirio

E. L. Hummel, *The concept of martyrdom according to St. Cyprian of Cartage,* Washington 1946.

H. Von Campenhausen, *Die Ideedes Martyriums in der Alten Kirchen.* Gotinga 1964.

Martín Ibarra Benlloch, "Diferencia de pareceres entre Lactancio y Eusebio de Cesarea en torno a la muerte voluntaria del cristiano en testimonio de su fe", en *Anuario de Historia de la Iglesia,* núm. 3, 1994, pp. 95-108.

Maurice M. Hassatt, "Martir", en *The Catholic Encyclopedia.* Encyclopedia Press, New York 1901. Hay versión electrónica.

Otto Semmelroth, "Martirio", en *Sacramentum Mundi.* Herder, Barcelona 1961.

P. Molinari, "Mártir", en *Diccionario de Espiritualidad.* Herder, Barcelona 1984.

R. Fisichella, "Martirio", en *Diccionario de Teología Fundamental.* Paulinas, Madrid 1992.

W. Brian Shelton, *Martyrdom and Exegesis in Hippolytus: An Early Church Presbyter's Commentary on Daniel.* Paternoster, Exeter 2008.

[66] Cf. Aviad Kleinberg y Jane Marie Todd, *Flesh Made Word: Saints' Stories and the Western Imagination.* Harvard University Press 2008.

Actas de los mártires y hagiografía

Actas de los mártires, editadas por D. Ruiz Bueno. Ed. Católica, Madrid 1956.

Acta primorum martyrum sincera & selecta. Edición y estudio de Thierry Ruinart, 1 ed. en París 1689 (1859 en Ratisbona).

Actes des martyrs d'Orient. Traducción del siríaco por F. Lagrange. Alfred Mame et Fils, Tours 1879, 2ª ed.

Alison Elliott, *Roads to Paradise. Reading the Lives of the Early Saints.* University Press of New England, Hanover 1987.

Fray Justo Pérez de Urbel, *Los mártires de la Iglesia. Testigos de su fe.* AHR, Barcelona 1956.

H. Quentin, *Les martyrologes historiques au moyen Age.* París 1908.

Hippolyte Delehaye, *Les Légendes hagiographiques.* Bruselas 1927, 3ª ed (trad. inglesa: *The Legends of the Saints: An Introduction to Hagiography.* University of Notre Dame Press 1961). Edición electrónica: www.fordham.edu/halsall/basis/delehaye.html

James Bridge, "Actas de los Mártires". *The Catholic Encyclopedia.* Encyclopedia Press, New York 1901.

Melchor de Pobladura, "Hagiografía", en *Gran Enciclopedia Rialp,* vol. XI, 529-535. Rialp Madrid 1971.

René Aigrain, *L'hagiographie. Ses sources, ses méthodes, son histoire.* Bloud & Gray, París 1953.

Serafino Prete, "Acta Martyrum", en *Gran Enciclopedia Rialp,* vol. I., 151-154. Rialp Madrid 1971.

Thomas Noble y Thomas Head, eds., *Soldiers of Christ: Saints and Saints' Lives from Late Antiquity and the Early Middle Ages.* Pensylvania State University Press 1994.

Razones del perseguidor

J. Bayet, *La religión romana: historia política y psicológica.* Madrid 1984.

John Scheid, *La religión en Roma.* Ediciones Clásicas, Madrid 1991.

José Montserrat Torrents, *El desafío cristiano. Las razones del perseguidor.* Anaya-Muchnik, Madrid 1992.

Mar Marcos, "Ley y Religión en el Imperio Cristiano", *Ilu. Revista de Ciencias de las Religiones.* Anejos 2004, XI, pp. 51-68. Hay edición electrónica.

Philip Schaff, "Causes of Roman Persecution", en *History of the Christian Church,* vol. cap. II, 15.

R. L. Wilken, *The Christians as the Romans Saw Them.* New Haven, Londres 1984.

Raúl González Salinero, *Las persecuciones contra los cristianos en el Imperio romano. Una aproximación crítica.* Signifer Libros, Madrid 2005.

Robert O. Ogilvie, *Los romanos y sus dioses.* Alianza Editorial, Madrid 1995.

Stewart Perrowne, *Caesar and Saints.* Hodder and Stoughton, Londres 1962.

2. Mártires antes del cristianismo

1. De Abel a los profetas

Los primeros cristianos rechazados y perseguidos por sus compatriotas leyeron las Escrituras con nuevos ojos para encontrar en ellas palabras de consuelo, pero también directrices y ejemplos que avalaran su resolución ante la muerte por causa de la fe. Y encontraron que el martirio estaba ya esbozado en la antigua Alianza en figuras como los profetas y los tres jóvenes, Sadrac, Mesac y Abed-nego, castigados en Babilonia a ser arrojados a un horno de fuego por negarse a adorar la estatua del rey Nabucodonosor.

Gregorio Magno va más lejos y comienza la lista de su martirologio con Abel, "la primera palma en el martirio", que perdió la vida a manos de Caín, su hermano, porque el sacrificio que ofreció a Dios fue más acepto que el suyo. Miqueas, profeta herido en el rostro y echado en la cárcel. Jeremías padeció cárcel y azotes, y fue arrojado en una cisterna entre cieno y hediondez, y al final, muerto a pedradas. Isaías, asesinado por sus propios compatriotas, pues según la tradición judía, el profeta murió aserrado por la mitad durante el reinado de Manasés. "Eran enviados de Dios a predicar la verdad; no hicieron caso de las amenazas, ni de los tormentos de los tiranos".

El recuerdo y las lecciones de estos personajes de la historia bíblica de Israel suministran a los escritores eclesiásticos de ejemplos y pautas a seguir. Desafían a los débiles y confirman a los fuertes. "Recordamos y sabemos —escribe Cipriano de Cartago— que, a pesar de la defección y la prevaricación de los demás, Matatías salió audazmente en defensa de la Ley de Dios; Elías, mientras los judíos faltaban a sus deberes y se apartaban de la religión divina, se mantuvo fiel y luchó heroicamente; Daniel, sin asustarse por la soledad de una tierra extranjera ni por las continuas persecuciones de que era objeto, dio a menudo gloriosos y valientes testimonios de su fe; asimismo los tres jóvenes, sin dejarse acobardar ni por sus pocos años ni por las amenazas, desafiaron con fe viva el fuego de Babilonia y triunfaron ante el rey vencedor, ellos, sus cautivos"[67].

Pero es en el mismo Nuevo Testamento que tenemos el precedente de esta lectura del Antiguo Testamento en clave martirial, comenzando por las palabras de Jesús registradas en el Evangelio de Mateo: "Gozaos y alegraos, porque vuestra recompensa es grande en los cielos; pues así persiguieron a los profetas que fueron antes de vosotros" (Mt. 5:12). Y un poco más adelante: "Toda la sangre justa que se ha derramado sobre la tierra, desde la sangre del justo Abel hasta la sangre de Zacarías hijo de Berequías, quien pereció entre el altar y el santuario" (Mt. 23:35; Lc. 11:51). A lo que si añadimos el testimonio de Esteban: "¿A cuál de los profetas no persiguieron vuestros padres?" (Hch. 7:52; cf. Mt. 23:31, 37), y el del apóstol Pablo: "Éstos mataron tanto al Señor Jesús como a los profetas; a nosotros nos han perseguido" (1 Tes. 2:15), tenemos una prueba directa de lo extendido que estaba en la mentalidad cristiana el destino martirial de aquellos en quienes se ha cumplido el tiempo de los profetas y como tales son enviados a la muerte: "Mirad; yo os envío profetas, sabios y escribas; y de ellos, a unos mataréis y crucificaréis, y a otros azotaréis en vuestras sinagogas y perseguiréis de ciudad en ciudad" (Mt. 23:34); "derramados como libación sobre el sacrificio y servicio de la fe" (Flp. 2:17). Así marcha el mismo resueltamente hacia Jerusalén, "pues no conviene que un profeta perezca fuera de Jerusalén" (Lc. 9:51; 13:33).

El profeta puede ser llamado propiamente mártir, "mártir de Dios" *(martys tou Theou),* porque su testimonio de la Palabra de Dios se ve muchas veces acompañado del asesinato y de amenazas de muerte: "Sucedió que cuando Jeremías terminó de decir todo lo que Yahvé le había mandado que hablase a todo el pueblo, lo apresaron los sacerdotes, los profetas y todo el pueblo, diciendo: 'Irremisiblemente morirás'" (Jer. 26:8-11). Tal fue el caso de Urías, que profetizó en nombre de Yahvé, pero que al oír las amenazas de muerte del rey Joacim

[67] Cipriano, *Cartas* 67, 8.

le entró miedo y se refugió en Egipto. Lo cual no le sirvió de nada, pues fue sacado de allí y asesinado en la presencia del rey (Jer. 26:20-23). El profeta Zacarías, apedreado "en el patio del templo del Señor" (2 Cro. 24:17-22). Elías habla de la destrucción de los altares de Yahvé y de la muerte a espada de los profetas, hasta el punto de quedarse solo, "y me buscan para quitarme la vida" (1 Re. 19:10-12; cf. Neh. 9:26). El profeta es, pues, testigo *(martys)* de la Palabra divina, cuya muerte será vengada por el Señor: "Yo tomaré venganza de la sangre de mis siervos, los profetas y de la sangre de todos los siervos de Yahvé" (2 Re. 9:7). A partir de aquí es posible desarrollar una "teología del martirio" y establecer un punto de conexión entre profeta del Antiguo Testamento y testigo *(martys)* del Nuevo Testamento. El martirio cristiano es para Ireneo prueba de que el espíritu de los profetas perdura en la Iglesia.

2. Hasidim y macabeos

A estos relatos antiguos, correspondientes a la historia del pueblo hebreo hasta su cautiverio babilónico, hay que sumar los acontecimientos que tuvieron lugar bajo el régimen helénico de Israel y el conflicto que estalló durante el reinado del rey seléucida Antíoco IV (c. 215-163 a.C.), a principios del siglo II a.C. Este extraño gobernante, que se atribuyó el título de *Epífanes,* que literalmente significa "Dios manifestado", y que sus enemigos cambiaron una de las letras de su nombre para que dijese *Epimanes,* o sea, "el loco", en esa reacción tan común a los poderosos decidió que la religión judía era bárbara y atrasada y que había que desterrarla de la tierra y poner en su lugar el culto a los dioses de Grecia, de los cuales él era su manifestación visible en la tierra. Los judíos piadosos, en hebreo *hasidim,* como no podía ser de otra manera, se negaron a aceptar la divinidad de este hombre y más todavía a renegar de la fe de sus padres en el Dios de Israel. En consecuencia tuvieron que soportar la persecución del tirano.

Bajo el Imperio heleno de Alejandro Magno, Palestina estuvo inicialmente bajo la dominación egipcia hasta que Antíoco III el Grande (224-187) logró imponer su poder. Su hijo y sucesor Seleuco IV (187-176) siguió, en líneas generales, la misma actitud benevolente de su padre hacia los judíos, pero a la muerte de Seleuco IV le sucedió el mencionado Antíoco IV Epífanes, que comenzó una dura persecución religiosa contra el pueblo hebreo, al pretender sustituir las instituciones mosaicas por las helénicas. Para ello contó con la colaboración de algunos judíos helenizantes, como Josué, hermano del sumo sacerdote, que en una prueba de ilustración helénica cambió su nombre por Jasón —en honor del héroe griego—, y que alrededor del año 175 a.C. obtuvo mediante soborno el sumo sacerdocio para sí mismo. Entonces, "por primera vez las costumbres griegas se introdujeron en Jerusalén con un éxito que demuestra hasta qué grado los judíos se habían helenizado en espíritu"[68]. Josué-Jasón construyó un gimnasio y favoreció en todos los sentidos la cultura griega, sus modas y juegos (1 Mac. 4:9-12). No le duró mucho su gloria. Menelao (172-168 a.C.), a quien había enviado a Antioquía con el tributo exigido por el monarca sirio, conspiró contra él y se hizo con el nombramiento de sumo sacerdote gracias a un altísimo soborno real. Jasón probaba un poco de su propia medicina y tuvo que buscar refugio entre los amonitas. Pero las cosas no iban a

[68] William Smith, *Entre los dos testamentos,* p. 23.

ser fáciles para el maquinador Menelao, que se complicó la vida gravemente. Logró escapar a la ira de Antíoco IV y servilmente lo condujo al templo, donde el tirano profanó el altar sacrificando un cerdo. Con el caldo de su carne roció todo el santuario y contaminó el lugar santísimo. Sacó los vasos sagrados y otros tesoros y regresó a Antioquía, dejando un salvaje frigio llamado Felipe como gobernador de Jerusalén.

Llevado por su afán de poder, Antíoco publicó un decreto en todo su reino para que todos formasen un solo pueblo, dejando cada uno sus peculiares leyes y acatando la religión y costumbres griegas. Ordenó a los judíos que no circuncidasen a sus hijos y que practicaran el paganismo (1 Mac. 1:44-48), obligando a los hebreos a "abandonar el culto de su propio Dios"[69]. Nombró inspectores encargados de hacer cumplir lo ordenado. Muchos de los judíos, algunos espontáneamente, otros por miedo, acataron las órdenes del rey, pero algunos las despreciaron. Las piadosas madres judías que desafiaron el edicto, atreviéndose a circuncidar a sus hijos, fueron estranguladas en el acto. Los hombres eran flagelados y mutilados y se les crucificaba cuando todavía estaban vivos y respiraban, colgando a los hijos del cuello de los padres crucificados[70]. La crueldad humana no conoce límites. Nunca es tan criminal que no pueda serlo más.

En el año 167 mandó colocar sobre el altar de Yahvé el ídolo de Júpiter Olimpo (Zeus) y dedicar a su culto el Templo de Jerusalén. Mandó edificar altares idolátricos en las ciudades de Judá. Se ofrecieron inciensos en las puertas de las casas y en las calles y los libros de la Ley que se hallaban eran rasgados y echados al fuego. Los desdichados que los habían guardado morían miserablemente. Una mujer y sus siete hijos fueron detenidos y conminados a adorar a los ídolos. Negándose a hacerlo, agarraron al primero de los hijos y delante de su madre y de sus hermanos le arrancaron la lengua, le cortaron sus miembros y le quemaron vivo a fuego lento. De nuevo le presentaron la alternativa de adorar a los dioses griegos o permanecer fieles a Yahvé y morir. Nueva negación, nueva tropelía en la persona del segundo hijo, al que desollaron vivo a la vista de los demás. Y así siguieron las terribles pruebas hasta no quedar con vida más que un hijo sólo, el más joven. A éste se le prometió honores y riqueza para sí mismo y para su madre si obedecía. Temiendo que su hijo pudiese debilitarse, aquella piadosa mujer animó a su hijo diciendo: "Hijo mío, mira el cielo y la tierra, y todo lo que en ellos hay, y piensa en que Dios los creó de la nada, y de la misma manera fue creada la humanidad. No le temas a este atormentador, sino sé digno de tus hermanos; soporta tu muerte, para que te pueda recibir de nuevo en misericordia juntamente con tus hermanos" (2 Mac. 7:27-29). Tremenda y ejemplar lección.

"Los adoradores de la dulzura de la religión griega y que suponen que era desconocida la persecución religiosa antes de la era cristiana harán bien en considerar el imperdonable y bárbaro intento de Antíoco de exterminar la religión de los judíos y substituirla con la de los griegos"[71]. No sólo eso, sino que los historiadores antiguos, Polibio, Livio, Appio, Diodoro, guardan silencio respecto a esta gran persecución y la subsecuente historia de la gloriosa regeneración de Judea bajo los macabeos, y lo escrito por Tácito demuestra el significativo

---

69 Flavio Josefo, *Antigüedades judías* XII, 4.

70 Flavio Josefo, *Antigüedades judías* XII, 5.

71 Dean Milman, citado por William Smith, *op. cit.,* p. 26.

prejuicio y desprecio de la Antigüedad clásica por el monoteísmo y sus máximos exponentes, los judíos: "Durante el dominio de los asirios, los medos y los persas, los judíos fueron los más abyectos de los súbditos. Después de que los macedonios alcanzaron la supremacía de Oriente, el rey Antíoco se esforzó por quitarles la superstición e introducir las costumbres griegas, pero la guerra con los partos le estorbó para reformar a ese repulsivo pueblo".

La forma favorita de compulsión empleada por los perseguidores fue tratar de hacer que los judíos comieran carne de cerdo. Un jefe de los escribas llamado Eleazar, venerable anciano de noventa años de edad y distinguido doctor de la Ley, cuando a la fuerza le metieron en la boca un pedazo de carne de cerdo, lo escupió y voluntariamente se entregó al tormento. Sus verdugos, viendo su obstinación redoblaron su crueldad y cuando estaba expirando bajo los golpes clamó: "Es manifiesto a Yahvé, quien tiene el santo conocimiento, que habiendo podido librarme de la muerte, soporto los agudos dolores del cuerpo, pero en el alma estoy muy contento de sufrir estas cosas porque temo a Yahvé" (2 Mac. 6:18-31). No es extraño que los escritores cristianos le clasificaran entre los grandes mártires del Antiguo Testamento. Fue distinguido con el título de «Protomártir del Antiguo Pacto" y "fundamento del martirio"[72].

Un anciano sacerdote de nombre Matatías, hijo de Asmoneo, que habitaba en la tierra de Dan, en la ciudad de Modín, y padre de cinco hijos: Simón, Judas, Juan, Eleazar y Jonatán, se negó a obedecer el decreto de Antíoco y se refugió en las montañas, donde encabezó la rebelión popular contra el tirano, y tras un período de guerras y guerrillas su hijo Judas Macabeo condujo a los *hasidim* a la victoria en el año 164 a.C., dando paso así a la dinastía asmonea. Tras la victoria pudo Judas entrar libremente en Jerusalén, purificar el Templo y restablecer el culto a Yahvé. Para esto se eligieron a sacerdotes irreprochables, amantes de la Ley, los cuales purificaron el Templo y echaron las piedras del altar idolátrico en un lugar inmundo. Del altar de los holocaustos que había sido profanado "les pareció buen consejo destruirlo y depositar las piedras en el monte del Templo hasta que viniese un profeta que diese oráculo sobre ellas" (1 Mac. 4:45-46). Hicieron nuevos vasos sagrados e introdujeron el candelabro, el altar de los perfumes y la mesa del Templo, y dieron fin a la obra de la restauración. La dedicación del Templo purificado se celebró el 25 de diciembre de 164 a. C., tres años después de la profanación, en la misma hora y en la misma fecha. Durante ocho días se celebró la renovación del altar, y se ofrecieron los holocaustos y los sacrificios en acción de gracias y de alabanzas. Desde entonces se ordenó conmemorar anualmente esta fiesta de la dedicación del altar, conocida por *Hanuká.*

El ejemplo de todos estos valerosos judíos que afrontaron la muerte por causa de su fe se convirtieron para el cristianismo primitivo en modelos y precedentes dignos de imitar. Lo atestigua suficientemente el arte paleocristiano. Es frecuente hallar pinturas, adornos y bajorrelieves con las imágenes de Daniel entre los leones y los tres jóvenes en medio del fuego, aparte de las constantes referencias que aparecen en los escritos de los apologistas. No cabe duda que este factor estimulante del ejemplo martirial de los santos del Antiguo Testamento y de la llamada literatura apócrifa o deuterocanónica, contribuyó a que la Iglesia antigua

---

[72] Juan Crisóstomo, *Hom.* 3 in 1 Mac. init. cf. Ambrose, *De Jacob.* 2, 10.

aceptase como canónicos los escritos que contenían estas historias ejemplares. Agustín lo explica con toda claridad: "Éstos no se encuentran en las santas Escrituras llamadas canónicas, sino en otros escritos, entre los cuales están los libros de los Macabeos, que no tienen por canónicos los judíos, sino la Iglesia, a causa de los sufrimientos terribles y admirables de algunos mártires que, antes de la encarnación de Cristo, contendieron por la Ley de Dios hasta su muerte, y soportaron los más graves y horribles tormentos"[73].

Además, como escribe Montserrat Torrents, "cabe señalar que la literatura piadosa acerca de los mártires cristianos estuvo muy influida por el ciclo martirial judío, y en particular por el de los macabeos"[74]. De hecho, los oradores cristianos se refieren a los macabeos como precursores de los mártires del Evangelio; basta leer la *Exhortación al matirio* de Orígenes para darse cuenta de ello.

BIBLIOGRAFÍA

Flavio Josefo, *Antigüedades judías.* CLIE, Terrassa 2003.

H. A. Ironside, *De Malaquías a Mateo. 400 años de silencio.* CLIE, Terrassa 1990.

Johann Maier, *Entre los dos testamentos. Historia y religión en la época del Segundo Templo.* Sígueme, Salamanca 1996.

M. Simon y A. Benoit, *El judaísmo y el cristianismo antiguo. De Antíoco Epífanes a Constantino.* Labor, Barcelona 1972.

S. A. Cummins, *Paul and the Crucified Christ in Antioch: Maccabean Martyrdom and Galatians 1 and 2.* Cambridge University Press, Cambridge 2001.

Shmuel Shepkaru, *Jewish Martyrs in the Pagan and Christian Worlds.* Cambridge University Press, Cambridge 2005.

William Smith, *Entre los dos testamentos.* CLIE, Terrassa 1985.

3. Confrontación con el judaísmo

El cristianismo es desde el principio judío, lo es en su doble origen racial y religioso. Durante años los cristianos se comportaron externamente como otros muchos judíos de la época: oraban y alababan a Dios, leían las Escrituras sagradas y acudían al templo cada día (Hch. 2:42-46; 3:1; 5:42). La Iglesia de Jerusalén continuó en perfecta *solidaridad* con el pueblo al que pertenecía. No se desliga de Israel como la comunidad separatista de Qumrán, sino que permanece en él como una corriente especial o *hairesis,* en virtud de su firme creencia en Jesús de Nazaret como único camino de salvación para los pecadores (Hch. 4:12).

"Los cristianos observaron la Ley, como Jesús mismo había hecho, veneraron el templo como la casa de Dios y continuaron tomando parte en el culto. Por la generosa actitud que la Iglesia judía tomó algunos años más tarde respecto a los gentiles que creían en Cristo, podemos decir que los cristianos de Jerusalén no consideraban la Ley y el templo como medios de salvación... No imponiendo el yugo de la Ley a los gentiles convertidos, los judíos cristianos

[73] Agustín, *Ciudad de Dios,* XVIII, 36.

[74] José Montserrat Torrents, *El desafío cristiano,* p. 198.

manifestaban que su propia observancia de la Ley significaba para ellos únicamente su lealtad a la nación de Israel y su solidaridad con los antiguos padres y con Jesús mismo"[75].

1. Jesús signo de contradicción

La confesión de Jesús de Nazaret como Mesías salvador los distinguía de la ortodoxia judía. No porque el judaísmo no creyese en un Mesías salvador, sino precisamente por eso, porque el cristianismo llamaba Mesías a un personaje rechazado por las autoridades religiosas de la nación y ajusticiado por la autoridad política extranjera, "colgado de un madero", escarnio ante Dios y ante los hombres. Jesús era el punto de fricción entre las autoridades de Jesús y la comunidad cristiana. Con un agravante, que aquéllas habían colaborado con los invasores romanos para conseguir el ajusticiamiento de éste. Y Pedro no dudaba en echárselo en cara: "Vosotros matasteis clavándole en una cruz por manos de inicuos" (Hch. 2:23). "El Dios de nuestros padres ha glorificado a su Siervo Jesús, al cual vosotros entregasteis y negasteis ante Pilato, a pesar de que él había resuelto soltarlo. Pero vosotros negasteis al Santo y Justo y matasteis al *Autor de la vida*[76]" (Hch. 3:13-15). Pero con el atenuante de la ignorancia, el predicador deja abierta la puerta de la reconciliación: "Hermanos, sé que por ignorancia lo hicisteis, como también vuestros gobernantes" (v. 17). Lo mismo escribirá después el apóstol Pablo: "Si le hubiesen conocido nunca hubieran crucificado al autor de la vida" (1 Cor. 2:8).

La hostilidad de las autoridades hizo acto de presencia en el instante de mano de los sacerdotes, acompañados del capitán de la guardia del Templo y de los saduceos, "resentidos de que enseñasen al pueblo y anunciasen en Jesús la resurrección de entre los muertos" (Hch. 4:1-2), en la que no creían, no ya en la de Jesús en particular, sino en la de ningún otro ser en general. Por ese camino tampoco podía llegar el entendimiento. Apresados Pedro y Juan fueron encerrados en la cárcel hasta el día siguiente, porque ya era tarde. Entonces se reunió en Jerusalén el Sanedrín, la corte suprema de los judíos, compuesto por los ancianos y los escribas; el sumo sacerdote Anás, Caifás, Juan, Alejandro y todos los del linaje del sumo sacerdote. Resolvieron que no hablaran ni enseñaran en el nombre de Jesús (Hch. 4:18). Medida inútil para los entusiastas testigos del Resucitado. Ya había pasado el tiempo de temer, esconderse y negar a su Señor. Había sonado la hora del testimonio, del martirio.

Por segunda vez "el sumo sacerdote y todos los que estaban con él, esto es, la secta de los saduceos" (Hch. 5:17), echaron mano a los apóstoles y los pusieron en la cárcel pública. Liberados milagrosamente por la intervención de un mensajero divino —un ángel— los discípulos de Jesús se personaron de nuevo en el Templo y volvieron a proclamar su mensaje. Una actitud de la más atrevida. Una vez más, fueron llevados ante el Sanedrín y el sumo sacerdote. Pedro sacó de su pecho lo más enérgico de sí mismo y respondió sin miedo ni complejos: "El Dios de nuestros padres levantó a Jesús, a quien vosotros matasteis colgándole en un madero" (Hch. 5:30). Los apóstoles no salieron demasiado malparados. La sesión

[75] Gregory Baum, *Los judíos y el Evangelio,* 197. Aguilar, Madrid 1965.

[76] La traducción correcta es "Príncipe de la vida", esto es, jefe y caudillo de un pueblo para conducirlo de la esclavitud a una vida de libertad, como Moisés había hecho en su tiempo (cf. Hch. 5:31).

se saldó con una tanda de azotes y la reiteración de "no hablar en el nombre de Jesús". Sin más los dejaron libres. Esta doble puesta en libertad parece demostrar que el odio de los sumos sacerdotes y saduceos contra los cristianos no era compartido en su totalidad por los demás partidos representados en el Sanedrín, los fariseos, por ejemplo, que sí creían en la resurrección de los muertos, aunque no en la de Jesús.

Poco a poco los caminos del Templo y de la Iglesia se fueron separando. Toda separación es dolorosa y se expía con sangre. Las persecuciones promovidas por las autoridades judías responden a la reacción natural de la religión madre —el olivo— que considera a los cristianos como un cisma herético —ramas que se desgajan del tronco—, que ponen en entredicho la autoridad constituida. Para afirmarse y con vistas a impedir que el mal se extienda se recurre a todas las medidas disciplinarias puestas a su disposición. La blasfemia y la herejía sólo tienen un destino en el exclusivismo de la época, que se perpetuará durante siglos y más siglos: el castigo, la muerte, la aniquilación de lo que enturbia la pureza inmaculada de la ortodoxia. El caso de Saulo nos ilustra suficientemente la situación creada. Celoso de su judaísmo, él mismo se ofreció al príncipe de los sacerdotes en demanda de cartas de autorización para dirigirse a las sinagogas de Damasco, "para que si hallase algunos hombres o mujeres de esta secta, los trajese presos a Jerusalén" (Hch. 9:1-2). Convertido ya en Pablo, siervo de Jesucristo, recuerda de aquellos días: "El príncipe de los sacerdotes me es testigo, y todos los ancianos; de los cuales también tomando cartas a los hermanos, iba a Damasco para traer presos a Jerusalén a los que estuviesen allí, para que fuesen castigados" (Hch. 22:5). Ésta era la complicada situación de la Iglesia con Israel, en un tiempo en que la religión expresaba la conciencia social y la conciencia social se manifestaba en dogmas religiosos. "Te confieso —dice Pablo—, que conforme a aquel Camino que llaman herejía, así sirvo al Dios de mis padres, creyendo todas las cosas que en la Ley y en los profetas están escritas" (Hch. 24:14).

2. Esteban y los helenistas

Los primeros años de la historia de la Iglesia dan mucho quehacer a los especialistas. Los datos que aporta Lucas son a todas luces insuficientes para el investigador. Quisiéramos saber más con detalle quién era Esteban, y quiénes los helenistas, de dónde proceden, en qué momento aceptaron el Evangelio, qué lugar ocupaban en la primitiva comunidad. Todo lo que sabemos es que sobre este grupo llamado "helenista" recayó la primera medida de exclusión de las autoridades judías. Dado que los helenistas pertenecen a la Iglesia desde los primeros días, es normal pensar que cierto número de ellos siguieron a Jesús durante su vida.

Para comprender el fenómeno helenista en el seno de la Iglesia primitiva, y en la propia Jerusalén, hay que acabar primero con el dogma de un judaísmo monoteológico, que ignora la diversidad de su pensamiento y de sus doctrinas y las múltiples influencias recibidas no sólo de sus progenitores hebreos y de sus dominadores persas, sino también de la cultura helenista propagada por Alejandro Magno en todo el orbe. El judaísmo del siglo I es enormemente plural, tanto dentro como fuera de sus fronteras nacionales. "Precisamente porque su unidad es étnica el judaísmo no necesita propiamente una ortodoxia doctrinal; y en tiempo de Jesús había una diversidad muy grande de tendencias, grupos, interpretaciones y movimientos" (Rafael Aguirre).

Aunque el mismo judaísmo ortodoxo, rabínico, ha minimizado, no sin cierto desprecio, la fuerza e importancia del judaísmo helénico en la Judea de principios de la era cristiana, no sólo Cesarea o Séforis, sino que también la capital y centro del judaísmo, Jerusalén, era sustancialmente helénica en su arquitectura y servicios públicos, con *agorà,* teatro, hipódromo, gimnasio[77]. El propio estilo funerario, con sus tumbas monumentales y sarcófagos, estaba influenciado por los modelos griegos. La helenización también había llegado a las sinagogas. Mucho antes del año 70 la mentalidad de la *diáspora* estaba bien representada en Jerusalén. Existía dentro de sus muros una fuerte colonia de judíos helenistas. No era preciso abandonar Jerusalén ni salir de Judea para estar al tanto del pensamiento helénico. Lucas habla al menos de una sinagoga de "los libertos" (Hch. 6:9), donde Esteban discutía con sus miembros, a quienes se identifica con judíos helenizantes. Téngase en cuenta que cada sinagoga se fundaba mediante la iniciativa privada y, por esa razón, no estaba sometida a ningún control de una jerarquía religiosa —bastante tolerante, por otra parte— y permitía un número ilimitado de las mismas conforme a los patrones de cada fundador.

Los primeros conflictos dentro de la propia comunidad cristiana tuvieron que ver con la cuestión económica y la administración de los fondos: "Al multiplicarse los discípulos, hubo quejas de los helenistas contra los hebreos, porque sus viudas eran desatendidas en la asistencia cotidiana" (Hch. 6:1), que, al parecer, afectaba a un grupo cultural más que a otro. A juzgar por los acontecimientos posteriores los helenistas debían ser de una posición social más elevada, gracias quizá a sus rentas obtenidas en la diáspora. Sabemos que uno de ellos, Bernabé, tenía propiedades que puso a disposición de la comunidad (Hch. 4:36-37). Juan Marcos, su sobrino, probablemente era también helenista y su casa, lugar de reunión de la comunidad o de parte de ella, parece amplia y situada en el barrio aristocrático (Hch. 12:12-17). Por eso, cuando los helenistas abandonaron Jerusalén, la comunidad pasó grandes apuros económicos y tuvo que ser socorrida con limosnas enviadas desde fuera[78].

En lo doctrinal los helenistas cristianos iban un paso más allá de lo que se cocía en los ambientes de sus homólogos judíos, cuestionaban el sacerdocio y rechazaban el culto del templo, y ésta es la razón por la que fueron muy pronto expulsados de Jerusalén. Es muy razonable pensar que Esteban era una especie de cabecilla del partido helenista de la comunidad primitiva y que sus ideas sobre la "adoración en espíritu y verdad", en oposición al templo, eran más avanzadas que las de cualquier otro de su tiempo[79]. Los doce no debían ver todas las cosas como ellos, sino no se comprendería que hayan podido permanecer en Jerusalén después de estallar la persecución que nos refiere Lucas: "Se desató una gran persecución contra la Iglesia que estaba en Jerusalén, y todos fueron esparcidos por las regiones

---

77 Cf. Joaquín González Echegaray, *Jesús en Galilea. Aproximación desde la arqueología* (Verbo Divino, Estella 1999) donde el autor remarca el alto grado de helenización de Galilea en tiempos de Jesús.

78 Rafael Aguirre, *La Iglesia del Nuevo Testamento y preconstantiniana,* pp. 7-20. Madrid 1984.

79 Sólo a raíz de la destrucción del templo de Jerusalén en el año 70 el pensamiento fariseo pondrá la Torá, no el Templo, en el centro de la religiosidad judía. Leer y meditar la ley será la obligación de todo devoto. El templo fue destruido porque "Dios no posee rostro, imagen de piedra, erigida en un templo, muda y sorda, vergüenza y desgracia para los seres humanos; no es visible sobre la tierra, ni contemplable por los ojos mortales, ni ha sido modelado por mano humana alguna; a él que lo penetra todo con su vista, nadie lo puede ver" (*Oráculos Sibilinos* IV, 8-12. Esta parte fue escrita por judíos alrededor del año 79 d.C.).

de Judea y de Samaria, con excepción de los apóstoles" (Hch. 8:1). A partir de entonces los helenistas desaparecen del libro de los Hechos, a excepción de 9:29 y 11:12.

Muchos piensan que los *hellenistai* eran simplemente judíos que hablaban griego, frente a los *hebraioi* que eran los judíos que hablaban arameo. Según Oscar Cullmann, la palabra *hellenistai* se deriva del verbo *hellenizein* que no significa "hablar en griego", sino más bien "vivir a la manera griega"[80], que compartían la corriente de pensamiento judía contraria al templo, que es la causa del martirio de Esteban. El judaísmo había sido siempre tolerante con la formación de partidos religiosos y sectas, únicamente cuando sus jefes creyeron que eran atacadas las señas de identidad nacional-religiosa, a saber, la Ley y el templo, intentaron suprimir cualquier movimiento en esa dirección. Así consta en la acusación contra Esteban y Santiago el Menor.

La vida de Esteban anterior a este nombramiento permanece casi enteramente en la oscuridad para nosotros. A juzgar por lo poco que sabemos, Esteban debió ser una personalidad excepcional. Lucas dice que «Esteban, lleno de gracia y de poder, hacía grandes prodigios y milagros en el pueblo» (Hch. 6:8). No era un simple diácono, en sentido ordinario de servidor dedicado a los menesteres prácticos de la comunidad: "Servir a las mesas" (Hch. 6:2-3). Ejercía una función de servicio doméstico, indudablemente, pero ésta incluía todos los aspectos de un predicador y un celoso defensor de la visión cristiana sobre el nuevo sentido de la Ley y la adoración espiritual enseñada por Cristo. Lucas utiliza aquí la palabra griega *diakonía* no en el sentido de lo que más tarde sería el oficio del diaconado, sino de encargado responsable de los helenistas. El uso del término *diakonía* es empleado para distanciarse de las formas de dominio imperantes en la sociedad política, condenadas por Jesús (cf. Mc. 10:43). La elección de Esteban, que tenía un nombre griego, hace suponer que él mismo era helenista, probablemente procedente de fuera de Palestina.

Que Esteban fuera discípulo de Gamaliel se ha deducido a veces de su hábil defensa ante el Sanedrín; pero no ha sido probado. Ni sabemos tampoco cuándo y en qué circunstancias se hizo cristiano; es dudoso que la afirmación de San Epifanio (*Haer.* 20, 4) contando a Esteban entre los setenta discípulos merezca algún crédito. Su ministerio como diácono parece haberse ejercido principalmente entre los conversos helenistas con los que los apóstoles estaban al principio menos familiarizados, muestra de que habitualmente predicaba entre los judíos helenistas.

Fue del entorno judeo-helenista que se suscitó la primera persecución cristiana, lo que vendría a indicar que habitualmente predicaba entre los judíos helenistas. Los perseguidores fueron los de la sinagoga de los Libertos (probablemente los hijos de los judíos llevados como cautivos a Roma por Pompeyo en el año 63 a.C. y liberados, de ahí el nombre de *Libertini*) y los de Cirene, de Alejandría, de Cilicia, y de Asia Menor (Hch. 6:9). El conflicto estalló cuando los responsables de las sinagogas mencionadas, que habían retado a Esteban a una discusión, salieron completamente desconcertados por la sabiduría de Esteban (6:9-10); Lucas declara que entonces presentaron falsos testimonios contra Esteban, como había sucedido con Cristo, para que testificaran que "le habían oído pronunciar palabras blasfemas

[80] Oscar Cullmann, *Del Evangelio a la formación de la teología cristiana,* p. 30. Sígueme, Salamanca 1972.

contra Moisés y contra Dios" (v. 11). Esteban, presentado ante el Sanedrín, pronunció el discurso recogido en Hch. 7:2-53. En este único discurso que poseemos de Esteban, el más largo de los conservados en los Hechos, equivale a los tres sermones de Pablo juntos, se hace un resumen de la historia de Israel en la clave profética de la desobediencia de la nación elegida, la cual alcanza su punto culminante en la construcción del Templo, que es considerada como un acto de la más grande infidelidad. "Salomón le edificó casa. No obstante, el Altísimo no habita en casas hechas por mano, como dice el profeta: El cielo es mi trono, y la tierra es el estrado de mis pies. ¿Qué casa me edificaréis? dice el Señor. ¿Cuál será el lugar de mi reposo? ¿No hizo mi mano todas estas cosas?". Al llegar a este punto del discurso, censuró a sus oyentes, acusándolos de resistir al Espíritu Santo: "¡Duros de cerviz e incircuncisos de corazón y de oídos! Vosotros resistís siempre al Espíritu Santo. Como vuestros padres, así también vosotros" (Hch. 7:47-51).

Aunque la acusación de haber predicado contra la Ley y el Templo (Hch. 6:13) era infundada, por su defensa se deduce cómo pudo originarse tal acusación, que guarda un paralelismo con la de Cristo (cf. Mt. 26:61), y posteriormente con la de Pablo (cf. Hch. 21:28). A pesar de su gran severidad, existe en el discurso de Esteban una esperanza, pues de la misma manera que Dios permitió a Moisés permanecer como caudillo y libertador de su pueblo, no obstante la infidelidad de éste, así ha constituido a Jesús Mesías de Israel[81]. Pero la reacción de sus oyentes fue como la de los fariseos que escucharon a Jesús: escándalo y rechazo. Como en su discurso Esteban no dijo nada contra la religión de Israel, no tenían fundamento para condenarle, pero cuando Esteban añadió que veía a Jesús en la gloria del cielo a la diestra de Dios, les pareció que se trataba de una blasfemia.

Entonces, arrastrado fuera la ciudad, Esteban fue apedreado hasta la muerte, convirtiéndose así en el primer mártir de la Iglesia, quizá hacia el año 36. Las últimas palabras del diácono, cuyo rostro se parecía al de un ángel (Hch. 6:15), fueron una oración en favor de sus perseguidores: "Señor, no les tomes en cuenta este pecado" (Hch. 7:60). La persecución que siguió al martirio de Esteban dispersó a los cristianos helenistas de la ciudad. Ellos fueron los primeros misioneros de la Iglesia que llevaron el Evangelio fuera de Jerusalén. Contamos con la historia de Felipe, del grupo helenista de los siete, evangelizador de Samaria (Hch. 8:4-25). ¿Por qué Samaria? ¿Hay un interés especial? Como han notado los estudiosos, los samaritanos compartían con los helenistas la oposición al Templo de Jerusalén, aunque en beneficio de su propio lugar de culto, en el monte Garizim. Felipe obtuvo una buena respuesta a su ministerio, sellada después por Pedro y Juan. Decisiva fue la constitución por los helenistas de la comunidad cristiana de Antioquía en Siria (Hch. 11:19-30), donde por vez primera se abren las puertas de la comunidad cristiana a los paganos.

Otro dato significativo. El joven Saulo fue testigo de aquel mártir (Hch. 8:1). En ambos hombres se observa una interesante afinidad de ideas. ¿Había escuchado Saulo a Esteban cuando éste disputaba en las sinagogas de los libertos (Hch. 6:2)? ¿Caló en el espíritu del celoso fariseo que era Saulo, cuyos ideales no se apartaban tanto de los de Esteban, el testimonio de éste hasta el punto de preparar su conversión? No lo sabemos, lo único cierto es

[81] G. Baum, *op. cit.*, p. 207.

que ambos fueron defensores decididos de un cristianismo interior —más inclusivo en Pablo respecto a los gentiles—, tan bien reflejado y expuesto en el Evangelio de Juan.

Los cuerpos de los lapidados debían ser enterrados en un lugar designado por el Sanedrín. Si en este caso insistió el Sanedrín en su derecho no podemos afirmarlo; en cualquier caso, "hombres piadosos", sin duda helenistas y prósélitos a los que pertenecía, "sepultaron a Esteban, e hicieron gran duelo por él" (Hch. 8:2). Durante siglos la situación de la tumba de Esteban estuvo perdida, hasta que en el año 415 cierto sacerdote llamado Luciano dijo saber por revelación que el sagrado cuerpo estaba en Caphar Gamala, a cierta distancia al norte de Jerusalén. Las reliquias fueron exhumadas y llevadas primero a la iglesia de Monte Sión, luego, en el 460, a la basílica erigida por Eudoxia junto a la Puerta de Damasco, en el lugar donde, según la tradición, tuvo lugar la lapidación.

3. Santiago hijo de Zebedeo

Pasada la tormenta por causa de los helenistas, "la Iglesia tenía paz; iba edificándose y vivía en el temor del Señor, y con el consuelo del Espíritu Santo se multiplicaba" (Hch. 9:31). Hasta que de repente, y sin que conozcamos los motivos, el nieto de Herodes el Grande, Herodes Agripa I, en la Pascua del año 43 d.C., hizo ajusticiar al apóstol Santiago, hijo de Zebedeo, hermano mayor de Juan; y encerró al apóstol Pedro en una prisión, para "complacer a los judíos" (Hch. 12:1-3). Alusión, quizá, a la casa del sumo sacerdote Anás, totalmente hostil a los cristianos, y a la política de Agripa que se esforzaba en ganar el apoyo de la poderosa casa de Anás.

La comunidad de Jerusalén intercedió fervientemente en oración por el apóstol Pedro y durante la noche ocurrió el milagro de su liberación por medio de un ángel del Señor (Hch. 12:7-11). De no haber sido así hubiera corrido la misma suerte de Santiago. Por eso "partió hacia otro lugar" (Hch. 12:17).

No se han conservado los pormenores y circunstancias de la muerte de Santiago hijo de Zebedeo, que algunos confunden con Santiago, "el hermano del Señor", aplicando a uno lo que corresponde a otro y remendando el descosido con fáciles concordismos que enmarañan la historia de los dos Santiagos, o Jacobos según la transliteración del hebreo *Yakob*, y del griego *Iakobos* (un nombre favorito, por cierto entre los judíos de la diáspora).

¿Qué causas motivaron la enemistad particular de los saduceos? ¿También Santiago hijo de Zebedeo era del "grupo de los helenistas", o simplemente había crecido la animosidad contra la predicación del "nombre de Jesús"? El relato bíblico no nos lo dice, sólo hace constar que murió decapitado. Paradójicamente éste es quizá el primer dato de toda la historia del cristianismo que podemos datar con toda certeza. Al año siguiente Herodes muere en Cesarea; lo refieren los Hechos 12:20-23 y el historiador Josefo, por lo que la fecha del 43 para el martirio de Santiago es absolutamente segura[82].

Para los pormenores de su vida y de su muerte véase la Segunda Parte de esta obra, el capítulo dedicado a este apóstol.

---

82 Jean Daniélou, *Nueva historia de la Iglesia,* vol. I, p. 47; Francisco Martín Hernández, *La Iglesia en la historia,* vol. I., p. 47. Soc. Ed. Atenas, Madrid 1990.

4. Santiago, el hermano del Señor

La misión de Bernabé y Pablo primero entre los judíos de la diáspora, y después entre los gentiles, ocasionó conflictos con el sector judeocristiano de la comunidad primitiva, para el que la fe en Jesús como Mesías no dispensaba del rito de la circuncisión, señal del Pacto, ni de la observancia de los mandamientos de Moisés, condiciones del mismo. Pablo no pensaba así, pues esto equivalía para él recaer en las "obras muertas" de la ley, *apostatar* de Cristo. Apóstata lo era él para sus enemigos. Para dirimir ese conflicto tuvo lugar un concilio apostólico en Jerusalén, presidido por Santiago "el hermano del Señor" (Gál. 1:19), quien aparece de repente como uno de los guías o pilares de la comunidad primitiva (Hch. 15; Gál. 2:9). Su calidad de "hermano del Señor" (Gál. 1:19), ¿indica que era pariente carnal de Cristo? Dejemos para después este punto y el relativo a su muerte.

La creencia en que la salvación dependía de la circuncisión era propia de la escuela del rabino Schammais y contradecía frontalmente el mensaje evangélico, por más que la suavizaran los judaizantes. Santiago, cabeza de la comunidad judeocristiana, no compartía ese dogma extremista. Adoptó una posición de centro. Al parecer, Santiago fue una persona de naturaleza conciliadora, el garante de la unidad de las diversas facciones existentes dentro la primitiva comunidad cristiana. Pero la decisión de la asamblea o concilio de Jerusalén, con Santiago en cabeza, debió disgustar a los judíos ortodoxos, buenos conocedores de todo lo que ocurría en el judaísmo nazareno o cristiano. Según Schoeps, Santiago pagó las consecuencias, víctima de sus antiguos adversarios saduceos[83].

Alrededor de la persona de Santiago, el hermano del Señor, se forjó toda una leyenda en la que aparece con los rasgos idealizados de la existencia ebionita. Se afirma que llevaba una vida santa, no comía carne ni bebía vino, no se cortaba el pelo ni se ungía con aceite ni se bañaba, y frecuentemente oraba en el templo de Jerusalén prosternado sobre tierra en oración, hasta el punto que la piel de sus rodillas se volvió tan dura como la de un camello. Es la imagen propiamente de un *nazireo* o "consagrado a Dios", con ribetes mesiánicos. Respetado por todos, los judíos le conocían por el sobrenombre de *el Justo.* En el año 62 fue arrestado por envidia del príncipe de los sacerdotes, Anán (o Anás) II, le ordenó renegar de Jesús, pero Santiago, llegado a lo alto del templo para "retractarse" ante el pueblo, y aprovechando la concurrencia, se puso a predicar el Evangelio, contrariando así el deseo de sus enemigos. Al escuchar sus palabras de fe en Jesús los fariseos y escribas se llenaron de furor y uno de ellos lo empujó desde lo alto. Al no morir como consecuencia de la caída, Santiago fue apedreado mientras rogaba a Dios de rodillas por sus asesinos. Entonces fue golpeado en la cabeza con una maza de batanero. Para los detalles del martirio, y la variedad de relatos respecto al mismo, véase el capítulo correspondiente de la Segunda Parte de esta obra.

5. Los judeocristianos

Con la muerte de Santiago en el año 62 y la posterior destrucción de Jerusalén unos años después, se inicia una especie de aislamiento del sector de origen judío dentro del cristianis-

---

[83] Hans Joachim Schoeps, *El judeocristianismo,* p. 30.

mo, hasta el punto de dar lugar a una escisión de tintes heréticos. En el principio todos los seguidores de Jesús son judíos, pero de un judaísmo peculiar, galileo, con el mismo Jesús a la cabeza. Después se les suman judíos de Judea, más ortodoxos y ligados a la tierra de Israel y sus privilegios y a la Ley de Moisés, con la circuncisión como señal del pacto o alianza con Dios. Otro grupo procede de la *diáspora* o dispersión, son judíos de origen, pero nacidos fuera de Israel, en contacto permanente con el paganismo y la cultura grecorromana, son los llamados *helenistas*, de lengua griega (cf. Hch. 6:1). También se produjeron algunas conversiones del estamento sacerdotal (Hch. 6:7). En esto el cristianismo primitivo no se diferenciaba mucho del judaísmo de la época, que era más diverso y plural de lo que se suele imaginar. La coexistencia de estos grupos en el interior de las asambleas cristianas no fue del todo fácil y dio lugar a conflictos, cada cual pretendiendo imponer su modo peculiar de concebir el cristianismo, haciéndolo compatible con su fidelidad a la Ley. El grupo más intransigente al respecto recibe el nombre de "judaizante". Creían en Jesús como el Mesías prometido, pero no admitían que un gentil pudiera hacerse cristiano sin observar los preceptos de la Ley de Moisés. Defendían la obligatoriedad de la circuncisión como señal de la Alianza (Hch. 21:21) y la práctica judía relativa a los alimentos (Hch. 10:14), a los votos (Hch. 18:18), a las horas de oración (Hch. 2:46; 3:1; 5:42; 10:9), ayunos (Hch. 13:2; 14:22), sábados y otras fiestas (Hch. 2:1; 18:4; 20:6, 16). Frente a ellos se encontraba Pablo, fariseo de la diáspora, milagrosamente convertido a la fe de Jesús previamente aborrecida, el cual mantuvo a lo largo de su vida enfrentamientos dialécticos con los judaizantes. Por mayoría se aceptó una solución de compromiso entre los creyentes de origen judío más abiertos y los más radicales, declarando que los creyentes de origen judío estaban libres de la Ley de Moisés excepto en unas cuantas prescripciones relativas a la comida sacrificada a los ídolos, la sangre de animales estrangulados y la ética sexual (Hch. 15). Pablo pondrá de manifiesto que el cristianismo no está obligado a la Ley de Moisés, sino a la promesa hecha a Abraham, muy anterior a la Ley (Gál. 4:8-20), en la cual se incluye el llamamiento a los gentiles para recibir la bendición de Dios en función de la fe en Cristo.

El partido judaizante, que comprendía un amplio abanico que iba de lo más moderado a lo más radical, poco a poco se fue quedando solo, después de una intensa campaña de propaganda que ponía en peligro la libertad cristiana predicada tan convincentemente por San Pablo. Debido a circunstancias ajenas a los interesados, los acontecimientos históricos van a decidir la experiencia futura del cristianismo. En el año 70 se produce la agónica y desoladora destrucción de Jerusalén y su templo. Desde ese momento el cristianismo de origen judío se debilita y se dejan de percibir sus movimientos. Las noticias que nos llegan de ellos a partir de ese momento son escasísimas y ni siquiera su huida a Pella, en Jordania oriental, es cierta. La guerra con Roma puso fin a todas las comunidades judeocristianas en tierra de Judea. Hasta ese momento, excepto los cortos días de persecución, "la Iglesia primitiva fue considerada y tratada como una comunidad semejante a la de los esenios. La existencia conjunta de fariseos y saduceos muestra suficientemente que la pertenencia a la comunidad judía era compatible con oposiciones internas profundas"[84].

[84] Albert Ehrhard, *Historia de la Iglesia,* vol. I. *La Iglesia primitiva,* p. 35. Rialp, Madrid 1962.

Al comienzo de la guerra judía contra Roma, en torno al año 66-67, se cree que los miembros de la Iglesia de Jerusalén recibieron una orden de un oráculo dado por revelación a los dignos de ellos para que saliesen de la ciudad y se establecieran en una ciudad de Perea llamada Pella[85], en la Decápolis, en la orilla del Jordán. Eusebio y Epifanio dicen que la emigración fue total, no huyendo a través del Jordán sólo los cristianos de Jerusalén, sino también de otras ciudades y puntos del país. Al parecer interpretaron la huida a luz de las palabras de Jesús en Mateo 10:23 y 24:15-28. Según las investigaciones topográficas de Shcumacher, Pella, oculta en un valle al borde de la altiplanicie transjordana, era un escondrijo perfecto. La gran carretera de Scitopolis a Damasco pasaba por Pella, situada en el camino hacia la región del Jordán, y en tiempos de Trajano, Pella llegó al apogeo de su desarrollo comercial. Era rica en agua, con alrededores fértiles y el Jordán bastante cerca. Por otro lado se encontraba situada a distancia accesible de lugares tan queridos como Nazaret y Cafarnaúm, que no perdieron completamente sus comunidades cristianas, pese a la guerra judía.

Temporalmente, al fin de la guerra, una parte de los exiliados regresó a Jerusalén —que era un conjunto de ruinas entre las que sólo habían permanecido en pie las tres grandes torres del palacio de Herodes— con el obispo de la comunidad, Simón Bar Clopás —hijo del tío de Jesús y, por tanto, primo de éste—, pero este período intermedio acabó con el final de la sublevación de Bar Kochba (el "hijo de la estrella") y la transformación de Jerusalén en una ciudad romana prohibida a los judíos.

La suerte de estos cristianos judíos fue trágica. Aborrecidos por sus compatriotas como apóstatas; sospechosos ante los romanos como rebeldes en potencia, el mencionado obispo Simón, sucesor de Santiago el hermano del Señor, padeció la muerte de cruz bajo el gobierno de Trajano, alrededor del año 107, debido a una acusación de matiz político: ser descendiente de la casa de David y, por tanto, a los ojos de Roma, posible candidato a reivindicaciones dinásticas propias de la época[86]. Así lo registra Eusebio, según el testimonio autorizado de Hegesipo. Al parecer, ciertos herejes señalaron a Simeón, hijo de Clopás (Cleofás), de descender de David y de ser cristiano, el cual después de muchos días de diversos tormentos por ser cristiano, y ante el asombro del juez y de sus asistentes, sufrió un fin como el del Señor: la crucifixión. Tenía 120 años de edad[87].

Para el judaísmo rabínico, versión triunfante del fariseísmo, despúes de eliminados sus contrincantes saduceos y sacerdotes, los cristianos judíos eran vistos con muy malos ojos, aunque éstos no tenían intención de romper sus lazos con Israel. En los escritos de la época son generalmente clasificados entre los *minim* (herejes), de los que una vez se llega a decir que son peores que los idólatras, puesto que éstos niegan a Dios sin conocerlo, aquéllos, sin embargo, lo conocen y a pesar de esto lo niegan[88]. Aparecen también como *poschej de Israel,* es decir, "apóstatas de Israel", ocasionalmente también como "coretitas", ya que Coré era el prototipo de hereje frente a Moisés. "Más tarde, se adoptó una variedad de leyes para separar a los judíos de sus vecinos cristianos judíos y de las escrituras provenientes del cristianismo

---

[85] Eusebio, *Hist. ecl.* III, 5. S. G. Brandon, *The Fall of Jerusalen and the Christian Church.* Londres 1957, 2 ed.

[86] El emperador Domiciano (81-96), había dado la orden de ejecutar a los descendientes de David.

[87] Eusebio, *Hist. ecl.* III, 32.

[88] Rabí Tarphon, alrededor del año 100, según *Tos. Sabb.* 13, 5.

naciente. Estas acciones mostraban a las claras que los rabinos de la época consideraban al cristianismo una herejía y que, a su juicio, su práctica estaba vedada a los judíos"[89].

Durante la última guerra judía contra Roma (132-135), los judeocristianos posiblemente tuvieron que pagar un alto precio por su fidelidad a Jesús el Mesías[90]. En el año 132 el guerrillero mesiánico Bar Kochba fue saludado por el pueblo y por el rabino Akiba como el Mesías esperado. Los judeocristianos no podían estar de acuerdo con este reconocimiento. El Mesías ya había llegado en la persona de Jesús. No había que esperar a otro. En consecuencia no respondieron al revolucionario llamamiento a las armas de Bar Kochba contra Roma. Se cree, entonces, que de sus propios compatriotas tuvieron que sufrir una cruenta persecución que se saldó con un gran número de mártires, según dice Justino[91]. Pero carecemos de testimonios fiables al respecto, puesto que la memoria de la derrotada figura de Bar Kochba fue sometida a todo tipo de descalificaciones: mentiroso, ladrón, asesino[92].

Hasta el año 135, fecha que marca el final definitivo de Israel como nación tras el aplastamiento de su insurrección contra el Imperio y del episcopado judeocristiano en Jerusalén, se habían sucedido una serie de quince obispos procedentes de la circuncisión. A partir de entonces, comunidad y dirigentes fueron de origen gentil en la Ciudad Santa, que ni siquiera conservó su nombre. Para borrar la memoria del judaísmo, el emperador triunfante, Elio Adriano, puso a Jerusalén el nombre combinado de su propio título y de la principal deidad romana: Júpiter Capitolino. Así, Jerusalén vino a llamarse *Aelia Capitolina,* y prohibió bajo pena de muerte la presencia de judíos en la ciudad de Jerusalén y sus contornos. Fue repoblada con soldados veteranos de origen romano, esclavos manumitidos, griegos y fenicios de Siria. Donde estuvo el Templo de Herodes dedicado a Yahvé se levantó uno pagano dedicado a Júpiter. Se borraron las trazas de la ciudad antigua y hasta se olvidó su mismo nombre. No fue sino hasta los días de Constantino que el antiguo nombre fue revivido y se permitió a los judíos que visitaran los alrededores y entrar una vez al año a la ciudad y llorar allí el aniversario de su destrucción y la pérdida de su grandeza.

Recluidos en la región situada al este del Jordán y en Siria, el cristianismo judío pervivió hasta muy entrado el siglo IV. Desarrollaron actividades misioneras, como lo demuestra el *Diálogo entre Jasón y Papisco sobre Cristo,* escrito hacia el año 140 d.C., que manifiesta el modelo original de los numerosos diálogos posteriores entre un cristiano y un judío. Llevaron el mensaje evangélico al oriente de habla aramea y nacieron allí comunidades con estructura propia, que perduraron durante mucho tiempo a pesar de la influencia de corrientes sincretistas. Pero la falta de contacto con las comunidades formadas por los cristianos gentiles agudizó su aislamiento y su escisión en grupos heterodoxos.

---

[89] Lawrence H. Schiffman, "Punto crítico: el cisma judeo-cristiano". www.jcrelations.net/es/?item=1205

[90] Justino, *Apol.* I, 31; Eusebio, *Chronica ad a. Abraham* 2149; Pablo Orosio, *Historiae adv. paganos* VII, 13.

[91] Justin, *Apología I,* 31.5-6.

[92] A finales de 1951 fueron halladas algunas cartas de Bar Kochba, que nos ofrecen una imagen menos negativa que la ofrecida por sus detractores tanto judíos como cristianos. En una de ellas, firmada por el propio Bar Kochba, dice: "Pongo al cielo por testigo contra mí que si alguno de los galileos que yo he rescatado es maltratado, que yo pongo hierros en vuestros pies como hice a Ben Aflul". Si estos "galileos" son cristianos, de la carta parece deducirse que Bar Kochba salió en defensa de ellos. Cf. Alejandro Díez Macho, "Bar Kokeba", y "Bar Kokeba, documentos de", en *Enciclopedia de la Biblia* (Garriga, Barcelona 1963).

5.1. Los ebionitas

La más antigua de las sectas judeocristianas es la ebionita, caracterizada por su hostilidad contra Pablo y la negación de la divinidad de Jesús. Algunos Padres de la Iglesia como Hipólito, Tertuliano, Epifanio, etc., creían que el nombre de ebionitas procedía del supuesto fundador de la secta: Ebión, cuando en realidad se trata de un nombre elegido por el grupo para designarse como "los pobres", según el proceso tradicional: *peruschim* = fariseo; *sadduqim* = saduceo, etc.[93]. *Ebión* procede del hebreo y significa "pobre". Quizá hace alusión a las Bienaventuranzas de Jesús a los "pobres" en el llamado Sermón del Monte (Mt. 5:3; 11:5; Lc. 4:18; 6:20).

Sabemos poco de los ebionitas, la mayoría de las noticias que tenemos de ellos proceden de sus detractores. Una de las referencias más antiguas procede de un texto de Justino Mártir, escrito hacia el 150 d.C., donde hace referencia a las distintas actitudes de algunos judíos cristianos que aceptan a Jesús como Mesías, pero sin desligarse del cumplimiento de la Ley de Moisés. Aunque de modo imperfecto, éstos están en el buen camino, a condición de que no pretendan que los demás creyentes, procedentes del paganismo, hayan de guardar a toda costa lo mismo que ellos guardan. En cambio, los judíos que dicen creer en Cristo, pero pretenden obligar a los paganos que han creído en Él a vivir conforme a la Ley de Moisés, los tales están en mal camino[94].

Ireneo de Lyon cita a los ebionitas por nombre y los clasifica entre los herejes de la escuela de Cerinto, negadora del nacimiento virginal de Cristo, es decir, de su divinidad. Sólo después del bautismo es Cristo, investido de parte del Poder Supremo, descendido sobre Jesús en forma de paloma. Los ebionitas, continúa, "utilizan únicamente el evangelio que es según San Mateo y rechazan al apóstol Pablo, llamándole apóstata de la Ley. Pues los ebionitas, sirviéndose solamente del evangelio que es según San Mateo, se dejan persuadir por él y no piensan rectamente del Señor. Practican la circuncisión y perseveran en las costumbres legales y en las prácticas judías, hasta el extremo de adorar a Jerusalén, como si fuera la casa de Dios"[95].

Según Eusebio, que reúne todas las noticias existentes en su día sobre la historia cristiana, los ebionitas fueron llamados acertadamente así por considerar a Cristo "de un modo pobre y bajo. Creían que era un hombre simple y común, que iba justificándose a medida que crecía en su carácter, y que nació como fruto de la unión de un hombre y de María. Les parecía indispensable cumplir la Ley, como si no pudieran salvarse con la sola fe en Cristo y una vida conforme a ella. Además de éstos, existieron otros con el mismo nombre que estaban libres de las cosas absurdas de los anteriores. No rechazaban el hecho de que el Señor naciera de una virgen y del Espíritu Santo, pero, del mismo modo que aquéllos, no confesaban que ya preexistía puesto que Él era el mismo Dios, el Verbo y la Sabiduría. También volvían a la impiedad de los primeros, principalmente cuando, como ellos, se afanaban en honrar el culto a la Ley escrita. También creían que se habían de rechazar definitivamente las epístolas del apóstol

---

93 Cf. H. J. Schoeps, *op. cit,* p. 21.

94 Justino, *Diálogo con Trifón,* 47-49.

95 Ireneo, *Adversus haereses* I, 26, 2.

Pablo, al que llamaron apóstata de la Ley, pero hacían uso exclusivo del llamado *Evangelio de los Hebreos,* ignorando los demás. Guardaban el sábado y toda la conducta judaica, pero el domingo observaban prácticas parecidas a las nuestras en memoria de la resurrección del Salvador. Por esta causa de estos hechos llevan esta denominación, porque el apelativo 'ebionita' expresa la pobreza de su mentalidad, pues los hebreos llaman con ese nombre al pobre"[96].

A la literatura del grupo pertenece el escrito llamado *Predicaciones de Pedro (Kerigmata Petrou),* de la primera mitad del siglo II, escrito que intenta hacer valer la autoridad de Pedro frente a la de Pablo, y los *Viajes de Pedro.* Presenta notables contactos con la doctrina de los esenios, en particular por lo que se refiere al verdadero Profeta y la abrogación de los sacrificios de animales. Epifanio, obispo de Salamina (año 367), erudito en cuyas obras se encuentran extractos de fuentes antiguas actualmente perdidas, cita profusamente los *Viajes de Pedro* cuando habla de los ebionitas y los identifica con los esenios: "Además del baño ritual cotidiano, tienen un bautismo de iniciación y celebran cada año algunos misterios imitando a la Iglesia y a los cristianos. En esos misterios utilizan pan ázimo y, por otra parte, agua pura. Dicen que Dios ha establecido dos seres: Cristo y el diablo. Al primero se le ha dado el poder sobre el siglo futuro, al segundo sobre el presente. Dicen que Jesús ha sido engendrado con una semilla de hombre y elegido y por esto es llamado por elección Hijo de Dios; Cristo ha venido sobre Él desde lo alto bajo la forma de paloma. Dicen que no ha sido engendrado por Dios Padre, sino que ha sido creado, como uno de los arcángeles, pero más grande que ellos. Ha venido al mundo y ha enseñado, como está escrito en el Evangelio: he venido al mundo para destruir los sacrificios y, si no dejáis de sacrificar, no cesará la cólera de Dios sobre vosotros"[97]. En nuestros días Óscar Cullmann ha ponderado esta identificación con los esenios, y considera que los ebionitas serían un grupo de esenios convertidos a Cristo después del año 70, en Transjordania, bien porque abandonaran Qumrán, bien porque formaran parte de la emigración de Kockba, junto a Damasco. "Se trataría de unos cristianos de lengua aramea, muy apegados a las prácticas judías, pero hostiles al Templo de Jerusalén y adictos a doctrinas esotéricas como la transmigración"[98].

Otros grupos judeocristianos tendieron hacia el gnosticismo, pero para entonces el cristianismo de origen judío ya había perdido la importancia que tuvo en otro tiempo para la experiencia y doctrina del cristianismo abrumadoramente gentil.

6. Hostilidad y persecución

En la memoria colectiva pervive la imagen de la Iglesia perseguidora de los judíos, sometidos a las torturas y llamas de la Inquisición. Desgraciadamente es terriblemente cierto. Pero antes de llegar a ese momento, y en honor de la verdad histórica tocante a las persecuciones y sus protagonistas, no podemos pasar por alto que hasta el edicto de tolerancia de Constantino, los judíos desempeñaron respecto a los cristianos el mismo papel que éstos desempeñarán después respecto a ellos. Utilizaron el poder del Estado contra los seguidores

---

[96] Eusebio de Cesarea, *Historia Eclesiástica,* lib. III, cap. 27. CLIE, Viladecavalls 2008.

[97] Epifanio, *Panarion* XXX, 16.

[98] Jean Daniélou, "Desde los orígenes al Concilio de Nicea", en *Nueva Historia de la Iglesia,* vol. I, p. 99. Cristiandad, Madrid 1964.

de Jesús, del mismo modo que harán los cristianos después, recurriendo al poder estatal para solucionar los problemas con sus rivales. En el caso de los judíos dispersos por el Imperio y gozando de su protección, se entiende que no quisieran ser molestados ni ver en peligro sus privilegios por ser identificados con los marginados cristianos, la escoria de la sociedad. Así, en los dos primeros siglos de la era cristiana, buen número de las denuncias presentadas en los tribunales contra los cristianos parten de los sectores judíos, según reflejan las actas de los mártires.

Para las autoridades judías estaba claro que el cristianismo planteaba una amenaza ideológica y religiosa a su existencia, además de social. Por eso se tomaron una serie de medidas y leyes internas tendentes a demarcar la diferencia y oposición entre judíos fieles a las viejas tradiciones y leyes de Israel y judíos seguidores de Jesús, considerado falso mesías por las autoridades religiosas del judaísmo institucional. Para ello había que empezar por delimitar la extensión del canon de las Sagradas Escrituras que ambas religiones —judía y cristiana— tomaban por inspiradas. Estas acciones mostraban a las claras que los rabinos de la época consideraban al cristianismo una herejía maldita y que, a su juicio, su práctica estaba vedada a los judíos. Los dirigentes judíos nunca aceptaron las reivindicaciones mesiánicas de Jesús, y no hace falta decir que las ideas posteriores que atribuían divinidad a Jesús y permitían el ingreso en las comunidades mesiánicas de gente procedente de la gentilidad sin el paso obligatorio de la circuncisión y de la obediencia a la Ley, reforzaron aún más el menosprecio que sentía el judaísmo rabínico por los discípulos de Jesús. El conflicto se agudizó pronto a raíz de las decisiones formales adoptada por la Iglesia de Jerusalén en el concilio sobre los judaizantes, y los resultados prácticos de la misión de Pablo en el mundo helénico. Para los saduceos no había duda que los cristianos eran unos herejes sin respeto al templo y su régimen de sacrificios; para los fariseos, los cristianos son "hijos del infierno", que no respetan la Ley[99].

Antes del año 70 estaba en cuestión la pertenencia de los cristianos a la sinagoga. Éstos podían participar de su culto y dar el punto de vista cristiano de las Escrituras sagradas. Pero alrededor del año 90 se les prohibió la participación en la sinagoga, e incluso discutir con ellos, según recoge Justino, cuando el judío Trifón objeta a sus argumentos: "Bueno fuera, amigo, que hubiéramos obedecido a nuestros maestros que nos han puesto ley de no conversar con ninguno de vosotros, y no nos hubiéramos comprometido a tomar parte en tus discursos. Porque estás diciendo muchas blasfemias, pretendiendo persuadirnos que ese crucificado existió en tiempo de Moisés y Aarón y que les habló en la columna de la nube; que luego se hizo hombre y fue crucificado y subió al cielo y ha de venir otra vez a la tierra, y que hay que adorarle"[100].

Bajo Gamaliel II, en el dominio imperial de Jamnia (Jabné), territorio sometido directamente al emperador, y a finales del siglo I, se formuló el *Birkat ha-minim* o Anatema de los herejes, recitado en la plegaria del Sábado, cuyo texto original del rabino Samuel el Menor, rezaba así: "No haya esperanza para los apóstatas. El dominio de la impiedad alcanza hasta nuestros días, los *nozrim* [nazarenos] y los *minim* [heréticos] prefieren perecer rápidamente y

[99] *Aboda Zara,* 17 a.

[100] Justino, *Diálogo con Trifón,* 38.

no ser inscritos entre los justos. Ensalzado seas tú, Eterno, nuestro Dios que aniquilas a los perversos".

Para el siglo II el cristianismo ofrecía el panorama de una religión de gentiles incircuncisos, no dispuestos, según la tradición paulina, a someterse a las prácticas que exigía la ley judía. Las comunidades cristianas habían de ser consideradas una rama herética y separada de la religión de Israel, mientras que los cristianos reivindicaron para sí el legado tradicional de las Escrituras judías, en cuanto hijos espirituales de Abraham por la fe y verdadero Israel según el espíritu.

Las autoridades judías hicieron todo lo posible por desvincularse de cualquier tipo de asociación con los cristianos, dando lugar a una guerra sucia de delaciones. Justino, pagano de origen samaritano y converso al cristianismo, ofrece el panorama de una situación dominada por el odio y la persecución en la relación judía con los cristianos de principios del siglo II. "Nos dan muerte y suplicios cuando consiguen poder para ello, como fácilmente se os puede demostrar"[101]. No hay duda que la sinagoga utilizó todos sus recursos para borrar del mapa a la naciente Iglesia. En otro lugar, entre muchos, Justino llega a decir que los prosélitos del judaísmo no sólo no creen en la doctrina cristiana, "sino que blasfeman doblemente que vosotros el nombre de Jesús y quieren matar y atormentar a los que creemos en Él, porque en todo ponen empeño por asemejarse a vosotros"[102]. "Si vosotros quisierais decir la verdad, habríais de confesar que somos más fieles para Dios los que hemos sido llamados por Él por el despreciado y lleno de oprobio misterio de la cruz; por cuya confesión y obediencia y piedad somos condenados a tormentos hasta la muerte por los demonios y por el ejército del diablo, *gracias a la ayuda que vosotros les prestáis*"[103].

En el martirio de Policarpo se destaca la activa participación judía, y se aclara que lo tenían por costumbre en estos casos: "La multitud empezó a recoger en obradores y baños leña y haces, y los judíos en especial ayudaron, según acostumbran"[104].

Justino les acusa no sólo de haber dado muerte a Jesús, sino a todos los que llevan sus nombre: "Porque todavía está verdaderamente levantada vuestra mano para obrar el mal, pues ni aun después de matar a Cristo os habéis arrepentido, sino que nos odiáis a nosotros que por Él hemos creído en el Dios y Padre de todo y, *siempre que tenéis poder para ello, nos quitáis la vida*"[105]. "Porque vosotros, ni soportáis que os llame, ni le oís cuando os habla, sino habéis obrado el mal delante del Señor. Y el colmo de vuestra maldad es que, después que le asesinasteis seguís odiando al Justo y a los que a Él le deben el ser lo que son: piadosos, justos y humanos"[106].

Más temprano aún, Clemente Romano dice que por "envidia y celos" de los judíos fueron perseguidos los primeros cristianos[107]. Tertuliano, en el siglo III, dice que "las sinagogas de

[101] Justino, *Apol.* I, 31.

[102] Justino, *Diálogo con Trifón,* 122. Expresiones duras, pero comprensibles a la luz de la época. No se olvide que el respeto, la tolerancia religiosa, la libertad de conciencia, es un logro moderno todavía en su infancia.

[103] Justino, *Dial.* 131.

[104] Padres Apostólicos, *Martirio de Policarpo* 13.

[105] Justino, *Dial.* 133.

[106] Justino, *Dial.* 136.

[107] Padres Apostólicos, Clemente, *Primera Corintios* 5-6.

los judíos eran la fuente de la persecución". En las actas de los mártires los judíos aparecen como los principales acusadores de los cristianos.

BIBLIOGRAFÍA

A. F. J. Klijn, "Ebionitas", en *Diccionario patrístico de la antigüedad cristiana,* vol. I, p. 650.

Adam H. Becker y Annette Yoshiko Reed, eds., *The Ways That Never Parted: Jews and Christians in Late Antiquity and the Early Middle Ages.* Fortress Press, Minneapolis 2007.

Antonio Orbe, *Introducción a la teología de los siglos II y III.* Roma 1957.

Antonio Piñero, ed., *Orígenes del cristianismo. Antecedentes y primeros pasos.* El Almendro, Córdoba 1991.

Arnaldo Momigliano, *De paganos, judíos y cristianos.* FCE, México 1992.

Bruce Chilton, *Judaism in the New Testament: Practices and Beliefs.* Routledge, Nueva York 1995.

Charles Guignebert, *El cristianismo antiguo.* FCE, México 1956.

Daniel Boyarin, *Border Lines: The Partition of Judaeo-Christianity.* University of Pennsylvania Press, 2006.

Emil Schürer, *Historia del pueblo judío en tiempos de Jesús,* 3 vols. Cristiandad, Madrid 1983.

G. J. Moore, *Judaism in the First Centuries of the Christian Era,* 3 vols. Harvard University Press, Cambridge 1927-1930.

George W. E. Nickelsburg, *Ancient Judaism and Christian Origins: Diversity, Continuity, and Transformation.* Augsburg/Fortress, Minneapolis 2003.

Gregory Baum, *Los judíos y el Evangelio.* Aguilar, Madrid 1965.

Hans Joachim Schoeps, *El judeocristianismo.* Editorial Marfil, Alcoy 1968.

Jacob Neusner, *Judaism When Christianity Began: A Survey of Belief and Practice.* John Knox Press, Westminster 2002.

James D. G. Dunn, ed., *Jews and Christians: The Parting of the Ways, A.D. 70 to 135.* Wm. B. Eerdmans, Grand Rapids 1999.

Jean Daniélou, *Teología del judeocristianismo.* Cristiandad, Madrid 2004.

John Riches, *El mundo de Jesús.* El Almendro, Córdoba 1996.

José Montserrat Torrents, *La sinagoga cristiana. El gran conflicto religioso del siglo I.* Muchnik Editores, Barcelona 1989.

M. Simon y A. Benoit, *El judaísmo y el cristianismo antiguo. De Antíoco Epífanes a Constantino.* Labor, Barcelona 1972.

Manuel Hernández Gómez, *Breve historia del judaísmo mesiánico.* México 1998.

Matt A. Jackson-McCabe, *Jewish Christianity reconsidered: rethinking ancient groups and texts.* Fortress Press, 2007.

Oskar Skarsaune y Reidar Hvalvik, eds., *Jewish Believers in Jesus: The Early Centuries.* Hendrickson, Peabody 2007.

Pierre Vidal-Naquet, *Los judíos, la memoria y el presente.* FCE, México 1996.

—*Ensayos de historiografía.* Alianza Editorial, Madrid 1990.

Rafael Aguirre, *Del movimiento de Jesús a la Iglesia cristiana.* Ed. Verbo Divino, Estella 1998.

—*Ensayo sobre los orígenes del cristianismo.* Ed. Verbo Divino, Estella 2001.

—*La Iglesia del Nuevo Testamento y preconstantiniana.* Madrid 1984.

Ramón Trevijano Echeverría, *Orígenes del cristianismo. El transfondo judío del cristianismo primitivo.* Universidad Pontificia de Salamanca, Salamanca 1995.

4. Persecuciones romanas y sus causas

Las persecuciones sistemáticas del Imperio romano pertenecen a otro orden de cosas. Para empezar, no se trata de celo religioso por la propia verdad frente al error del contrario, pues Roma era tolerante con todas las religiones. De hecho, la tolerancia religiosa fue una de las creaciones éticas y políticas más altas de la civilización grecorromana.

Si no fue por motivos religiosos, ¿qué motivos legales podían conducir a la persecución en el contexto de un Imperio amante de la ley? ¿Cómo es posible que la Roma liberal, madre del derecho, pudiera perseguir y llevar a la muerte a unos ciudadanos cuyo único delito era llevar el *nombre* de cristianos? ¿En qué leyes podía fundamentarse, o qué costumbres ancestrales podía invocar para que ella, sus leyes y tribunales quedaran exentas de arbitrariedad sus sentencias respecto a los cristianos, y aun de crimen político o religioso o de humanidad que se les pudiera achacar?

Para no caer en los errores del pasado, conviene estudiar cada persecución en su tiempo y contexto sociopolítico, como haremos al analizarlas bajo el epígrafe de cada emperador. Hasta el mismo vocablo "persecución" se presta a confusión cuando abarca una serie de situaciones históricas tan diferentes como las medidas tomadas en tiempo de Nerón, Trajano, Decio o Diocleciano, cuyas disposiciones tienen muy poco que ver unas con otras. Hay que recordar que las persecuciones se extienden a lo largo de tres siglos, en los que suceden más de cuarenta gobernantes, cuyas circunstancias de gobierno hay que conocer para poder valorar su actitud frente al cristianismo.

Ahora bien, aunque la política religiosa de los emperadores respecto a los cristianos no es homogénea sí lo es el menosprecio, aristocrático unas veces, supersticioso otras, que sienten por lo cristiano, cuya condición de ilegalidad da pie a todo tipo de abusos y violencias, especialmente de parte de las poblaciones paganas o judías. A las comunidades cristianas se las deja en paz en tanto en cuanto no entren en el campo de mira de los intereses del Estado. Por eso nos encontramos con el extraño y paradójico panorama de unos cristianos a veces perseguidos, a veces tolerados, prosperando ahora, padeciendo después.

Una "persecución" propiamente dicha, es decir, la búsqueda y captura de los seguidores de Cristo, practicada desde el principio de modo metódico no hubiera permitido al cristianismo levantar cabeza. Humanamente hablando, se hubiera extinguido, eliminado de la faz de la tierra. Sabemos que Trajano recomendaba no buscar a los cristianos ni meterse con ellos, excepto cuando resultaran denunciados. Pero el odio a lo cristiano, por su diferencia, por su exclusivismo, si se quiere, que debió crecer a medida que aumentaba el número de practicantes, se torna en persecución tan pronto el gobernador de turno alberga sospecha de infidelidad en sus súbditos o busca la manera de aumentar las arcas del Estado. Seguramente que las medidas anticristianas, como la obligación de rendir culto universal a los dioses y la destrucción de los edificios y de las Escrituras sagradas, eran saludadas tan calurosamente por el pueblo como lo serán después, hasta bien reciente en nuestra historia, las medidas antijudías. Tolerados, no queridos, los cristianos eran objeto de salvajismo tan pronto suscitaban la envidia o inquina de sus vecinos. Drama y destino cruel que se repite en todas las minorías a las que el Estado no protege con la fuerza de la ley, o considera inadecuadas para sus intereses políticos.

1. Hostilidad popular

Hasta el año 250, con la primera persecución general decretada por el emperador Decio, la mayoría de los actos violentos padecidos por las comunidades cristianas obedecen a la hostilidad del pueblo, traducida en actos de violencia popular, obligando a los funcionarios del Estado a intervenir judicialmente.

Los cristianos parecían demasiado exclusivistas en sus formas y costumbres. Se parecían mucho a lo que hoy se llama "secta peligrosa". Rechazaban el culto de los dioses de la nación, se abstenían de los juegos y fiestas populares en honor de los dioses tutelares de la ciudad o del oficio de cada gremio. Condenaban la práctica del aborto y recogían a los niños abandonados. Se reunían a escondidas y estaban estrechamente ligados por lazos de hermandad religiosa. Para el pueblo no había duda que tramaban algo malo y que nada bueno hacían en sus celebraciones. Las sospechas se tomaban por certezas, las dudas por pruebas. Cualquier motivo, por mínimo que fuese, bastaba para desatar la discordia y la violencia. Ésta era particularmente sensible a las vicisitudes de la sociedad: invasión de los bárbaros, pestes, incendios, inundaciones, sequías, cualquier cosa era suficiente para dirigir el dedo acusador a los miembros "antisociales" del grupo: los cristianos.

Existe una milenaria y universal creencia supersticiosa que atribuye las desgracias y catástrofes naturales o personales a la presencia de personas ofensivas a los dioses, la tolerancia de las cuales provoca la ira de los dioses —los cristianos no eran ajenos a esta mentalidad—. La prueba irrefutable son las mismas calamidades enviadas como señal por los dioses para manifestar su enojo. Las ofensas de los hombres con el ritual preestablecido provocan a los dioses. Éstos responden con su cólera. Las desgracias manifiestan visiblemente la ira de los dioses. Hay desastres, luego hay ofensas. Los cristianos no dan culto a los dioses, luego los cristianos son los ofensores. Si no ofendieran, la sociedad no sufriría la ira del cielo. El ofensor tiene que ser castigado para que el orden vuelva a ser restablecido. Tal es la terrible lógica de esta creencia en la causa-efecto de orden teológico.

El hombre antiguo no se detiene a observar las causas naturales de los fenómenos —lo *natural* para él no es ajeno de intervenciones sobrenaturales—, lo que realmente le interesa es el porqué. ¿Por qué de momento cambia el curso *natural* de las cosas? ¿Por qué ahora y no en otro momento? ¿Por qué a él, por qué a nosotros? ¿Cuál es su falta o la falta de los que le rodean? Pues concibe un terreno puramente profano ajeno a las obligaciones respecto a lo sagrado. Detectado el origen del mal, la causa *moral*, se procede a la amputación del miembro ofensar y la ofrenda de sacrificios expiatorios que apacigüe la voluntad divina ofendida y restituya el curso natural de las cosas. Un claro ejemplo bíblico lo tenemos en la historia del rebelde y desobediente Jonás. El barco que lo transportaba en su huida del mandamiento divino se ve acometido por una terrible tormenta, que amenazaba con romperlo. El capitán del barco y los marineros enseguida atribuyeron su mala situación a una culpa, a una transgresión de alguien a bordo. Y ésta cayó sobre Jonás, el cual aceptó su responsabilidad y sentenció: "Echadme al mar y se os calmará; pues yo sé que por mi causa os ha sobrevenido esta gran tempestad" (Jon. 1:12).

El terror supersticioso que suscitan las catástrofes naturales convierten al disidente en fácil objeto expiatorio: "Pretextando en defensa de su odio, entre otros vanos embustes, aquel que considera a los cristianos la causa de todo desastre público y de todas las desgracias sociales. Si el Tíber desborda sus diques, si el Nilo no inunda hasta los sembrados, si el cielo queda inmóvil, si la tierra tiembla, si el hambre y la peste sobrevienen, al punto gritáis: ¡Los cristianos, al león! *(Christianos ad leonem)*. ¿Tantos a uno?"[108].

Al principio, se confundía a los cristianos con los judíos, y compartían con ellos su impopularidad. El antisemitismo, o judeofobia, estaba muy difundido en la Antigüedad. El

---

[108] Tertuliano, *Apol.* 40, 1-2.

pueblo romano acusaba a los judíos de ateísmo, porque su culto no admitía imágenes; de exclusivismo, por su aversión a cualquier culto que no fuera el suyo; de odio al género humano, porque por sus costumbres se separaban del común de la gente. A pesar de esto, la indiscutible antigüedad de su religión les valió el respeto general. Distribuidos por todo el Imperio, formaban siempre en él un pueblo aparte, potenciado por las leyes romanas que, desde Tiberio, prohibían el proselitismo judío. Consecuencia de lo cual fue el enfriamiento misionero judío característico del tiempo anterior a los levantamientos contra Roma y la "huida" hacia dentro, desinteresándose progresivamente del entorno no judío, aunque sin dejar pasar la ocasión de ganar adeptos.

Durante algún tiempo se consideró a los cristianos como una secta judía y, de algún modo, se cobijaron a la sombra del beneficioso estatuto jurídico otorgado a la religión hebrea. Pero a medida que aumentaban los cristianos de origen no judío *(metuentes)*, se ensancharon las diferencias que separaban a los judíos de los cristianos. Éstos apelaban a la religión de Israel, en especial a Moisés y los profetas, como raíz ancestral de su fe, requisito necesario para obtener el título de *religione lícita,* la indispensable prueba de la antigüedad. "Entre vosotros —dice Tertuliano— se prueba la credibilidad de una cosa por su antigüedad, tan respetable como la religión"[109]. Por eso, desde el principio la Iglesia cristiana hace suya las Escrituras sagradas de Israel, que contienen los viejos vaticinios proféticos sobre el cristianismo. "Cuantas doctrinas hemos recibido de Cristo y de los profetas, sus predecesores —argumenta Justino—, son las únicas verdaderas y más antiguas que todos los escritores"[110].

Para finales del siglo I los romanos distinguían ya entre griegos o gentiles, judíos y cristianos; éstos ocupan el último lugar en su escala social[111]. Toda clase de crímenes abominables se atribuyen a esta tercera clase, que parece ser inferior a la misma raza humana, hasta el punto de que Tertuliano cree necesario defender y confirmar que los cristianos tienen la misma naturaleza que los otros hombres[112].

A raíz del incendio de Roma en el año 64, cuando Nerón sacrificó a un gran número de cristianos, elegidos como cabezas de turco, se tomó conciencia de que cristianos y judíos eran grupos diferentes, aunque las acusaciones lanzadas contra los primeros se inspiraban todavía en las mismas lanzadas contra los judíos: "Odio al género humano" *(odium humani generis).* La expresión latina, como bien señala Jean Daniélou, traduce la palabra griega *misanthropia.* Apunta esencialmente al hecho de que una comunidad aparezca sospechosa en sus propias costumbres. "Era fácil pasar de la idea de costumbres diferentes a la de costumbres inhumanas, desde el momento que la civilización grecorromana era considerada como la norma de la *philanthropia,* del humanismo"[113].

En este primer enfrentamiento del Imperio con los cristianos, los romanos fueron incapaces de comprender que precisamente los cristianos representaban el mejor modelo de una humanidad pura y plena, tal como en el siglo II constituía el ideal de los filósofos que se

---

109 *Ibíd.,* 19, 1.

110 Justino, I Apol. 23.

111 Tertuliano, *Ad nat.* I, 8, 20; *Scorpiace.* 10.

112 Tertuliano, *Apol.* 16.

113 Jean Daniélou, *Nueva historia de la Iglesia,* vol. I., p. 122.

sentaron en el trono imperial, y que en los cristianos la *filantropía* lejos de reducirse a los de la propia familia, clase y raza, abarcaba a todos los hombres, cualquiera que fuese su condición social, como hubo ocasión de mostrar en modo diverso y abundante.

2. Contradicciones del aparato legislativo

"Tres son las acusaciones que se propalan contra nosotros" —escribe Atenágoras—: "el ateísmo, los convites de Tiestes y las uniones incestuosas. Pues bien, si eso es verdad, no perdonéis a clase alguna, castigad esos crímenes, matadnos de raíz con nuestras mujeres e hijos, si es que hay entre los hombres quien viva a modo de bestias. Ahora bien, que no seamos ateos —voy a entrar en la refutación de cada una de las acusaciones—, mucho me temo que no sea hasta ridículo pararse a contestar a quienes tal dicen"[114]. Las acusaciones fueron aumentando con el paso del tiempo, adornándolas con otras semejantes lanzadas anteriormente contra los judíos: infanticidio, adoración de la cabeza de un asno, incesto y canibalismo[115].

Ninguna abominación es demasiado increíble para la superstición popular cuando se atribuye a grupos no integrados en la vida social. Como acabamos de decir, durante más de un siglo las persecuciones contra los cristianos fueron protagonizadas por la masa del pueblo que aborrece por instinto lo que recrimina su conducta y niega sus creencias más ancestrales. Nerón se apoya en el odio popular para intervenir en la caza del cristiano de parte del Estado. Afortunadamente para los cristianos, algunos emperadores que le suceden no tienen a los cristianos por peligrosos ni criminales, pues prohíben a los magistrados buscarles y perseguirles de oficio. No creen, por lo que se ve, en las acusaciones de que generalizadamente eran objeto. Por eso les otorgan una semiprotección jurídica, procurando defender el orden público y rechazando como una afrenta las acusaciones anónimas sin prueba. Aun con todo, ordenan ajusticiar a aquellos cristianos que, acusados ante los tribunales, no abjuren de su fe. Consideran, por tanto, la perseverancia en el cristianismo como un hecho punible —independientemente de la realidad o falsedad de los crímenes imputados—; lo que parece obedecer a un estado de opinión que negaba a los cristianos el derecho a la existencia. Por eso los cristianos, pese a estar libres de crímenes o abominación, pueden ser castigados: carecen de derechos, pero, paradójicamente, no deben, en general, ser perseguidos. Tal fue la medida adoptada por Trajano, según el primer documento conocido sobre la actitud del Imperio ante el problema de los cristianos, emanado a raíz de la consulta de un escrupuloso gobernador de Asia Menor, Plinio el Joven.

Éste era sobrino del famoso naturalista del mismo nombre, escritor y jurisconsulto, que gobernó Bitinia, a orillas del mar Negro, alrededor de los años 111-113. Región fértil en cristianos, el gobernador enfrentó en principio el problema cristiano sin demasiados cargos de conciencia, condenando a unos y privando a otros de su posición. Alarmado por su gran número de cristianos no dispuestos a renegar de su fe, es decir, tomando Plinio conciencia de que no se trataba de un caso anecdótico y pasajero ni carente de dificultad jurídica, consultó

114 Atenágoras, *Legatio*, 3.

115 Cf. Josefo, *Contra Apión*, II, 7-8.

al emperador Trajano, buen conocedor de la jurisprudencia clásica. En carta enviada a Roma, Plinio confiesa no haber asistido nunca a un proceso contra los cristianos. Afirmación sorprendente, que uno de los mejores abogados de Roma no hubiese tenido que tratar con los cristianos antes de ir a Bitinia, adonde ha ido sólo por breve tiempo. Por la importancia del valor histórico de su contenido para el conocimiento de las prácticas cristianas y su situación legal la reproducimos en su totalidad. Dice así:

"Señor, es norma mía someter a tu arbitrio todas las cuestiones que me ofrecen motivo de duda. ¿Quién mejor para encauzar mi incertidumbre o para saldar mi ignorancia? Nunca he llevado a cabo pesquisas sobre los cristianos *(cognitionibus de christianis interfui numquam):* no sé, por tanto, qué hechos o en qué medida han de ser castigados o perseguidos. Y confuso no sé si ha de hacerse entre ellos distinción de edad, si la tierna edad ha de ser tratada de modo diverso a la adulta; si se debe perdonar a quien se arrepiente, o bien si a quien ha sido cristiano hasta la médula *(qui omnino christianus fuit)* le ayuda algo el abjurar; si se ha de castigar en razón del mero nombre *(nomen),* aun cuando falten actos delictivos, o los delitos *(flagitia)* vinculados a dicho nombre. Entre tanto, he aquí cómo he actuado con quienes me han sido denunciados como cristianos *(qui ad me tamquam christiani deferebantur).* Les preguntaba a ellos mismos si eran cristianos *(an essent christiani).* A quienes respondían afirmativamente, les repetía dos o tres veces la pregunta, bajo amenaza de suplicio; si perseveraban, les hacía matar. Nunca he dudado, en efecto, fuera lo que fuese lo que confesaban, que semejante contumacia e inflexible obstinación *(pertinaciam certe et inflexibilem obstinationem)* merece castigo al menos. A otros, convictos de idéntica locura, como eran ciudadanos romanos, hacía los trámites pertinentes para enviarlos a Roma. Y no tardaron, como siempre sucede en estos casos, al difundirse el crimen a la par que la indagación, en presentarse numerosos casos diversos. Me llegó una denuncia anónima que contenía el nombre de muchas personas. Quienes negaban ser o haber sido cristianos *(qui negabant esse se christianos aut fuisse),* si invocaban a los dioses conforme a la fórmula impuesta por mí, y si hacían sacrificios con incienso y vino ante tu imagen, que a tal efecto hice erigir, y maldecían además de Cristo *(male dicerent Christo),* cosas todas que, según me dicen, es imposible conseguir de quienes son verdaderamente cristianos *(qui sunt re vera christiani),* consideré que debían ser puestos en libertad. Otros, cuyo nombre había sido denunciado, dijeron ser cristianos y lo negaron poco después *(esse se christianos dixerunt et mox negaverunt);* lo habían sido, pero luego habían dejado de serlo, algunos hacía tres años, otros más, otros incluso veinte años atrás. También todos éstos han adorado tu imagen y la estatua de los dioses y han maldecido de Cristo *(et Christo male dixerunt).* Por otra parte, ellos afirmaban que toda su culpa y error consistía en reunirse en un día fijo antes del alba y cantar a coros alternativos un himno a Cristo como a un dios *(quod essent soliti stato die ante lucem convenire carmenque Christo quasi deo dicere secum invicem)* y en obligarse bajo juramento no ya a perpetrar delito alguno, antes a no cometer hurtos, fechorías o adulterios, a no faltar a la palabra dada, ni a negarse, en caso de que se lo pidan, a hacer un préstamo. Terminados los mencionados ritos, tienen por costumbre el separarse y el volverse a reunir para tomar alimento, común e inocentemente. E incluso de esta práctica habían desistido a raíz de mi decreto por el que prohibí las asociaciones *(hetaerias)*[116], conforme a tus órdenes. Intenté por todos los medios arrancar la verdad, aun con la tortura, a dos esclavas que llamaban servidoras *(ministrae)*. Pero no llegué a descubrir más que una superstición irracional y desmesurada *(superstitionem pravam et inmodicam)*. Por ello, tras suspender la indagación, recurro a ti en busca de consejo. El asunto me ha parecido digno de consulta, sobre todo por el número de denunciados: son, en efecto, muchos, de todas las edades, de todas las clases sociales, de ambos sexos, los que están o han de estar en peligro. Y no sólo en las ciudades, también en las aldeas y en los campos se ha propagado el contagio de semejante superstición. Por eso me parece que es preciso contenerla y hacerla cesar. Me consta con certeza que los templos, desiertos prácticamente, comienzan a ser frecuentados de nuevo, y que las ceremonias rituales *(sacra sollemnia)* hace tiempo interrumpidas, se retoman, y que se vende por doquier la carne de las víctimas que hasta la fecha hallaba escasos compradores. De donde es fácil deducir qué muchedumbre de hombres podría ser sanada si se aceptase su arrepentimiento"[117].

La perplejidad del concienzudo Plinio, y de ahí el motivo de su consulta, se debe a que había descubierto que ser cristiano no implicaba necesariamente haber incurrido en *flagitia* —crimen o abominación—, "su crimen o, si se quiere, su error, es reunirse antes de rayar el sol y cantar, alternando entre sí a coro, un himno a Cristo como a Dios". A pesar de esto, no duda en castigarlos, "fuera lo que fuese lo que confesaban", por mostrarse contumaces e inflexibles. Idéntico reproche al de Marco Aurelio, que se queja de "terquedad" y el "fasto trágico" con que van a la muerte[118].

---

[116] Las asociaciones (l. *hetaeriae,* g. *eterías*) de cualquier tipo, especialmente gremios laborales —nuestros sindicatos modernos—, se transformaban fácilmente en grupos políticos. Para evitarlo César prohibió todas las asociaciones en el año 7 a.C.: "Quienquiera establezca una asociación sin autorización especial, es pasible de las mismas penas de aquellos que atacan a mano armada los lugares públicos y los templos". La ley estaba siempre en vigor, pero las asociaciones seguían floreciendo: desde los barqueros del Sena a los médicos de Avenches, desde los comerciantes de vino de Lyon a los trompetistas de Lamesi. Todas defendían los intereses de sus afiliados ejerciendo presiones sobre los poderes públicos.

[117] Plinio, *Epístolas,* X, 96. Tertuliano, con tono algo provocador y escribiendo unos años después, confirma la extensión del cristianismo que Plinio testifica, y cuyos escritos parece conocer el africano: "Si quisiéramos vengarnos, no como ocultos, sino declarados enemigos, ¿faltaríanos por ventura fuerzas de numerosos soldados y ejércitos? ¿Son más los mauros, los marcomanos, los partos que rebeló Severo, que los cristianos de todo el mundo? Estos bárbaros numerosos son, pero están encerrados en los límites de un reino; los cristianos habitan provincias sin fronteras. Ayer nacimos y hoy llenamos el Imperio, las ciudades, las islas, las aldeas, los reales, las tribus, las decurias, el palacio, el Senado, el consistorio. Solamente dejamos vacíos los templos para vosotros. Pues ¿para qué lance de batalla no serían idóneos soldados los cristianos, aun con desiguales ejércitos, estando tan ejercitados en los combates de los tormentos en que se dejan despedazar gustosamente, si en la disciplina de la milicia cristiana no fuera más lícito perder la vida que quitarla? También podríamos sin armas pelear contra vosotros con sola la envidia del divorcio, porque si tan lúcida muchedumbre de cristianos, alejados de nuestra compañía se resolviesen a vivir juntos en algún seno del mundo, quedaría el Imperio avergonzado con la pérdida de tan ilustres ciudadanos y castigado con el desamparo de los buenos. ¿Qué ciudad no quedaría apesaradamente envidiosa de la colonia cristiana, compuesta del mayor lucimiento de la naturaleza y del mayor lustre de la gracia? Y si todos los cristianos desamparasen sus casas, sin duda que en tanta soledad, en tanto silencio de las cosas, en una ciudad desierta y como muerta no habiendo en ella vivos os hallaríais enajenados con el pavor y encantos con el pasmo, no teniendo en ella a quién mandar. Más enemigos quedarían que ciudadanos, aunque ahora tenéis más ciudadanos que enemigos; que siendo los más ciudadanos cristianos, los más ciudadanos son amigos" (*Apologético,* 37, 4ss).

[118] Marco Aurelio, *Pensamientos,* XI, 3.

Pero Plinio plantea el problema en su justa medida legal: ¿hay que castigar a los cristianos sólo por el *nomen* —nombre— o por las *flagitia*? La diferencia era fundamental. El castigo exclusivamente por el nombre se aplicaría una vez obtenida la confesión de que se era cristiano, sin requerirse pruebas de cualquier otro delito. El castigo por *flagitia* presupondría una investigación *(quaestio)* sobre la naturaleza del delito, con presentación de pruebas y testigos. Presumiblemente, de hallarse al acusado culpable de *flagitia,* el culpable no se vería libre por el hecho de apostatar.

Está claro que los cristianos que perseveraban firmes en la fe, los confesores, habrían preferido la segunda alternativa: castigo por crimen o abominación; pues en tal caso, al no poder imputárseles este delito, era de suponer que los pondrían en libertad. Ésta es la posición de Justino y Tertuliano en sus apologías.

En cambio, a los encausados apóstatas, que negaran durante el proceso, les convenía mucho más la primera alternativa: persecución por causa del *nomen,* pues entonces no habría caso contra ellos, con tal que ofrecieran sacrificios y renegaran de Cristo.

Trajano le contesta y aclara que "desde el momento en que no es posible establecer una norma universal *(in universum aliquid)* y por supuesto invariable, no deben ser perseguidos de oficio *(conquirendi non sunt).* Si han sido denunciados y han confesado, han de ser condenados, pero del siguiente modo: quien niegue ser cristiano *(qui negaverit se christianum esse)* y haya dado prueba manifiesta de ello, a saber, sacrificando a nuestros dioses, aun cuando sea sospechoso respecto al pasado, ha de perdonársele por su arrepentimiento *(veniam ex paenitentia impetret).* En cuanto a las denuncias anónimas, no han de tener valor en ninguna acusación, pues constituyen un ejemplo detestable y no son dignas de nuestro tiempo"[119].

El texto es capital, pues parece contener la jurisprudencia que perdurará durante todo el siglo y que será objeto de atención por parte de los apologistas. Es de notar que no existía ninguna proscripción de los cristianos emanada del poder central, ni, por tanto, ninguna persecución de conjunto. Lo que tiene lugar son ataques locales procedentes de la plebe. El gobierno excusa a los cristianos de las calumnias de que son objeto, pero a la vez establece de modo terminante que el *nombre* cristiano constituye como tal un motivo de condenación. Esto suponía la pena capital, agravada según la condición social del reo. Hablaremos de ello después.

La solución de Trajano es un poco salomónica: "Los cristianos pueden ser castigados, pero no deben ser perseguidos" *(puniendi sunt, conquirendi non sunt),* dando a entender que no hay persecución por parte del Estado, sino un intento de contener más que de reprimir una asociación religiosa que despertaba sospechas por sus prácticas aparentemente poco transparentes.

Trajano hace tres salvedades que resultaron favorables a los cristianos y contribuyeron a mitigar la severidad de las persecuciones del populacho, los *progroms,* como diríamos hoy: primera, la prohibición expresa de buscar a los cristianos *(conquirendi non sunt)*[120]. Segunda,

[119] Plinio, *Epíst.,* X, 97.

[120] "El carácter de *facto acusatorial* y no inquisitorial de los procesos contra los cristianos explica la ambivalencia de las noticias históricas referentes a la Iglesia de esta época. Vemos, de una parte, que los cristianos se mueven con cierta libertad, se reúnen y enseñan en público y, por otra parte, son procesados y condenados a muerte con suma facilidad. Pero esto sucedía únicamente si eran acusados o denunciados" (J. Montserrat Torrents, *op. cit.* pp. 129-130).

las acusaciones sólo deben iniciarse cuando exista una denuncia formal, medida que evitaría las acusaciones infundadas o malintencionadas, pues el delator que no lograra demostrar la verdad de su acusación se expondría a que se le procesara por calumnia[121]. Tercera, quien renegara de Cristo honrando a los dioses debía ser perdonado en razón de su arrepentimiento; lo que significa que el castigo se debe sólo al nombre. Los apóstatas, por tanto, no tendrán que temer acusaciones criminales[122].

El punto débil y extraño del escrito de Trajano reside en la cuestión del castigo por cuestión del nombre. Jamás se había castigado a los adeptos de una religión por el sólo hecho de profesarla, los castigos se imponían únicamente por delitos concretos, nunca por el nombre. Esto es lo que hace saltar la protesta de Tertuliano y otros apologistas que centrarán el peso de su acción en este punto esencial. "¡Sentencia por necesidad ilógica! Niega se busquen como inocentes *(inocentes)* y manda se castiguen como delincuentes *(nocentes)*. Perdona y se ensaña; cierra los ojos y castiga. ¿Por qué, oh censor, te envuelves a ti mismo con una censura? Si condenas, ¿por qué no inquieres también? Si no inquieres, ¿por qué también no absuelves? Para seguir la pista a los ladrones, asignado hay en cada provincia un puesto militar; contra los reos de lesa majestad y de lesa sociedad todo hombre es soldado, extendiéndose la inquisición a los cómplices y confidentes. Sólo al cristiano no es lícito examinarle, buscarle, y en cambio se le puede denunciar, como si la busca tuviese objeto distinto que la denuncia. Condenáis, pues, al denunciado, siendo así que nadie quiso fuera denunciado. ¡Pero que si merece pena no es por ser culpable, sino por haber sido hallado el mismo que no debía ser buscado!"[123].

Idéntica protesta es la de Justino: "Se nos acusa de que somos cristianos, es decir, buenos[124], mas aborrecer lo que es bueno resulta contrario a la justicia. Por otra parte, si alguno reniega de ese nombre y afirma que no es cristiano, lo dejáis libre, como quien no tiene otro delito de que ser acusado. Pero si alguno confiesa le imponéis la pena por la sola confesión, siendo así que lo oportuno sería examinar la conducta del que confiesa y del que niega, para que por los actos pueda conocerse la calidad de cada uno. Porque así como algunos, a pesar de haber aprendido de su maestro Cristo a no negarle, son inducidos a ello al ser interrogados, así los que con su mala vida tal vez dan pie a quienes ya por otros motivos están

---

[121] Justino aduce un rescripto de Adriano, que confirma la jurisprudencia de Trajano. En él ordena que "de ninguna manera hagan caso de simples peticiones ni de clamores. Es mucho más justo que si alguno quiere acusar, que tú conozcas de aquellas imputaciones. Si, pues, alguno acusa a cristianos determinados y prueba que ellos cometen infracciones de las leyes, determina la pena según lo reclame la gravedad del delito. Pero, por Hércules, si alguno denuncia calumniosamente, ten cuidado de castigar al denunciante con los suplicios más severos a causa de su perversidad" (Justino, *I Apol.* 69).

[122] Cf. G. E. M. de Ste. Croix, *op. cit.,* pp. 498-500; J. Montserrat Torrents, *op. cit.* pp. 120ss.

[123] Tertuliano, *Apol.* II, 8-9.

[124] Hay aquí un juego de palabras, pues *cristianos,* ungidos, equivalente a suaves, buenos, óptimos, tal como se observa en Tertuliano y Teófilo de Antioquía: "En cuanto a la manera de burlarte de mí llamándome cristiano, no sabes lo que dices. En primer lugar, lo ungido es agradable, bueno y no tiene nada de ridículo. ¿Puede un barco ser utilizado antes de ser bendecido? Una torre, una casa, ¿poseen apariencia bella y ofrecen buen uso antes de ser bendecidas? ¿No recibe el hombre que nace o que va a luchar la unción del óleo? ¿Qué obra de arte, qué adorno puede agradar a la vista sin antes haber sido abrillantado con óleo? ¿Y tú no quieres recibir la unción del aceite divino? Ésta es la explicación para nosotros de nuestro nombre de cristianos: estamos ungidos por el óleo de Dios" (Teófilo de Antioquía, A Autólico, I, 12).

dispuestos a atribuir impiedad e injusticia a todos los cristianos"[125]. Por ello, no le tiembla la mano a exigir a sus jueces que, indistintamente de considerar razonables o no sus argumentos en favor de los cristianos, "no decretéis la muerte contra hombres inocentes como contra enemigos y criminales. Os anunciamos que no escaparéis del juicio de Dios si permanecéis en la injusticia"[126].

3. Intereses particulares

Unidos, o como parte de prejuicios que afectaban al pueblo, y más tarde a los políticos, los motivos personales rencor y antipatía, de interés privado y profesional, jugaron un importante papel en las persecuciones a todos los niveles. La primera muestra nos la ofrece el Nuevo Testamento, donde se narra el tumulto organizado por los plateros de Éfeso contra Pablo, cuando vieron peligrar sus negocios debido a la predicación del Evangelio (Hch. 19:24-27). Otro tanto ocurrió en Bitinia, en el otoño del 112, según nos cuenta Plinio el Joven, que recibió denuncias por parte de los fabricantes de amuletos religiosos, estorbados por los cristianos que predicaban la inutilidad de semejantes baratijas.

Nerón culpa a los cristianos del incendio de Roma para desviar las miradas de su persona. Maximino persigue a los cristianos por odio a su predecesor, Alejandro Severo, que los había favorecido. Decio persigue a los cristianos dejándose llevar también por su aversión contra Felipe, cuyo puesto había usurpado, que había sido tolerante y quizá converso al cristianismo. Valeriano persigue a los jefes cristianos porque era dado a las artes mágicas y sujeto al influjo de adivinos. Su persecución está causada también por la ambición de hacerse con los bienes de una Iglesia despojada. De modo semejante Diocleciano comienza la última persecución azuzado por arúspices y oráculos. Y sobre su ánimo pesaba también mucho el odio anticristiano de su colega imperial Galerio, hijo de una aldeana que había sido sacerdotisa.

Los factores económicos siempre estuvieron presentes. En medio de la satisfactoria prosperidad del siglo II, por ejemplo, el gobierno desaprueba la violencia contra los cristianos, pero cuando llegamos a la crisis del siglo IV, Valeriano desencadenó un ataque movido por la necesidad de procurarse dinero. De hecho, el ostracismo social y económico fue la forma de persecución más difundida y prolongada contra los cristianos.

Bajando al nivel de cotidiano, el cristiano se podía ver acusado por multitud de asuntos familiares o laborales. La persecución contra él podía saltar de la manera más inesperada. Justino nos ilustra de cómo se podía dar lugar a estar situaciones, en una imprevisible cadena de acontecimientos. Cuenta que una mujer, convirtiéndose en cristiana, no quiso participar más en los perversos placeres corporales de su esposo, considerándolos repulsivos, y le instó a convertirse a la nueva fe. Debido a esto su esposo, siendo pagano, se llenó de odio hacia ella y se quejó a la corte regional. En vista que nada bueno esperaba a la mujer, ella consiguió una prorrogación del juicio para poder arreglar los asuntos de sus bienes. Mientras ella arreglaba sus asuntos, su esposo atrajo al juicio a un tal Tolomeo, el cual había llevado a su esposa al cristianismo. Tolomeo fue interrogado en el juicio, y cuando él reconoció enfrente de todos

[125] Justino, *I Apol.* 4.
[126] Justino, *I Apol.* 68.

su fe cristiana, el juez lo condenó a la pena de muerte. En ese momento, dos personas que presenciaban el juicio comenzaron a protestar diciendo: "¿Cómo puede ser que una persona honesta pueda ser sentenciada a muerte nada más que por sus convicciones religiosas?". El juez interrogó a los que protestaban para averiguar si ellos también pertenecían a la fe cristiana. Cuando ellos le respondieron que sí, también los condenó a muerte. Así sucedió mientras se preparaba el caso en contra de la mujer cristiana; tres cristianos perdieron sus vidas. Finalmente la mujer fue enjuiciada y condenada a muerte[127].

El mismo Justino esperaba una suerte parecida debido a las envidias del "buscapleitos Crescente, amigo de la ostentación. Porque no es digno ni siquiera del nombre de filósofo, ya que afirma públicamente de nosotros cosas que ignora en absoluto, a saber, que los cristianos somos impíos y ateos, y lo dice para dar gusto a la engañada muchedumbre del pueblo"[128]. Más adelante consideraremos el martirio de Justino. No hay duda de que durante siglos los cristianos vivieron expuestos a la posibilidad de terminar su vida de un modo abrupto por la malquerencia de sus vecinos. Esto exigía para hacerse cristiano y para seguir siéndolo un gran valor moral, o más bien un verdadero heroísmo. Por eso, si fueron muchos los mártires de sangre, muchísimos más fueron los mártires de deseo o de resignación, es decir, aquellos que de antemano estaban dispuestos a aceptar la muerte antes que renunciar a la fe.

4. Base jurídica

Hasta el reinado de Decio no tenemos, o no ha llegado a nosotros, ningún *senatus consultus* que explique el castigo que se aplica invariablemente a los convictos de ser cristianos. Es bien conocida la perfección de la elaboradísima construcción jurídica que es el derecho romano civil y administrativo. Se sabe que el Imperio romano observó desde siempre la más tolerante actitud frente a todas las clases de cultos y convicciones religiosas. Dentro de sus límites se podía venerar a Júpiter o a la Isis egipcia. A nadie se molestaba, excepto a los cristianos, que eran condenados a muerte por el simple hecho de pertenencia a un grupo cuyo único delito era obstinarse en sus creencias, o "supersticiones" en el lenguaje de los funcionarios imperiales. Se ha querido buscar un edicto de los días de Tiberio que fundamente las razones del Estado perseguidor. No tenemos nada. Los historiadores modernos han descartado la idea de que haya existido nunca una ley que regulase jurídicamente la actitud del Estado frente a los cristianos.

Éstos no incurren en delito de *lesa majestad* —que conllevaba la muerte—, o lo que hoy llamamos alta traición, rebelión o sedición contra la autoridad constituida. En todos los procesos de cristianos que conocemos, y conocemos bastantes, jamás se habla de delitos de lesa majestad. Y resulta extraño que Trajano, que jamás quiso que se aplicase la ley de lesa majestad, estructurase, sin embargo, el proceso jurídico contra los cristianos. Hasta la gran persecución de Decio, año 249, no consta que los cristianos fueran perseguidos directamente por delito de religión en el ámbito de la lesa majestad[129].

---

[127] Justino, *II Apol.* 2.

[128] *Ibíd.*, 3.

[129] José Montserrat Torrents, *El desafío cristiano*, p. 149.

En lo que respecta al *culto al emperador,* claro está que una negativa a prestarlo podía ser considerada como un delito de lesa majestad. Pero también es cierto que quien no estuviera obligado en virtud de su cargo a realizar un acto de culto, podía durante toda su vida abstenerse de tomar parte en ninguno, sin conculcar con ello ley alguna. El individuo particular se encontraba frente al culto oficial romano en un situación parecida a la del moderno ciudadano con respecto a muchas ceremonias civiles, por ejemplo, los honores rendidos al soldado desconocido o el saludo a la bandera. Quien no quiera comprometerse en semejantes ceremonias no tiene más que quedarse en casa o girar por otra calle. Antes de Decio el rechazo del culto a los dioses o el juramento por el genio del emperador no constituían delitos pasibles de pena capital.

Entonces, ¿cómo se explica que durante siglos se fueran dictando nuevas leyes contra los cristianos, y leyes además totalmente distintas entre sí por su estructura jurídica? "Esta incredulidad obedece a que los historiadores tienen una opinión exageradamente elevada del Imperio romano como estado de derecho; lo explican sus vanos y reiterados empeños por encontrar una base jurídica a las persecuciones. Lo que sí estaba altamente perfeccionado era el derecho civil, por cuya escuela han pasado todos los pueblos civilizados. En cambio, el derecho penal era muy deficiente, y más imperfectas eran aún las leyes de enjuiciamiento criminal. Por consiguiente, no hay razón para extrañarse demasiado de que en este estado de derecho, tan bien ordenado en apariencia, ocurrieran en materia penal arbitrariedades e incluso actos de inhumana crueldad"[130].

5. Por causa del nombre

Ningún delito —*flagitia* en los términos de la época— podía imputarse a los cristianos, excepto *llamarse* tales. En los procesos contra ellos no se ve a ningún magistrado romano sustanciando ninguna clase de delitos, al contrario, "los vemos preocupándose exclusivamente de dilucidar la pertenencia o no del acusado a la secta cristiana y, una vez confirmada esta adscripción al *nomen,* pronunciando indefectiblemente la pena capital, es decir, considerando aquella pertenencia al delito de lesa majestad en grado máximo"[131].

Una injustificada "guerra por causa del nombre"[132], llevada con más o menos eficacia por los funcionarios del Imperio sin remordimientos de conciencia, tranquilizados por la reacción del pueblo siempre deseoso de carne fresca para el circo y las fieras, y ellos en la obligación de proveer suficientes víctimas para los espectáculos. Era una costumbre terrible, pero cierta. Al estudiarse las circunstancias de los martirios cristianos durante los reinados de Adriano y Marco Aurelio, se aprecia que los mártires principales están relacionados con solemnidades paganas en las que intervienen los espectáculos circenses[133]. Así sucede con el martirio de Policarpo, que tuvo lugar en Esmirna con ocasión de las fiestas ofrecidas por el asiarca Felipe. Lo mismo ocurre con los mártires de Lyon, arrojados a las fieras con oca-

---

130 Ludwing Hertling, *Historia de la Iglesia,* p. 68.

131 J. Montserrat Torrents, *op. cit.,* p. 147.

132 Tertuliano, *Apología contra gentiles,* II, 18.

133 Véase más adelante I, 9.7. "De los sacrificios humanos al juego circense".

sión de la fiesta que reunía anualmente en Lyon a los delegados de las tres Galias. "Esto es sin duda, el punto en que la persecución contra los cristianos adquiere su significado más profundo. No se trata solamente de incompatibilidad ideológica. En concreto, resulta sorprendente que emperadores liberales y filósofos como los Antoninos cuenten con mártires en sus reinados. Pero es que la civilización greco-romana como tal escondía, bajo su barniz humanista, un fondo de crueldad. Esto lo suelen ignorar los historiadores racionalistas en su intento de reducir las persecuciones a problemas sociológicos. Justino o Tertuliano son mejores historiadores, pues se muestran más fieles a la totalidad de la realidad. Toda la argumentación de Justino se centrará precisamente en mostrar a los emperadores filósofos la contradicción que en ellos constituye la persecución de los cristianos"[134].

"No os preocupáis absolutamente nada de nosotros —echa en cara Atenágoras a los gobernadores—, a quienes llamáis cristianos y, aunque no cometemos injusticias y nos portemos de la forma más piadosa y justa permitís que se nos persiga, que se nos secuestre y que se nos expulse; que la mayoría nos ataque únicamente por nuestro nombre"[135]. Justino reacciona asombrado, no atinando a comprender cómo *el sólo nombre* puede ser motivo de castigo, lo que indica, además, la perplejidad de los mismos condenados respecto al motivo de su condena. "Por el solo nombre ninguna cosa puede juzgarse buena ni mala, si se prescinde de los actos que bajo ese nombre se encierran. Por el nombre con el cual somos conocidos, somos buenos. Pero, así como no consideramos justo pedir por el nombre la absolución, en el caso de ser encontrados criminales, de igual modo, si nada hacemos, ni por razón del nombre con que se nos designa ni por razón de nuestra conducta, a vosotros toca evitar el que, por castigar injustamente a hombres a quienes no se ha probado delito alguno, incurráis en las penas de la justicia"[136].

Ni el propio Tertuliano, abogado y orador, se explica lo que ocurre. "Si lo que se odia es el nombre, ¿qué culpa tienen los nombres? ¿De qué se puede acusar a los vocablos sino de que suena a bárbaro la voz de algún nombre, o a mal augurio, o a maldición, o a impurezas? El nombre cristiano, empero, en cuanto a su etimología se deriva de *unción*. Aun cuando vosotros malamente lo pronunciáis diciendo 'crestiano' que ni siquiera tenéis exacta noticia de este nombre, compuesto de suavidad y de bondad. Se odia, pues, en hombres inofensivos un nombre inofensivo"[137].

En su investigación de las razones del perseguidor, Montserrat Torrents afirma sin lugar a dudas que "los cristianos fueron reprimidos por la autoridad imperial por el simple hecho de declararse secuaces de un cabecilla subversivo juzgado, condenado y ajusticiado. Es decir, en la terminología de la época, por el simple nombre de cristianos"[138]. Sin embargo, ésta es una teoría demasiado moderna influenciada por las teorías revolucionarias respecto al movimiento de Jesús. La explicación es mucho más sencilla y ajustada a los hechos, pero que

134 Jean Daniélou, *op. cit.,* p. 129.

135 Atenágoras, *Súplica a propósito de los cristianos,* 1.

136 Justino, *I Apología,* 4. Un rescripto de Adriano, conservado en griego, establece que los cristianos no sean castigados por el nombre, sino sólo si actúan contra las leyes.

137 Tertuliano, *Apología contra gentiles,* I, 4, 5.

138 J. Montserrat Torrents, *op. cit.,* p. 44.

ha estado confusa en manos de los historiadores debido a que no se distinguió con plena claridad y consecuencia entre el *fundamento jurídico* para la persecución y el *procedimiento jurídico* durante la misma, como demuestra el historiador Albert Ehrhard. El fundamento jurídico se sintetiza en la cuestión del nombre de "cristiano" en cuanto éste se relaciona directamente como un atentado a la *Pax Deorum,* que consideraremos a continuación, crimen de cuya naturaleza eran inconscientes los cristianos. De ahí su extrañeza. Paradójicamente, el fundamento jurídico para el ataque del poder romano contra los cristianos lo crearon ellos mismos, como bien hace notar Albert Ehrhard. Su radical oposición a la religión estatal de Roma, unida a la esencia misma del Estado romano, era su gran crimen. Ser cristiano significaba oponerse al culto a los dioses, personificado en la persona del emperador. Las autoridades romanas no necesitaban saber más. Les bastaba el nombre. "Ser cristiano como tal fue considerado como un nuevo y hasta entonces desconocido crimen contra la religión estatal y el concepto de Estado romano que no podía permanecer impune"[139].

Tal es el fundamento jurídico de la autoridad que contempla como único cargo la pertenencia a la secta cristiana, el hecho de *ser cristiano,* y la sanciona con la pena capital. "¿Qué misterio puede haber en esto?", se pregunta perplejo Justino, ¿cómo el *nomen* (nombre) cristiano puede ser simple motivo de condena? Ya que la respuesta no la encuentra en los hombres ni en las leyes humanas, tal como él las concibe, Justino la atribuye en la instigación de los demonios que, identificados con los dioses paganos, se niegan a desaparecen ante el ímpetu cristiano que revela su verdadera naturaleza malévola. "No sólo no decimos que son buenos los demonios que tales cosas han hecho, antes al contrario, les llamamos malos e impíos demonios, que ni siquiera se asemejan en sus acciones a los hombres amantes de la virtud"[140]. "Estamos persuadidos de que estas cosas, como ya hemos dicho, proceden de la acción de los malos demonios, que piden víctimas y culto a los hombres que viven fuera del orden de la razón"[141]. Los jueces no necesitaban pedir más pruebas que estas. Sus dioses estatales negados y reducidos a la calidad de demonios en una inaudita provocación. Al tiempo que los mártires mueren confesando su fe en Cristo, no dejan de denunciar a los dioses de sus jueces como seres malvados. El enfrentamiento entre jueces y reos era total.

6. La *Pax Deorum*

Cristianos condenados sin causa criminal, excepto el hecho de confesar serlo; jueces irritados de ver sus dioses rebajados al nivel más bajo de los demonios malignos[142]. La mentalidad de víctimas y verdugos obedecía a una misma creencia: la realidad del espíritu y su importancia para la vida pública y privada. El romano no tenía problemas en aceptar que sus dioses tenían en su origen un componente heterogéneo: fuerzas de la naturaleza, héroes divinizados, etc. Pero cualquiera que fuese su naturaleza les habían ayudado a engrandecer el

139 Albert Ehrhard, *op. cit.,* p. 150.

140 Justino, *I Apología,* 5. Cf. Agustín, *La ciudad de Dios,* que dedica un buen número de capítulos a demostrar la naturaleza diabólica de los llamados dioses del paganismo.

141 Justino, *I Apolog'a,* 12.

142 El demonio, del gr. *daimon,* era considerado un dios inferior, genio, alma de los muertos. Homero, como Platón en *Fedro,* consideraba equivalentes los términos *théos* y *daimon*. Unos demonios eran buenos y benéficos, otros malévolos y perjudiciales.

poder de Roma. Para los magistrados el culto a los dioses era una cuestión de política ciudadana, y su omisión incurría en el delito llamado antiguamente *perduellio,* y más tarde crimen *maiestatis imminutae* o sencillamente *maiestas.* Se trataba de un crimen contra la grandeza del pueblo romano, atribuida invariablemente a la protección de los dioses, el gran "artículo de fe"de la religión romana.

Los romanos habían establecido de antiguo una *Pax Deorum* o pacto político con los dioses, semejante al *Pacto* o *Alianza* de Yahvé con los israelitas. Gracias a esa *Pax Deorum* los romanos creían en la indestructibilidad de su ciudad. Era el origen de su confianza en la relación con los dioses, distinta de los griegos, más pesimistas y más trágicos. La incertidumbre respecto el capricho de los dioses quedaba mitigada debido a la alianza con ellos que garantizaba la duración, *aeternitas,* de Roma gracias a la benevolencia de los dioses que ellos se encargaban de cuidar mediante cultos subvenciones por el estado. La ruptura o negiglencia, *neglegentia deorum,* del contrato con los dioses sólo podía acarrear desgracias y calamidades de origen divino. Así fue interpretado por el gran poeta Horacio, refiriéndose al siglo I antes de Cristo: "Posees la soberanía sólo porque te sometes a los dioses. Des ahí arranca todo; calculo según eso el final. Los desdeñados dioses han amontonado abundantes desgracias sobre Occidente"[143].

Por eso, según Varrón, la religión es una actividad estatal. Política de primer grado que el Estado se encargaba de mantener. Cualquier acto público se acompañaba de una consulta o una ceremonia religiosa, oficiada por sacerdotes que eran también los que se encargan de la política. Existía en Roma una organización sacerdotal, con colegios especializados en áreas particulares de la actividad religiosa, pero eran los magistrados los que desempeñaban el sacerdocio, en cuanto élite social y política gestionadora de lo sagrado[144]. La grandeza y señorío de Roma justificaba la *Pax Deorum* y la hacía creíble a los ojos de todos. A la vez, la *Pax Deorum* infundía confianza en el corazón de lo romanos al emprender sus conquistas y expandirse por el mundo. "Es bueno para la ciudad que los hombres superiores se crean hijos de dioses, aunque sea falso. Porque, fiado en su ascendencia divina, el espíritu humano concibe proyectos más audaces, los lleva a cabo con más energía y, por consiguiente valiéndose de su seguridad, los concluye con más éxito"[145]. La paz o alianza que garantizaba la benevolencia de los dioses con Roma no hacía de los romanos intolerantes en materia social ni religiosa, todo lo contrario. Los extranjeros, e incluso los mismos enemigos una vez vencidos, podían formar parte del mundo romano, llegando a ser ciudadanos. Sólo una cosa no podían tolerar: la *impiedad, asébeia* en lengua griega, el "ateísmo"[146], es decir, el no respeto en público a los dioses de Roma. El ateísmo significaba para los antiguos menosprecio de Dios y no, como para los modernos, duda o negación filosófica de la existencia de Dios. Bastaba observar algunas formalidades externas para

[143] Horacio, Carm. III, 6, 1-8.

[144] A la cabeza de todos se encontraba el Emperador, que era *ex-officio* el *Pontifex Maximus,* y objeto de veneración divina, a la que siempre se negaron los cristianos, por ser una forma de idolatría.

[145] Varrón, *Antigüedades,* 20.

[146] El hecho queda ampliamente documentado en los apologistas cristianos y en los autores paganos: Justino, *I Apol.,* 6; *II Apol.,* 3; Atenágoras, *Legat. pro christ.,* 3; Eusebio, *Hist. ecl.* IV, 15, 18; Luciano, *Alex.,* 25, 38; Minucio Félix, *Octavius* 8-10; Tertuliano, *Apolog.* 35, 37; Tácito, *Annal.* 15, 44.

cumplir religiosamente con los dioses. Ni siquiera era necesario creer en ellos. Era suficiente actuar como si existiesen.

Hipocresía extraña e intolerable a los cristianos, que fueron sistemáticamente acusados de ateos, impíos y enemigos de la humanidad (al negarse a venerar los dioses que pretendidamente garantizaban el bienestar de la comunidad) sin que que les valiera ninguna protesta a favor de su creencia en un Dios único, pues su *exclusividad excluyente* chocaba contra todos los conceptos de la cultura pagana. Negarse a prestar honores cívicos a los dioses era prueba manifiesta de impiedad, cualquiera que fuese la causa o motivo doctrinal, de modo que nada les valía su protesta de "amor al prójimo". Aquí fue fundamental la mentalidad romana que veía todo, y de manera particular la religión, bajo una perspectiva de utilidad política y social. Los dioses existen para el bien de la humanidad. La negativa cristiana de rendirles culto ponía en peligro la estabilidad de la comunidad en su conjunto y de Roma en especial[147]. La sola presencia de gente como ésta ofendía a los dioses y podía inducirlos a retirar la protección que brindaban al pueblo romano. Además, si los cristianos se beneficiaban de los privilegios de la ciudadanía romana, sería propio esperar algún acto de gratitud de su parte hacia las tradiciones por las que Roma era grande. Aquí radicaba el *quid* de la cuestión y el trágico malentendido[148]. Los cristianos no reconocían ningún beneficio derivado de los dioses, a los que, para más inri, tildaban de demonios, o puestos en lo mejor, de héroes divinizados; pero, en todo caso, no eran dignos de honor, sólo Dios.

"¿Por qué andáis equivocados?" —les increpa Tertuliano— "Roma, selva inculta, es más antigua que varios de vuestros dioses. Reinaba ya antes de construir el vasto recinto del Capitolio"[149]. "No podemos convenir en que los méritos religiosos hayan causado la grandeza del pueblo romano, toda vez que, como hemos sugerido, crecieron hiriendo a la religión o creciendo la hirieron. Y aquellos mismos cuyos reinos quedaron en uno fundidos para formar el total del Imperio romano, cuando los perdieron no dejaron ellos también de tener sus religiones"[150]. Además, "si son los dioses romanos quienes dispensan los reinos, nunca la Judea hubiera reinado en el pasado, pues despreciaba a estas divinidades comunes a los pueblos"[151]. Por consiguiente, "baste esto en contra de la acusación de lesa religión y divinidad, con lo cual, más que dañarla, hemos demostrado que no existe. Y así, cuando se nos provoca a sacrificar, paramos el paso fiándonos a nuestra conciencia, la que nos testifica a quién van tales homenajes, bajo el simulacro de las imágenes que vosotros exponéis, a los mortales que vosotros endiosáis"[152].

---

[147] Los apologetas quisieron mostrar y difundir que patriotismo romano y fe cristiana no eran términos enfrentados. Teófilo de Antioquía dice que es su Dios cristiano quien ha hecho grande a Roma y quien otorga el poder a los monarcas (*Ad Autolycum* 27). Ireneo de Lyon reconocía la imprescindible función del Estado y del poder real, que en todo caso emana de Dios y debe ordenarse al bien, a la tutela y a la justicia hacia los súbditos (*Adv. haer.* 5.24.1-3). Tertuliano recoge la posición cristiana anterior a él de sustituir el sacrificio a los dioses por el bien del Emperador por la oración en su favor (Tert., *Apolog. 30,* 1; 32, 2 ss.).

[148] Me alegra saber que ésta es también la opinión del profesor François Heim, de la Universidad de Nancy. Parece, escribe, "que las persecuciones han sido el resultado de un gran malentendido, si exceptuamos a algunos fanáticos de una y otra parte" ("Los cristianos a los leones", en *2000 Años de Cristianismo,* vol. I, p. 126. Sedmay, Madrid 1979).

[149] Tertuliano, *Apol.* 26, 2.

[150] Tertuliano, *Apol.* 23, 17.

[151] Tertuliano, *Apol.* 26, 4.

[152] Tertuliano, *Apol.* 27, 1.

Educados en la pluralidad de dioses y la conveniencia de cada cual para su propio designio, los romanos no eran capaces de comprender el argumento cristiano sin exasperarse ante su exclusividad intolerante. Por eso las autoridades romanas practicaron una política distinta a la adoptada con las demás religiones y abominaron de la sola mención del *nomen* cristiano, culpables no tanto de comisión como de *omisión.*

Los apologetas comprendían la situación, pero la juzgaban en términos religiosos y no llegaban al fondo de la psicología política que la sustentaba. Quizá Tertuliano fue el que más incidió y acertó en la cuestión, aunque sin resultados prácticos por parte de los magistrados. La gran mayoría de los apologetas pasaría perfectamente por teólogos de la "muerte de Dios" —en su día con los epicúreos[153]—, que además daban por supuesto que los magistrados cultos compartían con ellos su *escepticismo* respecto a la religión oficial y la inutilidad del culto a los dioses, en los que la mayoría de las clases cultas habían dejado de creer, no advirtiendo el peso de los hábitos adquiridos por la educación tradicional, siempre ligada al respeto cívico a los dioses. "La esterilidad de la cultura imperial no había cegado la mente de los hombres. Pero los pensadores paganos estaban demasiado ligados a las viejas convenciones para romper con ellas y liberarse"[154].

Los cristianos se tomaron demasiado en serio la verdad trascendental de la existencia de un mundo espiritual en constante lucha entre la luz y las tinieblas, Dios y el diablo, para caer en la hipocresía del culto romano. Gran parte de la intelectualidad hacía tiempo que había dejado de creer en los dioses, pero sin embargo seguía actuando como si creyese, para "dar ejemplo" al pueblo, de quienes los dioses constituían el mejor sistema policíaco. El Senado mismo no era una corte secular de justicia. Los senadores estaban estrechamente implicados en la religión pública. Los miembros del Senado eran simultáneamente magistrados y sacerdotes de la ciudad de Roma; portadores de un culto religioso intencionadamente tradicionalista y conservador. Curiosamente los romanos son casi el único pueblo de la historia que no tuvo una profesión exclusivamente sacerdotal, que recaía sobre los ciudadanos principales[155]. Cicerón justifica este hecho diciendo que de esta manera los "ciudadanos más distinguidos salvaguardan la religión mediante la buena administración del Estado y salvaguardan el Estado mediante el sabio control de la religión"[156]. Para ello no era preciso tener *fe* en la existencia de los dioses, bastaba con realizar escrupulosamente los ritos correspondientes. Varrón, en su *Antiquiates Rerum humanarum et Divinarum,* es capaz de admitir que la cuestión de los dioses sea una "noble mentira", pero muy útil en su función social, y él, dice, no dudaría, si tuviera que fundar una ciudad, en consagrarla a los dioses[157]. Cicerón, en sus libros *De la República* y *De las leyes* expone con gran franqueza la técnica de gobernar el Estado valiéndose de la religión. La vida pública y privada debía quedar presa de la red de las ceremonias religiosas.

[153] Por eso, cristianos y epicúreos compartían la desaprobación general por el Estado y por los charlatanes, como el falso profeta Alejandro, que decía: "Si hubiera algún ateo, o cristiano o epicúreo que haya venido a espiar nuestros ritos, ¡que se marche de prisa! ¡Fuera los cristianos! ¡Fuera los epicúreos!" (Luciano, *Alejandro, el falso profeta,* 38).

[154] Chester G. Starr, *Historia del mundo antiguo,* p. 679. Akal Editor, Madrid 1974.

[155] Cf. R. O. Ogilvie, *Los romanos y sus dioses,* cap. 7 "Los sacerdotes"; John Scheid, *La religión en Roma,* cap. 6 "El sacerdote y el magistrado".

[156] Cicerón, *Sobre su casa,* 1.

[157] Varrón, *Antigüedades,* 12.

El sacerdocio debía quedar en manos de la aristocracia. El pueblo, ignorante de la conducta y ritos adecuados al ceremonial público y privado, debía pedir instrucciones a los sacerdotes. La razón de esta legislación es que la "necesidad permanente del pueblo de pedir consejo y autoridad a la aristocracia mantiene consolidado el Estado"[158].

La negativa cristiana, pues, representaba un atentado revolucionario a la aristocracia, cuya reacción violenta en la persona de los jueces consta en buen número de actas de los mártires. Los implicados no sabían lo que estaba en juego, política y socialmente hablando, por eso se extrañaban de la inverosímil acusación de que eran objeto: "ateísmo", "impiedad", ellos, los más creyentes y devotos de todos. Ignoraban el fondo del asunto, de matiz sociopolítico de una religión basada en la perfección y protección del Estado. Cualquiera que fuese el grado de religiosidad de los cristianos, se les consideraba impíos y ateos recalcitrantes, enemigos del Estado, toda vez que rechazaban los canales de éste para mantener unida, mejor, *sometida*, la sociedad bajo el patronazgo de la *Pax Deorum.* A los ojos de los más conservadores, las buenas relaciones de los dioses con los hombres era puesta en peligro por culpa de unos pocos; el bienestar general de la comunidad por unos indeseables[159].

Las persecuciones más concienzudas proceden de la aristocracia romana, aunque por sí misma, en lo personal, fuese moderada, piadosa y hasta magnánima, como lo fueron Antonino Pío y Marco Aurelio. Pero su mismo apego a las tradiciones romanas la enfrentaba al descarado desplante cristiano que rechazaba el culto a los dioses protectores y los rebajaba al nivel de seres malignos y dañinos. Elio Adriano podía mostrarse escéptico en privado, llegando hasta el punto de burlarse de los dioses y oráculos, pero cuando ejercía sus funciones de Pontífice Máximo no permitía ni la más mínima señal de irreverencia. Para él el culto a los dioses era el puntal de la sociedad y no toleraba ofensas públicas a la misma, que no dudaba en castigar con la muerte. El rescripto del emperador y filósofo Marco Aurelio del 176-177 tenía por objeto impedir la difusión de los cultos que pusiesen en peligro la *Pax Deorum,* en un tiempo en el que las desgracias de la guerra, las inundaciones y la peste ponían en peligro la existencia del Imperio.

Los miembros de la facción democrática, salvo casos excepcionales como Nerón, y que han pasado a la historia como excéntricos y crueles —Cómodo, Caracalla o Heliogábalo— poco o nada tuvieron que ver con las persecuciones[160]. Los primeros, educados en la tradición de la vieja Roma: "Acuérdate, romano: a ti se te ha dado regir el imperio de los pueblos" (Virgilio), no podían tolerar que se menospreciase uno de los factores a que atribuían su gloria: la *Pax Deorum*[161]. Los segundos no se cuidaban tanto de las antiguas tradiciones, al contrario, se mostraban más tolerantes, quizá porque, como en el caso de Heliogábalo, estaban

[158] Cicerón, *De las Leyes* IX, citado por Benjamín Farrington, *Mano y cerebro en la Grecia antigua,* p. 175. Editorial Ayuso, Madrid 1974.

[159] Cf. G. E. M. de Ste. Croix, "Las persecuciones", en *Historia de las civilizaciones,* tomo 4, dirigido por Arnold Toynbee. Alianza Editorial, Madrid 1988.

[160] De hecho, los tres fueron acusados de traicionar la piedad tradicional al introducir cultos que terminaron por arruinar a los viejos dioses oficiales y con su ruina también la de la conciencia pagana de Roma.

[161] "Hasta el siglo IV el número de cristianos de la clase gobernante era muy escaso, y se esperaba que, con suerte, sus actividades pasarían inadvertidas o no cundirían hasta el punto de provocar la ira y la venganza de los dioses contra la sociedad" (G. E. M. de Ste. Croix, *op. cit.,* p. 505).

interesados en introducir el nuevo culto a sus dioses orientales[162]. Nada más aristocrático y romano que el edicto de Decio ordenando a todos los ciudadanos a ofrecer sacrificios a los dioses como un medio de atajar la grave amenaza germana del 248-250 y reforzar la unidad de Roma. ¿Qué mejor para garantizar el éxito que una demostración masiva de la lealtad del Imperio a sus dioses?

Mientras el cristianismo fue un asunto de minorías el Estado no intervino en su erradicación. Bastaba el control que el populacho ejercía sobre sus propios miembros. Pero a medida que la fe cristiana se extiende, aumenta y arraiga pese a todos los intentos para detener su avance, ya no son sólo las turbas las que andan persiguiendo a los cristianos, sino el mismo poder imperial el que toma la dirección y emite un edicto tras otro, a cada cual más duro. A partir de Decio, son los emperadores, sobre todo Valeriano, Diocleciano, Galerio y Maximino Gaya, los que toman la iniciativa y salen en defensa de unos dioses cada vez más abandonados, con los templos en ruinas. Para cuando se comprenda que la lucha está perdida, el Imperio romano habrá sido ampliamente bautizado con la sangre de los cristianos, sacrificados inmisericordemente de todas las maneras posibles. Los ídolos, tal cual sus adoradores, se mostraron insaciables, hasta que reventaron ahítos de su propia crueldad.

Pero el fin de las persecuciones imperiales no supuso el final de la guerra pagana al cristianismo. Ni siquiera terminó con la "cristianización" del Imperio. La aristocracia local, guardiana y oficiante de los viejos ritos de su religión, nunca perdonó al cristianismo alzarse hasta el podio de las religiones lícitas, ni por más merecido que lo tuviera. Los supervivientes del paganismo no dejaron pasar ni una sola ocasión de echar en cara a los cristianos la ruina del Imperio debida a ellos, a su obstinación y renuncia a los dioses de Roma, olvidados y proscritos. En el terreno político, el emperador Juliano, llamado el Apóstata, de quien hablaremos en su momento, fue el último defensor de dioses desvalidos como un medio para restaurar la viejas glorias de Roma.

Juliano no dudaba en considerar a los cristianos culpables de la locura reinante en su época, pues, a su juicio, el Estado había olvidado el respeto debido a las divinidades que habían sido veneradas y protegidas por sus antepasados y que habían hecho grande a Roma[163]. Él no reprocha a los cristianos el hecho de que adoren a Dios, pues considera que éste no es más que uno de los muchos dioses que, bajo otros nombres, adoran los paganos. La culpa de los cristianos radica en el orgullo, la presunción y el fanatismo de que dan muestra al considerar que no existe otro Dios que el suyo[164].

Asaltada y destruida Roma por los godos de Alarico, los guardianes de los dioses de antaño señalaron a la religión cristiana como culpable de esta calamidad sin precedentes, debido a la prohibición de tributar culto, honor y gloria a los viejos dioses de Roma, "y comenzaron a blasfemar del verdadero Dios con mayor amargura y mordacidad de lo habitual", se queja Agustín. "Fue esto —dice— lo que encendió mi celo para la casa de Dios, y me incitó a emprender la defensa de la Ciudad de Dios contra los errores y las blasfemias de sus

[162] Cf. Franz Altheim, *El Dios invicto.* Paganismo y cristianismo. EUDEBA, Buenos Aires 1966.

[163] Juliano, *Epist.* 83, 376d.

[164] *Ibíd.,* 89a, 454a-b.

atacantes"[165]. La monumental *Ciudad de Dios* de Agustín es la última gran apología cristiana que zanja definitivamente el viejo contencioso, demostrando con todo lujo de detalles que Roma nunca fue grande por sus dioses, ni desdichada por la ausencia de éstos.

7. Dioses y demonios

Insistamos un poco más en este punto. Ilustra en términos teológicos el último gran enfrentamiento entre la cultura clásica y la cristiana.

Los romanos son recordados ante todo por sus conquistas, por su afición a los juegos circenses y por las excentricidades de algunos de sus emperadores. Esto lleva a olvidar fácilmente su honda naturaleza religiosa, expresada en una familiaridad con los dioses que han heredado los pueblos latinos pese a su conversión al catolicismo. Las relaciones con los dioses reflejan las costumbres sociales y políticas. Son análogas a las que se establecen con los poderosos. Se les honra a cambio de que éstos respondan a sus peticiones. Si no lo hacen caerían bajo sospecha de no ser tan poderosos como aparentaban. Como aquellos soldados de la Edad Media española que colocaban una imagen de la Virgen en la torre del castillo para que les protegiera de los dardos enemigos y, en caso de no hacerlo, quitarla por poco milagrosa. La familiaridad en el trato con sus dioses llevaba a los romanos a considerar como *superstición* toda relación que implicase temor a los dioses o *deisidaimonia.* La verdadera piedad consistía en tenerlos por bienhechores y justos, providenciales, como el buen patrón que provee las necesidades de los que están bajo su responsabilidad. La dádiva y el voto, como intercambio de protección divina y obsequio humano, eran tan importantes como la plegaria, favoreciendo una religiosidad de tipo mágica.

Los romanos cultivados, en cambio, y la clase senatorial, que constituía el plantel de sacerdotes oficiales, observaban un "escepticismo benévolo" en todo lo tocante a las ceremonias públicas y a la ingenua piedad popular[166]. Los cristianos llevaron a su conclusión lógica este escepticismo paternalista para decir que los dioses son nada. No existen. Son creación de los hombres. Divinización de los héroes y fuerzas de la naturaleza. En el peor de los casos, son demonios imitadores del verdadero Dios, que quieren apartar a los hombres del culto que es debido a éste y de la salvación que sigue a la correcta fe y práctica. Tal es la respuesta unánime de Justino, Tertuliano, Taciano y otros, hasta Agustín.

Convencidos, con el profeta, de que "todos los dioses de los pueblos son nada" (1 Cro. 16:26), algunos cristianos, faltando al respeto cívico prestado a las deidades de la nación, se acercaban a la estatua de Zeus, de Apolo o de cualquier otro dios, blasfemaban de ellos y les daban puñetazos, sin que éstos hicieran nada para vengarse[167]. No debió ser una práctica frecuente, ni aprobada por las autoridades eclesiales, pero, sin embargo, casos no debieron faltar. Quienes esto hacían eran consecuentes con sus creencias y buscaban un modo directo de mostrar la inutilidad de los dioses, incapaces de defenderse a sí mismos, aprovechándose

---

[165] Agustín, *Retractaciones,* II, 63, 1.

[166] Cf. Paul Veyne, "El imperio romano", en *Historia de la vida privada,* vol. 1, dirigida por Philippe Ariés y Georges Duby.

[167] Orígenes, *Contra Celso,* VIII, 38.

a la vez de la grieta abierta en el sistema religioso oficial por el escepticismo de las clases ilustradas. Ahora bien, el escepticismo respecto a los modos y maneras de la religiosidad popular no equivalía a negación de una realidad transcendental escondida tras los mitos y leyendas sobre los dioses, susceptible de evolución, como así ocurrió. En torno al año 100 d.C., el viejo paganismo se interioriza y se moderniza. Los mitos se alegorizan al gusto de la época y la existencia de los dioses pasa a ser en adelante más que una simple materia de hecho, va a responder a una función política, como todo en la vida romana.

Tertuliano, que participa del escepticismo senatorial y que a la vez admite el hecho de la existencia de entidades sobrenaturales, se atreve a demostrar que lo que los romanos tienen por divinidad no es tal, que sino demonios. "Reconoced que son una sola casta, o sea, demonios". "Buscad otros dioses", prosigue, "puesto que los que creíais ser dioses ya conocéis que son demonios. Pero, gracias a nosotros, vuestros dioses no os revelan tan sólo que ni ellos ni otros son dioses, sino que os enseñan además, por inmediata consecuencia, quién es el verdadero Dios, si es aquel que los cristianos confiesan, y sólo aquél, y si es preciso creer en Él y adorarle, conforme la fe y doctrina de los cristianos lo prescribe"[168].

Los judíos fueron los primeros en sacar la conclusión de que los dioses de los pueblos no sólo *son nada,* o simulacros, "ídolos", como algunos traducen, sino algo de una naturaleza distinta: demonios. El pensamiento monoteísta no tenía otra manera de explicar las repetidas menciones a otros dioses al lado de Jehová. "Tú, oh Jehová, eres supremo sobre toda la tierra; eres muy enaltecido sobre todos los dioses" (Sal. 97:9). Esta manera de hablar, ¿no implica la existencia de otros dioses?

La creencia en los demonios, en griego *daemones,* era común al pensamiento griego desde hacía siglos. No se trata de seres necesariamente malos, todo lo contrario, los había buenos, en cuanto mensajeros y enviados de los dioses, a modo de los ángeles cristianos. Fueron cobrando importancia como mediadores entre Dios y los hombres a medida que se insistía en el carácter trascendente del Dios supremo. También se creía en *daemones* maléficos, demonios auténticos según la acepción cristiana, que participaban en ritos crueles y obscenos. Plinio creía que los espíritus impuros saboreaban la sangre de los sacrificios[169]. Igual que Porfirio, que en su obra *Sobre la abstinencia de lo que está animado,* dice que los *demones* malos encuentran agrado en la grasa, la sangre y el humo de los sacrificios de animales[170]. De ahí que el culto practicado por los paganos se identificase con el culto a los demonios. "Ofrecieron sacrificios a los *demonios,* no a Dios; a dioses que no habían conocido, a dioses nuevos, llegados de cerca, a los cuales vuestros padres no temieron" (Dt. 32:17). Los traductores griegos de la Biblia, conocedores del pensamiento clásico, sistematizaron esta interpretación demoníaca de la idolatría, identificando formalmente a los dioses paganos con los demonios. "Porque todos los dioses de los pueblos son *demonios*" (Sal. 96:5), se lee en la versión de los Setenta, donde la versión hebrea dice "ídolos". Se sentaban así las bases de lo que se ha llamado la "demonización del paganismo"[171].

---

[168] Tertuliano, *Apol.* XXIII, 10-11.

[169] Plinio, *Historia naturalis,* XXVIII, 27.

[170] Porfirio, *De abstinentia,* II, 38-42.

[171] Cf. C. Daxelmüller, *Historia social de la magia.* Herder, Barcelona 1997.

En el libro de Baruc, escrito en el período helénico, se dice: "Por haber provocado la ira de Dios, habéis sido entregados a los enemigos; pues irritasteis a vuestro Creador, sacrificando a los *demonios* y no a Dios" (Bar. 4:6-7, cf. Henoc 19:1; Jubileos 15:30s). Esta interpretación es ratificada por el apóstol Pablo cuando escribe: "¿Qué quiero decir? ¿Que lo que es sacrificado a los ídolos sea algo, o que el ídolo sea algo? Al contrario, digo que lo que los gentiles sacrifican, lo sacrifican a los *demonios,* y no a Dios" (1 Cor. 10:20).

El mundo antiguo vivió obsesionado con la actividad de los demonios. En este contexto demonológico los cristianos desarrollaron sus concepciones de la lucha de Cristo y de los cristianos con la idolatría ambiente, poniendo de relieve el señorío invencible de Cristo[172]. Mediante la expulsión de los malos espíritus, los cristianos consideran que su religión no es sólo digna de ser creída, sino enteramente superior a la pagana. "Nosotros, que creemos en el Señor Jesús, que fue crucificado bajo Poncio Pilato, conjurándolos, tenemos bajo nuestro poder a todos los demonios y espíritus malos". "Todo demonio se somete y es vencido, si se le conjura en el nombre de este mismo Hijo de Dios y primogénito de toda la creación"[173].

Los "discípulos auténticos", dice Ireneo, "en nombre de Cristo, después de haber recibido de Él la gracia, obran en provecho de los demás hombres, según el don que cada uno ha recibido. Unos arrojan con firmeza y verdad a los demonios de manera que a menudo aquellos mismos que han sido purificados de los espíritus malignos abrazan la fe y entran en la Iglesia"[174].

Hasta aquí todo han sido palabras, concluye Tertuliano: "Ahora la demostración del hecho mismo, que probará cómo bajo uno u otro nombre se oculta una sola naturaleza. Salga ahora mismo aquí, ante vuestros tribunales, alguien del que conste estar poseído del demonio. Mandado el espíritu por cualquier cristiano hablará aquél, confesando con toda verdad ser un demonio, como antes falsamente decía ser un dios. Salga igualmente alguno de esos a quienes se cree agitados por un dios, que inhalando en los altares aspiran la divinidad con el vaho de las víctimas; que se curan eructando; que profetizan jadeando. Esta misma virgen Celeste, que os promete lluvias; este mismo Esculapio, inventor de medicinas, que suministró la vida a Socordio, a Tenacio y Asclepiodoto, destinados a morir al día siguiente; si tales dioses, no atreviéndose a desmentir a un cristiano, no confiesan ser demonios, derramad al punto la sangre del insolentísimo cristiano. ¿Qué cosa más manifiesta que esto? ¿Qué prueba tan fiel como ésta? La simple verdad ahí la tenéis, asistida del poder que le es propio: no hay lugar a sospechas. ¿Es eso magia o cualquier truco del mismo género? Decididlo si vuestros ojos y oídos os lo permiten. Pues, ¿qué cabe objetar a lo que con tan desnuda sinceridad se muestra? Si son verdaderos dioses, ¿por qué mienten diciendo ser demonios? ¿Será para obedecernos? Ved cómo está sometida a los cristianos vuestra divinidad, la que ciertamente no ha de tomarse por divinidad cuando se ve al hombre sometida y aun a sus enemigos si hacen algo en su deshonra"[175].

Los sacerdotes paganos se equivocan. Sus dioses son impotentes ahora y lo han sido siempre. En realidad, lo que ellos consideran dioses son demonios, "espíritus inmundos,

---

172 Cf. Basil Studer, *Dios Salvador en los Padres de la Iglesia,* pp. 83-85. Secretariado Trinitario, Salamanca 1993.

173 Justino, *Dial.* 76, 85.

174 Ireneo, *Adv. haer.* II, 32, 4.

175 Tertuliano, *Apol.* XXIII, 4-8.

que con el nombre de dioses engañan a la gente"[176]. La religión cristiana, dice, "es la única y verdadera que ha puesto en claro que los dioses de los gentiles no son sino demonios impuros"[177]. Rechaza los dioses, dice, desprécialos, y "de un salto valeroso conquista la verdadera libertad"[178].

La demonología ambiente resuelve para los cristianos las dos cuestiones absolutamente vitales para ellos: el motivo de fondo del odio que mostraba la sociedad romana contra el cristianismo y la realidad de la idolatría. Como ya tuvimos ocasión de ver, Justino no duda ni un momento que las persecuciones de los cristianos se deben a la actividad de los demonios, que aborrecen a Cristo y a los que en Él creen: "Los malos demonios, que son enemigos nuestros y que tienen a los jueces bajo su poder y adictos a su culto, incitan a los magistrados, como agitados por los demonios, a darnos la muerte"[179]. Con el apóstol Pablo, los apologetas pueden suscribir literalmente: "El dios de esta edad presente ha cegado el entendimiento de los incrédulos, para que no les ilumine el resplandor del evangelio de la gloria de Cristo, quien es la imagen de Dios" (2 Cor. 4:4).

Las pasiones martiriales coinciden en mostrar que una de las principales causas de la condena de los cristianos es su equiparación de los dioses a los demonios; como aquel Mario, mujer Marta y sus hijos, de origen persa, que públicamente decían que los dioses de los gentiles eran demonios: "Los apalearon con duros bastones, los pusieron en el eculeo, los azotaron, les abrasaron los costados con hachas encendidas, desgarráronles los pechos con uñas aceradas. Les cortaron las manos, y colgadas de los cuellos, los llevaron por la ciudad, con pregonero que decía ser así castigados por menospreciadores de sus ídolos. Al final fueron degollados, y Marta, ahogada en agua, dejando ejemplo de constante ánimo, porque cuando veía atormentar a sus hijos y marido, no la daba tanta pena el dolor de verlos padecer, como el temor de pensar si los tormentos les apartarían antes de la fe que de la vida. Y así fue tan alegre a la muerte, cuanto estaba segura de ver en salvo aquellas sus prendas caras".

En el tiempo de Decio fue preso en la ciudad de Camerino Venancio, que a pesar de las múltiples salvajadas que se aplicaron a su cuerpo, "nunca negó ser cristiano, ni dejó de confesar que los ídolos eran demonios". Santa Ágata, joven siciliana, mostró una constancia semejante en el martirio. Atormentada en el eculeo, estirados sus miembros con cuerdas, cortados sus pechos, puesta sobre carbones encendidos, mezclados con pedazos de tejas aguadas, revolcando su cuerpo desnudo sobre ellos, persistió en no ofrecer sacrificio a los ídolos, pues ella lo ofrecía al Dios verdadero y no a los demonios.

Al final, la resistencia sobrehumana opuesta por los mártires a los tiranos pudo más que todos los dioses juntos, ganando también aquí la batalla suprema sobre los poderes demoníacos de la historia. La aristocracia pagana nunca perdonó a los cristianos su equiparación a religión lícita, primero, oficial, después, que condujo al abandono y destrucción del culto de los dioses de Roma. El conflicto fue de tal profundidad que todavía hoy se señala al cristianismo como una de las causas de la ruina del Imperio, en lugar de preguntarse qué hubiera ocurrido

176 Agustín, *Civ. Dei,* II, 4.
177 Agustín, *Civ. Dei,* VII, 33.
178 Agustín, *Civ. Dei,* II, 29, 2.
179 Justino, *Apol.* II, 1.

si el cristianismo hubiese sido adoptado cuando el Imperio gozaba todavía de buena salud, aportando a su cuerpo la sanción y la fuerza necesarias para realizar sus más nobles aspiraciones: el sentido de justicia, el espíritu de sacrificio, el valor sagrado de la familia. ¿No era por todo ello que luchaba el cristianismo? Al no doblegarse ante los ídolos de poder político, económico y militar del Estado romano, los mártires mostraron el carácter relativo de todo, incluso de la propia vida, excepto una cosa: el culto al verdadero Dios que se manifiesta en la fe que obra por el amor (Gál. 5:6). Pues al adorar a Dios, el hombre cumple un acto social; "y si el amor de Dios se hizo acción en este mundo por obra de la redención de la humanidad que cumplió Cristo, luego, los esfuerzos del hombre por hacerse más semejante a Dios, que creó al hombre a su propia imagen, tienen que incluir esfuerzos tendentes a seguir el ejemplo que dio Cristo, es decir, sacrificarse para redimir a sus semejantes"[180].

La religión cristiana puso en claro que los dioses de los gentiles no son sino demonios impuros que obstaculizaban su conversión a un credo mejor, demonios, que por su poder de camuflaje, reciben el nombre de lo que en diferentes épocas ocupa el centro de las ambiciones humanas. "Rechaza los dioses —dice Agustín, despréciaIos, y de un salto valeroso conquista la verdadera libertad"[181].

8. Número de mártires

Esto nos lleva al punto siguiente: el cálculo de los mártires producidos por la conjunción de todas las persecuciones. Es imposible saber su número, ya que nos faltan datos estadísticos, y las fuentes cristianas suelen utilizar un lenguaje hiperbólico. Hablan de "innumerable" o "inmenso" número de mártires, lo cual parece más un recurso retórico, conforme al lenguaje comparativo, que matemático. Así, por los ejemplos, los "innumerables mártires" de Zaragoza (España), se reducen a dieciocho, muertos a comienzos del siglo IV en esta ciudad, aunque en comparación con otros lugares sean muchos[182]. Por nombre no se conocen más de unos centenares de mártires, pero tradicionalmente se cree que esta cantidad asciende a miles y miles, hasta llegar a millones, lo cual es una evidente exageración piadosa. Eusebio hace referencia a un "número casi infinito" de mártires. La historiografía moderna cuestionó las cifras dadas tradicionalmente y las rebajó hasta una cantidad sospechosamente exigua. También aquí las creencias personales e ideales religiosos del investigador determinan su labor científica. Henry Dodwell (1641-1711) fue un notable teólogo anglicano e historiador, de quien Edward Gibbon dice que su erudición era "inmensa", y su genialidad en el uso de los hechos en nada inferior a su conocimiento. Su prestigio le granjeó la simpatía de historiadores posteriores que, obnubilados por su autoridad, aceptaron, casi sin crítica, algunos de

[180] Arnold Toynbee, *op. cit.*, p. 407.

[181] Agustín, *Civ. Dei*, II, 29, 2.

[182] La procedencia de la mención de "innumerables" para este grupo de mártires es tardía. Cuando el poeta Aurelio Prudencio alaba, con justicia y orgullo, el papel que hará Zaragoza ante Cristo el día del juicio final, describe una procesión de ciudades, personificadas en jóvenes mujeres, que comparecen ante Cristo para hacerle ofrenda de sus dones martiriales. El racimo de los dieciocho mártires de Caesaraugusta, torturados y muertos en la misma persecución, es presentado justamente por Prudencio como inigualable, ni siquiera por la populosa Cartago, la principal ciudad cristiana de África, ni aun por la misma Roma, que, en ese tiempo, no parece haber conocido sucesos semejantes.

sus resultados, entre ellos la objeción al número de mártires, reducido drásticamente[183]. Bayle, Gibbon e historiadores prestigiosos como el luterano Philip Schaff[184] siguieron sus conclusiones, sin prestar atención a las refutaciones de Machnight, Burnet y, sobre todo, Thierry Ruinart (1657-1709). El prejuicio anticlerical, que recurría polémicamente a las Cruzadas y la Inquisición, quería demostrar que las persecuciones fueron en realidad muy poca cosa (comparadas con las protagonizadas por la propia Iglesia), que el número de los mártires fue escaso, y que todo el edificio de la historia eclesiástica no era, sobre este punto, más que una construcción artificial. Pero la investigación paciente dio su fruto, haciendo ver que, por encima de valoraciones partidistas, el número de los mártires fue bastante "considerable", por más que algunos sigan empeñados en empequeñecer la gesta y número de los mártires sin prestar atención a ambas partes del debate. Como escribe Paul Allard, "todos cuantos en Alemania o en Inglaterra han estudiado concienzudamente la historia de los primeros cristianos, o la de las persecuciones, como Lightfoot, Mommsen, Harnack, Neunmann, Hardy, Ramsay, no piensan en reducir el número de mártires. Actualmente todos convienen en que éste es incalculable"[185].

En el año 180 se atestiguan los primeros mártires en África, densa en cristianos y, hasta entonces, sin víctimas conocidas. Poco antes (alrededor del año 177), Melitón de Sardes se queja ante Marco Aurelio de ciertas persecuciones en su tierra como de algo "nuevo e inaudito", por lo que no podían venir de antiguo. Melitón recuerda que, excepto Nerón y Domiciano, nadie había mandado castigar a los cristianos por el hecho de serlo. Hasta ese momento, en que parece que algún poder local en la provincia de Asia está actuando con dureza, pero por su cuenta, el número de mártires, exceptuada la redada de Nerón en el incendio de Roma del 64, es mínimo y esporádico.

Un texto de Orígenes, escrito hacia el 249, antes de la persecución de Decio (año 250), hace pensar que los mártires fueron por aquella época un número reducido, y que pertenecen a un tiempo ya lejano: los entregados a la muerte por causa de la fe, dice, han sido pocos, y "fáciles de contar", pues Dios no quería que fuese aniquilada toda la familia de los cristianos[186].

Para la época de Decio y Valeriano y los reinados anteriores a Diocleciano a partir del edicto de tolerancia de Galieno (año 260), contando con las víctimas cristianas de motines populares y de las muertes bajo Aureliano, Tácito y Probo, la cifra es del orden de algunos centenares.

En la gran persecución de Diocleciano-Maximino Daya, Eusebio facilita las cifras de mártires en Palestina: en ocho años de persecución oficial (años 303-311), en las por entonces dos provincias de Palestina I y Palestina II, hubo 44 ejecutados, incluidos un palestino muerto en Antioquía, otro en Alejandría, un mártir de Tiro, otro en Gaza y tres cristianos egipcios muertos en Ascalón. Hubo, además, 42 deportados que fueron ejecutados al final de la persecución. Un total, pues, de 86 personas. Entre ellos no figura ningún obispo. Eusebio,

[183] H. Dodwell, *"De paucitate martyrum"*, en sus *Dissertationes Cyprianiae.* Londres 1684.

[184] Philip Schaff, *History of the Christian Church,* 8 vols., 1858, reeditada por Hendrickson Publishers, Peabody 1985.

[185] P. Allard, *Les persécutions et la critique moderne,* pp. 13-17, 1904.

[186] Orígenes, *Contra Celso,* III, 8.

que era bien conocido, no sufrió persecución, ni daños las bibliotecas cristianas de las dos ciudades principales, Cesarea y Jerusalén.

Según esto, una cifra verosímil para el total del Imperio podría ser la de 3.000 a 10.000 mártires, cifra esta última que aún parece excesiva a quienes tratan de disculpar al Imperio perseguidor.

Ahora bien, sabemos que las iglesias de los siglos II y III conservaban listas de sus mártires, pero eran muy incompletas. El llamado *Martirologio jeronimiano,* vasta compilación del siglo VI, es un ejemplo de que muchos mártires ilustres, de cuya pasión hay datos ciertos, ya faltaban en su recuerdo. "Faltan en su lista de mártires el papa Telesforo, San Justino, y aristocráticas víctimas como Clemente, Domitila, Acilio Galabrio... ¡Cuánto más habrían caído en el olvido muchísimos mártires del pueblo, apenas conocidos!"[187].

En el caso de Orígenes hay que aclarar que las grandes persecuciones se produjeron más tarde, pero además, parece que Orígenes quiere decir que el número de los mártires fue pequeño en comparación al número total de los cristianos, lo cual es cierto.

En los doscientos años que van del 64, en la persecución de Nerón, hasta el 250, tiempo de la persecución de Decio, se puede afirmar que hubo muchos mártires. Autores paganos, como Tácito, hablan de "la gran muchedumbre de cristianos" muertos en Roma por la persecución neroniana del año 64[188]; y lo mismo asegura Clemente Romano: "Una vasta multitud de los elegidos, que en muchas indignidades y torturas, víctimas de la envidia, dieron un valeroso ejemplo entre nosotros"[189].

En tiempos de Antonino Pío, a mediados del siglo II, escribe Justino: "Judíos y paganos nos persiguen en todas partes, nos despojan de nuestros bienes y sólo nos dejan la vida cuando no pueden quitárnosla. Nos cortan la cabeza, nos fijan en cruces, nos exponen a las bestias, nos atormentan con cadenas, con fuego, con atroces suplicios. Pero cuanto mayores males nos hacen padecer, tanto más aumenta el número de los fieles"[190].

En ese mismo tiempo, precediendo al martirio del obispo Policarpo, en Esmirna, doce fieles son expuestos a las fieras[191]. Y el mismo Justino, en su *Segunda Apología,* nos muestra la facilidad con la que en tiempos de Marco Aurelio se condenaba a muerte a un cristiano, como el mencionado caso de Tolomeo y de los dos asistentes que protestaron contra la condenación.

Raro es que se juzgue a un fiel solo. Justino, acusado de cristiano en Roma por el filósofo rival Crescente, comparece ante el prefecto con seis compañeros. Celso, enemigo de los cristianos, en tiempo de Marco Aurelio, presenta a los fieles como "ocultándose, porque por todas partes se los busca para conducirlos al suplicio"[192].

En Galia, donde no hay todavía muchos cristianos, se ejecuta en la ciudad de Lyon a cuarenta y ocho fieles en las fiestas de agosto de 177. "Cada día —escribe Clemente de Ale-

[187] Paul Allard, *op. cit.* Lecc. 4.

[188] Tácito, *Anales* XV, 44.

[189] Padres Apostólicos, Clemente, *I Corintios,* 6. Todo parece indicar, según Martín Hernández, "que no sobrepasaron los dos o tres centenares, cuyos nombres no conocemos" (*op. cit.,* p. 92).

[190] Justino, *Dial. Trif.* 110.

[191] Padres Apostólicos, *Martirio de Policarpo,* 19.

[192] Orígenes, *Contra Celso,* VIII, 69.

jandría en años de Septimio Severo—, vemos con nuestros propios ojos correr a torrentes la sangre de mártires quemados vivos, crucificados o decapitados"[193].

Todo esto nos hace pensar que en los dos primeros siglos hubo muchos mártires, y si a veces hay ciertas dudas respecto al gran número de los mártires, nadie puede ponerlo en duda en lo que se refiere a la segunda mitad del siglo III. Es cierto que las persecuciones de entonces no fueron muy largas: Decio muere al año y medio de desencadenar una en el 250, y Valeriano pierde el trono a los dos años y medio de haber lanzado la suya en el 257; pero fueron violentísimas. Abundaron en esos años los cristianos renegados, pero también fueron muchos los mártires que en todas las partes del Imperio padecieron o murieron por mantenerse fieles.

Dionisio de Alejandría, en una carta escrita sobre los mártires de Decio, escribe sobre Egipto: "Otros, en grandísimo número, fueron degollados por los paganos en ciudades y aldeas"[194]. Y en otra carta: "No os diré los nombres de los nuestros que han perecido. Sabed solamente que hombres y mujeres, jóvenes y ancianos, soldados y ciudadanos, personas de toda condición y edad, unos por los azotes, otros por el fuego, aquéllos por el hierro, han vencido en el combate y ganado la corona del martirio"[195].

La crónica de los mártires Santiago y Mariano, en tiempo de Valeriano, afirma que en la primavera del 250 las ejecuciones duraron en Cirta varios días. Y como al último día aún quedaban muchos fieles por ejecutar, fueron arrodillados a la orilla de un río, por donde habría de correr la sangre, y el verdugo fue recorriendo la fila y cortando cabezas.

También las cartas de San Cipriano atestiguan y describen los innumerables martirios producidos en el norte de África con Decio, Galo y Valeriano. Describe la situación de los cristianos "despojados de su patrimonio, cargados de cadenas, arrojados en prisión, muertos por la espada, por el fuego y por las bestias"[196]. Y en Roma, dice también, los prefectos en el 258 están ocupados "todos los días en condenar a fieles y en confiscar sus bienes"[197].

La última persecución duró, con alguna intermitencia, del 303 al 313. Eusebio de Cesarea, contemporáneo de la misma, da un testimonio del conjunto de aquellas persecuciones, aunque su testimonio se refiere sólo a Oriente. Pero en Occidente también aquellos diez "años terribles" hicieron semejantes estragos. Los mártires, afirma, se contaron por millares, y excede la posibilidad humana dar cuenta de su número inmenso. En el 303, en Nicomedia, se decapita o se quema a una "compacta muchedumbre". A "otra muchedumbre" se la arroja al mar. "¿Quién podrá decir cuántos fueron entonces los mártires en todas las provincias, pero especialmente en Mauritania, en la Tebaida y en Egipto?". En Egipto, concretamente, la persecución mató a "diez mil hombres", sin contar mujeres y niños. En la Tebaida él mismo presenció ejecuciones en masa: de veinte, treinta, "hasta ciento en un solo día, hombres, mujeres, niños... Yo mismo vi perecer a muchísimos en un día, los unos por hierro y los otros

193 Clemente, *Stromata,* II, 125.

194 Citado en Eusebio, *Hist. ecl.* VI, 42.

195 *Ibíd.* VII, 11, 20.

196 Cipriano, *Ad Demetrianum,* 12.

197 Cipriano, Cartas 80.

por fuego. Las espadas se embotaban, no cortaban, se quebraban, y los verdugos, cediendo a la fatiga, tenían que reemplazarse unos a otros"[198].

Lactancio dice que los condenados al fuego en Nicomedia fueron tantos que no se les quemaba uno a uno, sino por grupos. "Los servidores de palacio eran sumergidos en el mar con ruedas de molino atadas al cuello. La persecución no se aplicó con menor violencia sobre el resto de la población, pues eran enviados a todos los templos magistrados que obligaban a todo el mundo a ofrecer sacrificios"[199]. En Sebaste fueron martirizados cuarenta soldados, en tiempo de Licinio. Y a fines del siglo III, debieron ser varios cientos los soldados sacrificados de la *legio Thebêa*. También en Roma hubo mártires ejecutados a cientos, como se refleja en algunas tumbas de los cementerios subterráneos, en donde en lugar de nombres aparece un número.

El poeta cristiano Prudencio, que visita Roma a fines del siglo IV, tiempo en que los sepulcros de los mártires se mantenían intactos, escribe: "He visto en la ciudad de Rómulo innumerables tumbas de santos. ¿Quieres saber sus nombres? Me es difícil responderte: ¡tan numerosa fue la muchedumbre de fieles inmolada por un furor impío cuando Roma adoraba a sus dioses nacionales! Muchas tumbas nos dicen el nombre del mártir y hacen su elogio. Pero hay otras muchas silenciosas, en sus mudos mármoles, solamente señaladas con un número, que da a conocer el de los cuerpos anónimos allí amontonados. En una sola piedra vi una vez que estaba indicado el sepulcro de sesenta mártires, cuyos nombres son conocidos de Cristo, que los ha unido a todos en su amor"[200]. Lo mismo se dice en los poemas epigráficos de San Dámaso. Veinte, cuarenta, trescientos sesenta y dos mártires, más aquí, aún más allá. Y eso siendo así que no fue Roma la ciudad donde hubo más ejecuciones masivas. Éstas fueron más comunes en Oriente.

Y además de todos estos mártires de sangre aludidos, hemos de recordar a los *martyres sine sanguine,* a la multitud de confesores que sufrieron destierro, deportación, trabajos forzados, aunque no fueron entregados a la muerte. Eran tantos, concretamente, los cristianos desterrados en los primeros siglos, los prisioneros y los forzados, que tanto en Oriente como en Occidente la Iglesia oraba públicamente por ellos. Resto de aquella tradición litúrgica es la oración que perdura en la liturgia milanesa, donde se pide *"pro fratribus in carceribus, in vinculis, in metallis, in exilio constitutis".* La historia, pues, nos asegura el gran número de los mártires cristianos en estos siglos[201].

BIBLIOGRAFÍA

Jean Comby y Jean-Pierre Lémonon, *Vida y religiones en el Imperio romano en tiempos de las primeras comunidades cristianas.* Editorial Verbo Divino, Estella 1986.

John Scheid, *La religión en Roma.* Ediciones Clásicas, Madrid 1991, 2 ed.

José M Candau y otros, *La conversión de Roma. Cristianismo y paganismo.* Ediciones Clásicas, Madrid 1990.

M. Sordi, "Pax deorum e libertà religiosa nella storia di Roma", en *La pace nel mondo antico.* Milán 1985.

198 Eusebio, *Hist. ecl.,* VIII, 4-13.

199 Lactancio, *La muerte de los perseguidores,* 15.

200 Prudencio, *Peri Stephanon,* XI, 1-16.

201 Cf. Paul Allard, *op. cit.* Lecc. 4.

Mar Marcos, "Ley y Religión en el Imperio Cristiano", en *Ilu. Revista de Ciencias de las Religiones* Anejos 2004, XI, pp. 51-68.

Olof Gigon, *La cultura antigua y el cristianismo.* Editorial Gredos, Madrid 1970.

Philip Schaff, "Causes of Roman Persecution", en *History of the Christian Church,* vol. cap. II, 15.

Raúl González Salinero, *Las persecuciones contra los cristianos en el Imperio romano. Una aproximación crítica.* Signifer Libros, Madrid 2005

Robert M. Ogilvie, *Los romanos y sus dioses.* Alianza Editorial, Madrid 1995, 2 ed.

5. Ofensiva de los intelectuales paganos

"A menudo y erróneamente —escribe Fabio Ruggiero— se cree que el mundo antiguo combatió la nueva religión con las armas del derecho y de la política. En una palabra, con las persecuciones. Si esto puede ser verdadero —y, de todos modos, sólo en parte—, para el primer siglo de la era cristiana, ya no lo es más a partir de mediados del segundo siglo. Tanto el mundo gentil como la Iglesia comprenden, más o menos en la misma época, la necesidad de combatirse y de dialogar en el terreno de la argumentación filosófica y teológica. La cultura antigua, entrenada desde siglos en todas las sutilezas de la dialéctica, puede oponer armas intelectuales refinadísimas al conjunto doctrinal cristiano, y muy pronto los mismos cristianos, dándose cuenta de la fuerza que el pensamiento clásico ejerce en frenar la expansión del evangelio, comprendieron la necesidad de elaborar un pensamiento filosófico-teológico genuinamente cristiano, capaz al mismo tiempo de expresarse en un lenguaje y en categorías culturales inteligibles por parte del mundo grecorromano, en el cual viene a insertarse cada vez más".

La ofensiva de los intelectuales paganos da testimonio de dos cosas muy importantes. Una, la raigambre e importancia de las comunidades cristianas en creciente expansión; otra, la impresión causada por las pretensiones filosóficas del cristianismo, que muy pronto se presentó a sí mismo, en el lenguaje de la época, como la "verdadera filosofía", es decir, el modo de vida virtuoso y feliz. La Antigüedad clásica no podía aceptar ni el exclusivismo doctrinal ni el celo mostrado en la conversión de almas. Los mismos éxitos misioneros, pese las circunstancias adversas en que se dieron, provocaron una amplia antipatía en las masas y en la élite debido a que introducía divisiones en los matrimonios y las familias[202] y porque apartaba a muchas personas de las seculares tradiciones religiosas de sus antepasados. Todos los valores que la sociedad grecorromana tenía por buenos: el éxito militar, las posesiones, la cultura, la carrera profesional, los cargos, el prestigio, los cristianos los tenían por vanos, o los miraban con indiferencia. Justamente por ello se les consideraba "enemigos del Estado" *(publici hostes).* El filósofo griego Celso, en su *Discurso verdadero,* escribe: "Recogiendo a gente ignorante, que pertenece a la población más vil, los cristianos desprecian los honores y la púrpura, y llegan hasta llamarse indistintamente hermanos y hermanas... El objeto de su ve-

[202] Desde el principio, el cristianismo tuvo que enfrentarse a la angustiosa problemática de la ruptura de los lazos familiares no "por causa del Evangelio", sino de la enemistad contra él, situación propia, por demás, de todo movimiento nuevo que se discrepa de la tradición de los padres. Cf. Santiago Guijarro Oporto, *Fidelidades en conflicto. La ruptura con la familia por causa del discipulado y de la misión en la tradición sinóptica.* Universidad Pontificia, Salamanca 1998.

neración es un hombre castigado con el último de los suplicios, y del leño funesto de la cruz ellos hacen un altar, como conviene a depravados y criminales".

Es decir, los cristianos aparecían a los ojos de sus contemporáneos como contestatarios de todos los valores tenidos por buenos, y "naturalmente, fueron vistos como hoy veríamos a quienes despreciaran nuestras costumbres, constitución, leyes, bandera e himno nacional, gentes que, sin fundamento alguno, eran desleales y desobedientes de las tradiciones, malos ciudadanos"[203].

1. Caridad y filantropía frente a la calumnia

El distanciamiento entre la comunidad cristiana y la comunidad pagana se mitigaba por la práctica cristiana de la caridad que no discriminaba entre las personas. El auxilio a los desamparados, viudas, enfermos, sepultura a los muertos, fue desde el inicio la tónica de la *cultura* cristiana, máxime que el cristianismo era una religión de proletarios, de los pobres, que en las iglesias encontraban una forma de asistencia pública, de que carecía la sociedad grecorromana. La práctica social con la que los cristianos demostraban su amor a los semejantes, en especial a los débiles y marginados, remediaba una de las carencias más sangrantes de la sociedad antigua, y "se contabilizaba a su favor como algo positivo"[204]. Pero las instituciones filantrópicas, o corporaciones de carácter gremial, numerosas en Roma, eran sospechosas para las autoridades, porque toda asociación *(hetaeriae)* era una posible fuente de rebeldía, una organización que podía, llegada la ocasión, oponerse a las políticas imperiales. Y los cristianos, pese a sus buenas intenciones, no se libraban de esta suspicacia oficial.

Con el agravante de que el cristianismo levantaba graves sospechas sobre sus intenciones en pro del bien público, no sólo por su condición de gremio o asociación, que podía ser asumida por la administración jurídica, sino por la *impiedad,* o negación de los dioses, que atentaba contra las leyes que protegían no tanto la "creencia" como la "existencia" de los dioses, en conformidad con la naturaleza "jurídica" de la religión romana.

Por eso los cristianos no pudieron quitarse nunca de encima las sospechas paganas, alimentadas primero por el comportamiento exclusivista de los judíos, de quienes las comunidades cristianas eran herederas espirituales. Las mismas calumnias lanzadas en primer lugar contra los judíos, reaparecen en la denuncia del cristianismo: odio al género humano, adoración de la cabeza de un asno. De esta última acusación, tan extraña y absurda, se tiene noticia en el temprano siglo II a.C. Mnaseas de Patros (s. II a.C.) fue quizá el primero en incluir esta nota denigrante, presentando a los judíos como "adoradores de una cabeza de asno". Su contemporáneo Filóstrato se encargó de dar pie a la segunda acusación, la de misantropía u odio al género humano: "Los judíos han estado en rebelión en contra de la humanidad; han establecido su propia vida aparte e irreconciliable; no pueden compartir con el resto de la raza humana los placeres de la mesa, ni unírseles en sus libaciones o plegarias o sacrificios; están separados de nosotros por un golfo más grande del que nos separa de las Indias". Más o menos lo que después se afirma de los cristianos.

---

203 Alberto di Mare, *Una crónica de la cristiandad,* "La Iglesia primitiva". Acta Académica. www.uaca.ac.cr/acta/1991may

204 Norbert Brox, *Historia de la Iglesia primitiva,* p. 59. Herder, Barcelona 1986.

La idea difamante de que los judíos adoraban a Dios en forma de burro debió partir de Alejandría, donde judíos y griegos llevaron una sobresaltada convivencia social. Su popularidad se manifiesta en las muchas versiones que corrieron al respecto. El griego alejandrino Apión del siglo I a.C. ofrece la siguiente: un griego llamado Zabidos tramó entrar disfrazado al templo de Jerusalén para robar la cabeza de burro que allí se adoraba, añadiendo que dos siglos después cuando el monarca seléucida Antíoco Epífanes violó y saqueó el templo, se apoderó de una cabeza de asno de gran valor que era el objeto principal del culto judío. El historiador judío Flavio Josefo se encargará de responder a semejantes patrañas, propias de un egipcio con "corazón de asno y desvergüenza de perro, animales a los que suelen adorar los de su raza"[205].

Los romanos, sin embargo, se hicieron eco de estas difamaciones antijudaicas, aunque nunca dieron con la soñada cabeza de burro supuestamente adorada en el templo. "Vosotros" —escribe Tertuliano, desde la perspectiva cristiana—, "como algún autor, soñasteis que una cabeza de asno era nuestro dios. Tamaña sospecha fue lanzada por Cornelio Tácito. Éste, en el libro de sus *Anales,* que trata de la guerra de los judíos desde los orígenes de su nación, tanto cuando estudia el origen mismo como cuando habla del nombre y religión de aquel pueblo, diciendo cuanto le viene en gana, refiere que los judíos, al salir de Egipto desterrados, según él creía, viéndose en los vastos desiertos de Arabia enteramente faltos de agua y atormentados por la sed, emplearon como guías unos asnos salvajes que pensaban iban a beber agua después de pastar, y que así encontraron fuentes, y que por este servicio habían consagrado la figura de este animal. Y de ahí pienso que ha partido la sospecha de que también nosotros, que estamos emparentados con la religión judaica, somos iniciados en el culto del mismo ídolo. Mas ese mismo Cornelio Tácito, tan fecundo en patrañas, refiere en la misma historia que Cneyo Pompeyo, habiendo tomado Jerusalén, entró en el templo para sorprender los misterios de la religión judaica, sin encontrar allí ídolo alguno. Y, sin embargo, si lo que allí se adoraba hubiera estado representado en alguna imagen, en ningún otro lugar mejor que en su santuario se hubiera exhibido, cuanto más que, aun siendo vano su culto, no tenía por qué recelar testigos de fuera, pues sólo a los sacerdotes era lícito el acceso, quedando impedida la vista a los demás por el velo extendido"[206].

De todos modos, el cuento de la adoración de un dios-cabeza de burro se extendió fácilmente de los judíos a los cristianos, no sólo porque la religión cristiana fue durante mucho tiempo considerada como una parte sectaria del judaísmo, sino también porque el Dios cristiano presentaba a los ojos de la imaginación pagana los mismos problemas que su equivalente judío. Para los griegos y romanos paganos era muy difícil concebir un Dios omnipotente y omnipresente y, a la vez, invisible, puro espíritu. Por otra parte, en el mundo antiguo era común que los dioses se representasen por medio de un animal simbólico y el hecho de asignar un burro al Dios cristiano muestra el desprecio que los paganos sentían por aquéllos, pues el burro era considerado el más abyecto de todos los animales. Su adoración, por tanto, era vergonzosa y ridícula.

---

[205] Flavio Josefo, *Contra Apión,* II, 7.

[206] Tertuliano, *Apol.* XVI, 1-4. Cf. Josefo, *Contra Apión,* II, 7.

2. Rechazo del Dios judeocristiano

El progresivo aumento numérico del cristianismo debió hacer ver que iba para largo, que no se trataba de una secta efímera más y sin importancia. Como ocurre en estos casos, el proselitismo cristiano sacaba de sus casillas a más de un flemático romano, acostumbrado a vivir y dejar vivir a unos dioses junto a otros. Algunos intelectuales y filósofos paganos creyeron llegado el momento de intervenir en la polémica, aportando la dimensión intelectual de la ofensiva pagana al cristianismo. Marco Aurelio (121-180), Galeno (129-200), Luciano de Samosata, Crescente, Celso, Porfirio (233-304), son algunos de los nombres que aparecen en la lista. Se trata de hombres con formación humanística, celosos de su cultura y de su tradición, que veían en el cristianismo una superstición estúpida aunque seductora; inocente pero destructiva. Por otra parte, en el caso de alguno de ellos, supone un primer intento de acercarse objetivamente a las creencias y prácticas cristianas, para lo cual debieron consultar los textos utilizados por los creyentes, pues hacen referencia comparativa al Antiguo y al Nuevo Testamento y a las discrepancias que creen encontrar en los relatos evangélicos sobre la vida y muerte de Jesús.

La crítica de estos intelectuales anticristianos se centra en la idea misma de la verdad *recién aparecida en la historia.* Si el cristianismo es la verdad, ¿cómo que ha llegado tan tarde? Además, las Escrituras cristianas tienen contradicciones históricas, textuales, lógicas. El dogma del Logos de Dios hecho carne y sometido a la muerte de los esclavos es locura. Luciano de Samosata se refiere despectivamente a Jesús como "aquel sofista suyo empalado"[207]. La moral cristiana de fidelidad en el matrimonio, honestidad, respeto a los demás, mutuo socorro, se considera un ideal inalcanzable para la masa y sólo apta para un pequeño grupo de filósofos.

Galeno de Pérgamo, gran médico y filósofo griego, fue el primero que tomó en serio al cristianismo como "escuela" o "secta" filosófica. Aceptaba de buen grado que el cristianismo lograra que sus adeptos vivieran una vida virtuosa o "filosófica", en la terminología de la época. Sin embargo, la concepción de Dios es inaceptable para Galeno, así como para los paganos cultos de su tiempo, en lo que el Dios cristiano, que es el Dios del Israel bíblico tiene de dios colérico, violento y cambiante. Imagen que no se correspondía con el dios de los filósofos del neoplatonismo.

3. El ataque de Celso

El primer ataque a fondo procede del filósofo griego Celso (alrededor del año 170), contemporáneo de Marco Aurelio, en un escrito que quizá pretende responder a Justino y que lleva por título *Verdadera palabra* o *Verdadera doctrina,* reconstruido casi enteramente gracias a los textos que reprodujo Orígenes en su *Contra Celso,* para refutarlos. Para Celso, a diferencia de Galeno, el cristianismo no es una escuela filosófica, sino una pura *superstitio,* crédula y necia que rehúsa los argumentos racionales. De ahí que los cristianos sean personas engreídas, sin escrúpulos e ignorantes: "En su ignorancia han malentendido y corrompen, discutiendo

[207] Luciano, *La muerte de Peregrino,* 13.

con arrogancia, desde el principio mismo, y sin moderación, sobre cosas que ignoran"[208]; plagiadores en doctrina; peligrosos en lo social, cuyos mártires eran forajidos que no merecían ni compasión.

Celso presentó a Jesús como un mago —la magia era un crimen en el Imperio—, acusando a los textos sagrados cristianos de contener fórmulas mágicas y al apostolado cristiano de basarse en magia, convencer mediante milagros en lugar de mediante razones. No discutía los poderes taumatúrgicos que los cristianos atribuían a Jesús, sino que se planteó de dónde provenían.

Por otra parte, como buen conocedor de la religión cristiana, acusó al cristianismo de ser una apostasía judaica, que había perdido su validez al separarse de su origen: la ley judía, y se preguntaba: "¿Cuándo repudió su Ley el Señor de Israel, cambiando de opinión y estableciendo un nuevo testamento?; ¿podía Dios ser mudable como para cambiar de opinión respecto de su Ley?, ¿qué clase de Dios es ése de los cristianos?".

Además, cuanto de bueno pueda decirse entre los cristianos está mejor dicho y con más claridad por los filósofos. Afirma que entre los cristianos se dan órdenes como éstas: "Nadie que sea instruido se nos acerque, nadie sabio, nadie prudente; todo lo que es considerado entre nosotros como males. No, si alguno es ignorante, si alguno insensato, si alguno inculto, si alguno tonto, venga con toda confianza. Ahora bien, al confesar así que tienen por dignos de su Dios a esa ralea de gentes, bien a las claras manifiestan que no quieren ni pueden persuadir más que a necios, plebeyos y estúpidos, a esclavos, mujerzuelas y chiquillos"[209].

"Luego —dice Orígenes—, burlándose, según costumbre, de la casta de judíos y cristianos, los compara a todos a un grupo de murciélagos, o a hormigas que salen de su nido, o a ranas que celebran sus sesiones al borde de una charca, o a gusanos que allá en un rincón de un barrizal tienen sus juntas y se ponen a discutir quiénes de ellos son más pecadores, y discursean así: 'A nosotros Dios nos revela y anuncia todo de antemano, y, abandonando el cosmos y el curso del cielo y despreciando la tierra inmensa, con nosotros solos conversa, y a nosotros solos manda sus heraldos, y nunca deja de mandarlos y buscar modos como gocemos eternamente de su convivencia'. Y en su ficción nos compara a gusanos que dijeran: 'Existe Dios, y después de Él venimos nosotros, que fuimos hechos por Él semejantes en todo a Dios. Todo nos está sometido: la tierra, el agua, el aire, las estrellas; todo se hizo por causa nuestra y todo está ordenado a nuestro servicio'. Y los gusanos que se inventa Celso, es decir, nosotros, decimos: 'Ahora, como sea cierto que hay entre nosotros quienes pecan, vendrá Dios mismo, o enviará a su Hijo, a fin de abrasar a los inicuos y de que [nosotros, las restantes ranas] tengamos los demás vida eterna con Él'. Y termina Celso su sarta de improperios: 'Más tolerable sería todo esto entre gusanos y ranas que no lo que entre sí discuten judíos y cristianos'"[210].

La ofensiva intelectual albergaba la esperanza de que quienes habían abrazado el cristianismo volvieran a reflexionar sobre su pertenencia al mismo y regresaran al mundo de la religión y cultura que habían abandonado. Demuestra, además, que los cristianos ya han lle-

---

208 Orígenes, *Contra Celso,* V, 65.

209 *Contra Celso,* III, 44.

210 *Contra Celso,* VI, 23, 30.

gado a ser una cantidad nada despreciable. Su apartamiento del Estado y de la cultura general constituye un peligro, por lo que era política y culturalmente muy conveniente ganar a los cristianos para una colaboración positiva. "Si de la imagen dibujada por un enemigo del cristianismo borramos todo juicio político, resulta que el dibujo obtenido concuerda bien con lo que las fuentes cristianas mismas nos ofrecen. Nos muestran al cristianismo defendiéndose constantemente del reproche de hostilidad al Estado, a la economía y a la educación; y esto no sólo contra enemigos externos paganos, sino también contra tendencias internas en dirección radicalmente ascética"[211].

Fue un hijo de un mártir y entrenador de mártires, que aun en tiempos de paz vivió la mística del martirio, como acertadamente describe Daniel Ruiz Bueno a Orígenes, quien a petición de un amigo, Ambrosio, y no sin cierta reluctancia, defiende la fe cristiana de los ataques de Celso. Orígenes explica que no lo hace por los fuertes, sino por los débiles en la fe y por los que no conocen aún el cristianismo. La obra de Orígenes gozó de mucha fama puertas adentro, puertas afuera los cristianos seguían siendo aborrecidos y calumniados, manteniéndose en un equilibrio difícil y frágil, siempre expuestos a la denuncia, la tortura y la muerte, como el caso de uno de los primeros intelectuales cristianos, el filósofo Justino, que denunciado por el filósofo cínico Crescente muere martirizado hacia el año 165.

4. La respuesta cristiana: los apologistas

Los cristianos estaban dispuestos a dar su vida por la fe, pero no a tolerar una situación de injusticia en un Estado de derecho como era el Imperio romano. De este convencimiento, y natural indignación, surgen las *apologías* dirigidas por los primeros intelectuales cristianos a los emperadores y a los magistrados. Nos confirman que el martirio no es *buscado* por los creyentes, sino *afrontado* cuando éste llega, por lo que, en justicia, al cristiano debería dejársele tranquilo en la práctica de su religión conforme a su fe y su conciencia, toda vez que es inocente de los crímenes que se le imputan.

Taciano, de origen sirio, convertido al parecer, en Roma, y discípulo de Justino, hombre nada pusilánime ni cobarde, al contrario, vehemente y riguroso, no está dispuesto, sin embargo, a entrar en el juego de la violencia y ceguera judicial que lleva a un enfrentamiento estéril del Estado con la Iglesia, en asuntos que sólo competen a la religión: "¿Por qué os empeñáis, oh griegos, en que, como en lucha de pugilato, choquen las instituciones del Estado contra nosotros? Si no quiero seguir las costumbres de ciertas gentes, ¿por qué he de ser odiado como el ser más abominable? El emperador manda pagar tributos, y yo estoy dispuesto a hacerlo. Mi amo quiere que le esté sujeto y le sirva, y yo reconozco esta servidumbre. Porque, en efecto, al hombre se le ha de honrar humanamente, pero temer sólo se ha de temer a Dios, que no es visible a los ojos humanos ni es por arte alguna comprensible. Sólo si se me manda negar a Dios no estoy dispuesto a obedecer, sino que antes sufriré la muerte, para no declararme mentiroso y desagradecido"[212].

[211] Hans, Barón de Soden, "El origen del cristianismo", p.568, en *Historia universal,* Walter Goetz, dir. Espasa-Calpe, Madrid 1975.

[212] Taciano, *Discurso contra los griegos,* 4.

No, los cristianos no aceptan sin protesta la persecución de que son objeto desde todos los ángulos. "Nosotros" —escribe Atenágoras— "sabemos que la vida que esperamos será la más grande de cuantas puedan pensarse, con tal de que dejemos el mundo limpios de toda culpa y amemos a los hombres hasta tal punto de no amar solamente a los amigos. Todavía una vez más, nosotros que somos tales y que llevamos una vida digna para evitar el juicio ¿tendremos que pasar por ser tenidos como impíos? Todo el Imperio goza de una paz profunda; solamente los cristianos son perseguidos, ¿por qué? Si se nos puede convencer de crimen, aceptamos el castigo; pero si somos perseguidos sólo por el hecho de llevar un nombre, entonces apelamos a vuestra justicia"[213].

Los apologistas, o defensores de la fe, nos descubren, pues, el malestar que sienten ante las persecuciones y las calumnias. No hay culto al dolor, ni ciega resignación ante el sufrimiento injusto. Tampoco son tan ignorantes que no puedan responder a sus acusadores filosóficos. Sus obras demuestran que son capaces de deshacer las calumnias que se propalan contra el cristianismo y de hacer frente a las objeciones intelectuales respondiendo con las mismas armas de sus atacantes: los grandes filósofos del pasado, los absurdos mitológicos sobre los dioses paganos y el modo superior de vida de los cristianos, lo que entonces se consideraba "vida filosófica", la vida buena y feliz. Notemos de pasada, que para nosotros la filosofía es una cuestión universitaria y una parte refinada de la cultura, en la antigüedad no era así, sino que comprendía las reglas de la vida virtuosa y la reflexión sobre la muerte y el más allá, rozando estrechamente los dominios de la religión, en todo lo que afectaba al ser humano y su lugar en el mundo[214].

Gracias a los apologetas tenemos una abundante literatura de afirmación y defensa de la fe cristiana. Son una réplica, pero a la vez una exposición de la doctrina cristiana adaptada a los destinatarios. A medida que el cristianismo se quiere hacer comprender cara a los de fuera, se va comprendiendo a sí mismo desde dentro[215]. La teología, a diferencia de la revelación, no fue dada de una vez por todas, sino que tuvo que ir abriéndose camino, analizando y aclarando su temática a la luz de las circunstancias de su espacio y tiempo desde los contenidos explícitos e implícitos de la fe.

No fue una tarea fácil. Los primeros apologistas y teólogos cristianos salieron del paganismo para entrar en el mundo nuevo de la cultura bíblica y desde ahí dirigirse otra vez al paganismo rechazado. No parten de la fe a la filosofía, sino todo lo contrario, de la filosofía a la fe y de ésta de nuevo a la filosofía. La gran dificultad era expresar los contenidos del Evangelio con el lenguaje y las concepciones de la cultura grecorromana. No fueron pocos

---

[213] Atenágoras, *Legatio* o *Súplica en favor de los cristianos,* XII.

[214] "En un libro célebre, pero más erudito que perspicaz, se sorprende Max Pohlenz de que la filosofía de los antiguos, a diferencia de la de los modernos, haya basado la obligación moral sobre un fin interesado, la felicidad. Extraña falta de sentido histórico; no resulta fácil entender cómo los Antiguos hubieran podido hacer otra cosa, ya que lo que ellos entendían por filosofía no se proponía, como la de Kant, averiguar cuál podía ser exactamente el fundamento de la moral: lo que la filosofía se proponía entonces era proporcionar a los individuos un método de dicha. Una secta no era una escuela a la que se iba a aprender ideas generales; se adhería uno a ella porque se buscaba un método razonado de tranquilización. La moral formaba parte de los remedios prescritos por ciertas sectas, que daban de su sistema de ordenanzas una explicación razonada; de ahí la confusión de los modernos" (Paul Veyne, "El imperio romano", en *Historia de la vida privada,* dirigida por P. Ariès y G. Duby, vol. I. Taurus, Madrid 1992, 4 ed.).

[215] Cf. Alfonso Ropero, *Filosofía y cristianismo,* cap. VI, 7. CLIE. Terrassa 1997.

los obstáculos que tuvieron que solucionar para dar razón de su fe al mundo refinado del helenismo, que les veía como una masa de bárbaros ignorantes. Su aparición demuestra que el cristianismo estaba haciendo conquistas entre los estamentos más cultos de la sociedad.

Otro dato digno de destacar es el carácter *laico* de los apologistas, pese a lo cual constituyen las primeras autoridades teológicas de la época. Hombres de gran conocimiento de la tradición apostólica, de buena educación filosófica y de notorios talentos para la investigación y la exposición, los apologetas sentaron las bases para una teología académica basada en la investigación de las fuentes y la meditación crítica de su cultura. Aunque muchas veces eran llamados al cargo de presbítero y de obispo, y en parte actuaban en dichos cargos, sin embargo, ello no era esencial para su autoridad docente. Durante siglos la posición de los obispos, como tales, fue de carácter jurídico. Las facultades de su función atendían al buen orden y administración de la comunidad, vigilando también en cuestiones de doctrina. Pero todavía en el siglo II no aparece el carácter sacerdotal de los obispos ni tampoco el poder de adoctrinar vinculado a ellos.

La primera apología que tenemos es esa joya de la literatura cristiana llamada *Epístola a Diogneto,* que quizá tenga por autor a Cuadrato. Arístides fue un "filósofo de Atenas" en la época de Adriano; Atenágoras, autor de la ya mencionada *Súplica en favor de los cristianos,* escrita en vísperas de las matanzas de Lyon y enviada a los emperadores Marco Aurelio Antonino y su hijo Lucio Aurelio Cómodo. Taciano, sirio y autor de una famosa armonía sinóptica de los Evangelios conocida por *Distessaron.* Justino, filósofo griego originario de Palestina y mártir. Ireneo, obispo de Lyon y uno de los primeros teólogos cristianos. Otros nombres son Aristón de Pella, Apolinar de Hierápolis, Milcíades, Teófilo de Antioquía, Melitón de Sardes. Esto por la parte griega. Por la latina: Minucio Felix y Tertuliano. Ellos son los propiamente llamados Padres Apologetas. Apologías, sin embargo, se escribieron hasta los días de Agustín, cuya *Ciudad de Dios* es la obra cumbre de todas ellas, que las recapitula y sistematiza dentro de un inmenso cuadro de filosofía de la historia.

Un punto muy importante a considerar, para concluir. No hay evidencia de que alguno de los apologistas haya influido mucho en la opinión pagana, o de que su apelación fuera considerada seriamente por los gobernantes o intelectuales a quienes querían convencer. Pero, como señala Williston Walker, su obra tuvo el merecido aprecio de los círculos cristianos e indudablemente contribuyó a fortalecer en ellos la convicción de la nobleza de su causa y de las razones de su fe[216]. La apologética, ha dicho acertadamente Daniel Ruiz Bueno, es *otra forma de martirio,* es decir, del testimonio de la fe, tan magníficamente dado en el siglo II[217].

BIBLIOGRAFÍA

I. Flavio Josefo, *Contra Apión.* Trad. Margarita Rodríguez. Editorial Gredos, Madrid 1994.

II. E.R. Dodds, *Pagan and Christian in an Age of Anxiety. Some Aspects of Religious Experience from Marcus Aurelius to Constantine.* Cambridge 1965.

Daniel Ruiz Bueno, *Padres Apologetas griegos.* BAC, Madrid 1996, 3 ed.

216 Williston Walker, *Historia de la Iglesia cristiana,* p. 50.

217 D. Ruiz Bueno, *Padres apologetas griegos,* "Introducción general", p. 96.

J. A. Loarte, *El tesoro de los Padres.* Rialp, Madrid 1998.

Josep Vives, *Los Padres de la Iglesia.* Herder, Barcelona 1982.

Luciano de Samosata, *La muerte de Peregrino.* Trad. María Giner Soria. Akal, Madrid 1989.

M. Edwards, M. Goodman y S. Price. eds., *Apologetics in the Roman Empire. Pagans, Jews and Christians.* Oxford 1999.

N. Santos Yanguas, *Cristianismo e Imperio Romano durante el siglo I.* Ediciones Clásicas, Madrid 1994, 2 ed.

Olof Gigon, *La cultura antigua y el cristianismo.* Gredos, Madrid 1970.

Orígenes, *Contra Celso.* Trad. Daniel Ruiz Bueno. BAC, Madrid 1967.

P. De Labriolle, *La réaction païenne. Étude sur la polémique antichrétienne du Ier au VIe siècle.* París 1934.

R. Joseph Hoffman, ed. y traductor, *Porphyry's Against the Christians—The Literary Remains.* Oxford University Press, Oxford 1994.

Robin Lane Fox, *Pagans and Christians in the Mediterranean World from the Second Century A.D. to the Conversion of Constantine.* New York, Londres 1986.

6. Martirio y herejía

Decía Miguel de Unamuno que la forma de nuestro pensamiento responde a la de nuestra vida. Nuestras doctrinas religiosas, éticas, filosóficas, en general "no suelen ser sino la justificación *a posteriori* de nuestra conducta, de nuestros actos. Nuestras doctrinas suelen ser el medio que buscamos para explicar y justificar a los demás y a nosotros mismos nuestro propio modo de obrar"[218]. A nadie mejor que a los herejes gnósticos cuadra lo que aquí se dice.

1. Docetismo y rechazo del martirio

Los gnósticos se consideraban cristianos de un orden superior, aquellos que habían pasado de la fe sencilla del pueblo ignorante a la sabiduría de los iniciados en los misterios divinos. Y como tal les parecía demasiado burdo que el Verbo se hiciera carne en un ser humano y se sometiera voluntariamente al sufrimiento y la muerte. Por eso presentaron una alternativa doctrinal a la idea común de la pasión. No la negaban, sino que la interpretaban en sentido simbólico. Dios no puede sufrir, luego su encarnación no fue real sino *aparente*. Aparente fue, por tanto, que Jesús sintiese hambre, llorase o padeciese. A esta doctrina se la conoce con el nombre de docetismo, del gr. *dokein,* "parecer". En los apócrifos *Hechos de San Juan,* Cristo supuestamente dice: "Oíste decir que sufría, pero no sufrí. Era impasible y padecí. Fui traspasado, y sin embargo no fui maltratado. Fui colgado y sin embargo no fui colgado. Mi sangre corrió y, sin embargo, no se derramó. En una palabra, lo que han dicho de mí yo no lo sufrí"[219]. Algunos explicaban que cuando Cristo fue llevado ante Pilato, el Espíritu, que había sido depositado en Él, le fue arrebatado y entonces murió el Jesús humano[220].

[218] Miguel de Unamuno, *Del sentimiento trágico de la vida,* p. 222. Espasa-Calpe, Madrid 1976.

[219] *Hechos de San Juan,* 97.

[220] Ireneo, *Ad. haer.* I, 7, 2.

Todos los gnósticos coincidían en negar la pasión de Cristo y lo hacían por motivos doctrinales, pero también por motivos personales. Para justificar un *ethos,* una postura adoptada previamente: el rechazo del martirio por causa de la fe. Negando la pasión de Cristo dejaban sin argumentos a los cristianos ortodoxos a favor del martirio y se aseguraban a sí mismos de seguir el camino correcto[221]. "La controversia en torno a la interpretación de los sufrimientos de Cristo entrañaba para los cristianos de los siglos I y II una cuestión práctica y apremiante: ¿Cómo deben los creyentes responder a la persecución, que plantea la amenaza inminente de sus *propios* sufrimientos y muerte?"[222].

Los gnósticos acusaban a los cristianos católicos de necios y suicidas[223] por dejarse matar por las perversas autoridades de este mundo. Incluso llegaban al punto de burlarse de los mártires: "Es tan grande la temeridad de algunos que llegan a despreciar a los mártires y a censurar a los que dan la vida por confesar el nombre del Señor y soportar todo lo que ha sido predicho por el Señor y según esto se esfuerzan en seguir las huellas de la pasión del Señor, siendo testigos de aquel que se hizo pasible. Equiparamos éstos a los mártires, porque cuando se pidan cuentas de su sangre, después que ellos hayan alcanzado la gloria, serán entonces confundidos por Cristo todos aquellos que menospreciaron su martirio"[224].

Así se puede leer en el *Testimonio de la verdad,* documento gnóstico hallado en Nag Hammadi: "Los necios, pensando en su corazón que si confiesan: 'Somos cristianos', de palabra solamente, no con poder, mientras se entregan a la ignorancia, a la muerte humana, no sabiendo adónde van, ni quién es Cristo, pensando que vivirán, cuando están en un error, se apresuran hacia los principados y las autoridades. Caen en sus garras debido a la ignorancia que hay en ellos [...] Son mártires vacíos, ya que sólo dan testimonio de sí mismos. Cuando son perfeccionados con una muerte de mártir, esto es lo que están pensando: 'Si nos entregamos a la muerte por el Nombre, nos salvaremos'. Estas cuestiones no se resuelven de esta manera"[225].

Pragmatistas —y nihilistas— consideraban que era mejor seguir la corriente y aparentar que se sacrificaba a los dioses que dejarse matar inútilmente, conservando así la vida y la posibilidad de seguir creyendo lo que uno quisiese en su fuero interno. Algunos afirmaban que la apostasía es cosa indiferente, y que es lícito renegar con la boca, siempre que el corazón permanezca fiel.

Para Ireneo la conexión está bastante clara, los herejes niegan la pasión de Cristo porque no están dispuestos a padecer por la verdad del Evangelio. Los herejes "no tienen mártires", dice taxativamente[226]. Justino observa que los seguidores de los herejes no son perseguidos,

---

[221] Cf. Francisco García Bazán, "Resurrección, persecución y martirio según los gnósticos", en *Revista Bíblica,* año 42, Madrid 1980, 31-41; Antonio Orbe, "Los primeros herejes ante la persecución", en *Analecta Gregoriana* 83, Roma 1956, 286-290; Elaine H. Pagels, "Gnostic and Orthodox views of Christ's Passion: Paradigms for the Christian's Response to Persecution?" en B. Layton, ed., *The Rediscovery of Gnosticism,* vol. 1, E. J. Brill, Leiden 1980.

[222] Elaine Pagels, *Los evangelios gnósticos,* p. 122.

[223] Clemente de Alejandría, *Strom.* IV, 4; Ireneo, *Adv. haer.* III, 18, 5; IV, 33, 9.

[224] Ireneo, *Ad. haer.* III, 18, 5.

[225] *Testimonio de la verdad,* 31, 22--32; 33, 25-34.

[226] Ireneo, *Ad. haer.* IV, 32, 8.

"al menos por sus doctrinas"[227]. O Tertuliano: "Mientras nosotros somos designados para la persecución, los herejes andan por ahí como de costumbre"[228].

Al mártir Ignacio de Siria no le preocupa la dimensión doctrinal del docetismo, sino sus implicaciones prácticas para la vida del cristiano. "Si fuera como dicen ciertas personas que no son creyentes, sino impías, que Él sufrió sólo en apariencia, siendo ellos mismos mera apariencia, ¿por qué, pues, estoy yo en cadenas? Y ¿por qué también deseo enfrentarme con las fieras? Si es así, muero en vano. Verdaderamente estoy mintiendo contra el Señor"[229]. "Estoy velando siempre sobre vosotros para protegeros de las fieras en forma humana — hombres a quienes no sólo no deberíais recibir, sino, si fuera posible, ni tan sólo tener tratos con ellos. [...] Porque si estas cosas fueron hechas por nuestro Señor sólo en apariencia, entonces yo también soy un preso en apariencia. Y ¿por qué, pues, me he entregado a mí mismo a la muerte, al fuego, a la espada, a las fieras?"[230].

"Por tanto, mantengámonos sin cesar firmes en nuestra esperanza y en las arras de nuestra justicia, que es Jesucristo, el cual 'tomó nuestros pecados en su propio cuerpo sobre el madero, y no pecó, ni fue hallado engaño en su boca' (1 Pd. 2:24), sino que por amor a nosotros sufrió todas las cosas, para que pudiéramos vivir en Él. Por tanto seamos imitadores de su resistencia en los sufrimientos; y si sufrimos por amor a su nombre, glorifiquémosle. Porque Él nos dio este ejemplo en su propia persona, y nosotros lo hemos creído"[231].

Negar la pasión de Cristo, y así verse uno libre de soportar el sufrimiento por su causa es, según Ireneo, poner en juego el mismo honor y credibilidad del mensaje evangélico: "Si Cristo no ha sufrido realmente no se le debe ningún agradecimiento, ya que no ha existido la pasión. Y, cuando nosotros comenzamos a padecer realmente, aparecerá Él como un impostor por exhortarnos a recibir golpes y a presentar la otra mejilla, si es que Él no ha padecido primero realmente; porque en ese caso, como Él ha engañado a los hombres, aparentando ser lo que no era, así nos engaña también a nosotros exhortándonos a soportar lo que Él no ha sufrido; y seremos superiores al maestro cuando padecemos y soportamos lo que no ha padecido ni soportado el maestro"[232].

Tertuliano establece una relación directa entre los herejes docetas y el inicio de la persecución, que llevó a los cristianos más cobardes a justificarse teológicamente en un subterfugio doctrinal: "Cuando la Iglesia está en llamas aparecen lo gnósticos, los valentinianos, aparecen cual burbujas, todos oponentes del martirio"[233].

2. Exaltación del martirio

No todos los herejes rehuían el martirio. Algunos abogaban por él. Varios escritos descubiertos en Nag Hammadi, incluyendo el *Apocrifón de Santiago,* el *Segundo Apocalipsis* de Santia-

---

[227] Justino, *I Apología,* 26.
[228] Tertuliano, *Scorpiace,* 1, 7.
[229] Padres Apostólicos, *Ignacio a los Trallanos,* 10.
[230] Padres Apostólicos, *Ignacio a los Esmirnenses,* 4.
[231] Padres Apostólicos, *Carta de Policarpo,* 8.
[232] Ireneo, *Ad. haer.* III, 18, 3.
[233] Tertuliano, *Scorpiace,* 1.

go y el *Apocalipsis* de Pedro, fueron atribuidos a autores de los que nadie dudaba que habían padecido martirio, como es Santiago, el hermano del Señor, y el apóstol Pedro.

Los seguidores de Marción exaltaban el martirio y se gloriaban de tener muchos mártires entre los suyos[234]. Este fervor por el martirio, que llega a la provocación a las autoridades para conseguirlo, también está presente en los montanistas, herejía que de Frigia pasó a Occidente y sedujo al mismo Tertuliano. El montanismo, exaltado y sombrío, exigía el deber de buscar el martirio como una nota de la Iglesia verdadera. Así clama Montano, poco antes de morir: "¡Que la multitud de nuestros mártires os enseñe dónde está la Iglesia verdadera!"[235].

Cualquier esfuerzo por librarse de la persecución había de considerarse desconfianza ante la ayuda del Espíritu Santo. Huir era para los montanistas casi tan culpable como apostatar. "No busques marcharte de esta vida en cama o de alguna suave dolencia, sino en el martirio, para que quien sufrió por ti pueda ser glorificado". "Los que reciben el Paráclito no saben ni huir de la persecución, ni sobornar"[236].

3. Fuga de la persecución

El rechazo del martirio o la búsqueda exaltada del mismo de los primeros herejes contrasta con la prudencia de la gran Iglesia, que encara el martirio con fidelidad y discreción. Aconseja prudencia a los que se dejan llevar por actitudes temerarias. Y esto por varios motivos. La humildad ha de recordar siempre al cristiano que "el espíritu está pronto, pero la carne es débil" (Mt. 26, 41). Los que más se fían de sí mismos suelen ser después los más cobardes, y muchos de los apóstatas por los que hubo de llorar la Iglesia fueron de los que se habían presentado espontáneamente a los jueces paganos. "Un hombre, que se llamaba Quinto, llegado recientemente de Frigia, cuando vio las fieras se acobardó. Fue él quien se había forzado a sí mismo y a otros a presentarse por su propia y libre voluntad. De éste el procónsul, con muchos ruegos, consiguió que hiciera el juramento y ofreciera incienso. Por esta causa, hermanos, no alabamos a los que se entregan ellos mismos, puesto que el Evangelio no nos enseña esto"[237].

Tan condenable es inducir a alguien al mal, presionar voluntaria e innecesariamente a los magistrados a la persecución[238]. Había que mantenerse firme cuando llegaba la hora de la prueba, pero mientras tanto era necesario desconfiar de las propias fuerzas, y no provocar o desafiar a los enemigos. Ésa fue la norma de la Iglesia durante los primeros siglos de persecuciones. Sin embargo, hubo sin duda excepciones a este planteamiento general, motivadas por las circunstancias y psicología de cada cual. En una ciudad de Asia, por ejemplo, una muchedumbre de cristianos se presentó ante el tribunal del procónsul, que asustado por el número, rehusó juzgarlos[239]. Casos semejantes se repitieron siglos después, como veremos más tarde, entre los cristianos mozárabes de Córdoba.

---

[234] Tertuliano, *Adv. Marc.* I, 27.

[235] *Passio Montani et Lucii* 14.

[236] Tertuliano, *De fuga in persecutione,* 9, 14.

[237] Padres Apostólicos, *Martirio de Policarpo,* 4.

[238] Orígenes, *Comm. in Ioann.* 11, 54.

[239] Tertuliano, *Ad Scapulam,* 5.

"Cada uno debe estar pronto a confesar su fe, pero nadie debe buscar el martirio"[240], dice el obispo de Cartago. En el siglo IV los cánones disciplinares promulgados por Pedro de Alejandría reprendían a los laicos y castigaban a los clérigos que se ofrecían espontáneamente a los jueces[241].

Tampoco se veía bien irritar a los paganos ultrajando su culto y provocando su cólera. "No está permitido insultar ni golpear las estatuas de los dioses"[242], y mucho menos romperlas, como algunos hicieron imprudentemente y otros por la necesidad de las circunstancias, como la mártir Valentina, que llevada por la fuerza a sacrificar ante un altar le propinó un puntapié echándolo por tierra[243].

Ya que los casos debieron abundar, un canon del Concilio de Elvira, hacia el 300, declara que "si un cristiano rompe un ídolo y es muerto por ello, no ha de ser contado en el número de los mártires".

En tiempo de persecución, la Iglesia aprobaba y aun aconsejaba la fuga, contrastando en esta doctrina abiertamente con la temeridad de los montanistas. Entre ellos, Tertuliano, que decía: "Un soldado mortalmente herido en el campo de batalla es más bello que otro que se salva con la fuga"[244].

Para Cipriano, que admiraba y consideraba a Tertuliano su maestro —aunque nunca lo cita por su nombre—, no compartía, sin embargo, la últimas creencias rigoristas de éste, pues, según Cipriano, "la corona del martirio no se alcanza sino por don de Dios, y no se recibe sino cuando llegue la hora de recibirla, cualquiera que en ese tiempo permaneciendo fiel a Cristo se retira, no reniega de la fe, sino que espera su tiempo; en cambio, quien por no alejarse cayó, éste quedó para renegar"[245].

El *Martirio de Policarpo* nos narra cómo este obispo huyó al campo, persuadido por la mayoría a que se retirara. Y como los que le estaban buscando persistían, se fue a otra casa de campo; y al poco llegaron allí los que le buscaban, y como no le hallaron, echaron mano de dos muchachos esclavos, uno de los cuales confesó bajo tortura. Era ya imposible permanecer escondido[246]. En el siglo III, especialmente, muchos guías insignes, como Clemente de Alejandría, Orígenes, Dionisio Alejandrino, Cipriano de Cartago, Gregorio Taumaturgo, Pedro de Alejandría, aconsejan la fuga a los fieles perseguidos para evitar males mayores; y ellos mismos siguen esta práctica, no sin recibir amargas censuras[247]. Durante la primera persecución general de Decio muchos cristianos africanos se trasladaron a Roma, donde era

---

240 Cipriano, *Cartas* 81.

241 Patrología Griega, XVIII, 488.

242 Orígenes, *Contra Celso,* VIII, 38.

243 Eusebio, *De Martyr. Palest.* 8, 7.

244 Tertuliano, *De fuga persecut.* 10. En el *Apologeticum,* escrito cuando Tertuliano todavía militaba en las filas de la gran Iglesia, manifiesta la intención de convencer a los magistrados; en cambio, su *Ad Scapulam,* redactado en su período montanista, más que convencer parece buscar la provocación del destinatario.

245 Cipriano, *De lapsis* 10.

246 Padres Apostólicos, *Martirio de Policarpo,* 5-6.

247 Cipriano justifica la acción de los que evitan la persecución, él mismo incluido, diciendo: "Quien sale y se retira, no se hace cómplice del delito; pero quien participa del crimen se contamina a sí mismo y merece los castigos. Por esto el Señor mandó ocultarse y huir en la persecución, y para que esto se hiciera, o enseñó y lo hizo (Mc. 10:23; Jn. 8:59; 10:39; 11:54)" (*De lapsis* 10).

más fácil pasar inadvertido entre la multitud[248]. Gregorio el Taumaturgo buscó refugio en la seguridad de las colinas del Póntico, y otros cristianos egipcios huyeron a las montañas de Arabia[249]. Sin embargo, cuando estos mismos han de confesar ineludiblemente a Cristo, no vacilan en absoluto. Aguantan, por ejemplo, como Orígenes, graves tormentos en un largo tiempo de prisión, o aceptan la muerte, como Cipriano o Pedro de Alejandría.

El exilio voluntario, en fuga de la persecución, con la intención de no apostatar, implicaba normalmente la confiscación de bienes y la ruina, y según expresión de Cipriano, venía a ser un martirio de segundo grado. "El primer título de victoria es el del que, caído en manos de los paganos, confiesa a Cristo. El segundo para alcanzar la gloria, es el de quien se retrae con una prudente fuga, reservándose para hacer lo que Dios disponga"[250].

Todo esto nos muestra que los dirigentes de la Iglesia están lejos de favorecer el fanatismo exaltado de algunos sectarios o de la locura de algunos imprudentes[251]. Si los mártires no rehúyen la sentencia de muerte disimulando venerar a los dioses es por amor a la verdad, no por necio fanatismo: "Para no mentir ni engañar a los jueces, nosotros confesamos a Cristo alegremente y morimos"[252]. "Hay algunos que consideran demencia el que pudiendo sacrificar en el momento mismo y salir ilesos, guardando adentro nuestra propia convicción, prefiramos la obstinación a la salvación. ¡Con lo cual efectivamente nos dais un consejo para que os engañemos!"[253].

La existencia de los numerosos escritos en defensa de los cristianos dirigidos por los llamados apologetas a los senadores, a los gobernadores y al mismo emperador, muestran a las claras que los cristianos lejos de provocar al Estado y buscar el martirio reclaman justicia frente a la injusticia de una condenación absurda, sin motivos criminales que la justifiquen, como los mismos jueces demuestran al evitar por todos los medios la muerte de los acusados, lo que en ningún caso se puede aplicar a un malhechor.

Es más, la persistencia de las persecuciones llegó a crear incluso problemas de fe entre las filas de los creyentes. "¿Es posible que tantos mártires hayan muerto para nada?", se pregunta Tertuliano[254]. Es evidente que las persecuciones causaron problemas morales, limitaron el crecimiento y expansión de la Iglesia, así como la expresión normal de su fe y práctica. La continua desaparición de sus personajes más eminentes significaba pérdidas constantes e irreparables.

Pese a todo los cristianos se saben inocentes y por eso se mantienen firmes en su confesión. También, de algún modo, presienten que su causa triunfará tarde o temprano. Por eso en los escritos de los primeros apologetas encontramos el emocionante sentimiento de seguridad y victoria propio de quienes están convencidos de la razón de su causa. No imploran piedad, exigen justicia conforme a las leyes y la razón, a la vez que se atreven a pedir la conversión de sus jueces de un mal juicio a un juicio mejor. "Ojalá hoy clamase alguno con

[248] Cipriano, *Ep.,* 30, 8, 1.
[249] Euseb. *Hist. ecl.* VI, 42, 2.
[250] Cipriano, *De lapsis,* 3.
[251] Clemente de Alejandría, *Stromata,* IV, 4.
[252] Justino, *I Apolog.,* 40.
[253] Tertuliano, *Apol.* 27, 2.
[254] Tertuliano, *De praescr.* 29.

voz trágica desde un lugar superior: avergonzaos de atribuir a hombres inocentes las cosas que vosotros hacéis públicamente y de reprochar las cosas que están íntimamente unidas a vosotros y a vuestros dioses a hombres a los cuales esas cosas no alcanzan en manera alguna. Convertíos, arrepentíos"[255].

BIBLIOGRAFÍA

Elaine Pagels, *Los evangelios gnósticos.* Crítica, Barcelona 1982.

F. Bermejo Rubio, *La Escisión Imposible. Lectura del gnosticismo valentiniano.* Pub. Universidad Pontificia, Salamanca 1998.

Hans Jonas, *La religión gnóstica. El mensaje del Dios extraño y los comienzos del cristianismo.* Siruela, Madrid 2000.

R. Kuntzmann y J. D. Dubois, *Nag Hammadi. Textos gnósticos de los orígenes del cristianismo.* Ed. Verbo Divino, Estella 1988.

7. Apóstatas y renegados

Ya dijimos que las persecuciones no encontraron a todos los cristianos con la misma disposición resuelta a encarar la muerte. Todo lo contrario. Escritores tardíos han tendido a magnificar el martirio y sus protagonistas dando a entender que los casos de apostasía fueron realmente pocos. No es cierto, los relatos de Eusebio nos muestran cantidades ingentes de hombres, mujeres y niños aterrados acudiendo a cumplir las órdenes imperiales. No fueron pocos, sino muchos los que sucumbieron a la amenaza persecutoria y apostataron. El clero romano, escribiendo a la Iglesia de Cartago, dice que en la persecución de Decio hubo muchos apóstatas, y entre ellos cita a "personas de alta categoría" *(insignes personae)*. Esta persecución, a pesar del breve reinado de Decio, fue la más sistemática del siglo III por parte del Estado. Para que ningún cristiano se pudiera escapar se ordenó que un día señalado todos los súbditos del Imperio sin distinción deberían hacer declaración oficial de lealtad a los dioses, quemando incienso ante la imagen del emperador. A medida que sacrificaban se les extendía un *libellus* o certificado de haber cumplido la orden. Hecho esto ya no se les molestaba más. Cuantos careciesen de certificado caían bajo sospecha de cristianismo.

Con tal procedimiento, ideado por Decio, no era fácil disimular las propias creencias ni escapar de los actos idolátricos. Los castigos eran la pérdida de todos los bienes, el destierro y la muerte, con las consabidas torturas de costumbre y las nuevas que se pudieran inventar. La mayoría no reunió las fuerzas suficientes para negarse y quemaron incienso a los dioses. Algunos, para aquietar su conciencia, recurrieron al subterfugio de sobornar mediante dinero a las autoridades y obtener así el libelo de sacrificio sin haber sacrificado. Unos y otros recibieron motes despectivos por parte de los cristianos de la *resistencia* y se les llamó: *turificados* (*thurificati,* que sólo habían ofrecido incienso), *libeláticos* (*libellatici,* que obtuvieron el libelo sin llegar a sacrificar) y *sacrificados* (*sacrificati,* que habían sacrificado públicamente). Todos eran considerados como *lapsos* (*lapsi,* caídos, renegados, apóstatas).

[255] Justino, *II Apol.* II, 12.

Hubo otro grupo que optó por no comparecer el día señalado para la ofrenda, dándose a la fuga o quedándose en casa, corriendo el riesgo de ser castigados al no poseer el *libellus*. A los tales, dice Cipriano, no hay que molestar como caídos, al contrario, "todo el que no renegó ni antes ni después del plazo, al expirar el día establecido, ya con eso confesó que era cristiano"[256].

Frente a ellos se encontraban los *confesores,* los que soportaron las consecuencias de la persecución sin renegar de la fe. Gozaban de tal prestigio que los caídos iban a pedirles cédulas de recomendación para los obispos, llamadas *libelli pacis* o "certificados de paz"[257]. Era ya costumbre que los obispos condescendieran con las recomendaciones que les hacían los mártires y confesores encarcelados a favor de la caídos, para que les dispensasen parte del tiempo que debían esperar en la estaciones públicas de penitentes, antes de ser reconciliados totalmente con la Iglesia[258].

Se suscitaban muchas cuestiones angustiosas entre los partidarios de este proceder y sus enemigos, como refleja la carta de Dionisio a Fabio de Antioquía: "Los mártires divinos entre nosotros, que ahora son los asesores de Cristo y comparten su autoridad, han adoptado la causa de sus hermanos caídos acusados de sacrificar. Su conversión y arrepentimiento fueron juzgados aceptables por aquel que *no se agrada en la muerte del pecador, sino en su arrepentimiento.* De modo que los recibieron y readmitieron a la congregación como 'acompañantes', dándoles participación en las oraciones y festejos. ¿Cuál es pues, vuestro consejo en esta cuestión, hermanos? ¿Qué vamos a hacer? ¿Compartiremos su opinión y trataremos con misericordia a aquellos a los que ellos mostraron piedad, o consideraremos que su decisión fue injusta y destruiremos la práctica de ellos?"[259].

Los apóstatas, al principio tímidos y avergonzados, importunaban en seguida la buena fe de los confesores y la compasión de éstos, que se sentían en extremo liberales en conceder la gracia del indulto, sin discernimiento ni prudencia entregaban certificados de paz a los caídos para acceder a la inmediata reconciliación con la comunidad. Era éste un procedimiento sujeto a abusos y de fatales consecuencias para la práctica de la penitencia eclesial. Surgieron así opiniones enfrentadas respecto a la extensión y rigor de la disciplina, que consideraremos a continuación.

1. Penitencia y disciplina

La reconciliación eclesiástica y la disciplina penitencial, desde mediados del siglo III hasta bien entrado el siglo IV, constituyeron un grave problema dentro de la Iglesia y fueron causa de innumerables escisiones y brotes cismáticos tanto en Oriente como en Occidente. En la

[256] Cipriano, *De lapsis* 3.

[257] Algunos autores han visto en estos certificados el antecedente histórico de la "indulgencias" y de la idea del "mérito", por las que fue afectado el rumbo de la Iglesia, relegando a un segundo plano la misericordia de Dios en Cristo, enfatizando en su lugar el mérito personal de los santos, capaz de responder sobradamente por uno mismo y por el resto de los pecadores (Cf. Cyril Charles Richardson, *The Church through the Centuries,* pp. 43-44. Religious Book Club, Londres 1938).

[258] Tertuliano, *Ad. Mart.* I, 6.

[259] Eusebio, *Hist. ecl.* VI, 42.

Iglesia primitiva (siglos I-III), se creía que el bautismo constituía el perdón de los pecados fundamental. Los más rigoristas negaban la posibilidad de penitencia después del bautismo. Hermas, en su libro sobre el *Pastor*, se declara de acuerdo en principio con ellos, pero explica que hay una segunda penitencia para el creyente que, por debilidad, ha caído de nuevo en el pecado. Afectada por el pecado del individuo, la comunidad intervenía en el acontecimiento penitencial, cuyos dirigentes tenían la capacidad de dictaminar y decidir sobre la exclusión, penitencia suficiente o readmisión de los diversos pecadores[260]. El procedimiento penitencial era público y se llevaba a la práctica por etapas. En virtud de una confesión de los pecados *(exhomologese)*, el pecador era excluido de la comunidad *(excomunicatio)*. Mediante la oración y el ayuno en saco y ceniza (cf. Mt. 11:21), así como otros actos de mortificación, el penitente tenía que demostrar su arrepentimiento delante de la comunidad.

Se perfiló entonces una cierta diferenciación de pecados llamados después "pecados capitales", a saber, apostasía, homicidio y fornicación, que se castigaban con gran rigorismo penitencial; pero aun a los grandes pecadores públicos expulsados perpetua o temporalmente de la Iglesia, después de larga y ejemplar penitencia, se les concedía el perdón y la readmisión (reconciliación) en la comunidad cristiana. De esta práctica antiquísima dan testimonio Ireneo de Lyon, Clemente Alejandría y Tertuliano, antes de hacerse montanista[261]. No faltaron, sin embargo, obispos excesivamente rigoristas, que excluyendo definitivamente de la comunidad a los grandes pecadores, negaron a la Iglesia el poder para perdonar este tipo de pecados. En Roma, el presbítero Hipólito (m. 235) acusaba al obispo Calixto I (217-222) de una praxis penitencial excesivamente suave, a lo que Calixto le respondió con la parábola del trigo y la cizaña (Mt. 13:24-40).

La cuestión de la penitencia se agravó durante la persecución de Decio, ante la que sucumbieron un gran número de creyentes, entre ellos se encontraban los obispos españoles Basílides de Legio y Astúrica Augusta (León y Astorga) y Marcial de Emérita (Mérida). El primero, Basílides, compró a los magistrados un certificado de sacrificio y el segundo, Marcial, consintió en firmar una declaración de apostasía. Ambos fueron depuestos de sus sedes por sus propias Iglesias en comunión con los obispos de las sedes vecinas. Pero Basílides apeló a Roma, engañando al obispo Esteban, el cual de buena fe le restituyó en su sede. Los miembros de la diócesis española acudieron entonces al obispo de Cartago, Cipriano, para pedirle consuelo y ayuda. Cipriano reunió en sínodo a 36 obispos africanos y respondió con una carta en la que exhortaba a los fieles hispanos a permanecer firmes en la fe y a elegirse nuevos obispos que supieran guiar dignamente las respectivas Iglesias, pues "nosotros, de acuerdo con todos los otros obispos del mundo, determinamos que esta clase de hombres podían ser admitidos entre los penitentes, pero que quedaban apartados del orden clerical y de la dignidad episcopal"[262].

[260] Orígenes exhortó a los presidentes de las comunidades a censurar a los pecadores, abogando en ocasiones por su exclusión, pero consideraba al pecador como un enfermo necesitado de cuidados sanitarios, de manera que el papel del obispo era más el de médico que el de juez. Llegó incluso a admitir que los laicos llenos del Espíritu tenían poder para perdonar los pecados (Orígenes, *Orat.* 28, 8; *Comm in Mt.* 12, 11-14).

[261] En su etapa católica, Tertuliano defendió en su tratado *De paenientia* una sola posibilidad de perdón de los pecados tras el bautismo. En su etapa montanista mantuvo en su obra *De pudicita* que la Iglesia no posee el derecho de perdonar pecados graves.

[262] Cipriano, *Cartas* 67, 6.

Los *confesores,* que habían sufrido en sus propias carnes el rigor de la persecución, y quizá por ello psicológicamente más capacitados para entender a los débiles, creían que a los lapsos que pidieran la readmisión en la comunidad había que acogerlos de nuevo sin apenas disciplina. En medio de las terribles pruebas que tuvo que soportar la comunidad cristiana de Lyon en el 177 d.C., los confesores sobrevivientes, "que sabían lo que eran las fieras y la cárcel, que aún conservaban las llagas de las quemaduras y tenían los cuerpos cubiertos de cicatrices", "a todos excusaban y no condenaban a nadie. A todos perdonaban y a nadie acusaban", incluidos los apóstatas. Por su reputación, su conducta debió condicionar la doctrina y práctica de la disciplina antigua en la dirección pacífica y reconciliadora que los marcaron y recomendaban: "Amaron la paz y nos la recomendaron, y en paz fueron a la presencia de Dios. No fueron ni causa de dolor para la madre, ni de discordia para los hermanos, sino que a todos dejaron como herencia la alegría, la concordia y el amor"[263]. Pero nunca faltaron los miembros más *rigoristas* que no querían saber nada de medidas suaves que les sonaba a claudicación: los *lapsi* tienen que ser entregados al juicio de Dios, pues es común entre los mortales arrogarse una representación de la justicia divina hecha a su medida.

Cipriano propuso una *vía media* entre los rigoristas que cerraban la puerta y los condescendientes que la abrían sin medida. En primer lugar había que tomar en consideración la gravedad de los hechos y poner fin al tráfico de *certificados de paz* conferidos por los confesores. Cipriano admite que los confesores, que han sufrido y llevan en su cuerpo las marcas de su testimonio de fe bañado en sangre, recomienden a la consideración del obispo tal o cual caído designado por su nombre. Pero este apoyo no debe ni atar al obispo ni dispensar de la penitencia, dada la gravedad del pecado: "Algunos" —escribe Cipriano dolorido— "no esperaron siquiera a ser presos para sacrificar a los ídolos, ni a ser interrogados para renegar. Muchos fueron vencidos antes de la batalla, caídos sin combate, ni aun se reservaron el derecho de parecer que sacrificaban a los ídolos tan sólo como cediendo a la violencia. Corrían voluntariamente al tribunal, se apresuraban en acudir espontáneamente"[264]. La suya, pues, fue una falta voluntaria y cobarde. "Hermanos, no hay que disimular la verdad, ni hemos de callar la causa y la naturaleza de nuestra herida. A muchos los engañó el amor ciego a su patrimonio, pues no podían estar preparados ni libres para alejarse, aquellos que estaban encadenados al cepo de sus riquezas"[265].

En este caso, la benévola condescendencia de los confesores a favor de los caídos o *lapsi,* no les hacía un favor en el terreno espiritual, pues "quien lisonjea al culpable le suministra materia para volver a pecar, y no combate, sino que alimenta sus delitos. Por el contrario, el que con más severos consejos corrige, instruye al hermano y simultáneamente lo encamina hacia su salvación"[266].

Confesores como Luciano, que había sido condenado a morir de hambre y sed en la prisión, se enfrentaron a Cipriano con una carta conjunta en la que se decía: "Debes saber que todos nosotros hemos otorgado la paz a aquellos de quienes a ti te constaba qué com-

[263] Eusebio, *Hist. ecl.* V, 2.
[264] Cipriano, *De lapsis* 8.
[265] Cipriano, *De lapsis* 11.
[266] Cipriano, *De lapsis* 13.

portamiento habían observado después de su caída, y queremos que comuniques también a los restantes obispos esta decisión"[267].

Sin caer en la intransigencia, Cipriano se mantuvo inflexible en la necesidad de no readmitir con facilidad a los caídos, enfrentándose a los confesores que él considera deficientes en conocimiento bíblico respecto al tema del arrepentimiento, llevados por una tolerancia blanda y temeraria, ofreciendo una paz infundada, falsa y peligrosa "para los que la conceden y de ningún provecho para los que la reciben"[268]. Por tanto, "si algún temerario con apresurada urgencia piensa conceder a todos la remisión de los pecados, o se atreve a rescindir los preceptos de Dios, más que ayudar a los caídos, los dañaría"[269].

La postura de Cipriano, pues, no es rigorista ni laxista, sino que como pastor de la comunidad trata de evitar la arrogancia y el abuso de los que con ligereza se creen con derecho a ser readmitidos, sin haber pedido perdón siquiera. "No quieren sufrir para sanar. El arrepentimiento ha sido expulsado de sus corazones; se ha borrado de su memoria el delito no obstante su gravísima enormidad. Se trata de encubrir las heridas de estos moribundos y, disimulando el dolor, ocultan la llaga letal abierta en las profundidades de sus entrañas. Apenas vueltos de las aras del diablo, intentan acercarse al altar del Señor con las manos inmundas y contaminadas por los sacrificios idolátricos"[270].

La oposición a Cipriano de los confesores disconformes con sus medidas se agrupó en torno a cinco presbíteros —que habían acogido mal su consagración episcopal—, a los que se unieron Novato y Felicísimo. Reclutan partidarios y les invitan a separarse de Cipriano. Éste, paciente al principio, al observar que la sedición desembocaba en cisma, no dudó en excomulgarles para evitar males mayores[271]. Al mismo tiempo, Cipriano transmite a la Iglesia de Roma la correspondencia intercambiada a propósito de los *lapsi* y recibe del clero romano, privado momentáneamente de obispo por el martirio de Fabián, una aprobación sin reservas que Cipriano comunica rápidamente a la Iglesia africana.

En la primavera del 251, terminada la persecución, Cipriano reúne un concilio regional de obispos africanos para tratar de llegar a un acuerdo y, "sin sacrificar la misericordia ni la disciplina", tomar una decisión definitiva. Se reunieron de una parte los obispos con su clero y los creyentes que habían permanecido firmes en la fe, conocidos por *stantes.* Se leyeron los dos opúsculos escritos por Cipriano sobre *La unidad de la Iglesia* y *Los lapsos,* y se estudiaron y reglamentaron los casos que habían dado ocasión al problema, decidiéndose recibir en la comunión eclesial sin previa penitencia pública a los *libeláticos,* sólo el arrepentimiento personal, ya que su pecado era mucho menos grave que el cometido por los que ofrecieron sacrificios, pues la compra mediante soborno de certificados de sacrificio equivalía a mentir; mientras que los *turificados* y los *sacrificados* —los que habían ofrecido incienso o sacrificado— debían hacer penitencia pública y sólo serían readmitidos al cabo de un período largo de prueba. Los no arrepentidos, naturalmente, no serían readmitidos jamás, ni en su lecho de muerte. Tal

---

267 Cipriano, *Cartas* 23.

268 Cipriano, *De lapsis* 15.

269 Cipriano, *De lapsis* 18.

270 Cipriano, *De lapsis* 15.

271 Cipriano, *Cartas* 41.

era la doctrina mantenida por las Iglesias. El perdón y la reconciliación no conocen límites de principio, pero sus exigencias pueden ser muy onerosas. Hasta entonces parece que lo normal era excluir a los apóstatas irrevocablemente —sin distinguir los distintos grados de culpabilidad— por eso la nueva actitud escandalizó a los extremistas que acusaron de *laxistas* a todos los que adoptaron posiciones reconciliadoras con los *lapsi,* cualquiera que fuese su grado de apostasía.

2. Cátaros y cismáticos

El problema de los *lapsi* y su readmisión afectaba no sólo a las comunidades africanas, sino a las romanas también. Aquí se originó el cisma más grave y duradero bajo la dirección de Novaciano. De origen probablemente frigio[272] y nacido a principios del siglo III, vivió desde muy joven en Roma, donde llegó a ser uno de los personajes más influyentes del clero romano. Había sido ordenado presbítero por Sixto II y durante los catorce meses de sede vacante, después de la muerte de Fabián, fue el portavoz de la Iglesia romana. Estaba dotado de aguda inteligencia y poseía una inmensa cultura, conocía a la perfección las obras de los grandes filósofos estoicos y de los clásicos latinos. Escritor prolífico es autor de un notable tratado sobre la Trinidad, que le valió el título de fundador de la teología romana. Jerónimo cita cuatro de sus obras[273]. Según parece, Novaciano esperaba ocupar el puesto del obispo mártir Fabián. Sin embargo, la elección recayó por inmensa mayoría sobre Cornelio, descrito por San Cipriano como hombre sin ambiciones y experimentado, "que había pasado a través de todos los oficios eclesiásticos y sirviendo al Señor muchas veces en los diversos empleos religiosos"[274]. Fue elegido, "no por su capacidad de iniciativa, sino por su humildad, prudencia y bondad". Novaciano cuestionó animosamente la elección de su rival.

Cornelio era favorable a la admisión de los *lapsi,* mientras que Novaciano era totalmente contrario. Imponiéndose sobre la corriente rigorista opuesta a toda clemencia, Cornelio resolvió que los obispos apóstatas pudieran reintegrarse a la comunión de la Iglesia mediante la penitencia, pero como simples fieles, prohibiéndoles el ejercicio de todo ministerio. Probablemente esta actitud realista y comprensiva de Cornelio había favorecido su elección al pontificado. Novaciano trabajó con energía para hacerse reconocer obispo por las principales Iglesias cristianas, juzgando al nuevo obispo Cornelio demasiado indulgente. Cipriano de Cartago y Dionisio de Alejandría apoyaban a Cornelio. Cipriano en particular ayudó al obispo romano a vencer la oposición rigorista. Cornelio pudo así convocar en el otoño del año 251 un sínodo de 60 obispos y un número aún mayor de presbíteros y diáconos. "Se decretó universalmente que Novaciano y sus compañeros de arrogancia, y todos los que apoyasen su odio e inhumanidad para con los hermanos, fuesen considerados fuera de la Iglesia, pero que aquellos hermanos que habían caído

[272] Filostorgio, *Hist. eclesiástica* VIII, 15.

[273] A saber, *De Trinitate, De cibis judaicis, De spectaculis, De bono pudicitiae, De singularitate clericorum.* No ofrecen grandes novedades en el campo teológico, sin embargo, Novaciano es el primer teólogo romano que publica sus obras teológicas y exhortaciones pastorales en latín. En lenguaje culto y estilo esmerado, proporciona a la Iglesia occidental la terminología y fórmulas dogmáticas precisas, indispensables en las controversias trinitarias con los griegos.

[274] Cipriano, *Cartas* 55, 8.

fuesen tratados y restaurados con la medicina del arrepentimiento"[275]. Novaciano entró en crisis y se hizo promotor de un cisma que se extendió hasta España, Armenia y Mesopotamia, y que continuó en comunidades aisladas más allá del siglo V, con la adhesión de viejas comunidades montanistas y otras sectas rigoristas. Ya entrado el siglo VI, Eulogio, patriarca de Alejandría, escribe seis gruesos volúmenes contra los novacianos. La historia del cisma e Iglesia novaciana termina en el siglo VII con la extinción definitiva de sus últimas comunidades en Oriente.

Por uno de esos movimiento ilógicos y pasionales del ser humano y de la historia, Novato, el opositor de Cipriano en Cartago, aunque de tendencia *laxista,* se solidariza con Novaciano, que representaba la postura contraria. En el fondo, aparte de los intereses y rencores personales, estaba en juego la concepción de la naturaleza de la Iglesia y de la gracia. El partido intransigente de Novaciano reducía la Iglesia a un nivel sectario, negaba su catolicidad esencial en forma y contenido. Para él, la Iglesia verdadera es la compuesta de "puros", o cátaros (del griego *katharoi*), como los llama Eusebio, santos y perfectos; "manada pequeña", grupo selecto de creyentes y santos con la exclusión de todos los pecadores. Es la tentación constante de la mayoría de las sectas que bajo el pretexto de recuperar la pureza de la Iglesia primitiva, original, compuesta, según se cree, de trigo limpio solamente, sin mezcla de cizaña (cf. Mt. 13:24-30) y distinta calidad de cereales, se constituyen en grupos apartados e intolerantes, cerrados en la práctica a la gracia de Dios que veneran, fundando su disidencia en un concepto erróneo, tanto desde el punto de vista histórico como teológico, de la naturaleza de la Iglesia que dicen defender. Es lo que hizo Novaciano, hombre capaz, pero finalmente corifeo de "una nueva secta cuyos miembros se llamaban orgullosamente los *puros*"[276]. El historiador cristiano Sócrates refiere que Novaciano murió mártir en el 258 durante la persecución de Valeriano[277].

Frecuentemente se olvida que la Iglesia es más semejante al arca de Noé que alberga a todo tipo de seres vivientes, que a un reglamentado consorcio de cofrades o a una escuela de teosofía, que en la Iglesia tienen cabida todos los hombres, no por medio de la relajación de las exigencias evangélicas, sino por tener en cuenta la fragilidad humana, los distintos grados de fe de cada cual y el poder restaurador de la gracia divina. Si en la comunidad tipo secta domina la manufactura humana —siempre esforzándose en demostrarse subjetivamente su calidad de "apto"—, en la comunidad tipo Iglesia es la gracia de Dios la que hace acto de presencia, sanando las heridas e inyectando impulsos nuevos.

El rigorismo, llámese fariseísmo o catarismo, ha sido y es siempre una tentación latente en las Iglesias. El Evangelio surge opuesto a él, pero incapaz de librarse de las fuerzas demoníacas que siempre encuentran una grieta, a veces provista por los miembros más imprudentes, sean laxos o libertinos, a veces por el mismo concepto de dar satisfacción por el pecado. El innovador obispo Calixto decía que, según el espíritu evangélico, todo se perdona, con tal de que haya arrepentimiento. Es la lección que ganó la partida en la Iglesia, testificada visiblemente en la

[275] Eusebio, *Hist. ecl.* VI, 43.

[276] Eusebio, *Hist. ecl.* VI, 43.

[277] Sócrates, *Hist. ecl.* IV, 28. En 1932 en un cementerio romano anónimo, cerca de San Lorenzo (Vía Tiburtina) se descubrió una tumba sepulcral ricamente decorada con esta inscripción: NOVATIANO BEATISSIMO MARTYRI GAUDENTIUS DIACONUS; muchos suponen, con fundamento, que se trata del sepulcro de Novaciano, en cuyo honor el diácono Gaudencio mandó embellecer su tumba.

arquitectura de las iglesias y en el arte de las catacumbas, donde a menudo Pedro es representado teniendo a su lado un gallo, que le recuerda a él, y a todos los Pedros de la Iglesia, qué cerca está la afirmación de la caída. Un feo episodio en la carrera de un apóstol tan grande, que las Iglesias no hicieron nada para olvidar, sino todo lo contrario. En muchos sarcófagos y en los cubículos de las catacumbas aparece la desafiante figura del gallo; y a veces está Jesús, que con sus dedos hace el ademán de indicar "tres veces", y Pedro con la cabeza gacha. ¿Por qué esta insistencia en recordar en los Evangelios y en el arte cristiano una página nada edificante en la vida de Cefas, la roca que en un momento cayó? La única explicación convincente es que se hacía para afirmar la misericordia de Dios, su gracia restauradora, su voluntad de perdonar los pecados, justamente en un ambiente donde había quien rehusaba el perdón, en los tiempos tan difíciles de la persecución, negándose a perdonar el mismo pecado que los más rigoristas decían que no debe ser perdonado.

Tan atractiva resulta la idea de una impecabilidad que realice sobre la tierra "la Iglesia inmaculada, sin mancha ni arruga", una Iglesia sin más pecadores, que durante muchas generaciones la Iglesia de Novaciano agrupó a discípulos sacrificados, cuyo número, en verdad, fue decreciendo. Una de sus filiales, establecidas en Constantinopla, perduró hasta el siglo V. Los emperadores cristianos, a veces tan duros con las sectas heréticas, los trataron siempre con miramientos. "Admitiendo incluso que en su comportamiento hubo estrechez y orgullo, respeto por la ortodoxia de sus creencias y sus desvelos constantes por la moralidad. Sin embargo, en ella el sentimiento del honor tenía primacía sobre la caridad"[278].

BIBLIOGRAFÍA

Obras de San Cipriano. Tratados y cartas. Introducción, versión y notas por Julio Campos. BAC, Madrid 1964.

—*Cartas.* Introducción, versión y notas por M.ª Luisa García Sanchidrián. Gredos, Madrid 1998.

—*La unidad de la Iglesia católica. Los renegados.* Introducción, versión y notas por Juan Suárez. Ed. Apostolado Mariano, Sevilla 1991.

8. Arresto y juicio

El derecho antiguo no conocía la pena de cárcel, la prisión era siempre preventiva —*ad continendos homines, non ad puniendos*[279]—, mientras duraba el proceso. A veces los arrestados quedaban en un régimen de libertad vigilada, sujetos a *custodia militaris* o *custodia libera* o también *custodia delicata,* que permitía amplia libertad de movimientos al preso, soportando únicamente la permanente presencia de un soldado o funcionario al que estaba encadenado. Éste fue el caso de Pablo. "Cuando llegamos a Roma, se permitió a Pablo quedar en libertad, bajo la guarda de un soldado" (Hch. 18, 16). En los dos años que esperó el resultado de su apelación al César, predicaba el Evangelio a unos y a otros. Perpetua pudo escribir su diario y Cipriano reunir a sus más íntimos y despedirse de ellos[280].

---

278 Georges de Plinval y Romain Pittet, *Historia Ilustrada de la Iglesia,* pp. 166-167.

279 Ulpiano, *Digesto* XLVIII, XIX, 8, 9.

280 Pontius, *Vita S. Cipriani* 15.

Sin embargo, lo más ordinario era que el acusado fuera ingresado en la prisión, en régimen de custodia pública. En los dos primeros siglos, los cristianos normalmente estaban muy poco tiempo en la cárcel. Pero en las últimas persecuciones, donde la guerra a la Iglesia era mucho más consciente e intencionada, para forzar a los cristianos a la apostasía se procuraba extenuarlos entre cadenas meses y aun años, de modo que la prisión venía a hacerse para ellos una pena ilegal y una modalidad de tortura, cifrada en hambre, sed, confinamiento y malos tratos.

Desde el siglo III, la duración de la prisión está regida por normas generales del emperador o por disposiciones particulares del magistrado. Alejandro, obispo de Jerusalén durante el gobierno de Septimio Severo, estuvo nueve años en la cárcel[281]. En tiempos de Decio, Moisés, presbítero de Roma, pasó once meses. En la época de Diocleciano, era frecuente que la detención en la cárcel durara hasta que se lograba la apostasía del preso o hasta que se perdía la esperanza de conseguirla. "Yo he visto en Bitinia" —escribe Lactancio— "un gobernador que se mostraba tan feliz como si hubiese conquistado una nación bárbara, porque un cristiano, después de dos años de valiente resistencia, parecía que finalmente había cedido"[282].

1. La vida en la cárcel

"Meditad" —escribe Tertuliano a los mártires encarcelados— "no tanto sobre las incomodidades de la cárcel, como sobre la lucha y batalla finales. Porque quizás el cuerpo teme la pesada espada, la enorme cruz, el furor de las bestias, la grandísima tortura del fuego y, en fin, la habilidad de los verdugos en inventar tormentos"[283].

"Las incomodidades de la cárcel" no son sino un elegante eufemismo para referirse a las espantosas condiciones de vida en las cárceles, comenzando por la oscuridad, el hacinamiento y la asfixia. Lugar terrible que, como era habitual, los cristianos aceptaban por la fe que transfigura interiormente todas las cosas con vistas a la fe y la esperanza. "Bajamos al abismo mismo de los sufrimientos como si subiéramos al cielo. Qué días pasamos allí, qué noches soportamos, no hay palabras que lo puedan explicar. No hay afirmación que no se quede corta en punto a tormentos de la cárcel, y no es posible incurrir en exageración cuando se habla de la atrocidad de aquel lugar. Mas donde la prueba es grande, allí se muestra mayor todavía Aquél que la vence en nosotros, y no cabe hablar de combate, sino por la protección del Señor, de victoria"[284].

"¡Oh dichosa cárcel que se ha iluminado con vuestra presencia!", escribe Cipriano a los cristianos presos, "¡Oh dichosa cárcel que envía al cielo hombres de Dios! ¡Oh tinieblas, más resplandecientes que el mismo sol y más claras que esta luz del mundo, en donde ahora están levantados los templos de Dios y vuestros miembros santificados por las confesiones de su divino nombre!"[285].

281 Eusebio, *Hist. ecl.* VI, 12.

282 Lactancio, *Div. Inst.* V, 30.

283 Tertuliano, *Exhortación a los mártires* 4. Los tormentos, como se puede imaginar, no eran una innovación de los jueces contra los cristianos, sino que se aplicaban según la legislación vigente en el derecho penal romano, que ofrecía, a la elección de los verdugos, múltiple variedad de torturas. Su duración y aplicación eran concretadas por el juez.

284 *Pasión de los santos Montano y Lucio,* 4.

285 Cipriano, *Cartas,* 6.

La exaltación del encarcelamiento no puede hacernos olvidar que la vida en la cárcel era un sufrimiento indecible. Las condiciones eran tan penosas que, aparte de la oscuridad, las cadenas y los terribles cepos, se llegaba al punto de negar un poco de agua a los presos. Varios de los mártires de Lyon murieron en la cárcel por hambre y sed, y algunos asfixiados por falta de aire. En Cartago, durante la persecución de Decio, trece mártires murieron de sed. Uno de los sobrevivientes escribe: "Pronto los seguiremos los demás, porque hace ya ocho días desde que se nos ha vuelto al calabozo. Y, durante cinco días de los ocho, hemos recibido una porción de pan insignificante y el agua racionada"[286].

Privados de pan, de agua, de luz y de aire, también se veían privados del sueño reparador, sometidos a un insomnio tenaz por la estrechez del lugar. Las prisiones antiguas eran muchas veces insuficientes, y más para el caso de "redadas" de cristianos, pequeñas y subterráneas. Los presos se amontonaban muchas veces uno hacinado al otro, en una promiscuidad intolerable de edad, condiciones y sexos. Las miasmas malolientes de los vestidos, de los cuerpos humanos, de la suciedad y de toda materia en descomposición cortaban el aliento, además de repugnar el olfato. Ni agua para lavarse, ni vestidos para cambiarse, ni limpieza de la basura acumulada, en la que se enfangaban los pies y había que acostarse, y muchas veces el olor nauseabundo de las llagas cancerosas y aun también de algún cadáver.

Por si fuera poco, hay que añadir el martirio de las cadenas *(ferrum, vincula),* y la más dolorosa de las torturas: el *nervus,* llamado también *lignum.* Era un instrumento de tortura en el cual se obligaba al preso a estar sentado o más bien extendido con el dorso sobre el pavimento y las piernas forzosa y dolorosamente estiradas con los pies metidos en agujeros o hendiduras hechas a distancias regulares en dos tablas o trozos de madera que se acoplaban uno sobre el otro. En la prisión de Filipo pasaron por la tortura del cepo Pablo y Silas (Hch. 16, 24-25). Ni las mujeres se libraban del cepo. Perpetua refiere "un día que estábamos en el *nervus*". El dolor era terrible cuando las piernas del preso, estiradas por medio de nervios de buey —de ahí el nombre—, eran metidas en agujeros muy distantes entre sí. Orígenes, teniendo ya sesenta y ocho años de edad, permaneció largo tiempo en su calabozo con las piernas separadas hasta el cuarto agujero[287]. Hasta el quinto agujero fueron puestos los mártires de Lyon, en el 177. Era la distancia máxima, pues pasando de ella sobrevenía la muerte por desgarramiento del vientre.

Pero esta cámara de horrores que eran las cárceles —y que han sido durante mucho tiempo—, no era todo. Ésta era la cárcel superior o primera; aún había una segunda situada en la parte más inferior de la prisión, la cárcel baja, *interior pars carceris, inferior carcer, imus carcer,* de los que el poeta Prudencio, antiguo gobernador, escribe con conocimiento de causa: "En el piso inferior de la prisión hay un lugar más negro que las mismas tinieblas, cerrado y estrangulado por las estrechas piedras de una bóveda rebajada. Aquí se esconde una eterna noche, jamás visitada por el astro del día. Aquí la horrible prisión tiene su infierno"[288]. A esta especie de cueva, o mejor, agujero, se le daba el nombre siniestro de *la fuerza,* pues los cautivos eran arrojados desde una agujero abierto en el techo, o descolgados en ella, a veces encerrados en

---

286 Cipriano, *Cartas,* 22.

287 Eusebio, *Hist. ecl.* VI, 39.

288 Prudencio, *Peri Stephanon* V, 241-257.

jaulas con sólidos barrotes de encina *(robur)*. Los cristianos fueron encerrados con frecuencia en estos calabozos, cuando la crueldad del juez o del carcelero quería infligirles sufrimientos aún mayores que los de la cárcel ordinaria.

Allí fueron metidos los mártires de Lyon. También sufrió en Esmirna el horror de ese lugar el mártir Pionio. En Cesarea, pasó Orígenes varios meses encerrado en tales "profundidades", olvidado de todos[289].

Adelantemos que estos horrores de las cárceles romanas desaparecieron con la llegada de los emperadores cristianos. Constantino, en un edicto del año 320 dispuso que se instruyeran los procesos sin demoras, para abreviar la prisión preventiva; prohibió que los acusados llevaran cadenas apretadas o esposas, que hubiera calabozos oscuros y mal ventilados, y mandó que a los presos se les dieran alimentos, agua y buen trato. En el año 340, su hijo Constancio prohibió la prisión conjunta de hombres y mujeres. Otros ordenamientos jurídicos del 380 y del 409 completaron las reformas indicadas. La experiencia en las cárceles europeas del siglo XVIII llevará a los cristianos "disidentes" John Howard y John Wesley a no escatimar esfuerzos para conseguir una reforma y mejora de las condiciones penitenciarias, que están en la base del actual sistema carcelario.

Los confesores encarcelados nunca fueron olvidados por sus hermanos. La Iglesia consideraba uno de sus deberes primordiales la visita de los presos. En una obra antiquísima, la *Didascalia de los Apóstoles,* escrita probablemente en Siria, antes del año 250 se lee: "Si alguno de los fieles por el nombre de Dios o por la Fe o por la Caridad fuese enviado al fuego, a las fieras o a las minas, no queráis apartar de él los ojos [...] procurad suministrarle, por medio de vuestro obispo, socorros, alivios y alimento [...] el que sea pobre ayune y dé a los mártires lo que ahorre con su ayuno [...] si abunda en bienes proporciónele de sus haberes para que puedan verse libres"[290].

Era costumbre de los pastores enviar diáconos a las cárceles, para aliviar las necesidades de los mártires y leerles las Sagradas Escrituras. "Dichosos vosotros, mártires designados, pues la Iglesia, nuestra madre y señora, os alimenta con la leche de su caridad, mientras que el afecto de vuestros hermanos os lleva a la cárcel ayudas para sostener la vida de vuestros cuerpos"[291].

Sin olvidar el consuelo de la cartas de los pastores que a menudo representaban un alivio insustituible. "Tu carta" —escriben a Cipriano los confesores encarcelados— "brilló sobre nosotros como la calma en medio de una tempestad, como la tranquilidad ansiada en el mar agitado, como el reposo en los trabajos, como la salud en los sufrimientos y peligros de la vida, como la luz clara y refulgente en medio de las densísimas tinieblas. Hemos bebido en ella con ánimo tan sediento, la hemos recibido con voluntad tan hambrienta, que por ella nos sentimos suficientemente fuertes y vigorosos para afrontar el combate del enemigo"[292].

Conocida la generosidad de la Iglesia con los suyos, se dieron casos sorprendentes de personas que fingiéndose cristianos se hacían encerrar para aprovecharse de la caridad cris-

289 Eusebio, *Hist. ecl.* V, 39.

290 *Didascalia de los Apóstoles,* V, 1.

291 Tertuliano, *Exhortación a los mártires,* 1.

292 Cipriano, *Cartas* 31.

tiana. El pagano Luciano de Samosata habla de un pintoresco filósofo pasado al cristianismo, llamado Peregrino, de sobrenombre Proteo[293], que encarcelado recibió en la prisión mucho dinero de parte de los cristianos, por motivo de su reclusión, y él convirtió el asunto en una renta nada pequeña. Es inconcebible, dice Luciano, la rapidez que muestran los cristianos para ayudarse mutuamente. Vale la pena citar el texto en toda su extensión, tan valioso para la historia de la opinión de los intelectuales paganos sobre el cristianismo, su fundador y sus prácticas:

"[Peregrino] aprendió a fondo la maravillosa sabiduría de los cristianos, tratando en Palestina con sus sacerdotes y escribas. ¿Y qué decir? En breve tiempo, eran éstos unos chiquillos a su lado; él era el profeta, *thiasarca,* presidente de la sinagoga; en una palabra, él era todo. De los libros unos los comentaba y explicaba, otros componía él de su propia cosecha y en gran número, y llegaron a considerarlo como un dios, lo tenían por su legislador y lo nombraron su presidente. Por lo menos (los cristianos) aun ahora dan culto a aquel gran hombre que fue puesto en un palo en Palestina, porque él fue quien introdujo en la vida esta nueva iniciación. Entonces justamente vino Proteo a ser prendido por ese motivo y fue a parar a la cárcel; incidente que no le valió poco prestigio para adelante en orden a sus trampantojos y su ambición de gloria, que era su único deseo. Comoquiera apenas estuvo encarcelado, los cristianos, considerando el caso como común desgracia, no dejaban piedra por mover para librarlo; mas ya que esto no fue posible, todos los otros cuidados le fueron prodigados en abundancia y con empeño. Era de ver cómo desde muy de mañana rodeaban la cárcel unas pobres vejezuelas, viudas y niños huérfanos. Los principales de entre ellos, sobornando a los guardias, llegaban a dormir con él dentro de la prisión, y allí se daban sus espléndidos banquetes, a par que se leían sus discursos sagrados. El excelente Peregrino —que aún guardaba ese nombre— era por ellos llamado un nuevo Sócrates [...]. Y es que se han persuadido estos infelices, en primer lugar, de que han de ser absolutamente inmortales y vivir para siempre, por lo que desprecian la muerte y el vulgo se entrega a ella voluntariamente. Luego, su primer legislador les hizo creer que son todos hermanos unos de otros, una vez que, como transgresores, han negado a los dioses helénicos y adoran en cambio a aquel sofista suyo empalado, y viven conforme a sus leyes. Desprecian, pues, todas las cosas por igual, y todo lo tienen por común, y todo esto lo aceptan sin prueba alguna fidedigna. Así pues, si se presenta a ellos un charlatán, conocedor de los hombres y que sepa manejar las cosas, inmediatamente podría hacerse muy rico, embaucando a gentes idiotas"[294].

Tertuliano, extremado e idealista como siempre, pide a los confesores que imaginen la cárcel como un campo de entrenamiento para el espíritu. "Tomemos la cárcel como si fuera una palestra; de donde, bien ejercitados por todas sus incomodidades, podamos salir para ir al tribunal como a un estadio. Porque la virtud se fortifica con la austeridad y se corrompe por la blandura"[295].

---

[293] Peregrino es un personaje histórico. De él hablan escritores paganos y cristianos. Aulo Gelio dice que le conoció estando en Atenas, y refiere que vivía en un tugurio, fuera de la ciudad. Enseñaba que el hombre sabio no pecaría aun cuando dioses y hombres hubieran de ignorar su pecado (Aulo Gelio, *Noches áticas* XII, 11).

[294] Luciano, *La muerte de Peregrino,* 11-13.

[295] Tertuliano, *Exhortación a los mártires,* 3.

2. El proceso y el interrogatorio

Más o menos pronto llegaba a los mártires encarcelados la hora de ser juzgados por los jueces de la tierra, o como más bien decía el apologista, el momento en que los mártires habían de juzgar a los jueces. "Juez de su propio juez por concesión divina"[296]. Pero antes de comparecer ante el magistrado del emperador, solían ser interrogados en primera instancia por los magistrados municipales, autores muchas veces de la detención. Éstos no tenían derecho a dictar sentencia, pero sí podían someter a tortura. Terminada esta información, comunicaban al gobernador de la provincia una relación escrita, *elogium,* que sería base para la instrucción definitiva del proceso judicial.

Un ejemplo muy detallado de este procedimiento lo hallamos en las *Actas de San Néstor,* obispo de Magidos, en Panfilia. Publicada la orden persecutoria de Decio, aconsejó a sus fieles que huyesen, pero él permaneció en su lugar. Finalmente es citado con todo respeto al ágora por el irenarca o jefe de la policía local y su consejo. Acude Néstor, todos se levantan, le saludan amigablemente y le hacen sentar en un sillón de honor. El irenarca, con la cortesía propia de los asiáticos y después de circunloquios, va llevando la conversación hacia su centro, la orden del emperador de apostatar y sacrificar.

"Néstor: Yo acato las órdenes del Rey de los cielos y a ellas me someto.

El irenarca, olvidando entonces la cortesía, se encoleriza y le increpa: 'Tú estás poseído del demonio'.

Néstor: Es cosa muy cierta, y reconocida tantas veces por los exorcistas, que sois vosotros los que adoráis a los demonios.

Irenarca: Yo te haré confesar entre tormentos y ante el gobernador que son dioses y no demonios.

Néstor: ¿A qué conduce amenazarme con tormentos? Yo sólo temo los castigos de Dios, pero no los tuyos ni los de tu juez. En los tormentos seguiré confesando siempre a Cristo, hijo de Dios vivo".

El irenarca y el obispo cautivo viajan a Pergo, ante el legado imperial. Se da lectura allí al *elogium,* acta de acusación cuidadosamente redactada por el irenarca en nombre del Consejo de Magidos. Dice así: "Eupator, Sócrates y todo el consejo, al excelentísimo presidente, salud. Cuando tu grandeza recibió las divinas cartas de nuestro emperador y señor, por las que ordenaba que todos los cristianos sacrificasen y que se les hiciese abjurar de sus ideas, tu humanidad quiso ejecutar estas órdenes sin violencia, sin dureza, con mansedumbre. Pero de nada ha servido esta suavidad. Estos hombres se obstinan en despreciar el edicto imperial. Invitado Néstor por nosotros y por todo el Consejo, no sólo no ha aceptado rendirse a nuestro juicio, sino que cuantos están bajo su dirección, siguiendo su ejemplo, han rehusado igualmente. Cumpliendo las órdenes del muy victorioso emperador, hemos insistido para que viniese al templo de Júpiter; pero él ha respondido llenando de ultrajes a los dioses inmortales. Ni siquiera ha perdonado en esto al emperador, y a ti mismo te ha tratado con desconsideración. Por eso el Consejo ha creído oportuno traerlo ante tu grandeza".

---

[296] Cipriano, *Cartas* 31, 3.

Los rescriptos imperiales prohibían al gobernador juzgar apoyado solamente en la lectura de este informe previo; tenía que iniciar la instrucción desde el principio e interrogar personalmente al acusado. Muchas *Passiones* de autenticidad indudable transcriben interrogatorios precisos tomados de las actas judiciales.

Los interrogatorios se celebraban a veces en la misma secretaría, *secretarium,* del magistrado, dejando las puertas abiertas. Pero generalmente se interrogaba a los mártires en presencia del pueblo, en un lugar público, que podía ser la sala de audiencias del pretorio o, si era preciso, en lugares como el circo, el estadio, los baños, capaces de recibir un gran número de espectadores.

El juez, para mejor hacerse oír, empleaba un heraldo, *praeco,* que transmitía las preguntas del juez y repetía las respuestas del acusado. No era raro que, después de un primer interrogatorio, el mártir fuera encerrado de nuevo en prisión, hasta una próxima sesión; y que esta alternancia se repitiera muchas veces. Se daban casos incluso en que los confesores, siguiendo al gobernador, que se hallaba de viaje, habían de prestar su testimonio en diversos lugares.

3. La sentencia

El juez tenía que dar la sentencia inmediatamente después del primer interrogatorio o después de repetidas audiencias. En las causas seguidas contra los cristianos que persistían en su fe, no podía haber lugar para la absolución; no queda más remedio que condenarlos. Ni siquiera se necesitaba que antes del magistrado interpelase a sus consejeros en la cámara secreta del tribunal *(secretarium)* o detrás de la tienda; bastaba su juicio. Él escribía la sentencia por su propia mano en una tableta o en una hoja de papiro. La lengua oficial usada en todas las provincias del Imperio era la latina, y las palabras muy breves decían, por ejemplo: *Ad bestias dari placet* ("Sea entregado a las fieras"); *Gladio animadverti placet* ("Sea muerto con la espada"); *Suffigi placet* ("Sea colgado o crucificado").

Después de esto el juez resumía de viva voz brevemente los considerandos, o sea, los capítulos de acusación, leía al reo la sentencia dada, y pasaba la tableta o el papiro al heraldo, para que hiciese la proclamación pública. Inmediatamente los lictores y los guardias acompañaban al condenado al lugar de la ejecución, y la sentencia, copiada inmediatamente, se enviaba a los archivos de la provincia.

4. Improcedencia legal de la tortura

Según la decisión arbitraria del juez, el interrogatorio se hace con o sin tortura. Este medio se empleó raras veces antes del final del siglo II con cristianos de condición libre. No se habla de tortura en los martirios de Policarpo, Justino, Apolonio, mártires escilitanos, etc.

Pero desde fines del siglo II y en adelante la tortura pasó a integrar los procedimientos judiciales aplicables a todos, salvo a los miembros de las clases superiores. La norma jurídica eximía de la tortura a senadores, decuriones y aun soldados; pero en algunos procesos contra los cristianos no se respetaba esa norma.

Por regla general el juez procuraba evitar la muerte de los acusados, ya que no le movía ninguna animosidad personal, haciendo todo lo posible para que salvaran la vida mediante la, para él, inocua e inofensiva ofrenda a los dioses. Y es una terrible ironía que en los jueces de buen corazón cuanto más empeño tuvieran en evitar la ejecución de los cristianos, tanto mayor sería la probabilidad de que aumentara su crueldad al torturarlos.

Estaba en mano de los jueces ejecutarlos tan pronto como se confesaban cristianos, pero en pocos años la práctica de las torturas llegó a imponerse. Los textos del siglo III y IV describen el uso habitual de cuatro modos de tortura: la flagelación, la tensión del cuerpo sobre un caballete, la laceración de los miembros con garfios y la aplicación del hierro candente o de antorchas encendidas.

Con una particularidad señalada por Tertuliano, que en todos los procesos judiciales romanos se torturaba al cristiano, no para obtener de él una confesión, o para hacer que admitiera algo, sino para que lo negara. "¿Hay algo más perverso que, siendo para vosotros ya una presunción de nuestros crímenes la mera confesión del nombre cristiano, nos forcéis con el tormento a apartarnos de esa confesión para que negando el nombre neguemos también, a la par, los crímenes de los que habíais sospechado por la confesión del nombre? [...] Entre tiranos se utilizaban las torturas como castigo; entre vosotros sólo sirven para la investigación. Guardad vuestra ley en relación a la tortura que es necesaria hasta que confiesen, y si le adelanta la confesión, no deberá darse la tortura y se pasará a la sentencia: el criminal debe cargar con su pena; no se le ha de eximir de ella. Finalmente no hay juez que procure absolver al malvado no siendo lícito querer esto, por lo que nadie es forzado a negar. Al cristiano le tienes por reo de todos los crímenes: por enemigo de los dioses, de los emperadores, de las leyes, de las costumbres y de la naturaleza entera, y lo obligáis a negar a fin de absolverle, pues no podrías absolverle si no negase!"[297].

El argumento es irrefutable. Incluso los historiadores modernos nada proclives a exaltar el cristianismo, manifiestan su extrañeza ante este irregular proceder, que "contrariaba todos los principios de los procedimientos judiciales. Admitían el uso de la tortura a fin de obtener, no una confesión, sino una negación del delito que estaban investigando"[298].

Los magistrados no tenían que someter a tortura a los cristianos que confesaban claramente aquello de lo que se les acusaba: el hecho de ser cristianos. La tortura en tales casos no solamente era inútil, era ciertamente ilegal. Antonino Pío había establecido: "Será libre de tortura quien confiese claramente"[299].

Si en un principio existió buena intención en aplicar la tortura a los cristianos con vistas a conseguir la abjuración que permitiera absolverlos, bien pronto se convirtió en un hábito macabro que funcionarios sin escrúpulos emplearon con malicia y refinamiento, sin darse cuenta de la ilegalidad e inhumanidad de su procedimiento, pues el supuesto fin de la tortura era absolver a los mártires, no condenarles; lo que implicaba una confesión tácita de la inocencia de los juzgados. Se castigaba no al criminal, sino al inocente, con vistas a evitarle una inmerecida pena capital. La situación exasperaba a los apologistas. "¿Hay algo más perverso que, siendo para vosotros ya una presunción de nuestros crímenes la mera confesión del nombre cristiano, nos forcéis con el tormento a apartarnos de esa confesión para que negan-

[297] Tertuliano, *Apol.* II, 11, 15-16.

[298] Gibbon, *Decline and Fall of the Roman Empire,* II, p. 216.

[299] *Digesto* XLVIII, XVIII, 16.

do el nombre neguemos también, a la par, los crímenes de los que habíais sospechado por la confesión del nombre? Pero llego a pensar que no queréis que perezcamos, aun cuando nos creéis los peores de los hombres. Porque así soléis decir al homicida: niega; y mandáis despedazar al sacrílego si persiste en confesar. Si no obráis así con los criminales *(nocentes)* es que nos juzgáis completamente inocentes, puesto que no queréis que, como inocentísimos, perseveremos en esa confesión, lo que sabéis debe ser por vosotros condenada por necesidad, no ya en justicia. Grita cualquier hombre: ¡Cristiano soy! Dice lo que es; tú quieres oír lo que no es. Magistrados que arrancáis la verdad, ¡de nosotros sólo os esforzáis por oír la mentira!"[300].

Podría excusarse la crueldad del sistema judicial empleado contra los cristianos basándose en esa aplicación de la tortura con vistas a absolver al acusado, pero cuántas veces, como señala Paul Allard, las *Actas de los mártires* muestran al juez humillado y encolerizado al no conseguir doblegar la voluntad del confesor, que unas veces calla o que se limita a exclamar: "¡Cristo, ayúdame! ¡Señor, ven en mi ayuda! ¡Dame fuerzas para sufrir!"[301]. Estamos ante un duelo desigual, en el que la autoridad pública, antes de verse humillada y vencida por la resistencia del confesor, utiliza toda clase de tormentos para doblegar su voluntad o para vengar su victoria.

Fileas, obispo de Tmuis (Egipto), describe las torturas sufridas por los cristianos de Alejandría, cuya cautividad él mismo compartió en el año 306:

"Los bienaventurados mártires que vivieron con nosotros sufrieron por Cristo todos los padecimientos, todos los tormentos que se pueden inventar; y algunos no una sola vez, sino varias. Se les golpeaba con varas, con látigos, con correas, con cuerdas. A algunos, atadas las manos a la espalda, se les extendía sobre el caballete, mientras que con una máquina se les estiraban las piernas. Después, por orden del juez, los verdugos desgarraban con garfios de hierro no sólo los costados, como se hace con los homicidas, sino también el vientre, las piernas y hasta el rostro. A otros se les suspendía de un pórtico por una sola mano, de modo que la tensión de las articulaciones era el más cruel de todos los suplicios. Muchos eran atados a columnas, unos frente a otros, sin que sus pies tocasen la tierra, con el fin de que el peso de sus cuerpos apretase cada vez más las ataduras. Y soportaban esta tortura no sólo mientras les hablaba y les interrogaba el juez, sino durante casi toda una jornada. Cuando pasaba a preguntar a otros, dejaba a gentes de su séquito para que observasen a los primeros y viesen si el exceso de dolores doblegaba su voluntad. Ordenaba apretar sin piedad las ataduras, y los que morían eran arrastrados vergonzosamente. Porque decía que no merecíamos miramiento alguno y que todos debían mirarnos y tratarnos como si ya no fuésemos hombres" [302].

Morir durante la aplicación de la tortura no causaba escándalo. Los juristas romanos hablan de estos sucesos como de cosa frecuente y de poca importancia: *plerique, dum torquentur, deficere solent*[303].

Qué triste destino el ser humano incluso ante la justicia, se queja Agustín: ser torturado para averiguar si es culpable, de modo que si es inocente sufre unas penas ciertas por un deli-

[300] Tertuliano, *Apol.* II, 11, 11-13.
[301] *Acta SS. Saturnini et Dativi.*
[302] Eusebio, *Hist. ecl.* VIII, 10, 2-7.
[303] Ulpiano, *Digesto* XLVIII, XIX, 8, 3.

to incierto, no por descubrirse que lo ha cometido, sino por ignorarse que no lo ha cometido. "He aquí que con frecuencia la ignorancia del juez es la desgracia del inocente. Pero lo que es aún más intolerable, más de llorar y más digno de regarse, si fuera posible, con ríos de lágrimas, es que el juez torture a un acusado para no matar por ignorancia a un inocente, sucede, por la miseria de esa ignorancia, que mata al torturado e inocente, a quien había torturado para no matarle inocente"[304].

En los relatos de las *Passiones* de los mártires no aparecen ni testigos, ni abogados. Los testigos hubieran sido útiles en el proceso si a los cristianos se les persiguiera por algún crimen de derecho común. Pero eran superfluos cuando solamente eran perseguidos por su religión: bastaba que abjurasen de ella para su absolución, y era suficiente que perseveraran en su fe para condenarlos. Por eso en los interrogatorios de las *Actas de los mártires* se interroga sólo a los confesores, y nunca a eventuales testigos.

Más chocante es la ausencia de abogados. Nunca en las crónicas se refieren alegatos favorables de algún jurista. Por eso decía Tertuliano: "Cuando otros son acusados de los delitos de que se nos acusa pueden ellos por su propia boca, o bien pagando el servicio de los abogados, defender su inocencia. Déjase amplia facultad de responder y de disputar, no siendo por ningún concepto permitido el condenar a los indefensos y a los no oídos. Sólo a los cristianos no se les permite hablar para justificar su causa y defender la verdad y no hacer injusto al juez"[305].

Por otra parte, la tarea de un abogado que compartiera la fe de los acusados era muy difícil, como se desprende del relato de los mártires de la Galia. Cuando éstos fueron hechos comparecer ante el gobernador y tratados con crueldad, intervino un joven de familia ilustre, Vetio Epágato, que "indignado por el juicio irrazonable del que éramos objeto, pidió permiso para hablar en nuestra defensa y mostrar que no éramos ateos ni impíos. Los que estaban alrededor del tribunal comenzaron a gritarle —siendo que era conocido de todos— y el gobernador rechazó su razonable petición, preguntándole sólo: '¿Eres cristiano?'. Vetio contestó con toda claridad que lo era, y se unió él mismo a las filas de los mártires"[306].

Normalmente, antes de la sentencia, el escribano leía las actas del proceso con el interrogatorio. Después, el magistrado leía la sentencia, previamente escrita en sus tablillas. Ésta solía ser muy breve, pues eran superfluos los considerandos, ya que el mismo cristiano había confesado el hecho sobre el que era acusado. El juez recordaba la negativa del cristiano a apostatar, condenaba "su obstinación y su desobediencia a las leyes", y en una parte final dispositiva indicaba la pena a la que era condenado. En ocasiones un heraldo repetía la sentencia en voz alta para que todos los espectadores la escuchasen.

5. Victoria y alegría de los mártires

La alegría de los mártires con que los mártires acogen la sentencia de muerte, pudiendo evitarla en cualquier momento del proceso por la abjuración, es realmente impresionante.

304 Agustín, *La ciudad de Dios,* XIX, 6.

305 Tertuliano, *Apol.* II, 2-3.

306 Eusebio, *Hist. ecl.* V, 1.

Las crónicas refieren muchas veces la actitud serena y alegre de los mártires, con una acción de gracias a Dios, que los creyentes espectadores aguardan como el grito triunfal de victoria[307].

"Con alegría confesamos a Cristo y con alegría vamos a la muerte"[308]. Tan pronto como Justino y sus compañeros reciben la sentencia de muerte, dan gozosos gloria a Dios. Cuando en el curso del proceso se ofrece a los cristianos un plazo para reflexionar, lo rehúsan siempre. Así consta, por ejemplo, en las Actas de Apolonio, de los mártires escilitanos, y de Palestina[309]. No resisten la sentencia condenatoria, sino que la reciben con inmenso gozo: "Condenados a las fieras, volvimos gozosos a la prisión", escribe Perpetua[310]. Apolonio contesta la sentencia del prefecto: "Bendito sea Dios por tu sentencia". Y el centurión Marcelo dice a su juez: "¡Que Dios te bendiga!". No extraña que los magistrados interpretaran esta actitud como una locura suicida lo que no era sino una expresión victoriosa de fe.

Los mártires cartagineses del año 202, bajo el emperador Septimio Severo, se mostraban tan felices con su suerte que dirigían la palabra aun a los paganos, y no dejaban de hacerles alguna oportuna observación sobre su destino eterno y el juicio final, hasta el punto de que todos se alejaban de allí atónitos y muchos se convirtieran.

"¿Qué mayor gloria, o qué mayor felicidad podría acontecerle a un hombre, por concesión divina que, en medio de los mismos verdugos, confesar impertérrito al Señor Dios; entre los diversos y refinados tormentos ordenados por la cruel autoridad de este siglo, incluso con el cuerpo dislocado, torturado y desgarrado, confesar a Cristo, hijo de Dios, con el espíritu a punto de apagarse, pero libre; una vez abandonado el mundo, dirigirse al cielo"[311].

BIBLIOGRAFÍA

Luciano de Samosata, *La muerte de Peregrino.* Trad. María Giner Soria. Akal, Madrid 1989.

9. Ostracismo social y penas

Nunca se percibe con más certeza que "el hombre es un lobo para el hombre" que leyendo las actas de los mártires y la descripción de sus sufrimientos. Como escribe el profesor Carlos Espejo Muriel, "los romanos tuvieron una gran imaginación a la hora de desarrollar la violencia contra sus semejantes"[312]. Es a veces superior a nuestras fuerzas tener que reseñar los modos de ejecución que hubieron de sufrir los mártires bajo el odio de sus perseguidores. No hay invención maligna, por cruel que sea, que no fuera imaginada por magistrados y verdugos, exasperados por la paciencia de los mártires. Y en cierto sentido la ley les daba licencia para aplicar tales penas atroces, pues, según un jurista del siglo III, la pena capital *agravada*

[307] *Passio S. Pionii* 21; *Passio S. Saturnini et Dativi* 4.
[308] Justino, 1 *Apología* 39.
[309] Eusebio, *De martyr. Palest.* 8.
[310] *Passio Perpetuae et Felicitatis,* 6.
[311] Cipriano, *Cartas* 31.
[312] C. Espejo Muriel, *Penas corporales y torturas en Roma.* http://perso.wanadoo.es/cespejo/torturas.htm

—veremos después los distingos de la *simple*— "consiste en ser uno arrojado a las fieras, en padecer otras penas semejantes o en ser decapitado"[313]. Los magistrados romanos podían siempre sentirse absueltos de crueldad cuando jurisconsultos prestigiosos, como Claudio Saturnino, establecían como doctrina: "A veces sucede que se exacerban las penas aplicadas a ciertos malhechores, cuando esto es necesario para el escarmiento de otros muchos"[314].

Podemos decir con un historiador moderno, que "tanta crueldad, a menudo gratuita, aun admitiendo las razones del Estado perseguidor desacredita al Imperio romano. La pasión por los juegos, los instintos feroces que los espectáculos sangrientos desarrollan cada vez más, la bajeza de un populacho degenerado y el fanatismo de ciertos funcionarios, la exasperación provocada en estos últimos por la resistencia inflexible de los cristianos, todo esto ofrece una explicación psicológica al fenómeno, sin excusarlo"[315].

A los sufrimientos de orden físico como cárcel, tortura y muerte, hay que añadir el padecimiento social y económico de verse privados de sus derechos ciudadanos y de sus posesiones, condenando a su familia a la marginación y la miseria. Medidas, por otra parte, adoptadas por la mayoría de los gobiernos contra los disidentes y enemigos del Estado.

Las alarmas que precedían a su detención y encarcelamiento, la angustia nacida de las largas semanas que debían pasar en la promiscuidad de las prisiones y en la irrespirable atmósfera de los lugares obscuros y reducidos. La pesadilla psicológica producida por la representación constante de suplicios imaginados antes de ser ejecutados; interrogatorios insidiosos, escuchando siempre las mismas inaceptables promesas o idénticas amenazas. Las dolorosas intervenciones de los padres o de los amigos, pretendiendo hacerles desistir de las resoluciones más firmes; el desgarramiento del padre, la madre o algún hijo, afligidos al ver rotos los vínculos más sagrados y naturales. A todo esto, no siempre visible, es lo que se puede llamar "el martirio del alma"[316], soportado con una entereza psíquica y espiritual que nos llena de asombro, pero que debió "hacer dudar mucho a los potenciales conversos"[317].

1. Confiscación de los bienes

La confiscación de bienes resulta que acompañaba el arresto de cualquier inculpado. En el derecho penal romano ocupaba un gran lugar, era el complemento terrible de toda pena que implicase pérdida de la ciudadanía, condena de muerte, trabajos forzados, deportación. Solamente una concesión graciosa del emperador podía reservar para los hijos una parte o la totalidad del patrimonio confiscado. Pero la ley prohibía expresamente esta gracia cuando se trataba de crímenes de lesa majestad o de magia[318]. Y según parece, profesar el cristianismo se equiparaba a estos dos delitos.

Así fue al menos desde mediados del siglo III, época en que el tesoro público estaba muy escaso. En tiempos de Decio, concretamente, vemos que sin cesar se aplica la pena de con-

313 Marciano, *Digesto* XLVIII, XIX, 11, 3.
314 *Digesto* XLVIII, XIX, 16, 9.
315 Françis Heim, "Los cristianos, a los leones", p. 127, en *2000 Años de Cristianismo,* vol. I. Sedmay, Madrid 1979.
316 Expresión de Georges Prinval y Romain Pittet, en *Historia ilustrada de la Iglesia,* p. 117.
317 Chester G. Starr, *Historia del mundo antiguo,* p. 673.
318 Código Teodosiano IX, 47, 2.

fiscación, sea contra los cristianos condenados a muerte o a las minas, sea a los castigados con destierro o contra los que han huido. También Valeriano hizo gran uso de la pena de confiscación, y el emperador Diocleciano llegó a privar a los hijos de toda participación en los bienes de los condenados.

Los fondos de la Iglesia habían de subvenir a los cristianos que habían sufrido el expolio de sus bienes. La confiscación era la ruina de la familia; la caída brusca de la fortuna a la miseria. Y en no pocos casos llevaba consigo la degradación, *dignitate amissa,* según el edicto de Valeriano, pues al carecer de la hacienda necesaria, los descendientes de quien había sufrido confiscación de bienes pasaban necesariamente a la clase de los plebeyos. Ya no eran nobles empobrecidos, sino pobres a secas. Para un padre de familia cristiana noble, sufrir un proceso a causa de su fe significaba una perspectiva de suplicio propio y de ruina completa de los suyos.

Orígenes tuvo que animar a su padre Leónidas en la cárcel, angustiado por la suerte de su familia. El valeroso joven prometió que él se haría cargo de ella, por tanto que él no desfalleciese y diese así ejemplo de fe ante sus verdugos. "Las propiedades de su padre fueron confiscadas por la tesorería imperial, dejando a la familia sin las cosas necesarias para la vida"[319]. Más tarde, Orígenes, escribiendo a un amigo cristiano encarcelado que antes había tenido grandes riquezas y altos puestos, le decía: "¡Cómo desearía yo, si hubiera de morir mártir, tener también que dejar casas y campos, para recibir el céntuplo que el Señor ha prometido! Nosotros, los pobres, debemos eclipsarnos, aun en el martirio, ante vosotros, porque habéis sabido menospreciar la gloria mentirosa del mundo, de la que tantos otros se enamoran, y el apego a vuestros grandes bienes"[320].

Muchos se aprovecharon de la ocasión y utilizaron la denuncia de los cristianos para quedarse con sus bienes. Basilio narra el caso de una conciudadana suya, Julita, viuda cristiana acosada por un depredador malvado de sus bienes. Tuvo que reclamar en juicio sus bienes contra el usurpador. Pero inmediatamente el demandado alegó una excepción, sacada de un edicto del año 303, en el que se negaba a los cristianos el derecho a personarse en juicio. Así las cosas, el magistrado mandó traer un altar ante el tribunal, e invitó a los contendientes a quemar incienso ante los dioses. Julita rehusó en absoluto: "Perezca mi vida, perezcan las riquezas, perezca mi cuerpo, si es necesario, antes que salga de mi boca una palabra contra mi Dios, mi Creador". Con esto, inmediatamente, perdió el proceso, quedando completamente arruinada. Y por si fuera poco, una segunda sentencia la condenó a ser quemada en la hoguera por ser cristiana[321].

La prueba del mártir había de ser extraordinariamente amarga cuando se le instaba a renegar de su fe para salvar el interés de su familia; cuando voces amistosas presionaban su conciencia de padre o de esposo en contra de la fe cristiana. Unas veces eran amigos paganos: "Si no obedeces al juez, no sólo vas a padecer horribles tormentos, sino que expondrás a tu familia a una ruina segura. Serán confiscados tus bienes y desaparecerá tu linaje"[322].

[319] Eusebio, *Hist. ecl.* VI, 2.

[320] Orígenes, Exhortación al martirio, 14, 15.

[321] Basilio, Homilías V, 1-2.

[322] *Passio S. Theodoti,* 8.

Otras, el mismo juez: "Piensa en tu salud, piensa, sobre todo en tus hijos"[323]. "Eres riquísimo, y tienes bienes como para alimentar casi a una provincia... Tu pobre mujer te está mirando"[324]. Los abogados, los parientes, todos suplican al mártir que mire por su esposa, que cuide de sus hijos.

2. Degradación cívica y militar

En el Imperio romano se había establecido una vinculación muy profunda entre el Estado y la religión pública, hasta el punto de que casi ninguna solemnidad cívica carecía de carácter religioso. Los magistrados, concretamente, aunque en su vida privada fueran librepensadores, casi continuamente habían de realizar acciones rituales en honor de los dioses del Estado.

Un gobernador en su provincia no podía evitar ciertos ritos de adoración en aniversarios imperiales y en fiestas cívicas. Un senador apenas podía abstenerse de participar en el sacrificio anual ofrecido en el Capitolio o de quemar un grano de incienso, al celebrar una sesión, ante el altar de la Victoria. En el comienzo de sus funciones, era preciso que un cónsul ofreciera sacrificios y organizara juegos sangrientos e indecentes. Pretores y cuestores tenían que presidir estos juegos. Ediles, decenviros, habían de cuidar la conservación de los templos, la organización de sacrificios y banquetes religiosos, así como juegos de gladiadores.

El cristiano que por nacimiento y situación era llamado a funciones semejantes se veía en situaciones de conciencia muy difíciles. Una actitud de absoluta intransigencia, rehusando totalmente cualquier honor y cargo, hubiera ido en detrimento de la Iglesia y del Imperio. Por eso en los tres primeros siglos hubo en ciertas cuestiones que llegar a un *modus vivendi.*

Tertuliano, uno de los maestros cristianos menos conciliadores frente al mundo, admitía en principio la conveniencia de ciertas concesiones: "Que uno ejerza las funciones del Estado, pero sin sacrificar, sin favorecer con su autoridad los sacrificios, sin proveer de víctimas, sin cuidar de la conservación de los templos, sin asegurarles rentas, sin dar espectáculos a sus expensas o a las del erario público, ni presidirlos, yo lo concedo, si es que la cosa es posible"[325].

Ciertas acciones podían ser consideradas lícitas o reprobables según se realizaran teniendo en cuenta principalmente su aspecto civil o religioso. Esculpir, por ejemplo, figuras de dioses con fin decorativo era tolerable; pero se hacía inadmisible si el fin del ídolo era recibir culto en un templo[326]. Un soldado cristiano podía venerar las águilas romanas de los símbolos militares, como se reverencia una bandera; pero no podía adorarlas, como hacían ingenuamente los paganos.

Algo semejante habría de decirse de la conducta de magistrados, senadores y demás autoridades, así como de la actitud cristiana conveniente en medio de las muchas celebraciones

---

323 *Passio S. Philippi,* 9.

324 *Acta SS. Philae et Philoromi,* 2.

325 Tertuliano, *De idolatria* 17.

326 *Traditio apostolica,* 16; Tertuliano, *Adv. Marción,* II, 2.

familiares —esponsales, aniversarios, imposición del nombre al hijo, toma de la toga, etc.— que tenían formas rituales. Según Tertuliano, "si se me invita, con tal de que mis servicios y funciones nada tengan que ver con este sacrificio, puedo asistir. ¡Dios quiera que nunca tuviéramos que ver lo que nos está prohibido hacer! Pero, ya que el espíritu malo ha envuelto al mundo de tal modo en la idolatría, nos será lícito asistir a algunas ceremonias si vamos a ellas por el hombre, no por el ídolo". Y añade: en tales casos "no soy más que un simple espectador del sacrificio"[327].

La ausencia de los cristianos en ciertas celebraciones cívicas era disimulada por las autoridades paganas en tiempos de tolerancia. Y su presencia en ellas era tolerada por la Iglesia, aunque con sumo cuidado para que no fuera más allá de ciertos límites. La tolerancia de la autoridad pagana se dio en varios períodos. En el siglo I, casi toda la época de la dinastía Flaviana. En el II, durante el reinado de Cómodo. En el III, en los años de Alejandro Severo y de Filipo, en el comienzo del imperio de Valeriano, en el de Galieno y en los primeros años de Diocleciano.

Éste aplicó al principio a los cristianos la tolerancia que sus predecesores habían concedido a los judíos. En una disposición de comienzo del siglo III se dice: "El divino Severo y Antonio Caracalla han permitido a los que siguen la superstición judaica obtener los honores públicos, eximiéndoles de aquellas obligaciones que pudieran lesionar su conciencia religiosa"[328]. Eusebio confirma que ésa fue al principio la política de Diocleciano: "Tales eran entonces las consideraciones de los príncipes con los nuestros, que se les nombraba gobernadores de provincias, dispensándolos de toda inquietud en cuanto a los sacrificios"[329].

Pero esas épocas de tolerancia tácita o expresa en cualquier momento podían estallar en persecuciones imprevistas, brutales, repentinas, como rayo que rasga un cielo sereno. Y ciertamente esta prueba tendría que resultar muy cruel para aquellos que hasta entonces, con una conciencia segura, habían ascendido en su carrera cívica, al lado de sus colegas paganos. De pronto, como escribe Eusebio, se caía en "la agonía de sacrificar", y en caso de negarse a ello, sobrevenía sobre el mártir cristiano la dimisión forzosa o la destitución, la ruina, la muerte.

Manio Acilio Glabrión y Flavio Clemente, en tiempo de Domiciano, son condenados a muerte siendo cónsules, y con ellos un grupo de personas nobles que, hasta entonces, habían podido conciliar su fe con su categoría social. En las *Actas de San Apolonio* se recoge una frase que el prefecto del pretorio, conmovido por la firmeza del mártir, al parecer colega suyo, le dirige: "Quédate, vive con nosotros".

Realmente, en condiciones semejantes, era necesaria una firmeza sobrehumana para permanecer en la fe y elegir la muerte. La muerte o algo igualmente terrible, la degradación social. Los augustos Diocleciano y Maximiano Hércules y el césar Galerio, concretamente, deciden eliminar a los cristianos del ejército. Todos los oficiales que se negaran a sacrificar habían de ser degradados, y algunos, como narra Eusebio, "perdieron por defender su fe no sólo su cargo, sino su vida"[330].

327 Tertuliano, *De idolatria* 16.
328 *Digesto* L,II, 2, 3.
329 Eusebio, *Hist. ecl.* VIII, 1, 2.
330 Eusebio, *Hist. ecl.* VIII, 4.

Poco después Diocleciano impulsó no sólo la degradación militar, sino también la civil. "Los que están elevados en dignidad pierdan toda dignidad". Lactancio precisa más el alcance de esta decisión imperial: "Privados de todos sus honores y cargos, quedarán sujetos a tortura, cualquiera que sea su nobleza y función"[331]. Los nobles y, en general, todas las personas *honestas,* en el sentido latino del término, gozaban del privilegio de no poder ser sometidos a tortura, ni condenados a suplicios infamantes. Pues bien, los cristianos, por el hecho de serlo y fuera cual fuere su categoría, pierden definitivamente este privilegio. Quedan civilmente muertos y, como dice Lactancio, pierden hasta el derecho de intentar acciones ante los tribunales. Se comprende la angustia padecida en los inicios del siglo IV, cuando tantos patricios y magistrados eran ya cristianos, obligados a la trágica elección necesaria entre su fe y la degradación, la aniquilación jurídica.

Buena parte del gran número de los mártires de los primeros siglos fue integrada por soldados, que fueron a la vez los misioneros más efectivos, pues obligados como estaban a constantes desplazamientos llevaban el mensaje del Evangelio allí donde se trasladaban. Los soldados, en relación directa con todo tipo de peligros y con la muerte, solían ser bastante religiosos, por eso no ha de extrañar su alto número en las filas cristianas. Fueron famosas algunas legiones compuestas enteramente por cristianos. A ellas se deben los primeros núcleos cristianos en Numidia, Mauritania, España y a lo largo del Danubio.

3. Destierro

El derecho romano desconocía la pérdida de libertad como pena judicial, por eso el mártir que recibía sentencia condenatoria podía ser enviado a destierro, deportación, trabajos forzados o muerte.

El destierro era la pena más suave impuesta al condenado. No se consideraba pena capital, porque, al menos en principio, no implicaba la pérdida de los derechos civiles ni, por tanto, la confiscación de bienes. Muchos cristianos sufrieron destierro entre los siglos I y IV.

El apóstol San Juan fue desterrado a la isla de Patmos, las dos Flavias Domitilas son relegadas a las islas de Pandataria y de Pontia. Así lo cuenta el historiador romano Dion Casio: "En el mismo año mandó matar Domiciano, entre otros muchos a Flavio Clemente, que ejercía el consulado, a pesar de ser primo suyo y estar casado con Flavia Domitila, parienta suya también. A los dos se los acusaba de ateísmo [acusación típicamente cristiana], crimen por el que fueron condenados también otros muchos, que se habían pasado a las costumbres de los judíos. De ellos, unos murieron; a otros se les confiscaron los bienes"[332].

A veces los desterrados eran tratados con relativa suavidad, sin embargo, parece que el destierro de los cristianos fue más duro que el de los paganos, pues, al menos en la persecución de Decio, contra el derecho común, sufrían confiscación de bienes.

331 Lactancio, *De mort. persec.* 13.

332 Dion Casio, *Historia romana* 67, 14.

4. Deportación

La deportación era pena más grave que el destierro. Era pena capital, que implicaba una muerte civil. Los deportados eran tratados como forzados, y se les enviaba a los lugares más inhóspitos. Un jurista, Modestino, decía que "la vida del deportado debe ser tan penosa que casi equivalga al último suplicio". A veces el látigo y el palo de los guardianes apresuraban el fin del deportado. Así murió deportado en Cerdeña en el año 235 el obispo de Roma Ponciano.

5. Canteras y minas

La condenación a trabajos forzados era la segunda pena capital, que se cumplía en las canteras y en las minas que el Estado explotaba en diversos lugares del Imperio. La condena a las canteras y minas *(ad metalla)* era ya antigua y se aplicaba con frecuencia. Con ella se beneficiaba el Estado del trabajo gratuito de los penados. El emplazamiento estaba situado en las más diversas regiones, pero se distinguían especialmente las minas de cobre de Feno, en Palestina, al sur del mar Muerto, otras en Chipre, las canteras de pórfido en Tebaida, otras de mármol en Sirmio, en Panonia y Cilicia; minas en Cartagena (España) y en Numidia. A estas regiones eran conducidos los cristianos a trabajar como criminales. Largas filas de prisioneros obligados a caminar centenares y aun miles de kilómetros a través de desiertos, azuzados por látigos inclementes. Muchos morían agotados en el camino y eran pasto de los animales carroñeros.

La iniciación de los condenados, al llegar a la cantera o a la mina, comenzaba por los azotes[333], para dejar claro desde un principio que habían venido a ser "esclavos de la pena". En seguida eran marcados en la frente, pena infamante que duró hasta Constantino, que la abolió "por respeto a la belleza de Dios, cuya imagen resplandece en el rostro del hombre"[334]. Además de esa marca, se les rasuraba a los condenados la mitad de la cabeza, para ser reconocidos más fácilmente en caso de fuga. Alternativa ésta muy improbable, pues un herrero les remachaba a los tobillos dos argollas de hierro, unidas por una corta cadena, que les obligaba a caminar con pasos cortos y les impedía correr.

Entre los cristianos condenados a las minas había obispos, presbíteros y diáconos, hombres y mujeres, y también niños y niñas. Estos últimos, no teniendo fuerza para excavar con las herramientas de los mineros, se encargaban de transportar en cestos el material.

Estos forzados cristianos, según describe Cipriano, vivían dentro de la mina, en las tinieblas que se veían acrecentadas por el humo pestilente de las antorchas. Mal alimentados y apenas vestidos, temblaban de frío en los subterráneos. Sin cama ni jergón alguno, dormían en el suelo. Se les prohibían los baños, y a los presbíteros se les negaba permiso para celebrar cultos.

Una tradición legendaria cuenta que Clemente Romano, denunciado como dirigente cristiano ante el emperador Trajano, fue condenado a trabajar en las minas de la península del

[333] "No es para nosotros deplorable que hayáis sido primero fuertemente azotados y atormentado y que iniciaseis con estas penas vuestra confesión de la fe. Pues no se asusta de las varas el cuerpo de un cristiano, cuya esperanza está en un madero" (Cipriano, Cartas 76).

[334] Código Teodosiano IX, XL, 2.

Quersoneso Táurico, la Crimea actual. Allí se encontró con más de dos mil cristianos condenados a trabajar en las canteras de mármol. Entre otros tormentos que sufrían los mártires estaba la falta de agua, la cual habían de traer a cuestas de un lugar a más de seis millas. Movido Clemente por las lágrimas y sufrimientos de aquellos desterrados por causa de la fe en Cristo, pidió a Dios que se compadeciera de sus fieles siervos, como en otro tiempo hizo con Israel en el desierto. El Señor escuchó la oración y en el lugar por él señalado hizo brotar una fuente de agua fresca y abundante hasta formar un río[335]. Este milagro nos puede dar una idea del tremendo padecimiento que suponía la falta de agua en las minas y canteras, agravado por el continuo polvo desprendido de las rocas.

Se comprende el rigor cristiano frente a la lujuria *(luxuria)* de los deseos y el lujo *(luxu)* de la sociedad. Los cristianos saben por propia experiencia que el afán de oro, plata, perlas y piedras preciosas se consigue a costa de una multitud de personas trabajando en condiciones infrahumanas para complacencia de unos pocos. "Es absurdo que uno disfrute cuando los demás pasan necesidad"[336].

Terribles por encima de cualquier descripción fueron los padecimientos de los cristianos condenados a las minas en Oriente, al fin de la última persecución, bajo Maximino Daya. El gobernador de Palestina, en el 307, mandó que con hierro candente se quemasen los nervios de uno de los tendones. Y se llegó a una mayor crueldad cuando en los años 308 y 309, a los cristianos, hombres, mujeres y niños, que de las minas de Egipto eran enviados a las de Palestina, no sólo se les dejó cojos al pasar por Cesarea, sino también tuertos: se les sacó con un puñal el ojo derecho, cauterizando luego con hierro candente la herida[337].

"Habéis sido llevados a las minas", escribe Cipriano en una emotiva carta consolatoria, que nos ofrece una imagen certera de la situación en las minas, "es decir, al domicilio del oro y la plata, porque ahora se ha cambiado la condición de las minas, y los lugares que antes solían dar oro y plata ahora los reciben. Han puesto también grilletes a vuestros pies y han atado vuestros miembros dichosos, templos de Dios, con infamantes cadenas como si junto con el cuerpo se atase el espíritu o vuestro oro se pudiera manchar con el contacto del hierro. Son condecoraciones, no ataduras, para los hombres que se han consagrado a Dios y dan testimonio de su fe con fortaleza religiosa, y no atan los pies de los cristianos para su deshonra sino que les dan gloria y los coronan. ¡Oh pies felizmente atados que serán desatados no por un herrero sino por el Señor! ¡Oh pies felizmente atados que acortan el camino de la salvación hacia el paraíso! ¡Oh pies, ahora atados en el mundo, para estar siempre libres con Dios! ¡Oh pies, por el momento entorpecidos por grilletes y travesaños, pero que correrán veloces hacia Cristo por un camino glorioso! Que os tenga aquí sujetos con sus ataduras y cadenas todo lo que quiera la crueldad envidiosa y malvada, que pronto llegaréis desde esta tierra y estos tormentos al reino de los cielos. En las minas no descansa el cuerpo en cama y colchón, pero descansa en el consuelo y refrigerio de Cristo. En tierra yacen los miembros fatigados del trabajo; pero no es ninguna pena estar en tierra en compañía de Cristo. Los miembros deformados por el lugar y la suciedad van ensuciándose

---

335 Padres Apostólicos. *Martirio de Clemente.*

336 Clemente de Alejandría, *Pedagogo* 12, 6.

337 Eusebio, *De Martyr. Palest.* 7, 3, 4; 8, 1-3, 13; 10, 1.

por falta de baños; pero se lavan espiritualmente por dentro, aunque por fuera se afea la carne. El pan escasea allí, pero 'no sólo de pan vive el hombre, sino de la Palabra de Dios' (Lc. 4:4). [...] El Señor en el Evangelio declara y enseña que es cosa suya nuestra victoria y que por Él conseguimos la palma del mayor combate sobre el enemigo, diciendo: 'Cuando os entreguen, no penséis cómo ni qué habéis de decir; pues en aquel momento se os dará lo que habéis de decir. Pues no sois vosotros los que habláis, sino el Espíritu de vuestro Padre quien habla por vosotros' (Mt. 10:19-20). [...] Todo esto, valentísimos y fidelísimos soldados de Cristo, lo habéis inculcado a nuestros hermanos, cumpliendo con los hechos aquello que antes enseñasteis con palabras, mereciendo así ser grandes en el reino de los cielos. Y, siguiendo vuestro ejemplo, gran parte del pueblo ha confesado la fe como vosotros y con vosotros ha recibido la corona y, unidos a vosotros con el lazo de la caridad más fuerte, no se han separado de sus jefes ni en la cárcel ni en las minas. [...] ¡Qué vigor ahora, queridísimos hermanos, el de vuestra victoriosa conciencia, qué elevación de espíritu, qué alegría de sentimientos, qué triunfo en el corazón, hallaros cada uno de vosotros en disposición de recibir el premio prometido por Dios, estar seguro para el día del juicio, andar en las minas cautivo de cuerpo, sí, pero reinando con el corazón, sabiendo que Cristo es su compañero, que disfruta con la paciencia de sus siervos que andan siguiendo sus caminos y pisadas hacia los reinos eternos! Contentos esperáis cada día que llegue el día feliz de vuestra partida y, a punto de abandonar el mundo de un momento a otro, vais deprisa hacia los premios de los mártires y a la morada divina, a ver la luz brillantísima que hay detrás de estas tinieblas del mundo, y a recibir una gloria superior a todas las pasiones y a todos los combates"[338].

En medio del terrible y agotador trabajo, los creyentes todavía sacaban fuerzas de la misma debilidad y en algunas de las minas construían iglesias, como en Fenos, en el 309. Allí dispusieron de un lugar de reunión, exhortación y lectura. Un creyente, ciego de nacimiento, al que también se le había sacado un ojo pese a su evidente ceguera —¡ceguera la del funcionariado!— recitaba de memoria en estas celebraciones partes de la Sagrada Escritura. "Confieso que yo mismo quedé asombrado cuando por primera vez vi a este hombre, en medio de mucha gente en una reunión, recitando algunas partes de la divina Escritura. Mientras sólo podía oír su voz me llevaba la impresión de que era alguno que leía, como es costumbre en las reuniones, pero luego, acercándome vi lo que ocurría: todos los demás que tenían sanos los ojos estaban en torno suyo formando círculo, y él, sirviéndose sólo de los ojos de la mente, hablaba sin artificio como un profeta, superando en mucho a los vigorosos de cuerpo"[339].

No faltaron delatores de estos cultos. Los mártires de Fenos fueron dispersados parte en Chipre, parte en el Líbano; los viejos, ya inútiles, fueron decapitados; dos obispos, un presbítero y un laico, que se habían distinguido más en su fe, fueron arrojados al fuego. Así desapareció esta iglesia en la mina[340].

---

338 Cipriano, *Cartas* 76.

339 Cipriano, *Cartas* 13, 8.

340 Cipriano, *Cartas* 11, 20-23; 13, 1-3, 4, 9, 10.

6. La pena capital

A diferencia de las legislaciones modernas, la pena de muerte era infligida entre los antiguos en modos diversos de suplicio. Según el derecho romano había dos formas de aplicar la pena de muerte: *simple* o *agravada,* dependiendo de la gravedad de los delitos. La pena de muerte en forma agravada consistía en la crucifixión, la hoguera y el suplicio en espectáculos. La pena de muerte simple consistía en la decapitación por espada. La primera se aplicaba generalmente a los miembros de la clase inferior: *humiliores* y *tenuiores;* y la segunda a la clase superior o *honestiores,* salvo graves excepciones: homicidio, magia de especie inferior y delitos de lesa majestad.

La pena de muerte más cruel e ignominiosa era la crucifixión; después venían la pena del fuego y la exposición a las fieras en espectáculos[341].

La hoguera y las bestias fueron penas introducidas solamente en el derecho penal del Imperio. En tiempos anteriores no existían más penas capitales que la cruz, para esclavos y gente vil, y la espada para los demás. En el Imperio la cruz siguió siendo el suplicio de los más miserables; la espada se reservó a los ciudadanos; el fuego y las bestias para los criminales sin derecho de ciudadanía.

Todas estas distinciones se fueron borrando muy pronto en lo que se refería al castigo de los cristianos. Por primera vez, en el año 177, vemos deliberadamente marginadas estas normas en un caso de los mártires de Lyon. Los que eran ciudadanos romanos, fueron condenados a decapitación, y el resto a las fieras. Pero Attalo, ciudadano romano, fue expuesto a las bestias por exigencias del pueblo[342]. Los apologistas cristianos del siglo II y principios del III parecen reflejar una situación en la que las normas penales romanas ya no se respetaban en el caso de los cristianos condenados.

6.1. Muerte por espada

Desde Palestina y Roma, Justino dice: "Se nos corta la cabeza, se nos pone en la cruz, se nos expone a las fieras, se nos atormenta con cadenas, con el fuego, con los suplicios más horribles"[343]. Desde África del norte, Tertuliano: "Pendemos en la cruz, somos lamidos por las llamas, la espada abre nuestras gargantas y las bestias feroces se lanzan contra nosotros"[344]. La situación no era mejor en Egipto: "Cada día vemos con nuestros ojos correr a torrentes la sangre de mártires quemados vivos, crucificados o decapitados"[345].

A partir del siglo II, la pena que sufrían los mártires cristianos podía ser cualquiera que viniera dispuesta por el arbitrio de sus jueces.

En Roma, donde la muerte de los condenados tantas veces es para el pueblo un espectáculo placentero: "El dolor de uno es el placer de todos"[346], la decapitación era prácticamente

---

[341] Calistrato, *Digesto* XLVIII, XIX, 28; Cayo, *Digesto,* 29; Modestino, *Digesto,* 31.

[342] Eusebio, *Hist. ecl.* V, 1, 50.

[343] Justino, *Dial. Trif.* 110.

[344] Tertuliano, *Apol.* 31.

[345] Clemente de Alejandría, *Strom.* II.

[346] Prudencio, *Contra Symmac.* II, 1126.

la única pena que, aunque efectuada en público, se realizaba sin solemnidad ni patíbulo aparatoso.

El condenado esperaba el golpe mortal de rodillas o de pie, junto a un poste, como, por ejemplo, el senador y mártir Aquileo. Solamente un arma honrosa, la espada, debe cortar su cabeza. La ley dispone que no puede ser sustituida por el hacha u otra arma[347]. Era una muerte penal reservada a personas de elevada condición. Las leyes imperiales no permitían traspasar con las armas al ciudadano condenado.

En el momento de la ejecución se vendaban los ojos del condenado, le ataban las manos a la espalda y luego, ordinariamente le hacían arrodillarse en tierra. No raramente los mártires se ataban ellos mismos las vendas. Hubo casos en que los condenados a esta pena eran tan numerosos que tuvieron que ser colocados en varias filas para que el verdugo pudiese matarlos sin interrupción pasando de uno a otro. A veces los amigos, los parientes, los hermanos de la fe podían recoger la cabeza que rodaba por tierra y levantar el tronco que aún manaba olas de sangre, envolviendo las reliquias veneradas en telas preciosas y dándoles gloriosa sepultura.

Hay un hecho interesante respecto al "prestigio" de la muerte por espada, patente en las actas legendarias y épicas, en las que se hace pasar al mártir por una larga serie de suplicios sin que ninguno de ellos pueda privarlo de la vida, pero, cuando ya cansado el juez ordena por último que sea decapitado, entonces la muerte sucede inmediatamente. "Y esto tal vez, porque la espada representaba la autoridad constituida, el derecho y la ley"[348].

6.2. Muerte por fuego

En los dos primeros siglos parece que fueron pocos los mártires ejecutados mediante la hoguera. La espantosa invención de Nerón, que hizo quemar a muchos cristianos convirtiéndolos en antorchas vivientes, fue un capricho. Y la jaula de hierro candente, en que se obliga a sentarse en el anfiteatro a los mártires de Lyon en 177, es más una tortura que un modo de ejecución.

La pena regular del fuego tarda en establecerse en el derecho romano. Era una muerte pronta por asfixia y no demasiado dolorosa. La vemos aplicada por primera vez en el 155 contra el obispo mártir Policarpo en Esmirna. Pero en el siglo II se hace más frecuente. Se emplea muchas veces el fuego para matar en Alejandría, durante la persecución de Decio[349]. Quemado muere Pionio en Esmirna; Luciano y Marciano en Nicomedia; Carpos, Papylos y Agathonice en Pérgamo. Bajo Valeriano, muere en la hoguera el obispo de Tarragona Fructuoso y los diáconos Augurio y Eulogio; y en Roma el diácono Lorenzo, abrasado a fuego lento en una parrilla.

En la última persecución el suplicio mortal del fuego es el más frecuentemente empleado contra los mártires, sobre todo en Oriente. Un contemporáneo, Eusebio, muchas veces testigo presencial de estas muertes, da cuenta de los nombres de muchos mártires que mu-

347 Ulpiano, *Digesto* XLVIII, XIX, 8.

348 César Gallina, *Los mártires de los primeros siglos,* p. 114.

349 Eusebio, *Hist. ecl.* VI, 41, 15, 17.

rieron arrojados en masa sobre los carbones de un gran fuego, como dentro de un enorme brasero[350].

La muerte en la hoguera, pena normalmente reservada a gente de condición inferior, solía realizarse en forma de espectáculo para el pueblo. La hoguera se encendía en el circo, el estadio o el anfiteatro. El mártir era despojado de sus vestidos, que pasaban a ser posesión de sus verdugos. Una vez desvestido, era atado a un poste, normalmente clavando sus manos a él, como en los casos de Carpos, Papylos y Agathonice. En otros casos, como en el de Policarpo, las manos son atadas solamente, y quedan libres al quemarse las cuerdas. Así sucedió también en Tarragona, donde los mártires Fructuoso, Augurio y Eulogio, una vez quemadas sus ligaduras, oraron de rodillas con los brazos en cruz en medio de las llamas. La muerte solía ser rápida, y en algún caso, como en el de Policarpo, se abreviaba mediante un "golpe de gracia".

A fines del siglo III, sin embargo, la pena del fuego se hace mucho más cruel todavía. Tertuliano dice: "Se nos llama *sarmentiti* o *semaxi,* porque, atados a un poste, perecemos rodeados de un semicírculo de sarmientos encendidos"[351]. Los mártires son dejados no en una pira, sino en el suelo, y con frecuencia, para que las llamas y el humo les envuelvan mejor, se les entierra hasta las rodillas[352]. Con esto se suprime prácticamente el espectáculo, del que, por lo demás, la plebe estaba ya hastiada, y se busca la rápida eficacia. Así muere en Heraclea el obispo Filipo y el sacerdote Hermes; en Cesarea, el esclavo filósofo Porfirio[353]; y otros innumerables mártires sobre todo en Oriente, donde la ejecución se reduce a empujar a las víctimas dentro de ese círculo de fuego, donde, como dice Lactancio, mueren en tropel[354].

Una variedad cruel e inconcebiblemente inhumana de la muerte por fuego es la de la jaula o lecho de hierro candente, que a mediados del siglo III, y sobre todo en el IV, pasa de ser forma de tortura a modo de ejecución. Así muere el diácono Lorenzo[355]. Pedro, chambelán de Diocleciano, es también asado vivo en parrillas, y para prolongar sus padecimientos, sus miembros van siendo presentados uno a uno, poco a poco, a las llamas[356]. De este modo son también asados varios mártires de Antioquía. Timoteo es asado en Gaza "a fuego lento"[357]. El emperador Galerio, en el 309, inventa una manera más dolorosa de quemar a los cristianos, rociándoles con agua y dándoles a beberla, con lo que a veces el suplicio dura todo el día[358]. Es una época en la que la lucha contra los cristianos alcanza su mayor fuerza y crueldad: se trata de matar pronto a cuantos más se pueda, y haciéndoles sufrir todo lo posible.

En general, los cristianos rehuían el suplicio del fuego, especialmente porque entre los más sencillos y menos instruidos había cundido el temor de que la incineración fuese un

---

[350] Eusebio, *Hist. ecl.* VIII, 6, 8, 9, 11, 12, 14; *De Martyr. Palest.* 2-4, 8, 10, 12, 13.

[351] Tertuliano, *Apol.* 50.

[352] *Passio S. Philippi* 13.

[353] Eusebio, *De Martyr. Palest.* 11, 19.

[354] Lactancio, *De mort. persecut.* 15.

[355] Prudencio, *Peri Stephan.* II.

[356] Eusebio, *Hist. ecl.* VIII, 6.

[357] Eusebio, *De Martyr. Palest. 3.*

[358] Lactancio, *De mort. pers.* 21.

obstáculo para la resurrección. Por ese motivo se lee en las actas auténticas que algunos mártires destinados a ser quemados vivos, pidieron al Señor que moviese el ánimo del juez y les conmutase en otra la pena establecida. Y así sucedió que los paganos, dándose cuenta de este terror, para contrariarlos más, hacían guardia a los cuerpos insepultos teniéndolos expuestos durante muchos días para que los destrozasen los perros y los devorasen las aves de rapiña y después destruir los restos entre las llamas y arrojar las cenizas al mar o a los ríos.

6.3. Muerte de cruz

El suplicio de la cruz es el más antiguo de los inventados para dar la muerte después de largos padecimientos. Venido de Oriente fue practicado por persas y escitas, y después en Siria, Grecia, Egipto y Cartago. Los judíos no tenían este suplicio. En Roma era conocido en tiempo de la República, pero fue mucho más frecuente durante el Imperio. Los romanos lo consideraban infamante y los ciudadanos romanos estaban exentos de él. Crucificar a un ciudadano romano era una ofensa gravísima al derecho civil. Estaba reservado para los asesinos, bandoleros, ladrones, piratas, esclavos fugitivos y rebeldes. Para los cristianos fue santificado por el Señor Jesucristo. Después de la crucifixión de Cristo, la más famosa es la del apóstol Pedro. En los siglos I y II, Clemente Romano[359] y Dionisio de Alejandría[360] hablan del martirio del apóstol en Roma, pero no indican cómo murió. Tertuliano dice que Pedro "sufrió una pasión semejante a la del Salvador", pues "fue crucificado"[361]. Orígenes precisa que fue crucificado "con la cabeza hacia abajo", porque el mismo "Pedro pidió por humildad que se le pusiera así en la cruz"[362], crueldad que no era extraña en tiempos de Nerón, según escribe Séneca: "Yo veo cruces de diversos modos; a algunos se les suspende en ellas con la cabeza hacia abajo"[363].

Otro apóstol de quien se dice que fue crucificado es Andrés, el primero en seguir al Señor. Misionero en Grecia, Andrés se quedó en la ciudad de Patrás, donde curaba a la gente poniendo sus manos sobre ellos. Muchos habitantes de Patrás se hicieron cristianos, entre ellos la noble Maximilla. El procónsul de Patrás se enfureció por esto y condenó al apóstol a morir crucificado en cruz en forma de X, atado, sin clavarle clavos en sus manos y pies para prolongar su agonía. Ocurrió alrededor del año 62.

Otros muchos cristianos murieron crucificados en los jardines de Nerón, según refiere Tácito[364]. En la cruz murió Simeón, obispo de Jerusalén durante el reinado de Trajano[365]. Cien años más tarde, un pagano le dice con aire de triunfo al apologista cristiano Minucio Félix: "No es ahora tiempo de adorar la cruz, sino de padecerla"[366].

Lo ordinario era que los romanos no rematasen a los crucificados. El *crurifragium,* como el de Jesús, era completamente excepcional[367]. Muchos permanecían vivos hasta morir de

[359] Padres Apostólicos, *Clemente, 1 Corintios* 5, 6.
[360] Eusebio, *Hist. ecl.* II, 25.
[361] Tertuliano, *De praescr.* 36; *Scorpiace.* 15.
[362] Eusebio, *Hist. ecl.* III, 1.
[363] Séneca, *Consol. ad Marciam* 20.
[364] Tácito, *Anales* XV, 44.
[365] Eusebio, *Hist. ecl.* III, 32.
[366] Minucio Félix, *Octavio* 12.
[367] Jn. 19, 31-33; Cicerón, *Philipp.* XIII, 12.

hambre en sus patíbulos[368]. En un escrito se nos dice de dos esposos cristianos que permanecieron crucificados frente a frente, y que vivieron nueve días, padeciendo al mismo tiempo el tormento de una sed ardiente[369]. Este suplicio penal espantoso no fue abolido hasta que Constantino llegó a imperar.

Fueron innumerables los modos de suplicio que hubieron de sufrir los mártires cristianos, testimonio ignominioso contra la barbarie humana de todos los tiempos y por el motivo que sea, contra la crueldad que no para de inventar tormentos nuevos y desconocidos[370].

La cruz no siempre tuvo la forma con la que ha sido asociada. Al principio no era más que un palo o un puntal más o menos alto en el que se colgaba o clavaba de varias maneras al condenado. Muchas veces éste quedaba colgado al palo por medio del *patibulum,* que era un trozo de madera enfilado y fijo en los brazos detrás de las espaldas. La cruz se formó de tres maneras diversas: con dos trozos de madera cruzados en X *(crux decussata)*; o en T *(crux commissa),* en la que el madero más corto está apoyado en el puntal plantado en tierra; o bien con el brazo transversal encajado o clavado a cierta altura en el trono vertical o *crux inmmissa,* que es la forma comúnmente asociada a Cristo.

Para mayor crueldad, el suplicio de la cruz iba precedido siempre de la flagelación, que se aplicaba en el mismo lugar en que el reo era juzgado o a lo largo del camino antes de llegar al puesto de la ejecución. El infeliz tenía que cargar sobre sus espaldas abiertas por los golpes del látigo el leño infame *(infamis stipes, infelix lignum)* y llevarlo al lugar establecido. Una vez allí, era atado fuertemente al madero y clavado. Se necesitaban las cuerdas para tener bien sujeto al supliciado, especialmente cuando lo traspasaban con los clavos, pues, por la laceración de los músculos y de los nervios, le asaltaban convulsiones espasmódicas. Realizada esta crueldad, por medio de cuerdas izaban la cruz con su grave peso humano, y la afirmaban en un agujero calzándola con cuatro estacas.

Había otro modo de crucificar, también frecuente. Plantada en tierra la cruz, subían a ella al condenado con cuerdas y escaleras hasta la altura de una especie de saliente de madera o asiento; después, apoyándolo en éste y atado al tronco de manos y pies, procedían a clavarlo. Pero no siempre se atenían a estas formas comunes, porque "el suplicio de la cruz no era de una clase sola, sino variado, según el perverso talento de cada tirano, como cuando se hacía colgar a los ajusticiados con la cabeza abajo"[371]. El sufrimiento crecía de grado en grado. Lo hacía más agudo y doloroso la inmovilidad absoluta, la tensión violenta de todos los miembros en alto, la fiebre traumática, la circulación anormal de la sangre y su presión, los violentísimos males de cabeza, el hambre y la sed. Bastaba un ligerísimo movimiento o un mínimo sobresalto de convulsión para producir dolores indecibles en todo el cuerpo y especialmente en los puntos lacerados por los clavos y los azotes. Las heridas y los cardenales, expuestos al aire libre y a los rayos del sol, pasaban del color morado al negro, aumentaban la inflamación, la angustia y la asfixia se hacían intolerables. Un hombre robusto duraba ordinariamente tres días antes de expirar. Los romanos no sepultaban a los ajusticiados, sino que los dejaban

[368] Eusebio, *Hist. ecl.* VIII, 8.
[369] *Passio Timothei et Maurae.*
[370] Cf. Paul Allard, *op. cit.* lecc. 8.
[371] Séneca, *Consolación a Marcia,* 20.

que se pudriesen en la cruz o que fuesen devorados por las aves de rapiña o por las bestias carnívoras. Es comprensible que a los gentiles pareciese locura la predicación de un Dios crucificado (1 Cor. 1:23).

6.4. Muerte por fieras

Circo romano (Mérida)

El suplicio más dramático de los infligidos a los mártires cristianos fue la exposición a las fieras en la arena del circo. Este codiciado espectáculo solía reservarse, normalmente, para algún día de fiesta u otra ocasión especial. Ignacio es arrojado a las fieras el 20 de diciembre del año 107, es decir, en las *venationes* de las saturnales. En unos juegos ofrecidos por el asiarca en Esmirna, fueron expuestos a las fieras Germánico y otros diez cristianos de Filadelfia[372]. Los mártires de Lyon fueron expuestos en el anfiteatro en la gran feria del mes de agosto. Perpetua, Felicidad y sus compañeros, en las fiestas quinquenales del César Geta.

Probablemente la proximidad de alguna celebración importante induce al juez a condenar a los cristianos a las fieras. O a veces es el mismo pueblo, como ya vimos, quien lo exige. Otras veces es la notoriedad del mártir o su especial fuerza física la que motiva al juez a dictar esta sentencia para agradar al pueblo. En ocasiones, para halagar al emperador o a otros altos poderes públicos, un gobernador de provincia les envía unos condenados a las fieras[373]. Éste fue, quizá, el motivo por el que Ignacio es enviado desde Antioquía a Roma para morir bajo las fieras, pues ese año, el 107, se celebró la victoria de Trajano sobre los dacios con ciento veintitrés días de festejos, en los que fueron muertas once mil bestias feroces, que antes habían matado a muchos hombres.

La exposición a las fieras se organizaba de modo muy espectacular. Así como antes de las carreras de carros había una cabalgata en la que, con pompa circense, desfilaban ante el público aurigas y escuderos; o así como en las luchas de gladiadores desfilaban éstos primero, y los *morituri* saludaban al emperador y al pueblo; así también los condenados a las fieras eran previamente presentados al público, en medio de ultrajes y crueldades.

A veces los mártires, como en Lyon, antes de ser expuestos a las fieras, eran torturados con látigo o jaula de hierro candente. Más ordinario era que hubieran de ir en procesión miserable en torno a la arena bajo el látigo de la escuadra de los *venatores,* encargados de la lucha de la fieras. En ocasiones, para unir a la crueldad la burla pintoresca, se disfrazaba a

[372] Padres Apostólicos, *Mart. Policarpo* 2, 3, 12.

[373] Modestino, *Digesto* XLVIII, XIX, 31.

los mártires como una mascarada. Las cristianas expuestas a las fieras en el circo de Nerón fueron disfrazadas de hijas de Danaos o de la bacante Circe[374]. A Perpetua, Felicidad y sus compañeros se les quiso obligar a ponerse el traje de sacerdotisas de Ceres y sacerdotes de Saturno. Pero ellos, firmes e inconmovibles se resistieron a la mascarada. "Estamos aquí —dijeron— para conservar nuestra libertad", para entregar su cuerpo, no su honor. El tribuno permitió que entrasen con sus vestidos.

Como los condenados al fuego, los destinados a las fieras eran expuestos en un lugar elevado de la arena, como un estrado *(pulpitum)*, en el que se alzaba un poste. Por unas rampas las fieras subían a esa altura, donde el mártir estaba atado por las manos al poste, sin defensa posible. Se conservan lámparas y medallones de barro cocido representando la escena. Las bestias entonces desgarraban su víctima sobre el estrado, o la arrancaban del poste y la arrastraban. Así murieron Saturnino y Revocato, atacados primero por un leopardo y desgarrados después sobre el tablado por un oso.

Algunas veces, saciadas ya las fieras de carne humana, se mostraban remisas para atacar y habían de ser lanzadas varias sucesivamente, sin causar graves daños a sus víctimas. Esto le sucedió, por ejemplo, al mártir Saturo que, puesto en el *pulpitum* con Saturnino y Revocato, fue atacado sucesivamente por un leopardo, un oso, un jabalí, que lo arrastró, y un leopardo, que lo mató de una sola dentellada. Un joven mártir, Germánico, azuzó en Esmirna a las fieras, para que le devorasen[375]. Ignacio de Siria, camino del martirio, donde iba a ser arrojado a las fieras, escribe en una carta a los romanos: "Yo espero hallarlas bien dispuestas. Las azuzaré para que en seguida me devoren, y no hagan como con otros, a quienes tienen miedo a tocar. Y si se muestran remisas, las forzaré"[376]. Ordinariamente los mártires eran expuestos inermes en la arena y si recibían armas para defenderse no las usaban; nunca lucharon con las fieras. No se conoce ningún caso.

Cuando las fieras herían a los mártires, pero no los mataban, se les remataba. Ésa fue la suerte de Perpetua, Felicidad y Saturo. En Cesarea, Adriano, Eubulo y Agapito, después de pasar por los ataques de las fieras, fueron degollados los dos primeros, y arrojado al mar el tercero, según refiere Eusebio[377].

El mismo Eusebio, testigo presencial de hechos semejantes, reconoce que a veces las fieras, siendo irracionales, parecían respetar a los testigos de Cristo, dando así una señal del poder divino que guardaba a éstos. En el anfiteatro de Tiro, concretamente, presenció la siguiente escena:

"Yo estuve presente en este espectáculo, y sentí visible y manifiesta la asistencia del Señor Jesús, de quien los mártires daban testimonio. Animales voraces pasaban largo tiempo sin osar tocar los cuerpos de los santos, ni acercarse a ellos. Volvían, por el contrario, toda su rabia contra los paganos que se empeñaban en azuzarlos, y permanecían alejados de los atletas de Cristo, que desnudos e indefensos, los provocaban con gestos, según la orden que habían recibido. Se lanzaban a veces contra ellos, pero inmediatamente retrocedían, como

---

374 Padres Apostólicos, *Clemente, 1 Corintios* 6, 2.

375 Padres Apostólicos, *Mart. Policarpo* 3.

376 Padres Apostólicos, *Ignacio a los Romanos* 5, 2.

377 Eusebio, *De Martyr. Palest.* 11.

rechazados por una fuerza divina. Esto duró largo tiempo, bajo el asombro de los espectadores, que una, otra y otra vez veían fieras inútilmente lanzadas contra el mismo mártir. La firmeza e intrepidez de los mártires y la fuerza espiritual que irradiaban sus debilitados cuerpos causaban admiración.

"Hubierais visto allí a un joven de apenas veinte años que, libre de ataduras, con los brazos en cruz, oraba con paz inalterable, sin retroceder, sin moverse, aguardando al oso y al leopardo que, al principio, parecían respirar fiereza, pero que luego se retiraban, como si una fuerza misteriosa les desviara. Así pasó todo aquello, como lo estoy contando. Hubierais visto a otros, pues eran cinco, expuestos a un toro bravo. Había lanzado ya al aire a varios paganos, retirados exánimes; pero cuando iba a lanzarse contra los mártires, no podía dar un paso, ni siquiera excitado con un hierro candente: hería la tierra con sus pezuñas, sacudía los cuerpos, pero se apartaba de los mártires como empujado por mano divina. Y después de estas bestias, se lanzaron otras. Al fin los mártires, incólumes de unas y otras, fueron decapitados y arrojados al mar"[378].

Cuando se celebraban *venationes* o combates con la fieras, el toro solía desempeñar un papel especial. Antes de ser atacado por los bestiarios[379], para enfurecerlo, se le azuzaba contra unos maniquíes rellenos de paja y sujetos al suelo. Pero no era infrecuente que la crueldad romana sustituyera a veces estos muñecos por personas vivas. Eso sucedió en Tiro, y también en Lyon, el año 177, cuando Blandina fue atacada por un toro, que la lanzó varias veces al aire. Y la misma suerte terrible sufrieron Perpetua y Felicidad, atacadas por una vaca brava. En tales casos, para evitar que las víctimas esquivasen las embestidas feroces, se las sujetaba envolviéndolas desnudas con una red. Así se hizo con Blandina. Y así se intentó hacer con Perpetua y Felicidad. Éstas, sin embargo, por exigencia del público conmovido, fueron vestidas.

7. De los sacrificios humanos al juego circense

Nos gustaría hacer un breve *excursus* histórico, que nos ayude a entender la psicología de los espectadores de los juegos y el culto al dolor, la sangre y la muerte. De alguna manera, nos parece que la muerte pública en el circo fue substituto secularizado de las antiguas prácticas de los sacrificios humanos tributados a los dioses por los antepasados de los romanos, y comunes a la mayoría de los pueblos. Por su fama de civilizados, y contrarios al sacrificio humano, contra el que legislaron, se hace difícil creer que los romanos propiciaran algún tipo del mismo. Pero ¿qué diferencia hay entre los sacrificios humanos practicados por los fenicios o cartagineses y la muerte en el circo de enemigos vencidos, esclavos y criminales? En unos casos los sacrificios se ofrecen a la divinidad, en otros a la plebe; en unos se guarda el fervor religioso, en otros se mezcla con la emoción del espectáculo.

No es mera especulación, se trata de un hecho históricamente documentado. En su origen, como tantas costumbres humanas primitivas, los juegos romanos *(ludi)* tenían una fun-

378 Eusebio, *Hist. ecl.* VIII, 7, 4-6.

379 Los *bestiarii* eran los condenados a entablar combates con las bestias; en cambio, los *venatores* se dedicaban a ello por oficio, preparándose en escuelas especiales, como los gladiadores.

ción ritual o sagrada en el marco de las fiestas religiosas o funerales de personajes aristocráticos. Con ellos se honraban a los dioses y a los difuntos ilustres. Las primeras menciones a los juegos en Roma datan de principios del siglo VI a.C., organizados por el rey de origen etrusco Tarquinio el Soberbio.

El combate entre gladiadores *(munera)* se pierde en la noche de los tiempos, pero parece derivar de la costumbre itálica de sacrificar a los prisioneros en honor de los caídos por la patria y de los dioses que habían otorgado la victoria. Mediante el sacrificio en lucha de los vencidos se conjuraba las furias de ultratumba que debían acoger a los fallecidos. El primer combate de gladiadores documentado en Roma tuvo lugar en el año 264 a.C., cuando los hijos de Junio Bruto honraron la memoria de su padre haciendo luchar tres parejas de esclavos.

Un mismo término, *munera,* designaba el combate entre gladiadores y los sacrificios humanos. Indirectamente, quizá, los gladiadores sustituyeron a los sacrificios humanos en el marco del juego *(ludi).* Las víctimas, esclavos o presos de guerra, eran obligadas a matarse las unas a las otras en honor y diversión de los presentes. El juego y el rito, el sacrificio y el combate a muerte se secularizaron con el paso del tiempo, convirtiendo los ritos gladiatorios en espectáculos públicos monopolizados por los gobernantes, pues la financiación de los juegos era usada por algunos políticos para ganarse el aprecio y el favor de la población con menos recursos. A pesar de su secularización nunca perdieron del todo su carácter sagrado, puesto que los juegos estaban precedidos de un desfile y procesión inicial *(pompa)* de significación religiosa.

La muerte en la arena estaba planificada rigurosamente y servía a los fines ideológicos del Estado y a la cohesión cívico-religiosa, con un calendario fijo de fiestas de carácter sagrado. La exposición en el circo señala a la víctima como indeseable que, derrotada, era sacrificada en honor de los dioses protectores que hacían grande la ciudad. Morir devorada por las fieras conllevaba, además de su aspecto cruel y espantoso, la degradación social, cívica y religiosa de la víctima. Marco Aurelio y el Senado dispusieron que los notables encargados de las luchas gladiatorias y sus gastos pudieran comprar cuando quisieran a criminales condenados, para su empleo en sacrificios rituales durante los juegos. El precio de los condenados era bastante inferior al coste de los salarios de un gladiador. Los cristianos fueron las víctimas más frecuentes de esta política. De modo que temprano en la historia surge la asociación de los cristianos y el circo, con el clamor popular de "los cristianos a los leones". Los mártires de Lyon fueron los primeros en probar la eficacia de estas nuevas medidas, proporcionando al Estado sacrificios rituales a bajo costo. La misma manera de llevar a cabo la eliminación de este cuerpo extraño en la sociedad, con el estigma de la deshonra y el crimen, cortaba de raíz cualquier sentimiento de indignación y protesta a favor de las víctimas.

Si para los mártires y la posterior literatura cristiana la muerte en el circo, despedazado por las fieras, era motivo de gloria, para la sociedad que la contemplaba era el mayor timbre de ignominia e infamia. La gran descalificación. En estas circunstancias sorprende el arraigo popular de una fe siempre expuesta a acabar como alimento de las bestias, ante la indiferencia y menosprecio de los espectadores.

BIBLIOGRAFÍA

César Gallina, *Los mártires de los primeros siglos.* Ed. Lumen, Barcelona 1944.
J. Carcopino, *La vida cotidiana en Roma en el apogeo del Imperio.* Temas de Hoy, Madrid 1993.
J. Guillén, *Urbs Roma. Vida y costumbres de los romanos.* Sígueme, Salamanca 1980.
Paul Allard, *El martirio.* Madrid, 1943.
Pierre Grimal, *El Imperio romano.* Crítica, Barcelona 2001.
R. Auguet, *Los juegos romanos. Crueldad y civilización.* Aymá, Barcelona 1972.

10. Las mujeres ante el martirio

"¡Oh dioses, qué mujeres hay entre los cristianos!", exclamó el retórico pagano Libanio lleno de admiración por Antusa, madre de su pupilo Juan Crisóstomo. Y lo que en esa ocasión se dijo de Antusa, se puede hacer extensivo a todas las mujeres cristianas que hubieron de sufrir el martirio de la manera más cruel, con todas las humillaciones propias de su sexo. "Las mujeres", escribe Eusebio de Cesarea, "inspiradas por la Palabra de Dios, se mostraron tan valerosas como los hombres y algunas fueron sometidas a las mismas pruebas que los hombres y consiguieron los mismos premios al valor"[380].

El cristianismo ofrecía sólidas ventajas a las mujeres. Las trataba como iguales ante los ojos de Dios y encontraban menos obstáculos en el camino de su conversión al cristianismo que los hombres. Por eso, en los primeros siglos las mujeres fueron en la Iglesia bastante más numerosas que los varones. No les era difícil conciliar su condición de cristianas y su posición social. La vida exterior de una dama cristiana noble no debía diferir necesariamente en mucho de una pagana honesta de su misma condición. Tampoco era para ellas tan difícil abstenerse de cultos idolátricos y de espectáculos indecentes.

Fue relativamente frecuente que en un matrimonio la esposa fuera cristiana y el marido no. Lo que daba lugar en ocasiones a situaciones sumamente difíciles, pues en el Imperio romano, aunque las mujeres adquirieron mayor importancia que en los siglos del helenismo, tenían escasa protección jurídica ante los jueces, cualquiera que fuese su condición social. Consideradas "pequeñas criaturas" gozaban de relativa libertad siempre y cuando no entorpecieran los intereses políticos de los hombres. El temor de las mujeres cristianas a ser denunciadas por sus propios maridos fue siempre una posibilidad llevada a cabo en muchas ocasiones, cuando convenía a los intereses de éstos. Justino nos proporciona una prueba de lo que decimos cuando en su *Segunda Apología* se refiere al caso de una mujer cristiana denunciada por su marido insatisfecho que, de paso, denunció a los catequistas que la habían instruido en la fe[381].

En Antioquía el marido pagano de la rica y noble Damnina condujo a los soldados que la perseguían en su fuga[382]. De hecho, entre la nobleza, fueron más las mujeres mártires que los hombres. Por el contrario, si consideramos el número global de todos los mártires cristianos

[380] Eusebio, *Hist. ecl.* VIII, 14.
[381] Justino, *II Apología*, 2.
[382] Eusebio, *De mart. Palest.* VIII, 12; Juan Crisóstomo, *Hom.* 51.

de aquellos siglos, hubo más mártires varones que hembras. Y se comprende, al vivir éstas más ocultas a la sombra del hogar doméstico. Por otra parte, las mujeres iniciaron la penetración en las clases altas y criaron como cristianos a sus hijos. A veces, también los maridos acababan por convertirse.

El derecho romano consideraba que las niñas a los doce años alcanzaban ya la edad núbil, y los jueces y verdugos se creían en el deber de tratar a estas niñas o adolescentes como si fueran adultas. Doce años tenía Inés, la célebre mártir de Roma, cuando huyendo la vigilancia de sus padres, corrió a profesar ante los jueces su fe cristiana. Doce años tiene la española Eulalia, cuando hizo lo mismo en Mérida[383]. Otra niña de doce años, Segunda, en Tuburbo, murió por querer unirse a dos campesinas de catorce años, Máxima y Donatila, que habían sido detenidas.

A Eulalia se la torturó con una antorcha encendida aplicada a su pecho, costados, rostro y cabellos[384], ignorando un rescripto de Antonino Pío que prohibía torturar a las jovencitas de menos de catorce años[385].

Martirio de Santa Eulalia, por Roberto Michel (s. XVIII).

Por eso la aplicación inmediata de la pena de muerte en estas niñas ha de ser considerada como un gesto de piedad, pensando en el horror a que podían ser sometidas. Las pasiones martiriales que nos narran el martirio de las niñas o jóvenes mártires refieren cómo eran obligadas con frecuencia a elegir entre abjurar la fe o ser enviadas a prostíbulos. Esta tortura moral indecible se convertía en un medio procesal que, para vergüenza de la civilización pagana, reemplazaba a las bestias o a la hoguera.

Tertuliano refiere el caso de una cristiana que en lugar de ser expuesta a los leones, fue llevada al prostíbulo o lenocinio: "Ánimo, buenos presidentes, que os hacéis mejores ante el pueblo si le inmoláis cristianos. Atormentad, torturad, condenad, triturad, ¡vuestra injusticia es prueba de nuestra inocencia! [...] Porque aun no hace mucho, al condenar a cierta cristiana al lenocinio *(lenonem)* más bien que al león *(leonem),* habéis reconocido que una ofensa en la pureza se considera entre nosotros más atroz pena que todas las penas y que todas las muertes"[386].

Eusebio afirma que en el Oriente de su tiempo (siglo IV) la virtud de las cristianas se había convertido en juguete de sus perseguidores; que varias habían sido condenadas a la prostitución, y que algunas se libraron de ella por el suicidio[387]. Cuenta el caso de una madre

---

383 Prudencio, *Peristephanon,* III, 36-65.

384 Prudencio, *Peristephanon,* III, 145-160.

385 *Digesto* XLVIII, XVIII, 10.

386 Tertuliano, *Apol.* 50,12. Y dice también: "El mismo siglo rinde testimonio a esa virtud [de la castidad], que tanto estimamos nosotros, cuando trata de castigar a nuestras mujeres manchándolas, más bien que atormentándolas, para arrancarles aquello que prefieren a la misma vida" (*De pudicitia,* I, 2).

387 Eusebio, *Hist. ecl.* VIII, 12, 14.

que conociendo el peligro que se avecinaba, expuso los horrores de la violación y exhortó a sus dos hijas a no tolerarla. "Entonces, puestas de acuerdo las tres, arreglaron decentemente sus vestidos en torno a sus cuerpos, y, llegados a la mitad del camino, pidieron a los guardias permiso para apartarse un momento y se arrojaron al río que corría por allí al lado"[388]. Hechos semejantes vienen atestiguados por Juan Crisóstomo[389], Ambrosio[390] y Agustín[391]. Lo veremos en el apartado final de este capítulo.

A veces las mártires, para escapar al ultraje de su pudor, provocan furiosamente al juez para conseguir la pena de muerte. Así lo hace, a principios del siglo III, la esclava Potamiana, cuya historia refiere Eusebio. El prefecto de Egipto, después de haberla hecho torturar salvajemente, la amenazó con entregarla a los violadores para que fuera violada. "Cuando le preguntaron cuál iba a ser su decisión, ella lo pensó un momento y dio una respuesta que ofendía a la religión de ellos". Fue sentenciada en el acto a morir por un baño de pez hirviente[392].

En Gaza, cien años después, una cristiana fue condenada a suerte infame por el prefecto Firmiliano, uno de los agentes más odiosos de Maximino Daya. Pero mientras estaba leyendo la sentencia, la mártir le interrumpió gritando que era un crimen que un tirano diera poder de juzgar a un magistrado tan indigno. El juez, ciego de ira, la hizo azotar y desgarrar con garfios de hierro, y finalmente mandó que fuera quemada viva, acompañada de otra cristiana que había protestado con vehemencia[393].

1. Perpetua de Cartago

Es difícil imaginarse el sufrimiento de una joven a punto de ser madre, o con un bebé de pocos meses, arrojada a una inmunda prisión, sometida a todo tipo de malos tratos, teniendo que soportar además, los lastimeros ruegos de sus familiares que con angustia le piden que recapacite y que por su propio bien y por el de su hijo, reniegue de la fe y sacrifique a los dioses.

Célebre es el caso de la noble Vibia Perpetua, mártir de Cartago (año 203), que dejó escrito con su propia mano la primera parte de su pasión, relatando las pruebas emocionales que por parte de su padre hubo de pasar antes de morir. Es la narración más interesante y preciosa de los mártires, llamada "la perla" de todas las pasiones. Es la única que fue escrita de propia mano por la protagonista desde el día del arresto hasta las vísperas de su martirio.

Joven matrona de veintidós años, de buena familia, bien instruida, llena de ingenio y buen humor, y madre de un niño de pocos meses, el testimonio conmovedor de lo que podemos llamar su diario íntimo todavía hoy remueve nuestras entrañas. Apenas detenida, fue visitada por su padre, pagano de religión, que por el amor que le profesaba se esforzaba por apartarla de su empecinamiento cristiano:

---

388 *Ibíd.,* II, 8, 3-4.

389 Juan Crisóstomo, *Hom.* 40, 51.

390 Ambrosio, *De virginitate* IV, 7; *Epist.* 37. Refiere que santa Pelagia se arrojó de una ventana de su casa para escaparse de los soldados que la querían apresar para llevarla al lugar de su ultraje (*De virg.* III, 7, 33).

391 Agustín, *De civitate Dei* I, 26.

392 Eusebio, *Hist. ecl.* VI, 5.

393 Véase Eusebio, *De martyr. Palest.* 8, en esta misma obra.

"—Padre —le dije—, ¿ves este vaso que hay en el suelo?

—Sí, lo veo.

—¿Podrías tú darle otro nombre que el de vaso?

—No, no podría.

—Pues de igual modo yo tampoco puedo llamarme otra cosa que cristiana.

Mi padre, irritado por mis palabras, se arrojó sobre mí para arrancarme los ojos; pero sólo me hizo algún daño y se fue".

Ella y sus compañeras fueron encerradas en la prisión de Cartago. "Mi espanto fue grande al verme en tales tinieblas. Hacinamiento de presos, el calor era insoportable, los golpes de los soldados y en mí a todo se añadía la preocupación por mi hijo". El cual permanecía en su casa bajo el cuidado de sus padres.

Los diáconos Tercio y Pomponio la visitaban, junto al resto de los presos cristianos; mediante dinero lograron que los carceleros trataran con alguna consideración al pequeño grupo de cristianos, y hasta les dejaron pasar algún rato en una sala aparte, separados de los presos comunes. Perpetua consiguió que su hijo viviera con ella en la prisión y así poder amamantarle.

"Yo" —sigue escribiendo Perpetua—, "daba entonces el pecho a mi niño, medio muerto de hambre, e inquieta hablaba de él a mi madre, consolaba a mi hermano y a todos recomendaba a mi hijo. Estas preocupaciones me duraron algunos días, y al fin conseguí que se me dejase tener conmigo a mi hijo en la cárcel. Al punto recobré fuerzas, cesó la inquietud que él me ocasionaba, y la prisión se me convirtió en lugar de delicias, que yo prefería a cualquier otro".

Pasaron así algunos días, y "se divulgó el rumor de que íbamos a ser interrogados. Mi padre llegó de la ciudad, abrumado de dolor, y subió a donde yo estaba, esperando persuadirme: 'Hija mía, ten compasión de mis cabellos blancos, ten compasión de tu padre, si es que aún soy digno de este nombre. Acuérdate de que mis manos te alimentaron, de que gracias a mis cuidados has llegado a la flor de la juventud, de que te he preferido a todos tus hermanos, y no me hagas blanco de las burlas de los hombres. Piensa en tus hermanos, en tu madre, en tu tía; piensa en tu hijo, que sin ti no podrá vivir. Desiste de tu determinación, que nos perdería a todos. Ninguno de nosotros se atreverá a levantar la voz si tú eres condenada al suplicio'.

"Así hablaba mi padre, llevado de su afecto hacia mí. Se arrojaba a mis pies, derramaba lágrimas y me llamaba no ya 'hija mía', sino 'señora mía'. Y yo me compadecía de los cabellos blancos de mi padre, el único de mi familia que no había de alegrarse de mis dolores. Yo le tranquilicé diciéndole: 'En el camino del tribunal pasará lo que Dios quiera, porque no nos pertenecemos a nosotros mismos, sino a Dios'. Él se alejó de mí tristísimo.

"Cuando me llegó el turno de ser interrogada, apareció de pronto mi padre con mi hijo en los brazos. Me llamó aparte y me dijo con voz suplicante: 'Ten compasión de tu hijo'. Y el procurador Hilariano, que había recibido el derecho de espada en lugar del difunto procónsul Minucio Timiniano, me dijo: 'Compadécete de los cabellos blancos de tu padre y de la infancia de tu hijo. Sacrifica por la salud de los emperadores'.

Yo le respondí: 'No sacrifico'.

Hilariano preguntó: '¿Eres cristiana?'.
Respondí: 'Sí, soy cristiana'.
"Y como mi padre siguiera allí para hacerme caer, Hilariano mandó que lo echasen, y le golpearon con una vara. Sentí el golpe como si yo misma lo hubiera recibido: ¡tanta pena me daba la infeliz ancianidad de mi padre! Entonces el juez pronunció la sentencia que nos condenaba a todos a las fieras, y volvimos muy contentos a la cárcel. Como mi hijo estaba acostumbrado a que yo le diese el pecho y a estar conmigo en la cárcel, inmediatamente envié al diácono Pomponio a pedírselo a mi padre. Pero mi padre no quiso dárselo. Tuvo Dios a bien que el niño no volviese a pedir el pecho y que yo no fuera molestada por mi leche, de suerte que me quedé sin inquietud y sin dolor".

El pobre y angustiado padre de Perpetua, en una prueba más de amor, intenta librarla de su terrible destino. "Como se acercaba el día del espectáculo, vino a verme mi padre, consumido de angustia. Se mesaba la barba, se arrojó al suelo y hundía la frente en el polvo, maldiciendo la edad a que había llegado y diciendo palabras capaces de conmover a cualquier persona. Yo estaba tristísima, pensando en tan desventurada ancianidad"[394].

La sentencia tardó algunos días en cumplirse, pues el martirio debía servir de expansión a las tropas y al populacho. "Debíamos combatir en los juegos que se daban para solemnizar el natalicio de César Geta". Las vísperas de su martirio Perpetua tuvo un sueño maravilloso, objeto de estudio por parte de los especialistas[395]. En él se vio introducida por el diácono Pomponio en el centro de la arena; la joven, que esperaba que la libraran a las fieras, se vio repentinamente enfrentada a un egipcio. Despojada de sus vestidos por sus seguidores, Perpetua se vio convertida sorprendentemente en hombre, tras lo cual, al igual que un atleta cualquiera, fue ungida con aceite, mientras que su oponente se cubría de polvo. A continuación salió el árbitro de los juegos a la arena y, después de exponer las condiciones de la lucha y de retirarse, comenzó el combate. La joven venció a su contrario y recibió la palma de manos del árbitro. En eso despertó segura de su victoria. "Tales son mis sucesos hasta el día antes del combate. Lo que en el mismo combate suceda, si alguno quiere, que lo escriba". Así termina este precioso diario, verdadera joya de la literatura cristiana de los primeros siglos.

Un testigo presencial, unos dicen que Tertuliano, otros que Sáturo, cuidó de terminar el diario con el relato del martirio. Por él sabemos que una de las últimas palabras de Perpetua fue para su familia. Estando ya en pie, en el anfiteatro, esperando la muerte, llamó a su hermano, y cuando éste llegó acompañado de otro joven catecúmeno, les dijo: "Permaneced firmes en la fe, amaos los unos a los otros, y no os escandalicéis de mis padecimientos".

---

[394] Con razón dice Agustín: "Cuántos fieles, a la hora de confesar a Cristo, flaquearon por causa de los abrazos de sus parientes" (*Sermo* 284).

[395] Cf. L. Robert, "Une vision de Perpétue martyre d´ Carthage en 203" (CRAI, abril, 1982, n. 176); J. Aronen, "Pythia Carthaginis o immagini cristiane nella visione di Perpetua?", (en *L'Africa romana,* Sassari, 1989, pp. 643-648); F. Scorza, "Sogni e visioni nella letteratura martirologica africana posteriore al III secolo", (*Augustinianum* 29, 1989, pp. 201-202); M. Testard, "La Passion des saintes Perpétue et Félicité. Témoignages sur le monde antique et le christianisme" (BAGB 1, 1991); P. C. Miller, *Dreams in Late Antiquity. Studies in the Imagination of a Culture* (Princeton 1994); J. B. Perkins, "The Passion of Perpetua: a Narrative of Empowerment" (*Latomus* 53, 1994, pp. 843-844); Felicidad Oberholzer, "Interpreting the Dreams of Perpetua: Psychology in the Service of Theology", en *Theology and the Sciences,* Vol. 46. ed. Michael Horace Barnes, 293-312 (Orbis, Nueva York 2000); Cecil M. Robeck, *Prophecy in Carthage: Perpetua, Tertullian, and Cyprian* (Pilgrim Press, Cleveland 1992).

Perpetua y otra joven, Felicidad, fueron colgadas primero en redes para ser embestidas por una vaca bravísima, comprada expresamente contra la costumbre, imitando aun en el animal el sexo de ellas. La vaca embistió, Felicidad quedó extremadamente magullada, a Perpetua sólo se le rasgó la túnica que le habían puesto. Aguardó otro ataque mientras tenía a Felicidad a su lado; el toro rehusó avanzar más. Al sacar la vaca de la arena, la muchedumbre, que celebró la violencia y matanza, pidió que fueran matadas. Dos aprendices de gladiadores se enviaron para la tarea. El inexperto rematador de Perpetua era joven y bastante nervioso pues la hirió varias veces entre la vértebras, hasta que ella misma dirigió con sus manos la espada a su garganta[396].

Esta última circunstancia tiene su explicación histórica. Los que se dedicaban a gladiadores hacían sus prácticas o aprendizaje en el *spoliarium,* para acostumbrarse a las matanzas, y allí, a los bestiarios que no habían sido rematados por las fieras, y a los gladiadores que aún no estaban del todo muertos, los degollaban, ejercitándose así antes de presentarse en combate público. Uno de estos novatos aprendices de gladiador fue el que le tocó a Perpetua.

2. Felicidad y Leonilla

El martirio podía afectar a toda una familia, como ocurrió a Felicidad y sus siete hijos, a Leonilla y sus nietos y a siete hermanas de Tesalónica, tres de las cuales, Ágape, Irene y Quione, murieron a manos del verdugo; sobre ellas circularon numerosas actas románticas.

Felicidad era una noble viuda romana de los días del emperador Antonino Pío (138-161). Fue ésta una época de gran tranquilidad para los cristianos, pero, al parecer, un exceso de celo del prefecto Publio en la defensa de la religión del Estado, de la que el emperador era fervoroso observante, le llevó a detener a Felicidad y a sus hijos, todos ellos fervorosos discípulos de Cristo, por hacer pública ostentación de su fe, con lo que eran muchos los romanos que se sentían atraídos por la nueva religión y se convertían. El prefecto ofreció un gran sacrificio de desagravio a los dioses, en el que Felicidad y sus hijos tenían que participar ante todo el pueblo, para enmendar el mal ejemplo que estaban dando. Como se negasen, se les aplicaron crueles suplicios, con la esperanza de doblegar así su voluntad. El prefecto trató de convencer a Felicidad, primero con promesas, como era habitual, y luego con amenazas, pero, según se cuenta, ella le contestó que estaba perdiendo el tiempo, pues "viva, te venceré; y si me matas, en mi propia muerte te venceré todavía mejor". El prefecto entonces trató de convencer a los hijos de Felicidad, pero ella les exhortó a que permanecieran firmes y ni uno sólo de ellos vaciló ante las promesas y las amenazas del juez, que los condenó a todos por obstinación. Felicidad tuvo que soportar el sufrimiento de ver morir a sus hijos, aunque con la esperanza de encontrarse con ellos en el cielo, hasta que le tocó su turno cuatro meses después sufriendo la gloriosa muerte del martirio mediante decapitación.

En la Galia encontramos a Leonilla, quien bautizada en edad avanzada convirtió en cristianos a sus nietos Spevcippo, Eucippo y Melevcippo, todos galos de nacimiento. En su celo por convertir y eliminar el paganismo de su ciudad destruyeron los ídolos y empezaron a reprochar a la gente del pueblo su idolatría. Apresados fueron torturados y martirizados en

[396] *Passio Perpetuae et Felicitatis.*

tiempos del emperador Marco Aurelio (años 161-180). Spevcippo, Eucippo y Melevcippo fueron quemados vivos después de haber sido sometidos a la tortura del "estiramiento" de los árboles. Después del martirio de sus nietos Leonilla fue decapitada. Poco tiempo después fueron martirizados otros cristianos, entre ellos Neón, Turvón e Iovilla.

3. Ágape, Irene y Quione

En Tesalónica de Macedonia (Grecia) vivían siete hermanas, tres de las cuales se alzaron con la palma del martirio: Ágape, Irene y Quione, cuyas *actas* se aceptan unánimemente[397]. En griego los nombres significan "amor", "paz" y "pureza", respectivamente. El número siete ha llevado a sospechar si se trataba de hermanas de sangre o de religión, quizá un grupo de vírgenes consagradas. El siete es un número perfecto que cuenta con otros ejemplos célebres de martirio.

Sus padres eran paganos, pero ellas poseían varios volúmenes de la Sagrada Escritura. Al publicarse un decreto de Diocleciano que condenaba a la pena de muerte a quienes poseyesen o guardasen una parte cualquiera de la Sagrada Escritura, las hermanas los escondieron y huyeron a los montes. Un año después, en marzo del 304, fueron detenidas por negarse a comer carne ofrecida a los dioses. Dulcitio presidió el tribunal, sentado en su trono de gobernador. Su secretario, Artemiso, leyó la hoja de acusaciones, redactada por el procurador, que provoca la reacción natural de Dulcitio: "¿Estáis locas? ¿Cómo se os ha metido en la cabeza desobedecer al mandato del emperador?"[398]. Las jóvenes protestan lo razonable de su actitud, e Irene confiesa con rotundidad: "No es locura, sino piedad".

En esta primera vista del proceso, el juez Dulcitio condena al fuego a Ágape y Quione. Eutiquia ha de esperar por hallarse encinta. La ley romana prohibía ejecutar a las mujeres embarazadas[399]. Las otras cuatro, Agatona, Irene, Casia y Felipa, son perdonadas de momento a causa de su juventud. A partir de aquí se nos escapan los detalles, en la segunda parte de estas actas Irene comparece sola para un segundo interrogatorio ante el juez. Sólo ella aparece como responsable de la tenencia de las Sagradas Escrituras, descubiertas en su casa. Como Irene se niega a sacrificar a los dioses, se le intimida conduciéndola a un lupanar o burdel de la ciudad, donde permanece desnuda[400]. Además se le raciona el alimento. Más tarde, el magistrado la vuelve a llamar, a ver si con esta medida desiste de su propósito "irracional" y deja de ser cristiana. Por último, Irene es condenada a morir quemada, como Ágape y Quione. En otras obras se dice que murió al atravesarle la garganta una flecha.

4. Justa y Rufina

De la *Hispalis* romana, la actual Sevilla (España), y concretamente la *Colonia Traiana* (Triana), nos llegan noticias de las hermanas Justa y Rufina en Sevilla. No son muchos los datos

397 H. Musurillo, *The Acts of the Christian Martyrs*. Oxford, 1972.

398 *Act. Agapes* III, 2.7; VI, 2.3.

399 *Digesto* I, 5, 18. Cf. *Martirio de Perpetua y Felicidad* XV.

400 Pese a que el lugar es frecuentado por todo tipo de personas, a Irene no le sucede nada. Nadie osa molestarla, ni siquiera de palabra. Es el Espíritu Santo, según el redactor, quien la preserva y guarda pura para Dios (*Act. Agapes* V, 4).

fiables, históricamente hablando. Los hagiógrafos discuten y ponen en duda la vida de estas dos santas. El *Martyrologium Hieronymianum* sólo menciona a Justa, pero en otros martirologios históricos aparecen las dos, de acuerdo con las actas legendarias de los mártires. Autores de solvencia sostienen que no hay duda sobre la existencia de ambas.

Su historia parece corresponder a un período posterior, cuando el pueblo cristiano, reconocida su religión como lícita y parte del Estado imperial, arremete enfervorizado contra los cultos paganos, profanando sus templos y destruyendo sus imágenes. Huérfanas a temprana edad, montaron un negocio de alfarería en la Puerta de Triana. Piadosas, generosas y caritativas con los pobres son la imagen idílica de la nueva mujer cristiana. También son valientes, atrevidas en la confesión de su fe. Siempre que tienen ocasión, aprovechan para anunciar el Evangelio y enseñar las verdades de la fe a sus vecinos paganos. En la ciudad se veneraba a la diosa Salambona, versión hispana de la Venus romana. Contaba con un bosque y templos dedicados a su culto. Cada primero de junio la imagen de la diosa se sacaba en procesión por toda la ciudad. Era llevada sobre unas andas a hombros y la acompañaba numerosa multitud de gente que iba gritando tras la imagen con grandes lamentos fingidos. Varias jóvenes iban delante de la procesión pidiendo limosna para el culto por las casas de los vecinos. Al llegar a la casa-alfarería de Justa y Rufina y al pedirles limosna, ellas, con gran entereza y valentía, respondieron que solamente adoraban al verdadero Dios creador del mundo y de todas las cosas, y que no contribuirían al culto de una ridícula imagen de barro.

Corrieron las jóvenes paganas hacia los que llevaban la imagen, diciendo que allí había unas cristianas blasfemando y ridiculizando a su diosa, diciendo que era de barro y que no era una diosa verdadera. La muchedumbre irrumpió en la alfarería destrozando todo lo que pillaban de paso. Entonces, una de las hermanas cogió algo pesado y lo arrojó contra la imagen de Salambona, que quedó destrozada en mil pedazos: "Mirad como vuestro ídolo no está hecho de mejor barro que nuestros botijos", dijo. A rastras, entre insultos y empellones fueron conducidas hasta el Pretorio para ser juzgadas por Diogeniano, gobernador de la Bética. Éste les preguntó: "¿Cómo os atrevéis a hacer eso contra la deidad de Salambona?". Ellas respondieron: "Eso que vos llamáis la diosa Salambona, no era más que un despreciable cacharro de barro cocido; nosotras adoramos al único Dios verdadero que está en los cielos, y a su Hijo Jesucristo que se hizo hombre y murió por nosotros para salvarnos de nuestros pecados...". Diogeniano, extremadamente enojado, accediendo a los deseos de la muchedumbre, mandó las llevasen a la cárcel y que allá, en los oscuros calabozos, las castigasen por el ultraje hecho a Salambona.

Para doblegar su voluntad fueron sometidas a terribles tormentos. Primeramente las llevaron al potro, donde con indecible dolor les descoyuntaron los huesos. Luego, desnudas, con uñas de hierro les desgarraron todo el cuerpo surcando sus carnes. Teniendo todo el cuerpo hecho una llaga las abandonaron en los calabozos para someterlas mediante el hambre y la sed. Como esto no surtió efecto, el gobernador hizo que le siguieran a pie descalzas por las asperezas de Sierra Morena en una expedición que realizó a caballo, pero nada. Volvieron a meterlas en la cárcel hasta que murieran. Justa, de hecho, expiró en el calabozo; el prefecto creyó que, estando sola, Rufina sería más fácil de doblegar. Todo fue inútil; se negó a ofrecer sacrificios a los dioses, el gobernador dio entonces la orden de que le aplastaran la cabeza de un mazazo. Las fuentes mozárabes enriquecen el relato con un episodio legendario. Dicen que fue conducida al anfiteatro para ser devorada por un león. Pero el fiero león, ante la presencia de su víctima cambió toda su fiereza en mansedumbre, como si fuera un cordero, y se puso a lamer los pies de la santa como si fuera un perrito. La opinión del público en las gradas se dividió. Para unos era una cuestión de brujería, para otros, la prueba de la verdad del Dios de los cristianos. Por último, el verdugo le cortó la cabeza. Corría el año 287. El obispo de Sevilla, Sabino I, recogió los restos de Rufina y los reunió con los de su hermana, rescatados en secreto, dándoles sepultura común en un cementerio que aún hoy se llama Prado de Santa Justa.

5. Violación y suicidio

A su condición de practicantes de una religión ilícita, las mujeres cristianas tuvieron que soportar los abusos asociados a su condición de mujer. Como la ley no permitía dar muerte a una virgen, ésta era violada previamente por el verdugo. Otras, como ya dijimos, eran conducidas a lupanares para ser vilmente deshonradas, "mujeres de purísima castidad y vírgenes consagradas a Dios"[401], aunque se solía respetar la condición social. Pero en la gran y última persecución decretada por Diocleciano y llevada a cabo en todos los rincones del Imperio se llegó a tal punto de desprecio de los derechos civiles y a tal abuso de los súbditos del Imperio, que la mujeres podían ser violadas impunemente. Toda vez que la deshonra era considerada más temible que la muerte[402], un buen número de mujeres prefirió quitarse la vida a ser ultrajadas. Eusebio lo relata con objetividad, sin entrar en valoraciones morales sobre el acto, lo cual hará después Agustín[403] reflexionando sobre el tema del suicidio en general, provocado por las incursiones de algunos pueblos bárbaros por las regiones de Ponto y Bitinia, y las consiguientes violaciones de mujeres[404].

Según Eusebio, muchas mujeres cristianas rehusaron siquiera oír las amenazas de fornicación de parte de los gobernadores provinciales, por lo cual sufrieron toda clase de tortura, el potro y el suplicio de la muerte. Mientras que éstas fueron admirables, "la más admirable de todas", según el mismo autor, fue una dama romana noble y casta, a quien Majencio quería convertir en presa. Cuando esta mujer se enteró de que los agentes del tirano estaban en su casa y que su marido, aunque prefecto romano, por temor les había dado permiso para que se la llevasen, pidió que la excusaran un momento, como para adornarse. Luego, sola en su habitación, se atravesó con una espada y murió rápidamente. "Dejó su cadáver a los agentes, pero por acciones más elocuentes que cualquier palabra anunció a todos que la única posesión invencible e indestructible es la virtud cristiana"[405].

Domnina era una dama célebre en Antioquía por su riqueza, linaje y discreción, que vivió los días de la gran persecución de Diocleciano. "Su cuerpo de mujer contenía un

[401] Eusebio, *Mártires de Palestina* V, 2-3.

[402] La castidad resultaba ser un elemento fundamental para toda mujer de la Antigüedad, idea compartida, y profundizada, por los cristianos.

[403] Agustín, *Civ. Dei,* I, 17-28.

[404] Problema angustioso que volvió a reaparecer dramáticamente en nuestros días durante la guerra de los Balcanes.

[405] Eusebio, *Hist. ecl.* VIII, 14.

alma admirable", dice Eusebio. Había criado a dos hijas doncellas, que estaban en la flor de su belleza juvenil y en los principios de la piedad. Esto suscitó contra ellas un gran deseo de encontrar su escondite. Cuando se supo que vivían en un país extranjero, fueron astutamente llamadas a Antioquía, donde quedaron a merced de los soldados. Cuando la mujer vio que ella y sus hijas estaban en gran peligro, las alertó de las cosas terribles que les esperaban, incluyendo la más terrible: la amenaza de la violación. Con todo el dolor de madre y angustia de mujer persuadió a las muchachas y a sí misma, a hacer oídos sordos a la menor mención de tal cosa, y dijo que ceder sus almas a la demoníaca esclavitud era peor que cualquier forma de muerte. La única manera de escapar de todo aquello era huir al Señor. Puestas de acuerdo, se arreglaron sus ropas, y cuando llegaron a la mitad del viaje pidieron con modestia a los guardias que las excusaran un momento. Entonces se arrojaron al río que corría junto al lugar[406].

¿Cómo solucionaron los moralistas cristianos este complejo problema entre el deber de castidad y el deber de no atentar contra la propia vida, y los casos de cristianas alabadas precisamente por haberse dado muerte antes que sufrir el ultraje de sus cuerpos, atentando contra uno de los términos de la ética cristiana? Agustín, el más capaz y más dialéctico de los pensadores antiguos, observa esta lucha y perplejidad, buscando una solución acorde con la tradición eclesiástica y la doctrina cristiana sobre el suicidio. Su respuesta es todo un ejemplo de equilibrio y sano ejercicio común. Dice así:

"Algunas santas mujeres, nos dicen, durante las persecuciones se arrojaron a un río de corriente mortal para no caer en manos de los violadores de su castidad, muriendo de ese modo, y su martirio se celebra con la más solemne veneración en la Iglesia católica. Sobre este hecho no me atrevo a emitir un juicio precipitado. Ignoro si la autoridad divina, por medio de algunos testimonios dignos de fe, ha persuadido a la Iglesia a honrar de tal modo su memoria. Y puede ser que así haya sucedido. ¿Y qué sabemos si tomaron esta decisión no por error humano, sino por mandato divino, siendo, por tanto, no ya unas alucinadas, sino unas obedientes? De Sansón no nos es lícito pensar de otro modo. Cuando Dios manda y declara sin rodeos que es Él quien manda, ¿alguien llamará delito a esta obediencia? ¿Quién acusará esta piadosa disponibilidad? Sin embargo, no pensemos que obra rectamente quien resolviera sacrificar a su hijo porque Abraham hizo lo mismo con el suyo y es digno de elogio por ello. También el soldado que, obediente a su autoridad legítima, mata a un hombre, por ninguna ley estatal se le llama reo de homicidio. Es más, se le culpa de desertor y rebelde a la autoridad en caso de negarse a ello. Asimismo, si lo hiciera él por su propia cuenta y riesgo, incurriría en delito de sangre. Reo de castigo se hace tanto por matar sin una orden como por no matar después de ella. Y si esto sucede con la autoridad militar, ¡cuánto más bajo la autoridad del Creador! Así que quien ya conoce la no licitud del suicidio, hágalo si recibe una orden de Aquél cuyos mandatos no es lícito despreciar; con una condición, que haya total certidumbre sobre el origen divino de tal orden.

"Nosotros, por las palabras que oímos nos asomamos a la conciencia de los demás, pero no nos permitimos emitir juicios de lo que nos está oculto. *Nadie sabe la manera de ser del hombre*

406 Eusebio, *Hist. ecl.* VIII, 14.

si no es el espíritu del hombre que está dentro de él (1 Cor. 2:11). Lo que decimos, lo que damos por seguro, lo que de todas maneras queremos probar, es esto: nadie tiene el derecho de causarse la muerte por su cuenta, bajo pretexto de librarse de las calamidades temporales, porque caería en las eternas; nadie lo tiene por pecados ajenos, porque empezaría a tener uno propio y gravísimo quien estaba limpio de toda mancha ajena; nadie tiene el mencionado derecho por sus pecados pasados, precisamente por ellos es más necesaria esta vida, para poderlos reparar con la penitencia; nadie lo tiene bajo pretexto de un deseo de vida mejor, que tras la muerte se espera, porque después de la muerte no los acoge mejor vida"[407].

No hay que juzgar, viene a decir, los casos particulares, que pertenecen a la vida íntima de cada cual y su trato oculto con Dios, pero éstos no pueden invalidar el precepto general que prohíbe el suicidio ni constituirse en ejemplos a imitar, condicionados como están por circunstancias únicas e irrepetibles.

BIBLIOGRAFÍA

A. J. Droge y James D. Tabor, *A Noble Death: Suicide and Martyrdom among Christians and Jews in Antiquity*. Harper, San Francisco 1992.

Alvyn Petterson, "Perpetua —Prisoner of Conscience", *Vigiliae Christianae* 41 (1987) 139-53.

Arthur Frederick Ide, *Martyrdom of Women: A Study of Death Psychology in the Early Christian Church to 301 C. E.* Tangelwüld Press, Garland 1985.

César Gallina, *Los mártires de los primeros siglos*. Ed. Lumen, Barcelona 1944.

D. F. Sawyer, *Women and Religion in the First Christian Centuries*. Londres, New York 1996.

Francine Cardman, "Acts of the Women Martyrs", en D. M. Scholer, ed., *Women in Early Christianity*. Garland, Nueva York 1993.

Joyce E. Salisbury, *Perpetua's Passion: The Death and Memory of a Young Roman Woman*. Routledge, Nueva York 1997.

M. Aubé, "Les actes des SS. Felicite, Perpétue et de luers compagnons", en *Les chretiens dans l'Empire Romain*. Librairie Académique Didier et Cie, París 1881.

Martín Ibarra Benlloch, *Mulier fortis: la mujer en las fuentes cristianas*. Universidad de Zaragoza, Zaragoza 1990.

Paul Allard, *El martirio*, Madrid, 1943, 2 ed.

R. Petraglio, "Passio Perpetuae et Felicitatis. Stile narrativo e sfondo biblico", en *Studia Ephemeridis Augustinianum* 50, pp. 188-192, 1995.

Rosemary Rader, "The *Martyrdom of Perpetua*: A Protest of Third-Century Christianity", en Patricia Wilson-Kastner, ed., *A Lost Tradition: Women Writiers of the Early Church*. University Press of America, Lanham 1981.

Ross S. Kraemer, *Her Share of the Blessings. Women's Religions Among Pagans, Jews, and Christians in the Graeco-Roman World*. Oxford 1994.

Ross S. Kraemer y Shira L. Lander, "Perpetua and Felicitas,"en Philip F. Esler, ed., *The Early Christian World*, vol. I, 1048-1068. Routledge, Londres 2000.

W. H. C. Frend, "Blandina and Perpetua: Two Early Christian Heroines", en D. M. Scholer, ed., *Women in Early Christianity*, 87-97. Garland, Nueva York 1993.

—"La mujer en las Actas de los Mártires (280-313)", www.arbil.org/103acta.htm

[407] Agustín, *Civ. Dei* I, 26.

11. La razón de los mártires

¿Obstinación? ¿Fanatismo suicida? ¿Soberbia? ¿Insociabilidad? ¿Cómo explicar que a lo largo de tres siglos millares de hombres, mujeres y niños, pertenecientes a regiones muy diversas y distintas clases sociales enfrentaran tantos padecimientos, libremente aceptados y con plena libertad? ¿De dónde sacaban fuerzas para soportar tantos horrores atestiguados por tantos mártires y confesores?

1. Fidelidad y perseverancia

Para empezar, la tortura les buscó a ellos, no ellos a la tortura. Y cuando ésta vino no tenían más que dos opciones: confesar hasta la muerte o renegar. Lo segundo era traicionar la misma creencia que se había abrazado con plena libertad y certidumbre de fe. Algunos, muchos en ciertas ocasiones, escogieron ese camino por miedo, debilidad o cobardía, pero siempre forzados por las circunstancias. Otros, un gran número, decidieron ser consecuentes hasta el final y pagar las consecuencias. Si querían, y lo querían, entrar en el reino de los cielos, las palabras de Jesús no dejaban lugar a dudas: "Cualquiera que me niegue delante de los hombres, yo también le negaré delante de mi Padre que está en los cielos" (Mt. 10:33). La salvación y la vida eterna estaban en juego. "Ninguno que ha puesto su mano en el arado y mira atrás, es apto para el Reino de Dios" (Lc. 9:62). "El que perseverare hasta el fin será salvo" (Mt. 24:13). Las exhortaciones de los mártires abundan en llamadas a la fortaleza, a permanecer firmes por amor a la corona de gloria. "Sé fiel hasta la muerte y te daré la corona de la vida" (Ap. 2:10).

Un ejemplo dramático de fidelidad nos viene dado por el mártir Ireneo, joven obispo de Sirmio, que a principios del siglo IV fue arrestado por Probo, gobernador de Panonia. Después de someterle a tortura para hacerle abjurar "llegaron sus familiares, y al verlo en el tormento, le suplicaban, y sus hijos, abrazándole los pies, le decían: '¡Padre, compadécete de ti y de nosotros!'.

"Su mujer le conjura, llorando. Todos sus parientes lloraban y se dolían sobre él, gemían los criados de la casa, gritaban los vecinos y se lamentaban los amigos y, como formando un coro, le decían: 'Ten compasión de tu juventud'.

"Pero él, manteniendo fija su alma en aquella sentencia del Señor: 'Si alguno me negare ante los hombres, yo también le negaré delante de mi Padre que está en los cielos', los dominaba a todos y no respondía a ninguno, pues tenía prisa en que se cumpliese la esperanza de su vocación altísima.

"El prefecto Probo le preguntó: '¿Qué dices a todo esto? Reflexiona. Que las lágrimas de tantos doblegen tu locura y, mirando por tu juventud, sacrifica'.

"Ireneo responde: 'Lo que tengo que hacer para mirar por mi juventud es precisamente no sacrificar'.

"Vuelta a los tormentos y al interrogatorio, esta vez apelando a las fibras afectivas más íntimas del mártir. Pregunta Probo: '¿Tienes esposa?'.

Ireneo: No la tengo.

Probo: ¿Tienes hijos?

Ireneo: No los tengo.
Probo: ¿Tienes parientes?.
Ireneo: No.
Probo: ¿Quiénes eran, entonces, todos aquellos que lloraban en la sesión anterior?
"Ireneo responde: Mi Señor Jesucristo ha dicho: *'El que ama a su padre o a su madre o a su esposa o a sus hijos o a sus hermanos o a sus parientes más que a mí, no es digno de mí'.*
"Y elevando los ojos al cielo, y fija su mente en aquellas promesas, todo lo despreció, confesando no tener pariente alguno sino a Él.
Probo: Sacrifica siquiera por amor a ellos.
Ireneo: Mis hijos tienen el mismo Dios que yo, que puede salvarlos. Tú haz lo que han mandado hacer"[408].

2. Combate contra el mal

La furia irracional y contra toda ley de la persecución llevó a los cristianos a concebir su testimonio como un combate no contra las autoridades terrenas y sus ídolos, sino contra los mismos demonios que buscaban por todos los medios arrebatarles su salvación. "Estamos persuadidos de que estas cosas proceden de la acción de los malos demonios, que piden víctimas y culto a los hombres que viven fuera del orden de la razón"[409].

A los magistrados se les consideraba meros instrumentos en manos del supremo enemigo que conducía la guerra contra los santos. "Los malos demonios, que son enemigos nuestros y que tienen a los jueces bajo su poder y adictos a su culto, incitan a los magistrados a darnos la muerte"[410]. "Sin duda, habéis sido adiestrados por esos mismos espíritus a forzarnos a sacrificar por la salud del emperador", acusa directamente Tertuliano[411].

Puesto que la lucha no era "contra sangre ni carne, sino contra principados, contra autoridades, contra los gobernantes de estas tinieblas, contra espíritus de maldad en los lugares celestiales" (Ef. 6:12), había que resistir hasta el fin, "fieles hasta la muerte, constantes e invencibles. Cuando se añade a nuestro deseo y a nuestra confesión la muerte en la cárcel y entre cadenas, se ha consumado la gloria del martirio"[412].

3. Pruebas y castigo eterno

Correlato de lo anterior es el temor a los padecimientos eternos en el infierno, caso de renegar. El miedo al infierno, lugar de suplicio y eterna tortura, sirvió de contrapeso psicológico y moral a las torturas padecidas en la carne mortal, soportadas como un mal pasajero. Lo vemos especialmente en los escritos de Justino, Taciano y también en el martirio de Policarpo y sus compañeros, que "despreciaban las torturas del mundo, comprando al coste de

[408] *Passio S. Irenei* 5.
[409] Justino, *I Apol.* 12.
[410] Justino, *II Apol.* 1.
[411] Tertuliano, *Apol.* 28, 2.
[412] Cipriano, *Cartas* 12.

una hora el ser librados de un castigo eterno"[413]. Es preferible sufrir los peores tormentos de los hombres, que tienen término y fin, antes que negar su fe y ser echado en fuego que nunca se apaga.

Incluso, en el caso de algunos apóstatas, el recuerdo del infierno les ayudó a recuperar su fe y aguantar la prueba suprema hasta la muerte. "Biblis, una de las que habían primero apostatado, y a la que ya creía el diablo habérsela tragado definitivamente, queriendo [el magistrado] también condenarla por pecado de calumnia, hizo que la sometieran a tormento, con el fin de obligarla a declarar las impiedades consabidas contra nosotros, cosa que tenía fácil, como quebrantada y cobarde que se había mostrado. Mas ella, puesta en el tormento, volvió en su acuerdo y despertó, por así decir, de un profundo sueño, y viniéndole a las mientes, por el tormento corporal, el eterno castigo en el infierno, dio un mentís a los rumores calumniosos. [...] Desde ese momento se confesó cristiana y fue añadida a la suerte de los mártires"[414].

El obispo Fileas de Alejandría llamaba "libertad maldita" a los que conseguían salvar su vida sacrificando a los ídolos y arruinando así su condición eterna[415].

En otras ocasiones, los sufrimientos de la persecución se veían como pruebas de parte de Dios para castigar y corregir los pecados de los creyentes. Durante la dura persecución de Decio, Cipriano escribe: "El Señor ha querido poner a prueba a sus hijos. Una larga paz había corrompido en nosotros las enseñanzas que el mismo Dios nos había dado, y tuvo que venir la reprensión del cielo para levantar la fe que se encontraba decaída y casi diría aletargada; y aunque nuestros pecados merecían mayor severidad, el Dios piadosísimo ha ordenado de tal manera todas las cosas, que todo lo que ha acontecido parece ser más una prueba que una persecución"[416]. "Hemos de comprender", escribe en otro lugar, "y admitir que una tribulación tan devastadora como la de esta persecución, que ha arrasado nuestro rebaño en su mayor parte y sigue todavía asolándolo, ha sido consecuencia de nuestros pecados, porque no seguimos los caminos del Señor ni cumplimos los preceptos celestiales que se nos han dado para nuestra salvación [...], pues nos entregamos al lucro de los bienes temporales, abrigamos sentimientos de soberbia, nos entretenemos en rivalidades y en disensiones; descuidamos la sencillez y la fidelidad; renunciamos al mundo de palabra, no de hecho, somos indulgentes cada uno consigo mismo y severos con todos los demás. Y así somos vapuleados, como lo merecemos. [...] Padecemos todo esto merecidamente por nuestra culpa"[417].

Otro tanto dice Eusebio respecto a las condiciones eclesiales poco antes de la gran persecución desatada por Diocleciano. Al parecer los aires de libertad que siguieron a Valeriano no sentaron bien a las Iglesias. Pronto hizo acto de presencia la desidia y negligencia religiosa. Unos comenzaron a tener envidia de otros y a criticar, "como si hiciésemos entre nosotros mismos una guerra fratricida, hiriéndonos mutuamente con palabras a manera de armas y lanzas. Los obispos luchaban contra los obispos, los fieles contra los fieles, levantando tumultos. Por último, aumentando los fraudes y los engaños hasta el punto de la malicia,

[413] Padres Apostólicos, *Martirio de Policarpo* 2.
[414] Eusebio, *Hist. ecl.* V, 1, 25-26.
[415] Eusebio, *Hist. ecl.* VIII, 10.
[416] Cipriano, *De lapsis* 5.
[417] Cipriano, *Cartas* 11.

entonces la divina justicia empezó a amonestarnos, primero con mano suave, como acostumbra, casi sin sentir, moderadamente, sin tocar aún al cuerpo general de la Iglesia... Los que se suponía que eran pastores, sin el freno del temor a Dios, se peleaban acerbamente los unos con los otros; añadiendo sólo a la contienda, a las amenazas, los celos y el odio, pretendiendo frenéticamente el tiránico poder que anhelaban. Fue entonces que el Señor, en su ira, humilló a su hija Sión"[418].

"Cada uno se preocupaba de aumentar su hacienda, y olvidándose de su fe y de lo que antes se solía practicar en tiempo de los apóstoles y que siempre deberían seguir practicando, se entregaban con codicia insaciable y abrasadora a aumentar sus posesiones. [...] Muchos obispos, en vez de cumplir con su deber de dar ejemplo y de exhortar a los demás, despreciando la administración de las cosas divinas, se habían hecho administradores de negocios materiales y, dejada su sede y su pueblo, recorrían las provincias extranjeras siguiendo los mercados en busca de negocios lucrativos, con ansia de poseer abundancia de dinero mientras los hermanos de sus Iglesias padecían hambre; se apoderaban de haciendas con fraudes y ardides, y aumentaban sus intereses con crecida usura. ¿Qué no hemos merecido en castigo de semejantes pecados, habiéndonos prevenido la censura divina diciendo: 'Si dejan mi ley y no caminan en mis juicios, si profanan mis estatutos y no guardan mis mandamientos, entonces castigaré con vara su rebelión, y con azotes sus iniquidades' (Sal. 89:31-33)? Nosotros, al olvidarnos de la ley que se nos había dado, hemos dado con nuestros pecados motivo para lo que ocurre: ya que hemos despreciado los mandamientos de Dios, somos llamados con remedios severos a que nos enmendemos de nuestros delitos y demos muestra de nuestra fe. Por lo menos, aunque sea tarde, nos hemos convertido al temor de Dios, dispuestos a sufrir con paciencia y fortaleza esta amonestación y prueba que de Dios nos viene"[419].

Así pues, desde el punto de vista cristiano, las persecuciones fueron providenciales, no necesarias, pero sí ventajosas: aseguraron la integridad y buen comportamiento de los dirigentes y de los miembros de las Iglesias. Suscitaron todas las energías cristianas en pro de la vida recta y de la unidad entre los hermanos en torno a aquellos pastores y fieles que dieron buen testimonio y guardaron la Palabra en medio de la oposición.

4. La presencia de Dios en los mártires

Al mismo tiempo y juntamente con la voluntad de permanecer fieles a la doctrina y admitir con fortaleza las pruebas correctoras del Señor, encontramos en los mártires el sentimiento inefable de sentirse ayudados y fortalecidos por Cristo desde el comienzo del proceso, como parte de su testimonio ante Dios y los hombres: "Seréis llevados aun ante gobernadores y reyes por mi causa, para dar testimonio a ellos y a los gentiles" (Mt. 10:18).

El Señor se hacía "presente con ellos, aceptando tan fiel ofrenda de sus siervos, no sólo los encendía en el amor de la vida eterna, sino que templaba la violencia de aquellos tormentos, de manera que el sufrimiento del cuerpo no quebrantara la resistencia del alma. El Señor conversaba con ellos y Él era espectador y fortalecedor de sus ánimos, y con su presencia

[418] Eusebio, *Hist. ecl.* VIII, 1.

[419] Cipriano, *De lapsis* 6-7.

moderaba los sufrimientos, y les prometía, si perseveraban hasta el final, los imperios de la corona celestial"[420].

"¡Qué gozoso estuvo allí Cristo, qué a gusto luchó y venció en estos servidores suyos, protegiendo su fe. [...] Estuvo presente en aquel combate en su honor, alentó, sostuvo y robusteció a los que luchaban y glorificaban su nombre. Y quien venció una vez la muerte por nosotros, siempre sale triunfante en nosotros"[421].

Cuando la mártir Felicidad, joven esclava, estando en la prisión, se ve acometida por los dolores del parto, sin poder contener los gemidos, no falta quien se burle de ella, poniendo en duda que sea capaz de sufrir los ataques de las fieras. A lo que ella contesta: "Ahora soy yo quien padece. Pero entonces habrá en mí otro que padecerá por mí, porque yo estaré padeciendo por Él"[422].

Se puede decir que desde el momento en que eran arrestados los mártires entraban en otro mundo, transportados a otra realidad. "Ninguno de ellos lanzó un grito o un gemido, mostrándonos con ello a todos que en aquella hora los mártires de Cristo que eran torturados estaban ausentes de la carne, o, mejor dicho, que el Señor estaba presente y en comunión con ellos"[423]. Para Cirilo de Jerusalén no hay duda de que esto es una prueba de la asistencia del Espíritu Santo en los mártires que les arrebata de la hora presente. "El Espíritu Santo le muestra al hombre el reino de los cielos y el paraíso de delicias, y por eso los mártires, aunque corporalmente se hallan en presencia de los jueces, con su espíritu están transportados en el cielo, y así pueden hasta burlarse de todos los tormentos"[424]. "Hallaron que el fuego de sus inhumanos verdugos era frío: porque tenían puestos los ojos en el hecho de ser librados del fuego eterno que nunca se apaga; en tanto que los ojos de sus corazones contemplaban las buenas cosas que están reservadas para aquellos que soportan con paciencia *cosas que no oyó ningún oído o ha visto ojo alguno, y que nunca han entrado en el corazón del hombre,* pero que les fueron mostradas a ellos porque ya no eran hombres, sino ángeles"[425].

Ángeles tenían que ser para soportar durante días enteros tormentos tan horribles y la voluntad decidida de los jueces de triunfar sobre la "obstinación" de los mártires, para quienes la resistencia de éstos era motivo de afrenta. En la relación de los mártires de Lyon y la Viena francesa, los testigos presenciales abundan en señalar la resistencia sobrehumana de los mártires proporcionada por su comunión con el Señor. "Alejandro en todo el tiempo que duró el martirio *no pronunció una palabra ni exhaló un gemido, comunicándose con Dios en su corazón*"; Blandina, "después de tolerar los azotes, después de ser arrastrada por las fieras, después de las parrillas ardientes, fue envuelta en una red y expuesta a un toro bravo, el cual la lanzó repetidas veces por los aires pero *ella no sintió nada: tan abstraída estaba en la esperanza de los bienes futuros y en su íntima unión con Cristo*"[426].

---

[420] Padres Apostólicos, *Mart. Policarpo* 2.
[421] Cipriano, *Cartas* 10.
[422] *Passio Perpetuae et Felicitatis* 15.
[423] Padres Apostólicos, *Mart. Policarpo* 2.
[424] Cirilo de Jerusalén, *Catequesis* 16, 20.
[425] Padres Apostólicos, *Mart. Policarpo* 2.
[426] Eusebio, *Hist. ecl.* V, 2.

Eusebio, testigo presencial de la última gran persecución y los horrores que la acompañaron, dice haber contemplado con sus propios ojos "el brío maravilloso, la fuerza verdaderamente divina y el celo de los creyentes en Cristo", cuando apenas pronunciada la sentencia contra los primeros condenados, otros desde varios lugares "acudían corriendo al tribunal del juez declarándose cristianos, prontos a someterse sin sombra de vacilación a las penas terribles y a los múltiples géneros de tortura que se preparaban contra ellos. *Valientes e intrépidos en defender la religión del Dios del universo, recibían la sentencia de muerte con actitud de alegría y risa de júbilo, hasta el punto que entonaban himnos y cantos y dirigían expresiones de agradecimiento al Dios del universo, hasta el momento en que exhalaban el último aliento*"[427].

5. La contagiosa fe de los mártires

El mártir es básicamente un testigo, no un suicida, y como tal sus sufrimientos y su muerte por causa de sus creencias fue en muchas ocasiones un hecho privilegiado para atraer la simpatía de sus verdugos y ganarlos para la fe, directa e indirectamente. Justino, filósofo platónico, dice haber encontrado la verdad gracias al testimonio de los mártires: "Cuando yo era discípulo de Platón, al oír las acusaciones contra los cristianos, viéndolos yo tan valientes ante la muerte y ante todo aquello que a los demás aterra, me decía que era imposible que vivieran en el mal y en la orgía. Porque el lujurioso y el intemperante y el que cuenta entre las cosas buenas los banquetes en que se sirven carnes humanas, ¿cómo puede abrazar la muerte, que le ha de privar de todos estos bienes? ¿No preferirá más bien gozar de la vida presente? ¿No se ocultará de los magistrados antes que exponerse a la muerte voluntariamente?"[428].

Tertuliano confirma este testimonio, aduciendo la experiencia de muchos que quedaron asombrados de la firmeza y constancia de los mártires, e intrigados averiguaron el secreto de su fortaleza, consecuencia de lo cual resultó en su conversión, a sabiendas de lo que ésta acarreaba: "Muchos hombres, maravillados de nuestra valerosa constancia, han buscado las causas de tan extraña paciencia, y cuando han conocido la verdad, se han pasado a los nuestros y han caminado con nosotros"[429].

La "obstinación", motivo de irritación y materia de condena para los jueces, es, en la pluma de Tertuliano, tan acostumbrando a responder a sus enemigos con sus mismas armas, el mejor testimonio del mártir, de modo que la obstinación lejos de ser un mal punible es un valor supremo: la defensa de la verdad hasta el desprecio de la vida de mentira. "Esa misma obstinación que en nosotros reprendéis es una lección magistral. Porque, ¿quién al contemplarla no se siente impelido a examinar qué hay en el fondo de tal fenómeno? ¿Quién tras de examinar el caso no se acercó a nosotros y, después de acercarse, no aspiró a padecer a cambio de adquirir la plenitud de la gracia divina, a fin de alcanzar el perdón total mediante el precio de su sangre?"[430].

---

427 Eusebio, *Hist. ecl.* VIII, 9.
428 Justino, II *Apol.* 12.
429 Tertuliano, *Ad Scapulam* 5.
430 Tertuliano, *Apol.* 50, 15.

En caso de apostasía, la resistencia de los más fuertes solía ganar de nuevo la fe de los que por miedo a los tormentos habían renegado: "Por mediación de los mártires santísimos aquellos otros que habían apostatado la fe volvieron a la Iglesia y fueron como concebidos de nuevo, y animados de nuevo con calor vital aprendían a confesar la fe. [...] Aquéllo fue un triunfo para Cristo; todos los que antes habían negado la fe, entonces la confesaron con gran valentía contra todo lo que esperaban los gentiles"[431].

BIBLIOGRAFÍA

E. L. Hummel, *The Concept of Martyridom according to St. Cyprian of Carthage.* Catholic Univ. Press, Wshington 1946.

José Capmany, *"Miles Christi" en la espiritualidad de San Cipriano.* Editorial Casulleras, Barcelona 1956.

Orígenes, *Exhortación al martirio.* Sígueme, Salamanca 1991.

Tertuliano, *Exhortación a los mártires.* CLIE, Terrassa 2001.

W. H. C. Frend, "Blandina and Perpetua: Two Early Christian Heroines", en D. M. Scholer, ed., *Women in Early Christianity,* 87-97. Garland, Nueva York 1993.

12. Catacumbas y cementerios

Mártires y catacumbas son dos imágenes estrechamente unidas en la creencia popular. "Los cristianos usaban las catacumbas para realizar sus reuniones secretas y adorar a los mártires que allí estaban sepultados" se repite a menudo en cierta clase de literatura. Las catacumbas son así concebidas como refugios subterráneos utilizados para esconderse de los perseguidores. Es una imagen poderosa. Evoca el misterio del laberinto y una especie de descenso a las cavernas iniciáticas, donde se celebran los cultos y ritos sagrados a salvo de las miradas insidiosas. "Las catacumbas, lugares sombríos, bajo tierra, a manera de minas o intrincadas galerías adonde acudían los cristianos para celebrar los misterios de su religión". El tupido velo de las sombras subterráneas se presta bien a proteger a los indefensos acosados de sus poderosos perseguidores. Imágenes románticas todas ellas, pero antihistóricas.

Es difícil imaginar un lugar menos adecuado como local de reunión que las catacumbas romanas. El exiguo espacio y la escasa circulación de aire no permitían largas permanencias en ellas. Apenas hay un lugar donde puedan apretujarse un centenar de personas. La seguridad en las catacumbas no era mayor, antes bien, menor, que en las iglesias urbanas. Las catacumbas eran conocidas y registradas por las autoridades romanas y la ley las consideraba sagradas, independientemente de la fe de aquellos que estaban sepultados en ellas. Era más fácil dar con las catacumbas que con los lugares de culto establecidos en casas particulares. Aparte de esto, la Antigüedad no nos ha transmitido una sola noticia fidedigna de la celebración de una misa en las catacumbas, mientras que abundan los datos referentes a las iglesias de la ciudad[432].

---

[431] Eusebio, *Hist. ecl.* V, 2.

[432] Cf. Ludwing Hertling, *Die Romischen Katakomben und ihre Martyrer.* Vienna, 1950 (traducción inglesa: *The Roman Catacombs and Their Martyrs,* Milwaukee 1957.

Las catacumbas no fueron excavadas para los vivos, sino para los muertos. Son propiamente cementerios. Los antiguos cristianos no usaban el término "catacumba", palabra de origen griego que significa "cavidad" o "cuenca". Los romanos llamaban así a una localidad de la vía Apia, en la que se encontraban canteras para la extracción de los bloques de toba, fácil de trabajar.

Las leyes civiles obligaban a enterrar los cadáveres en *necrópolis* ("ciudad de los muertos") fuera de los núcleos urbanos. Los egipcios también enterraban a sus muertos fuera de las ciudades. Tales fueron las necrópolis emplazadas junto a los desiertos de Tebas y Menfis en Egipto, el Llano de las Momias, la serie de tumbas excavadas en la roca en Cirenaica, las de Etruria y Campania hechas de roca o tierra, la Vía Sagrada de Atenas bordeada de monumentos funerarios, la calle de las tumbas de Pompeya, los pudrideros o *puticuli* y *culinae* construidos extramuros, los columbarios, destinados a depósito de las cenizas de los funcionarios del Estado, las pirámides y las mastabas de los faraones y altos dignatarios del antiguo Egipto.

La antigua ley romana de las Doce Tablas ordenaba que ningún cadáver se enterrase ni quemase dentro de la ciudad *(Hominem mortuum in urbe ne sepelito, neve urito)*[433]. Ley extendida a todo el Imperio por Antonino Pío.

Los romanos solían incinerar a sus muertos, la práctica del enterramiento, por la razón que fuese, había desaparecido hacia el siglo II a.C. o antes, y no se recuperó hasta la época de Adriano. La ceniza resultante se guardaba en una urna que se depositaba en la tumba del familiar junto con el resto de las cosas que el espíritu difunto pudiera necesitar después de la muerte. Se dice que el primer romano incinerado fue Sila, de los patricios Cornelios. Los cristianos y los judíos rechazaban la incineración de los fallecidos, prefiriendo en su lugar la inhumación, por un sentido de respeto a las antiguas tradiciones y al cuerpo destinado un día a la resurrección de los muertos.

Las catacumbas como lugares de enterramiento ya existían en la Roma clásica. Fueron adoptadas por los cristianos por sus muchas ventajas. El subsuelo permitía excavar tantas galerías como fuesen necesarias, sin el agobiante problema de la escasez de terreno exterior. Las catacumbas más antiguas eran herencia de algunas familias que autorizaban su acceso a sus clientes y protegidos, y más tarde a los más humildes miembros de su religión; otras han podido ser la propiedad común de alguna mutualidad de sepulturas. No era difícil obtener del Estado la personalidad jurídica de colegio funerario, compuesto de pobres y ricos, que las leyes romanas contemplaban. Hacia el año 230 Alejandro Severo confirmó a los cristianos el disfrute de un dominio funerario cuya posesión les disputaba el gremio de los mesoneros. Escribe su biógrafo Lampridio que "declaró *(rescripsit)* más oportuno que ese lugar fuera dedicado del modo que fuere al culto divino, antes que ser dado a los bebedores *(popinarii)*"[434].

Se han descubierto catacumbas en ciudades importantes como Alejandría, Nápoles, Milán, Adrumeto (África del Norte), Siracusa, Cirene, Melos, Malta, Túnez y Roma. Las catacumbas romanas son las más famosas y más extensas, como corresponde a la densidad de su población. Fueron agrandándose hasta llegar a ocupar cinco pisos superpuestos. La mayor

[433] Cicerón, *De Leg.* II, 25-26.

[434] Lampridio, *Historia Augusta* IV, 45.

parte de las catacumbas medianas o pequeñas de Roma, situadas a veces en fincas de cristianos ricos, que no las reservaron sólo para los suyos, sino que las abrieron a sus hermanos en la fe, se formaron añadiendo tumbas en torno al sepulcro de un mártir ilustre.

La ley romana prohibía toda profanación de las sepulturas. Un rescripto de Marco Aurelio, que se aplicaba en todos los casos, disponía que "los cadáveres que han recibido justa sepultura no sean turbados jamás en su reposo"[435]. Quienes atentaban contra los difuntos podían ser condenados a trabajos forzados en las minas. Por tanto, los restos de los mártires, que por ley tenían que ser entregados a quienes los reclamasen, una vez sepultados, quedaban seguros, si no de toda violencia popular, sí al menos de toda profanación legal. En tiempos ordinarios los cristianos no hallaban obstáculos para sepultar dignamente a sus mártires, ni para visitar por devoción sus sepulcros. Incluso la ley permitía, con licencia del emperador, trasladar los restos de los mártires que habían muerto en el destierro[436].

Sarcófago de la Receptio animae, (siglo IV), en la basílica de Santa Engracia de Zaragoza

Terminadas las persecuciones, las catacumbas se convirtieron, sobre todo en tiempo del papa Dámaso I (366-384 d.C.), en verdaderos santuarios de los mártires, centros de devoción y de peregrinación desde todas las partes del Imperio romano. Siguieron funcionando como cementerios regulares hasta el principio del siglo V, cuando la Iglesia volvió a enterrar exclusivamente en la superficie y en las basílicas dedicadas a mártires importantes.

1. Paganos y cristianos ante la vida de ultratumba

La religión pagana ofrecía poco consuelo para la vida de ultratumba. Se admitía la supervivencia del alma pero en ambientes lúgubres como los Campos Elíseos. El difunto sobrevivía en tanto fuera recordado. No bien el difunto fuera olvidado, sería absorbido en la masa amorfa, sin sentido y carente de personalidad, de los dioses *manes*. Es por esto, como fácilmente se puede observar, que las tumbas paganas se hallan todas a lo largo de las vías consulares. Sus restos están alineados por kilómetros a lo largo de esos caminos, particularmente, de la Vía Apia, precisamente porque los titulares de las tumbas querían hacerse recordar. Grandes lápidas e incluso monumentos atraían la curiosidad de la gente. Mientras alguien leyera sus nombres, pensara en ellos, viera su imagen, ellos sobrevivirían. De algún modo, como muchos escépticos modernos, basaban la eternidad en el recuerdo. Borrada la

435 Marciano, *Digesto* XI, 8, 39.

436 Marciano, *Digesto* XLVIII, XXIV, 2; Tácito, *Annales* XIV, 12.

memoria, todo estaba terminado. Es por esto que hacían testamentos con legados aun muy costosos, para obligar a recordarlos. Tenemos textos conservados en las inscripciones donde se recuerda que los propietarios de los sepulcros dejaron gruesas sumas de dinero a los libertos a fin de que cada año, en el aniversario de su muerte, fueran a encender una lamparilla sobre su tumba u ofrecieran un sacrificio: todo para ser recordados.

Durante el primer siglo, los cristianos de Roma no tuvieron cementerios propios. Si poseían terrenos, enterraban en ellos a sus muertos. Si no, recurrían a los cementerios comunes que usaban también los paganos. Hasta fines del siglo II no fue un problema el ser sepultados juntamente con los paganos en áreas comunes. Los mártires y confesores del linaje de los Flavianos, por ejemplo, tienen su sepulcro junto a Roma, en la vía Ardeatina. Los restos de los apóstoles Pedro y Pablo estaban sepultados en la vía Ostiense, en la *necrópolis* de la Colina Vaticana[437], a pocos metros de distancia de tumbas paganas. Pero a fines del siglo II diversas circunstancias motivaron a los cristianos a tener sus propios lugares de enterramiento: disminución de espacio para nuevas tumbas en terreno de superficie; la creciente importancia de la tumba de los mártires, el deseo de ser enterrados junto a ellos, le necesidad de expresar su fe en la vida eterna, los actos.

Así comenzaron a construir los llamados *koimeteria,* término que significa literalmente "dormitorios". De *koimetérion* viene nuestra palabra "cementerio", es decir, "lugar del sueño". Esta expresión fue para los paganos del todo incomprensible. No comprendían para nada este término aplicado a las áreas funerarias. Así, en el edicto de confiscación del emperador Valeriano en el 257, que nos es referido por Eusebio de Cesarea, se dice que sean confiscados a los cristianos los bienes y lugares de reunión que pertenecían a la comunidad. Además de estos bienes, fueron confiscados también los así llamados *koimeteria,* "dormitorios". Los romanos no entendían qué significaba esto. Para un pagano, en efecto, dormitorio era la pieza donde uno se acuesta por la noche y se levanta por la mañana. Para el cristiano era una palabra que lo indicaba todo: se va a dormir para ser despertado; la muerte no es el fin, sino el lugar donde se espera la resurrección de los muertos. Esto explica también por qué los cristianos llamaban el día de la muerte de un mártir *dies natalis* ("día natalicio"), es decir, el día del nacimiento a la verdadera vida.

Encontramos aquí conceptos con los cuales los cristianos pensaban en la muerte y los volvemos a encontrar en las catacumbas: por ejemplo, el concepto de *Depositio.* Las lápidas con la palabra *Depósitus,* a veces abreviada (*Depo, Dep* o sólo *D*) se califican en seguida como cristianas. En efecto, *Depositio* es un término jurídico, usado por los abogados, que quería decir "se da en depósito": los muertos eran confiados a la tierra como granos de trigo, para ser devueltos luego en las mieses futuras. Es, éste, un concepto que los paganos no tenían. Por todos estos motivos, por una teología de la muerte tan diferente de la de los paganos, los cristianos quisieron aislarse y crear sus propios cementerios. Lo mismo pasó con los judíos, pero sólo posteriormente.

Las excavaciones en Villa Torlonia han demostrado con seguridad que las catacumbas hebraicas fueron creadas por lo menos 50-60 años después de las cristianas. Son los judíos

---

[437] Eusebio, *Hist. ecl.* II, 25.

quienes en este tipo de sepultura imitaron a los cristianos. Esta concepción cristiana de la muerte, o mejor dicho, este mundo de los muertos que es sentido como viviente, nos hace entrar en la mentalidad de los primeros cristianos, de los habitantes del Transtíber de entonces: externamente eran alfareros, molineros, soldados, pescaderos, barqueros, etc., como todos los demás, pero en lo íntimo de su conciencia tenían algo profundamente diverso de los demás.

Para los cristianos el momento trágico de la muerte venía a ser el ingreso a un ambiente gozoso, comparable a una fiesta de bodas, cuando el creyente, cual una novia, se encontraba con Cristo, su novio celestial. Es por esto que los cristianos en sus tumbas pintan rosas, aves, mariposas; en las decoraciones de las catacumbas, a menudo se vuelve a hallar pintado este ambiente alegre, sereno, con símbolos que expresan serenidad y tranquilidad. "Las pinturas en las catacumbas nos revelan siempre la mentalidad de los cristianos, sus devociones, sus creencias"[438]. Con razón las catacumbas han sido definidas como "los grandes archivos" de la Iglesia de los primeros siglos. "Estos monumentos revisten un alto significado histórico y espiritual. Visitándolos, uno entra en contacto con sugestivas huellas del cristianismo de los primeros siglos y puede, por así decirlo, tocar con mano la fe que animaba a esas antiguas comunidades cristianas... ¿Cómo no conmoverse ante los vestigios humildes, pero tan elocuentes, de estos primeros testigos de la fe?"[439].

Las tumbas de los mártires se distinguían de las de los simples fieles por la inscripción del título —*tituli*— de mártir en la lápida sepulcral, consistente en la palabra *martyr,* entera o abreviada; a veces con la sola letra M. La autoridad eclesial vigilaba para que no se diese el título de mártir a quien no lo hubiese merecido realmente. Por eso desde muy antiguo se llevaba en las iglesias listas de los cristianos que habían muerto por Cristo, y se celebraba su aniversario en el calendario litúrgico. Hubo también tumbas de mártires imaginarios, cuyo culto fue reprobado por las autoridades eclesiales. El reconocimiento oficial del título de mártir se llamaba *vindicatio.* Eso explica que en algunos epitafios el título de mártir, entero o abreviado, aparezca añadido posteriormente, una vez realizada por la Iglesia la *vindicatio.* Hay huellas, pues, de que en este punto la Iglesia guardaba una cuidadosa disciplina ya desde antiguo; severidad tanto más necesaria cuanto mayor era la devoción de los fieles a los cristianos muertos por confesar la fe en Cristo.

2. *Fossores* y guardianes del recuerdo

Los cristianos adoptaron la técnica de excavación subterránea que ya existía, en ocasiones con breves galerías, llamadas *hipogeos,* y la desarrollaron a gran escala con una vasta red de galerías en niveles superpuestos, que solucionaba los problemas del entierro para una gran comunidad con un número creciente de miembros. La gran catacumba de Domitila nació con siete de estos *hipogeos* primitivos, excavados primero en el segundo piso o plano y luego en el primero, los cuales se unieron entre sí durante la primera mitad del siglo IV. El rápido y enorme desarrollo de algunas catacumbas se explica por el culto de los mártires que se sepultaban en ellas y la insistencia de muchos cristianos de ser sepultados en el mismo cementerio

[438] Umberto Fasola, *Le origini cristiane a Trastevere,* p. 61. Fratelli Palombi Editori, Roma 1981.

[439] Juan Pablo II en una audiencia a la Pontificia Comisión de Arqueología Sacra.

de los mártires, más aún, lo más cerca posible de sus tumbas, en los lugares llamados en latín *retrosanctos* o *apud sanctos*. Más tarde, en particular por obra del papa Dámaso (366-384), con el nacimiento y el desarrollo de auténticas peregrinaciones, se construyeron verdaderos santuarios para la celebración de la liturgia eucarística sobre las tumbas veneradas.

La Iglesia de Roma poseía y administraba legalmente el complejo de las catacumbas de la vía Apia, que recibió el nombre de uno de sus administradores, el obispo Calixto (217-222 d.C.). Fue el primer cementerio oficial de la comunidad cristiana de Roma. La administración del mismo era un cargo de prestigio y de mediación entre la comunidad cristiana y las autoridades civiles.

Los constructores de catacumbas eran llamados *fossores* ("excavadores")[440] y estaban empleados por la Iglesia, que había asumido directamente la administración y organización de los cementerios cristianos con carácter comunitario. Sólo un cuerpo profesional y organizado era capaz de mantener y construir el complejo de galerías de muchos kilómetros de longitud y trazado irregular, con varios niveles, que en algunas ocasiones contaban hasta con cinco plantas que se hundían más y más, y que en ocasiones se entrecruzaban y ensanchaban para formar lugares de reunión o cámaras de enterramiento. Eran los encargados de abrir las tumbas y señalar su emplazamiento, por lo que cumplían también la función de guías a los familiares de los difuntos y a los peregrinos que visitaban las tumbas de los mártires. Además adornaban los cubículos y las criptas de los mártires mediante frescos. Muchos de ellos nos son hoy conocidos a través de las inscripciones y las pinturas de las catacumbas.

La intrincadísima red de galerías son la demostración del trabajo imponente llevado a cabo por los *fossores* en el curso de los siglos. En la catacumba de San Calixto, por ejemplo, las galerías alcanzan una longitud de aproximadamente veinte kilómetros. Además, el cuarto piso alcanza a 30 metros de profundidad. Se calcula que ahí fueron sepultados medio millón de cristianos.

Distribuidos en grupos para los varios cementerios los *fossores* excavaban las galerías y los nichos ayudándose de simples picos y palas, y un cesto o saco para sacar la tierra, que hacían pasar a través de agujeros —*lucernarios*— abiertos en la bóveda del techo de las criptas, de los cubículos a lo largo de las galerías. Éstos llegaban hasta la superficie y servían también como ventilación e iluminación.

Las tumbas se organizaban en nichos llamados lóculos *(loculi),* de diferentes dimensiones, capaces de albergar un solo cadáver, aunque no era raro que contuviesen dos o más, excavados en una o tres hileras en las paredes de las galerías. La sepultura de los primeros cristianos era muy sencilla y pobre. Siguiendo el ejemplo de la de Cristo, se envolvían los cadáveres en una sábana o lienzo, sin ataúd. Los lóculos se cerraban después con lápidas de mármol o, en la mayor parte de los casos, con piezas de barro cocido y se fijaban con argamasa. Sobre la tapa se grababa a veces el nombre del difunto, con un símbolo cristiano o el deseo de paz en el cielo. Con frecuencia se ponían junto a las tumbas lámparas de aceite o redomas con perfumes.

[440] Todavía en la actualidad existen comunidades religiosas de Hermanos Fossores, herederos de los antiguos constructores de catacumbas, a cuyas funciones han añadido el cuidado espiritual de los difuntos y el consuelo de los familiares.

Las tumbas más importantes estaban bajo arcos, llamadas *arcosolios,* y solían ser empleadas para enterrar a toda una familia, como los panteones modernos. Fue una tumba típica de los siglos tercero y cuarto. La lápida de mármol se ponía horizontalmente.

Es un dato importante a destacar el gran número de tumbas infantiles que abundan en las catacumbas. Nos revela la acción de la Iglesia respecto a los niños expósitos o abandonados. En el mundo romano de entonces se toleraba el abandono de los recién nacidos. Estos niños eran expuestos a los pies de una columna, llamada precisamente *lactaria* ("lechera"), que se levantaba en la plaza del Aceite, muy cerca de los templos de Apolo y Belona. Para los cristianos esto era un grave pecado y hacían todo lo posible por rescatar a estas víctimas inocentes. Muchos serían los que morirían por desnutrición o hipotermia. Aun así, la comunidad cristiana se encargaba de prepararles un enterramiento digno junto a los suyos[441].

A principios del siglo V cesan los enterramientos en las catacumbas. La Iglesia, reconocida por el Estado, sin miedo a ver sus propiedades confiscadas, volvió a inhumar exclusivamente en la superficie y en las basílicas dedicadas a mártires importantes. Las invasiones de los godos en el siglo VI y de los longobardos en el siglo VIII dañaron gravemente las catacumbas y obligaron a los papas a trasladar los cuerpos de los mártires y de los santos a las iglesias de la ciudad para evitar el peligro de profanaciones. Una vez realizado el traslado de las reliquias, fueron abandonadas e ignoradas totalmente, excepto las de San Sebastián, San Lorenzo y San Pancracio. Con el correr del tiempo, materiales de desprendimientos y la vegetación obstruyeron y escondieron las entradas de las demás, hasta el punto de que se perdió su rastro. Durante siglos se ignoró dónde se encontraban.

Una parte fue descubierta en 1593 por el primer explorador moderno de las catacumbas, el arqueólogo maltés Antonio Bosio (1575-1629), llamado el "Colón de la Roma subterránea", quien corrió el riesgo de perderse en el laberinto de galerías; de hecho, describió su miedo de morir allí dentro y de contaminar con su "indigno" cadáver aquellos lugares sacros[442]. Bosio creyó entonces que se encontraba en una parte de la gran catacumba de San Calixto. Entrado el siglo XIX se supo, de la mano de Juan Bautista de Rossi[443], padre y fundador de la arqueología cristiana, que se trataba de la catacumba de Domitila y del santuario de los mártires Nereo y Aquiles. Desde entonces, numerosas excavaciones han sacado a la luz un considerable número de galerías.

---

[441] Constantino a comienzos del siglo IV ordenó proporcionar a los menesterosos vestidos y alimentos a expensas del erario público con el fin de prevenir "la exposición" de los infantes. En la primera mitad del siglo IV se estableció la pena capital para quien "exponía" a los niños. San Agustín atribuye a las vírgenes consagradas la tarea de recoger a los niños abandonados y hacerlos bautizar.

[442] Fruto de sus labores fue su gran obra *Roma Sotterranea* (1632), publicada póstumamente. Su título completo era: *Roma Sotterranea, opera postuma di Antonio Bosio Romano, antiquario ecclesiastico singolare de' suoi tempi. Compita, disposta, et accresciuta dal M. R. P. Giovanni Severani da S. Severino* (Roma, 1632).

[443] Giovanni Battista de Rossi (1822-1894) era un graduado en jurisprudencia, pero dedicó toda su vida al redescubrimiento arqueológico de las catacumbas cristianas. Buscó sistemáticamente "itinerarios" en las bibliotecas de toda Europa, y tuvo la suerte de encontrar muchos. Guiado por esos escritos, por su intuición y su pasión, de Rossi se puso a explorar palmo a palmo la vía Apia, *Regina Viarum* ("reina de las vías"), en busca del sepulcro del papa Cornelio muerto en el 253, de cuyo sepulcro varios libros antiguos daban indicaciones sumarias. "Haré hablar a los documentos —dijo—. Allá abajo la ciencia de las antigüedades cristianas se defenderá por sí sola". Y lo hizo con creces.

Al final, el sacerdocio cristiano resultó ser mejor guardián del recuerdo de los difuntos que las pobres lápidas paganas colocadas a la vera de los caminos. En las celebraciones litúrgicas tenían lugar fiestas anuales por la memoria de los difuntos y para provecho de sus almas. La Iglesia, y no la ciudad, es ahora quien celebra la gloria de los desaparecidos, la que preserva la memoria de los muertos. "Las ofrendas eucarísticas aseguraban que los nombres de los muertos serían recordados durante la oración por la comunidad cristiana en su conjunto, presentada como la más amplia familia artificial que posee el creyente"[444].

BIBLIOGRAFÍA

Antonio Borras, "Catacumbas romanas", en *Enciclopedia de la Biblia,* vol. II. Garriga, Barcelona 1964.

—"Catacumbas fuera de Roma", en *Enciclopedia de la Biblia,* vol. II. Garriga, Barcelona 1964.

Caroline Bynum, *The Resurrection of the Body in Western Christianity, 200-1136.* Columbia University Press, Nueva York 1995.

Catacumbas cristianas de Roma: www.catacombe.roma.it/indice_sp.html

E. Backhouse y C. Tyler, *Historia de la Iglesia primitiva. Desde el siglo I hasta la muerte de Constantino.* CLIE, Terrassa 2004.

Gloria Galeano Cuenca, *Costumbres religiosas y prácticas funerarias romanas.* Universidad de Córdoba, Córdoba 1997.

H. Cheramy, *Les catacombes romaines.* Ernest Flammarion, París 1932.

J. M. C. Toynbee, *Death and Burial in the Roman World.* Ithaca, Nueva York 1971.

J. Fletcher Hurst y A. Ropero, *Historia general del cristianismo,* cap. XXVI. "La Iglesia de las catacumbas". CLIE, Terrassa 2008.

K. Rahner, *Sentido teológico de la muerte.* Herder, Barcelona 1965.

Ludwing Hertling y E. Kirschbaum, *The Roman Catacombs and their Martyrs.* Milwaukee 1957.

Roger Aubert, L. J. Rogier, M. D. Knowles, dirs., *Nueva historia de la Iglesia,* vol. I. "Desde los orígenes a San Gregorio Magno". Cristiandad, Madrid 1964.

13. Honores y culto a los mártires

Los mártires son los héroes de la milicia cristiana caídos en combate contra las fuerzas del mal, ejemplo de las futuras generaciones, y como a tales se les tributó honor y gloria desde los primeros días de la Iglesia cristiana. Los fieles recogen los restos de los mártires, "que son mucho más valiosos que piedras preciosas y que oro refinado, y los pusimos, y son colocados en lugares apropiados; donde el Señor nos permitirá congregarnos, según podamos, en gozo y alegría, y celebrar el aniversario de su martirio para la conmemoración de todos los que ya han luchado en la contienda y para la enseñanza y preparación de los que han de hacerlo más adelante"[445].

La fecha del martirio es para los creyentes el *dies natalis,* el día del nacimiento a la vida eterna. Los dirigentes de las Iglesias se encargan de tomar nota de ella. Durante la persecución

---

444 Peter Brown, "La antigüedad tardía", en *Historia de la vida privada,* I, p. 269.

445 Padres Apostólicos, *Mart. Policarpo* 18.

de Decio, Cipriano de Cartago instruye a sus oficiales: "Tomad nota del día en que mueren, para poder celebrar su conmemoración". Y pasa a nombrar varios mártires anteriores a la mitad del siglo III, que eran públicamente conmemorados en Cartago el día aniversario de su martirio[446].

Cada Iglesia guardaba fiel relación de sus mártires y unas Iglesias enviaban a otras noticia de los nuevos martirios. De este modo se irán compilando los primeros *Calendaria* o listas de mártires celebrados por las distintas Iglesias, según sus diferentes fechas, lo que a su vez dará lugar a los *martirologios* que encontramos en el siglo IV, y que representan colecciones de los diferentes *Calendaria*. Cada tumba de mártir será un nuevo título de gloria para la comunidad que la tiene. Estas tumbas son diariamente frecuentadas y sus paredes están rayadas con los nombres de los visitantes, con invocaciones y aclamaciones dirigidas al mártir. A muchos se atribuyen virtudes milagrosas. Por eso las Iglesias se disputan la posesión de las reliquias de los mártires. En el caso de los cuarenta mártires de Sebaste, antes de morir y conociendo la costumbre de las Iglesias, ruegan a los suyos que no se peleen por sus restos, y que no los separen, sino que así como van a morir juntos quieren permanecer juntos en la misma sepultura.

Todos los años, reunidos junto a la tumba de los mártires, la comunidad celebra el aniversario de los caídos. La homilía de la celebración litúrgica hacía elogio del mártir relatando los pormenores de su muerte. Así nació el culto a los mártires, hecho extensivo posteriormente a todos los considerados santos.

Al cesar las persecuciones, se unió a la memoria de los mártires el culto de los que habían dado testimonio de Cristo sin llegar al martirio, es decir, los llamados *confesores*. Más adelante, se aumentó el santoral con los *mártires de corazón*. Es decir, personas con reputación de vida virtuosa y sana doctrina, los "santos", como un cuerpo apartado de la masa de los fieles, que por su virtudes gozan de la cercanía de Dios.

La abundancia de actas legendarias sobre mártires que nunca existieron llevó tempranamente a la Iglesia africana a promulgar un canon protestando contra el culto de mártires, cuyo martirio no fuera seguro[447]. En el año 692 el Concilio de Trullan, celebrado en Constantinopla, excomulgó a quienes fueron responsables de la lectura de actas falsas.

1. La batalla por las reliquias

La ley disponía que los restos de los ajusticiados fueran entregados a quien los reclamara. "Los cuerpos de los ajusticiados se deben entregar a quien los pida para enterrarlos"[448]. "Los cadáveres de los decapitados no se deben negar a los parientes. Las cenizas y huesos de los ejecutados por el fuego se pueden recoger y depositar en un sepulcro"[449]. Gracias a estas disposiciones legales, generalmente observadas por todos los pueblos, José de Arimatea, pudo pedir a Pilato el cuerpo de Jesús para darle honrosa sepultura (Mt. 27:57-58), y los fieles

[446] Cipriano, *Cartas* 64.
[447] Sexto Concilio de Cartago, canon XVII, año 401.
[448] Pablo, *Digesto* XLVIII, XXIV, 3.
[449] Ulpiano, *Digesto* XLVIII, XXIV, 1.

cristianos pedir a los magistrados los cuerpos de sus hermanos martirizados. Aun durante las mismas persecuciones estatales se recogen los restos de los mártires, "mucho más valiosos que piedras preciosas y que oro refinado"[450].

Cuando en Cartago fue decapitado el obispo Cipriano, los fieles lo sepultaron de modo provisional cerca del lugar de su ejecución. Pero al anochecer fueron a buscarlo y, en procesión solemne, con cirios y antorchas, cantando himnos de victoria, lo trasladaron a una posesión funeraria del procurador Macrobio Condidiano en la vía Mappalia, donde recibió sepultura definitiva[451].

Ésta era la costumbre normalmente seguida, según suelen referir las *Passiones* de los mártires. Pero en ocasiones la ley permitía que los magistrados negaran la concesión de sepultura *(nonnumquam non permittitur)*[452]. Cuando esto ocurre, los creyentes no dudan en exponer sus vidas para recuperar los restos de los mártires. Se atreven a infringir las graves disposiciones de los magistrados, y mediante ingenio o soborno rescatan las reliquias de los mártires y se las llevan en secreto. Bajo Marco Aurelio, por ejemplo, son substraídos los restos de Justino y compañeros en Roma[453], y en Lyon las reliquias de Epípodo y Alejandro[454]. Bajo Decio, los fieles "hurtan para colocarlos en lugar seguro" los restos de Carpos, Papylos y Agathonice[455]. Bajo Valeriano, en Tarragona, los fieles van de noche al anfiteatro y apagando la hoguera, que todavía ardía, rescatan de los rescoldos los restos de Fructuoso y de sus diáconos[456]. Bajo Diocleciano, en años en que la prohibición de sepultura era más frecuente, se producen muchos de estos rescates devocionales. En Macedonia, unos cristianos que se disfrazan de marineros van en barcas para recoger con redes los cuerpos de Filipo y Hermes, arrojados al Hebro[457]. En Roma, se rescatan del Tíber los cuerpos de los mártires Faustino y Simplicio[458].

En esta guerra por el rescate y destrucción de los restos de los mártires, intervienen dos elementos y un prejuicio en la mentalidad de las autoridades. Uno, los honores solemnes que eran tributados a quienes ellos habían condenado por criminales, viendo además en tales honores un estímulo para que se afirmara aún más la superstición cristiana. El poeta cristiano Prudencio expresa el sentir de los perseguidores poniendo en labios de uno de ellos estos versos: "Voy a destruir hasta sus huesos, para que no se les erijan tumbas ni se les hagan inscripciones con el título de mártir"[459].

---

450 Padres Apostólicos, *Mart. Policarpo* 18.

451 *Act. procons. Cip.* 5.6.

452 Ulpiano, *Digesto* XLVIII, XXIV, 1.

453 *Acta S. Justini* 5.

454 *Passio SS. Epipodii et Alexandri* 12.

455 *Martyrium Carpi, Papyli et Agathonicae.*

456 *Acta Fructuosi, Augurii et Eulogii* 6.

457 *Passio S. Philippi* 15.

458 *Acta SS. Beatricis, Simplicis et Faustini.*

459 Prudencio, *Peri Stephanon* V, 389-392. Para los redactores del martirio de Policarpo es un elemento más de la lucha entre el reino de Dios y el reino de Satanás. La envidia demoníaca, "habiendo visto la grandeza de su martirio y lo intachable de su vida desde el principio, y cómo fue coronado con la corona de la inmortalidad, y hubo ganado un premio que nadie puede desmentir, se las arregló para que ni aun su pobre cuerpo fuera sacado y llevado por nosotros" (*Mart. Pol.* 17).

Otro, la confusión y la confusión sobre el verdadero objeto de adoración cristiana. Así, por ejemplo, en el siglo II en el martirio de Policarpo se dice que se negó la entrega del cuerpo del mártir "para que no abandonen al crucificado y empiecen a adorar a este hombre"; lo cual —se dice— fue hecho por instigación y ruego apremiante de los judíos, que también vigilaban cuando iban a sacarle del fuego, "no sabiendo que será imposible que nosotros abandonemos en este tiempo al Cristo que sufrió por la salvación de todo el mundo de los que son salvos ni adorar a otro"[460].

El prejuicio tiene que ver con el credo cristiano de la "resurrección de la carne", que burda e ingenuamente las autoridades pretenden malograr. Los restos de los mártires de Lyon, por ejemplo, tanto de aquellos que murieron en la cárcel como de los decapitados o arrojados a las fieras, fueron echados a los perros; y a los seis días, lo que quedaba, fue quemado y arrojado al Ródano. La razón de este bárbaro proceder se debe a que "los paganos creían que de este modo habían vencido la voluntad del Altísimo, privando a los mártires de la resurrección. Así, se decían, se quitará toda esperanza de renacimiento a estos hombres animados por esta esperanza, que desprecian las torturas y que corren alegremente a la muerte, introduciendo en el Imperio una religión extraña. Veamos ahora si resucitan y si su Dios le ayuda y consigue arrancarlos de nuestras manos"[461].

Los mártires, que no participan de esta grosera concepción materialista de la resurrección de "la carne", no dudan que aun triturados por los dientes de los leones o arrojados al fondo del mar serán recibidos enteramente por el Señor. "Trigo soy de Dios, y he de ser molido por las dentelladas de las fieras, para que pueda ser hallado pan puro de Cristo", escribe triunfalmente Ignacio[462].

Pero en términos generales puede decirse que, salvo alguna excepción, en los tres primeros siglos no hubo obstáculos para la libre inhumación de los mártires, que a veces era muy solemne. En el siglo IV, al principio de la llamada gran persecución de Diocleciano y sus asociados, los servidores cristianos de palacio que fueron martirizados recibieron sepultura, pero cuando la persecución se hizo más violenta y sistemática se llegó al extremo de evitar por todos los medios que los cristianos se hicieran con el cuerpo de los mártires. Esto ocurrió principalmente en las provincias orientales. Muchos creyentes, después de ser decapitados, quemados por fuego o devorados por las fieras, fueron arrojados al río o al mar, o quedaron abandonados en el suelo expuestos a los animales carroñeros.

Eusebio, testigo ocular de estos actos de barbarie, cuenta que "el gobernador de Cesarea llegó en su furor contra los siervos de Dios hasta a pisar las leyes de la naturaleza, prohibiendo dar sepultura a los restos de los santos. Por orden suya, eran custodiados al aire libre día y noche, para que las fieras pudieran devorarlos. Cada día se podía ver a una muchedumbre que velaba para que esta orden se ejecutara exactamente. Los soldados impedían que se recogieran los cadáveres, como si en esto les fuera mucho, y los perros, las fieras, las aves carnívo-

---

[460] Padres Apostólicos, *Mart. Policarpo* 17.

[461] Eusebio, *Hist. ecl.* V, 1, 57-63. F. Álvarez Ramos dice que la sociedad romana aplicó esta pena intentando impedir el regreso del criminal, incluso de su alma, la cual no atravesaría la barrera del agua ("La aplicación de la pena de muerte durante el alto imperio romano", *Estudios Humanísticos* 12, 1990, 67).

[462] Padres Apostólicos, *Carta de Ignacio a los Romanos* 4.

ras, destrozaban y dispersaban los miembros humanos, dejando restos de huesos y vísceras por cualquier lugar de la ciudad. Algunos dicen haber visto restos de cadáveres en las calles. Pues bien, al cabo de varios días sucedió un prodigio. Estando el cielo limpio y sereno, por las columnas que sostienen los pórticos comenzaron a correr gotas de agua, que mojaban el suelo de las plazas, aunque ni había llovido ni caído rocío. El mismo pueblo reconoció que la tierra, no pudiendo soportar las impiedades que se cometían sobre ella, había derramado lágrimas, y que las piedras, seres privados de razón, habían llorado para conmover a los bárbaros corazones de los hombres"[463].

2. Apoteosis de los mártires

Sarcófagos llamado de la Trilogía petrina (siglo IV), en la basílica de Santa Engracia de Zaragoza.

Obtenida ya la paz de la Iglesia, una corriente siempre creciente de devoción, a lo largo del siglo IV, va discurriendo hacia las tumbas de los mártires antiguos y recientes. Los fieles visitan los sepulcros siempre conocidos y venerados, y también los restos de los confesores. Las criptas sepulcrales se agrandan y embellecen, se decoran con mármoles y pinturas, mosaicos y metales preciosos, y se ensanchan las galerías y las escaleras internas. Se inscriben epitafios, a veces en verso, para guardar memoria perpetua de lo que nunca debe ser olvidado. Tumbas, transformadas en altares, sostienen lámparas llenas de óleo perfumado.

Pero las cámaras sepulcrales eran demasiado estrechas para contener a tanta gente, por eso, junto a las tumbas de los mártires más célebres, o encima de ellas, van alzándose "basílicas grandiosas, capaces de contener, bajo sus artesonados resplandecientes de oro, la multitud de los fieles"[464]. Entre los judíos era un acto religioso construir sinagogas cerca de las sepulturas de quienes habían muerto santamente.

Las distintas Iglesias locales establecen calendarios litúrgicos, reservando fiestas de aniversario para sus mártires más ilustres, y constituyéndolos patronos de ciudades y pueblos. Las fiestas de los mártires se celebran con la predicación de sermones y homilías que rememoran los hechos de los homenajeados. Ambrosio de Milán, Agustín de Hipona, Juan Crisóstomo, Basilio y Gregorio Nacianceno, Gregorio de Nisa, Gregorio Magno, Efrén el Sirio, todos estos y muchos más participan en estos acontecimientos aportando su retórica homilética. La memoria de los mártires se vive como el triunfo definitivo de la Iglesia.

No sólo se visitan las tumbas de los mártires, los fieles se empeñan en ser enterrados junto a ellos, como si eso les ayudara a entrar al cielo. En las catacumbas de Domitila un ex-

---

[463] Eusebio, *De Martyr. Palest.* 9.

[464] Prudencio, *Peri Stephanon* XI, 213-216; III, 191-200.

presivo fresco nos muestra a una santa de venerable aspecto que acoge en el cielo a una joven inhumada junto a ella. Algunos epitafios indican que el difunto reposa "junto a los santos" —ad sanctos, ad martyres, inter limina martyrum, inter sanctos, etc—. Un epitafio junto a la tumba del mártir San Lorenzo, advierte contra esta costumbre: "No es útil, sino más bien peligroso, descansar muy cerca del sepulcro de los santos. Una vida santa es el mejor medio para merecer su intercesión. No hemos de unirnos a ellos por el contacto corporal, sino con el alma".

Los griegos ofrecían sacrificios en los lugares destinados a sepulturas de varones insignes. Los romanos tenían también la costumbre de construir sobre sus hipogeos o sepulcros subterráneos, salas en que se juntaban para honrar la memoria de sus muertos y celebrar los festines de costumbre. Edificaban igualmente capillas y altares para sacrificar a los dioses manes o lares. Esta costumbre pasó al cristianismo, estableciendo ciertas reuniones alrededor de las tumbas de los mártires para celebrar comidas fraternales. Estaba muy arraigada en el África cristiana, y fue conocida por Agustín por medio de su madre, que solía practicarla allí donde iba. "Sucedió en una ocasión que mi madre, según la costumbre africana llevó a las tumbas de los mártires tortas de harina con miel, panes y vino puro"[465]. Estos presentes servían para improvisar un ágape en el cual se mostraba la caridad fraterna, especialmente con los pobres. Debido a ciertos abusos, Ambrosio de Milán la prohibió y terminó por desaparecer gradualmente en toda la geografía cristiana.

No sólo se llevaban alimentos con el propósito de que "quedasen santificados por los méritos de los mártires, en nombre del Señor de los mártires"[466], sino que también se celebraba el sacramento eucarístico, utilizando la tumba del mártir por altar[467]. Agustín reacciona contra las interpretaciones maliciosas de los paganos, aclarando que "quien conoce el sacrificio de los cristianos, que se ofrece allí también, no tiene estas celebraciones como sacrificio a los mártires; pues, no honramos nosotros a nuestros mártires como honran ellos a sus dioses, con honores divinos, ni con crímenes humanos; ni les ofrecemos sacrificios, ni convertimos sus crímenes en sus ritos sagrados"[468].

3. El problema del culto a los mártires

El temprano culto tributado a los mártires dio lugar a diversas malinterpretaciones entre los adversarios del cristianismo. En un principio, cuando se ignoraban los detalles de la historia, doctrina y práctica de las Iglesias, hubo quien pensó que los mártires constituían una especie de "dioses" para los cristianos. Una noticia del siglo II sobre el martirio de Policarpo nos informa de que el magistrado se negó a entregar el cuerpo del mártir "para que no abandonen al crucificado y empiecen a adorar a este hombre", no sabiendo que "será imposible que nosotros abandonemos al Cristo que sufrió por la salvación de todo el mundo de los que son salvos —sufriendo por los pecadores siendo Él inocente—, ni adorar a otro. Porque a Él, sien-

[465] Agustín, *Confesiones* VI, 2.
[466] Agustín, *Civ. Dei* VIII, 27.1.
[467] Plinval y Pittet, *Historia ilustrada de la Iglesia,* pp. 77-78.
[468] Agustín, *Civ. Dei* VIII, 27.2.

do el Hijo de Dios, le adoramos, pero a los mártires, como discípulos e imitadores del Señor, los respetamos y queremos como merecen, por su afecto incomparable hacia su propio Rey y Maestro. Que nuestra suerte sea también ser hallados copartícipes y condiscípulos de ellos"[469].

La honra de los caídos por la fe no se prestaba a equívocos, pero a medida que crecía la importancia milagrosa atribuida a los huesos y cenizas de los mártires, en estrecho paralelismo con las costumbres paganas, la veneración de su memoria se parecía cada vez más al culto pagano a los dioses inmortales y a los héroes divinizados, cuyos huesos y cenizas también se conservaban y veneraban por sus efectos milagrosos. Los fieles se dirigían en oración a los mártires confiados en poder obtener favores, tales como salud. Este hecho que no pasó inadvertido a los críticos paganos del siglo IV que durante siglos habían soportado el reproche y las burlas cristianas al culto que tributaban a sus dioses y héroes, en nada se diferenciaba del culto practicado en ese momento por la inmensa mayoría de los cristianos victoriosos. Polémica que ha llegado hasta nuestros días con los estudiosos del folklore religioso y de las religiones comparadas. Al introducir el culto a los santos, se dice, la Iglesia abrió las compuertas a una corriente pagana de las más características. No hay, en efecto, diferencia esencial entre los santos de la Iglesia y los héroes del politeísmo griego. Autores católicos como el jesuita Delehaye han rechazado esta presunción con todo lujo de detalle. Para él, era natural que el cristianismo acabara por apropiarse de la totalidad de un ritual que, dentro de los límites impuestos por las convenciones de la raza y la cultura, bastaba con interpretar sanamente para convertirse en el lenguaje del alma cristiana al elevarse hacia el verdadero Dios. "Todos los signos exteriores que no implicaban aceptación expresa del politeísmo tenían que hallar gracia ante los ojos de la nueva religión; si no se apresuró a adoptarlos formalmente a sus usos, tampoco protestó cuando aquellos signos exteriores reaparecieron como medio expresivo del instinto religioso del pueblo"[470].

Hoy son pocos los eruditos que trazan el origen del culto a los santos en el culto a los héroes divinizados. Es una teoría que carece de base por más que gozó del favor popular en otro tiempo[471]. La mayoría de eruditos modernos se inclinan por la teoría de Peter Brown sobre la influencia del "hombre santo", a quien se considera haber ganado la entrada inmediata en el cielo después de su muerte[472]. No podemos ahora entrar en ese debate, sino seguir con la respuesta cristiana de la época, cómo vivieron los cristianos de entonces esta crítica y cómo reaccionaron ante la evolución de este culto a los mártires paralelo al culto a Dios.

Agustín fue uno de los primeros teólogos en encarar el problema frente a las acusaciones de sus adversarios paganos. Y lo hace en su grandiosa y última apología contra el paganismo: *La Ciudad de Dios. Defensa contra los errores y las blasfemias de sus atacantes.*

---

469 Padres Apostólicos, *Mart. Policarpo* 17.

470 Hippolyte Delehaye, *The Legends of the Saints,* p. 151.

471 E. Lucius y G. Anrich, *Die Anfänge des Heiligenkultes in der christlichen Kirche* (Tübingen, 1904); P. Saintyves, *Les saints successeurs des dieux* (París, 1907).

472 Peter Brown, "The Rise and Function of the Holy Man in Late Antiquity", pp. 103-52 (*Society and the Holy in Late Antiquity,* Chicago,1982); "The Saint as Exemplar in Late Antiquity", pp. 3-14 (John Hawley, ed., *Saints and Virtues.* Berkeley 1987); "Arbiters of the Holy: The Christian Holy Man in Late Antiquity", pp. 55-78 (*Authority and the Sacred,* Cambridge 1995); "The Rise and Function of the Holy Man in Late Antiquity", pp. 353-376 (*Journal of Early Christian Studies* 6.3, 1998).

En primer lugar, Agustín recoge la queja de aquellos que acusan a los cristianos de adorar a los mártires en los sepulcros, del mismo modo que los paganos adoraban a sus dioses en los templos. Luego pasa a mostrar la diferencia entre la honra dada a los mártires y el culto ofrecido a los difuntos divinizados. Después argumenta que los cristianos no construyen templos, ni ordenan sacerdotes, ni solemnidades, ni sacrificios para esos mismos mártires, "porque ellos no son nuestros dioses, sino que su Dios es nuestro Dios. Ciertamente honramos sus reliquias como memoriales de hombres santos de Dios que lucharon por la verdad hasta la muerte de sus cuerpos para dar a conocer la verdadera religión. [...] ¿Quién ha oído nunca del sacerdote de los fieles, estando en el altar construido sobre el cuerpo de algún santo mártir para honor y culto de Dios, decir jamás en sus oraciones 'te ofrezco este sacrificio, Pedro, Pablo o Cipriano'? Ante sus tumbas es a Dios a quien ofrece sus sacrificios, el Dios que los hizo hombres y mártires, y los asoció a sus santos ángeles en el honor celestial. Y esa solemnidad tiene por objeto dar gracias a Dios por sus victorias y exhortarnos a nosotros, por la renovación de su memoria, a la imitación de tales coronas y palmas invocando el auxilio del mismo Dios".

Por consiguiente, concluye Agustín, cuantos homenajes celebran las personas piadosas en los lugares de los mártires constituyen un ornato de sus memorias *(ornamenta memoriarum)*, no solemnidades o sacrificios de muertos como si fueran dioses. "Así pues, no honramos nosotros a nuestros mártires como honran ellos a sus dioses, con honores divinos, ni con crímenes humanos; ni les ofrecemos sacrificios, ni convertimos sus crímenes en sus ritos sagrados. [...] Nosotros no dedicamos sacerdotes ni ofrecemos sacrificios a nuestros mártires, como ellos hacen con sus difuntos, porque es inconveniente, indebido e ilícito; debido solamente al único Dios"[473].

Pero no sólo los paganos censuraban el creciente culto a los mártires y sus reliquias. También lo hacían los propios cristianos. Entre ellos Vigilancio, nacido alrededor del 370, en Calagurris, cerca de Convenae (Comminges), estación en el camino romano de Aquitania a España. En el 395 pasó una temporada con San Jerónimo en Belén. De vuelta a su tierra, Vigilancio escribió un tratado donde censuraba como superstición la reverencia dada a las reliquias de los mártires, las oraciones ofrecidas a los difuntos, el uso de cirios, la proliferación de supuestos milagros, etc.; así como el envío de limosnas a Jerusalén, que él consideraba tendrían un mejor uso entre los pobres de cada comunidad. El obispo Exsuperio de Toulouse apoyó de todo corazón las ideas de Vigilancio y las dio a conocer ampliamente. Jerónimo, de temple polémico, arremetió contra Vigilancio con más pasión que razón. Dice que sólo un espíritu inmundo podía haber inspirado a Vigilancio para luchar contra el Espíritu de Cristo y negar la reverencia religiosa dada a las tumbas de los mártires[474].

Vigilancio relacionó directamente la práctica del culto a las reliquias de los mártires con el culto pagano. "Bajo el amparo de la religión vemos que todas las ceremonias paganas se han in-

[473] Agustín, *Civ. Dei* VIII, 26-27. Cf. Tarcisius J. van Bavel, "The Cult of the Martyrs in St. Augustine: Theology versus Popular Religion?", en M. Lamberights y P. Van Deun, eds., *Martyrium in Multidisciplinary Perspective: Memorial Louis Reekmans,* pp. 351-361. University Press and Peeters, Leuven 1995.

[474] Jerónimo, *Contra Vigilantius,* 1.

troducido en las iglesias", escribe[475]. Loco, responde Jerónimo, "¿quién en el mundo ha adorado a los mártires, o quién pensó que el hombre es Dios?". Pero en el texto que sigue, Jerónimo no responde a los argumentos de Vigilancio, se limita a lanzar en contra una serie de insultos y amenazas propia de una muy común "teología de intimidación", practicada generalmente en nombre de una supuesta ortodoxia. "¡Oh, monstruo —escribe Jerónimo—, que deberías ser arrojado en los confines de la tierra! ¿Te burlas de las reliquias de los mártires y en compañía de Eunomio, el padre de la herejía, escarneces las iglesias de Cristo? ¿No temes contar con tal compañero y decir contra nosotros las mismas cosas que él dice contra la Iglesia?"[476].

Durante doce siglos se impuso el punto de vista tradicional, hasta que la llegada de los reformadores del siglo XVI volvió a abrir el debate y un gran sector de la cristiandad europea dio la razón a Vigilancio, pero ésa es otra historia[477].

BIBLIOGRAFÍA

Agustín, *La ciudad de Dios*. Edición, intro. y notas A. Ropero. CLIE, Terrassa 2003.

Andrè Grabar, *Martyrium. Recherches sur le culte des reliques et l'art chrètien antique*. 2 vols. College de France, París 1943-1946.

Hippolyte Delehaye, *Les origines du culte des martyrs*. Bruselas 1933, 2 ed.

—*Sanctus, essai sur le culte des saints dans l´antiquité*. Bruselas 1927.

—*The Legends of the Saints*. Introducción de Richard J. Schoeck. University of Notre Dame Press 1961.

James Bentley, *Restless Bones: The Story of Relics* (London, Constable 1985).

James Howard-Johnston, ed., *The Cult of Saints in Late Antiquity and the Early Middle Ages. Essays on the Contribution of Peter Brown*. University of Oxford, Oxford 2000.

Juan G. Atienza, *Los santos paganos. Dioses ayer, santos hoy*. Robin Book, Barcelona 1993.

Patricia Cox, *Biography in Late Antiquity: A Quest for the Holy Man*. University of California Press, Berkeley 1983.

Peter Brown, *The Cult of Saints. Its Rise and Function in Latin Christianity*. University of Chicago Press, Chicago 1982.

—*Society and the Holy in Late Antiquity*. University of Chicago Press, Chicago 1982.

—*Authority and the Sacred*. Cambridge University Press, Cambridge 1995.

Stephen Wilson, ed., *Saints and Their Cults: Studies in Religious Sociology, Folklore, and History*. Cambridge University Press, Cambridge 1983.

Thomas Head, *The Holy Person in Comparative Perspective*. Edición electrónica: orb.rhodes.edu/encyclop/religion/hagiography/cult.htm

—y Thomas Noble, eds. *Soldiers of Christ: Saints and Saints' Lives from Late Antiquity and the Early Middle Ages*. Pensylvania State University Press, University Park 1994.

[475] Cit. por Jerónimo, *Contra Vigilantius*, 4.

[476] Jerónimo, *Contra Vigilantius*, 8.

[477] Cf. Juan Calvino, *Traitè des reliques*, 1547. Teófilo Gay, *Diccionario de controversia*, "Reliquias". CLIE, Terrassa 1994.

PARTE II
LOS APÓSTOLES Y SU OBRA

1. Discípulos y apóstoles

No es mucho lo que sabemos de los doce apóstoles de Jesús. Tanto es así que los críticos más racionalistas llegaron a negar la existencia de tal cuerpo, afirmando que Jesús nunca designó apóstoles que le ayudasen en su obra y la continuaran. Y si poco sabemos de su vida como individuos, menos sabemos de su muerte. De la mayoría del grupo de los doce sólo conocemos el nombre. Pero como era natural los creyentes de los primeros siglos querían saber quién era quién en el cuerpo apostólico, qué habían hecho por la extensión del Evangelio y cómo habían terminado sus vidas. Surgió así una vasta literatura legendaria, mezclando leyendas locales con recuerdos auténticos, favorecida, además, por el interés de muchas Iglesias de contar con un apóstol como fundador. A cada uno de los doce se les atribuyó una concreta región del globo terráqueo como campo de misión. A todos se les adornó con la palma y corona del martirio.

En los Evangelios sinópticos se dice que desde el principio de su ministerio Jesús llamó a algunas personas para instruirles de un modo especial con vistas a una misión. Se dice que fueron doce: "Constituyó a doce, a quienes nombró apóstoles, para que estuvieran con él, y para enviarlos a predicar" (Mc. 3:14). Lucas, para quien el término ha adquirido el sentido técnico posterior, aclara que los llamó *apóstoles*: "Cuando se hizo de día, llamó a sus discípulos y de ellos escogió a doce, a quienes también llamó apóstoles" (Lc. 6:13). El llamamiento de los doce apóstoles se describe casi con las mismas palabras (Mt. 10:1-4; Mc. 3:13-19; Lc. 6:12-16), lo cual indica que son literariamente dependientes.

El Evangelio de Juan, si bien menciona varias veces a "los doce", en ningún momento de su redacción recoge la lista de sus nombres, aunque algunos de ellos van apareciendo en diversas partes de su texto cuando los acontecimientos lo requieren, pero sin darles el título de "apóstoles". En un principio la tarea de los doce consiste exclusivamente en estar con Jesús. "Esto significa que ellos sólo pueden ser entendidos desde Él y en comunión con Él"[478].

Apóstol, en griego *apostello,* se refiere a alguien que es enviado, "un mensajero delegado", y corresponde al arameo *seliah,* idioma utilizado por Jesús y sus discípulos —que a su vez se deriva del hebreo *shalíaj-shalúaj.* Denota principalmente a los doce designados por Jesús para una misión especial efectuada en su nombre. En los Evangelios los apóstoles son designados por el término griego *mathetai* = "discípulos", o simplemente *dodeka* = "los doce"; y después de la traición de Judas, *hendeka* = "los once" (Mt. 28:16; Mc. 16:14; Lc. 24:9; Hch. 1:26, 2;14). En los Evangelios sinópticos el nombre "apóstol" aparece raramente con el sentido de "enviado". Una vez nada más en Mateo y Marcos. Sólo en las cartas de Pablo y en los Hechos de los Apóstoles el nombre "apóstol" adquiere su sentido original y nuevo de "enviado". Sentido *nuevo* pues en el griego clásico no era un término usual para indicar al *enviado* en sentido técnico, para el que existían las palabras *ángelos, kérux, presbeytés.* El paralelo griego con el apóstol del Nuevo Testamento es el *katáskopos* de los cínicos estoicos. El cristianismo, como en tantos otros casos, dio sentido nuevo al término "apóstol", hasta el punto de que en la lengua latina de la Iglesia no se tradujo, sino que se transcribió como palabra extranjera.

---

[478] Joachim Gnilka, *El Evangelio según San Marcos,* vol. I, p. 163. Sígueme, Salamanca 1986.

El número doce no es caprichoso. Es el número que rememora las doce tribus de Israel. Por ello podemos decir que la elección de doce apóstoles, cuales padres de respectivas familias futuras, tiene un sentido escatológico claro. La actuación de Jesús a la hora de elegir a los discípulos en número de doce apunta a la reunión del nuevo pueblo de Dios escatológico en el cercano Reino de Dios. Representan a las doce tribus que se sentarán en el banquete del final de los tiempos. No otra es la razón por la que, en la llamada Última Cena son estos doce los que le acompañarán en esos momentos de tribulación, como anticipo del banquete final anunciado en el Evangelio de Lucas: "Y vendrán de oriente y occidente, del norte y del sur, y se pondrán a la mesa en el Reino de Dios" (Lc. 13:29). La actuación de Jesús a la hora de elegir a los doce apunta a la reunión del nuevo pueblo de Dios escatológico en el cercano Reino de Dios.

Procedamos a transcribir la lista de los doce que nos presenta el texto evangélico de modo que podamos notar de un vistazo sus similitudes y diferencias:

Simón, Pedro	Simón, al cual llamó Pedro
Jacobo hijo de Zebedeo	Andrés, hermano de Pedro
Juan el hermano de Jacobo	Jacobo hijo de Zebedeo
Andrés, hermano de Pedro	Su hermano Juan
Felipe	Felipe
Bartolomé	Bartolomé
Mateo el publicano	Mateo
Tomás	Tomás
Jacobo hijo de Alfeo	Jacobo hijo de Alfeo
Tadeo, también llamado Lebeo	Simón llamado el Zelote
Simón el cananita	*Judas hijo de Jacobo*
Judas Iscariote	Judas Iscariote
(Mc. 3:16-19; Mt. 10:2-4)	(Lc. 6:13-16)

Los nombres de los doce apóstoles ofrecidos en estas listas se prestan a confusión y crean ciertas dificultades a la hora de establecer la identidad de algunos de ellos. Juan, como dijimos, menciona varias veces a "los doce", pero en ningún momento ofrece una lista de sus nombres. Sin embargo silencia el nombre de Bartolomé y aparece el de Natanael, ignorado por los sinópticos. ¿Se trata de las mismas personas o diferentes? ¿Y qué diremos del Tadeo de Marcos y Mateo y del Judas hijo de Jacobo de Lucas? ¿El mismo apóstol con designación diferente?

También hay ciertos cambios en el orden. Marcos comienza por Pedro, Santiago y Juan, que componen el trío de elegidos entre los elegidos, "los íntimos" de Jesús. Mateo y Lucas, por su parte, siguen el orden cronológico de llamada de cada cual. Lucas también altera el orden final de la relación, a partir de Tadeo, ya que sitúa a éste en último lugar, de la misma forma que cambia el complemento de Simón: zelote; cananita para Mateo y Marcos.

A su vez, el apelativo de "hijos del trueno" *(Boanerges),* asignado a Santiago y Juan por Marcos (3:17), es omitido por Mateo y Lucas, mientras que el complemento de Mateo como "el publicano" sólo es recogido por el propio evangelista, sin que se mencione en Lucas y Marcos, que habla de "Leví de Alfeo". Mateo omite también las relaciones de parentesco entre Santiago y Juan. El nombre de Tadeo aparece sólo en Mateo y Marcos (algunos manuscritos griegos leen Lebeo en lugar de Tadeo), mientras que Lucas habla de un Judas hijo de Jacobo, que forzosamente hay que identificar con Tadeo-Lebeo.

Simón es llamado "cananeo" en el texto griego de Mt. 10:4 y de Mc. 3:18. Lucas lo designa como "zelota" (Lc. 6:15; Hch. 1:13). La razón está en que "cananeo" no quiere decir de Canaán o de la ciudad de Caná, sino que corresponde a una palabra aramea *qan´ana,* que significa "celoso", en griego *zelotes*. De ahí que los sobrenombres "zelota" y "cananita" correspondan a un mismo personaje, pues Lucas no hace sino traducir correctamente el término arameo *qan´ ana.*

Bartolomé es desconocido para Juan, en su lugar habla de un tal Natanael, relacionado con Felipe (Jn. 1:43-51). ¿Se trata de la misma persona? Así se cree, según se deduce de un análisis comparativo de los textos evangélicos. Puesto que los sinópticos no mencionan a Natanael en sus listas de los doce, se cree que el Bartolomé que parece ocupar su lugar recibe este nombre por su filiación familiar, en arameo *Bar-Tolmai* = hijo de Tolmai, correspondiente al nombre personal y propio de Natanael del cuarto Evangelio. El hecho de que Bartolomé siempre es mencionado en relación con Felipe en la lista de los doce, el mismo que le condujo a Cristo según Juan, confirma la identificación de ambos nombres en un mismo personaje.

Como dijimos antes, tenemos muy pocas noticias de los apóstoles y su actividad, exceptuando a Pedro, Juan y Santiago el Menor. Lo que sabemos de ellos es debido en gran parte a tradiciones orales del siglo II recogidas en sus respectivas historias eclesiásticas por Eusebio, Hegesipo, Nicéforo y otros. Esto indica, como hace notar Bruce Vawter, que aunque la institución de los doce tenía una máxima importancia en la Iglesia del Nuevo Testamento, sin embargo la tradición estaba mucho más interesada por la institución en sí que por las personalidades del colegio apostólico. "Lo cual no es tan sorprendente como pudiera parecer en un principio. La Iglesia del Nuevo Testamento, después de todo, se preocupaba de aquellos aspectos de la tradición que la afectaban vitalmente, y lo que más interesaba a una Iglesia gentil situada muy lejos de Palestina es la institución apostólica en sí, más que sus componentes originarios"[479].

Sólo cuando, por diversos motivos que sería prolijo relatar, las Iglesias comenzaron a interesarse por el destino de cada apóstol, comenzaron a tejerse narraciones en torno a memorias y noticias fragmentarias, donde la leyenda suplió la falta de información histórica y biográfica. A pesar de esto, en un buen número de casos la información que ofrecen sobre los apóstoles deja traslucir un núcleo de verdad que vale la pena conocer tanto por sus implicaciones históricas como doctrinales. Se trata de noticias de carácter geográfico sobre Iglesias particulares que retrotraen su fundación a la labor de los apóstoles, con más o menos credibilidad.

Desde el punto de vista literario, el género de los *Hechos* apócrifos de los apóstoles, que comienza a partir del siglo II y se extiende en el III, guarda un estrecho paralelo con la lite-

[479] Bruce Vawter, *Introducción a los cuatro Evangelios,* pp. 145-146. Sal Terrae, Santander 1969.

ratura novelesca de la Antigüedad. Hay discursos de misión y sermones conminatorios de todo tipo, plegarias heterogéneas e interesante material litúrgico, aunque, comparados con los Hechos de Lucas, faltan los discursos típicos del escrito canónico. Ninguna alocución de los Hechos apócrifos tiene la función de señalar puntos históricos culminantes o cruciales y de interpretarlos, como en Lucas, en línea con la historiografía antigua, ya que nunca se pretende ofrecer una perspectiva histórica general. Los autores apócrifos siguen más la línea novelística antigua. Los *Hechos* apócrifos de los apóstoles, como señala el erudito Philipp Vielhauer, nacieron en el último período de florecimiento de la novela, donde se combina la epopeya y la historiografía y están en relación con la novelesca antigua al tiempo que informan sobre la mentalidad de la época y establecen una conexión entre las figuras apostólicas y sus respectivas regiones. Describen las correrías de los apóstoles y su poder de hacer milagros siguiendo las antiguas narraciones de los héroes. En el caso de los *Hechos de Pablo* y los de *Andrés,* también en los *Hechos de Pedro, Tomás* y *Juan,* se yuxtaponen las hazañas sobrenaturales con la confrontación y conversión, siempre milagrosa, de sus adversarios. Fueron muy bien recibidos por los lectores cristianos y su influencia posterior se constata en las leyendas de santos de la Iglesia antigua y medieval.

No hay que desdeñar estos relatos, pues desde el punto de vista misionero constituyen una especie de avanzadilla de "evangelización de la cultura", acorde con los métodos de la época. Hacía tiempo que paganos y cristianos habían convertido la novela en instrumento de proselitismo[480]. Por su propia naturaleza, el relato novelesco comienza por satisfacer la curiosidad de los lectores creyentes, interesados en el fundamento histórico de su fe y de sus comunidades, y a la vez se introduce en el campo de la cultura antigua. Aunque la exposición es sencilla, su empresa "preparó el terreno para una serie de escritos que pronto se dirigieron también a los no cristianos, y se esforzaron con intensidad creciente por estar a la altura de la literatura exigida por su tiempo"[481].

Respecto a los apóstoles no es posible seguir al detalle las vicisitudes misioneras de cada uno de los doce, pero al menos, los relatos que surgieron en torno a la memoria de su nombre nos dan una idea muy certera de la evolución de la mentalidad cristiana respecto al valor y consideración teológica del martirio, a la compasión que despiertan los sufrimientos del mártir —víctima de la injusticia pagana— ante el pueblo espectador, el deseo de morir y partir para la gloria, el papel preponderante de los acontecimientos milagrosos y la muerte de los perseguidores alcanzados por el rayo de la justicia divina.

A continuación, y recurriendo a las mejores fuentes que nos son accesibles en la actualidad, iremos estudiando la vida y muerte de cada apóstol por separado, siguiendo la lista cronológica ofrecida por Mateo y Lucas, aunque para ser exactos habría que comenzar con Andrés, pero respetamos el orden canónico del Nuevo Testamento, siempre interesado por la historia desde la perspectiva teológica y eclesial, la cual imprime a la interpretación de los acontecimientos la evolución sufrida en el tiempo.

---

480 Franz Altheim, *El sol invicto,* p. 112.

481 Stockmeier, , "Edad antigua", en Josef Lenznweger, ed. *Historia de la Iglesia católica,* p. 60.

BIBLIOGRAFÍA

A. B. Bruce, *The Training of the Twelve.* T & T Clark, Edimburgo 1924, 6 ed. / Kregel, Grand Rapids 1999.

Alejandro Díez-Macho y Sebastián Bartina, dirs., *Enciclopedia de la Biblia,* 6 vols. Ediciones Garriga, Barcelona 1963.

Arturo Climent Bonafé, *Los apóstoles: testigos de la fe.* CEP, Valencia 2001.

Asbury Smith, *The twelve Christ Chose.* Harper, New York 1958.

Daniel Rops, *Los apóstoles y los mártires.* Circulo de Amigos de la Historia, Madrid 1972.

—*La Iglesia de los apóstoles y de los mártires.* Ed. Palabra, Madrid 1992.

E. Pascual Calvo, "Apóstoles". *Gran Enciclopedia Rialp,* vol. 2. Madrid 1971.

Edgar J. Goodspedd, *The Twelve. The Story of the Apostles.* J. C. Winston Co., Philadelphia 1957.

Emil G. Kraeling, *Los discípulos.* Ediciones G. P. / Plaza & Janés, Barcelona 1968.

Enrique Cases Martín, *Los doce apóstoles.* EUNSA, Pamplona 1997.

F. F. Bruce, *Pedro, Esteban, Jacobo y Juan. Estudios en el cristianismo primitivo no paulino.* Editorial Mundo Bíblico, Santa Cruz de Tenerife 2003.

H. S. Vigeveno, *Trece hombres que cambiaron el mundo.* Libertador, Venezuela 1974.

Heliodoro Lillo Lutteroth, *Vida de los apóstoles.* Bruguera, Barcelona 1972.

Herbert Lockyer, *All the apostles of the Bible.* Zondervan, Grand Rapids 1972.

Ignacio Domínguez, *Los apóstoles de Jesucristo.* Soc. Ed. Atenas, Madrid 1988.

John P. Meier, *Un judío marginal. Nueva visión del Jesús histórico,* 2 vols. Verbo Divino, Estella 1998-1999.

José A. de Sobrino, *Así fue la Iglesia primitiva: vida informativa de los apóstoles.* BAC, Madrid 1986.

José Repollés, *Los apóstoles.* Editorial Bruguera, Barcelona 1962.

Otto Hophan, *Los apóstoles.* Ed. Palabra, Madrid 1982.

Philipp Vielhauer, *Historia de la literatura cristiana primitiva.* Sígueme, Salamanca 1991.

R. A. Lipsius y Mas Bonnet, *Acta Apostolorum apocripha.* Leipzig 1891-1903.

Ronald Brownrig, *The twelve apostles.* Macmillan, New York 1974.

William Barclay, *Los hombres del Maestro.* DDB, Bilbao 1988.

2. Simón Pedro

Simón, al cual se puso por sobrenombre Pedro, cabeza indiscutible de todas las listas apostólicas, aparece a veces como Simeón (Hch. 15:14; 2 Pd. 1:1), aunque su nombre propio era Simón, que retuvo todo el tiempo de su relación con Cristo, y así fue llamado por Él (Mt. 17:25; Mc. 14:37; Lc. 22:31; Jn. 21:15), y al parecer también por los discípulos (Lc. 24:34; Hch. 15:14). Pero después de la Ascensión y la extensión de su labor apostólica comenzó a ser conocido como Simón Pedro. Con el curso del tiempo el nombre *Pedro* absorbió por completo el de Simón. Pablo le llama siempre Cefas en 1 Corintios y Pedro en el resto de sus cartas.

Simón era hijo de Jonás y nacido en Betsaida (Jn. 1:42, 44), un pueblo junto al lago de Genesaret, de cuya ubicación no hay certeza, aunque generalmente se lo busca en el extremo norte del lago. El también apóstol Andrés era su hermano y quien le presentó a Jesús, cronológicamente, pues, le correspondería a éste el primer puesto o lugar, pero es evidente que Pedro destaca como el primero entre los apóstoles. Cuando las palabras de Jesús son dirigidas a todos ellos, es Pedro quien responde en nombre del grupo (Mat. 16:16).

Simón debió establecerse en Cafarnaúm a raíz de su matrimonio, pues se dice que vivía allí con su suegra en su propia casa (Mt. 8:14; Lc. 4:38). Según Clemente de Alejandría tenía mujer e hijos[482], la cual sufrió el martirio juntamente con su esposo[483]. En Cafarnaúm vivió Pedro dedicado a sus habituales labores de pesca, poseyendo su propio barco (Lc. 5:3).

En el primer encuentro con Jesús se anticipa el destino especial del apóstol mediante el cambio de nombre, de Simón a Cefas (*Kephas;* arameo *Kipha,* "roca"). Después del encuentro inicial, Pedro y el resto de los primeros discípulos retornaron a sus tareas por un breve lapso, pero pronto recibieron el llamado definitivo de Jesús para seguirle (Mt. 4:18-22; Mc. 1:16-20; Lc. 5:1-11). Desde entonces Pedro permaneció siempre en la vecindad inmediata de Jesús. Luego del Sermón de la Montaña y de curar al hijo del centurión en Cafarnaúm, Jesús vino a casa de Pedro y sanó a su suegra, que estaba enferma de una fiebre (Mt. 8:14-15; Mc. 1:29-31). Poco después Cristo eligió a sus doce apóstoles como compañeros constantes al predicar el Reino de Dios.

Pedro fue uno de los tres apóstoles, con Santiago y Juan, que estuvieron con Cristo en ciertas ocasiones especiales: la resurrección de la hija de Jairo de entre los muertos (Mc. 5:37; Lc. 8:51); la transfiguración de Cristo (Mt. 17:1; Mc. 9:1; Lc. 9:28), la oración en el huerto de Getsemaní (Mt. 26:37; Mc. 14:33).

En vida de Jesús, Pedro —como el resto de sus compañeros— no tuvo claro conocimiento de la misión y labor de Cristo; en especial los padecimientos y muerte de Jesús le parecían contradictorios e inconcebibles con su concepción terrena del Mesías (Mt. 16:21-23; Mc. 8:31-33). El carácter indeciso de Pedro, que continuó no obstante su fidelidad entusiasta a su Maestro, se reveló claramente en conexión con la pasión de Cristo. La afirmación de Pedro, sobre que estaba listo para acompañar a su Maestro a prisión y muerte, provocó que Cristo predijera que Pedro lo negaría (Mt. 26:30-35; Mc. 14:26-31; Lc. 22:31-34; Jn. 13:38). Al ser prendido Jesús, Pedro quiso defender a su Maestro por la fuerza, pero éste se lo prohibió. De manera que al principio huyó con los otros apóstoles (Jn. 18:10-11; Mt. 26:56); entonces, volviendo, siguió a su Señor cautivo al patio del Sumo Sacerdote, negando allí a Cristo, afirmando en forma explícita y jurando que no le conocía (Mt. 26:58-75; Mc. 14:54-72; Lc. 22:54-62; Jn. 18:15-27), cumpliendo así la profecía de Cristo. Cuando éste le miró, Pedro reconoció claramente lo que había hecho.

A pesar de su debilidad e indudable cobardía, fue confirmado más adelante por Jesús, y su precedencia no fue menos destacada después de la resurrección que antes. Las mujeres que fueron primeras en hallar el sepulcro de Cristo vacío, recibieron del ángel un recado especial para Pedro (Mc. 16:7). Cuando se apareció junto al lago de Genesaret, Cristo renovó la comisión especial a Pedro de alimentar y defender a su rebaño, después que Pedro hubo afirmado por tres veces su amor especial por su Maestro (Jn. 21:15-17). Finalmente, Cristo predijo la muerte violenta que habría de sufrir Pedro y, de esta manera, lo invitó a seguirlo de un modo especial (Jn. 21:20-23).

En la Iglesia primitiva Pedro jugó un papel de vital importancia. Fue el primero en predicar el mensaje evangélico en la fiesta de Pentecostés, el primero en realizar un milagro, en compañía de Juan, en la persona del paralítico del pórtico de Salomón. Intervino en Samaria

[482] Clemente, *Stromata,* III, 6, 52.

[483] Clemente, *Stromata,* III, 7, 11, 63; Eusebio, *Hist. ecl.* III, 30.

y en las ciudades marítimas de Lida, Jope y Cesarea. En Lida curó al paralítico Eneas, en Jope resucitó a Dorcas de entre los muertos, y en Cesarea recibió en la Iglesia a los primeros cristianos no judíos: Cornelio y su casa (Hch. 9:31-10:48). En Jerusalén tuvo que dar cuenta a los que le preguntaron por qué había entrado y comido en la casa de los incircuncisos. Pedro defendió su acción, basado en la autoridad divina que le había concedido la visión del lienzo de los animales puros e impuros.

En el año 42-44 Herodes Agripa I inició una persecución de la Iglesia en Jerusalén que acabó con la vida de Santiago el Mayor, y puso en peligro la de Pedro encerrándole en prisión. Liberado de manera milagrosa, y dirigiéndose a casa de la madre de Juan Marcos, donde muchos de los fieles estaban reunidos para la oración, Pedro les informó sobre su liberación de manos de Herodes, les mandó que comunicasen el hecho a Jacobo y los hermanos y entonces salió de Jerusalén y marchó "a otro lugar" (Hch. 12:1-18). A partir de aquí perdemos de vista la posterior actividad de Pedro, aunque poseemos breves noticias sobre ciertos episodios individuales de su ulterior vida.

Es seguro que permaneció durante un tiempo en Antioquía; la comunidad cristiana allá existente fue fundada por judeocristianos del ala helenizante, que habían abandonado Jerusalén a la muerte de Esteban (Hch. 11:19ss.). La residencia de Pedro entre ellos se prueba mediante el episodio que concierne a la observancia de la ley entre cristianos de la gentilidad, relatado por Pablo en Gálatas 2:11-21. Una tradición tardía de fines del siglo II dice que Pedro fundó la Iglesia de Antioquía[484], lo cual no es cierto, pero prueba el hecho de la larga permanencia de Pedro en la ciudad, juntamente con Pablo.

Mientras Pablo vivió en Antioquía, Pedro estuvo allá y se mezcló libremente con los cristianos no judíos de la comunidad, frecuentando sus hogares y compartiendo sus comidas. Pero cuando los cristianos judíos llegaron de Jerusalén, Pedro, por temor a que se escandalizasen los observantes más rígidos de la ley ceremonial, evitó en lo sucesivo comer con los cristianos de la incircuncisión. Su conducta influyó grandemente en el resto de los líderes cristianos de Antioquía, hasta el punto de que Bernabé, compañero de Pablo, evitó a partir de ese momento comer con los cristianos gentiles.

Pablo, que tenía las ideas más claras que todos ellos, reprochó públicamente a Pedro por lo impropio de su conducta que parecía apoyar la idea de aceptar la circuncisión y la ley judías para salvarse, como si Cristo no fuera suficiente, por eso Pablo no titubeó en defender la independencia de los gentiles conversos respecto a la ley judía.

Es también probable que Pedro haya proseguido sus trabajos apostólicos en varios distritos del Asia Menor. Dado que después dirigió la primera de sus epístolas a los fieles en las provincias del Ponto, Galacia, Capadocia y Asia (1 Pd. 1:1), se puede presumir razonablemente que había trabajado personalmente en al menos ciertas ciudades de estas provincias, dedicándose principalmente a los judíos de la diáspora.

La última mención de Pedro en los Hechos aparece en el concilio de Jerusalén sobre el problema de los llamados "judaizantes", en la solución del cual Pedro ejerció una influencia decisiva derivada de la autoridad divina manifestada en su visión de Jope.

[484] Orígenes, *Hom. in Lucam* 6, 4.

Numerosos escritos apócrifos que llevan el nombre de Pedro, como las *Homilías de Pedro* en los escritos pseudoclementinos, el *Evangelio de Pedro,* así como el *Apocalipsis de Pedro,* confirman la predicación misionera del apóstol aunque resulta casi imposible rastrear los hitos concretos de sus correrías apostólicas.

La relación más discutida es la de Pedro con Roma. Se le atribuye la fundación de la Iglesia en la capital y el episcopado de la misma durante 25 años. Afirmaciones que contradicen los datos históricos que poseemos y hoy casi completamente abandonadas[485]. El único hecho histórico indiscutible es que Pedro trabajó en Roma durante la última parte de su vida y finalizó su vida terrenal por el martirio. En cuanto a la duración de su actividad en Roma, la continuidad o no de su residencia allí, los detalles y éxito de sus trabajos y la cronología de su llegada y de su muerte, son todas ellas cuestiones inciertas que no pueden solucionarse más que con conjeturas. El profesor Maurice Goguel, después de cincuenta años de ininterrumpida labor dedicada a los orígenes del cristianismo, dice que "puede ser que Pedro jamás fuese a Roma, o que, de haber ido, desempeñase tan sólo un oscuro papel allí. Lo cierto es que no fundó la Iglesia; ni influyó en su desarrollo, ni determinó su orientación"[486].

Lo único que se puede decir con cierto grado de verosimilitud es que Pedro murió en Roma. La comunidad cristiana debió formarse aquí entre los judíos residentes. Una escueta noticia de Suetonio, según la cual algunos judíos fueron expulsados de Roma a causa de tumultos permanentes por instigación de un tal Cresto *(impulsore Chresto)*[487], alude ciertamente a discusiones sobre la mesianidad de Jesús, de forma que es posible pensar que, en el año 49, fecha del edicto, existía una comunidad judeocristiana que se había abierto a los gentiles. Quizá la importancia de Roma como capital del Imperio fue lo que atrajo a Pedro[488].

Papías, obispo de Hierápolis, y Clemente de Alejandría, basados en el testimonio de los antiguos presbíteros, afirman que Marcos escribió su Evangelio en Roma a petición de los creyentes romanos, que deseaban un memorial escrito de la doctrina predicada a ellos por Pedro y sus discípulos[489]. "Marcos, discípulo e intérprete de Pedro, nos dejó también por escrito lo que Pedro había predicado", corrobora Ireneo[490].

Este mismo Ireneo recoge en el mismo lugar la tradición de la fundación de la Iglesia de Roma por los apóstoles Pedro y Pablo —"Pedro y Pablo evangelizaban en Roma y fundaban allí la Iglesia"— que, a todas luces, es una interpretación teológica, no histórica, fundada en la presencia de ambos apóstoles en la ciudad y, por tanto, motivo de justificación de la Iglesia capital del Imperio como Iglesia de fundación apostólica. La tradición apostólica había cobrado para entonces una importancia decisiva en la lucha contra la herejía.

Lo mismo dice Clemente en sus *Hypotyposes* o *Bosquejos,* donde incluye una tradición de los presbíteros que afirmaba la predicación de Pedro en Pedro[491], pero sin referirse a la fun-

---

485 Cf. Otto Karrer, *Sucesión apostólica y primado,* pp. 63-65 (Herder, Barcelona 1967); Jean-Marie-René Tillard, *El obispo de Roma,* pp. 102-116 (Tal Terrae, Santander 1986).

486 Maurice Goguel, *The Primitive Church.* Allen & Unwim, Londres 1964.

487 Suetonio, *Vita Claud.* 25.

488 Peter Stockmeier, *op. cit.,* p. 39

489 Eusebio, *Hist. ecl.* II, 15; III, 11; VI, 14.

490 Ireneo, *Adv. haer.* III, 1.

491 Eusebio, *Hist. ecl.* IV, 14.

dación de la Iglesia por el apóstol. Otro tanto hace Tertuliano, que en sus escritos contra los herejes aporta como prueba las labores apostólicas de Pedro y Pablo en Roma. "Si están cerca de Italia —dice— tienen a Roma, en donde la autoridad está siempre a mano. Qué afortunada es esta Iglesia para la cual los apóstoles han volcado toda su enseñanza con su sangre, donde Pedro ha emulado la pasión del Señor y donde Pablo ha sido coronado con la muerte de Juan [el Bautista]"[492]. "[Pedro] El retoño de fe ensangrentado primero por Nerón en Roma. Allí Pedro fue ceñido por otro, dado que fue ligado a la cruz"[493]. Escribiendo contra Marción apela al testimonio de los cristianos de Roma, "a quienes Pedro y Pablo han legado el Evangelio, sellado con su sangre"[494].

Otro testimonio sobre el martirio de Pedro —y Pablo— en Roma es proporcionado por Clemente Romano en su Epístola a los Corintios (escrita alrededor del 95-97 d.C.), donde afirma: "Vengamos a los campeones que han vivido más cerca de nuestro tiempo. Pongámonos delante los nobles ejemplos que pertenecen a nuestra generación. Por causa de celos y envidia fueron perseguidos y acosados hasta la muerte las mayores y más íntegras columnas de la Iglesia. Miremos a los buenos apóstoles. Estaba Pedro, que, por causa de unos celos injustos, tuvo que sufrir, no uno o dos, sino muchos trabajos y fatigas, y habiendo dado su testimonio, se fue a su lugar de gloria designado. Por razón de celos y contiendas Pablo, con su ejemplo, señaló el premio de la resistencia paciente. Después de haber estado siete veces en grillos, de haber sido desterrado, apedreado, predicado en el Oriente y el Occidente, ganó el noble renombre que fue el premio de su fe, habiendo enseñado justicia a todo el mundo y alcanzado los extremos más distantes del Occidente; y cuando hubo dado su testimonio delante de los gobernantes, partió del mundo y fue al lugar santo, habiendo dado un ejemplo notorio de resistencia paciente"[495].

El obispo Dionisio de Corinto, en su carta a la Iglesia romana en tiempos del obispo Sotero (165-74), dice: "Por vuestro gran consejo habéis ligado lo que crecido de la siembra de Pedro y Pablo en Roma y en Corinto. Pues ambos plantaron la semilla del Evangelio también en Corinto y juntos nos instruyeron, también en Italia enseñaron juntos en el mismo lugar y sufrieron el martirio al mismo tiempo"[496].

El escrito apócrifo la *Ascensión de Isaías,* redactado en torno al 100, habla de que uno de los apóstoles va a ir a Roma a morir mártir. Por lo tanto en esa fecha se conocía la muerte de Pedro. El *Apocalipsis de Pedro,* del siglo II se hace eco de la Ascensión y dice: "Mira, Pedro, a ti te lo he revelado y expuesto todo. Marcha, pues, a la ciudad de la prostitución y bebe el cáliz que yo te he anunciado". Pero no hay que irse tan lejos. El Apocalipsis canónico habla de dos testigos muertos en medio de la gran ciudad, una más que probable referencia velada al martirio de Pedro y Pablo en Roma, la gran Babilonia de los Césares[497].

---

492 Tertuliano, *De Praescriptione,* 35.

493 Tertuliano, *Scorpiace,* 15.

494 Tertuliano, *Adv. Marc.* IV, 5.

495 Padres Apostólicos, Clemente, *I Corintios* 5.

496 Eusebio, *Hist. ecl.* II, 25.

497 Cf. Armando Bandera, *El Apocalipsis, ¿Patmos? ¿Roma?* (Esin-Casals, Barcelona 1997); *La Iglesia de Roma. Leyendo el Apocalipsis* (San Esteban, Salamanca 1999).

De todos estos testimonios en su conjunto se desprende el hecho indiscutible de la predicación y muerte de Pedro en Roma. La dificultad reside en determinar la fecha en que tuvo lugar. El año 67 d.C. es aceptado generalmente basándose en las *Crónicas de Eusebio,* donde habla de los años decimotercero y decimocuarto de Nerón (67-68 d.C.); pero no ha sido decidido aún. Por eso hay también el período comprendido entre julio de 64 (inicio de la persecución neroniana) y comienzos de 68 (cuando Nerón se suicidó), como el tiempo de la muerte del apóstol.

Respecto a la forma en que murió, existe la tradición, atestiguada por Tertuliano a fines del siglo segundo, y por Orígenes, sobre que sufrió crucifixión. Orígenes sostiene que: "Pedro fue crucificado en Roma con su cabeza hacia abajo, como él mismo había deseado sufrir". En cuanto al lugar de la ejecución, históricamente parece muy probablemente la Colina Vaticana, donde se encontraban los jardines de Nerón, trágico escenario, según Tácito, de las atroces escenas de la persecución neroniana. El presbítero romano Gayo, contestando a la costumbre en ambientes heréticos de aducir la presencia de sepulcros apostólicos para reafirmar las doctrinas de tal o cual lugar, escribe al montanista Proclo que, frente a su pretensión de poseer el sepulcro de Felipe en Hierápolis, "yo puedo mostrarte los trofeos (*tropaia* = tumbas); porque, si quieres venir al Vaticano o a la Vía Ostiense, allí encontrarás los trofeos de los que fundaron esta Iglesia"[498].

Entre los hechos apócrifos de los apóstoles más antiguos se cuentan los *Hechos de Pedro,* escritos entre los años 180 y 190 en Asia menor, o Roma. El relato contiene el famoso episodio del *Quo vadis?,* inmortalizado por la novela de Henryk Sienkiewicz (1896).

En ellos se relatan los enfrentamientos de los apóstoles Pedro y Pablo con Simón el Mago, el padre de todos los herejes, "de quien provienen todas las herejías" (Ireneo[499]), quien había desviado a la mayor parte de los miembros de la Iglesia de Roma. Al refutar al Mago, Pedro hace toda clase de milagros, como hacer hablar a un perro, nadar a un arenque muerto, hablar a un bebé como si fuera un adulto, y que varias personas se levanten de los muertos.

Después de haber sido derrotado por los apóstoles, Simón convocó al pueblo de Roma y dijo: "Los galileos me han ultrajado gravemente. He decidido abandonar definitivamente esta ciudad en la que tantos favores os he hecho. No quiero seguir viviendo en la tierra. Oportunamente os comunicaré la fecha de mi ascensión al cielo".

Algunos días después convocó nuevamente al público para que cuantos lo deseasen fuesen testigos de su viaje a la gloria, y coronado de laurel subió, según algunos, a una torre muy alta, y según la versión de Lino, al Capitolio, y desde la altura se lanzó al espacio y empezó a volar. Al ver aquello, Pablo dijo a Pedro: "A mí me corresponde orar, y a ti dar las órdenes debidas".

Nerón, con quien Simón mantenía relaciones de amistad, hallándose presente se dirigió a los apóstoles con el siguiente comentario: "Este hombre es sincero; vosotros sois los embaucadores".

Entonces Pedro dijo a Pablo, que estaba orando: "Pablo, levanta la cabeza y fíjate".

Levantó Pablo la cabeza y al ver que Simón seguía volando, dijo a Pedro: "Pedro, ¿qué esperas? Acaba la obra que comenzaste, que ya nos llama el Señor".

---

[498] Eusebio, *Hist. ecl.* III, 31.

[499] Ireneo, *Adv. haer.* I, 23.

Pedro inmediatamente exclamó: "¡Espíritus de Satanás que lleváis a este hombre por el aire! ¡Yo os mando que no lo sostengáis más y que lo dejéis solo para que caiga y se estrelle!".

En aquel preciso momento los demonios que lo sostenían, y llevaban volando por el aire, le retiraron su apoyo y Simón desde lo alto cayó al suelo, y al chocar contra él se rompió la cabeza y quedó muerto.

Entonces Nerón, lleno de dolor por el final trágico de aquel hombre, se encaró con los apóstoles y les dijo: "No puedo fiarme de vosotros. Os daré un castigo conveniente para que os sirva de escarmiento".

Nerón cumplió su amenaza. Detuvo a Pedro y a Pablo y encargó su vigilancia a un ilustre romano llamado Paulino, el cual, a su vez, mandó a Mamertino que los llevara a la cárcel. Mamertino encerró a los dos apóstoles en un calabozo y confió la custodia de los dos presos a dos soldados cuyos nombres eran Proceso y Martiniano, que, convertidos en seguida a la fe por el apóstol Pedro, abrieron las puertas de la prisión y dejaron en libertad a ambos prisioneros. Este hecho costó la vida a Proceso y Martiniano, pues Paulino, cuando Pedro y Pablo fueron martirizados, juzgó a ambos soldados y, al descubrir que eran cristianos, dio cuenta de ello a Nerón y mandó que fuesen inmediatamente decapitados.

Cuando Pedro salió de la cárcel, sus hermanos en la fe le rogaron que huyera de la ciudad, y, aunque él al principio se resistió a hacerlo, finalmente convencido por ellos se dispuso a salir de Roma, y al llegar a una de las puertas de la muralla situada en el lugar que actualmente lleva el nombre de Santa María *ad passus,* según Lino y León, vio a Cristo que venía hacia él. Pedro, al verlo, le dijo: *"Domine, quo vadis?",* es decir, "Señor, ¿adónde vas?".

"A Roma, para que me crucifiquen de nuevo", respondió el Señor.

"¿Para que te crucifiquen de nuevo?", preguntó Pedro.

"Sí", contestó el Señor.

Entonces Pedro exclamó: "En ese caso me vuelvo para que me crucifiquen también a mí contigo".

En aquel preciso momento el Señor subió al cielo ante la mirada atónita de Pedro, que comenzó a llorar de emoción, porque repentinamente se dio cuenta de que la crucifixión de que Cristo había hablado era la que a él le aguardaba, es decir, la que el Señor iba nuevamente a padecer a través de su propia crucifixión. Inmediatamente volvió sobre sus pasos, se internó en la ciudad y refirió a los hermanos la visión que había tenido. Poco después, los soldados de Nerón lo detuvieron, y en calidad de prisionero lo condujeron a la presencia del prefecto Agripa. Según el relato de Lino, la cara del apóstol, al comparecer ante el juez, brillaba como el sol.

Agripa al verle, le dijo: "¡De manera que tú eres ese sujeto que en determinadas reuniones con la plebe se da tanta importancia...! Tengo entendido que aprovechas tu influencia sobre las mujeres que te siguen para inculcarles que no se acuesten con sus maridos".

De acuerdo con la narración de los *Hechos de Pedro,* la enseñanza de éste sobre el ascetismo y la castidad causó la separación de muchas mujeres de sus esposos.

Pedro, encarándose con el prefecto, le respondió: "Yo no me doy importancia ni presumo de nada ni de nada me glorío; pero sí te hago saber que lo único que de verdad me importa es ser fiel discípulo de mi Señor Jesucristo, el Crucificado".

Agripa condenó a Pedro a morir en una cruz; podía legalmente aplicársele este tormento, porque era forastero; en cambio, a Pablo, como era ciudadano romano y no podía según las leyes ser castigado con este procedimiento, lo condenó a muerte por el sistema de decapitación.

Dionisio, en carta escrita a Timoteo con motivo de la muerte de Pablo, habla de la condena recaída sobre uno y otro apóstol, y se expresa de esta manera: "¡Oh, hermano mío Timoteo! Si hubieses sido testigo de los últimos momentos de estos mártires, hubieras desfallecido de tristeza y de dolor. ¿Cómo oír sin llorar la publicación de aquellas sentencias en las que se decretaba la muerte de Pedro por crucifixión y la de Pablo por degollación? ¡Si hubieses visto cómo los gentiles y los judíos los maltrataban y lanzaban salivazos sobre sus rostros! Cuando llegó el momento en que deberían separarse para ser conducidos al lugar en que cada uno de ellos había de ser ejecutado, ¡momento verdaderamente terrible!, aquellas dos columnas del mundo fueron maniatadas entre los gemidos y sollozos de los hermanos que estábamos presentes. Entonces dijo Pablo a Pedro: 'La paz sea contigo, ¡oh fundamento de todas las Iglesias y pastor universal de las ovejas y corderos de Cristo!'. Pedro, por su parte, respondió a Pablo: '¡Que la paz te acompañe también a ti, predicador de las buenas costumbres, mediador de los justos y conductor de sus almas por los caminos de la salvación!'. Una vez que separaron al uno del otro, pues no los mataron en el mismo sitio, yo seguí a mi maestro". Hasta aquí el relato de Dionisio.

León y Marcelo refieren que en el momento en que Pedro iba a ser crucificado, el apóstol dijo: "Cuando crucificaron a mi Señor, pusieron su cuerpo sobre la cruz en posición natural, con los pies abajo y la cabeza en lo alto, en esto sus verdugos procedieron acertadamente, porque mi Señor descendió desde el cielo a la tierra; a mí, en cambio, debéis ponerme de manera distinta: con la cabeza abajo y los pies arriba; porque además de que no soy digno de ser crucificado del mismo modo en que Él lo fue, yo, que he recibido la gracia de su llamada, voy a subir desde la tierra hasta el cielo; os ruego por tanto que, al clavar mis miembros a la cruz, lo hagáis de tal forma que mis pies queden en lo alto y mi cabeza en la parte inferior del madero". Los verdugos tuvieron a bien acceder a este deseo y, en consecuencia, colocaron el cuerpo del santo sobre la cruz de manera que sus pies pudiesen ser clavados separadamente en los extremos del travesaño horizontal superior, y las manos en la parte baja del fuste, cerca del suelo.

El público que asistió a este espectáculo, en un momento dado comenzó a amotinarse, a proferir gritos contra Nerón y contra el prefecto, a pedir la muerte de ambos y a intentar la liberación de Pedro; pero éste les suplicó que no impidiesen la consumación de su martirio. Según los relatos de Hegesipo y de Lino, el Señor premió a cuantos llorando de compasión presenciaron la escena terrible, abriendo sus ojos y permitiendo que vieran a Pedro, ya crucificado, rodeado de ángeles que tenían en sus manos coronas de rosas y de lirios y a Cristo colocado a la vera del mártir mostrando al apóstol un libro abierto. Hegesipo dice que Pedro al ver junto a sí el libro que Cristo le mostraba, comenzó a leer en voz alta, para que todos lo oyeran, lo que estaba escrito en él, y que lo que leyó fue lo siguiente: "Señor, yo he deseado imitarte; pero no me he considerado digno de ser crucificado en la posición en que a ti te crucificaron; porque tú siempre fuiste recto, excelso, elevado; nosotros, en cambio, somos hijos de aquel primer hombre que hundió su cabeza en la tierra; por eso, ya en nuestra manera de nacer representamos la caída de nuestro primer padre, puesto que nacemos inclinados hacia el suelo, tendiendo a derramarnos sobre él y con una naturaleza de condiciones tan cambiadas y tan propensa a incurrir en errores, que frecuentemente lo que juzgamos correcto en realidad no lo es. Tú, Señor, para mí significas todas las cosas; lo eres todo para mí; fuera de ti, no quiero nada. Mientras viva y sea capaz de razonar y pueda hablar, te diré siempre y con toda mi alma: ¡Gracias, mi Dios!".

Tras esta visión, considerando Pedro que los fieles que asistían a su martirio habían sido testigos de aquella glorificadora escena, dio gracias a Dios, encomendó a su misericordia a los creyentes y expiró. Sus discípulos Marcelo y Apuleyo desclavaron su cuerpo, lo ungieron con variados aromas, y lo sepultaron en la necrópolis de la Colina Vaticana, abierta a todos.

Entre 1940-1949 se hicieron excavaciones debajo de la basílica de San Pedro descubriéndose una gran necrópolis con una avenida sepulcral que sube hacia occidente. Hay un sepulcro enteramente cristiano entre otros. Los mausoleos son del 130-200. Hacia occidente son sin embargo más antiguos. En la pared oriental del muro está empotrado un nicho doble con dos columnas, dentro del nicho inferior se encontraron restos de huesos de un anciano. Los detalles son todavía oscuros, pero el hecho de que se haya respetado esta tumba central, poco llamativa entre las circundantes, ha hecho pensar a algunos estudiosos que se trate del sepulcro del apóstol Pedro, aunque los hallazgos de esqueletos no hayan despejado todas las dudas.

BIBLIOGRAFÍA

E. Kirschbaum, E. Junyent y J. Vives, *La tumba de San Pedro y las catacumbas romanas.* BAC, Madrid 1967.

Emil G. Kraeling, *Los discípulos,* cap. 5. Plaza & Janés, Barcelona 1968.

Hans Lietzmann, *Petrus und Paulus in Roma.* Walter de Gruyted, Berlín 1927.

J. Gnilka, *Pedro y Roma. La figura de Pedro en los dos primeros siglos de la Iglesia.* Herder, Barcelona 2003.

Oscar Cullmann, *St. Pierre, Disciple, Apôtre et Martyr.* Neuchatel-París 1952 (trad. cast. *San Pedro.* Ediciones 62, Madrid 1967).

R. E. Brown, H. P. Donfried, J. Reumann, eds., *Pedro en el Nuevo Testamento.* Sal Terrae, Santander 1976.

Rafael Aguirre Monasterio, *Pedro en la Iglesia primitiva.* Ed. Verbo Divino, Estella 2002, 2 ed.

3. Andrés, el primer llamado

Andrés, hijo de Jonás (Mt. 16:17; Jn. 1:42), hermano de Simón Pedro (Mt. 10:2; Jn. 1:40), era natural de Betsaida de Galilea (Jn. 1:44) y de oficio pescador (Mt. 4:18; Mc. 1:16). Según el cuarto Evangelio fue discípulo de Juan Bautista, cuyo testimonio le llevó a Jesús (Jn. 1:35-40). Desde un principio reconoció a Jesús como el Mesías y así lo hizo saber, entusiasmado, a su hermano Pedro (Jn. 1:37-42). Junto a Juan, pues, Andrés tuvo el alto honor de la primogenitura entre los discípulos de Jesús y fue el primero en reconocerlo y propagarlo[500].

[500] "El cuarto Evangelio concede a Andrés los laureles de primer discípulo, de ser el primer confesor del mesianismo de Jesús" (Emil G. Kraeling, *Los discípulos,* p. 23).

Sabemos por el Evangelio que Andrés y su hermano Simón o Pedro, así como los hermanos Juan y Jacobo, tuvieron que regresar por un tiempo con sus familias y hacer el mismo trabajo que hacían. Unos meses después el Señor los encontró pescando en el Mar de Galilea y les dijo: "Venid en pos de mí, que yo os haré pescadores de hombres" (Mt. 4:18-20; Mc. 1:16-18). Fue el llamamiento definitivo al apostolado.

En las cuatro listas que poseemos de los doce Apóstoles, Andrés forma parte del primer grupo, presidido por su hermano Pedro, que gozó de una mayor intimidad con Jesús. Pero Andrés fue el primero en seguir a Jesús, y con razón se llama "el primer llamado", aunque su hermano Pedro sea distinguido en prioridad de dignidad.

En la primera multiplicación de los panes, Andrés completa las reflexiones de Felipe, diciendo a Jesús: "Hay un muchacho aquí que tiene cinco panes de cebada y dos pececillos; pero ¿qué es esto para tanta gente?" (Jn. 6:9). En otra ocasión es Felipe quien acude a él para pedir juntos a Jesús una entrevista en favor de unos griegos, escuchando con este motivo de boca de Jesús una misteriosa declaración sobre su muerte y glorificación, así como sobre el porvenir de sus discípulos (Jn. 12:20-32). Todavía aparece de nuevo en una escena de intimidad, cuando, después de anunciar Jesús la destrucción del Templo de Jerusalén, sentado en el monte de los Olivos frente a construcciones tan magníficas, le preguntan aparte Pedro, Santiago, Juan y Andrés: "Dinos, ¿cuándo sucederán estas cosas?" (Mc. 13:1-4). Mencionado por última vez después de la ascensión, Andrés desaparece del escenario bíblico.

Reaparece como héroe de una profusa literatura legendaria, donde unas veces es acompañado de Matías y otras de Pedro o Bartolomé. Según Eusebio de Cesarea[501], que toma su dato de Orígenes, en el reparto del mundo para su evangelización, habría correspondido a Andrés los países que se encontraban sobre las costas del mar Negro, la parte norte de la península Balcánica y Escitia, la tierra donde más tarde se formó Rusia[502]; sin embargo, allí no se han encontrado huellas del cristianismo anteriores al siglo III.

Gregorio Nacianceno menciona Epiro; Jerónimo, Acaya[503]; y Teodoreto,[504] Hellas. Probablemente todos estos datos sean correctos, pues Nicéforo dice que Andrés predicó en Capadocia, Galacia y Bitinia[505]. Se puede conjeturar que acompañara a su hermano Pedro en la evangelización del Ponto, Galacia, Capadocia, Asia y Bitinia (cf. 1 Pd. 1:1) y que, después de haber ejercido su apostolado en las colonias griegas en torno al mar Negro, particularmente en Sinope, en cuyas cercanías la tradición local muestra la cátedra de piedra blanca que habría servido al apóstol, éste pasara a Tracia, Macedonia y Grecia, como lo afirman Jerónimo, Teodoreto y Nicéforo.

---

[501] Eusebio, *Hist. ecl.* III, 1.

[502] De acuerdo a la leyenda, el apóstol Andrés predicaba sobre la península Táuride, después sobre el río Dniepr subió al norte y llegó así al lugar donde más tarde se fundó la ciudad de Kiev. "Creedme —dijo el apóstol a sus discípulos— que sobre estos montes brillará la gracia divina: una gran ciudad se edificará, el Señor iluminará a esta tierra con el santo bautismo y se edificarán muchas iglesias". Después el apóstol Andrés bendijo a los montes de Kiev y colocó sobre un monte la cruz que presagiaba la cristianización de los futuros habitantes de Rusia.

[503] Jerónimo, *Ep. ad Marcellam*. PL 22, 589.

[504] Teodoreto, *In Ps 116*. PG 80, 1805.

[505] Eusebio, *Hist. ecl.* II, 39.

En el *Liber de miracult's Andreae apostoli,* atribuido a Gregorio de Tours (538-594), se traza el marco geográfico de la actividad apostólica de Andrés desde Jerusalén a Grecia, haciéndole pasar por las regiones cercanas al mar Negro, en conformidad con los datos y tradiciones históricas que se contienen en los relatos de los Hechos y el martirio de Andrés.

Existe un escrito apócrifo que lleva el título de *Hechos de Andrés,* del que se han conservado varios fragmentos y refundiciones. Se remontarían a la segunda mitad del siglo II, y se cree que se compusieron en Acaya, por ser Patrás, ubicada en el Golfo de Patrás, el último escenario de la vida del apóstol, donde éste sufre el martirio. Se ha sospechado de la ortodoxia de estos escritos, que revelan tendencias encratitas y huellas de gnosticismo. Según E. Amann se trataría sólo de alguna inexactitud teológica, no de una heterodoxia consciente, o querida por el autor de estos *Hechos,* en los que "se conserva puro de todo compromiso el ideal cristiano". En alguna de las manipulaciones de dicha obra se supone inspirada la circular que se dice enviada por los presbíteros y diáconos de las Iglesias de Acaya a todas las Iglesias de Oriente y Occidente sobre el martirio de Andrés.

En los *Hechos de Andrés* se puede reconocer un fondo histórico, culminando en el martirio, mientras que otros escritos relacionados con Andrés pertenecen al campo de la literatura puramente legendaria. Tales son: *Hechos de Andrés y de Matías en la ciudad de los antropófagos,* obra conservada en griego, latín, copto, siríaco, etíope y en una refundición anglosajona. *Hechos de los santos apóstoles Pedro y Andrés,* de los que existen numerosas recensiones, en griego, eslavo y etíope; y algunos otros textos menos conocidos.

En la *Passio sancti Andreae apostoli,* compuesta a fines del siglo IV, Andrés es condenado por el procónsul Egeas a morir atado a una cruz en forma de X, llamada por este motivo la cruz de San Andrés. Mezclando leyenda y ficción nos da una idea muy certera de la evolución de la mentalidad cristiana respecto al martirio, la confesión de la fe ante los adversarios, los acontecimientos milagrosos que acompañan el desenlace final del mártir, la compasión que despiertan sus sufrimientos ante el pueblo, el anhelo de morir y partir para la gloria y la muerte de los perseguidores alcanzados por la justicia divina. Dice así:

> Durante su estancia en Acaya, Andrés fundó muchas iglesias y convirtió a la fe de Cristo a numerosas personas, las adoctrinó y bautizó, y entre ellas a la esposa del procónsul Egeas. Cuando éste se enteró de que su esposa se había convertido al cristianismo, acudió a la ciudad de Patrás y trató de obligar a los cristianos a que ofreciesen sacrificios a los ídolos. Pero Andrés se presentó ante el procónsul y le dijo: "Desiste de tu empeño. Tú, elevado a la categoría de juez de los hombres en la tierra, tú eres quien debes tratar de conocer a tu juez que está en los cielos; tú también debieras darle culto y apartar tu alma de los falsos dioses".
>
> Egeas replicó: "Resulta que eres Andrés, el predicador de esa secta supersticiosa, que no hace mucho los romanos mandaron exterminar".
>
> Le respondió Andrés: "Los emperadores de Roma no saben que el Hijo de Dios ha venido a la tierra y que nos ha enseñado que los ídolos son demonios que instigan a los hombres a que ofendan al Dios verdadero para que éste, al sentirse ofendido, aparte de ellos sus ojos y sus oídos. Lo que el diablo pretende es alejar a los pecadores

de su Señor, porque de ese modo hace con ellos lo que quiere, los somete a su esclavitud, y, cuando sus almas salen de sus cuerpos, despojadas de todo no llevan al otro mundo más que sus propios pecados".

Con estas palabras se inicia un largo diálogo en el que el apóstol Andrés intenta convertir al procónsul al cristianismo, y Egeas hacerle desistir de su empeño misionero. No logrando este último su objetivo, arrebatado de ira ordenó el encarcelamiento de Andrés.

A la mañana siguiente Egeas se sentó en su tribunal y mandó que condujeran al prisionero ante él; cuando lo vio en su presencia lo instó una vez más a que ofreciera sacrificios a los dioses, añadiendo: "Si no me obedeces te haré colgar en esa cruz de que tanto has hablado".

A esta amenaza agregó el procónsul otras muchas más, en tono irritado. Andrés, tras oírle respondió con calma: "De todos esos suplicios que acabas de enumerar elige el que quieras; el mayor de ellos, por ejemplo; o todos juntos, si así lo prefieres. Cuanto mayores sean los tormentos que me hagas padecer por mi Rey, tanto más le agradaré".

Seguidamente, siguiendo órdenes de su jefe, veintiún hombres azotaron a Andrés; después, lo ataron por los pies y por las manos a una cruz; no lo clavaron a ella para que tardara más en morir y sus padecimientos fuesen más prolongados.

Cuando lo llevaban hacia el lugar donde habían preparado el patíbulo se incorporó mucha gente al cortejo. Algunos de los que formaban la trágica comitiva comenzaron a dar gritos, diciendo: "Este hombre es inocente; estás derramando su sangre contra toda justicia".

El apóstol les rogó que callaran y que no impidieran su martirio, y al divisar desde lejos la cruz en que iban a suspenderle, fue él quien gritó, saludándola de esta manera: "¡Salve, oh Cruz gloriosa, santificada por el cuerpo de Cristo y adornada con sus miembros más ricamente que si hubieses sido decorada con piedras preciosas! Antes de que el Señor te consagrara fuiste símbolo de oprobio, pero ya eres y serás siempre testimonio del amor divino y objeto deseable. Por eso yo ahora camino hacia ti con firmeza y alegría. Recíbeme tú también gozosamente y conviérteme en discípulo verdadero del que pendió de ti. ¡Oh Cruz santa, embellecida y ennoblecida desde que los miembros del Señor reposaron, clavados, sobre ti! ¡Oh Cruz bendita, tanto tiempo deseada, solícitamente amada, constantemente buscada y por fin, ya preparada! ¡A ti me llego con el deseo ardiente de que me acojas en tus brazos, me saques de este mundo y me lleves hasta mi Maestro y Señor! ¡Él, que me redimió por ti, por ti y para siempre me reciba!".

Dicho esto, se despojó de sus ropas y las regaló a los que iban a atormentarle. En seguida los verdugos cumplieron las órdenes que les habían dado, lo suspendieron del madero. Dos días tardó en morir. Durante ellos no cesó de predicar desde aquel púlpito a una concurrencia de unas veinte mil personas, muchas de las cuales se amotinaron contra Egeas intentando matarle y diciendo que aquel santo varón tan justo y virtuoso no merecía el trato que le estaban dando. Egeas, tal vez para liberarse de las amenazas del pueblo, acudió al lugar del suplicio decidido a indultar al mártir; pero Andrés al verle ante sí le dijo: "¿A qué vienes? Si es para pedir perdón, lo obtendrás; pero si es para desatarme y dejarme libre, no te molestes; ya es tarde. Yo no bajaré vivo de aquí, ya veo a mi Rey que me está esperando".

Pese a esto, los verdugos, por orden de Egeas, intentaron desatarle; pero no pudieron conseguirlo; más aún, cuantos osaron tocar las cuerdas quedaron repentinamente paralizados de manos y brazos. En vista de ello algunos de los que estaban de parte del apóstol decidieron desatarlo por sí mismos, mas Andrés se lo prohibió y los invitó a que escucharan atentamente esta oración que pronunció desde la cruz, y que San Agustín transcribe en su libro sobre la penitencia:

"No permitas, Señor, que me bajen vivo de aquí. Ya es hora de que mi cuerpo sea entregado a la tierra. Ya lo he tenido conmigo mucho tiempo. Ya he trabajado bastante y vigilado para conservarlo. Ya es llegado el momento de que me vea libre de estos cuidados y aligerado de esta pesada vestimenta. Mucho esfuerzo me ha costado soportar tan fatigosa carga, domar su soberbia, fortalecer su debilidad y refrenar sus instintos. ¡Tú sabes, Señor, que esta carne frecuentemente trataba de apartarme de la contemplación y de enturbiar la placidez que en ella encontraba! ¡Tú conoces muy bien los dolores que me ha proporcionado! ¡Tú, oh Padre benignísimo, no ignoras cómo siempre que pude, y gracias a tu ayuda, refrené sus embestidas! Por eso te pido, oh justo y piadoso remunerador, que des esto por acabado. Yo te devuelvo el depósito que me confiaste; no me tengas más tiempo atado a él; confíalo a otro que lo conserve y guarde hasta que resucite y entre en el disfrute de los gozos obtenidos con los pasados trabajos. Devuélvelo a la tierra; líbrame del afán que supone tener que vigilarlo y concede a mi alma agilidad e independencia para que sin trabas vuele hacia ti, fuente de felicidad eterna!".

Acabada esta oración, el crucificado quedó durante media hora envuelto por una luz misteriosa venida del cielo, que ofuscaba la vista de los presentes y les impedía fijar los ojos en él. Después, y en el preciso momento en que la claridad aquella desapareció, el santo mártir entregó su espíritu al Señor.

Maximila, esposa de Egeas, se hizo cargo del cuerpo del bienaventurado apóstol y lo enterró piadosamente. Mientras esto ocurría, Egeas, cuando se dirigía de regreso a su casa, antes de que llegara a ella, en plena calle murió repentinamente[506].

BIBLIOGRAFÍA

B. Zimmerman, "André", en *Dictonnaire d'Archéologie Chrétienne et de Liturgie,* vol. I, pp. 2031-34. París 1907-1953.

D. Gordini y R. Aprile, "Andrea apostolo", en F. Caraffa y G. Morelli, eds., *Bibliotheca Sanctorum,* vol. I, pp. 1094-1113. Roma 1961.

Emil G. Kraeling, *Los discípulos,* cap. 2. Plaza & Janés, Barcelona 1968.

Hechos de Andrés y de Matías (Mateo) en la ciudad de los antropófagos. Edición preparada por G. Aranda y C. García. Ciudad Nueva, Madrid 2002.

---

506 *Bibliotheca hagiographica latina,* 430. PL 71, 1099.

P. M. Peterson, *Andrew, Brother of Simon Peter. His history and legends,* Leiden 1958.
R. K. Root, *Andreas. The Legend of St. Andrew.* Londres 1899.

4. Santiago el Mayor, hijo de Zebedeo

El primer apóstol en derramar su sangre por causa de su fe es Santiago el Mayor, hijo de Zebedeo (Mt. 4:21; 10:2; Mc. 1:19; 3:17) y hermano del apóstol Juan (Mt. 17:1; Mc. 3:17; 5:37; Hch. 12:2), que debería ser llamado más correctamente Jacobo, según la forma de su nombre original: *Yakob* en hebreo, *Iakob* en el griego de los Setenta y *Iakobos* en el griego del Nuevo Testamento. La forma del nombre en español, Santiago, responde a la evolución del idioma castellano, resultado de la unión de dos palabras Sant-Iacob. En su lucha contra los musulmanes los españoles en sus batallas gritaban: "Sant Iacob, ayúdanos". Y de tanto repetir estas dos palabras, se unieron formando una sola: Santiago. La forma más antigua es Yago, del latín *Iacob,* escrito también Jácob. Al no diferenciarse el nombre del patriarca del del apóstol, se impuso la costumbre de anteponer el prefijo Sant al nombre de Yago, lo que nos da Santiago[507].

Este apóstol es designado "el Mayor" para diferenciarlo del otro Santiago apóstol distinguido como "el Menor", quien probablemente era más corto de estatura, o más joven, según estudiaremos después. Los padres de Santiago al parecer eran personas acomodadas como se puede constatar en los siguientes hechos:

Zebedeo, el padre, disponía de algunos jornaleros (Mc.1:20). Salomé, la madre, según veremos a continuación, era una de las devotas mujeres que en adelante siguieron a Cristo y "cuidaban de su asistencia" (Mt. 27:55; Mc. 15:40; 16:1; Lc. 8:2; 23:55; 24:1). Juan, el hermano, sería conocido del sumo sacerdote (Jn. 18:16); y tuvo que haberse encargado de ahí en adelante de proveer por la madre de Jesús (Jn. 19:27).

Es probable, de acuerdo con Hechos, que Juan y, por consiguiente, su hermano Santiago, tuvieran una cultura general de su época y condición, aunque no se tratase de la formación técnica de las escuelas rabínicas (Hch. 4:13). De acuerdo al rango social de sus padres, debieron ser hombres de educación mediana. Tuvieron oportunidad frecuente de estar en contacto con la cultura griega y su lenguaje, que para entonces estaban ampliamente difundidos a lo largo de las riberas del Mar de Galilea.

Comparando los relatos evangélicos se ha llegado a deducir que Salomé es la madre de los "hijos del trueno", al identificar a María la madre de Santiago el Menor y de José (Mt. 28:56; Mc. 15:4), con María de Cleofás (Jn. 19:25). Como el nombre de María Magdalena figura en las tres listas, Salomé es "la madre de los hijos de Zebedeo" y "la hermana de la madre de

507 "Este fenómeno se produjo sólo en España, a causa de la íntima convivencia, no siempre armoniosa, entre cristianos, judíos y musulmanes. Al ser muy apreciado el patriarca Jacob tanto por los judíos como por los musulmanes, éste era un nombre muy frecuente entre ellos. Los cristianos que también lo adoptaron, pero pensando en el apóstol, no en el patriarca, se vieron obligados a señalarlo con toda claridad, para no ser acusados de tener simpatías hacia las formas de vida de los judíos y de los árabes. De ahí que los que se llamaban Yago se ocuparan siempre de aclarar que el Yago de su nombre no era el patriarca, sino el apóstol, anteponiéndole siempre el prefijo Sant: *Santyago*" (www.elalmanaque.com/santoral/julio/25-7-yago.htm).

Jesús". Para esta última identificación se supone que las cuatro mujeres son designadas por Juan 19:25. La versión siria Peshito traduce: "Su madre y la hermana de su madre, y María la de Cleofás y María Magdalena". Si este último supuesto es correcto, Salomé era hermana de María de Nazaret, y Santiago el Mayor y Juan eran primos hermanos de Jesús; esto podría explicar el apostolado de los dos hermanos, la petición de Salomé y su propio reclamo para la primera posición en su reino, y el encargo personal de la madre de Jesús a su propio sobrino. Pero es de dudarse que el griego admita esta construcción sin la adición o la omisión de *kai* (y). Por lo que la relación de Santiago —y Juan— con Jesús se mantiene en duda.

El origen galileo de Santiago puede en cierto grado explicar el fuerte temperamento y la vehemente personalidad que les ganaron a él y a Juan el sobrenombre de *Boanerges,* "hijos del trueno" (Mc. 3:17). Según los especialistas, *boanerges* puede referirse al hebreo *bne roge* o *bne reges,* que aproximadamente pueden significar "hijos del trueno". Los galileos eran devotos, laboriosos, valientes y fuertes defensores de la nación judía. De su región nació un considerable número de guerrilleros nacionalistas. El más conocido de todos fue Judas el Galileo. Los dos hermanos mostraron su temperamento natural en contra de "cierto hombre que expulsaba demonios" en el nombre de Cristo; Juan se justificó diciendo: "Nosotros", incluyendo a Santiago probablemente, "le prohibimos, porque no andaba con nosotros" (Lc. 9:49). Cuando los samaritanos rehusaron recibir a Cristo, Santiago y Juan dijeron: "Señor, ¿quieres que mandemos que llueva fuego del cielo y los devore?" (Lc. 9:54).

Antes de convertirse en discípulos de Jesús habían seguido a Juan el Bautista (Jn. 1:35). Cuando éste dio testimonio de Jesús como el Mesías esperado, Juan se fue tras Jesús, y posteriormente condujo a su hermano Santiago a Jesús.

En los cuatro Evangelios se consignan las parejas de nombres Pedro y Andrés, Santiago y Juan como el primer grupo selecto y prominente de los doce (cf. Mc. 13:3); especialmente Pedro, Santiago y Juan. Solamente estos tres apóstoles fueron admitidos a presenciar el milagro de la resurrección de la hija de Jairo (Mc. 5:37; Lc. 8:51); la transfiguración de Jesús (Mc. 9:1; Mt. 17:1; Lc. 9:28), y la agonía en Getsemaní (Mt. 26:37; Mc. 14:33).

Es digno de notar que Santiago jamás es mencionado en el Evangelio de Juan, ¿modestia en relación con los miembros de su familia?

El martirio de Santiago se prefigura en la petición de su madre a Jesús, que busca para sus hijos los mejores puestos en el reino mesiánico que ella imagina en términos terrenales (Mt. 20:21; Mc. 10:37). Con la misteriosa referencia a beber del cáliz que había de beber, Jesús les aseguró que ellos compartirían su muerte (Mc. 10:38-39). En el caso de Santiago esta profecía se cumplió en el 44 d.C. durante el reinado de Herodes Agripa I, rey vasallo de Roma, amigo del emperador Claudio y con las manos libres para moverlas a su antojo. El motivo fue complacer a los judíos más intransigentes, de quienes necesitaba su apoyo. El carácter apasionado de Santiago y su liderazgo entre las comunidades judeocristianas probablemente condujo a Agripa a escogerlo como la primera víctima. "Degolló a Santiago, el hermano de Juan, con la espada" (Hch. 12:1-2).

Clemente de Alejandría recoge una tradición interesante respecto a Santiago. Se encuentra en el séptimo libro de su obra perdida *Hipotiposis*. La conocemos gracias al trabajo recopilador de Eusebio. En ella se dice que cuando Santiago estaba siendo conducido al lugar de su martirio, su acusador fue llevado al arrepentimiento, cayendo a sus pies para pedirle perdón, profesándose cristiano. Santiago le miró unos instantes y contestó: "La paz sea contigo", y lo besó. Entonces ambos fueron decapitados juntos[508].

Como Clemente testifica expresamente que el relato le fue dado "por aquellos que estaban frente a él", esta tradición cuenta con mejores fundamentos que muchas otras tradiciones y leyendas relativas a las obras apostólicas y muerte de Santiago, relatadas en la obra en latín *Passio Jacobi Majoris,* el etiópico *Hechos de Santiago,* y otras más.

En ellas se trata de rellenar los vacíos de la vida y muerte de Santiago recurriendo a la enemistad de un hechicero llamado Hermógenes, que con el tiempo se convirtió de un modo tan sincero que el antiguo mago llegó a ser uno de los discípulos más virtuosos y perfectos de Santiago. Esto ocurrió al regresar Santiago de España, adonde, según la leyenda, había ido a predicar el Evangelio. Cuando los judíos se convencieron de que la conversión de Hermógenes era sincera hicieron responsable de ella a Santiago, se presentaron ante él alborotados, le increparon y trataron de impedir que siguiera predicando el nombre de Jesús crucificado. Santiago, sin embargo, recurriendo a las Escrituras, les demostró cómo en Jesús se habían cumplido todas las profecías que en ella se contenían acerca del nacimiento y sacrificio del Mesías, y probó estas verdades con tal claridad que muchos de los judíos se convirtieron. Esto provocó tan enorme indignación en Abiatar, a quien correspondía el ejercicio del Sumo Sacerdocio aquel año, que sublevó al pueblo contra el apóstol. Algunos de los amotinados lograron apoderarse de él, le ataron una soga al cuello, lo condujeron en presencia de Herodes Agripa y consiguieron que éste lo condenara a muerte.

Cuando lo conducían al lugar en que iban a decapitarlo, un paralítico que yacía tendido en el suelo a la vera del camino comenzó a invocar al apóstol y a pedirle a voces que lo curara. Santiago lo oyó y le dijo: "En nombre de Jesucristo, cuya fe he predicado y defiendo y por cuya causa voy a ser decapitado, te ordeno que te levantes del suelo completamente curado y que bendigas al Señor".

El paralítico se levantó, se sintió repentina y totalmente sano, y prorrumpió en acciones de gracias a Dios.

Al ver este prodigio, el escriba Josías, que había puesto la soga al cuello de Santiago y hasta entonces continuaba agarrado a ella y tirando de él, se arrojó a los pies del santo y le suplicó que lo recibiera como cristiano. Pero Abiatar, que se hallaba presente, agarró a Josías, lo zarandeó y le dijo: "Si ahora mismo no maldices a Jesucristo, haré que te degüellen al mismo tiempo que a Santiago".

Josías respondió: "A quien maldigo es a ti. Óyeme bien: ¡Maldito seas tú, y maldito todo el tiempo que vivas! Sigue escuchando: ¡Bendito sea el nombre de mi Señor Jesucristo por los siglos de los siglos!".

Abiatar ordenó a algunos de los judíos que descargaran sobre el rostro de Josías una buena tanda de bofetadas y envió un mensajero a Herodes solicitando el necesario permiso para proceder a la decapitación del escriba convertido.

---

[508] Eusebio, *Hist. ecl.* II, 9.

Una vez que llegaron al sitio en que iban a ser degollados, Santiago pidió al verdugo una redoma con agua. El verdugo se la proporcionó. Con aquella agua bautizó el apóstol a Josías e inmediatamente después ambos fueron decapitados coronando de este modo sus vidas con el martirio.

Poco después, continúa la leyenda, de que el santo fuese degollado, aprovechando las sombras de la noche, algunos de sus discípulos, tomando las debidas precauciones para no ser vistos se apoderaron del cuerpo del apóstol y se lo llevaron consigo. Embarcaron en una nave, y rogaron a Dios que los guiara con su providencia y los condujera donde Él quisiese que aquellos venerables restos fuesen sepultados. Conducida por un ángel del Señor la barca comenzó a navegar y navegando continuó hasta arribar a las costas de Iria Flavia (Galicia), región de España que por aquel tiempo estaba gobernada por una mujer llamada Lupa, es decir, Loba. Al llegar a tierra desembarcaron el cuerpo y lo colocaron sobre una inmensa piedra, la cual, como si fuese de cera, repentinamente adoptó la forma de un ataúd y se convirtió milagrosamente en el sarcófago del santo. Seguidamente los discípulos del apóstol fueron a ver a la reina Lupa y le dijeron: "Nuestro Señor Jesucristo te envía el cuerpo del apóstol Santiago, porque quiere que acojas muerto y con benevolencia al que no quisiste escuchar cuando estaba vivo".

1. Santiago en España

Un repaso somero por los principales sucesos de la pretendida estancia y predicación del Evangelio de Santiago en España, nos dice que el apóstol recibió la bendición de María, la madre del Señor antes de salir rumbo a España. María le pide una basílica en el lugar donde mayor número de personas se conviertan. En Asturias sólo se convierte una persona; pasó luego a Galicia, después a Castilla y por fin a Aragón, siempre con resultados deprimentes. Lo máximo que consigue en Zaragoza es la conversión de ocho personas. A orillas del Ebro, y para alentar a su desalentado apóstol, María se aparece a Santiago sobre una columna de mármol con millares de ángeles que cantan maitines. El lugar de la aparición queda señalado como el enclave del templo que ha de levantar a la madre del Señor. Los ángeles devuelven a María a Jerusalén y Santiago comienza la obra misionera y ordena presbítero a uno de los convertidos. Efectuado lo cual regresa a Jerusalén donde recibe la palma del martirio.

No hay nada que se pueda hacer para sacar del campo de la ficción esta leyenda que durante siglos formó parte de las verdades inconmovibles de la historia española. Son varios los argumentos de orden histórico que se oponen incontestablemente a la venida de Santiago a España.

Primero, según los datos que nos aporta el Nuevo Testamento sabemos que Santiago sufrió martirio en Jerusalén en el 44 d.C. (Hch. 12:2) y es imposible antes de ese tiempo que hubiera realizado un viaje de tal envergadura sin quedar registrado en los anales de la Iglesia primitiva. El apóstol Pablo en su carta a los Romanos (58 d.C.) expresa la intención de visitar España (Ro. 15:24), e ignora por completo la misión de Santiago en la península Ibérica, ya que asegura que él no iba a "edificar sobre el fundamento de otro" (Ro. 15:20).

Segundo, un losa de silencio se extiende sobre la conexión Santiago y España en los escritores antiguos y en los primeros concilios, y eso a pesar de la abundancia de alusiones a los viajes misioneros de Pedro y Pablo. El poeta Prudencio, que relata tantas tradiciones hagiográficas españolas, no menciona a Santiago, lo cual es incomprensible de ser cierta la noticia. Tampoco la menciona Orosio en su *Historia Universal,* ni siquiera Hidacio (c. 395-468), obispo cercano a Compostela, autor de una *Crónica Gallega* que hubiera sido la ocasión más oportuna para extenderse sobre las correrías de Santiago por aquella región.

Tampoco dicen nada los escritores de la época visigoda: Isidoro de Sevilla, Braulio, Tajón, Julián de Toledo, Ildefonso, etc. La tradición gala también observa un silencio elocuente a pesar del gusto por las tradiciones martirológicas. Sobre Santiago sólo se habla en Jerusalén. Gregorio de Tours (c. 594) que conoce los santuarios marianos tampoco dice nada. De las iglesias hispanas anteriores al siglo IX no se tiene noticia de que alguna estuviese puesta bajo la advocación de quien luego sería patrón de España.

Venancio Fortunato (c. 600) en su *De Virginibus* enumera las regiones que corresponden a cada apóstol: Palestina es la región de los dos Santiagos; Roma para San Pedro; Iliria para San Pablo; Etiopía para San Andrés, etc. Galicia la deja para San Martín de Braga a quien escribe.

Los pocos textos que se usan para probar la tradición son muy genéricos. Jerónimo, en su *Comentario a Isaías,* dice: "Viendo Jesús a los apóstoles a la orilla del mar de Genezaret remendando sus redes, los llamó y los envió más adentro para convertirlos, de pescadores de peces, en pescadores de hombres; y ellos predicaron el Evangelio desde Jerusalén al Ilírico y a las Españas, abarcando en breve tiempo incluso la misma potente urbe romana".

Aldelmo, abad de Malmesbury (c.636) habla de Santiago en España pero sigue el *Breviarium apostolorum* del que hablaremos a continuación. Se cita también un texto de Isidoro, "Santiago predicó en Hispania", tomado *De ortu et obitu Sanctorum Patrum,* que, además de ser apócrifo, parece seguir al mencionado *Breviarium.*

La noticia más antigua hasta ahora de la supuesta venida de Santiago a España proviene del *Breviarium apostolorum,* documento latino del siglo VII. En él se relata que Santiago predicó en Hispania y en otros lugares de Occidente. El documento proviene para algunos de los Catálogos bizantinos o Catálogos apostólicos. Son textos griegos de los siglos V y VI pero no traen la mención de Santiago en España. Por lo tanto entre la versión griega y la latina se hizo la interpolación del texto relativo a Santiago en España. Sin embargo para otros autores el *Breviarium* es una obra compuesta en Occidente cuya fuente actualmente ignoramos, así como la proveniencia de la tradición de Santiago en España. San Julián de Toledo, que conoce el *Breviarium,* lo corrige y dice, escribiendo en el año 686: "De la misma manera, Santiago ilustra Jerusalén, Tomás la India y Mateo Macedonia".

Sólo en el siglo VI surgió entre la cristiandad occidental la leyenda de la predicación de Santiago en España; pero ésta no llegó a la península hasta fines del siglo VII[509]. Un silencio de más de seis siglos es demasiado hasta para un apóstol tan fogoso como Santiago.

BIBLIOGRAFÍA

A. C. Vega, "La venida de San Pablo a España y los varones apostólicos", en *Boletín de la Real Academia de la Historia* n.º 154, pp. 7-78, 1964.

509 C. Sánchez Albornoz, "En los albores del culto jacobeo", en *Compostellanum* nº 16, pp. 37-71, 1971.

Américo Castro, *Santiago de España*. Emecé, Buenos Aires 1958.
Emil G. Kraeling, *Los discípulos,* cap. 6. Plaza & Janés, Barcelona 1968.
J. González-Echegaray, "Santiago el Mayor", en *Enciclopedia de la Biblia* VI,473-476. Garriga, Barcelona 1964.
J. Guerra Campos, "Santiago", en *Diccionario de Historia Eclesiástica de España,* vol. V, pp. 2183-2191.
J. J. Cebrián Franco, *El apóstol Santiago.* San Pablo, Madrid 1999.
J. Rougé, "Le voyage de saint Paul en Occidento", en *Cahiers d'Histoire* n.º 12, pp. 237-247. Lyon 1967.
Juan de Contreras, *Santiago apóstol. Patrón de las Españas.* Biblioteca Nueva, Madrid 1940.
L. Duchesne, "Saint Jacqes en Galice", en *Annales du Midi* nº 12, pp. 145-179, 1900.
Ofelia Rey Castelao, *Los mitos del Apóstol Santiago.* Ed. Nigratrea, Santiago 2008.

5. Juan, el primero y el último

A Juan se le distingue como "el discípulo amado" de Jesús (Jn. 13:23; 21:7, 20). Es el primero en ser llamado —junto con Andrés— a ser testigo de la vida terrena de Jesús y el último en abandonar este mundo, a la avanzada edad de 120 años.

Juan era de la ciudad de Galilea, pescador de oficio, su padre se llamaba Zebedeo y su hermano Santiago el Mayor. Juntamente con éste se hallaba remendando las redes a la orilla del lago de Galilea, cuando Jesús, que acababa de llamar a su servicio a Pedro y a Andrés, los llamó también a ellos para que fuesen sus discípulos. Ambos recibieron de Jesús el apodo "hijos del trueno" (Mc. 3:17), probablemente porque eran galileos de carácter impetuoso (Lc. 9:49). Participó con Pedro y Santiago en los episodios más significativos de la vida de Jesús, como la transfiguración (Mc. 9:2) y la agonía del huerto de Getsemaní (Mc. 14:33).

Se le atribuye la paternidad del cuarto Evangelio, las tres cartas que llevan su nombre y el Apocalipsis. J. Chapman ha observado que el silencio absoluto sobre Juan y su hermano Santiago, y aun de toda la familia Zebedea, se puede deducir con sobrada razón que es *intencionado* del autor. No se explicaría si no fuese Juan mismo quien escribiese. Cómo explicar, si no, que el autor del cuarto Evangelio no dé nunca el nombre del discípulo amado, a pesar de ser nombrado tantas veces. Y tampoco se explica que el autor no mencione para nada a Juan, a su hermano y a sus padres. El nombre de Juan el apóstol aparece diecisiete veces entre los tres sinópticos, ¿cómo es que no sale ni una sola vez en el cuarto Evangelio? ¿No se debe a un silencio *deliberado*?[510] Juan vela su propio nombre por modestia y emulación del Verbo durante sus días en la carne. Por otra parte, hay un rasgo que hace sospechar la identidad entre Juan y el discípulo amado: la especial amistad y trato con Pedro. En los Hechos de los Apóstoles observamos una significativa relación entre Simón Pedro y Juan. El discípulo amado, amigo y compañero inseparable de Pedro en el cuarto Evangelio, ha sido sustituido por Juan en el libro de Lucas. Esta sola observación habla a las claras de la identidad de Juan con el discípulo amado, autor del cuarto Evangelio.

510 Cf. J. Chapman, "Names in the Fourth Gospel" (*The Journal of Theological Studies,* 1929); Oscar Cullmann, *El Nuevo Testamento* (Taurus, Madrid 1971); Juan Antonio García Muñoz, *Introducción a los Evangelios* (Ed. Mundo Bíblico, Las Palmas 2002).

En la Última Cena recostó su cabeza en el pecho de Cristo (Jn. 13:23, 25), por ello se le llama en griego *Epistehios,* que quiere decir "el que está sobre el pecho". Por razón de esta posición privilegiada tiene acceso a la intimidad de Jesús y hace de intermediario entre éste y Pedro, a propósito de la perplejidad que despierta en los discípulos la advertencia, hecha por Jesús, de que uno de ellos sería el traidor (Jn. 13:21-26). El discípulo amado se caracteriza por su cercanía a Jesús y su capacidad de ver e interpretar los signos; después del prendimiento de Jesús, es el único que lo sigue de cerca, penetrando en el atrio del sumo sacerdote (Jn. 18:15-16); es el gran testigo de la exaltación de Jesús en la cruz y de sus consecuencias para la humanidad, y el primero en creer en la resurrección de Cristo a la vista de los signos (Jn. 20:2-8).

De Marcos 16:1 y Mateo 27:56 se ha inferido que el nombre de la madre de Juan era Salomé, porque Marcos designa con ese nombre a la tercera mujer que acompañó a las dos Marías a la tumba, mientras que Mateo dice que era "la madre de los hijos de Zebedeo". Generalmente se considera que Salomé era hermana de María, la madre de Jesús, debido a las cuatro mujeres que estuvieron cerca de la cruz: la dos Marías mencionadas por Marcos y Mateo, la madre de Jesús y la hermana de su madre. Si esta identificación es correcta, Juan era primo de Jesús por parte de su madre. ¿Explica esto que la madre de Juan y Jacobo pidiese confiadamente a Jesús, su sobrino, que sus dos hijos llegasen a sentarse junto a Él, uno a la derecha y el otro a la izquierda en su Reino (Mt. 20:20, cf. Mc. 10:37)?

Después de la Ascensión de Jesucristo, encontramos a Juan con Pedro estrechamente unidos. Ambos apóstoles compartieron la cárcel y el juicio del Sanedrín; ambos fueron enviados a confirmar a los fieles que el diácono Felipe había convertido en Samaria (Hch. 8:14). Para Pablo no había duda de que Pedro y Juan, juntamente con Santiago, "parecían ser las columnas" de la Iglesia (Gál. 2:9). Fueron ellos quienes confirmaron la misión de Pablo entre los gentiles y fue por entonces cuando Juan asistió al concilio de Jerusalén. Concluido éste, tal vez Juan partió de Palestina para viajar al Asia Menor.

Ireneo de Lyon, que fue discípulo de Policarpo, quien a su vez fue discípulo de Juan, afirma que éste se estableció en Éfeso después del martirio de Pedro y Pablo, pero es imposible determinar la época precisa. De acuerdo con la tradición, durante el reinado de Domiciano, Juan fue llevado a Roma, donde fue metido en una caldera de aceite hirviendo, de la que salió milagrosamente ileso. La misma tradición afirma que posteriormente fue desterrado a la isla de Patmos, donde recibió las revelaciones celestiales que resultaron en el libro del Apocalipsis.

Después de la muerte de Domiciano, en el año 96, Juan pudo regresar a Éfeso, donde quedó hasta los días de Trajano, que reinó en el 98-117 d.C. Dice Jerónimo en sus escritos que, cuando San Juan era ya muy anciano y estaba tan debilitado que no podía predicar al pueblo, se hacía llevar en una silla a las asambleas de los fieles de Éfeso y siempre les decía estas mismas palabras: "Hijitos míos, amaos entre vosotros"[511]. Una vez le preguntaron por qué repetía siempre la frase. Él respondió: "Porque ése es el mandamiento del Señor y si lo cumplís ya habréis hecho bastante".

[511] Jerónimo, *In Gal.* 6.

La fama del discípulo amado en los círculos gnósticos llevó a elaborar una leyenda sobre la "asunción de Juan", a semejanza de Cristo. Aparece en la última parte de los apócrifos *Hechos de Juan,* que han llegado hasta nosotros en forma imperfecta[512]. En esta obra se dice que durante los últimos días de su vida en Éfeso, Juan desapareció sencillamente, como si hubiese ascendido al cielo en cuerpo y alma puesto que nunca se encontró su cadáver. El mismo Evangelio de Juan nos señala la razón por la que se pudo llegar a esta teoría: "Se difundió el dicho entre los hermanos de que aquel discípulo no habría de morir. Pero Jesús no le dijo que no moriría, sino: 'Si yo quiero que él quede hasta que yo venga, ¿qué tiene que ver eso contigo?' (Jn. 21:23)". Quizá por eso, los griegos señalaban el lugar de su sepultura en Éfeso como bien conocida y famosa por los milagros que se obraban allí.

Según Isidoro de Sevilla, que recoge la legendaria noticia, dice que Jesucristo se apareció al casi centenario apóstol y le dijo: "Mi querido amigo, ven a mí; ha llegado la hora de que te sientes en mi mesa con el resto de tus hermanos".

Al oír estas palabras, Juan intentó ponerse en pie e hizo ademán de ir hacia su Maestro, pero éste le manifestó: "Espera hasta el domingo".

Al domingo siguiente, muy de madrugada, a la hora en que el gallo suele cantar, todos los fieles se congregaron en la iglesia que habían construido en honor del apóstol y éste empezó a predicarles, exhortándolos a que cumplieran fervorosamente los divinos mandamientos. Acabado el sermón, les mandó que cavaran su sepultura al lado del altar y que sacaran la tierra fuera del templo. Cuando la fosa estuvo dispuesta, el santo bajó hasta el fondo de la misma, se tendió en ella, alzó las manos hacia el cielo y pronunció la siguiente oración: "Señor Jesucristo: me has invitado a sentarme a tu mesa: allá voy, siempre, con toda mi alma, he deseado estar contigo".

De pronto la fosa quedó envuelta por una luz vivísima, cuyos resplandores nadie pudo resistir. Momento después cesó la deslumbrante claridad y los asistentes advirtieron que, mientras duró, había descendido sobre el cuerpo del apóstol una extraña sustancia a manera de arena finísima que lo cubría enteramente, llenaba la sepultura y desbordaba de ella[513].

Los más antiguos escritores hablan de la decidida oposición de Juan a las herejías y a los seguidores del gnóstico Cerinto, acorde a la imagen que se desprende de la cartas de Juan: "Si alguien va a vosotros y no lleva esta doctrina, no le recibáis en casa, ni le digáis bienvenido" (2 Jn. 1:10). En cierta ocasión, según se oyó contar a Policarpo, "el discípulo del Señor, una vez fue al baño en Éfeso, cuando vio dentro a Cerinto, enseguida salió del lugar sin bañarse, diciendo que temía que se desplomaran las termas porque se hallaba dentro Cerinto, enemigo de la verdad"[514].

---

[512] De estos mismo *Hechos* procede la historia del reto que Aristodemus, el sumo sacerdote de Diana en Éfeso, lanzó al apóstol Juan, para que bebiese de una copa que contenía un líquido envenenado. El apóstol tomó el veneno sin sufrir daño alguno y, a raíz de aquel milagro, convirtió a muchos, incluso al Sumo Sacerdote. Este incidente legendario dio pábulo a la costumbre popular que prevalece sobre todo en Alemania, de beber la *Johannis-Minne,* la copa amable o *poculum charitatis,* con la que se brinda en honor de San Juan. En la ritualia medieval hay numerosas fórmulas para ese brindis y para que, al beber la *Johannis-Minne,* se evitaran los peligros, se recuperara la salud y se llegara al cielo (Butler, *Vidas de los Santos,* vol. IV).

[513] Isidoro, *De Morte Sanct.* c. 73, cf. Agustín. *Tract. in Joann.* 124.

[514] Ireneo, *Adv. haer.* III, 3, 4. Cf. Eusebio, *Hist. ecl.* III, 28; Epifanio, *Haer.* 30, 24.

Por su parte, Clemente de Alejandría relata que en cierta ciudad cuyo nombre omite, Juan vio a un apuesto joven en la congregación y, con el íntimo sentimiento de que mucho de bueno podría sacarse de él, lo llevó a presentar al obispo a quien él mismo había consagrado y le dijo: "En presencia de Cristo y ante esta congregación, recomiendo este joven a tus cuidados".

De acuerdo con las recomendaciones de Juan, el joven se hospedó en la casa del obispo, quien le dio instrucciones, le mantuvo dentro de la disciplina y a la larga lo bautizó y lo confirmó. Pero desde entonces, las atenciones del obispo se enfriaron, el neófito frecuentó las malas compañías y acabó por convertirse en un asaltante de caminos. Transcurrió algún tiempo, y Juan volvió a aquella ciudad y pidió al obispo: "Devuélveme ahora el cargo que Jesucristo y yo encomendamos a tus cuidados en presencia de tu Iglesia".

El obispo se sorprendió creyendo que se trataba de algún dinero que se le había confiado, pero San Juan explicó que se refería al joven que le había presentado y entonces el obispo exclamó: "¡Pobre joven! Ha muerto".

"¿De qué murió?", preguntó Juan.

"Ha muerto para Dios, puesto que es un ladrón", fue la respuesta.

Al oír estas palabras, el anciano apóstol pidió un caballo y un guía para dirigirse hacia las montañas donde los asaltantes de caminos tenían su guarida. Tan pronto como se adentró por los tortuosos senderos de los montes, los ladrones le rodearon y le apresaron. "¡Para esto he venido!", gritó San Juan. "¡Llevadme con vosotros!".

Al llegar a la guarida, el joven renegado reconoció al prisionero y trató de huir, lleno de vergüenza, pero Juan le gritó para detenerle: "¡Muchacho! ¿Por qué huyes de mí, tu padre, un viejo y sin armas? Siempre hay tiempo para el arrepentimiento. Yo responderé por ti ante mi Señor Jesucristo y estoy dispuesto a dar la vida por tu salvación. Es Cristo quien me envía".

El joven escuchó estas palabras inmóvil en su sitio; luego bajó la cabeza y, de pronto, se echó a llorar y se acercó a Juan para implorarle, según dice Clemente de Alejandría, una segunda oportunidad. Por su parte, el apóstol no quiso abandonar la guarida de los ladrones hasta que el pecador quedó reconciliado con la Iglesia[515].

BIBLIOGRAFÍA

Emil G. Kraeling, *Los discípulos,* cap. 7. Plaza & Janés, Barcelona 1968.

F. F. Bruce, *Pedro, Esteban, Jacobo y Juan. Estudios en el cristianismo primitivo no paulino.* Editorial Mundo Bíblico, Santa Cruz de Tenerife 2003.

J. E. Ménard, "Juan el Evangelista", *Enciclopedia de la Biblia,* vol. 4. Ediciones Garriga, Barcelona 1963.

Serafín de Ausejo, "Juan, Apóstol y Evangelista", *Gran Enciclopedia Rialp,* vol. 22. Madrid 1971.

6. Felipe de Betsaida

Felipe pertenece al grupo de apóstoles nativos de Betsaida (Galilea), como Pedro, Andrés y Santiago (Jn. 1:44), en la ribera occidental del lago Genesaret. Frecuentaba las predicacio-

[515] Clemente de Alejandría, *Quis dives,* 42.

nes de Juan Bautista y fue llamado directamente por Jesús a seguirle (Jn. 1:43). Obediente a la llamada, inmediatamente se encuentra con Natanael, identificado con el apóstol Bartolomé de los sinópticos, probablemente su hermano, a quien trata de convencer de que Jesús es el Mesías esperado. Natanael, desconfiado, es retado por Felipe: "Ven y lo verás" (Jn. 1:43-45). Hay, pues, que contar a ambos hermanos entre los primeros discípulos de Jesús, testigos privilegiados de su predicación y milagros desde el comienzo.

El nombre de Felipe aparece en quinto lugar en la lista sinóptica de los doce (Mt. 10:2-4; Mc. 3:14-19; Lc. 6:13-16). Aparte de esta sucinta mención sólo hace acto de presencia en el Evangelio de Juan, que registra tres incidentes relacionados con él. Uno, inmediatamente anterior a la alimentación milagrosa de la multitud, cuando Jesús le somete a prueba mediante un pregunta bastante obvia, pero con "trampa": "Cuando Jesús alzó los ojos y vio que se le acercaba una gran multitud, dijo a Felipe: '¿De dónde compraremos pan para que coman éstos?'. Felipe le respondió: 'Doscientos denarios de pan no bastan, para que cada uno de ellos reciba un poco'" (Jn. 6:5-7).

Dos, con motivo de la presencia de unos griegos que querían ver a Jesús. Se acercaron a Felipe, que quizá destacaba entre sus compañeros por su cultura y posición. Los griegos le ruegan diciendo: "Señor, quisiéramos ver a Jesús". Felipe no fue directamente a Jesús, sino que primero se lo dijo a Andrés y entonces, ambos, se lo dijeron a Jesús, el cual manifestó de un modo sublime su relación con el Padre y su misión redentora: "Ha llegado la hora para que el Hijo del Hombre sea glorificado" (Jn. 12:20-23).

Tres, en relación a la extraordinaria sentencia de Cristo: "'Yo soy el camino, la verdad y la vida; nadie viene al Padre, sino por mí. Si me habéis conocido a mí, también conoceréis a mi Padre; y desde ahora le conocéis y le habéis visto'. Le dijo Felipe: 'Señor, muéstranos el Padre, y nos basta'. Jesús le dijo: 'Tanto tiempo he estado con vosotros, Felipe, ¿y no me has conocido? El que me ha visto, ha visto al Padre'" (Jn. 14:6-9). Ésta es la última vez que el Evangelio de Juan nos habla de Felipe, pero es suficiente para proporcionar un esbozo consistente de la personalidad de Felipe como hombre ingenuo, algo tímido y de mente juiciosa. Clemente de Alejandría asume que Felipe fue el discípulo que pidió a Jesús que le dejase ir a cuidar a su padre, recibiendo la tajante respuesta: "Deja que los muertos entierren a sus muertos, tú sígueme" (Mt. 8:21-22)[516]. Parece que este pensamiento estaba presente en la literatura apócrifa en torno a Felipe.

Ninguna característica adicional se da en los Evangelios ni en los Hechos. La tradición del siglo II sobre Felipe es bastante insegura debido a la confusión de Felipe el apóstol con Felipe el diácono y evangelista. Se dice que Felipe aprobó el matrimonio de sus hijas con varones en lugar de obligarlas con el voto de castidad[517].

Teodoreto[518] y Nicéforo[519] dicen que predicó en Frigia, ya que se creía que estaba enterrado en la ciudad de Hierápolis. Así lo afirma Polícrates, obispo de Éfeso, en una carta escrita alrededor del 189-190 y dirigida a Víctor, obispo de Roma. Cuenta a Felipe entre las

516 Clemente, *Strom.* III, 25, 1.

517 Clemente, *Strom.* III, 52; Eusebio, *Hist. ecl.* III, 30.

518 Teodoreto, *In Psalm* 116.

519 Nicéforo, *Hist. ecl.* II, 36.

"grandes lumbreras que se levantarán de nuevo en el último día en la venida del Señor y llamará a todos sus santos, como Felipe, uno de los doce apóstoles, que duerme en Hierápolis con dos de sus hijas, que llegaron vírgenes a la vejez, y una tercera hija, que llevó una vida en el Espíritu Santo y reposa en Éfeso"[520]. Tradición que se remonta a Papías, que conocía de memoria la enseñanza de los apóstoles, recibida de sus propios labios. Dice que él conocía a las hijas de Felipe, y asegura que "vivía en Hierápolis"[521].

También en el *Diálogo* de Gayo dirigido contra el montanista Proclo, se vincula a Felipe con la ciudad de Asia Menor, Hierápolis. Dice que la tumba de Felipe y sus cuatro hijas puede verse en la ciudad[522].

Ahora bien, cuando a renglón seguido, Eusebio, que reúne estos datos para su historia de los apóstoles, menciona Hch. 21:8-9 como referidas a Felipe el apóstol, cuando es evidente que se trata de Felipe el diácono, muestra a las claras la confusión existente sobre estos dos personajes. Confusión propia de Eusebio, y quizás también de Polícrates. Aunque es posible que ambos Felipes, el apóstol y el diácono, estén enterrados en Hierápolis, por compartir la misma ciudad como escenario de su misión, y que Felipe el diácono fuera allí enterrado con tres de sus hijas y que éstas fueran después erróneamente consideradas como hijas del apóstol del mismo nombre. El erudito anglicano J. B. Lightfoot no duda de que Felipe el apóstol estaba enterrado en Hierápolis[523].

El escrito apócrifo, *Hechos de Felipe,* es puramente legendario y lleno de fábulas. Baste un motón de muestra relativo al dragón de Escitia. Apresado Felipe por unos paganos que querían sacrificarlo a Marte, entró en el templo un dragón con un aliento tan pestilente que mataba a todos los que tenía a su alrededor. Felipe, con la ayuda de la cruz, desafió al dragón y convirtió a los adoradores de Marte.

Así pasó Felipe veinte años predicando en Escitia, sufriendo muchas persecuciones y realizando numerosos milagros que convirtieron a gran cantidad de personas; después de los cuales convocó un día a todos los obispos y presbíteros de la región, y les dijo: "El Señor quiere que emplee en vuestra formación los siete días que me quedan de vida".

Al cabo de estos siete días, los infieles se apoderaron de él, que ya tenía 87 años de edad, y, para que su muerte se pareciese a la del Maestro cuya doctrina constantemente predicaba, lo crucificaron. Así fue como este santo apóstol salió de este mundo y entregó su alma al Señor. Sus dos hijas, ambas vírgenes y santas, fueron enterradas una a su derecha y la otra a su izquierda, en la ciudad de Hierápolis.

Haciéndose eco de esta obra, Isidoro de Sevilla dice en el *Libro de la vida, nacimiento y muerte de los Santos*: "Felipe primeramente convirtió a los galos, llevando a la luz de la verdad y al apacible puerto de la fe, tanto a aquellas gentes bárbaras como a las de los pueblos vecinos, sacándolas a todas ellas de las tinieblas en que se hallaban sumergidas y a punto de ser engullidas por las encrespadas aguas del error. Después terminó su vida en Hierápolis, ciudad de la provincia de Frigia, muriendo apedreado y crucificado; allí descansan él y sus hijas".

---

520 Eusebio, *Hist. ecl.* III, 31.
521 Eusebio, *Hist. ecl.* III, 39.
522 Eusebio, *Hist. ecl.* III, 31.
523 B. Lightfoot, *St. Paul's Epistles to the Colossians and to Philemon,* pp. 45ss. Londres 1879, 3 ed.

Un fragmento apócrifo lo presenta como misionero en Atenas, vestido con su túnica y su manto. El carácter fabuloso se echa de ver en los números, mediante los cuales se pretende resaltar la superioridad del mensaje cristiano sobre el resto de doctrinas. Trescientos filósofos disputaron con Felipe. Incapaces de responderle, pidieron ayuda a Ananías, sumo sacerdote de Jerusalén, el cual, revestido con su manto pontifical marcha a Atenas al frente de quinientos soldados. Éstos intentan prender al apóstol, pero se quedan ciegos de inmediato. Los cielos se abren y en medio de ellos aparece la figura del Hijo del Hombre, entonces todos los ídolos de Atenas caen al suelo, y así, mediante una sucesión de hechos fantásticos, que acompañan los dos años de la estancia de Felipe en Atenas, se establece una Iglesia y el apóstol se marcha a predicar a los partos.

BIBLIOGRAFÍA

Emil G. Kraeling, *Los discípulos,* cap. 3. Plaza & Janés, Barcelona 1968.
Enrique Cases Martín, *Los doce apóstoles.* EUNSA, Pamplona 1997.
Ignacio Domínguez, *Los apóstoles de Jesucristo.* S.E. Atenas, Madrid 1988.
Otto Hophan, *Los apóstoles.* Palabra, Madrid 1982.
William Barclay, *Los hombres del Maestro.* DDB, Bilbao 1988.

7. Bartolomé-Natanael, un verdadero israelita

Bartolomé es uno de los primeros discípulos de Jesús, llevado por Felipe, de quien quizá era hermano (Jn. 1:43-51). En las listas de los apóstoles aparece en sexto lugar asociado a Felipe (Mt. 10:3; Lc. 6:14). No se le menciona por este nombre en el Evangelio de Juan, por lo que su personalidad se presenta a debate; sin embargo, su asociación con Felipe —tan ligado a Bartolomé en los sinópticos (Mt. 10:3; Mc. 3:18; Lc. 6:14)— ha hecho pensar a muchos intérpretes, antiguos y contemporáneos, que se le ha de identificar probablemente con Natanael, que sería su nombre propio —Bar Tolomé, *hijo de Tolmai* en arameo, sería el patronímico—, pasando así a realzar su figura el testimonio de Jesús, reconociendo en él al israelita verdadero, en quien no hay engaño, que había de presenciar maravillas (Jn. 1:45-51) y ser "testigo" de la vida y resurrección del Señor Jesús (Jn. 21:2; Hch. 1:21-22). Según esta hipótesis, con sólido fundamento exegético en el Evangelio, el apóstol sería oriundo de Caná de Galilea, donde una iglesia dedicada a su nombre recuerda a un mismo tiempo el primer milagro de Jesús, convirtiendo el agua en vino (Jn. 2:1-11), y la figura de Bartolomé-Natanael.

No es posible precisar con seguridad el campo de apostolado de Natanael, dada la variedad contradictoria de tradiciones. Según Eusebio de Cesarea, Panteno habría encontrado en la India a algunos cristianos, a los que "Bartolomé, uno de los doce apóstoles, había predicado en otro tiempo, como era fama, y les había dejado el Evangelio de Mateo escrito en letras hebreas: del que por cierto hay memoria de que fue conservado hasta los tiempos susodichos"[524]. Jerónimo añade que Panteno fue enviado por Demetrio, obispo de

[524] Eusebio, *Hist. ecl.* X.

Alejandría, a dicha misión a petición de los legados de aquel país, y que trajo el mencionado Evangelio a Alejandría[525]. Pero por "India" habría que entender, según Rufino, la India citerior o exterior, que pudiera ser la Arabia Feliz[526], donde consta que había comunidades judías florecientes, precisamente en las colonias militares fundadas por Nabonido durante su permanencia en Tema. De la misma opinión son los historiadores modernos Mosheim y Neander. Sócrates dice que se trata de la India contigua a Etiopía[527] y Sofronio añade que Bartolomé predicó el Evangelio a los habitantes de la India Feliz.

Otras tradiciones lo hacen acompañar al apóstol Andrés en la evangelización de los países ribereños del mar Negro; mientras según la tradición armenia, recogida por Moisés de Corena, habría ido primero con el apóstol Tomás a Adén, después a predicar a los medos y a los elamitas, luego a Bostra y, por fin, a Armenia, donde encontraría a Judas Tadeo, que le precedió en el martirio. Otra tradición lo representa predicando en los oasis de Egipto, cuyos naturales habrían reconocido en él a un compatriota, haciéndole descender de la familia real de los Tolomeos, opinión ampliamente difundida en la Edad Media. El mismo honor de haberles predicado reivindican para sí los sirios. Finalmente, según el relato de las *Actas de Felipe,* habría acompañado a este apóstol en la evangelización de la ciudad frigia de Hierápolis, y, según la tradición bizantina, habría llegado a la corte de Polimio, rey del Bósforo, Ponto y Cilicia, convertido al judaísmo.

Según esta última tradición, después de la conversión de Polimio, su hermano Astriges o Astiages, que permanecía pagano, promovió una revuelta contra el apóstol, al que hizo apalear y degollar, según el relato de la *Passio sancti Bartholomaei;* según otros, habría sido desollado vivo o crucificado. El escenario se coloca en Albanópolis o Urbanópolis (Eruantashat), ciudad de Armenia. Su cuerpo habría sido llevado después a Neferguerd (Miyafarkin), y hacia el año 507 por el emperador Anastasio I a Daras en Mesopotamia[528].

En los siglos IV y V existía un *Evangelio de Bartolomé* apócrifo, compuesto probablemente en griego en Egipto. Contiene en forma de preguntas a Jesús, a la Virgen y al diablo explicaciones fantasiosas sobre la encarnación, la bajada de Cristo a los infiernos, la creación de los ángeles, la caída de Lucifer y la tentación de Eva. El comienzo de este documento es impresionante. Los discípulos le pidieron a Jesús que les revelara los secretos del cielo. El maestro difiere la respuesta hasta que se hubiera despojado de su envoltura carnal, pero cuando los discípulos vieron al Señor resucitado tuvieron miedo de preguntarle nada porque no tenía el mismo aspecto que antes. Sin embargo, Bartolomé se acercó a Jesús para hablar con Él lo relativo al misterio de su muerte y de los episodios subsiguientes. Jesús le relató entonces que "descendió a los infiernos" y liberó a los patriarcas. Y así de otros temas. En lengua copta se ha conservado el *Libro de la Resurrección de Cristo por Bartolomé Apóstol,* obra que apareció entre los siglos V y VII.

En la *Passio sancti Bartholomaei* se dice que cuando Bartolomé se fue a aquella parte de la India que se encuentra inmediata a Etiopía, a saber, Arabia meridional, comenzó a echar a

[525] Jerónimo, *De viris illustribus* 36.
[526] Rufino, *Historia ecclesiastica* I, 9.
[527] Sócrates, *Historia ecclesiastica* I, 19.
[528] Teodoro Lector, *Historia ecclesiastica* II, 57.

los demonios de los templos en que eran adorados y escuchados a través de sus profetas. Muchísimos milagros operó el santo en este sentido. Y por estos milagros, Polimio el rey se convirtió junto a su familia y renunció al trono, haciéndose discípulo del apóstol. A partir de entonces rigió los destinos del reino un hermano de Polimio, llamado Astiages. Poco después de que éste iniciara su reinado, los pontífices de los templos paganos celebraron una asamblea y en ella acordaron quejarse ante el nuevo monarca por los daños inferidos a los dioses con la profanación del templo real y la destrucción de las imágenes de los ídolos; y, en efecto, se presentaron ante Astiages y acusaron al apóstol de haber ocasionado con sus artes mágicas los mencionados destrozos y de haber pervertido a Polimio. Astiages se hizo eco de la denuncia y, dejándose llevar de la cólera, ordenó que inmediatamente mil soldados, perfectamente armados, salieran en persecución de Bartolomé, al que sus perseguidores capturaron y condujeron ante el nuevo rey.

"¡De modo —dijo el rey al apóstol—, que tú eres el hombre que pervirtió a mi hermano!".

"Yo no perverti a tu hermano, sino que lo convertí", dijo Bartolomé.

A esto replicó Astiages: "Pues voy a hacer contigo lo que tú hiciste con él; como tú obligaste a Polimio a renegar de mi dios y a creer en el tuyo, yo te obligaré a ti a renegar del tuyo y a creer en el mío".

El apóstol puntualizó: "Yo lo que hice fue vencer al dios al que tu hermano adoraba, mostrarlo maniatado ante el público, y exigirle que rompiera las imágenes de los ídolos. Prueba tú a hacer lo mismo con el mío. Si consigues maniatar a mi Dios, te prometo que adoraré al tuyo; pero si no lo consigues, continuaré destruyendo las estatuas de tus falsas divinidades, y si tú fueses razonable te convertirías a mi religión como se convirtió tu hermano".

En esto alguien se presentó ante el rey y le comunicó que la imagen de la diosa Baldach o Vauldat acababa de caer rodando por el suelo y de romperse en mil pedazos. El rey, al oír esta noticia, rasgó su manto púrpura, mandó que apalearan al apóstol y que tras propinarle una enorme paliza lo desollaran vivo.

En este último punto, como dijimos más arriba, no todos están de acuerdo. Según Doroteo, fue crucificado. He aquí las propias palabras de este santo: "San Bartolomé dio a conocer el Evangelio de San Mateo a los indios, predicándoles en la lengua que ellos hablaban, y murió crucificado cabeza abajo, en Albana, ciudad de la extensa región de Armenia". Teodoro afirma que fue desollado. En cambio, en otros muchos libros se lee que este apóstol fue decapitado. Hay quien ha intentado armonizar todas estas versiones contradictorias, diciendo que bien pudo ocurrir que el apóstol fuese primeramente crucificado; luego, antes de morir, descolgado de la cruz y desollado vivo, para hacerle sufrir más; y, finalmente, estando todavía con vida, decapitado. Típico ejemplo de un concordismo fácil y habitual respecto a textos antiguos y relatos respetados de los que redactores posteriores no se atreven a eliminar nada que consideren importante, sino a acumular todo el material recibido en una especie de nuevo relato homogéneo.

BIBLIOGRAFÍA

Emil G. Kraeling, *Los discípulos,* cap. 4. Plaza & Janés, Barcelona 1968.

Evangelio de Bartolomé, en Aurelio De Santos Otero, *Los Evangelios Apócrifos.* BAC, Madrid 2002, 11 ed.

—en Edmundo González Blanco, *Los Evangelios Apócrifos*. Hyspamérica Ediciones Argentina, Madrid 1985.

F. Spadafora, M. L. Casanova, A. Rigoli, "Bartolomé Apostolo", en F. Caraffa y G. Morelli, eds., *Bibliotheca Sanctorum*, vol. II, pp. 852-878. Roma 1961.

J. Prado González, "Bartolomé apóstol", en *Gran enciclopedia Rialp*, vol. 3, 768-769. Rialp, Madrid 1971.

M. Bonnet, *Acta Apostolorum apocrypha*, II, 1, Leipzig 1893, 128-150.

V. Holzmeister, "Nathanael fuitne idem ac S. Bartholomaeus Apostolus?", *Biblica* n.º 21, pp. 28-39, 1940.

8. Mateo el publicano

Mateo, en griego *Mathhaios;* del arameo *Mattai,* es una forma corta del hebreo, *Mattanyah*, que significa "regalo de Yahvé"; hijo de Alfeo, vivió en Cafarnaúm, en el lago de Galilea. Marcos y Lucas lo designan por el nombre de Leví (Mc. 2:14, Lc. 5:27). Ejercía la odiosa profesión de publicano o recaudador de impuestos por cuenta no de los romanos sino de Herodes Antipas, tetrarca de Galilea. Leví, hijo de Alfeo, tenía su puesto en las afueras de la ciudad, en el parque inmediato al mar de Tiberíades, donde realizaba su cometido de recaudador de contribuciones y tributos. Cafarnaúm se hallaba en un cruce de caminos, centro de comunicaciones y contrataciones entre Tiro y Damasco, Séforis y Jerusalén y era como una residencia especial de los cobradores de impuestos de la comarca. Ninguna mercancía podía entrar en Galilea por esa región sin pagar el correspondiente impuesto. De ahí que los mercaderes y traficantes, tenderos y comisionistas de toda índole tuvieran en este punto urbano su sede y lugar de operaciones. Era un oficio odioso pero obligatorio, a la vez que codiciado por las oportunidades que ofrecía para amasar una fortuna personal.

A la primera invitación (Mt. 9:9), Mateo rompió todas las ataduras, dejó sus riquezas, sus preocupaciones, sus placeres y su profesión, siguiendo a Jesús de inmediato. Nunca regresó a su oficio porque era una profesión ilícita prohibida por la ley judía. Leví, a pesar de su oficio, debía ser un hombre sencillo y de buena fe, que lo ejercía más por obligación dictada por la autoridad que por inclinación propia, a juzgar por la prontitud con que siguió a Jesús. Y a un buen contable como él no se le debería escapar el alto coste que supondría seguir a un desconocido como Jesús.

Leví, o Mateo, debía ser una figura prominente entre los funcionarios, dado que cuando invitó a Jesús a su casa, la mesa fue compartida por "muchos publicanos y pecadores" (Mt. 9:10), lo que levantó la crítica de los fariseos y la universalmente conocida respuesta de Jesús: "Los sanos no tienen necesidad de médico, sino los que están enfermos" (v. 12).

Mateo es mencionado en séptimo lugar en la lista de los doce de Lucas 6:15 y Marcos 3:18; y octavo en Mateo 10:3 y Hechos 1:13, y la tradición siempre le ha asignado la autoría del Evangelio que lleva su nombre, escrito originalmente en arameo y anterior al año 70 d.C. Varios hechos apoyan esta creencia. Entre otros, Mateo es el único en hablar del "Reino de los cielos" en vez del "Reino de Dios" que usan Lucas y Marcos, y tiene por fin condescender con el escrúpulo judío que había sustituido el nombre sacrosanto de Dios por el nombre del cielo. No vamos a entrar en un tema que pertenece a la crítica de las formas, sólo centrarnos en la persona de Mateo apóstol y la manera en que hace acto de aparición en los relatos evangélicos. Ya Jerónimo advirtió cómo los demás evangelistas cuando narran la vocación de Mateo no dan el nombre con que se le conocía entre los creyentes, sino el de Leví. Sólo nuestro evangelista se designa a sí mismo con el nombre de Mateo seguido por el título injurioso de "publicano" (Mt. 9:9), que Marcos y Lucas suprimen al poner el nombre de Mateo en la lista de los doce. Y como hemos dicho, en el primer Evangelio se encuentra incluso después del nombre de Tomás. Es lógico deducir que este interés en rebajar a Mateo en el primer Evangelio comparado con la manera delicada y honrosa con que lo tratan los otros Evangelios, revela la mano del propio Mateo[529].

Una vez más, son muy pocas las noticias verificables que tenemos sobre la vida de Mateo. Según las noticias que nos ofrecen Ireneo de Lyon, Clemente de Alejandría y Eusebio de Cesarea, Mateo predicó durante unos quince años en Judea, a la vez que escribió el Evangelio que lleva su nombre, para satisfacer a los conversos hebreos. A continuación, se dice, Mateo se fue a predicar a las naciones bárbaras e incivilizadas del este. San Ambrosio dice que Dios le abrió el país de los persas. Rufino y Sócrates dicen que llevó el Evangelio a Etiopía, significando probablemente las partes sur y este de Asia, no la Etiopía africana. Paulino menciona que Mateo terminó su curso en Partia. Venanto Fortunato relata que sufrió el martirio en Nudubaz, una ciudad de esa región. Doroteo dice que fue honorablemente enterrado en Hierápolis en Portia.

Los últimos días del apóstol se narran en el *Martyrium S. Matthêi in Ponto,* obra apócrifa escrita en griego y editada por Bonnet en Leipzig: *Acta apostolorum apocrypha* (1898), publicada recientemente en español por G. Aranda y C. García. Carece de valor histórico respecto a la situación y personaje que pretende retratar, pero interesante para conocer la mentalidad y el tiempo de la comunidad que la produjo y el intento de rellenar imaginativamente el conocimiento de personajes mencionados en los relatos bíblicos, pero de los que nada más se dice.

Se dice que en su misión Mateo llegó ante la reina de Candace, la cual le hizo llamar, persuadida por su eunuco Abba-Salama —el converso del diácono Felipe—, y descalzo el evangelista, vestido con una pobre túnica y armado con un ejemplar del Evangelio escrito por él, la adoctrinó durante algún tiempo hasta inducirla a abrazar la fe de Cristo, así como a su hija primogénita Efigenia, que hizo voto de virginidad perpetua. Pasados unos meses murió la reina, dejando el trono a su hija Efigenia, y en su defecto a Hitarco, el cual arrebatado del apasionado amor que sentía por Efigenia, ofreció a Mateo muchas riquezas a cambio de que convenciera a la joven para que le aceptara por esposo. El apóstol contestó a Hitarco: "Tu antecesor iba a la Iglesia; ve tú también a ella el próximo domingo y escucha atentamente el sermón que pienso predicar a Efigenia y a sus compañeras acerca de la licitud del matrimonio y de las ventajas que la vida matrimonial comporta".

Hitarco, creyendo que Mateo iba a tratar de convencer a Efigenia de que debería aceptar las proposiciones conyugales que él le hacía, el domingo acudió a la iglesia ilusionado y lleno de alegría. Mateo predicó ante Efigenia y ante el pueblo un largo sermón ponderando las exce-

[529] Cf. Mariano Herranz, *Huellas de arameo en los Evangelios y en la catequesis primitiva* (Ciudad Nueva, Madrid 1997); Juan Leal, *El valor histórico de los Evangelios* (Editorial Apostolado Mariano, Sevilla 1999); Juan Antonio García Muñoz, *Introducción a los Evangelios* (Ed. Mundo Bíblico, Las Palmas 2002); Julián Carrón Pérez y José Miguel García Pérez, *Cuándo fueron escritos los evangelios. El testimonio de Pablo* (Ediciones Encuentro-Fundación San Justino 2002).

lencias del matrimonio. Hitarco, mientras le oía, reafirmaba su posición de que el predicador, a través de los magníficos conceptos que en su sermón exponía, intentaba inclinar el ánimo de Efigenia hacia la vida matrimonial; y tan persuadido estaba de que ésta era la intención de Mateo, que aprovechando una pausa que éste hizo y que él interpretó como si el sermón hubiese terminado, se levantó de su asiento y felicitó efusivamente al predicador. Mateo rogó al rey que guardara silencio, que se sentara de nuevo y que continuara escuchando, pues el sermón no había terminado. Luego prosiguió su discurso de esta manera: "Cierto que el matrimonio, si los esposos observan escrupulosamente las promesas de fidelidad que al contraerlo mutuamente se hacen, es una cosa excelente. Pero prestad todos mucha atención a lo que ahora voy a decir. Supongamos que un ciudadano cualquiera arrebatara la esposa a su propio rey, ¿qué ocurriría? Pues que no sólo el usurpador cometería una gravísima ofensa contra su soberano, sino que automáticamente incurriría en un delito que está castigado con pena de muerte; e incurriría en ese delito, no por haber querido casarse, sino por haber quitado a su rey algo que legítimamente le pertenecía, y por haber sido el causante de que la esposa faltase a la palabra de fidelidad empeñada ante su verdadero esposo. Ahora bien; puesto que así son las cosas, ¿cómo tú, Hitarco, súbdito y vasallo del rey eterno, sabiendo que Efigenia al recibir el velo de las vírgenes ha quedado consagrada al Señor y desposada con Él, te atreves a poner en ella tus ojos y pretendes hacerla incurrir en infidelidad a su verdadero esposo que es precisamente tu soberano?".

En cuanto oyó esto, Hitarco, arrebatado de ira, salió furioso de la iglesia. Mateo, sin inmutarse, continuó su sermón, exhortó a los oyentes a la paciencia y a la perseverancia, al final del sermón bendijo a las vírgenes y en especial a Efigenia que, asustada, se había arrodillado ante él, y luego prosiguió la celebración del oficio divino; mas en el preciso momento en que terminaba, cuando aún estaba ante el altar orando con los brazos extendidos hacia el cielo, un sicario enviado por Hitarco se acercó a él, le clavó una espada en la espalda, lo mató y lo convirtió en mártir.

Poco después intentó Hitarco quemar la casa en que vivían las vírgenes, pero el santo apóstol se apareció ante ellas y las rescató de las llamas. Hitarco contrajo lepra y se suicidó con su propia espada. El pueblo entonces proclamó rey a un hermano de Efigenia, bautizado años antes por Mateo, y la fe pudo a partir de entonces propagarse por tierras etíopes durante muchos años.

BIBLIOGRAFÍA

I. *Hechos de Andrés y de Matías (Mateo) en la ciudad de los antropófagos. Martirio del apóstol San Mateo.* Edición preparada por G. Aranda y C. García. Ciudad Nueva, Madrid 2002.

II. I. Gomá Civit, "Mateo, Apóstol y Evangelista", *Gran Enciclopedia Rialp,* vol. 15. Madrid 1971.

Emil G. Kraeling, *Los discípulos,* cap. 8. Plaza & Janés, Barcelona 1968.

9. Tomás o Judas el gemelo

Tomás es el nombre helenizado del arameo *Tôma,* que significa "gemelo", "mellizo", tal como lo expresa Juan en griego: "Tomás, que se llamaba Dídimo (gr. *Didymud*)" (Jn. 11:16;

20:24; 21:2). De aquí surgió una tradición que dice que fue el hermano gemelo de Jesús[530], y depositario de la doctrina esotérica del Maestro, según se puede leer en el prólogo del *Evangelio de Tomás*: "Éstos son los dichos secretos que pronunció el Jesús viviente y que anotó Judas Tomás el Gemelo"[531].

El individuo que se llama así debía de haber tenido otro nombre, al que se añadía "el gemelo" para posterior identificación. En fuentes siríacas, que entendieron que Tomás no era nombre propio, es conocido con el nombre de Judas "el gemelo". Se creyó, con buena base, que Judas era el nombre propio, y *Tomás —te'oma* en arameo, "gemelo"— el sobrenombre. Eusebio recoge esta tradición: "Después de la ascensión de Jesús, Judas, llamado también Tomás"[532]. Si Judas era, en realidad, el nombre de este discípulo, se comprende fácilmente que hubiera sido deseable una designación diferenciadora, habiendo varios con este nombre entre los seguidores de Jesús.

Tomás aparece en la lista de los Evangelios sinópticos (Mt. 10:3; Mc. 3:18; Lc. 6, cf. Hch. 1:13), emparejado con Mateo el publicano, y con Felipe en Hch. 1:13. Aparte de esto nada más se dice de él. Gracias a los datos espigados en el Evangelio de Juan podemos hacernos una idea más cabal de su personalidad que de la del resto de los apóstoles, con la excepción de Pedro, Juan y Judas Iscariote.

Primero, cuando Jesús determinó encarar los peligros que le aguardaban en Jerusalén, y resuelto quizá con la resurrección de Lázaro, "Tomás, que se llamaba Dídimo, dijo a sus condiscípulos: 'Vamos también nosotros, para que muramos con Él'" (Jn. 11:16). Pero las cosas no debieron ocurrir como él esperaba, pues cuando Jesús anuncia su extraña *partida* al Padre, Tomás, incrédulo, le dijo: "Señor, no sabemos a dónde vas; ¿cómo podemos saber el camino?" (Jn. 14:5). Incredulidad por la que es recordado especialmente después de los acontecimientos de Pascua. Al encontrarse ausente del aposento donde Jesús se apareció resucitado al resto de los discípulos, Tomás se negó rotundamente a creer a menos que mediara la evidencia física, tangible, de la misma persona de Jesús: "Los otros discípulos le decían: '¡Hemos visto al Señor!' Pero él les dijo: 'Si yo no veo en sus manos la marca de los clavos, y si no meto mi dedo en la marca de los clavos y si no meto mi mano en su costado, no creeré jamás'" (Jn. 20:25). Cuyo desenlace fue una explosión de fe sobrecogida por el asombro y temor de su atrevimiento incrédulo: "Entonces Tomás respondió y le dijo: '¡Señor mío, y Dios mío!'" (Jn. 20:29).

Gracias a este incidente, Tomás se eleva a la categoría de "teólogo", en el sentido descrito por Agustín: *"Ab eo dubitatum est, ne a nobis dubitaretur"*.

A Tomás lo volvemos a encontrar en el Mar de Galilea con siete discípulos, segundo después de Pedro (Jn. 21:2), y de nuevo en el aposento alto (Hch. 1:13). Aparte de estas breves apariciones no tenemos noticias de su labor y carrera en los libros canónicos, sin embargo

---

530 *Acta Thomae* 31, 9. Rendel Harris, centrándose en el culto a los Dióscuros, quiere ver en la figura de Tomás "el gemelo de Jesús" una transformación del culto pagano del Dios Solar de Edesa (R. Harris, *The Twelve Apostles,* Cambridge 1927), que después se introduce en la Iglesia. Cf. Juan G. Atienza, *Los Santos paganos. Dioses ayer, santos hoy,* cap. 3. Robinbook, Barcelona 1993.

531 "El Evangelio de Tomás", en Marvin W. Meyer, *Las enseñanzas secretas de Jesús.* Crítica, Barcelona 2000.

532 Eusebio, *Hist. ecl.* I, 13.

la literatura apócrifa abunda en referencias a Tomás, y que, sin lugar a dudas, contienen un fondo real, verídico.

Las tradiciones más tempranas lo presentan como destinado a Partia[533], o Persia[534], y enterrado en Edesa[535]. Crisóstomo menciona su tumba en Edesa como una de las cuatro tumbas genuinas de los apóstoles, junto a las de Pedro, Pablo y Juan[536]. En la ciudad de Mosul, en Irak, la antigua Mesopotamia, se encuentra la iglesia dedicada a Tomás, la iglesia más antigua de Irak, que data del siglo IV y que fue bombardeada durante la guerra del Golfo Pérsico en 1991.

Según una tradición tardía Tomás fue a la India[537], donde fundó comunidades cristianas, en la costa de Malabar. Después llegó hasta la China, y allí predicó, dejando su recuerdo también en aquellas tierras. Más tarde, requerido por sus discípulos de la costa de Malabar en la India, volvió a estas comunidades cristianas, y allí vivió y predicó hasta su muerte como mártir. En una montaña cercana a Mylapore, junto a la costa Malabar, había construido Tomás una ermita. Un día mientras oraba cerca de esta ermita, llegó un brahmán con otros que le acompañaban, y después de apedrearle, este brahmán le atravesó con su lanza, muriendo de este modo. Entonces sus discípulos recogieron su cuerpo y lo enterraron en aquella ermita. Los portugueses, cuando llegaron a la India en el siglo XV, conocieron a estos cristianos de Santo Tomás, que guardaban con mucho respeto el recuerdo de los hechos del apóstol[538]. Contra esta tradición escribió el erudito alemán Johann Karl Thilo, en su edición del *Acta Thomae*. La misión de Tomás en la India se considera una confusión con un misionero nestoriano del mismo nombre.

El *Acta Thomae,* o *Hechos de Tomás,* es el documento principal sobre su persona preservado en griego y siríaco, con algunos elementos de origen gnóstico, escrito tal vez por Bardesanes (152-222), representante de la comunidad cristiana primitiva de Edesa, que murió mártir. Ciertamente fue redactado en siríaco y pronto traducido al griego, son los únicos Hechos apócrifos de los apóstoles que se conservan completos a pesar de su origen y contenido gnóstico. Tuvieron gran difusión y fueron reelaborados en línea ortodoxa.

En ellos se cuenta que estando el apóstol Tomás en Cesarea se le apareció el Señor y le dijo: "Gondóforo, el rey de la India, ha enviado a su ministro Abanés en busca de un buen constructor. Ven conmigo y yo te presentaré a él".

Tomás le respondió: "Señor, envíame a donde quieras, pero no al país de los indios".

Jesucristo insistió: "Ve tranquilo, no tengas miedo; yo te protegeré. Cuando los hayas convertido volverás a mí enarbolando la palma del martirio".

Tomás accedió, diciendo: "Tú eres mi Señor y yo tu siervo; hágase tu voluntad".

Jesucristo entonces se acercó al ministro del rey que deambulaba por la plaza y le preguntó: "¿Qué haces por aquí, buen hombre?".

---

533 Eusebio, *Hist. ecl.* III, 1; Sócrates, *Hist. eclesiástica* I, 19.

534 Rufino, *Hist. eclesiástica* II, 4.

535 Sócrates, *Hist. eclesiástica* IV, 18.

536 Crisóstomo, *Hom. in Heb.* 26.

537 Gregorio Nacianceno, *Orat. 25 ad Arian.;* Ambrose, in *Psalm 45,* 10; Jerónimo, *Ep.* 148 *ad Marcell.*; Nicéforo, *Hist. Eccles.* II, 40; *Acta Thomae,* cap. 1.

538 L. W. Brown, *The Indian Christians of St. Thomas.* Cambrigde 1956.

Abanés contestó: "Ando buscando por orden de mi rey siervos competentes en el arte de la construcción, porque quiere que le edifiquen un palacio parecido a los que hay en Roma".

Entonces el Señor le ofreció a Tomás, asegurándole que era muy experto en la materia. Abanés lo aceptó y se lo llevó consigo.

En cuanto llegaron a su destino, Tomás trazó los planos de un magnífico palacio; el rey le retribuyó su trabajo entregándole un riquísimo tesoro que él distribuyó entre la gente del pueblo, y en seguida el monarca se ausentó de la capital de su reino y se marchó a otra provincia. Tras dos años de ausencia, regresó el rey y grandes dificultades surgieron de la predicación de Tomás, porque ésta molestaba al soberano pagano, pero numerosos milagros sacaron sin problemas al apóstol de los peligros, tras los cuales se fue a evangelizar al norte del país.

Una de las personas convertidas por él a la fe de Cristo fue Síntique, amiga de Migdonia, esposa de Casisio, cuñado del rey. Cuando Migdonia supo que su amiga Síntique se había hecho cristiana, le dijo: "¿Crees que podré yo ver al apóstol?".

Síntique le respondió que sí y le dio este consejo: "Cambia tus ricos vestidos por otros muy humildes, únete a uno de esos grupos de mujeres pobres que van con frecuencia a oírle predicar y, mezclada entre ellas, escúchale atentamente".

Así lo hizo Migdonia. Aquel día Tomás comenzó a hablar con flamígero entusiasmo y Migdonia, tras la predicación, abrazó la fe de Cristo. Al enterarse su esposo, puso esto en conocimiento del rey, que mandó encerrar al apóstol y envió a la reina a convencer a su hermana del error de haberse hecho cristiana. Pero contrariamente a lo previsto, no sólo Migdonia no se pervirtió, sino que convirtió a su hermana, la reina.

"Cuando salí de casa —dijo ella explicándose al volver— creía como vosotros que Migdonia, mi hermana, había cometido una enorme estupidez; pero me he convencido de que ha obrado con gran sabiduría; ella me puso en contacto con el apóstol y él me ha hecho conocer el camino de la verdad y comprender claramente que los verdaderos necios son quienes no creen en Cristo".

Mandó entonces el rey que fuesen en busca del apóstol y que atado de pies y manos lo trajeran a su presencia. Cuando lo tuvo ante sí le ordenó que convenciera a las mujeres de su error. Una larga discusión nació entonces, en la que el apóstol defendió la fe de Cristo con toda su alma.

Entones, por consejo de Casisio, ordenó el rey que encerraran al siervo de Cristo en un horno encendido, cuyo fuego se apagó en cuanto el apóstol penetró en él; y de él salió sano y salvo al día siguiente. En vista de este prodigio, Casisio propuso a su cuñado que, para que aquel poderoso hombre perdiera la protección divina e incurriera en la ira de su dios, le obligase a ofrecer sacrificios al sol; pero Tomás, cuando trataron de forzarle a que cometiera este acto de idolatría dijo al monarca: "Tú vales mucho más que esa imagen que has mandado construir. ¡Oh idólatra, despreciador del Dios verdadero! ¿Crees que va a ocurrir eso que te ha dicho Casisio? ¿Crees que si adoro a tu señor voy a incurrir en la ira del mío? Nada de eso; quien incurrirá en la indignación de mi Dios será ese ídolo tuyo. Voy a postrarme ante él; verás como, tan pronto como me arrodille ante esa imagen del sol, mi Dios la destruirá. Voy a adorar a tu divinidad; pero antes hagamos un trato: si cuando yo adore a tu dios el mío no lo destruye, te doy mi palabra de que ofreceré sacrificios en honor de esa imagen; mas si lo destruye tu creerás en el mío. ¿Aceptas?".

"¿Cómo te atreves a hablarme de igual a igual?", replicó indignado el rey.

Acto seguido, Tomás en su lengua natal mandó al demonio alojado en la imagen del sol que, tan pronto como él doblara sus rodillas ante el ídolo, lo destruyera. Después se prosternó en tierra y dijo: "Adoro, pero no a este ídolo; adoro, pero no a esta mole de metal; adoro, pero no a lo que esta imagen representa; adoro, sí, pero adoro a mi Señor Jesucristo en cuyo nombre te mando a ti, demonio, escondido en el interior de esta efigie, que ahora mismo la destruyas".

En aquel preciso instante la imagen, que era de bronce, se derritió cual si estuviera hecha de cera. Los sacerdotes paganos encargados del culto del malogrado ídolo, al ver lo ocurrido, bramaron de indignación y el pontífice que los presidía exclamó: "¡Yo vengaré la injusticia que acabas de hacer a mi dios!".

Mientras pronunciaba la anterior amenaza, se apoderó de una espada y con ella atravesó el corazón del apóstol. Así murió Tomás. El rey y Casisio, viendo que gran parte de cuantos habían presenciado el asesinato del santo trataban de vengar su muerte intentando apoderarse del pontífice para quemarlo vivo, llenos de miedo, huyeron de allí. Entonces los cristianos recogieron el cuerpo del mártir y lo enterraron con sumo honor.

Es digno de notar que un rey de nombre Gondofernes o Gundafor reinaba en el año 46 d.C. en la región comprendida por Afganistán, Baluchistán, el Punjab y Sind, según se ha descubierto en algunas monedas, unas de acuñación parta con leyenda griega, y otras de tipo indio con leyendas en un dialecto indio de Kharoshthi. La identidad de este rey con el Gondóforo de los *Hechos de Tomás* es absoluta. Una nueva evidencia es la inscripción de Takht-i-Bahi, fechada por los mejores especialistas en el tiempo del rey Gundafor, cuyo reinado comenzó probablemente en el 20 d.C. y se extendió hasta el año 46. Seguramente el autor de los *Hechos de Tomás* adoptó unos cuantos nombres históricos para dotar de credibilidad a su narración.

BIBLIOGRAFÍA

I. *El Evangelio de Tomás*[539], ed. Edmundo González Blanco, *Los Evangelios Apócrifos*. Hyspamérica Ediciones Argentina, Madrid 1985

—ed. y comentarios de Michio Kushi y Alex Jack. Ed. Abraxas, Barcelona 1997.

—ed. Antonio Piñero, *Textos Gnósticos*. Trotta, Madrid 1997.

—ed. Marvin W. Meyer, *Las enseñanzas secretas de Jesús*. Crítica, Barcelona 2000.

II. Walter Bauer, *Ortodoxy and Heresy in Earlist Christianity*. Fortress Press, Philadelphia 1971 (Edición eclectrónica: http://ccat.sas.upenn.edu/~humm/Resources/Bauer.htm).

Ceslaz Spicq, "Tomás Apóstol", *Gran Enciclopedia Rialp,* vol. 22. Madrid 1971.

Emil G. Kraeling, *Los discípulos,* cap. 9. Plaza & Janés, Barcelona 1968.

Günther Bornkamm, *Mythos und Legende in den apokryphen Thomasakten*. Göttingen, 1933.

L. W. Brown, *The Indian Christians of St. Thomas*. Cambrigde 1956.

Ramón Trevijano, *Estudios sobre el Evangelio de Tomás*. Ciudad Nueva, Madrid 2001.

[539] Edición electrónica en www.metalog.org, con notas y comentarios de Paterson Brown.

10. Santiago el Menor y el hermano del Señor

Del apóstol Santiago apodado "el Menor" o pequeño (gr. *tou mikros,* Mc. 15:40), para distinguirlo del otro Santiago, hijo de Zebedeo, no sabemos nada que sea absolutamente seguro, excepto que era hijo de Alfeo (Mt. 10, 3; Mc. 3:18; Lc. 6:15; Hch. 1:13). Aparece en noveno lugar en todas las listas, en cabeza del tercer grupo de los apóstoles. Hay mucha confusión respecto a su identidad toda vez que en el Nuevo Testamento aparece otro Santiago, considerado también apóstol[540] y conocido por "hermano del Señor" (Gál. 1:19; cf. Mc. 6:3), un "pilar" o "columna" de la comunidad de Jerusalén (Gál. 2:1-10). Este Santiago gozaba de gran autoridad en Jerusalén, prueba de lo cual es que Pedro le manda anunciar su liberación (Hch. 12:17). Jugó un papel importante en el llamado concilio de Jerusalén (Hch. 15:13-21), dando su aprobación a las medidas reconciliadoras que buscaban la plena comunión con los gentiles basándose en unas mínimas exigencias legales, sin menospreciar las costumbres y tradiciones judaicas que obligaban a los judíos en cuanto judíos. Se le considera, además, autor de la carta canónica que lleva su nombre, aunque falta unanimidad al respecto: "Se duda de su autenticidad, porque no hay muchos de los escritores antiguos que la citen"[541]. Según algunos autores, se parecía tanto a Jesús que por esa razón Judas tuvo que darle un beso para que sus captores no confundieran a Jesús con Jacobo.

Clemente de Alejandría[542], Eusebio[543], Jerónimo[544], Juan Crisóstomo[545] y Agustín[546] concuerdan en esta identificación de Jacobo-Santiago con el apóstol-hermano del Señor-obispo de Jerusalén, entendiendo "hermano" no en sentido literal biológico, sino como "pariente", "primo", hijo de una hermana de María o de José. Es la posición común sostenida en la Iglesia occidental o católica romana.

Junto a esta tradición existe la que afirma que Santiago era hijo de un matrimonio anterior de José, y por tanto no es el mismo que el hijo de Alfeo. Esta teoría se encuentra en el apócrifo *Evangelio de Pedro* y en el *Protoevangelio de Santiago,* así como en la pseudo *Constitución Apostólica* del siglo III. En su comentario al Evangelio de Mateo, Orígenes cita una porción perdida del *Evangelio de Pedro* y del *Protoevangelio,* que él llama *El libro de Santiago,* dice que los que creen en que los hijos de José eran de una esposa anterior, con la que contrajo matrimo-

[540] Aunque no implica necesariamente que fuese uno de los doce. Más bien, Pablo incluye a Santiago entre todos aquellos apóstoles a los que se apareció el Cristo resucitado (1 Cor. 15:7). Ya que Santiago no es conocido por haber sido uno de los seguidores de Jesús antes de su muerte, es posible que una aparición después de la resurrección del Señor fuese la que produjo en él una conversión a ser discípulo comparable a la que el mismo Pablo experimentó posteriormente, según conjetura F. F. Bruce (*Men and Movements in the Primitive Church,* p. 87. *Paternoster Press,* Exeter 1977).

[541] Eusebio, *Hist. ecl.* II, 23. Para Ph. Vielhauer existen importantes razones intrínsecas y extrínsecas que se pronuncian en contra de Santiago el Menor como autor (*Historia de la literatura cristiana primitiva,* p. 598). El profesor Richard Bauckham, es quizá el erudito neotestamentario que más ha hecho para probar que el autor de la carta de Santiago es el hermano de Jesús: Véase R. Bauckham, *James: Wisdom of James, Disciple of Jesus the Sage.* Routledge, Nueva York 1999, como la obra principal sobre este tema, entre sus muchos estudios.

[542] Clemente, *Hypotyposeis* 6.

[543] Eusebio, *Hist. ecl.* I, 12.

[544] Jerónimo, *In Matthew* 12, 49; *Adversus Helvidium de perpetua virginitate B. Mariae.*

[545] Crisóstomo, *In Gal.* 1, 19.

[546] Agustín, *Contra Faust.* 22, 35.

nio antes de María, lo hacen para preservar la perpetua virginidad de María[547]. Esta tradición forma parte de la creencia general de la Iglesia griega y otras Iglesias orientales, conocida como "versión epifánica", por su autor Epifanio, obispo de Salamina, quien en su *Panarion* o antídoto contra los herejes, dice que la primera mujer de José murió después de dar a luz seis hijos, siendo Santiago el mayor. Y añade que José tenía ochenta años de edad cuando se unió a María, para remarcar quizá su avanzada edad para mantener relaciones matrimoniales[548].

Para Neander la identificación de Santiago el Menor con el "hermano del Señor" era una de las más difíciles de la historia apostólica, pero los estudiosos modernos tienden a separar ambos personajes. Si los "hermanos" de Jesús no lo comprendían e incluso no creían en Él (cf. Mc. 3:21; Jn. 7:5), resulta muy difícil que uno de ellos formara parte de los doce, y en ninguna parte se dice que Santiago fuera una excepción entre sus hermanos. Fuera de los textos canónicos, en la literatura apócrifa en torno a la figura de Santiago el hermano del Señor, nunca se considera como uno de los doce, lo cual es bastante extraño, pues tal condición redundaría en beneficio de Santiago[549].

De modo que, de Santiago el Menor no tenemos ni la más remota información de su vida y muerte, todo lo que sabemos, y que citamos a continuación se refiere siempre a Santiago el hermano del Señor. Hegesipo, judeocristiano perteneciente a la generación posterior de los apóstoles, escribe que Jacobo fue conocido por el sobrenombre "el Justo", debido a su superior justicia y a su estricta observancia de la ley desde la infancia. No bebía vino ni bebida fermentada y no comía carne. Su cabello no conoció la navaja, no se ungía con aceite ni se bañaba. Ésta es la descripción propia de un nazireo. Sólo él tenía permiso para entrar en el santuario, porque no vestía lana, sino lino. Se le veía frecuentemente de rodillas e implorando perdón para el pueblo, de modo que las rodillas se le volvieron duras como las de un camello[550].

Como suele ocurrir en la historia antigua tenemos información más o menos precisa sobre los hechos centrales, pero no así sobre los detalles que, en un principio, fueron quizá glosa o hipótesis de historiadores posteriores, y que con el paso del tiempo se identificaron con los hechos mismos.

Hegesipo, constatando la oposición y enfrentamiento cada vez más radical entre cristianos y judíos, dice que muchos de los judíos principales creyeron en el testimonio cristiano de Jacobo, con el efecto de crear un gran alboroto entre los escribas, fariseos y demás sectas judías, que veían el peligro de que toda la plebe creyese en Jesús como el Mesías. De modo que, reunida una delegación de todos ellos, fueron al encuentro de Jacobo con la siguiente petición: "Te rogamos que desengañes al pueblo y le hagas ver que se equivoca al creer que Jesús fue Cristo. Te suplicamos que el próximo día de Pascua, aprovechando la oportunidad de la gran cantidad de gente que viene a Jerusalén, hables a las multitudes y las disuadas de todas esas cosas que vienen admitiendo en relación con Jesús. Si así lo haces, tanto nosotros como el pueblo en general nos atendremos a su testimonio, reconoceremos que eres justo y que no te dejas influir por nadie".

---

547 Orígenes, *In Mat.* 10, 17.

548 Epifanio, *Panarion* 78, 7; 78, 2.

549 Cf. Juan Luis de León Azcárate, *Santiago, el hermano del Señor,* pp. 57-73. Ed. Verbo Divino, Estella 1998.

550 Hegesipo, *Memorias* V, citado por Eusebio, *Hist. ecl.* II, 23.

El día de Pascua, aquellos mismos hombres llevaron al apóstol a la terraza más alta del templo, a fin de que pudiera ser bien visto y oído por las multitudes. Entonces le dijeron a voces: "¡Oh, Justo! ¡Tú eres el más honesto de todos los hombres! Todos acatamos tu testimonio. Dinos aquí, públicamente, qué opinión te merece la actitud de esas gentes que andan por ahí errantes, detrás de ese Jesús crucificado. ¿Qué significa la *puerta de Jesús*?".

Santiago, también con voz muy fuerte, respondió: "¿Queréis saber lo que yo pienso acerca del Hijo del hombre? Pues prestad atención: pienso que está sentado en el cielo, a la derecha del Sumo Poder, y que un día vendrá sobre las nubes del cielo a juzgar a los vivos y a los muertos".

Muchos, al oír esta respuesta, la acogieron con gritos de jubilosa alegría y grandes aplausos; entonces los fariseos y escribas comentaron entre sí: "¡Mal paso hemos dado al brindarle esta ocasión de que emitiera públicamente este testimonio acerca de Jesús! Enmendemos el error que hemos cometido: subámosle hasta las más altas almenas y arrojémosle desde ellas a la calle para que los demás teman y desechen sus creencias".

Así lo hicieron; llevándole a lo más alto del Templo, gritaron desde allí: "¡Oh, oh, hasta el que teníamos por justo se ha extraviado!".

Dicho esto, le dieron un empujón y lo arrojaron al vacío, y en cuanto el cuerpo del apóstol llegó al suelo se dijeron: "¡Apedreemos a Jacobo el Justo!".

Seguidamente comenzaron a apedrearlo, porque pese a la altura desde la que cayó no había muerto; al ver que arrojaban piedras contra él se puso de rodillas, y en actitud de oración, levantando sus manos hacia el cielo, exclamó: "¡Señor! ¡Te ruego que los perdones, porque no saben lo que hacen!".

Mientras lo estaban apedreando, uno de los sacerdotes de entre los hijos de los recabitas, se encaró con la multitud y dijo: "¡Deteneos! ¿Qué pretendéis hacer? ¿No os dais cuenta de que el justo está orando por vosotros?".

No obstante esta advertencia, uno de ellos, un lavandero, tomó el mazo que usaba con las ropas y golpeó al Justo en la cabeza. Así fue su martirio[551].

Flavio Josefo también describe la muerte de Jacobo, pero no menciona el incidente del pináculo del templo, sino que se limita a mencionar la pena común de la lapidación, y en lugar de referirse a los escribas y fariseos —partido al que Josefo pertenecía—, hace recaer toda la culpa en el sumo sacerdote Anán II y en los saduceos, con los que los fariseos mantenían un enfrentamiento abierto. El joven Anán, escribe, era de temperamento feroz y extremadamente temerario. "Digno de la secta de los saduceos, a la que pertenecía célebre entre los judíos, por su inclemencia y crueldad en los tribunales. Hombres, pues, de esta índole, creyendo tener la ocasión en las manos [provocada por un vacío de poder romano], pues Festo había muerto ya y Albino aún se hallaba de camino, osó reunir su consejo y mandó comparecer ante el tribunal a Jacobo, hermano de quien se decía el Cristo, y otros varios con él. Los acusó de haber transgredido la ley y los entregó para que fuesen apedreados. Esto, que advirtieron varios ciudadanos dignísimos y muy escrupulosos de observar la Ley, lo llevaron muy mal, y en secreto enviaron emisarios al rey [Agripa II], suplicándole amonestase

551 Hegesipo, *loc. cit.*

por carta a Anán para que desistiera de ulteriores acciones, porque no tenía justificación para lo que había hecho. Algunos de ellos incluso fueron a ver a Albino, que estaba de camino desde Alejandría, y le informaron de que Anán no tenía potestad para reunir al Sanedrín sin autorización suya. Convencido por estas palabras, Albino escribió encolerizado a Anán, amenazándolo con un castigo. Y el rey Agripa lo depuso por eso del sumo sacerdocio"[552].

Josefo no especifica el tipo de transgresión de la que Jacobo fue acusado. Sabemos que éste gozaba de buena aceptación entre los judíos moderados, muchos de los cuales ingresaban en la comunidad cristiana de Jerusalén. Anán era saduceo y negaba la resurrección de los muertos, por lo que los judeocristianos que anunciaban la resurrección de su Mesías crucificado debían resultarle particularmente molestos. De modo que convocó de forma irregular el Sanedrín, sin contar con el consentimiento del sector moderado, para acabar con el cabeza de sus enemigos. Por el relato de Josefo podemos deducir casi con toda seguridad que Santiago murió en el año 62 d.C.

Es muy probable que Hegesipo, y otros que le siguieron, como Epifanio[553], elaboraran una reconstrucción personal a partir de un primer relato escueto con el añadido de los típicos detalles del testimonio del mártir y la conversión de algunos testigos, adornos que aumentan con el paso del tiempo y las intenciones edificantes del escritor.

El escrito gnóstico, titulado *Apocalipsis de Santiago,* ofrece una versión algo diferente, que en esencia es la misma. Refiere que los sacerdotes encontraron al apóstol de pie junto a las columnas del templo, al lado de la piedra angular. Entonces decidieron arrojarlo desde lo alto y así lo hicieron. Una vez en el suelo, "lo sujetaron y lo golpearon mientras lo arrastraban. Lo extendieron en el suelo y colocaron una piedra sobre su abdomen. Todos ellos pusieron sus pies sobre él, diciendo: '¡Has errado!'. De nuevo lo levantaron, pues estaba vivo, y le hicieron cavar un agujero. Le hicieron colocarle en él. Después de haberle cubierto hasta el abdomen, le apedrearon"[554].

Entre los cristianos se extendió la creencia de que la muerte de Jacobo trajo como consecuencia la destrucción de Jerusalén, en justo castigo de Dios por el derramamiento de la sangre inocente del Justo. "Incluso los más objetivos de los judíos creyeron que ésta fue la razón de que el asedio de Jerusalén siguiera de inmediato a su martirio", asegura Eusebio[555], haciéndose eco de una secular tradición que recoge la creciente hostilidad cristiana contra el judaísmo, tan conspicua en el apócrifo *Evangelio de la venganza del Salvador,* que hasta presenta como conversos al cristianismo a Vespasiano, Tito y Tiberio, aunque en este caso, la destrucción de Jerusalén se relaciona directamente con la crucifixión de Jesús. En un pasaje significativo se hace hablar así a Tito: "Vespasiano, con cinco mil hombres armados, fue a juntarse a Tito. Y, cuando hubieron llegado a la ciudad de Libia, preguntó a Tito: '¿Por qué me has hecho venir?'. Y Tito contestó: 'Sabe que Jesús ha venido al mundo, que nació en Judea en un lugar que se llama Belén, y que fue entregado a los judíos, y azotado y crucificado

552 Flavio Josefo, *Antigüedades,* XX, 9, 1.

553 Epifanio calcula que Jacobo tenía al morir 96 años de edad (Epifanio, *Haeres.* 29, 4; 78, 13). Los historiadores modernos creen que el martirio de Jacobo tuvo lugar alrededor del año 62-63 d.C.

554 *Apocalipsis de Santiago,* 61.

555 Eusebio, *Hist. ecl.* II, 23.

en el Calvario. Y que al tercer día resucitó de entre los muertos, y sus discípulos lo vieron en la misma cama en que había nacido, y se manifestó a ellos, que creyeron en él. Y nosotros queremos ser discípulos suyos. Vamos, y destruyamos a sus enemigos, para que se sepa que nada es comparable a Dios Nuestro Señor sobre la faz de la tierra'"[556].

En noviembre del 2002 salió a la luz el resultado de los estudios de un osario o urna funeraria de la segunda parte del siglo I de nuestra era, que lleva la inscripción en arameo antiguo "Yacob hijo de Yoséf y hermano de Yoshua", o sea, "Jacobo, hijo de José y hermano de Jesús". El descubrimiento del osario se realizó en Jerusalén en 1987. Durante esos años se le dedicaron minuciosos estudios para garantizar su autenticidad y su datación, que se fijó en el año 63. Parecía claro que se trataba del sepulcro de Santiago el hermano del Señor, corroborando su historia y su importancia en la comunidad cristiana primitiva, pues no se conservan los huesos de cualquiera y en un sacrario[557]. La ilusión sólo duró unos seis meses. Arqueólogos y expertos en antigüedades, escépticos de los resultados de los otros expertos, sometieron por su cuenta el osario a un prolongado análisis confirmando, sin lugar a dudas, que se trata de una falsificación. Así lo comunicó la dirección de Antigüedades de Israel en Jerusalén[558].

BIBLIOGRAFÍA

I. *Protoevangelio de Santiago.* Ed. preparada por J. González, C. Isart y P. González. Ciudad Nueva, Madrid 2001.

—ed. Aurelio De Santos Otero, *Los Evangelios Apócrifos.* BAC, Madrid 1996.

—Edmundo González Blanco, *Los Evangelios Apócrifos.* Hyspamérica Ediciones Argentina, Madrid 1985.

II. Richard J. Bauckham, *Jude and the Relatives of Jesus in Early Church.* T & T Clark, Edimburgo 1990.

—*James: Wisdom of James, Disciple of Jesus the Sage.* Routledge, Londres-Nueva York 1999.

Bruce Chilton y Jacob Neusner, eds., *The Brother of Jesus: James the Just and His Mission.* John Knox Press, Westminster 2001.

Emil G. Kraeling, *Los discípulos,* cap. 10. Plaza & Janés, Barcelona 1968.

Gabriel Pérez, "Santiago el Menor", *Enciclopedia de la Biblia,* vol. 6. Ediciones Garriga, Barcelona 1963.

Geraldo Môrujao, "Santiago el Menor", *Gran Enciclopedia Rialp,* vol. 20. Rialp, Madrid 1971.

Hershel Shanks y Ben Witherington III, *The Brother of Jesus The Dramatic Story and Meaning of the First Archaeological Link to Jesus and His Family.* Harper, San Francisco 2003.

---

[556] *Evangelio de la venganza del Salvador* 7.

[557] "Es algo tangible y visible que se remonta al personaje más importante que haya vivido en la tierra" (Hershel Shanks, *Biblical Archaelogy Review,* noviembre-diciembre 2002).

[558] "El descubrimiento del fraude constituye un hecho asombroso en los anales de la criminalística contemporánea por la sencilla razón de que el fraude estuvo tan extraordinariamente bien planeado que los pillos por poco se salen con la suya, habiendo logrado tomarle el pelo a varios de los mejores peritos alrededor del mundo. La *patina* (capa de recubrimiento superficial que se va formando en un objeto con el paso de los siglos a manera de oxidación, aunque no se trate de una oxidación propiamente dicha por tratarse de piedra caliza y no de un metal) que acompañaba a las inscripciones en arameo sobre la piedra caliza había sido elaborada químicamente con tal meticulosidad que prácticamente era indistinguible de una patina auténtica, y hubo de requerirse algunas de las técnicas científicas más avanzadas de nuestra época para poner el timo al descubierto. El fraude del *osario de Santiago* demuestra vívidamente lo difícil que puede ser desenmascarar a una pandilla de criminales en cuestiones en las que el sofisticado andamiaje usado por los criminales es enredado aún más cuando intervienen cuestiones de fe religiosa" ("¿La Tumba Perdida de Jesús?", en www.tumba-jesus.blogspot.com).

John Painter, *Just James: The Brother of Jesus in History and Tradition.* Fortress Press, Philadelphia 1999.
Juan Luis de León Azcárate, *Santiago, el hermano del Señor.* Ed. Verbo Divino, Estella 1998.
Robert Eisenman, *James the Brother of Jesus: The Key to Unlocking the Secrets of Early Christianity and the Dead Sea Scrolls.* Penguin, Nueva York 1998.

11. Simón el zelota

Simón, nombre griego del hebreo Simeón, es llamado "cananeo" en el texto griego de Mt. 10:4 y de Mc. 3:18. Lucas, por su parte, lo conoce como "el zelota" (Lc. 6:15; Hch. 1:13). La razón está en que cananeo no quiere decir procedente de Canaán o de la ciudad de Caná, como durante mucho tiempo se pensó, sino que corresponde a una palabra aramea, *qan´ana,* que significa "diligente", en griego *zelotes.* Esto nos lleva a presumir que ambos sobrenombres, "zelota" y "cananeo", correspondan a una misma persona. Quizá recibió este sobrenombre por haber pertenecido al partido nacionalista judío de los zelotes.

¿Quién es este Simón el zelota? Mateo y Marcos mencionan a un Simón entre los hermanos de Jesús, junto a Santiago, Judas y uno llamado José (Mt. 13:55; Mc. 6:3), pero es difícil que se trate del llamado "zelote". Otros autores le han identificado con Natanael. La verdad es que no sabemos casi nada de este Simón zelota. Sólo conjeturas. La tradición le identificó con el Simeón, también hermano de Jesús, que tomó el lugar de Santiago el Menor en la dirección de la Iglesia de Jerusalén, después del año 62, muriendo mártir en el año 107 bajo el emperador Trajano[559]. El breviario romano, en cambio, dice que estuvo en Egipto y Mesopotamia con el otro apóstol Judas. De su martirio habla un texto muy antiguo, la *Passio Simonis et Judae.* Nicéforo y el pseudo Doroteo dicen que predicó en Egipto, Cirene y Matritania. Una nota de las *Constituciones Apostólicas* dice que murió crucificado en Judea.

En el *Evangelio de los Ebionitas* se dice que estando en Babilonia juntamente con Judas Tadeo, convirtieron a gran cantidad de gente, entre la que se encontraba el rey y muchos de la nobleza.

Dos hombres que hacían magia e idolatría se trasladaron a una población llamada Samir en la que vivían setenta pontífices de los ídolos, y se dedicaron a predisponer a sus habitantes contra los apóstoles, incitándoles a que, cuando vinieran a predicarles su religión, los mataran si se negaban a ofrecer sacrificios en honor de los dioses.

Tras evangelizar toda la provincia, Simón y Judas se presentaron en Samir y, en cuanto llegaron, los habitantes de esta ciudad se arrojaron sobre ellos, los prendieron y los llevaron a un templo dedicado al sol; mas, tan pronto como los prisioneros penetraron en el recinto, los demonios, por medio de ciertos energúmenos, empezaron a decir a voces: "¿A qué venís aquí, apóstoles del Dios vivo? Sabéis de sobra que entre vosotros y nosotros no hay nada en común. Desde que llegasteis a Samir nos sentimos abrasados por un fuego insoportable".

Acto seguido se apareció a Judas y a Simón un ángel del Señor y les dijo: "Elegid entre estas dos cosas la que queráis: o que toda esta gente muera ahora mismo repentinamente, o vuestro propio martirio".

---

[559] Eusebio, *Hist. ecl.* III, 11; IV, 22.

Los apóstoles respondieron: "La elección ya está hecha. Pedimos a Dios misericordioso una doble merced: que conceda a esta ciudad la gracia de su conversión, y a nosotros el honor de morir mártires".

A continuación, Simón y Judas rogaron a la multitud que guardara silencio, y, cuando todos estuvieron callados, hablaron ellos y dijeron: "Para demostraros que estos ídolos no son dioses, y que en su interior hay demonios escondidos, vamos a mandar a los malos espíritus que salgan inmediatamente de las imágenes en que permanecen escondidos, y que cada uno de ellos destruya la estatua que hasta ahora le ha servido de escondite".

Seguidamente los apóstoles dieron la orden anunciada, y en aquel mismo momento, de las dos estatuas que había en el templo salieron sendos individuos horrendos que en presencia de los asistentes destrozaron las imágenes de cuyo interior salieron, y rápidamente escaparon de allí dando voces y alaridos. Mientras la gente, impresionada por lo que acababa de ver, permanecía muda de asombro, los pontífices paganos, irritados, se arrojaron sobre uno y otro apóstol y los despedazaron. En el preciso instante en que Simón y Judas murieron, el cielo, que hasta entonces había estado sereno y completamente despejado, se cubrió repentinamente de nubarrones; se organizó una terrible tormenta que derrumbó el templo aplastando a los magos.

Cuando el rey tuvo noticia de que Simón y Judas habían sido martirizados, recogió sus cadáveres, los trasladó a la capital del reino y les dio sepultura en una magnífica y suntuosa iglesia que mandó construir en su honor.

BIBLIOGRAFÍA

Emil G. Kraeling, *Los discípulos,* cap. 11. Plaza & Janés, Barcelona 1968.

F. Spadafora y A. Cardinali, "Simone Apostolo", en F. Caraffa y G. Morelli, eds., *Bibliotheca Sanctorum,* vol. XI, pp. 1169-1174. Roma 1961.

Septimio Cipriani, "Simón Apóstol", *Gran Enciclopedia Rialp,* vol. 21. Madrid 1971.

12. Judas Tadeo

Judas Tadeo aparece el último en la lista de los doce, seguido por Judas Iscariote (Mt. 10:3, Mc. 3:18). Son pocas las noticias que nos han llegado de este apóstol. Oscar Cullmann llega a decir que no formó parte del grupo de los doce, sino que es, probablemente, un desdoblamiento de Judas Iscariote[560].

Judas es un nombre corriente en Israel, del hebreo *Judah,* que significa "el predilecto". Su identidad es confusa y complicada en el Nuevo Testamento, donde encontramos a un Judas Iscariote, sobre el que no existe confusión, pero también se habla de "Judas de Santiago" (Lucas); "Judas Tadeo" (Marcos y Mateo), Judas "hermano de Jesús, de Jacobo, de José y de Simón" (Mt. 13:55; Mc. 6:3) y "Judas hermano de Santiago", autor de la epístola canónica de Judas.

[560] Oscar Cullmann, *El Nuevo Testamento,* p. 157. Taurus, Madrid 1971.

El Judas apóstol es el llamado "de Santiago" por Lucas (Hch. 1:13), en el sentido de *hijo* de Santiago, no *hermano,* como se venía traduciendo incorrectamente en Lucas 6:16. En el original griego a Judas se le llama simplemente "de Santiago", modismo muy corriente en griego, y casi siempre quiere decir, no "hermano de", sino "hijo de". Juan aclara además: "Judas, no el Iscariote" (Jn. 14:22), distinción que era necesaria toda vez que Judas el Iscariote fue quien traicionó a Jesús.

Tadeo (Mt. 10:3; Mc. 3:18), que quiere decir "valiente", aparece con el nombre variante de Lebeo en algunos manuscritos griegos. Lebeo es un término derivado del arameo *lebh,* "corazón". Ambos nombres significan "el valiente". A falta de más datos, ambos sobrenombres, de naturaleza sinónima, hay que atribuirlos a Judas hijo de Santiago.

Después de la Última Cena en el aposento alto, cuando Jesús prometió que se manifestaría a quienes le escuchasen, Judas, rompiendo el silencio, le preguntó: "Señor, ¿cómo es que te has de manifestar a nosotros y no al mundo?" (Jn. 14:22). Pregunta que manifiesta el estupor de quien esperaba una manifestación pública y política del Mesías, que todavía no ha comprendido que la esperanza a la que se le llama es una esperanza que colma mucho más sus expectativas de corte temporal. Jesús le responde: "Si alguno me ama, mi palabra guardará. Y mi Padre lo amará, y vendremos a Él y haremos nuestra morada con Él" (Jn. 14:23).

Digamos que esta pequeña aparición en la escena de la historia evangélica agota todo lo que sabemos de la vida de Judas Tadeo. Ya no volvemos a tener más noticias de él.

Se le atribuye la epístola canónica que lleva su nombre. Los eruditos no se ponen de acuerdo, comenzando por la identificación exacta de los cuatro Judas principales —excluyendo al Iscariote— que aparecen en las páginas del Nuevo Testamento, a saber, Judas el apóstol; Judas el hermano de Jesús (Mt. 13:35), Judas Barsabás de la Iglesia de Jerusalén (Hch. 15:22-32), y Judas autor de esta carta.

Si Judas Tadeo es el autor de la carta de Judas, el problema está en su referencia a los apóstoles como si pertenecieran al pasado: "Acordaos de las palabras que antes han sido dichas por los apóstoles de nuestro Señor Jesucristo, porque ellos os decían" (Jd. 17-18). También, cuando escribe: "Que contendáis eficazmente por la fe que fue entregada una vez a los santos" (v. 3), suena a expresiones típicas del tiempo postapostólico. Pero, sin embargo, es posible ofrecer una explicación plausible, sin tenerla que remitir necesariamente a una fecha tardía. De hecho, hay motivos para fecharla antes de la destrucción de Jerusalén, debido al silencio que mantiene al respecto, lo cual sería extraño en caso de haberse producido, y más cuando cita ejemplos de la pasada historia judía. Es cierto que Judas recuerda como pasado el tiempo de los apóstoles; pero también es verdad que, con la probable excepción de Juan, todos los apóstoles habrían muerto hacia el año 70 d.C. Por ello, William Barclay no duda en afirmar que esta carta encaja bien a Judas, el hermano de Jesús, mencionado en Mateo 13:35 y Marcos 6:3[561], en este caso, no se trataría de Judas Tadeo, el apóstol.

Según la tradición occidental, tal como aparece en la liturgia romana, se reunió en Mesopotamia con Simón y ambos predicaron varios años en Persia y ahí fueron martirizados. Existe un presunto relato del martirio de los dos Apóstoles; pero el texto latino no es cier-

[561] William Barclay, *Judas,* pp. 190-195.

tamente anterior a la segunda mitad del siglo VI. Dicho documento se ha atribuido a un tal Abdías, de quien se dice que fue discípulo de Simón y Judas y consagrado por ellos primer obispo de Babilonia. Según dice la antigua tradición, a Simón lo mataron aserrándolo por medio, y a Judas Tadeo le cortaron la cabeza con una hacha.

BIBLIOGRAFÍA

Emil G. Kraeling, *Los discípulos,* cap. 11. Plaza & Janés, Barcelona 1968.

Manuel Miguéns Angueira, "Judas Tadeo", *Gran Enciclopedia Rialp,* vol. 13. Madrid 1971.

Oscar Cullmann, "Le Douzième Apôtre", pp. 133-140. en *Revue d'Histoire et de Philosophie religieuses,* 42, París-Estrasburgo 1962.

R. A. Lipsius-M. Bonnet, *Acta Apostolorum apocripha.* II, 2. Leipzig 1898.

Richard J. Bauckham, *Jude and the Relatives of Jesus in Early Church.* T & T Clark, Edimburgo 1990.

William Barclay, *Judas.* Comentario al Nuevo Testamento, vol. 15. CLIE, Terrassa 1998.

13. Matías, sucesor de Judas

Matías se convirtió en el apóstol número doce debido a la traición y suicidio de Judas y a la intervención de la suerte confiada a la providencia divina, que decidía entre él y Barsabás (Hch. 1:15-26). Anteriormente debi formar parte del grupo de los setenta discípulos de Jesús[562], pues era condición de su candidatura al apostolado haber estado con Jesús "desde el principio". En este sentido no tenía nada que envidiar al resto de los doce en cuanto tiempo de permanencia con el Maestro, comenzando por el bautismo de Juan hasta la Ascensión de Jesús (Hch. 1:21-22).

Por necesidad de las circunstancias Matías es el único que no fue elegido por llamada directa de Jesús, como sucedió con Pedro, Juan, Santiago y los demás. Sin embargo, tenía todos los elementos para convertirse en apóstol, requisito imposible de repetirse posteriormente: haber asistido a los sucesos de la vida del Hijo de Dios.

Su nombre deriva del hebreo *Mattathias* y significa "don de Dios", aparte de esto no sabemos nada con certeza de su vida ni de su misión.

Según Nicéforo, Matías después de haber predicado el Evangelio en Judea habría llegado hasta Etiopía y allí habría sido crucificado[563]. En la *Synopsis* de Doroteo se conserva la tradición que afirma que Matías predicó el Evangelio a los bárbaros y caníbales del interior de Etiopía, en el puerto marítimo de Hyso, en la desembocadura del río Phasis, para morir después en Sebastapol, donde fue enterrado, cerca del Templo del Sol[564].

Otra tradición dice que Matías siempre permaneció en Judea y que fue lapidado por los judíos de Jerusalén y decapitado después[565]. Se dice que Matías era muy docto en la ley,

---

[562] Eusebio, *Hist. ecl.* II.

[563] Nicéforo, *Historia eclesiástica* 2, 40. Tischendorf publicó el *Acta Andreae et Matthiae in urbe anthropophagarum,* que según Lipsius, pertenece a la mitad del siglo II.

[564] *Matthias in interiore AEthiopia, ubi Hyssus maris portus et Phasis fluvius est, hominibus barbaris et carnivoris praedicavit Evangelium. Mortuus est autem in Sebastopoli, ibique prope templum Solis sepultus".*

[565] Tillemont, *Mèmoires pour servir l'histoire ecl. des six premiers siècles,* vol. I, 406-407.

limpio de corazón, ponderado, equilibrado y muy sutil en su análisis sobre las cuestiones relacionadas con la Sagrada Escritura; sumamente prudente en sus juicios, y de palabra fácil y elocuente. Con su predicación, milagros y prodigios, convirtió a muchos en Judea. Ésta fue la causa que movió a los judíos que lo odiaban a formarle proceso y a condenarle a morir apedreado. Dos falsos testigos que declararon contra él fueron los primeros en arrojar algunas piedras sobre su persona; pero el apóstol las recogió y manifestó su deseo de que aquellos guijarros fuesen enterrados con él para que sirvieran de testimonio contra sus verdugos. Después de haber sido apedreado, mientras con sus brazos extendidos hacia el cielo encomendaba su espíritu a Dios, se acercó a él un soldado y, conforme a la costumbre romana, con una afilada hacha le cortó la cabeza y puso fin a la vida del apóstol, cuyo cuerpo fue llevado desde Judea a Roma, y posteriormente desde Roma hasta Tréveris.

Clemente de Alejandría registra una sentencia citada por el hereje Nicolás atribuida a Matías, que dice: "Debemos combatir nuestra carne y despreciarla, no conceder nada al placer, sino fortalecer el alma mediante la fe y el conocimiento *(gnosis)*"[566]. Se trata de un apócrifo neotestamentario titulado *Evangelio de Matías,* al que Clemente alude con alguna frecuencia, y que Orígenes conoce también[567]. Eusebio dice que se trata de un escrito herético[568], apócrifo según Jerónimo[569]. Ocurría que a menudo se confundía el nombre de Matías con el de Mateo, especialmente en los grupos gnósticos.

BIBLIOGRAFÍA

Emil G. Kraeling, *Los discípulos,* cap. 12. Plaza & Janés, Barcelona 1968.

Manuel Miguens Angueira, "Matías Apóstol", *Gran Enciclopedia Rialp,* vol. 15. Madrid 1971.

Oscar Cullmann, "Le Douzième Apôtre", pp. 133-140. en *Revue d'Histoire et de Philosophie religieuses,* 42, París-Estrasburgo 1962.

566 Clemente de Alejandría, *Stromata* III, 4, 26, 1.

567 Orígenes, *Hom. i in Lucam.*

568 Eusebio, *Hist. ecl.,* III, 25.

569 Jerónimo, *Praef. in Matth.*

PARTE III
EMPERADORES Y MÁRTIRES

1. En el principio, el incendio de Roma

1. Número y clasificación de las persecuciones

Los historiadores antiguos fijaron en diez el número de persecuciones sufridas bajo el Imperio romano. No es una cifra exacta sino retórica. Fue Pablo Orosio, historiador español al servicio de Agustín, el primero en hablar de las diez persecuciones de la Iglesia, utilizando para ello el número simbólico de las diez plagas de Egipto. Se trata de un cómputo subjetivo y arbitrario. Antes de él, Lactancio habla de seis[570]; Sulpicio Severo, de nueve[571]. Agustín también discrepa del número diez, que le parece artificial, y que sólo es bueno para la retórica; pero incapaz de dar razón de los hechos históricos. Es insuficiente porque deja en silencio las primeras persecuciones desencadenadas por los judíos y por Herodes, y muchas otras que vinieron después. "¿Qué responden sobre la persecución de Juliano, a quien no cuentan entre los diez?... En nuestro tiempo, el arriano Valente, hermano de Valentiniano, ¿no devastó la Iglesia católica con una gran persecución en el Oriente?... Quizá alguien diga que no debe contarse como persecución la del rey de los godos, dirigida en la misma Gotia[572], contra los cristianos con sorprendente crueldad, muchos de los cuales fueron coronados con el martirio, según hemos oído a algunos hermanos que recuerdan haberlo visto, pues eran niños entonces. ¿Qué pasa ahora en Persia? ¿No es verdad que hirvió, si es que ya amainó, una persecución tal contra los cristianos que algunos, huyendo de allí, han venido a parar a las ciudades romanas? Cuando pienso en estas y otras cosas por el estilo, me parece que no debe determinarse el número de persecuciones que han de ejercitar a la Iglesia"[573].

Es difícil, pues, concretar el número de persecuciones, ni hablar tampoco, al menos en los dos primeros siglos, de cuáles fueron los tiempos de persecución y cuáles los de paz. Los cristianos podían ser juzgados en cualquier momento, pero esto no quiere decir que se les persiguiera de oficio y continuamente. Más bien se vigilaba su propagación mediante una política de represión y control.

En realidad se pueden señalar dos períodos separados por la fecha del 250, cuando Decio promulga la primera ley general contra los cristianos. Anteriormente las persecuciones son esporádicas y varían a tenor del carácter de los emperadores. No existe una ley especial contra los cristianos y, así, éstos disfrutan de más o menos tolerancia, dejados al arbitrio de los gobernadores de las provincias y a merced del pueblo hostil. Los emperadores que tomaron parte en la cuestión religiosa lo hicieron solamente por medio de rescriptos dirigidos a determinadas autoridades provinciales que podían ser tomadas por normas jurídicas por otros, pero que no tenían obligación en seguirlas. Las persecuciones en el siglo II y en la primera mitad del III dependían, en primer lugar, de la variada disposición de las autoridades provinciales.

---

570 Lactancio, *De mortibus persecutorum* o *La muerte de los perseguidores,* II.

571 S. Severo, *Historia Sacra,* III, 29-32.

572 Norte de Europa, que comprendía Suecia, Noruega, el Báltico, el Cattegat y el Sund, región hoy conocida por Ghotlaand.

573 Agustín, *De civitate Dei* o *La ciudad de Dios,* XVIII, 52.

Puede señalarse una tendencia al endurecimiento, que en Septiminio Severo se vuelve general y violenta, en ese primer período que hemos trazado. En el segundo período se imponen las razones de Estado y, una nota digna de destacar, cambia notablemente la actitud del pueblo respecto a las persecuciones. Si antes las promueven, ahora, en su última fase, las contemplan con malos ojos y no intervienen en las mismas. Claro índice de una mayor extensión y penetración cristiana en todas las capas de la sociedad, que van extendiendo una red de amistades, simpatías y complicidades que ha dejado de considerar al cristianismo como culpable de las desgracias nacionales. En un momento en que el Estado perseguidor necesita testimonios del pueblo contra los cristianos lo más que consigue reunir es un par de prostitutas que actúan bajo amenaza. Evidentemente, a principios del siglo IV, los tiempos y las mentalidades han cambiado.

2. Los perseguidores y su destino

Tertuliano argumenta que los únicos emperadores que han perseguido a los cristianos han sido los emperadores "malos", así, por ejemplo, Nerón y Domiciano. Esta creencia, con su contraparte: los emperadores "buenos" protegen a los cristianos, no tardó en formar parte de la propaganda cristiana, pese a que no siempre se corresponde con la realidad.

"Bajo el emperador Augusto" —escribe Tertuliano— "nació en el mundo el nombre cristiano, bajo Tiberio brilló su enseñanza, bajo Nerón tuvo fuerza su condenación, para que ya sin más, por la persona del perseguidor peséis el asunto. Si aquel príncipe fue pío, los cristianos son impíos; si fue justo, si fue casto, los cristianos injustos e incestuosos; si no fue enemigo público, nosotros somos enemigos públicos. Cuáles seamos, nuestro condenador lo señaló, pues hay que dar por entendido que castigó a contrarios suyos. Y sin embargo, raídos todos los otros, sólo quedó en pie este instituto neroniano, justo, claro está, como desemejante a su autor"[574].

Unida a esta creencia se encuentra su correlato sobre la justicia retributiva de Dios que castiga con su azote a los gobernantes malvados con "la muerte de los perseguidores", y que consiste en "un tipo de enfermedad misteriosa, repugnante, incurable y mortal"[575]. El primer testimonio literario de esta creencia se encuentra en el segundo libro de los Macabeos, referente a Antíoco IV Epífanes; también en Flavio Josefo[576], y en el Nuevo Testamento, donde se dice que Herodes el Grande fue "herido de repente por un ángel del Señor, por cuanto no dio la gloria a Dios; y murió comido de gusanos" (Hch. 12:23). Conforme a semejante ley inexorable Galerio el perseguidor murió "comido por gusanos", lo mismo que Maximino Daya, víctima de una muerte asquerosa e incurable, infestado de gusanos. O aquel Catulo, gobernador de la Cirenaica, que expiró en medio de "atroces sufrimientos, presa de terribles alucinaciones y gritando sin cesar que veía a su alrededor los espectros de sus víctimas"[577], lo mismo que le ocurrió al mencionado Maximino Daya, según cuenta Lactancio: "Perdida

[574] Tertuliano, *Ad Nationes* I, 7.
[575] Paul Allard, *La persécutione de Dioclétien,* vol. II, p. 152. París 1900.
[576] Josefo, *Antigüedades judías* XVII, 9-10.
[577] Josefo, *Guerra de los judíos,* VII, 452.

la vista tuvo una visión en la que Dios le juzgaba rodeado de servidores vestidos de blanco. Daba gritos de manera semejante a los que están sometidos a tortura y declaraba que no lo había hecho él, sino otros"[578].

Esta interpretación teológica de los hechos no es original del judaísmo ni del cristianismo, es propia de la mentalidad antigua para la que los dioses intervienen en la vida de los hombres, castigando en última instancia las ofensas cometidas contra la piedad. Para los romanos era un artículo de fe que los impíos pierden la razón y se transforman en monstruos, pereciendo súbitamente con una muerte deshonrosa. Dogma transpuesto literalmente al conjunto de creencias cristianas sin variación en el correr de los siglos. Forma parte de los tópicos de la predicación eclesiástica. Basta echar un vistazo al "Discurso de Castigo" del predicador y teólogo de la corte, Alonso de Villegas, para tener una idea clara de la importancia que jugó en la admonición cristiana[579]. Fray Luis de Granada coloca en su introducción al *Símbolo de Fe* nada menos que una lista o catálogo de emperadores y reyes que acabaron honrosa o vergonzosamente según hubiese sido su actitud con la Iglesia. "*Casi* todos los emperadores que persiguieron la fe y religión cristiana acabaron desastradamente, y los que la honraron, fueron en todas las cosas ayudados de Dios, y prosperados", escribe. Y puntualiza el "casi", pues no *todos* los perseguidores sufrieron un fin horrendo, ya que "la divina Providencia en la gobernación de este mundo, ni castiga en esta vida todos los malos, ni deja de castigar muchos de ellos". "Casi todos los reyes, y emperadores, que martirizaron a los santos, tuvieron muy desastrados fines. Entre los cuales el primero fue Herodes, el cual por matar al niño Jesús mató los inocentes: cuya enfermedad, y muerte, fue terribilísima, como escribe largamente Josefo. [...] Nerón, que martirizó a S. Pedro, y S. Pablo, viendo, que no podía escapar de los conjurados, que lo buscaban para matarle, él los libró de ese trabajo, matándose con sus manos. [...] Valeriano, cruel perseguidor de la Iglesia, fue vencido en batalla por el rey de los persas, el cual lo prendió, y mandó sacar los ojos, y se servia de él, para poner sobre él los pies, cuando cabalgaba. [...] Decio fue muerto juntamente con sus hijos. [...] Maximino, también cruelísimo perseguidor de la Iglesia, fue vencido en la batalla por el mismo Constantino, y escapó huyendo de su ejército entre los aguadores. Por lo cual, indignado contra los agoreros, que le prometían la victoria, los mandó matar. Y sobre esta afrenta, lo castigó Dios con una gravísima enfermedad, hinchándosele, y pudriéndosele las entrañas; y dentro del pecho se le hizo una llaga, que poco a poco se extendía por él, sin otras, que tenía derramadas por toda su carne, que manaban arroyos de gusanos. Y con ellas tenía hedor tan terrible, que ningún hombre, ni los mismos cirujanos podían llegar a él. Y viendo que sus médicos no le podían remediar, ni hacer algún beneficio, antes huían de él por su abominable hedor, mandó matar a muchos de ellos. Entre los cuales llegó uno, más para ser degollado, que para curarle; y movido por especial instinto de Dios, le dijo: '¿Por qué yerras, Emperador, pensando, que pueden los hombres estorbar, lo que Dios ordena? Ésta tu enfermedad ni es de hombres, ni hombres la pueden curar. Mas acuérdate, cuantos males has hecho a los siervos de Dios, y de cuanta crueldad has usado contra sus honradores: y así

[578] Lactancio, *Sobre la muerte de los perseguidores* 49, 6.

[579] Alonso de Villegas, *Fructus Sanctorum*. Cuenca 1594. Edición electrónica: http://parnaseo.uv.es/Lemir/Textos/Flos/Discurso11.html

sabrás a quién has de pedir remedio. Porque yo bien podré morir, como los otros; mas tú no serás curado por manos de médicos"'[580].

3. Roma y los Césares

La primera noticia que tenemos de una decisión imperial que afectó a los cristianos es la de Claudio (41-54 d.C.), y no dirigida contra ellos, sino contra los judíos. Su noticia ha quedado registrada en el Nuevo Testamento, donde se dice que Pablo se encontró "con un judío llamado Aquila, originario del Ponto, que acababa de llegar de Italia, y con su mujer Priscila, por haber decretado Claudio que todos los judíos saliesen de Roma; se llegó a ellos y como era del mismo oficio, se quedó a vivir y a trabajar con ellos. El oficio de ellos era fabricar tiendas" (Hch. 18:2-3).

Según los historiadores Suetonio y Dión Casio, Claudio hizo expulsar a los judíos porque estaban continuamente en litigio entre sí por causa de cierto Cresto: "[Claudio] Expulsó de Roma a los judíos, que provocaban alborotos continuamente a instigación de Cresto *(Iudaeos impulsore Chresto assidue tumultuantis Roma expulit)*"[581]. Estaríamos, pues, ante las primeras reacciones provocadas por el mensaje cristiano en la ciudad de Roma y la primera mención del nombre de Cristo en un documento histórico secular, pues la identificación de "Cresto" con Cristo es evidente, teniendo en cuenta las leyes de variación fonética[582].

Por lo demás, según Dión Casio, la expulsión no pudo ser realizada completamente a causa del gran número de judíos existente en Roma, y fue cambiada en prohibición de asambleas judías al aire libre.

4. Nerón: el gran giro

El 19 de julio del año 64 se produjo en Roma un gran incendio, iniciado en los almacenes de los mercaderes de aceite. El fuego se prolongó y duró una semana quemando tres de los catorce barrios de la ciudad, además de varias mansiones senatoriales y de edificios públicos, incluido el templo de Júpiter sobre el Capitolio. Desaparecieron para siempre los barrios más antiguos y populosos. Toda la zona de la capital, al sur de la transversal que se podría trazar desde el Palatino al Esquilino, no era más que un montón de escombros. Durante el mismo incendio comenzó a propagarse un rumor que señalaba al propio emperador como causante intencionado del fuego. Hacía tiempo que Nerón andaba murmurando que la ciudad estaba mal construida y que se debería rehacerla toda según un plano urbanístico más racional. En el momento del incendio Nerón se encontraba fuera de Roma, en Anzio, y a su regreso, dicen que corrió él mismo a dirigir los auxilios cuando vio peligrar su propio palacio. Mandó abrir el Campo de Marte y los monumentos de Agripa así como sus propios jardines y mandó levantar construcciones improvisadas para acoger a aquella multitud que se había quedado sin hogar y sin recursos[583]. Tal vez los rumores eran falsos, pero Nerón

[580] Fray Luis de Granada, *Introducción del Símbolo de la Fe,* Segunda Parte, XXVIII.

[581] Suetonio, *Vida de los Césares.* Claudius, 25.

[582] L. Herrmann, *Chrestos. Témoignages païens et juifs sur le christianisme du premier siècle.* Bruselas 1970.

[583] Tito, *Annales* XV, 38-40.

era tan odiado que se creó la leyenda de que él mismo inició el fuego para entonar[584] versos sobre el incendio de Troya, con la ciudad en llamas como telón de fondo. "Nerón —escribe Suetonio— contemplaba este incendio desde la azotea de la torre de Mecenas y, hondamente impresionado, como él decía, por 'la belleza de las llamas', cantó *La toma de Troya*"[585].

Aunque el incendio no hubiese sido obra suya, muchos le consideraban capaz de un acto semejante, y así lo vieron los historiadores romanos. Tácito deja la cuestión sin resolver, sin embargo, otros autores como Suetonio y Casio Dio no dudan en afirmar que fue Nerón quien ordenó prender fuego a la ciudad porque necesitaba una superficie libre para llevar a cabo sus ambiciosos proyectos de remodelación de la ciudad[586]. "En efecto, bajo el pretexto de que no podía soportar por más tiempo la fealdad de los antiguos edificios y las angosturas y recovecos de las calles, ordenó prender fuego a la ciudad, tan a las claras que ciertos ex-cónsules, aunque sorprendieron a algunos esclavos de Nerón provistos de estopa y antorchas en sus propias manos, nos los detuvieron"[587].

En un principio resultó humanamente imposible dar con los causantes del incendio. Hasta a los dioses se hizo intervenir en la investigación policial. "Agotados todos los expedientes humanos —refiere Tácito—, se recurrió a la ayuda divina. Consultados los libros de las Sibilas, se dirigieron súplicas a Vulcano, a Ceres y a Proserpina. Las matronas, primero en el Capitolio y después en la ribera más próxima, rociaron con ella el templo y la imagen de la diosa; y en fin las mujeres casadas celebraron los letisternios[588] y velaron cerca de los dioses. Pero ni los esfuerzos humanos, ni las larguezas del emperador, ni los cultos expiatorios servían para hacer cesar la creencia infamante de que el incendio había sido ordenado *(quin iussum incendium crederetur)*"[589].

Entonces Nerón comprendió que debía buscar culpables que desviaran de su persona la marejada de sospechas. Alguien debió mencionarle a los cristianos, de quienes hasta el momento nada sabía. Ese alguien pudo haber sido una persona muy próxima a la corte neroniana, que a la vez conociese a los cristianos y tuviese interés en deshacerse de ellos. Se sabe que el favorito de Nerón, Alituro, era judío, y que Popea, la esposa de Nerón, era probablemente una conversa al judaísmo. Josefo la define como *theosebes,*[590] término que suele interpretarse

---

[584] Nerón anhelaba ser admirado por sus dotes de cantor, daba funciones al público en los principales teatros de Roma, y dicen que sobornaba al público para que lo aplaudiera.

[585] Suetonio, *Vida de los Césares. Nerón,* 38.

[586] Para Gerhard Baudy, de la Universidad alemana de Constanza, el incendio de Roma pretendía causar un cambio escatológico. Quien lo provocó quería desencadenar la rebelión en las provincias reprimidas, sobre todo las del Imperio romano del este. Se trataba de un atentado terrorista para el que se eligió un día con significado apocalíptico: justamente un 19 de julio, día en que invasores galos ya habían destruido la ciudad de la misma manera en el año 390 ó 387 a.C. En un día semejante fue vista en Egipto la estrella fija más clara en el Oriente celestial: Sirio. Su aparición marcó el día del año nuevo ideal y, guiándose por ella, Julio César introdujo, en el 46 a.C., el calendario juliano. A partir de ese momento el 19 de julio fue considerado el día del "cumpleaños del cosmos", momento en el que una y otra vez se fecharon catástrofes periódicas que renovarían supuestamente el mundo, diluvios e incendios mundiales (Gerhard J. Baudy, *Die Brönde Roms. Ein apokalyptisches Motiv in der antiken Historiographie,* Hildesheim-Zürich-New York, 1991).

[587] Suetonio, *Vida de los Césares. Nerón,* 38.

[588] *Letisternios,* forma de sacrificio con el que ofrecían un banquete a los dioses, poniendo sus imágenes sobre lechos o cojines preciosas ante mesas bien provistas.

[589] Tácito, *Annales,* XV, 44.

[590] Josefo, *Antigüedades* 20, 195.

en el sentido de "judaizante" o "prosélita". Esto explicaría que los judíos quedaran intactos y se culpabilizase a los seguidores de Jesús, pese a que el incendio se inició en el barrio donde habitaban los judíos —juntamente con los cristianos—, o sea, la parte este del Circo Máximo, cerca de la puerta Capena, cuya parte no fue destruida por el fuego.

Durante los meses que siguieron al incendio los cristianos fueron objeto de sistemáticas pesquisas por parte de las autoridades imperiales. A primera vista, lo que caracterizaba a los cristianos ante los extraños era su alejamiento voluntario de una gran parte de las actividades de la vida pública —para evitar las prácticas religiosas en honor a los dioses romanos—, su ausencia de las frecuentes manifestaciones populares de regocijo —casi siempre en honor de los dioses—, su idea de la comunión celosamente mantenida en secreto, eran interpretados por muchos como un indicador de que estaban vinculados a rituales mágicos y antisociales. "Como la singularidad engendra la desconfianza y de ésta nace la calumnia" (Plinval), se propagó el bulo de que los cristianos odiaban al género humano, acusación idéntica a la lanzada contra los judíos, hasta ese entonces indistintos de los cristianos en opinión de los romanos, incapaces de distinguir las peculiaridades que distinguían a unos de otros.

Apoyado en la mala fama e indefensión de los cristianos como enemigos públicos, Nerón supo al instante que podía atribuirles un crimen que señalaba peligrosamente en su dirección; en tales circunstancias era de esperar que nadie saliera en defensa de las víctimas, grupo insignificante por demás. Aunque no convenció a sus enemigos, Nerón tenía razón en suponer que nadie se apiadaría de las desgraciadas víctimas, sino todo lo contrario. Nos lo confirma el relato de los hechos ofrecido por Tácito Cornelio (54-120), senador y cónsul, escribiendo en tiempo de Trajano: "Para acallar los rumores sobre el incendio de Roma, Nerón señaló como culpables a unos individuos odiosos por sus abominaciones, a los que el vulgo llama cristianos".

La persecución de los cristianos fue un caso tan insólito que se conservó en el archivo del Senado. Tertuliano puede decir a los magistrados romanos: "Consultad vuestros anales: allí encontraréis que Nerón fue el primero en perseguir ferozmente con la espada cesariana a esta secta, que acababa de nacer en Roma. Pero es glorioso para nosotros el que haya sido él quien primero nos condenase. Quien le conoce puede comprender que Nerón no pudo condenar sino un bien grande"[591].

Una *multitudo ingens* (gran multitud) de cristianos, según Tácito, pereció de la manera más horrible y maquiavélica, prueba evidente, por otra parte, del desarrollo que en tan sólo veinticinco años había logrado el cristianismo.

"En consecuencia, para acabar con los rumores, Nerón presentó como culpables y sometió a los más rebuscados tormentos a los que el vulgo llamaba cristianos, aborrecidos por sus ignominias *(quos per flagitia invisos vulgus Chrestianos apellabat)*. Aquel de quien tomaban nombre, Cristo, había sido ejecutado en el reinado de Tiberio por el procurador Poncio Pilato *(auctor nominis eius Christus Tiberio imperitante per procuratorem Pontium Pilatum supplicio adfectus erat)*; la execrable superstición *(exitiabilis superstitio)*, momentáneamente reprimida, irrumpía de nuevo no sólo por Judea, origen del mal, sino también por la Ciudad, lugar en el que de todas partes

[591] Tácito, *Annales* XV, 44.

confluyen y donde se celebran toda clase de actividades y vergüenzas. El caso fue que se empezó por detener a los que confesaban abiertamente su fe, y luego, por denuncia de aquéllos, a una ingente multitud *(ingens multitudo),* y resultaron convictos no tanto de la acusación del incendio cuanto de odio al género humano *(odio humani generis)*[592]. Pero a su suplicio se unió el escarnio, de manera que perecían desgarrados por los perros tras haberlos hecho cubrirse con pieles de fieras, o bien clavados en cruces *(crucibus adfixi),* al caer el día, eran quemados de manera que sirvieran como iluminación durante la noche. Nerón había ofrecido sus jardines *(hortos suos)* para tal espectáculo, y daba festivales circenses *(circense ludicrum edebat)* mezclado con la plebe, con atuendo de auriga o subido en el carro. Por ello, aunque fueran culpables y merecieran los máximos castigos, provocaban la compasión *(miseratio oriebatur),* ante la idea de que perecían no por el bien público, sino por satisfacer la crueldad de uno solo"[593].

4.1. El Estado y el número de la bestia

Lactancio afirma que la persecución de Nerón no se redujo sólo a la ciudad Roma, sino que se extendió a todo el Imperio. Esto es improbable, porque es el único que lo dice, y además porque no estaba precisamente informado de lo ocurrido bajo Nerón. De lo que no cabe duda es de que las cosas cambiaron drásticamente para los cristianos a partir de ese instante. Lo vemos reflejado en la nueva valoración del Estado romano que se operó desde entonces. Hasta ese momento tenían en alta estima a las autoridades, a quienes se considera respaldadas por Dios mismo —ministros que contribuyen a instaurar la justicia (Ro. 13:2, 6; Tit. 3:1; 1ª Pd. 2:14). Pablo se siente seguro del Estado romano, no teme nada de él, no lo considera una amenaza, al contrario busca su protección. Lo único que teme es que los creyentes se dejen arrastrar por los judíos en su oposición a Roma. Por eso recuerda a los creyentes romanos que obedezcan al poder imperial. Pero a partir de Nerón la situación cambia[594]. El Imperio pasa a ocupar el puesto de perseguidor. En el Apocalipsis, escrito después de la persecución neroniana y de la destrucción de Jerusalén[595], el Estado aparece como un enemigo irreconciliable de la Iglesia. En lugar de predicar sometimiento y obediencia a las autoridades, el autor presenta al Estado como una fuerza satánica que no conoce límites. Ya no cuenta con el respaldo de Dios, sino con el de la bestia que sube del mar; y Nerón, cuya vuelta era esperada por amplios círculos paganos, es el Anticristo. Roma, capital del Imperio, es el trono de Satanás, o dicho sin enigmas: del emperador. Roma es designada con el nombre de Babilonia, porque representa el paganismo perseguidor (Ap. 14:8).

A la luz de este hecho, la teoría de Gerhard Dauby, y de otros como él, de que posiblemente Nerón acertó al castigar a los cristianos que, por sus ideas apocalípticas, eran una

592 Plinio el Joven, irónicamente, escribirá que con una acusación semejante se habría podido en lo sucesivo condenar a muerte a cualquiera.

593 Tertuliano, *Ad. gent.* V, 3.

594 El número 666 de Ap. 13:18, probablemente se refiere a Nerón.

595 John A. T. Robinson defiende una fecha más temprana, entre el 68 y 69 d.C. (*Redating the New Testament,* pp. 221-253, Londres 1976). El autor presupone la existencia del templo de Jerusalén (Ap. 11:1); y prevé siete emperadores romanos, de los cuales el último podía ser de poca duración (cap. 17). Si se parte de César, como hace Suetonio, el séptimo emperador es Galba, precisamente de breve duración.

especie de guerrilleros y terroristas mesiánicos esperando la ocasión propicia para levantarse, es desmontada por anacrónica. Quizás hubiera tenido razón de ser cierto que los cristianos adoptaron desde el principio una posición hostil a Roma identificándola con el demonio perseguidor. Cosa que no es cierta, sino todo lo contrario. Es más, el endurecimiento del poder imperial contra los cristianos y de los cristianos contra Roma está íntimamente relacionado con el conflicto del Imperio contra los judíos. Los Flavios persiguieron a los cristianos en la medida en que se los confunde todavía con los judíos, protagonistas de varias revueltas armadas contra Roma en Israel y Egipto. Roma confundía —no así los propios cristianos— las creencias milenaristas, es decir, la expectación de un Reino universal de Cristo establecido en Jerusalén, con el celotismo judío, lo que lleva a Domiciano a perseguir a cristianos y a judíos "escatológicos" por igual. Había judíos que no participaban de esas creencias y habían aprendido a convivir con Roma[596].

4.2. Superstición nueva y maléfica

La grave acusación a la que se enfrentan los cristianos de Roma es a la de "superstición nueva y maléfica", según la registra el historiador Cayo Suetonio Tranquilo (70-140), funcionario imperial de alto rango bajo Trajano y Adriano, intelectual y consejero del emperador, quien justifica a Nerón y las sucesivas intervenciones del Estado contra los cristianos basándose en que se trata de una "superstición nueva y maléfica"[597]. Por *superstición* se entendía en la antigüedad algo más que una mera desviación del sentimiento religioso o temor a las cosas desconocidas y misteriosas, se relacionaba con la magia, castigada por la ley. Para los romanos la *magia* era un conjunto de prácticas irracionales que magos y hechiceros de personalidad siniestra usaban para estafar a la gente ignorante, sin educación filosófica. La acusación de "magia" era en realidad un arma con la cual el Estado romano tachaba y sometía a control nuevos y dudosos componentes de la sociedad como el cristianismo. Con la calificación de *maléfica* (= portadora de males) se alentaba la sospecha del vulgo que imaginaba la *novedad* cristiana mezclada en delitos innominables, y por consiguiente causa de los males que periódicamente se desencadenan inexplicablemente, desde la peste a una inundación, desde la carestía a la invasión de los bárbaros.

Algunos historiadores creen que Nerón publicó un edicto de proscripción, "gracias al cual continuó persiguiendo a la Iglesia durante doscientos años después de su muerte" (Plinval). Es verdad que Tertuliano, hablando de la persecución neroniana, dice que la proscripción del nombre cristiano era el único *institutum neronianum* que no había sido anulado tras su muerte. Pero es negado por el silencio de las fuentes, que deberían haber conservado alguna memoria, sobre todo en Oriente, y porque ninguna actuación estatal posterior contra el cristianismo hace memoria de esta disposición. Sin embargo, sí es cierto que la decisión de Nerón sentó un precedente en la mente de todos y su ejemplo y sus medidas pudieron cons-

[596] Véase Arthur Cushman McGiffert, *A History of Christianity in the Apostolic Age*, p. 632 (T & T Clark, Edimburgo 1914, 3 ed.); Jean Daniélou, *Nueva historia de la Iglesia,* I, pp. 123-125.

[597] "Nerón afligió con suplicios a los cristianos, raza entregada a una superstición nueva y maléfica" (Suetonio, *Vida de los Césares. Nerón,* XVI, 3).

tituir la jurisprudencia en que se basarán las acusaciones ulteriores, al relacionar el nombre de los cristianos con el de los criminales ajusticiados por el emperador. Tal jurisprudencia es lo que Tertuliano designa acertadamente con el nombre de *institutum*[598].

La reconstrucción de Roma costó tanto dinero que la explotación financiera de las provincias se intensificó, lo que a su vez desencadenó muchas rebeliones. Dos años más tarde Judea se levantó contra el dominio romano. En el interior Nerón pudo comprobar que las acusaciones contra él no menguaban sino que aumentaron cuando adquirió un amplio espacio entre el Palatino y el Esquilino donde levantó la famosa *Domus Aurea,* o "casa de oro", por su lujo inigualable. Tenía salas enormes de las que se podía hacer llover flores y perfume por medio de complicados mecanismos, había una sala que giraba permanentemente, abundaban los rebordes de oro y el marfil. Nerón mismo se vestía con lujosos atuendos de seda y lana púrpura, los que no usaba más que una vez. Mandó colocar herraduras de plata a sus caballos, y de oro a los de su esposa Popea. La subida de impuestos por culpa de la extravagancia y lujo desmedido del emperador aumentó el descontento en Roma. Calpurnio Pisón, un rico senador, junto con algunos jefes pretorianos, Lucano y Séneca, planeó asesinar a Nerón, pero hizo tantos preparativos que el complot fue descubierto y todos los participantes fueron ajusticiados. Desde este momento el emperador inauguró un régimen de terror con numerosas condenas y confiscaciones. La extravagancia y la dureza de su gobierno llegaron hasta límites insospechados. En las provincias no dejaron de estallar revueltas como en Britania o Judea. Será precisamente en las provincias de Hispania y Galia donde se geste el golpe de Estado que acabará con el gobierno de Nerón. Los pretorianos se vincularon al movimiento y el Senado depuso a Nerón, declarándolo fuera de la ley. El emperador huyó de Roma y se suicidó —o se hizo matar por uno de sus esclavos— en una de sus villas el 6 de junio del año 68.

Aun muerto, la sombra de Nerón no dejó de perseguir a sus enemigos. Se difundió una leyenda, típica en estos casos, que hablaba de su retorno futuro[599]. Está presente en el Apocalipsis, cuya cifra enigmática, 666, probablemente se refiere a Nerón y así fue entendida por su destinatarios, sin más explicación (13:12-14; 17:8); y también en el apócrifo cristiano, la *Ascensión de Isaías,* escrito en la misma época y relacionado quizá con la Iglesia de Siria[600]. La leyenda alcanza hasta el siglo IV, incrementada con nuevos datos y especulaciones. La encontramos en Lactancio que dice: "Arrojado de su dignidad imperial y privado de tanta grandeza, el impotente tirano desapareció repentinamente, sin quedar en la tierra ni rastro de la sepultura de tan mala bestia. De donde algunos soñadores creen que ha sido arrebatado y guardado vivo, por decir la Sibila que un matricida prófugo había de aparecer en los últimos tiempos, para que quien fue el primer perseguidor lo sea también el último y preceda a la venida del Anticristo. Y hasta se puede creer, porque al igual que algunos santos dicen que, como dos profetas fueron trasladados vivos antes del reinado santo y eterno de Cristo hasta

598 Cf. Jean Daniélou, *op. cit.,* p. 126. Arthur Cushman McGiffert, *A History of Christianity in the Apostolic Age,* p. 630. T & T Clark, Edimburgo 1914, 3 ed.

599 Tácito, *Historia* I, 2; II, 8.

600 *Ascensión de Isaías* IV, 11. El retorno de Nerón también está presente en los apocalipsis judíos de la época, el *IV de Esdras* (V, 6) y el libro IV de los *Oráculos sibilinos* (119-120; 137-139).

los últimos tiempos en que el Señor vuelva a la tierra, del mismo modo piensan que también habría de venir Nerón como precursor del diablo y abriendo el camino del devastador de la tierra y del género humano"[601].

5. Vida y muerte de Pablo

De la vida y muerte de Pedro en Roma ya hemos hablado con la extensión suficiente en el lugar correspondiente de la Parte II de esta obra. Nos toca ahora referirnos a la tradición del martirio del apóstol Pablo en la capital del Imperio.

De San Pablo mismo sabemos que nació en Tarso, en Cilicia (Hch. 21:39), de un padre que era ciudadano romano (Hch. 22:26-28; cf. 26:37), en el seno de una familia en la que la piedad era hereditaria (2ª Tim. 1:3) y muy ligada a las tradiciones y observancias fariseas (Fil. 3:5-6). Dado que pertenecía a la tribu de Benjamín, se le dio el nombre de Saúl (o Saulo) que era común en esta tribu en memoria del primer rey de los judíos. En tanto que ciudadano romano también llevaba el nombre latino de Pablo (Paulo). Para los judíos de aquel tiempo era bastante usual tener dos nombres, uno hebreo y otro latino o griego entre los que existía a menudo una cierta consonancia y que yuxtaponían en el modo usado por Lucas (Hch. 13:9, *Saulos ho kai Paulos*).

Puesto que todo judío que se respetase había de enseñar a su hijo un oficio, el joven Saulo aprendió a hacer tiendas de lona (Hch. 18:3) o más bien a hacer la lona de las tiendas. "Ocuparse exclusivamente de la Torá sin ejercer un oficio —dirá un rabino— es actuar como un hombre que desconoce a Dios". Al contrario que en Grecia, en Israel no se despreciaba el trabajo manual. Era aún muy joven —quince años probablemente— cuando fue enviado a Jerusalén para recibir una buena educación en la escuela de Gamaliel (Hch. 22:3). Parte de su familia residía quizá en la ciudad santa puesto que más tarde se haría mención de una hermana cuyo hijo le salvaría la vida (Hch. 23:16). A partir de este momento resulta imposible seguir su pista hasta que tomó parte en el martirio de Esteban (Hch. 7:58-60; 22:20). En ese momento se le califica de "joven" (gr. *neanias*), pero ésta era una apelación elástica que bien podía aplicarse a cualquiera entre veinte y cuarenta años.

En los Hechos de los Apóstoles tenemos tres relatos de su conversión (Hch. 9:1-19; 22:3-21; 26:9-23) que, aunque presentan ligeras diferencias, no son difíciles de armonizar y no afectan para nada la base del relato, perfectamente idéntica en substancia. Después de su conversión, de su bautismo y de su cura milagrosa Pablo empezó a predicar a los judíos (Hch. 9:19-20). Después se retiró a Arabia, probablemente a la región al sur de Damasco (Gál. 1:17), indudablemente menos a predicar que a meditar las Escrituras. A su vuelta a Damasco, las intrigas de los judíos le obligaron a huir de noche (2ª Cor. 9:32-33; Hch. 9:23-25). Fue a Jerusalén a ver a Pedro (Gál. 1:18), pero se quedó solamente quince días porque las celadas de los griegos amenazaban su vida. A continuación pasó a Tarso y allá se le pierde de vista durante seis años (Hch. 9:29-30; Gál. 1:21). Bernabé fue en busca suya y lo trajo a Antioquía donde trabajaron juntos durante un año con un apostolado fructífero (Hch. 11:25-26). También juntos fueron enviados a Jerusalén a llevar las limosnas para los herma-

[601] Lactancio, *De mort. pers.*, 2.

nos de allá con ocasión de la hambruna predicha por Agabo (Hch. 11:27-30). No parecen haber encontrado a los apóstoles allí esta vez ya que se encontraban dispersos a causa de la persecución de Herodes.

Entre los años 45-57 desarrolló el período más activo y fructífero de su vida. Comprende tres grandes expediciones apostólicas de las que Antioquía fue siempre el punto de partida y que, invariablemente, terminaron por una visita a Jerusalén. Recorrió casi toda el Asia Menor, Asiria, Cilicia, Capadocia, el Ponto, Pisida, Galacia, Frigia, parte de Europa mediterránea, Grecia con sus islas, Italia y, probablemente, España.

Cuando los judíos acusaron en falso a Pablo de haber introducido a los gentiles en el templo de Jerusalén, el pueblo maltrató a Pablo, y, cubierto de cadenas, el tribuno Lisias lo echó a la cárcel de la fortaleza Antonia. Cuando éste supo que los judíos habían conspirado para matar al prisionero, lo envió bajo fuerte escolta a Cesarea, que era la residencia del procurador Félix. Pablo no tuvo dificultad para poner en claro las contradicciones de los que lo acusaban pero, al negarse a comprar su libertad, Félix lo mantuvo encadenado durante dos años e incluso lo arrojó a la cárcel para dar gusto a los judíos en espera de la llegada de su sucesor el procurador Festo. El nuevo gobernador quiso enviar al prisionero a Jerusalén para que fuese juzgado en presencia de sus acusadores, pero Pablo, que conocía perfectamente las argucias de sus enemigos, apeló al César. En consecuencia, esta causa podía sólo ser despachada en Roma. Este período de cautividad se caracteriza por cinco discursos del Apóstol: el primero fue pronunciado en hebreo en las escaleras de la fortaleza Antonia ante una multitud amenazante; Pablo relató su vocación y su conversión al apostolado, pero fue interrumpido por los gritos hostiles de la gente (Hch. 22:1-22). En el segundo, al día siguiente ante el Sanedrín reunido bajo la presidencia de Lisias, el apóstol enredó hábilmente a los fariseos contra los saduceos con lo que no se pudo llevar adelante ninguna acusación. El tercero fue la respuesta al acusador Tértulo en presencia del gobernador Félix; en ella hizo ver que los hechos habían sido manipulados probando, así, su inocencia (Hch. 24:10-21). El cuarto discurso es una simple explicación resumida de la fe cristiana ante el gobernador Félix y su mujer Drusila (Hch. 24:24-25). El quinto, pronunciado ante el gobernador Festo, el rey Agripa y su mujer Berenice, repite de nuevo la historia de la conversión y quedó sin terminar debido a las interrupciones sarcásticas del gobernador y la actitud molesta del rey (Hch. 26).

Entonces Pablo fue llevado prisionero de Cesarea a Roma por vía marítima. En Mira de Licia los prisioneros fueron transferidos a un bajel dirigido a Italia, pero unos vientos contrarios persistentes los empujaron hacia un puerto de Chipre llamado Buenpuerto, alcanzado incluso con mucha dificultad y Pablo aconsejó invernar allí, pero su opinión fue rechazada y el barco derivó sin rumbo fijo durante catorce días terminando en las costas de Malta. Durante los tres meses siguientes, la navegación fue considerada demasiado peligrosa, con lo que no se movieron del lugar, mas con los primeros días de la primavera, se apresuraron a reanudar el viaje. Pablo debió llegar a Roma algún día de marzo. Allí, en el corazón del Imperio, pasó dos años completos en una vivienda alquilada predicando el Reino de Dios y la fe en Jesucristo con toda confianza, sin prohibición (Hch. 28:30-31).

No hay duda de que Pablo salió del juicio absuelto y libre de cargos, ya que el informe del gobernador Festo, así como el del centurión, fueron favorables; y que los judíos parecen haber abandonado la acusación puesto que sus correligionarios no parecen haber estado informados (Hch. 28:21); y que el rumbo tomado por el procedimiento judicial le dejó algunos períodos de libertad, de los que habló como cosa cierta (Flp. 1:25; 2:24; Fil. 22); y que las cartas pastorales implican un período de actividad de Pablo subsiguiente a su cautividad.

Dado que este período carece de la documentación de los Hechos, está envuelto en la más completa obscuridad; nuestras únicas fuentes son algunas tradiciones dispersas y las citas dispersas de las epístolas. Pablo deseó pasar por España desde mucho tiempo antes (Ro. 15:24, 28) y no hay pruebas de que cambiase su plan. Hacia el fin de su cautiverio, cuando anuncia su llegada a Filemón (v. 22) y a los filipenses (22:23-24), no parece considerar esta visita como inminente, dado que promete a los filipenses enviarles un mensajero en cuanto conozca la conclusión de su juicio y, por consiguiente, él preparaba otro viaje antes de su vuelta a Oriente. El testimonio de Clemente de Roma, el testimonio del *Canon Muratorio,* y el *Acta Pauli* hacen más que probable el viaje de Pablo a España. En cualquier caso, no pudo quedarse allá por mucho tiempo, dada su prisa por visitar las iglesias del este. Pudo sin embargo haber vuelto a España a través de la Galia, como algunos padres pensaron, y no a Galacia, a la que Crescencio fue enviado más tarde. Es verosímil que, después, cumpliera su promesa de visitar a su amigo Filemón y que, en tal ocasión, visitara las iglesias del valle de Licaonia, Laodicea, Colosos y Hierápolis.

A partir de este momento el itinerario se vuelve sumamente incierto aunque los hechos siguientes parecen estar indicados en las epístolas pastorales: Pablo se quedó en Creta el tiempo preciso para fundar nuevas iglesias, cuyo cuidado y organización dejó en manos de su colega Tito (Tit. 1:5). Fue después a Éfeso y rogó a Timoteo, que estaba ya allí, que permaneciera allá hasta su vuelta mientras él se dirigía a Macedonia (1ª Tim. 1:3). En esta ocasión visitó, como había prometido, a los filipenses (Flp. 2:24), y, naturalmente, también pasó a ver a los tesalonicenses. La carta a Tito y la primera epístola a Timoteo deben datar de este período; parece que se escribieron al mismo tiempo aproximadamente, poco después de haber dejado Éfeso. La cuestión es el saber si se enviaron desde Macedonia o desde Corinto, como parece más probable. El Apóstol instruye a Tito para que se reúna con él en Nicópolis de Epiro donde piensa pasar el verano (Tit. 3:12). En la primavera siguiente debe haber efectuado su plan de vuelta a Asia (1ª Tim. 3:14-15). Aquí ocurrió el obscuro episodio de su arresto, que probablemente tuvo lugar en Tróade; ello explicaría por qué había dejado a Carpo unas ropas y unos libros que necesitó después (2ª Tim. 4:13). De allí fue a Éfeso, capital de la provincia de Asia, donde lo abandonaron todos aquellos que él pensaba le habrían sido fieles (2ª Tim. 1:15). Enviado a Roma para ser juzgado, dejó a Trófimo enfermo en Mileto y a Erasto, otro de sus compañeros, que permanecieron en Corinto por razones nunca aclaradas (2ª Tim. 4:20). Cuando Pablo escribió su segunda epístola a Timoteo desde Roma, creía que toda esperanza humana estaba perdida (4:6); en ella pide a su discípulo que venga a verle lo más rápidamente posible, dado que está solo con Lucas. No sabemos si Timoteo fue capaz de ir a Roma antes de la muerte del apóstol.

Una antigua tradición hace posible establecer los puntos siguientes:

1) Pablo sufrió el martirio cerca de Roma en la plaza llamada *Aquae Salviae* (hoy Piazza Tre Fontane), un poco al oeste de la Vía Ostia, a cerca de tres kilómetros de la espléndida basílica de San Pablo Extra Muros, lugar donde fue enterrado.

2) El martirio tuvo lugar hacia el fin del reinado de Nerón, en el duodécimo año (Epifanio), en el decimotercero (Eutalio), o en el decimocuarto (Jerónimo).

3) De acuerdo con la opinión más común, Pablo sufrió el martirio el mismo día del mismo año que Pedro, o sea, el 29 de junio del 64; algunos padres latinos disputan si fue el mismo día pero no del mismo año; el testigo más anciano, Dionisio el Corintio, dice solamente *kata ton auton kairon,* lo que puede ser traducido por "al mismo tiempo" o "aproximadamente al mismo tiempo". Sin embargo, pese al consenso tradicional, hoy se está en condiciones de asegurar que Pablo no murió en el año 64, sino en el 67.

En el siglo II aparecieron unos apócrifos *Hechos de Pablo,* que, de acuerdo con Tertuliano, son una novela apostólica producida por un presbítero del Asia antes del 190 d.C. y después del martirio de Policarpo, que ocurrió en el 155 d.C. Sólo quedan fragmentos de él. Es notable por su famosa descripción de Pablo como un hombre de baja estatura, calvo, de piernas curvadas, cejijunto y con una nariz prominente. También contiene el bien conocido relato de Pablo y Tecla. Tecla es una virgen que deshace su compromiso con Tamyris, después de escuchar las enseñanzas del apóstol que exaltan las virtudes de la virginidad, y luego lo sigue. La obra también consigna algunas supuestas correspondencias intercambiadas con la Iglesia de Corinto, a veces llamada 3 Corintios —cuya versión armenia ha sido conservada—[602], y un informe del martirio de Pablo, donde se da rienda suelta a la fantasía.

Se dice que el día de su martirio, San Pablo empezó a caminar con sus verdugos cuando se encontró con Plantila, que era una de sus discípulas. Dionisio dice que esta cristiana se llamaba Lemobia. Lemobia o Plantila comenzó entre sollozos a encomendarse a las oraciones del apóstol, quien tratando de tranquilizarla le dijo: "Plantila, hija de la salvación eterna, dame el velo con que cubres tu cabeza; con él quiero vendarme los ojos; más adelante te lo devolveré".

Mientras se lo daba, los verdugos, riéndose, dijeron a Plantila: "¡Qué tonta eres! ¿Cómo te fías de este mago impostor y le das esa tela tan preciosa que vale sin duda su buena cantidad de dinero? ¿Crees que la vas a recuperar? Ya puedes darla por perdida".

Llegados al sitio en que Pablo iba a ser decapitado, el santo apóstol se volvió hacia oriente, elevó sus manos al cielo y llorando de emoción oró en su propio idioma y dio gracias a Dios durante un largo rato; luego se despidió de los cristianos que estaban presentes, se arrodilló con ambas rodillas en el suelo, se vendó los ojos con el velo que Plantila le había dado, colocó su cuello sobre el tajo, e inmediatamente, en esta postura, fue decapitado; mas, en el mismo instante en que su cabeza salía despedida del tronco, su boca, con voz enteramente clara, pronunció esta invocación tantas veces repetida dulcemente por él a lo largo de su vida: "¡Jesucristo!". En cuanto el hacha cayó sobre el cuello del mártir, de la herida brotó primeramente un abundante chorro de leche que fue a estrellarse contra las ropas del verdugo; luego comenzó a fluir sangre y a impregnarse el ambiente de un olor muy agradable que emanaba del cuerpo del mártir y, mientras tanto, en el aire brilló una luz intensísima.

Dionisio, en una carta dirigida a Timoteo dice lo siguiente: "En aquella tristísima hora, oh mi querido hermano, dijo el verdugo a Pablo: 'Prepara tu cuello'. Entonces el santo apóstol

[602] El propósito preciso de esta correspondencia de Pablo con los corintios fue el oponerse a los gnósticos Simón y Cleobio.

miró al cielo, hizo la señal de la cruz sobre su frente y sobre su pecho, y exclamó: '¡Oh Señor mío Jesucristo, en tus manos encomiendo mi espíritu!'. Dicho esto, serenamente, con naturalidad, estiró su cuello y, al descargar el verdugo el hachazo con que le amputó la cabeza, recibió la corona del martirio; pero, en el mismo instante en que recibió el golpe mortal, el santísimo mártir desplegó un velo, recogió en él parte de la sangre que brotó de su herida, plegó de nuevo la tela, la anudó y se la entregó a Lemobia".

Recientemente, el profesor Ariel Álvarez Valdés ha propuesto una teoría no por inquietante menos plausible de cuanto hasta aquí se ha conjeturado. El Dr. Valdés parte del extraño silencio del autor de *Hechos,* que termina su narración de golpe sin decir qué pasó con Pablo, a la vez que de la alusión de Clemente de Roma al martirio de Pablo, la más antigua que existe, en una carta escrita en el año 95, es decir, treinta años después de los sucesos mencionados. En ella dice: "Por la envidia y la rivalidad, Pablo mostró el galardón de la paciencia. Después de haber enseñado a todo el mundo la justicia, de haber llegado hasta los límites de Occidente y de haber dado testimonio ante los príncipes, salió de este mundo y marchó al lugar santo, dejándonos el más grande ejemplo de paciencia"[603].

¿A qué envidia se refiere Clemente?, ¿a la de Nerón, a la de los paganos, a la de los judíos o a la de los mismos cristianos?

Según el libro de *Los Hechos,* cuando el apóstol estaba preso en Palestina, antes de ser trasladado a Roma, nadie lo creía realmente culpable. Ni el Sanedrín (Hch. 23:9), ni el procurador romano Félix (Hch. 24:22-23), ni su sucesor Porcio Festo (Hch. 25:25), ni sus oficiales (Hch. 26:31), ni el rey Agripa (Hch. 26:32). Ninguna de las autoridades tomó en serio la acusación elevada contra él por los judíos de agitador social y enemigo del emperador (Hch. 28:18). Por lo tanto, todo hace pensar que no pudo haber prosperado ningún juicio contra él en Roma. Pero sí parece cierto que murió en Roma, como Lucas lo da a entender varias veces en su libro (Hch. 20:25, 29, 38; 21:10-13).

Ahora bien, se pregunta el Dr. Valdés, si Pablo murió en Roma, pero la acusación de los judíos de Jerusalén no debió de haber prosperado, ¿por qué lo mataron? "Una nueva hipótesis se va abriendo paso entre los investigadores del cristianismo primitivo, y poco a poco va siendo aceptada por numerosos estudiosos (O. Cullmann, R. Brown, J. Rolof, J. Meier y J. Comblin). Según ésta, Pablo habría muerto debido a las denuncias de los mismos cristianos de Roma. Es decir, éstos no lo mataron directamente, pero lo denunciaron al emperador, como una forma de deshacerse de él. ¿Por qué? Por las rivalidades internas que había entre los diversos grupos de la ciudad"[604].

En efecto, la oposición de Pablo a la observancia de las leyes y las prácticas judías por parte de los cristianos produjo un fuerte choque en el interior de la joven Iglesia. Por esta causa sufrió muchos ataques, persecuciones y denuncias de parte de los judeo-cristianos, que él mismo cuenta en sus cartas (1 Cor. 11:26; Gál. 2:4).

En Roma, esta división estaba mucho más marcada. Lo sabemos gracias a la carta que él escribió a esta ciudad unos años antes de su llegada. En ella, Pablo menciona la existencia de dos grupos contrapuestos. Uno, al que él llama los *débiles,* formado por los judeo-cristianos;

---

603 1 Carta de Clemente a los Corintios 5, 1-7. Padres Apostólicos, CLIE 2004.

604 A. Álvarez Valdés, "¿Cómo murió San Pablo?", en *Estudios Trinitarios,* XLIII, 1 (Enero-Abril 2009), 170.

y otro, al que denomina los *fuertes,* integrado por pagano-cristianos. La división era tal que los grupos se criticaban y despreciaban mutuamente. Había una guerra abierta y declarada entre ambos. Por eso Pablo, en su carta, intentó mediar y poner un poco de paz entre ellos diciendo: "El que come de todo, no critique al que no come ciertas cosas; y el que no come ciertas cosas, que no desprecie al que come de todo, pues Dios lo acepta también a él" (Ro. 14:3), aunque el apóstol ya había tomado partido por el grupo de los *fuertes,* de los que no consideraban necesario cumplir las leyes judías (Ro. 15:1). Su llegada a Roma, aunque fuera como prisionero, debió de haber causado alarma entre los sectores cristianos que no compartían sus puntos de vista (cf. Ro. 3:7-8).

Cuando llegó a Roma, Pablo no debió de haber sido condenado a muerte por el tribunal del emperador, porque el delito del que se le acusaba no era sancionado con la pena capital. De modo que fue liberado, y pudo permanecer misionando durante un tiempo en la ciudad. Pero entonces apareció en el escenario una circunstancia imprevista: la persecución de Nerón en julio del año 64, como consecuencia del incendio de la ciudad, que ya conocemos.

Es plausible que, durante la persecución, el apóstol Pablo fuera denunciado por los cristianos del otro bando, y que terminara muriendo junto con la multitud de creyentes martirizados por el emperador. Plinio el Joven, en una carta enviada al emperador Trajano, cuenta que durante la persecución los mismos cristianos se delataban unos a otros[605].

Esta hipótesis de que Pablo murió en Roma como resultado de las luchas internas de la comunidad cristiana (es decir, de una manera poco edificante) es, quizás, la que mejor explica los diversos elementos que nos han llegado de la tradición. Así:

1) el silencio de *Los Hechos* sobre la muerte del apóstol. Lucas debió de haber sabido qué sucedió con Pablo. Y si silenció su muerte, fue quizás porque no se trató de un hecho ejemplar sino un acontecimiento poco edificante para las comunidades cristianas;

2) el silencio de *Los Hechos* sobre la comunidad cristiana de Roma. Cuando Pablo llega prisionero a la capital del Imperio, Lucas nunca menciona su encuentro con los cristianos locales. Quizás porque sabía que las relaciones de Pablo con ellos no habían sido buenas;

3) la carta de Clemente de Roma. El testimonio más antiguo sobre la muerte de Pablo dice que ésta fue *"debido a la envidia y las rivalidades".* La expresión, sin duda, alude a las controversias y divisiones que había en el seno de la Iglesia, no a la denuncia civil y política que habían presentado contra él los judíos de Jerusalén;

4) los testimonios de Tácito y Plinio el Joven. Ambos coinciden en que, durante la persecución decretada por Nerón, los mismos cristianos se denunciaban y entregaban a las autoridades;

5) las amargas quejas de Pablo sobre las divisiones que destrozaban la comunidad de Roma. Los cristianos de la ciudad, sin duda, no estaban todos a favor de él;

6) la ausencia de una tradición sobre su martirio individual hasta casi un siglo y medio después de su muerte. Y la primera vez que aparece es en un libro apócrifo *(Los Hechos de Pablo),* cuyo autor, un presbítero de Asia Menor, confesó poco después haberlo inventado;

---

605 Plinio, *Epístola* 10, 96.

7) el hecho de que, hasta el siglo III, la Iglesia de Roma no mencione nunca que Pablo estuvo en la capital del Imperio[606].

En resumen, todo parece indicar que Pablo no murió como consecuencia de las denuncias de los judíos de Jerusalén, ni decapitado como ciudadano romano, sino por la envidia de los cristianos de Roma, durante la persecución del emperador Nerón. "Las rivalidades y celos internos de una comunidad terminaron costando la vida del más grande apóstol de los gentiles" (A. Álvarez Valdés).

6. Séneca y San Pablo

Séneca es el filósofo más célebre del mundo romano. Lo es para nosotros y lo fue para sus contemporáneos. Lo traemos aquí a colación por su estrecha relación con el cristianismo primitivo que le atribuye la tradición cristiana. Su muerte por orden de Nerón le ganó una fama *cuasi* de mártir. Así llegó a ser interpretada, como un episodio más del martirologio cristiano. Se narra en la *Leggenda aurea* de Iacopo da Varazze, en el *Roman de la Rose* y también en el *Novelino.*

La nobleza de su pensamiento y el carácter moral de su filosofía llevó a algunos creyentes bien intencionados a pensar que Séneca tenía que haber sido inspirado por Dios, en línea con esas "almas naturalmente cristianas" de las que hablaba Tertuliano.

La vida moralmente buena, decía Séneca, consiste en un absoluto rigor consigo mismo, en la fidelidad a los principios, en el amor al prójimo, manifestado en la compasión, en la dulzura, en el perdón a las ofensas y en las buenas obras. Filosofía próxima a la doctrina cristiana, a la que hay que añadir la creencia en la inmortalidad del alma y la igualdad de todos los hombres, incluidos los esclavos.

Tertuliano, Lactancio, Agustín, Jerónimo, lo citan con frecuencia. El último no duda en incluirlo en la lista de santos. Alma gemela de Saulo de Tarso, a quienes se atribuye un intercambio epistolar que nunca se dio, pero que muestra el alto grado de consideración que Séneca, "nuestro Séneca", gozó entre los cristianos. Durante la Edad Media fue considerado como un modelo; es el *Séneca Morale* de Dante, el escritor ético por excelencia.

Pablo y Séneca compartían el mismo gusto por el género literario epistolar, más directo, cotidiano e intimista. Séneca inicia sus cartas en el verano del año 62, el mismo año en que Pablo llegaba preso a Roma. Hay quien recientemente ha defendido no solamente que ambos personajes se trataron en vida, sino que incluso Séneca es el "Teófilo" destinatario de los Hechos de los Apóstoles y el juez romano que tras un largo proceso absolvió y liberó al ciudadano romano Saulo de Tarso acusado por los judíos. Esta suposición se basa en un hecho históricamente cierto, pero cuyo protagonista no fue Séneca sino su hermano mayor, Lucio Junio Anneo Galión, procónsul de Acaya, entre el 52 y 53 de la era cristiana; el magistrado romano ante quien fue presentado San Pablo concluido su viaje a Corinto, como relatan los Hechos de los Apóstoles. Las precisiones en torno a Galión son muy importantes para fijar con exactitud la cronología de los viajes de San Pablo. Unas inscripciones halladas en Delfos y un escrito del emperador Claudio confirman, con notable exactitud, la fecha en

[606] A. Álvarez Valdés, ob. cit., pp. 175-176.

que San Pablo estuvo en Corinto, al establecer que Galión sólo estuvo dieciocho meses en aquel puesto. Todo ello permite establecer la presencia de San Pablo en Corinto entre los años 50 al 53 después de Cristo.

Otro punto interesante en la relación Séneca-Pablo nos lo ofrece el primero en su carta 77, en la que el filósofo describe la llegada de un carguero alejandrino a Pozzuoli, puerto cercano a Nápoles. Al mismo lugar que llegó San Pablo, también en un carguero alejandrino, que llevó a los que naufragaron desde Malta hasta Pozzuoli (Hch. 28:11-13).

Otro dato más importante, Pablo manda saludos a la casa de Narciso (Ro. 16:11), miembros del Palacio de Nerón, donde Séneca ejercía un papel de árbitro cultural y espiritual, el cual, debido a su mentalidad siempre abierta, y cada vez más dominada por las ideas religiosas, es probable que se interesase por las creencias y costumbres cristianas.

Basándose en estos datos y puntos coincidentes un cristiano del siglo IV inventó un cruce epistolar entre ambos hombres, conservado en más de trescientos manuscritos, conocido ya por Jerónimo[607], y por Agustín[608]. Consta de ocho cartas breves atribuidas al filósofo, y de seis cartas, todavía más breves, atribuidas al apóstol[609]. Todas se hallan escritas en mal estilo latino y son pobres en pensamientos. Séneca admira ciertamente las doctrinas de Pablo, pero echa de menos un estilo cuidado y por eso le envía un libro titulado *De verborum copia* (*Ep.* 9), con el cual Pablo podrá aprender un latín mejor.

El apóstol de los gentiles admira a su vez a Séneca, reconociendo la veracidad de las expresiones de Séneca (*Ep.* 1). Séneca conoce perfectamente las vicisitudes de la prisión de Pablo y el carácter fundamental del proceso. Los adversarios del apóstol trabajan con el auxilio de la emperatriz Popea[610]. Séneca habla a Nerón, no sin grave preocupación del apóstol, que teme la ira de Popea.

"Por tu reflexión" —escribe Pablo expresando su juicio sobre la religiosidad de Séneca— "se te ha concedido lo que a pocos ha concedido la divinidad. En esta convicción siempre en un campo fértil una semilla fortísima" (*Ep.* 11). A continuación Pablo encarga a Séneca que predique el evangelio en la corte imperial, evitando los cultos paganos y judíos.

BIBLIOGRAFÍA

Nerón

Allan Massie, *Los Césares.* Edhasa, Barcelona 1996.

C. M. Franzero, *Nerón, su vida y su época.* Vergara, Barcelona 1956.

607 De *vir. ill.* 12.

608 *Ep.* 153, 14.

609 Cf. Eloy Rodríguez Navarro, *Séneca. Religión sin mitos.* Syntagma, Madrid 1969.

610 Una leyenda del ciclo antipaulino cuenta que Popea era hija del Sumo Sacerdote, con la que quiso casarse el apóstol Pablo en sus días de fariseo. Popea estaba dotada de una belleza seductora y de una mente proclive a las intrigas. A pesar de que Pablo le gustaba, rechazó sus propuestas de matrimonio y se fue a Roma para trabajar como actriz. Una vez iniciada en el escenario, fue subiendo paso a paso hasta alcanzar el lecho de Nerón. Finalmente se casó con él y llegó a ser emperatriz del Imperio romano. La conversión de Pablo se hace coincidir con el rechazo de Popea, atribuyendo al despecho el cambio súbito de su vida, que le hizo pasar de ser uno de los mayores defensores de la Ley judía, a ser uno de sus peores enemigos. En el Talmud se recoge una leyenda respecto a Nerón, que habla de su conversión al judaísmo con ocasión de su visita a Judea (*Gittin* V, 56, a).

G. Roux, *Nerón.* Cid Raycar, Madrid 1962.
Gerard Water, *Nerón. ¿Héroe, demente o sádico?* Grijalbo, Barcelona 1962.
Narciso Santos Yanguas, *Cristianismo e Imperio Romano durante el siglo I.* Ediciones Clásicas, Madrid 1994, 2 ed.
P. Fernández Uriel y L. Palop, *Nerón, la imagen deformada.* Alderabán, Madrid 2000.
Paul Allard, *Histoire des persécutions pendant les deux premiers siècles,* 2 vols. París 1903-1905.
—*Le Christianismo el l'Empire romain de Néron à Théodose.* París 1908, 7 ed.
Philipp Vanderberg, *Nerón.* Vergara, Barcelona 2005.

San Pablo
Dieter Hildebrandt, *Saulo-Pablo. Una doble vida.* Herder, Barcelona 1991.
E. Cothenet, *San Pablo en su tiempo.* Ed. Verbo Divino, Estella 1980.
Emil G. Kraeling, *I Have Kept the Faith: The Life of the Apostle Paul.* Rand McNally, NY 1979.
F. F. Bruce, *Pablo. Apóstol del corazón liberado.* Ed. Mundo Bíblico, Las Palmas de Gran Canarias 2003.
F. Pastor Ramos, *Pablo, un seducido por Cristo.* Verbo Divino, Estella l 993.
Giuseppe Barbaglio, *Pablo de Tarso y los orígenes cristianos.* Sígueme, Salamanca 1989.
H. B. Bardwell, *Pablo. Su vida y sus epístolas.* CLIE, Terrassa 1988.
H. J. Den Heyer, *Pablo. Un hombre de dos mundos.* Almendro, Córdoba 2006.
J. Colson, *Pablo, apóstol mártir.* Palabra, Madrid 1973.
J. Sánchez Bosch, *Nacido a tiempo. La vida de Pablo, el apóstol.* Ed. Verbo Divino, Estella 1998.
Jerome Murphy-O´Connor, *Pablo, su historia.* San Pablo, Madrid 2008.
John D. Crossan y Jonathan L. Reed, *En busca de Pablo.* Ed. Verbo Divino, Estella 2002.
John Drane, *Pablo. Su vida y su obra.* Ed. Verbo Divino, Estella 1984.
José Comblin, *Pablo, apóstol de Jesucristo.* San Pablo, Madrid 1996.
Josef Holzner, *San Pablo, heraldo de Cristo.* Herder, Barcelona 2002, 15 ed.
Jürgen Becker, *Pablo el apóstol de los gentiles.* Sígueme, Salamanca 1996.
T. Ballarini, *Pablo. Vida, apostolado, escritos.* Studium, Madrid 1972.
T. Suárez Pérez, *Pablo, apóstol de los gentiles.* EDICEP, Valencia 2003.

2. Algunos emperadores buenos

1. Los Flavios: Domiciano

Bajo los gobiernos de Galba, Otón y Vitelio, que sucedieron al de Nerón en el año 68, no se tienen noticias de ninguna persecución, se puede decir que los romanos tenían bastante matándose entre sí: Galba fue asesinado por los pretorianos, Otón se suicidó y Vitelo fue arrastrado por las calles, torturado con estudiada lentitud y echado por fin al Tíber.

Flavio Vespasiano (68-79), que en Israel trataba de sofocar el levantamiento judío, puso orden en la ciudad de Roma y gobernó sabiamente, dando origen a la dinastía de los Flavios. Su hijo Tito (79-81), triunfador militar sobre los hebreos, casado con una princesa judía, Berenice, de natural bondadoso, no firmó ninguna sentencia de muerte, lo cual es realmente sorprendente para aquellos días. Roma sufrió un nuevo y gran incendio, Pompeya fue sepultada por el Vesubio e Italia devastada por una tremenda epidemia. Para reparar los daños,

Tito agotó el tesoro, y por asistir personalmente a los enfermos, se contagió y perdió la vida, a los cuarenta y dos años.

Domiciano (81-96), su hermano, le sucedió en el trono. Prudente al principio, nefasto al final, instauró un culto a su persona, haciéndose llamar "Señor y dios nuestro". Pretendió que los visitantes le besasen los pies y expulsó a los filósofos estoicos porque impugnaban su absolutismo.

Aunque tenemos muy pocas noticias, es un hecho indudable que mandó perseguir a los cristianos, y que más de uno caería víctima de los delatores, que gozaban del favor del emperador, porque creía que le protegían de sus enemigos. Clemente Romano en su *Primera carta a los Corintios,* dice que no les ha escrito antes por las calamidades y adversidades que tuvieron que soportar las Iglesias, lo que se refiere a una acción del emperador contra los cristianos.

En su *Apología* dirigida al emperador Marco Aurelio, Melitón de Sardes informa a su destinatario que la doctrina cristiana floreció felizmente junto con el Imperio desde su comienzo con el reinado de Augusto, de modo que "nada malo ha sucedido, antes, al contrario, todo ha sido brillante y glorioso, según las plegarias de todos". Con esta afirmación, Melitón quiere refutar la calumnia del carácter dañino del cristianismo para el buen funcionamiento del Estado. Entre todos los emperadores, continúa, solamente Nerón y Domiciano, "persuadidos por algunos hombres malévolos, quisieron calumniar a nuestra doctrina, y ocurre que de ellos derivó, por costumbre irracional, la mentira calumniosa contra tales personas. Pero tus píos padres enmendaron la ignorancia de aquéllos reprendiendo por escrito muchas veces a cuantos se atrevieron a hacer innovaciones acerca de los cristianos. Entre ellos se destaca tu abuelo Adriano, que escribió a muchas y diferentes personas, incluido el procónsul Fundano, gobernador de Asia"[611].

De particular importancia es la noticia referida por el historiador griego Dión Casio, que fue pretor y cónsul en Roma. Afirma que bajo Domiciano fueron acusados y condenados "por ateísmo" *(ateótes)* varios personajes de rango elevado, entre ellos algunos miembros de la familia imperial, como el cónsul Flavio Clemente, primo de Tito y de Domiciano, e hijo del prefecto de Roma Tito Flavio Sabino, hermano de Vespasiano, quien, como consecuencia del cargo que ocupaba, estaría al frente de los procesos y condenas contra los cristianos. Flavia Domitila, esposa de Flavio Clemente, enviada al destierro, así como otra Domitila, familiar igualmente de Flavio Sabino, y con ellos muchos otros que "habían adoptado los usos judaicos", porque rehuía el fasto y las prácticas paganas[612].

La acusación de *ateísmo,* en esta época, era dirigida no contra quien negaba intelectualmente la realidad de los dioses, sino contra quien se negaba a rendir honores a los dioses del Imperio y al mismo emperador en su calidad divina. Domiciano, firme restaurador de la autoridad central, pretendía en el culto máximo a su persona la unidad y garantía de la "civilización humana". El monoteísmo excluyente judío y cristiano era a ojos romanos semejante al ateísmo por su oposición a toda participación en cualquier manifestación pública de culto a los dioses o al emperador. En tiempos de Domiciano se confunde con mucha frecuencia

[611] Melitón de Sardes, *Apología dirigida a Antonino,* en Eusebio, *Historia Eclesiástica,* IV, 26.

[612] Dión Casio, *Historia romana* 67, 14.

a los ateos, judíos y cristianos. Es lo que hace sospechar la profesión cristiana de los "ateos" Flavio Clemente, Flavia Domitila y el cónsul Acilio Glabrión[613].

Según el profesor Santos Yanguas, como resultado de estos hechos "se puede llegar a afirmar que la *gens Flavia* contaría con una serie de integrantes que se habían convertido en adeptos de la religión cristiana ya desde los alrededores del año 64, pudiendo pensarse incluso que la muerte de Flavio Sabino, que tendría lugar en el 69, por orden de Vitelio, tal vez obedecería a motivos religiosos"[614].

Paradójicamente el asesinato de Flavio Clemente contribuyó a acelerar la muerte de Domiciano, a juicio de Suetonio, pues "durante los ocho meses siguientes cayeron tantos rayos en Roma y fuera de ella que Domiciano exclamó: 'Que fulmine de una vez a quien quiera'. Sufrieron los rigores de los rayos el Capitolio, el santuario de la familia de los Flavios, la residencia imperial del Palatino y su propia casa; por si fuera poco, un violento huracán arrancó la inscripción que figuraba en el pedestal de una estatua suya triunfal y la arrojó sobre un monumento sepulcral cercano"[615].

El libro de Apocalipsis es un claro testimonio de la persecución de los cristianos de Asia Menor durante el reinado de Domiciano. Juan, el autor, es desterrado en la isla Patmos (Ap. 1:9)[616]. La Iglesia de Éfeso ha sufrido por el nombre de Cristo (Ap. 2:3). En Pérgamo, el fiel testigo Antipas ha sido ejecutado (Ap. 2:13). Tertuliano alude al martirio de Antipas durante el reinado de Domiciano[617]. A la Iglesia de Esmirna se anuncia que serán encarcelados varios de sus miembros (Ap. 2:10).

Domiciano murió cuando contaba cuarenta y cinco años de edad apuñalado en una conjura palaciega, en la que tomó parte su propia esposa (18 de septiembre del 96). Fue el séptimo emperador asesinado de los diez habidos desde el año 30 a.C.

2. Los emperadores buenos: Nerva y Trajano

Los asesinos de Domiciano designaron al jurista Marco Cocceyo Nerva (96-98) nuevo emperador. Con él se inician los llamados cinco buenos emperadores, entre el 96 y el 180, cuatro de los cuales escogieron como sucesores a los subordinados más dignos que pudieron encontrar. Así Nerva adoptó como hijo y sucesor a Trajano (98-117), nacido en España de familia romana, que con sus conquistas en Dacia y Mesopotamia expandió las fronteras de Roma hasta su mayor extensión.

Nerva subsanó los errores de sus predecesores, llamó a los proscritos, distribuyó muchas tierras a los pobres y liberó a los hebreos de los tributos que Vespasiano les había impuesto. Buen jurista[618], noble, generoso, Trajano detestaba a los delatores y no consintió que los cristianos fuesen denunciados anónimamente, aunque tampoco hizo nada por comprenderles. Solía tener a su lado, en su carro de general, a Dión Crisóstomo, un célebre retórico de la

613 Cf. Eusebio, *Hist. ecl.* III, 18.

614 N. Santos Yanguas, *Cristianismo e Imperio Romano durante el siglo I,* p. 59.

615 Suetonio, *Vida de los Césares. Domiciano,* 15, 1-2.

616 Orosio, *Historias* 7, 10; Eusebio, *Hist. ecl.* III, 18.

617 Cf. también Tertuliano, *Scorpiace* XII, 7.

618 Tácito dice que era un gran abogado y Plinio le tenía por más grande que el mismo Cicerón.

época que le hablaba continuamente de filosofía, pero al parecer el hombre de armas que era Trajano no entendía ni una palabra. Por respeto al buen orden entendía que los cristianos no deben ser perseguidos de oficio, aunque no tuvieran derecho a la existencia. "Si han sido denunciados y han confesado, han de ser condenados, pero del siguiente modo: quien niegue ser cristiano y haya dado prueba manifiesta de ello, a saber, sacrificando a nuestros dioses, aun cuando sea sospechoso respecto al pasado, ha de perdonársele por su arrepentimiento. En cuanto a las denuncias anónimas, no han de tener valor en ninguna acusación, pues constituyen un ejemplo detestable y no son dignas de nuestro tiempo"[619].

En esta época, pues, no existe, como algunos piensan, ninguna proscripción de los cristianos emanada del poder central, ni por tanto, ninguna persecución de conjunto. Pero sí tienen lugar ataques locales, procedentes de la población pagana y judía.

2.1. Martirio de Ignacio de Antioquía

En esta época muere Ignacio de Antioquía, expuesto a las fieras en Roma. No sabemos mucho de él, aparte de los breves retazos biográficos contenidos en sus cartas y en el escrito de Policarpo. La hagiografía lo identifica con el muchacho puesto por Jesús como ejemplo de grandeza y humildad en el Reino de los cielos (Mt. 18:2). Esta leyenda fue propagada por Simeón Metafrastes en el siglo X y carece de credibilidad. Para Jerónimo se trata de un discípulo del apóstol Juan. Eusebio dice que fue el segundo sucesor de Pedro en el episcopado de Antioquía de Siria[620]; Orígenes, que el primero[621]. Parece cierto que sucedió a Evodio, primer obispo, propiamente tal de Antioquía, entre el año primero de Vespasiano (70 d.C.), y el décimo de Trajano (107 d.C.). Juan Crisóstomo, natural de Antioquía, asegura que Ignacio fue consagrado obispo de manos de los mismos Pedro y Pablo, sin embargo, no hay evidencia histórica al respecto, aunque no se puede dudar del dato de fondo, el trato y la relación inmediata de Ignacio con los apóstoles. Su valor personal, como cristiano y como escritor, escribirá Harnack, aproxima a Ignacio, más que a cualquier otro, a los grandes apóstoles Pablo y Juan, por más que quede lejos de ellos.

Apresado por los años 106 a 107 por el legado imperial, en virtud de su pertenencia al pueblo cristiano, fue destinado a ser llevado a Roma junto a otros prisioneros, entre los que se encontraban más cristianos. Dos hombres de ellos nos son conocidos: Zósimo y Rufo[622]. En penoso camino hacia el lugar de su ejecución Ignacio lo convierte en la marcha triunfal de un campeón del espíritu, a cuyo paso salen a recibirle hermanos de todas las iglesias y le tratan como héroe de la fe.

En Esmirna, Ignacio fue recibido como "embajador de Jesucristo", por Policarpo, discípulo de Juan y pastor de la comunidad en aquella ciudad. Desde aquí, gracias a una estancia bastante larga, dictó Ignacio cuatro de sus cartas: a los efesios, a los magnesios, a los trallenses y a los romanos. Las otras tres las dictó en la próxima parada, en Alejandría de Troas, puerto de la costa occidental de la Tróada.

619 Plinio, *Epíst.*, X, 97.
620 Eusebio, *Hist. ecl.* III, 36.
621 *Hom. en Lucas,* 6.
622 Padres Apostólicos, *Carta de Policarpo,* 1; 9; 13.

En la carta que dirige a los cristianos de Roma da a entender que éstos tenían suficiente influencia en las capas del gobierno como para conseguir su liberación. Ignacio rechaza esta posibilidad con vehemencia. "Escribo a todas las iglesias, y hago saber a todos que de mi propio libre albedrío moriré gustoso por Dios, si vosotros no lo impedís. Os exhorto, pues, a no hacerme un favor fuera de tiempo... Tened paciencia conmigo, hermanos. No me impidáis el vivir; no deseéis mi muerte. No entreguéis al mundo a quien anhela ser de Dios, ni le seduzcáis con cosas materiales. Permitidme recibir la luz pura. Cuando llegue allí, entonces seré un hombre. Permitidme ser un imitador de la pasión de mi Dios. Si alguno le tiene a Él consigo, que entienda lo que deseo, y que sienta lo mismo que yo, porque conoce lo que me apremia"[623].

Según parece se calculó que el viaje de Ignacio, y el resto de la cuerda de presos, llegara a Roma antes del fin de las fiestas que se celebraban en honor del triunfo del emperador sobre los imbatibles dacios en el año 106, después de un largo enfrentamiento. La celebración de esa victoria se señaló con un verdadero sacrificio de hombres y fieras en el circo, en la línea apuntada anteriormente. Las fiestas duraron ciento veintitrés días: buena parte del año 107. Diez mil gladiadores perecieron en ellas, así como doce mil animales, según Dión Casio, entre cuyas garras y colmillos pereció Ignacio. Los cristianos, según el relato de su martirio, se apresuraron a recoger los huesos que las fieras no trituraron y, puestos en una caja fueron transportados a Antioquía, como reliquias preciosas y veneradas.

2.2. Martirio de Simeón, pariente del Señor y obispo

El historiador Hegesipo, testigo bien informado sobre los sucesos ocurridos en Israel, informa que Simeón, hijo de Clofás, pariente del Señor y segundo obispo de Jerusalén, fue acusado por sus enemigos de pertenecer a la estirpe de David y de ser cristiano, "por lo que sufrió el martirio a la edad de 120 años, siendo Trajano emperador y Ático gobernador consular"[624].

Según Eusebio fue atormentado por muchos días con tormentos sumamente crueles, pero confesó siempre con firmeza la fe de Cristo. Lo hizo con tal fuerza que el mismo procónsul Ático y todos los presentes quedaron admirados al ver cómo un anciano de 120 años podía resistir a tantos tormentos; por sentencia del juez fue finalmente crucificado.

Los acusadores fueron también arrestados por ser miembros de la casa real judía, lo que demuestra que no hubo persecución religiosa sino política, centrada en especial en aquellos posibles candidatos a encabezar una rebelión contra Roma en el nombre del nacionalismo judío.

3. Publio Elio Adriano

El reinado de Adriano (117-138), que siguió a Trajano en la misma estela, es un período de relativa calma para los cristianos. Relativa porque los cristianos vivieron sometidos a una

[623] Padres Apostólicos, *Ignacio a los Rom.* 4; 6.

[624] Eusebio, *Hist. ecl.* III, 32.

situación de amenaza permanente, encausados arbitrariamente en las más diversas partes del Imperio a instancias de la población.

Adriano se mostraba escéptico en privado, mofándose de los dioses y oráculos, pero cuando ejercía sus funciones de Pontífice Máximo no permitía ni la más mínima señal de irreverencia. Para él la religión era el puntal de la sociedad y no toleraba ofensas públicas a la misma. "Fue uno de los hombres más complejos, inquietos y cautivadores de la historia de todos los tiempos y acaso el más moderno entre los del mundo antiguo"[625].

Aplastó la última rebelión judía de Bar Kochba (años 131-134), expulsó a los judíos del país y prohibió bajo pena de muerte la entrada de ninguno de ellos a Jerusalén, a la que cambió de nombre en su honor: Elia Capitolina. Habría que aclarar que la revuelta hebrea estalló porque Adriano prohibió la circuncisión (para él se trataba de un caso de brutal mutilación) y pensó fundar un santuario a Júpiter en el lugar del templo de Jerusalén.

Justino recoge un precioso documento de Adriano, conservado también por Eusebio, escrito con el mismo espíritu de Trajano. Adriano lo dirige a Minucio Fundano, procónsul de Asia. Es una confirmación de la jurisprudencia anterior, precisando que no se ha de condenar por simple acusación, sino que se ha de instruir un proceso y condenar con severidad a los que acusen injustamente. Pero ello no implica, como pretende Justino, un cambio en la legislación.

Dice así: "A Minucio Fundano: Recibí una carta que me escribió Serenio Graniano, varón clarísimo, a quien tú has sucedido. Pues bien, no me parece que debamos dejar sin examinar el asunto, para evitar que se perturbe a los hombres y que los delatores encuentren apoyo para sus maldades. Por consiguiente, si los habitantes de una provincia pueden sostener con firmeza y a las claras esta demanda contra los cristianos, de tal modo que les sea posible responder ante un tribunal, a este solo procedimiento habrán de atenerse, y no a meras peticiones y gritos. Efectivamente, es mucho mejor que, si alguno quiere hacer una acusación, tú mismo examines el asunto. Por lo tanto, si alguno los acusa y prueba que han cometido algún delito contra las leyes, dictamina tú según la gravedad de la falta. Pero si ¡por Hércules! alguien presenta el asunto por calumniar, decide acerca de esta atrocidad y cuida de castigarla adecuadamente"[626].

Las persecuciones que se dieron contra los cristianos estuvieron limitadas a un lugar y a menudo eran ocasionales y por lo general de corta duración. En la mayor parte eran *progroms* de la población hostil; las medidas oficiales del Estado sólo empezaron en el siglo III, y con una dureza inaudita, correspondiente a una época de graves crisis económicas, financieras y militares. Con todo, sin que estemos informados de sus circunstancias, alrededor del año 135-137 Telesforo, obispo de Roma, "tuvo un martirio glorioso", al decir de Ireneo[627].

[625] Indro Montanelli, *Historia de Roma,* p. 375.

[626] Eusebio, *Hist. ecl.,* IV, 9, 1; Justino, *Apología* I, 68, 5-10.

[627] Ireneo, *Ad. haer.* III, 3, 3. Eusebio erróneamente sitúa la muerte de Telesforo en el primer año del reinado de Antonio Pío (*Hist. ecl.* IV, 10), pero no aporta otra autoridad que Ireneo, quien sólo indica el hecho.

4. Antonino Pío

Tito Elio Adriano Antonino (138-161) recibió buena formación filosófica, aunque prefería las disciplinas concernientes a la religión. Tal vez fue uno de los últimos romanos que creyó sinceramente en los dioses. El título de *Pío* le fue dado *a posteriori* por el Senado, dada su fama de virtuoso. Con él, según E. Renán, "el ideal parecía conseguido: el mundo estaba gobernado por un padre". La situación de los esclavos mejoró durante su gobierno al tiempo que revocó la orden de su antecesor, permitiendo a los judíos la práctica de la circuncisión.

El único incidente digno de destacar en la esfera de la vida cristiana es una serie de "infames calumnias", al decir de Justino, que por entonces enseñaba la doctrina cristiana en una escuela que tenía abierta en Roma, propagadas por el filósofo cínico Crescente, hacia el año 152-153. Éstas y otras escaramuzas de carácter doméstico debieron ser frecuentes en todas las provincias del Imperio. En algunos casos se saldaba con la muerte de la parte cristiana.

Un caso típico nos lo ofrece Justino, que refiere las tribulaciones de una mujer cristiana con su marido pagano, quien además de serle infiel buscaba pretextos para abandonarla. Como no podía hacer nada contra ella arremetió contra un tal Ptolomeo, maestro o catequista de la mujer. Aprovechando la amistad con el centurión, el marido consiguió que Ptolomeo fuese encerrado en la cárcel y que se le hiciese la temible pregunta, suficiente para llevar a un hombre a la muerte: ¿eres cristiano? "Ptolomeo, que era por carácter amante de la verdad, incapaz de engañar ni decir una cosa por otra, confesó, en efecto, que era cristiano, lo que bastó al centurión para cargarle de cadenas y atormentarle durante mucho tiempo en la cárcel. Cuando, finalmente, Ptolomeo fue conducido ante el tribunal de Urbico, la única pregunta que se le hizo fue igualmente de si era cristiano. [...] Urbico sentenció que fuera condenado al suplicio; mas un tal Lucio, que era también cristiano, viendo un juicio celebrado tan contra toda razón, increpó a Urbico con estas palabras: '¿Por qué motivo has castigado de muerte a un hombre a quien no se le ha probado ser adúltero, ni fornicador, ni asesino, ni ladrón, ni salteador, ni reo, en fin, de crimen alguno, sino que ha confesado sólo llevar el nombre de cristiano? No juzgas, ¡oh Urbico!, de la manera que conviene al emperador Pío ni al hijo del César, amigo del saber, ni al sacro Senado'. Pero Urbico, sin responder palabra, se dirigió también a Lucio y le dijo: 'Paréceme que tú también eres cristiano'. 'A mucha honra', respondió Lucio. Y sin más, dio el prefecto orden de que fuera también conducido al suplicio"[628].

Este proceso muestra a las claras que aun cuando durante tiempos de paz, sin persecución por medio, el solo expediente de confesarse cristiano —u obligado a hacerlo— bastaba para poner a alguien fuera de la ley, sin derechos civiles, expuesto al horror de la tortura y de la muerte, que llega como liberación misericordiosa de tanto horror. Mártires célebres de esta época son Policarpo, obispo de Esmirna, con once fieles de la misma ciudad.

4.1. Martirio de Policarpo

La vida y muerte del obispo esmirnense fue escrita por supuesto Pionio, mártir del año 250 bajo Decio, que presenta a Policarpo como un consumado lector de las Sagradas Es-

[628] Justino, *Apología* II, 2, 9.18.

crituras desde su niñez[629]. Para entonces, Policarpo había obtenido mediante su martirio tal fama de santidad que su vida está repleta de elementos sobrenaturales, además de ser un magnífico predicador de la Palabra. Su muerte es atribuida a la instigación de judíos y paganos, a los que tanto había intentado convencer de la superioridad del Evangelio.

El documento que da cuenta del martirio de Policarpo tiene la forma de carta dirigida por la Iglesia de Esmirna a la Iglesia de Filomelio. Narra también brevemente el martirio de once cristianos de Filadelfia, conducidos a Esmirna para sufrir allí el martirio. Entre ellos destaca el joven Germánico, que llevó a cabo la hazaña que para sí pedía Ignacio de Antioquía: azuzar al león para que se lanzara contra él y salir cuanto antes de un mundo de iniquidad. Intrepidez que exasperó a los espectadores, que prorrumpieron en alaridos de: "¡Mueran los ateos! ¡Traed a Policarpo!".

La carta es la obra de un artista que supo aunar la suma belleza del estilo literario con la verdad de los hechos, parece haber sido escrita poco tiempo después del martirio, que tuvo lugar en el año 155 ó 156, por tanto, la narración más antigua sobre el martirio de una persona singular. Este escrito tenía por objeto una circulación más amplia, y al final se dan instrucciones para asegurar que se dé amplia circulación.

Cediendo al clamor popular, el procónsul Quinto Estacio Cuadrado mandó prender a Policarpo bajo la acusación del mero nombre de "cristiano". Después de unas pequeñas peripecias, el 22 de febrero del 155, Policarpo es conducido al anfiteatro de Esmirna, que hay que imaginar repleto de una muchedumbre siempre ávida de espectáculos procesales donde hubiera sangre y muerte violenta. El procónsul Estacio Cuadrado intimó a Policarpo en tonos amistosos: "Ten respeto a tu edad y jura por el genio del César; retráctate y di: fuera los ateos".

Policarpo no tuvo problemas en cumplir la última parte de la petición, y así dijo: "Fuera los ateos".

Pero el magistrado, no contento con esta simple admisión, insistió: "Jura, y te soltaré; insulta a Cristo".

A lo que Policarpo dio la famosa respuesta: "Durante ochenta y seis años he sido su siervo, y no me ha hecho mal alguno. ¿Cómo puedo ahora blasfemar de mi Rey que me ha salvado?".

No dándose por vencido, el procónsul volvió a insistir en un intento noble de salvar la vida del anciano obispo: "Jura por el genio del César".

Policarpo contestó con determinación: "Si supones, en vano, que voy a jurar por el genio del César, como dices, y haces ver que no sabes quién soy, te lo diré claramente: soy cristiano. Pero si quieres aprender la doctrina del cristianismo, señala un día y escúchame".

"Convence al pueblo", retó socarrón el procónsul.

Pero Policarpo contestó: "En cuanto a ti, he considerado que eres digno de hablarte; porque se nos ha enseñado a rendir honor como es debido a los príncipes y autoridades designadas por Dios, salvo que no sea en nuestro perjuicio; pero en cuanto a éstos, no los considero dignos de que tenga que defenderme delante de ellos".

---

629 Pionio, *Vita Polycarpi* 19.

Ante lo cual el procónsul dijo: "Tengo fieras aquí y te echaré a ellas como no te retractes".

Pero Policarpo dijo: "Que las traigan; porque el arrepentirse de lo mejor a lo peor es un cambio que no nos es permitido; pero es noble el cambiar de lo perverso a lo justo".

Entonces insistió el procónsul: "Haré que ardas con fuego si desprecias las fieras, como no te arrepientas".

Pero Policarpo dijo: "Tú me amenazas con fuego que arde un rato y después se apaga; pero no sabes nada del fuego del juicio futuro y del castigo eterno, que está reservado a los impíos. ¿Por qué te demoras? Haz lo que quieras".

Diciendo estas y otras cosas, iba llenándose de valor y gozo, y su rostro se henchía de gracia, de modo que no sólo no se desmayó ante las cosas que le decían, sino que, al contrario, el procónsul estaba asombrado y envió a su propio heraldo a proclamar tres veces en medio del estadio: "Policarpo ha confesado que es un cristiano".

Cuando el heraldo hubo proclamado esto, toda la multitud, tanto de gentiles como de judíos que vivían en Esmirna, clamó con ira incontenible y grandes gritos: "Éste es el maestro de Asia, el padre de los cristianos, el que derriba nuestros dioses y enseña a muchos a no sacrificar ni adorar".

Diciendo estas cosas, a grandes gritos pidieron al asiarca Felipe que soltara un león a Policarpo. Pero él dijo que no podía hacerlo legalmente, puesto que ya había dado por terminados los juegos. Entonces ellos decidieron gritar unánimes que Policarpo debía ser quemado vivo.

Estas cosas sucedieron rápidamente, más aprisa de lo que pueden contar las palabras, y la multitud empezó a recoger en obradores y baños leña y haces, y los judíos en especial ayudaron, según acostumbran. Pero cuando estuvo listo el montón de leña, Policarpo mismo se quitó las prendas externas y se soltó la faja, esforzándose también en quitarse los zapatos, aunque no tenía la costumbre de hacerlo antes, porque todos los fieles en todo momento se esforzaban por quién tocaría antes su carne. Porque había sido tratado con todo honor toda su vida, incluso antes de que le salieran canas. Al punto, los instrumentos que estaban preparados para la hoguera fueron colocados a su alrededor; y como iban también a clavarle a la estaca, él dijo: "Dejadme como estoy; puesto que Él me ha concedido que pueda resistir el fuego, también me concederá que pueda permanecer inmóvil en la hoguera, sin tener que ser sujetado por los clavos".

No le clavaron, pero le ataron. Entonces él, colocando las manos detrás y atado a la estaca como un noble cordero del gran rebaño para ser como una ofrenda, un holocausto preparado y aceptable a Dios, mirando al cielo dijo: "Oh Señor Dios todopoderoso, Padre de tu amado y bendito Hijo Jesucristo, por medio del cual hemos recibido conocimiento de ti, Dios de ángeles y potestades, y de toda creación y de toda la raza de los justos, que viven en tu presencia; te bendigo porque me has concedido este día y hora para que pueda recibir una porción entre el número de los mártires en la copa de tu Cristo en la resurrección de vida eterna, tanto del alma como del cuerpo, en la incorruptibilidad del Espíritu Santo. Que pueda ser recibido con ellos en tu presencia este día, como un sacrificio rico y aceptable, que Tú has preparado y revelado de antemano, y has realizado, Tú que eres el Dios fiel y verdadero. Por esta causa, sí, y por todas las cosas, te alabo, y bendigo, y glorifico, por medio del

Sumo Sacerdote eterno y celestial, Jesucristo, tu Hijo amado, por medio del cual, con Él y el Espíritu Santo, sea gloria ahora y siempre y por todos los siglos. Amén".

Cuando hubo ofrecido el Amén y terminado su oración, el verdugo encendió el fuego. Y cuando surgió la llama poderosa, todos pudieron ver que el fuego, formando la apariencia de una bóveda, como la vela de un navío llenada por el viento, formó una pared alrededor del cuerpo del mártir; y estaba allí en medio, no como carne quemándose, sino como un pan o como oro y plata refinados en un horno. Porque los creyentes percibían un olor fragante, como si desprendiera olor de incienso o de algún bálsamo precioso.

Como quiera que el mártir no acaba de morir en la hoguera, el *confector* —encargado de matar a los heridos que sobrevivían al combate— hubo de darle el golpe de gracia con una daga. El cadáver fue finalmente quemado y los cristianos recogieron los huesos del mártir y los depositaron en lugar conveniente, para memoria de los que ya han combatido y ejercicio y preparación de los que tienen todavía que combatir[630].

BIBLIOGRAFÍA

José M.ª Blázquez, *Trajano.* Ariel, Barcelona 2003.

Indro Montanelli, *Historia de Roma.* Plaza & Janés, Barcelona 1994.

L. Friedlander, *La sociedad romana: historia de las costumbres en Roma desde Augusto hasta los Antoninos.* FCE, México 1984.

M. Simon y A. Benoit, *El judaísmo y el cristianismo antiguo.* De Antíoco Epífanes a Constantino. Labor, Barcelona 1972.

Narciso Santos Yanguas, *Cristianismo e Imperio Romano durante el siglo I.* Ediciones Clásicas, Madrid 1994, 2 ed.

Padres Apostólicos. Traducción de J. B. Lightfoot. CLIE, Terrassa 2007, 2 ed.

3. Marco Aurelio el filósofo

Marco Aurelio (161-180) sucedió por designación personal a su tío Antonino. Miembro de una familia de origen hispánico, Marco Aurelio recibió una esmerada educación interesándose desde joven por la filosofía, en especial la estoica, de la que fue uno de sus más importantes representantes. Los filósofos festejaron su coronación como la realización del sueño de la edad dorada. Se equivocaron, pues Marco Aurelio no fue un gran hombre de Estado, además los acontecimientos no le fueron favorables. Ya en los primeros años los bárbaros saquearon regiones fronterizas. Pasó 17 de sus 19 años de imperio guerreando. Por si fuera poco, las tropas procedentes de Oriente regresaron a Italia acompañadas de una epidemia de peste que expandieron por todo el Imperio. Solamente en Roma mató a más de doscientas mil personas. Toda Italia se contaminó y ciudades y aldeas quedaron deshabitadas, la gente se apiñaba en los santuarios para invocar la protección de los dioses.

Estas y otras calamidades dieron alas a la convicción de que los dioses estaban enojados contra Roma. Cuando se constató que en las celebraciones expiatorias ordenadas por el

[630] Padres Apostólicos, *El martirio de Policarpo* 9-16.

emperador los cristianos estaban ausentes, el furor popular buscó pretextos para arremeter contra ellos.

En un rescripto promulgado en 176-177 Marco Aurelio prohibió la difusión de los cultos nuevos que ponían en peligro la religión del Estado. No se trata de un edicto de persecución contra los cristianos en sí, pero alentaba la misma. El pueblo aprovechó la ocasión para arremeter impunemente contra los cristianos en las provincias del Imperio. Las florecientes comunidades del Asia Menor, fundadas por el apóstol Pablo, fueron sometidas día y noche a robos y saqueos por parte del populacho. En Roma el filósofo Justino y un grupo de alumnos suyos fueron condenados a muerte. La floreciente comunidad de Lyon *(Lugdunum),* en las Galias, fue aniquilada casi por completo. Marco Antonio no fue el causante, pero tampoco hizo nada para impedirlo[631].

Personalmente, Marco Aurelio era un pensador seriamente inclinado por las cuestiones religiosas, en el sentido romano más fuerte de culto ritual a los dioses. Su carácter de filósofo hace difícil imaginarlo como perseguidor de inofensivos cristianos. Se olvida que en su mentalidad romana bienestar público y culto a los dioses iban unidos. Sus mismos escrúpulos religiosos de romano permitieron que los agitadores actuaran contra los cristianos y dio aliento a que se formaran tribunales y se decidieran múltiples ejecuciones.

Aparentemente Marco Aurelio era una persona liberal, tolerante, no tenía problemas en reconocer la validez de la creencias de otras religiones, pero no podía ocultar el desprecio que sentía hacia el cristianismo, según se desprende de las *Memorias* en que cada noche, bajo la tienda militar, anotaba algunos pensamientos. Lo consideraba una locura, porque proponía a la gente común, ignorante, cuyos ideales sólo los filósofos como él podían comprender y practicar después de largas meditaciones y disciplinas. Téngase en cuenta que en esa época la filosofía, en especial la estoica, era más una sabiduría práctica que una disciplina académica. Fue en ese período cuando los cristianos empezaron a hacerse sospechosos de practicar orgías incestuosas, infanticidio, canibalismo y adoración de una cabeza de burro. Con estas fantasías el mundo grecorromano expresaba su sentimiento de que la comunidad cristiana estaba fuera de los límites humanos y era hostil a la propia especie, fantasías que acabaron en un baño de sangre y horror en Lyon, como veremos más abajo.

1. Martirio del filósofo Justino y sus alumnos

Filósofo cristiano, convertido del paganismo, Justino fue uno de los primeros apologistas de la Iglesia que quiso reconciliar la doctrina cristiana con la cultura pagana. Nació en Flavia Neapolis (actual Nablus, Jordania), ciudad romana construida en el lugar donde estuvo la antigua Siquem, en Samaria, consagró toda su juventud al estudio filosófico, pasando de una escuela a otra, hasta que casualmente conoció a un anciano mientras se encontraba en Éfeso, que le introdujo en la fe cristiana. Justino quedó impresionado por el aspecto venerable de su persona y de su sabiduría, que le condujo de los profetas a Jesucristo. A partir de entonces se convirtió en un "filósofo misionero del cristianismo". Con este fin emprendió algunos

[631] Cf. P. Keresztes, "The Massacre at Lugdunum in 177 A. D", pp. 75-86 (*Historia nº* 16, 1967); "Marcus Aurelius a Persecutor?", pp. 321-341 (*HTR nº* 61, 1968).

viajes y llegó por lo menos dos veces a Roma, donde abrió la primera escuela de filosofía cristiana que se conoce. Buen número de sus alumnos procedían de un trasfondo cristiano, interesados en profundizar en su fe guiados por la maestría teológico-filosófica de Justino. Algunos de estos alumnos terminaron juntamente con el maestro dando testimonio de su fe mediante el martirio, entregando su vida en honor de la verdad cristiana.

Justino fue víctima de las maquinaciones del despechado filósofo pagano Crescente, a quien había derrotado en repetidas ocasiones en debates públicos. Justino lo vio venir, nada hay peor que el orgullo herido de una persona amante del favor y de la gloria del pueblo. "Espero, confiesa Justino, ser víctima de una trama de Crescente, aquel amante no de la sabiduría, sino de la jactancia"[632]. Taciano, discípulo de Justino, dice que "Crescente, que instaló su madriguera en la gran ciudad, sobrepasó a todos en pederastia y avaricia. Aconsejaba a otros a menospreciar la muerte, pero la temía tanto él mismo que tramó infligirla a Justino, y lo mismo también a mí, como si fuera un gran mal"[633].

Se conservan las actas del martirio de Justino escritas en griego, la misma lengua en que se celebró el juicio, basadas en actas oficiales del tribunal que le condenó. Ofrecen, pues, un relato auténtico de su proceso y muerte.

Según éste, Justino, en compañía de Caritón, Caridad, Evelpisto, Hierax, Peón y Liberto, fueron conducidos en el 164-165 d.C. al tribunal del prefecto de Roma, Junio Rústico, amigo de Marco Aurelio y "filósofo" como él, que dijo a Justino: "En primer lugar, cree en los dioses y obedece a los emperadores".

Justino respondió: "Lo irreprochable y lo que no admite condenación es obedecer a los mandatos de nuestro Salvador Jesucristo".

El prefecto preguntó: "¿Qué doctrina profesas?".

Justino: "He procurado tener noticia de todo linaje de doctrinas; pero sólo me he adherido a las doctrinas de los cristianos, que son las verdaderas, por más que no sean gratas a quienes siguen falsas opiniones".

El prefecto Rústico: "¿Conque semejantes doctrinas te son gratas, miserable?".

Justino: "Sí, puesto que las sigo conforme a dogma recto".

Rústico: "¿Qué dogma es éste?".

Justino: "El dogma que nos enseña a dar culto al Dios de los cristianos, al que tenemos por Dios único, el que desde el principio es hacedor y artífice de toda creación, visible e invisible;y al Señor Jesucristo, por Hijo de Dios, al que de antemano predicaron los profetas que había de venir al género humano, como pregonero de salvación y maestro de bellas enseñanzas. Y yo, pobre criatura que soy, pienso que digo bien poca cosa para lo que merece la divinidad infinita, confesando que para hablar de ella fuera necesario virtud profética, pues proféticamente fue predicho acerca de éste de quien acabo de decirte, que es Hijo de Dios. Porque has de saber que los profetas, divinamente inspirados, hablaron anticipadamente de la venida de Él entre los hombres".

Rústico: "¿Dónde os reunís?".

Pregunta comprometedora para sus hermanos, a la que Justino supo contestar con pru-

[632] Justino, *Apol.* II, 8.

[633] Taciano, *Discurso contra los griegos,* 19.

dencia: "Donde cada uno prefiere y puede, pues sin duda te imaginas que todos nosotros nos juntamos en un mismo lugar. Pero no es así, pues el Dios de los cristianos no está circunscrito a lugar alguno, sino que, siendo invisible, llena el cielo y la tierra, y en todas partes es adorado y glorificado por sus fieles".

Rústico: "Dime dónde os reunís, quiero decir, en qué lugar juntas a tus discípulos".

Planteada así la cuestión, en su justo alcance, Justino contestó especificando: "Yo he vivido hasta ahora cerca de la casa de un tal Martín, al lado de las termas de Timoteo. Es la segunda vez que yo he venido a Roma. No conozco otro lugar de reuniones sino ése. Allí, si alguien quiere venir a verme, yo le comunicaba las palabras de la verdad".

Es evidente que Rústico, sintiéndose molesto con esta evangelización indirecta, le pregunta directamente para zanjar el juicio de una vez, conforme al procedimiento seguido contra los cristianos, que sólo bastaba sacar de sus labios la confesión del nombre de cristiano.

Rústico: "Luego, en definitiva, ¿eres cristiano?".

Justino: "Sí, soy cristiano".

El asunto estaba concluido en cuanto a Justino. Dirigiéndose entonces a Caritón le hizo la misma pregunta, ya sin ningún interés ni curiosidad por informarse más detalladamente de las creencias y prácticas de sus procesados, a quienes de ninguna manera creería, pues como sectarios dirían todo tipo de respuestas halagüeñas para encubrir sus crímenes.

Rústico: "Dí tú ahora, Caritón, ¿también eres cristiano?".

Caritón: "Soy cristiano por impulso de Dios".

Siguiendo el procedimiento rutinario, preguntó a Caridad:

Rústico: "¿Tú qué dices, Caridad?".

Caridad: "Soy cristiana por don de Dios".

En el instante había sellado su futuro, uniendo su destino al de sus compañeros.

Rústico: "¿Y tú quién eres, Evelpisto?".

Esclavo de la casa del César, respondió con la misma seguridad y fortaleza que sus compañeros libres, declarando abiertamente su fe, sin hacer referencia a su condición civil: "También yo soy cristiano, libertado por Cristo y, por la gracia de Cristo, participo en la misma enseñanza que éstos".

Difícilmente habría escuchado antes Rústico una reivindicación tan clara de libertad y dignidad humana de parte de un esclavo, por eso hizo poco caso de las palabras de Evelpisto y se volvió en seguida a Hierax para preguntarle: "¿También tú eres cristiano?".

Hierax: "Sí, también yo soy cristiano, pues doy culto y adoro al mismo Dios que éstos".

Conociendo la formación filosófica de Justino, al que sin duda creyó el cabecilla, trató el prefecto de conseguir un respuesta inculpatoria del filósofo cristiano y permitir que se salvasen así los demás.

Rústico: "¿Ha sido Justino quien os ha hecho cristianos?".

Hierax: "Yo soy antiguo cristiano, y cristiano seguiré siendo".

Entonces, Peón, poniéndose en pie, dijo: "También yo soy cristiano".

Rústico: "¿Quién te ha instruido?".

Peón: "Esta hermosa confesión la recibimos de nuestros padres".

Rústico: "¿Dónde están tus padres?".

Peón: "En Capadocia".

Rústico: "Y los tuyos, ¿de qué país son, Hierax?".

Hierax: "Nuestro verdadero padre es Cristo y nuestra madre, la fe, por la cual creemos en Él. Mis padres terrenos han muerto ya. Por lo demás, yo he sido traído aquí de Iconio, en Frigia".

Posiblemente también Hierax era un esclavo. Como el siguiente, a juzgar por su nombre, Liberiano, a quien el prefecto hizo la pregunta de rigor: "¿Eres tú también cristiano e impío respecto a los dioses?".

Liberiano: "También yo soy cristiano; amo y adoro al único verdadero Dios".

Ya no quedaba nada por averiguar, todos eran reos de muerte por su propia declaración. Pero antes de dar el juicio por zanjado, Rústico hizo una nueva tentativa de lograr la apostasía de Justino, creyendo sin duda que a ésta seguiría la de los demás.

Rústico: "Escucha tú, que pasas por hombre culto y crees conocer las verdaderas doctrinas. Si después de azotado te mando cortar la cabeza, ¿estás cierto de que has de subir al cielo?".

Pregunta trascendental para un filósofo estoico, tan preocupado con el tema de la inmortalidad del alma.

Justino: "Si sufro eso que tú dices, espero alcanzar los dones de Dios; y sé, además que a todos los que hayan vivido rectamente les espera la dádiva divina hasta la conflagración de todo el mundo".

Rústico: "Así, pues, en resumidas cuentas, te imaginas que han de subir a los cielos a recibir allí no sé qué buenas recompensas".

Justino: "No me lo imagino, sino que lo sé a ciencia cierta, y de ello tengo plena certeza".

Esta confianza, que quizá Rústico atribuyó a fanatismo y obstinación, acabó con la paciencia y el interés del prefecto.

Rústico: "Vengamos ya al asunto propuesto, a la cuestión necesaria y urgente. Poneos, pues juntos y, unánimemente sacrificad a los dioses".

Es evidente que en el proceso no había animosidad personal del juez contra los procesados, sino un evidente deseo de salvarles la vida, toda vez que desde el punto de vista criminal, aquellos hombres eran inocentes, excepto de atentar contra los dioses tutelares de Roma.

Justino: "Nadie que esté en su cabal juicio se pasa de la piedad a la impiedad".

Rústico: "Si no obedecéis seréis inexorablemente castigados".

Justino: "Nuestro más ardiente deseo es sufrir por amor de nuestro Señor Jesucristo para salvarnos, pues este sufrimiento se nos convertirá en motivo de salvación y confianza ante el tremendo y universal tribunal de nuestro Señor y Salvador".

El resto de los mártires se expresó en el mismo sentido: "Haz lo que tú quieras, porque nosotros somos cristianos y no sacrificamos a los ídolos".

Entonces el prefecto Rústico pronunció la sentencia diciendo: "Los que no han querido sacrificar a los dioses ni obedecer al mandato del emperador, sean, después de azotados, conducidos al suplicio, sufriendo la pena capital conforme a las leyes".

La sentencia fue ejecutada inmediatamente. "Los santos mártires, glorificando a Dios, salieron al lugar acostumbrado y cortándoles allí las cabezas, consumaron el martirio en la confesión de nuestro Salvador. Mas algunos de los fieles tomaron a escondidas los cuerpos de ellos y los depositaron en lugar conveniente, cooperando con ellos la gracia de nuestro Señor Jesucristo, a quien sea gloria por los siglos de los siglos. Amén".

2. Los mártires de Lyon y Vienne

La historia de la Iglesia cristiana en Francia, o la Galia Narbonense como se llamaba entonces, comienza en Lyon, la *Lugdunum* de los romanos, ciudad fundada por César en el 43 a.C. Lugdunum era el asiento de la única guarnición romana que había entre Roma y el Rin. Capital administrativa y política del Imperio romano en un ángulo formado por la confluencia del Ródano y el Saona, estaba unida a Oriente por numerosas vías de comunicación. Lyon, como hace notar Arnold J. Toynbee, es el ejemplo más notable de una colonia romana puesta al servicio del cristianismo[634]. Era también el lugar oficial de reunión del Consejo de las Tres Galias, donde los representantes de setenta o más cantones se reunían periódicamente alrededor del altar de Augusto erigido allí por Druso en el 12 a.C. La fundación de la Iglesia de Lyon se remonta al año 150, llevada quizá por algunos mercaderes cristianos procedentes de Asia Menor. En el margen izquierdo del Ródano se encontraba la más reciente ciudad de Vienne, que también contaba con una comunidad cristiana. Bien pronto en su historia, la pequeña comunidad de ambas ciudades había de sufrir su bautismo de fuego, bajo el emperador Marco Aurelio.

La ocasión fue en el año 177 en una reunión anual de la región, con motivo del pago de los impuestos tribales. Eusebio dice que comenzaron a difundirse rumores en el sentido de que los cristianos estaban comprometidos en festines caníbales y episodios de incesto. Entonces se produjo un tumulto popular amparado por los funcionarios imperiales.

Potino, el anciano obispo de Lyon, que a la sazón tenía más de noventa años, fue arrastrado sin piedad por las calles, mientras le propinaban puñetazos y patadas sin consideración ni respeto a su avanzada edad. Arrojado a la cárcel, apenas sin poder respirar, murió a los dos días de su encierro. Sometidos a tortura y arrojados finalmente a las fieras del circo murieron mártires Epágato, personaje distinguido; Santo, diácono procedente de la vecina ciudad de Vienne; Maturo, recientemente bautizado; Atalo, de Pérgamo; Blandina y Biblis, mujeres de fortaleza y gloria; Póntico, un joven de quince años y Alejandro, médico de Frigia, establecido desde hacía mucho tiempo en las Galias.

El relato de su sufrimiento y de su fe consta en una carta bien documentada que uno de los sobrevivientes envió a sus hermanos de Asia Menor, y que ha quedado registrada en la *Historia eclesiástica* de Eusebio. Los sucesos de Lyon ilustran a la perfección las circunstancias del arresto, la acusación, el juicio, los cargos, el uso espeluznante de la tortura y la resistencia sobrehumana de los mártires. Dice así:

> Los siervos de Cristo que habitan en Vienne y Lyon en las Galias, a sus hermanos de Asia y Frigia, que participan de nuestra fe y nuestra esperanza en la redención, paz, gracia y gloria por el Padre y Nuestro Señor Jesucristo.

[634] Arnold J. Toynbee, *Estudio de historia,* vol. 2, pp. 336-337. Alianza Editorial, Madrid 1979, 4 ed.

Nadie podía explicar, ni nosotros describir, la grandeza de las tribulaciones que los bienaventurados mártires han padecido, ni la rabia y furor de los gentiles contra los santos. Nuestro adversario reunió todas sus fuerzas contra nosotros, y en sus designios de perdernos, ha ido con cautela haciéndonos sentir al principio algunas señales de odio. No dejó piedra por remover, sugiriendo a sus seguidores toda clase de medios contra los siervos del Señor; llegó a tal extremo que ni en las casas ni en los baños, ni aun en el foro, se toleraba nuestra presencia; en ningún lugar nos podíamos presentar.

La gracia de Dios nos asistió contra el demonio; ella fortaleció a los más débiles y les hizo fuertes como columnas, que resistieron a todos los empujes del enemigo. Éstos, sorprendidos de improviso, soportaron toda suerte de ultrajes y tormentos que a otros hubieran parecido demasiado largos y dolorosos, pero a ellos les parecían ligeros y suaves: tal era su deseo de unirse con Cristo. Nos mostraron con su ejemplo que no hay comparación entre los dolores de esta vida y la gloria que en la otra hemos de poseer.

En primer lugar, hubieron de sufrir todos los insultos y vejaciones que el pueblo en masa les prodigó, gritos, golpes, detenciones, confiscaciones de bienes, lapidaciones y, por fin, la cárcel; en suma, cuanto un pueblo furioso suele prodigar a sus víctimas. Todo fue soportado con admirable constancia. Los que habían sido arrestados fueron conducidos al foro por el tribuno y las autoridades de la ciudad, e interrogados ante el pueblo. Todos confesaron su fe y fueron encarcelados hasta el regreso del legado imperial.

2.1. Vetio

A su vuelta fueron llevados a su presencia, y como tratase con extrema dureza a los nuestros, Vetio Epágato, uno de nuestros hermanos que asistía al interrogatorio, tan encendido en el amor de Dios como en el del prójimo, y que desde muy joven había merecido los elogios que el anciano como Zacarías, por su vida austera y perfecta, caminando con firmeza por las vías del Señor, impaciente de hacerse de algún modo útil, no pudo sufrir tan manifiesta iniquidad, y lleno del celo de Dios pidió para sí la defensa de los acusados, comprometiéndose a probar que no merecían la acusación de ateísmo e impiedad. Los que rodeaban el tribunal exclamaron a voces contra él. El legado rehusó su demanda, por más justificada que fuera, y le preguntó simplemente si era cristiano: "Sí", respondió él con voz clara y resuelta; y fue agregado al número de mártires. "Ved ahí al abogado de los cristianos", dijo el presidente con ironía. Pero Vetio tenía dentro de sí al abogado por excelencia, al Espíritu Santo, en mayor abundancia aún que Zacarías, puesto que le inspiró entregarse a sí propio en defensa de sus hermanos, como verdadero discípulo de Cristo.

Desde aquel momento, también los demás confesores comenzaron a distinguirse. Los primeros mártires confesaron su fe con todo denuedo y alegría de ánimo. Entonces también se conocieron los que no estaban tan fuertes y preparados para tan furioso ataque. De éstos, diez apostaron, lo que nos produjo gran pena, y fue causa de abundantes lágrimas, porque con su conducta atemorizaron a otros muchos, que todavía no habían sido arrestados, los cuales, a pesar de innumerables peligros, permanecieron con los que habían confesado su fe y no los abandonaron. Por aquellos días todos éramos presa de un gran temor y sobresalto por la incertidumbre acerca de su confesión, no temiendo el castigo inminente, sino que por temor a los tormentos alguien se echara atrás.

Cada día nuevos arrestos venían a llenar los vacíos dejados por las defecciones, y muy pronto los más preclaros de los miembros de las dos iglesias, sus fundadores, estuvieron encarcelados. También lo fueron algunos siervos nuestros aunque eran gentiles, porque la orden de arresto del procónsul nos englobaba a todos. Estos desgraciados, incitados por el demonio, aterrorizados por los tormentos que veían padecer a los fieles, y movidos a ello por los soldados, declararon que infanticidios, banquetes de carne humana, incestos y otros crímenes, que no se pueden nombrar, ni aun imaginar, ni es posible que jamás hombre alguno haya cometido, eran cometidos por nosotros los cristianos. Estas calumnias, esparcidas entre el vulgo, conmovieron de tal manera los ánimos contra nosotros, que aun aquellos que hasta entonces, por razones de parentesco, se habían mostrado moderados, se enardecieron contra nosotros. Entonces se cumplió lo que dijo el Señor: *Llegará un día en que aquellos que os quiten la vida crean hacer un servicio a Dios* (Jn. 16:2). Desde aquellos días los mártires santísimos sufrieron tales torturas, que ni explicarse pueden, con las cuales Satán pretendía hacerles confesarse reos de los crímenes de que se los acusaba.

2.2. Santos, Maturo y Blandina

El furor del pueblo, del presidente y de los soldados cayó sobre el diácono de Vienne, Santos, sobre Maturo neófito, pero, a pesar de ello, valiente atleta de Cristo, sobre Atalo, originario de Pérgamo, apoyo y columna de nuestra Iglesia, sobre Blandina, en la cual demostró Cristo que lo que a los ojos de los hombres es vil, ignominioso y despreciable, es para Dios de gran estima, en razón del amor demostrado a Él y de la fortaleza en confesarle; porque Dios aprecia las cosas como en sí son, no las apariencias. Todos temíamos, y en particular la que había sido su señora (también se encontraba entre los mártires), que aquel cuerpo tan diminuto y débil no podría confesar la fe hasta el fin; pero fue tal la fortaleza de Blandina, que los verdugos que se relevaban unos a otros desde la mañana hasta la noche, después de aplicarle todos los tormentos, tuvieron que desistir, rendidos de fatiga. Agotados todos sus recursos, se confesaron vencidos, admirándose de que aún quedase con vida después de tener todo el cuerpo desgarrado y deshecho por los tormentos, llegando a confesar que una sola de las torturas hubiera bastado para causarle la muerte, cuanto más todas ellas. A pesar de todo, ella, como un fuerte atleta, renovaba sus fuerzas confesando la fe. Y pronunciando estas palabras: "Soy cristiana y nosotros no hacemos maldad alguna", parecía descansar y cobrar nuevos ánimos olvidándose del dolor presente.

También Santos, habiendo experimentado en su cuerpo todos los tormentos que el ingenio humano pudo imaginar, y cuando esperaban sus verdugos que a fuerza de torturas conseguirían hacerle confesar algún crimen, estuvo tan constante y firme que no dijo su nombre ni el de su nación, ni el de su ciudad, ni aun si era siervo o libre, sino que a todas las preguntas respondía en latín: "Soy cristiano", esto era para él su nombre, su patria y su raza, y los gentiles no pudieron hacerle pronunciar otras palabras. Por todo lo cual se encendió contra él de un modo especial la ira y furor del presidente y de los verdugos; hasta tal punto, que no quedándoles ya más lugar en que atormentarle, le aplicaron láminas de bronce ardiendo sobre las partes más sensibles del cuerpo. Mientras sus miembros se abrasaban, él permanecía firme e inconmovible en su confesión, porque estaba bañado y fortificado por las aguas de vida que manan del cuerpo de Cristo. El cuerpo mismo del mártir atestiguaba claramente lo que había sufrido, porque todo él era una llaga, contraído y retorcido, de tal forma que ni la figura de hombre conservaba. En el cual, padeciendo el mismo Cristo, obraba grandes milagros, derrotando por completo al enemigo y dando ejemplo a los demás fieles, de que donde reina la caridad del Padre no hay nada que temer, porque el dolor se cambia en gloria para Cristo. Pasados algunos días, aquellos malvados volvieron a atormentar al mártir, creyendo que si reiteraban los tormentos sobre las llagas sangrientas e hinchadas saldrían vencedores, porque en tal estado hasta el sólo tocarlas con la mano produciría un dolor insoportable. Al menos esperaban que si moría en los tormentos, los demás se intimidarían. Nada de esto ocurrió, porque contra lo que todos esperaban, el cuerpo de repente recobró su vigor y antigua hermosura, de tal modo que su segunda sesión en el potro no fue un tormento sino una curación.

2.3. Bíblida

Bíblida, una mujer de las que habían renegado de Cristo, el diablo, creyéndola ya suya, y queriéndola hacer responsable de un nuevo crimen, el de blasfemia, la condujo al tormento, esperando que como antes se había mostrado débil y remisa, ahora conseguiría de ella hacerle confesar nuestros crímenes. Pero ella lo rehusó, aunque le aplicaron el tormento, y recapacitando y como despertando de un profundo sueño, los tormentos que tenía presentes le hicieron pensar en los del infierno. Y dijo a sus verdugos: "¿Cómo creéis vosotros que unos hombres a quienes está prohibido comer carne de animales han de comerse a los niños?". Desde aquel momento se confesó cristiana y fue contada entre el número de los mártires.

Como todos los tormentos inventados por los tiranos fuesen superados por la constancia que Cristo concedió a sus confesores, el diablo inventó nuevos modos de tormento. Se los encerró en oscurísimos y muy incómodos calabozos, con los pies metidos en cepos y estirados hasta el quinto agujero, además de todos los inventos de nuevos suplicios que los crueles carceleros, inspirados por el demonio, imaginaron para dar tormento a sus víctimas. A tal extremo llegaron que muchos perecieron asfixiados en las cárceles. El Señor, que en todas las cosas muestra su gloria, les había reservado tal género de muerte. Otros que habían sido tan atrozmente martirizados que ni imaginarse podía, quedaron con vida, aunque se les hubieran aplicado todos los remedios, continuaron en la cárcel, destituidos de auxilio humano, pero confortados por el Señor, firmes espiritual y corporalmente, los cuales alentaban y consolaban a los demás. Otros que habían sido apresados posteriormente y que no estaban tan acostumbrados a los tormentos, no pudiendo soportar los padecimientos de la cárcel, expiraron en ella.

2.4. El obispo Potino

El bienaventurado Potino, obispo de la iglesia de Lyon, que tenía más de noventa años, y con el cuerpo tan débil que apenas retenía en sí el espíritu, recobró nuevos bríos ante la inminencia del martirio, también él fue conducido al tribunal. Su cuerpo, débil por la edad, y además enfermo, encerraba un alma dispuesta a triunfar por Cristo. Fue llevado al tribunal por los soldados, acompañándole los magistrados de la ciudad y una muchedumbre inmensa, que le aclamaba a voces como si él fuera el mismo Cristo. Ante el tribunal dio noble testimonio de su fe. Preguntado por el presidente cuál era el Dios de los cristianos, respondió: "Si eres digno le conocerás". Luego, sin respeto alguno, fue arrastrado y cubierto de heridas, porque los que estaban cercanos a él le dieron de patadas y puñetazos, sin el menor respeto a sus canas. Los que estaban más lejos le arrojaron cuanto les vino a las manos: todos ellos se hubieran creído reos de un gran crimen si no le hubieran atormentado cuando pudieron. Así creían vengar la injuria de sus dioses. En aquel estado fue llevado a la cárcel donde expiró a los dos días.

2.5. Confesores y apóstatas

Entonces brilló de un modo particular la providencia divina, y se manifestó la inmensa misericordia de Jesucristo en un hecho que a nosotros nos parece raro, pero muy propio de la sabiduría y bondad de Cristo. Todos aquellos hermanos que habían sido apresados cuando la primera orden de detención y que habían renegado la fe, fueron encarcelados lo mismo que los que la habían confesado, y sufrían las mismas penalidades que los mártires. Nada les valió su apostasía. Aquellos que se confesaron cristianos fueron encarcelados como tales, y no se les imputó otro crimen. En cambio, a los otros se los encarcelaba como a homicidas y hombres criminales, y sufrían doble tormento que los demás. Porque a los verdaderos mártires les consolaba y daba ánimo el gozo del martirio, la esperanza de la gloria y el amor a Jesucristo y del Espíritu del Padre. Por el contrario, a los renegados les remordía su conciencia, tanto que con sólo mirarlos a la cara se les conocía y se les distinguía de los demás. Los verdaderos mártires andaban alegres, reflejándose en sus caras una cierta majestad y nobleza, de modo que las cadenas para ellos eran un adorno, que aumentaba su hermosura, como la de una desposada vestida de su traje de boda. A los apóstatas se les veía con la cabeza baja, sucios, mal vestidos, cubiertos de ignominia hasta para los mismos gentiles, que despreciaban su cobardía y los trataban como a asesinos confesos por su propio testimonio. Habían perdido el glorioso y salutífero nombre de cristianos. Todo esto era un gran estímulo para los confesores de la fe que lo veían. Cuando después eran apedreados algunos otros, en seguida confesaban la fe para no caer en la tentación de cambiar de propósito.

2.6. Martirio de Maturo y Santos

Más tarde se dividió a los mártires por grupos, según el género de martirio: de esta manera los gloriosos confesores presentaron al Padre una corona tejida de flores de diversos colores. Era justo que aquellos valientes luchadores que habían tenido tantos combates y tantos triunfos recibieran la corona de la inmortalidad. Maturo, Santos, Blandina y Atalo fueron condenados a las bestias en el anfiteatro, para dar un público espectáculo de inhumanidad gentilicia a costa de los cristianos. Maturo y Santos de nuevo soportaron en el anfiteatro toda la serie de los tormentos como si antes nada hubieran sufrido; o, mejor dicho, como atletas que, superados la mayor parte de los obstáculos, luchan por conseguir la corona. De nuevo debieron padecer los mismos suplicios; las varas, los mordiscos de las fieras que los arrastraban por la arena y todo lo que el vulgo furioso pedía a gritos. Al fin las parrillas al rojo, sobre las cuales se asaban las carnes de los mártires, despidiendo olor intolerable, que se extendía por todo el anfiteatro. Ni esto bastó para calmar aquellos instintos sanguinarios, muy al contrario, aumentó su furor con el deseo de vencer la constancia de los mártires. A Santos no consiguieron hacerle pronunciar otra palabra que aquella que había repetido desde el principio: "Soy cristiano". Por fin, después de tan horrible martirio, como aún respirasen, fue mandado que los degollasen.

2.7. Constancia de Blandina y Atalo

Aquel día ellos dieron el espectáculo al mundo en lugar de los variados juegos de los gladiadores. Blandina fue expuesta a las fieras suspendida en un poste. Atada a él en forma de cruz, constantemente estuvo haciendo oración a Dios, con lo cual esforzaba el valor de los demás mártires, los cuales, en la persona de la hermana, veían con sus propios ojos la imagen de aquel que murió crucificado por su salvación, y para demostrar a los que creyeran en Él que todo aquel que padeciera por la gloria de Cristo había de ser partícipe con Dios. No atacando ninguna fiera el cuerpo de la mártir fue depuesta del madero y encerrada en la cárcel, reservándola para un nuevo combate. Vencido el enemigo en todas estas escaramuzas, la derrota de la tortuosa serpiente sería inevitable y segura, y con su ejemplo estimularía el valor de los hermanos. Puesto que aunque de por sí era delicada y despreciable, revestida de la fortaleza del invicto atleta Cristo, triunfaría repetidas veces del enemigo y conseguiría, en glorioso combate una corona inmarcesible.

El populacho pidió a grandes voces el suplicio de Atalo, porque era de familia noble; él se presentó al combate con la conciencia tranquila por haber obrado con rectitud. Porque estaba bien impuesto en la doctrina del cristianismo y siempre había sido entre nosotros un fiel testigo de la verdad. Paseáronle por el anfiteatro, y delante de él era llevada una tabla, sobre la cual se había escrito en latín: "Éste es Atalo, el cristiano", lo cual fue motivo para que los espectadores se enardecieran más contra él. Cuando el legado se dio cuenta de que era ciudadano romano, mandó que fuera de nuevo conducido a la cárcel con todos los demás. Luego consultó al César sobre lo que había de hacerse con los encarcelados, y esperó su respuesta.

2.8. Arrepentimiento de los apóstatas

Esta tregua no fue infructuosa y sin provecho, porque gracias a la indulgencia de los confesores se reveló la inmensa misericordia de Cristo; los miembros de la Iglesia que habían perecido, con la ayuda y solicitud de los miembros vivos, fueron devueltos a la vida, y con gran gozo de la Iglesia virgen y madre, volvieron a su seno sanos y salvos aquellos hijos abortivos que ella había arrojado. Por mediación de los mártires santísimos aquellos otros que habían apostatado la fe volvieron a la Iglesia y fueron como concebidos de nuevo, y animados de nuevo con calor vital aprendían a confesar la fe. Cuando estuvieron ya devueltos a la vida y confortados por la misericordia de Dios, que no quiere la muerte del pecador, sino más bien que se arrepienta y viva por segunda vez, se presentaron al tribunal para ser interrogados por el legado; porque ya éste había recibido un rescripto del emperador, según el cual los que perseveraran en la confesión de la fe debían ser decapitados, y los que renegasen absueltos y puestos en libertad. El día de la gran feria, que se celebra entre nosotros, y a la que acuden mercaderes de todas las provincias, el legado mandó comparecer a los mártires ante su tribunal, intentando dar al pueblo una especie de función teatral. En el nuevo interrogatorio todos los que eran ciudadanos romanos fueron condenados a la pena capital y los demás a ser expuestos a las fieras.

Aquello fue un triunfo para Cristo; todos los que antes habían negado la fe, entonces la confesaron con gran valentía contra todo lo que esperaban los gentiles. Se los interrogó aparte de los demás, creyendo que renegarían de la fe y serían puestos en libertad; pero como confesaron, fueron agregados al grupo de los mártires. Sólo quedaron fuera aquellos en cuyas almas no había ni rastro de fe, ni respeto ni temor de Dios y que blasfemaban el Camino por su conducta, hijos de perdición, pero el resto fueron incorporados a la Iglesia.

2.9. Martirio de Alejandro y Atalo

Cuando éstos eran interrogados, Alejandro, frigio de nación, y de profesión médico, quien ya hacía muchos años que vivía en las Galias, y a quien todos conocían por su gran amor de Dios y su celo por predicar la fe (porque en él habitaba la gracia de la predicación), se hallaba junto al tribunal y animaba con gestos y ademanes a los confesores. Pero el populacho, irritado ya porque los que habían apostatado confesaban de nuevo la fe, comenzó a vociferar contra Alejandro, acusándole de ser el causante de tal retractación. Instando el presidente, le preguntó quién era. Como contestase que era cristiano, irritado el juez le condenó a las fieras. Al día siguiente fue echado a ellas junto con Atalo, porque el legado no quiso oponerse a las reclamaciones del pueblo. Ambos, después de pasar por todos los tormentos inventados por el odio contra los cristianos, después de un magnífico combate, fueron degollados. Alejandro en todo el tiempo que duró el martirio no pronunció una palabra ni exhaló un gemido, comunicándose con Dios en su corazón. Atalo por su parte, al ser tostado en una parrilla, como exhalase muy mal olor su cuerpo, habló de esta manera al pueblo: "¡Esto que estáis haciendo es comerse a los hombres; nosotros ni nos comemos a los hombres, ni cometemos crímenes algunos!". Y como los gentiles le preguntasen por el nombre de Dios, contestó: "Dios no tiene un nombre como nosotros los mortales".

2.10. Martirio de Póntico y Blandina

Después de todos éstos, el último día de los espectáculos de nuevo tocó la vez a Blandina, con el joven de quince años Póntico. Los dos en días anteriores habían sido introducidos para que vieran cómo eran atormentados los demás. Fueron varias veces incitados a jurar por los dioses de los gentiles, pero como permaneciesen firmes en su propósito y se burlasen de ellos, esto les atrajo de tal modo las iras del populacho, que no tuvieron consideración alguna con la tierna edad del uno y la debilidad del sexo de la otra. Experimentaron en ellos toda clase de torturas y vejaciones para conseguir hacerlos jurar por los dioses, pero todo inútil. Todos los espectadores se daban cuenta de que las exhortaciones de la hermana eran las que sostenían al joven, que finalmente después de sufrir con gran ánimo los tormentos expiró. Ya sólo quedaba Blandina, que como una madre había animado a sus hijos al combate, y había hecho que todos la precedieran vencedores delante del rey, siguiéndoles a todos ella por el sangriento sendero que habían trazado, gozosa de su próximo triunfo, como quien ha sido convidado a un banquete nupcial, no como un condenado a las bestias. Después de tolerar los azotes, después de ser arrastrada por las fieras, después de las parrillas ardientes, fue envuelta en una red y expuesta a un toro bravo, el cual la lanzó repetidas veces por los aires pero ella no sintió nada: tan abstraída estaba en la esperanza de los bienes futuros y en su íntima unión con Cristo. Al fin la degollaron. Los mismos gentiles llegaron a confesar que nunca entre ellos se había visto a una mujer padecer tantos tormentos.

2.11. Ensañamiento con los cadáveres

Ni con todo esto llegó a calmarse el furor y saña de los espectadores. Aquellas gentes, bárbaras y feroces exacerbadas más aún por la rabia de la bestia cruel, no eran fáciles de aplacar. Su saña se cebó en los cuerpos de los mártires. La vergüenza de su derrota no les hacía humillarse, parecían no tener ni sentimientos ni razón humana. La rabia y furor del delegado y del pueblo crecían como los de una fiera, por más que no hubiera motivo alguno para odiarnos de aquel modo. Así se cumplía la escritura, que dice: *El malvado que se pervierta más aún, y el justo, justifíquese más.* Los cuerpos de los que habían muerto asfixiados en la cárcel fueron arrojados a los perros, poniendo guardia de día y de noche para que no pudiéramos recogerlos y sepultarlos. Lo que perdonaron las fieras y el fuego, trozos desgarrados, miembros tostados y carbonizados, cabezas truncadas, cuerpos mutilados. Todo ello quedó durante muchos días insepulto, con una escolta militar para guardarlo. Y aún había quienes se enfurecían y rechinaban los dientes contra los muertos, y hubieran querido les aplicasen más refinados tormentos. Otros se reían y los insultaban, dando gloria y exaltando a los dioses por las penas que habían hecho padecer a los mártires. Algunos otros, un poco más humanos, y que aparentaban tenernos compasión, también nos escarnecían diciendo: "¿Dónde está su Dios? ¿Y qué les ha aprovechado su religión por la cual han dado sus vidas?". Ésta era la actitud de los gentiles para con nosotros. Por nuestra parte el dolor era muy grande por no poder sepultar los cadáveres. Porque ni de noche, ni a fuerza de dinero, ni con súplicas, pudimos doblegar sus voluntades; al contrario, ponían todo su empeño en custodiar los cadáveres como si de ello se les siguiera un gran beneficio.

Así, pues, los cuerpos de los mártires fueron objeto de toda suerte de ultrajes durante los seis días que estuvieron expuestos; luego se les quemó y redujo a cenizas, y éstas arrojadas a la corriente del Ródano, para que no quedara ni rastro de ellas. Con esto creían hacerse superiores a Dios y privar a los mártires de la resurrección. "De este modo, decían ellos, no les quedará ninguna esperanza de resucitar, confiados en la cual han introducido esta nueva religión, y sufren alegres los más atroces tormentos, despreciando la misma muerte. Ahora veremos si resucitan y si su Dios les puede auxiliar y librarlos de nuestras manos".

2.12. Mártires y confesores

Aquellos que tanto se habían esforzado por imitar a Cristo, *que teniendo la naturaleza divina nada usurpó a Dios al hacerse igual a Él,* y que después de haber sido elevados a tanta gloria y de haber soportado no algún que otro, sino muchos géneros de suplicios, que sabían lo que eran las fieras y la cárcel, que aún conservaban las llagas de las quemaduras y tenían los cuerpos cubiertos de cicatrices; aquellos hombres, pues, no osaban llamarse mártires, ni permitían que se lo llamaran. Si alguno de nosotros, por escrito o de palabra, se atrevía a llamárselo, le reprendían con severidad. Tal título de mártir sólo le daban a Cristo, testigo verdadero y fiel, primogénito de los muertos y principio y autor de la vida divina. También concedían este título a aquellos que habían muerto en la confesión de la fe. "Ellos ya son mártires, decían, porque Cristo ha recibido su confesión y la ha sellado como con su anillo. Nosotros sólo somos pobres y humildes confesores". Y con lágrimas en los ojos nos rogaban pidiéramos al Señor que también ellos pudieran un día alcanzar tan gran fin.

Realmente mostraban tener valor verdaderamente de mártires al responder con tanta libertad y confianza a los gentiles, dando muestras de gran temple de alma. Rehusaban el nombre de mártires que les daban los hermanos, poseídos como estaban de temor de Dios, y se humillaban bajo su poderosa mano que tan alto les había elevado. A todos excusaban y no condenaban a nadie. A todos perdonaban y a nadie acusaban. Aun por aquellos por quienes tan cruelmente habían sido atormentados hacían oración al Señor, y a imitación de Esteban decían: "Señor, no les inculpéis este pecado". Y si él oraba por los que le apedreaban, con cuánta mayor razón hemos de creer que lo haría por los hermanos. La mayor lucha la hubieron de librar contra el demonio, movidos de ardiente y sincera caridad para con los hermanos, porque pisando el cuello de la antigua serpiente, la obligaron a restituir la presa que se disponía a devorar. Respecto de los caídos, no obraron con altanería y desdén; al contrario, les prodigaban cuantos favores podían, mostrándoles un amor maternal, derramando ante el Señor abundantes lágrimas para alcanzarles la salvación. Pidieron al Señor la vida, y se la concedió, y ellos, a su vez, se la comunicaron a sus prójimos. En todo salieron victoriosos. Amaron la paz y nos la recomendaron, y en paz fueron a la presencia de Dios. No fueron ni causa de dolor para la madre, ni de discordia para los hermanos, sino que a todos dejaron como herencia la alegría, la concordia y el amor[635].

BIBLIOGRAFÍA

A. Chagny, *Les martyrs de Lyon de 177.* Lyon 1936.

A. R. Birley, *Marcus Aurelius: A Biography.* London 1987, 2 ed.

E. R. Dodds, *Pagan and Christian in an Age of Anxiety: Some aspects of religous experiencia from Marcus Aurelius to Constantine.* Cambridge University Press 1965 (trad. cast. *Paganos y cristianos en una época de angustia,* Madrid 1975).

[635] Eusebio, *Hist. ecl.* V, 1-3.

Hubert Claude, "Lyon, Mártires de", en *Gran Enciclopedia Rialp,* Madrid 1991.
John Scheid, *La religión en Roma.* Ediciones Clásicas, Madrid 1991, 2ª ed.
Justino Mártir, *Apologías. Diálogo con Trifón.* Edición, introducción y notas A. Ropero. CLIE, Terrassa 2003.
—*Padres apologetas griegos.* Edición, introducción y notas D. Ruiz Bueno. BAC, Madrid 1996, 3 ed.
M. Hammond, *The Antonine Monarchy.* Roma 1956.
N. Santos Yanguas, *Cristianismo e Imperio Romano durante el siglo I.* Ediciones Clásicas, Madrid 1994, 2 ed.
Pierre Grimal, *Marco Aurelio.* FCE, México 1997.
R. B. Rutherford, *The Meditations of M. Aurelius: A Study.* Oxford 1989.
R. Rémondon, *La crisis del Imperio Romano de Marco Aurelio a Anastasio.* Barcelona 1984.
S. Perowne, *Caesars and Saints.* Londres 1962.
—*Cristianismo y sociedad pagana en el Imperio Romano durante el siglo II.* Universidad de Oviedo, Oviedo 1999.

4. Cómodo el gladiador

Marco Aurelio falleció en el transcurso de la guerra en Viena. Le sucedió su hijo Cómodo (180-192), que puso fin a la guerra danubiana. Amado por el pueblo y aborrecido por la aristocracia, creyó sinceramente que bajo su gobierno se iba a introducir la "Edad de Oro" en la tierra. Quizás por esta razón no quiso seguir la política de su padre contraria al cristianismo, para no enturbiar la nueva era que él presagiaba. Se presentó ante el pueblo vestido de Hércules, con una piel de león y un mazo, símbolo mítico del gobierno de Cómodo como protector del Imperio. Se declaró a sí mismo el nuevo Rómulo, fundador de la patria.

Apasionado de los juegos, él mismo participaba en combates contra gladiadores y fieras salvajes, mientras sus favoritos se ocupaban de los asuntos de Estado. Entre éstos hay que contar a varios cristianos, su concubina Marcia[636], por ejemplo, que interviene en favor de los confesores destinados a las minas de Cerdeña, obteniendo su liberación; también altos funcionarios, como el intendente del tesoro, Prosenes, cuya inscripción funeraria ha sido encontrada; o Carpóforo, que tendrá a Calixto, futuro papa, como esclavo[637].

Durante su reinado tienen lugar muy pocas condenas. La más célebre, la del senador Apolonio, entre los años 183 y 185. Unos años antes, en el 180, también tuvo lugar en Cartago, en el África proconsular, la ejecución de un grupo de cristianos de Escilo *(Scillium),* aldea de Numidia, que fueron los primeros mártires de aquella provincia, llamados por eso "Mártires Escilitanos".

---

[636] Marcia era una antigua esclava de Marco Aurelio, que no sólo llegó a ser la favorita de Cómodo, sino su verdadera esposa, aunque sin el título de emperatriz. Es probable que fuera cristiana, pero no se puede confirmar. Hipólito afirma que lo era (*Philos.* 9.2.12), Dion Casio simplemente dice que favoreció a los cristianos (73.4).

[637] Para una extraordinaria y dinámica recreación novelada de este tiempo histórico y de estos personajes, véase Gilbert Sinoué, *Calixto I, el papa olvidado.* Ediciones B. Barcelona 1994.

1. Los mártires escilitanos del África proconsular

El proceso contra los cristianos de Escilo, ciudad de Numidia, tuvo lugar en el verano del 180 d.C., cuando desde hacía pocos meses era emperador Cómodo, y se puede considerar una secuela de las persecuciones estalladas bajo su predecesor Marco Aurelio. La fe cristiana probablemente se había difundido ya desde hacía unos cincuenta años en el África proconsular y había llegado incluso a los pequeños centros. Las conversiones se multiplicaban, llamando la atención de las autoridades y del pueblo, que no veían con buenos ojos una creencia tan radicalmente contraria a las costumbres y las divinidades populares. El primer relato que nos ha llegado de un martirio se refiere a tres hombres y tres mujeres de la antedicha ciudad, todos con nombres latinos —Esperato, Nartalo, Citino, Donata, Segunda y Vestia—, que fueron ejecutados en Cartago.

El texto latino del que se reproduce aquí la traducción es contemporáneo de los hechos, el acta misma del proceso, a la que el transcriptor añadió tan sólo la última parte. Se trata del documento histórico más antiguo de la Iglesia de África del Norte. Tales actas son un modelo seguro del procedimiento y de los documentos oficiales. Las frases son breves, precisas. No se interponen divagaciones inútiles. El juez se muestra humano con los acusados, procura persuadirlos con pocas palabras; les recomienda que reflexionen, ofrece una dilación, y sólo cuando ve que todo era en vano ante su firmeza, formula la sentencia y la hace publicar. Después, sin crueldades arbitrarias, se procede a la ejecución.

Las actas de estos mártires son un documento de un gran valor histórico y moral, el primer testimonio histórico seguro sobre el tributo de sangre que los cristianos de África entregaron a la Iglesia y es, como queda dicho, el documento más antiguo que se conozca en la literatura cristiana latina. Dice así:

> Siendo cónsules Presente, por segunda vez, y Claudiano, dieciséis días antes de las calendas de agosto [17 de julio], fueron convocados a la presencia de la autoridad judiciaria Esperato, Nartalo, Citino, Donata, Segunda y Vestia. El procónsul Saturnino les dijo: "Podéis alcanzar gracia del emperador si sois prudentes y sacrificáis a los dioses omnipotentes".
>
> Esperato respondió: "Nosotros no hemos hecho ni dicho cosa mala, sino que damos gracias por el mal que se nos hace, y respetamos, adoramos y tememos a Nuestro Señor, a quien diariamente ofrecemos un sacrificio de alabanza".
>
> Respondió el procónsul Saturnino: "También nosotros somos religiosos y sencilla es nuestra religión. Juramos por el genio de nuestro soberano y dirigimos a los dioses súplicas por su salud. Otro tanto debéis hacer vosotros".
>
> Respondió Esperato: "Si me quieres oír tranquilamente, yo te explicaré el misterio de la verdadera sencillez".
>
> Replicó Saturnino: "No escucharé las injurias que piensas dirigir a nuestra religión. Jurad por el genio del emperador".
>
> Respondió Esperato: "Yo no reconozco el poder del siglo presente; alabo y adoro a mi Dios, a quien nadie ha visto, a quien no pueden ver ojos mortales, pero cuya verdadera luz se manifiesta al corazón creyente. No he cometido robos. Si hago algún tráfico, pago el impuesto, porque reconozco a nuestro Señor, Rey de los reyes y Señor de todas las naciones".

El procónsul Saturnino le amonestó: "Renuncia a esa vana creencia".

Repuso Esperato: "No hay creencia más peligrosa que la que permite el homicidio y el falso testimonio".

Dijo también el procónsul dirigiéndose a los otros acusados: "Dejad de ser o de parecer cómplices de esa locura".

Dijo Citino: "Nosotros no tenemos ni tememos más que a un sólo Señor, al que está en los cielos. Él es a quien procuramos honrar con todo nuestro corazón y con toda nuestra alma".

Añadió Donata: "Nosotros damos al César el honor debido al César; pero sólo a Dios tememos".

El procónsul a una acusada: "Y tú,Vestia, ¿qué dices?".

Vestia: "Yo soy cristiana y no quiero ser otra cosa".

Dirigiéndose a otra el procónsul dijo: "¿Qué dices tú, Secunda?".

Secunda: "Soy cristiana y quiero seguir siéndolo".

El procónsul Saturnino le preguntó a Esperato: "¿Persistes en declararte cristiano?".

Respondió Esperato: "Soy cristiano. Y todos asintieron a sus palabras".

Preguntó también el procónsul Saturnino: "¿Necesitáis quizá un plazo para deliberar?".

Respondió Esperato: "En una cuestión tan claramente justa, la decisión ya está tomada".

Preguntó después el procónsul Saturnino: "¿Qué libros guardáis en vuestros armarios?".

Respondió Esperato: "Libros y las cartas de San Pablo, varón justo".

Dijo el procónsul: "Aceptad un plazo de treinta días para reflexionar".

Esperato repitió: "Yo soy cristiano, y adoraré siempre al Señor mi Dios, que ha hecho el cielo, la tierra, el mar y todo lo que contienen".

Todos repitieron las mismas palabras.

Entonces el procónsul tomó sus tablillas y leyó esta sentencia:

"Considerando que Speratus, Natallus, Cittinus, Donata, Vestia y Secunda han declarado que viven a la manera de los cristianos, y que, no obstante haberles ofrecido un plazo de treinta días para volver a la manera de vivir de los romanos, han persistido en su obstinación, los condenamos a morir por la espada".

Esperato dijo: "Demos gracias a Dios".

Nartzalo añadió: "Hoy seremos mártires en el cielo. ¡Sean dadas las gracias al Señor!".

El procónsul Saturnino hizo proclamar la sentencia por el pregonero: "Esperato, Nartzalo, Citino, Veturio, Félix, Aquilino, Letancio, Genara, Generosa, Vestia, Donata, Segunda han sido condenados a la pena capital".

Dijeron todos: "¡Sean dadas las gracias a Dios!", y en seguida fueron degollados por el nombre de Cristo[638].

[638] *Actas de los mártires escilitanos,* publicadas por primera vez por C. Baronio en los *Annales Ecclesiastici,* 1588-1607. El texto más importante es el de A. Robinson, *The Acts of the Scillitans martyrs. The original text.* Cambridge 1891, descubierto en un antiguo manuscrito del *British Museum* en 1890.

Obsérvese que todavía no se ha impuesto la brutal costumbre de la tortura para hacer apóstatas. Todo el proceso judicial conserva algo de la gravedad romana. No se aprecia en el magistrado odio o crueldad, ni tampoco una obstinada decisión de doblegar la voluntad de los acusados. Al contrario, se muestra amable y deseoso de que se tomen un tiempo para reflexionar sobre su decisión.

2. Apolonio, senador y mártir

Apolonio, senador romano, probablemente originario de Esmirna, era conocido entre los cristianos de la urbe por su elevada condición social y profunda cultura, murió decapitado en Roma el domingo 21 de abril del año 1837[639]. Las *Actas* del martirio de Apolonio, descubiertas en el siglo pasado, existen hoy en versión original armenia y griega y en varias traducciones modernas.

Denunciado probablemente por un esclavo suyo, el juez invitó a Apolonio a sincerarse frente al senado. Él presentó —escribe Eusebio— una elocuentísima defensa de la propia fe, pero igualmente fue condenado a muerte. El procónsul Perenio (180-185), en atención a la nobleza y fama de Apolonio deseaba sinceramente salvarlo, pero se vio obligado a pronunciar la condena por el decreto del emperador Cómodo. Los discursos de Apolonio del proceso reflejan su amor por la vida, las normas morales de los cristianos recibidas del Señor Jesús, y proclama la esperanza en una vida futura.

> Apolonio: "Los decretos de los hombres no pueden suprimir el decreto de Dios; cuantos más creyentes mueran, más se multiplicará su número por obra de Dios. Nosotros no encontramos duro el morir por el verdadero Dios, porque por medio de Él somos lo que somos; por no morir de una mala muerte, lo soportamos todo con constancia; ya vivos, ya muertos, somos del Señor".
>
> Perenio: "¡Con estas ideas, Apolonio, tú sientes gusto en morir!".
>
> Apolonio: "Yo experimento gusto en la vida, pero es por amor a la vida que no temo en absoluto la muerte; indudablemente, no hay cosa más preciosa que la vida, pero que la vida eterna, que es inmortalidad del alma que ha vivido bien en esta vida terrena. El Logos de Dios, nuestro Salvador Jesucristo nos enseñó a frenar la ira, a moderar el deseo, a mortificar la concupiscencia, a superar los dolores, a estar abiertos y sociables, a incrementar la amistad, a destruir la vanagloria, a no tratar de vengarnos contra aquellos que nos hacen mal, a despreciar la muerte por la Ley de Dios, a no devolver ofensa por ofensa, sino a soportarla, a creer en la Ley que Él nos ha dado, a honrar al soberano, a venerar solamente a Dios inmortal, a creer en el alma inmortal, en el juicio que vendrá después de la muerte, a esperar en el premio de los sacrificios hechos por virtud, que el Señor concederá a quienes hayan vivido santamente".

En las *Actas* se recoge una frase que el prefecto del pretorio, conmovido por la firmeza del mártir, al parecer colega suyo, le dirige: "Quédate, vive con nosotros".

[639] M. Sordi, "Un senatore cristano dell'èta di Commodo", pp. 104-112. *Epigraphica* 17, 1959.

Como a los mártires escilitanos, y tantos otros, se le ofreció un plazo para reflexionar, que rechazó sin dudar. Cuando el juez pronunció la sentencia de muerte, Apolonio dijo: "Doy gracias a mi Dios, procónsul Perenio, juntamente con todos aquellos que reconocen como Dios al omnipotente y unigénito Hijo suyo Jesucristo y al Espíritu Santo, también por esta sentencia tuya que para mí es fuente de salvación".

BIBLIOGRAFÍA

Charles-André Julien, *Histoire de l'Afrique du Nord. Des origines à 1830.* Payot & Rivages, París 1951.

E. R. Dodds, *Pagan and Christian in an Age of Anxiety: Some aspects of religous experiencia from Marcus Aurelius to Constantine.* Cambridge University Press 1965 (trad. cast. *Paganos y cristianos en una época de angustia,* Madrid 1975).

F. C. Conybeare, *The Apology and Acts of Apollonius.* Londres 1894.

François Decret, *Le christianisme en Afrique du Nord ancienne.* Le Seuil, París 1996.

—y M. Fantar, *L'Afrique du Nord dans l'Antiguité.* Payot, París 1981.

H. Leclercq, *L'Afrique chrétienne,* 2 vols. París 1904.

J. Mesnage, *Le christianisme en Afrique. Origines, développements, extension.* A. Jourdan & A. Picard, Argelia-París 1914.

John Baur, *2000 años de cristianismo en África.* Ed. Mundo Negro, Madrid 1996.

John Scheid, *La religión en Roma.* Ediciones Clásicas, Madrid 1991, 2 ed.

L. L. Howe, *The Pretorian Prefect from Commodus to Diocletian (AD 180-305).* Chicago, 1942.

N. Santos Yanguas, *Cristianismo y sociedad pagana en el Imperio Romano durante el siglo II.* Universidad de Oviedo, Oviedo 1999.

U. Domínguez del Val, "Escilitanos, Santos Mártires", en *Gran Enciclopedia Rialp,* vol. VIII, 755. Madrid 1971.

Urbano Espinosa, "Cómodo y los cristianos: lectura política de las fuentes", *Gerión* 13, 1995, pp. 127-140. Hay versión electrónica.

—*Le christianisme en Afrique. Déclin et extinction.* A. Jourdan & A. Picard, Argelia-París 1915.

Stewart Perowne, *Caesars and Saints. The Rise of the Christian State. A. D. 180-313.* Hodder and Stoughton, Londres 1962.

5. La relativa calma de los Severo

1. Lucio Septimio Severo

Asesinado Cómodo en la noche del 31 de diciembre del año 192 en el cuartel de los gladiadores, fue sucedido por Septimio Severo (193-211), después de un período de gran anarquía. Con Septimio subía al trono por primera vez un africano de origen hebreo, fundador de la dinastía siria, amante de la cultura y mecenas de las artes y las letras. En su tiempo florecieron afamados juristas como Pablo, Papiano y Ulpiano. Julia Domna, la mujer de Septimio, y su hermana Julia Mesa ejercían una vasta influencia sobre el gobierno y tenían un salón literario frecuentado por el médico Galeno, por Filóstrato, autor de una conocida obra sobre Apolonio de Tiana, mago y filósofo neopitagórico, y por otros retóricos y filósofos griegos.

En sus días de embajador Septimio Severo tuvo en su casa un médico cristiano y una nodriza igualmente cristiana educó a su propio hijo, Marco Aurelio Antonio Basiano, más conocido con el sobrenombre de Caracalla.

En los comienzos de su gobierno, Septimio Severo parece mantener la situación anterior de Cómodo respecto a los cristianos que forman parte de la corte imperial. No duda en proteger a unos cristianos de familia senatorial frente al furor de la plebe pagana. En el 196 se reúnen libremente diversos sínodos de obispos para discutir la fecha de la pascua. Tertuliano, que le reconoce una actitud benevolente, le dedica su *Liber apologeticus* en el 197.

Severo se muestra en todo esto realista. Los cristianos son ya una fuerza con la que hay que contar. La administración no debe privarse de hombres de valía por el hecho de que sean cristianos. En la medida en que los cristianos sirvan al Estado el emperador está dispuesto a protegerlos. No fue a los únicos. La política religiosa de Severo remodeló totalmente la religión con la masiva intromisión de los cultos y ritos orientales, que continuarán sus sucesores.

No obstante, en el año 202, durante un viaje a Palestina y Egipto, Severo publica un edicto que conmina graves penas para quienes se pasen al judaísmo o a la religión cristiana. A ambas religiones se les prohíbe la labor proselitista. Relata Esparciano: *"Iudaeos fieri sub gravi poena vetuit, idem etiam de Christiani sanxit"*.

Se trata del primer acto jurídico emanado directamente contra los cristianos. Severo procuró buscarle antecedentes. Su jurisconsulto Ulpiano consultó las decisiones anteriores referentes a los cristianos. Estas decisiones tenían un significado más bien negativo: no reconocían al cristianismo un derecho de existencia legal, pero no se oponían a su existencia y difusión. La detención de los cristianos podía obedecer únicamente a determinadas circunstancias particulares. El edicto de Severo, por el contrario, supone una medida general que obliga a los funcionarios del Estado a reprimir y detener el avance cristiano. El edicto no contempla matanzas ni derramamiento de sangre, aunque Severo era despiadado con sus adversarios. Sólo prohíbe y castiga el ingreso en una u otra religión. No busca tanto reprimir como atajar la extensión de la Iglesia, que contaba cada vez con más comunidades en todas partes formando una sociedad organizada y poderosa a nivel supranacional.

El cambio repentino del emperador, después de diez años de convivencia pacífica, solamente se puede comprender pensando en la oposición de algunos cristianos a prestar el servicio militar y actitudes montanistas contra el matrimonio. Es difícil, escribe Daniélou, no relacionar esta medida con el carácter apocalíptico de la corriente exaltada de un amplio sector del cristianismo. "Y es preciso reconocer que Severo podía tener cierta razón para inquietarse. ¿Acaso no preocupaba este movimiento a los mismos jefes de la Iglesia? En él había, en efecto, ciertas tendencias que estaban en contradicción con el deseo del emperador de restablecer el Imperio. Mientras Severo reformaba las leyes sobre el matrimonio, procurando reforzar la familia, esos cristianos condenaban el matrimonio e invitaban a sus hermanos a la continencia. Mientras las fronteras del Imperio se veían amenazadas por los partes al este y los escotos al norte, y era preciso movilizar todas las fuerzas, los cristianos invitaban a abstenerse del servicio militar. La misma repartición de las persecuciones prueba que Severo se dirigía menos contra la Iglesia como tal que contra ciertas tendencias extremas. De hecho, los grupos afectados son los que se relacionan con las tendencias mesiánicas. Entre ellos hay católicos, pero también herejes. La persecución alcanza particularmente a los montanistas"[640].

1.1. Los mártires de Egipto

Entre los martirizados de esta época hay que contar a numerosos cristianos de Egipto, que perecieron en el estadio de Alejandría en medio de toda clase de tormentos. Entre ellos hay que contar la célebre virgen Potamiena, con su madre Marcela, el soldado Basílides y Leónidas, el padre de Orígenes. Varios discípulos de éste, neófitos y catecúmenos, también sellaron su fe con su sangre. Esta circunstancia guarda relación con la naturaleza del decreto de Severo, que prohibía el proselitismo. El delito condenado era prepararse al bautismo o recibirlo. No afectaba a los cristianos viejos. El cargo de catequista, sin embargo, revestía gran peligrosidad, pues era una violación directa de la ley. Se comprende, pues, que la mayoría lo declinaran y que se necesitara el ardor de un Orígenes para aceptarlo.

Arte cristiano egipcio-copto.

En África observamos el mismo patrón. Tertuliano informa que a comienzos del 203 las víctimas fueron el catequista Sáturo, un neófito; Perpetua, con su esclava Felicidad y tres catecúmenos, Revocato, Saturnino y Secúndulo[641]. Parece que hubo persecución en Capadocia, donde Alejandro, futuro obispo de Jerusalén, confesó su fe, y en Antioquía.

Según la crónica de Eusebio, el primer mártir de los discípulos de Orígenes fue Plutarco, a quien Orígenes acompañó hasta el fin, jugándose la vida a manos de sus conciudadanos, y salvó por la voluntad de Dios. El segundo de los estudiantes martirizado fue Sereno, que probó su fe en el fuego. Heráclides, de la misma escuela, fue el tercer mártir, y Herón fue el cuarto, siendo Heráclides todavía un catecúmeno y este último recién bautizado. Ambos fueron decapitados. Además de éstos, un quinto miembro de la misma escuela fue proclamado campeón de la fe; otro, Sereno, que después de haber padecido crueles tormentos, fue decapitado. Entre las mujeres, Heráis, todavía bajo instrucción para el bautismo, recibió en su lugar "el bautismo de fuego", como Orígenes mismo lo expresa, y así terminó su vida.

El séptimo fue Basílides, que condujo a la célebre Potamiena a su ejecución. Las alabanzas de esta mujer siguen resonando entre su pueblo. Debido a que su hermosura de alma y cuerpo estaban en su más plena flor, tuvo que debatirse continuamente contra hombres viles para defender su castidad y virginidad, que eran irreprochables. Después de padecer

640 Jean Daniélou, *op. cit.,* p. 180.

641 Véase la Parte I, cap. 10,1 de esta obra: "Perpetua de Cartago", para un descripción de los pormenores que se dieron en este caso.

unos tormentos demasiado horribles para ser descritos, ella y su madre Marcela fueron consumadas con fuego. Se dice que el juez, Aquila, infligió horribles tormentos sobre todo su cuerpo y finalmente amenazó con entregarla a los gladiadores para que fuera violada. Cuando le preguntaron cuál iba a ser su decisión, ella pensó un momento y dio una respuesta que ofendía la religión de ellos. Fue sentenciada en el acto, y un soldado llamado Basílides la llevó a la ejecución. Pero tratando la turba de molestarla y ultrajarla con obscenidades, él los rechazó atrás y los echó, mostrando una gran piedad y bondad para con ella. Ella aceptó su simpatía y lo alentó, prometiéndole rogar a su Señor por él después de su partida, y que antes de mucho ella le recompensaría por todo lo que él había hecho en su favor. Dicho esto, soportó noblemente su fin cuando le echaron pez hirviente, gota a gota, sobre varias partes de su cuerpo, desde la cabeza hasta las plantas de los pies. Éste fue el combate ganado por esta admirable doncella.

No mucho tiempo después, uno de sus compañeros de milicia exigió a Basílides, por cierta razón, que hiciese un juramento, pero él mantuvo que jurar le estaba totalmente prohibido como cristiano, confesándolo abiertamente. Al principio su compañero pensó que estaba bromeando, pero como siguió afirmándolo, lo hizo llevar ante el juez, que lo mandó a la cárcel cuando él confirmó sus creencias. Sus hermanos en Dios lo visitaron y le preguntaron la razón de esta repentina e increíble inclinación, y se dice que contó que tres días después del martirio de Potamiena, ésta se le apareció de noche, con la cabeza ceñida de una corona, y le dijo que había rogado al Señor por él y que había obtenido lo pedido, y que antes de mucho lo tomaría adonde ella. Ante esto, los hermanos le confirieron el sello del Señor [en el bautismo], y al día siguiente dio un noble testimonio por el Señor y fue decapitado. Dicen que muchos otros en Alejandría vinieron repentinamente a Cristo en este tiempo porque Potamiena se apareció a ellos en sueños invitándolos[642].

2. Caracalla

Pronto siguió la paz bajo los sucesores de Septimio Severo: Caracalla, Heliogábalo y Alejandro Severo. Las comunidades cristianas, sin embargo, seguirán siendo objeto de atropellos y abusos debido a su inexistencia como entidades jurídicas. Bastaba el mínimo incidente para que las turbas paganas arremetieran contra los cristianos y les dieran muerte, como ocurrió al obispo de Roma, Calixto, en el año 222, y a los cristianos de Alejandría.

Marco Antonio Basiano Antonino, conocido como Caracalla (211-217), por su costumbre de vestir una túnica gálica de ese nombre, inició un período de tolerancia religiosa. Esto se explica por su escaso interés en la religión del Estado romano. Su madre, Julia Domna, era hija de Bassiano, sumo sacerdote del dios Sol de Emesa, en Siria. Mediante la *Constituio Antoniana* concedió la ciudadanía romana a todos los hombres libres del Imperio. Al subir al trono amnistió a los deportados, sin excluir a los cristianos. Algunos ocuparon otra vez puestos influyentes en la corte, como el liberto Prosenes que fue tesorero privado. Así, pues, el duro proceder del procónsul Escápula (211-212) contra los cristianos en las tres provincias norteafricanas no puede atribuirse a Caracalla, sino que fue ocasionado por las mencionadas

[642] Eusebio, *Hist. ecl.*, VI, 4-5.

corrientes rigoristas entre los cristianos de África. Tertuliano los defendió en su obra *Sobre la corona del soldado,* donde rechaza el servicio militar y la profesión de soldado para los cristianos.

En lo personal Caracalla fue cruel y vicioso, lo que no le impedía creerse dios y partidario del dios Sol de Emesa, que tanta importancia cobró con su sucesor Heliogábalo.

3. Heliogábalo, el hijo del Dios Sol

Proclamado emperador a los catorce años, Vario Avito Basiano tomó el nombre de Marco Aurelio Antonino pero asumió además el nombre de Heliogábalo (218-222), por haber sido sacerdote del Sol en Emesa. El nombre sirio de este dios era El-Gabal ("señor de la montaña"). Éste era un culto fálico, y el Sol era adorado como un gran y negro meteorito flanqueado por dos colosales falos negros a la entrada del templo de Emesa. El nuevo emperador fue recibido con benevolencia por el Senado y el pueblo de Roma. Heliogábalo no abandonó sus deberes sacerdotales y en el Palatino levantó un templo al nuevo dios romanizado, Júpiter Heliopolitano, transportado desde Emesa en un carretón repleto de oro y piedras preciosas. Como sumo sacerdote de El-Gabal, Heliogábalo practicaba el sacrificio de animales, y las malas lenguas le atribuían el de humanos también. El proceso de orientalización del Imperio se iba afianzando mientras Heliogábalo daba cada día mayores muestras de perversiones sexuales (prostitución sagrada), realizando multitudinarias orgías en palacio mientras su círculo de confianza alcanzaba el máximo de corrupción. Se vestía de mujer, se pintaba ojos y mejillas con coloretes y tintes raros, se depilaba todo el cuerpo y se perfumaba. En una ocasión Heliogábalo quiso autocastrarse, pero desistió de la idea para conformarse con la circuncisión.

Julia Mesa, hermana de la emperatriz Julia Domna, abuela del emperador y verdadera reina en la sombra, comprendió que Heliogábalo no era el más indicado para perpetuar la dinastía, por lo que lo obligó adoptar a su primo Alejandro Severo y nombrarlo césar, para que se preocupase de los asuntos del gobierno que el emperador tenía olvidados por los deberes religiosos. Los escándalos y dispendios de Heliogábalo acabaron con la paciencia del pueblo y a principios del año 222 los pretorianos acababan con la vida del emperador, de su familia y de sus muchos amantes. Le sucedió Alejandro Severo, no contando aún catorce años de edad.

4. Alejandro Severo y el culto al buen Jesús

Alejandro Severo (222-235) fue prudentemente tolerante. Practicaba cada mañana un culto en el *Laratium,* o capilla del palacio, donde había imágenes de sus antepasados, más las de algunas "almas santas" *(animae sanctiores),* que eran Alejandro, Orfeo, Abraham, Apolonio de Tiana y hasta Jesús, a quien trató de dedicarle un templo[643].

Su madre, Julia Mamea, parece que tenía declarada simpatía por el cristianismo y mantenía relaciones con Hipólito de Roma, le dedicó un tratado. Según Eusebio, "era una mujer sumamente religiosa". Atraída por la fama teológica de Orígenes se entrevistó con él en

[643] Lampridio, *Alejandro Severo* IV, 43.

Antioquía, "mostrándole muchas cosas que redundaban para gloria del Señor y para virtud de la enseñanza divina"[644]. Alejandro encomendó al cristiano Julio Africano, destacado escritor autor de una *Cronografía* en cinco volúmenes, la construcción de la biblioteca junto al Panteón. Lampridio, su biógrafo en la *Historia Augusta,* dice que mantuvo sus privilegios a los judíos y toleró que hubiera cristianos *(Iudaeis privilegia reservavit, Christianos esse passus est).* Alrededor del año 234 erigió una sinagoga en Dura-Europos y en Roma se organizaron sin obstáculo los cementerios cristianos.

Se conserva una anécdota significativa de la tregua y de las buenas relaciones con el Estado que estaban viviendo las Iglesias, referente a un conflicto legal en Roma, donde unos mesoneros polemizaban por la posesión de un terreno del Transtíber (zona portuaria célebre por la cantidad de *cellae vinariae* y de *popinae*), perteneciente a la comunidad cristiana, que por lo visto había sido confiscado con anterioridad. Se recurrió al emperador y éste creyó más justo darlo a los cristianos, diciendo que era mejor que sirviera para orar que para beber. "Declaró *(rescripsit)* más oportuno", expresa textualmente la *Historia Augusta* de Lampridio, "que ese lugar fuera dedicado del modo que fuere al culto divino, antes que ser dado a los *popinarii*".

Alejandro Severo murió asesinado en su tienda en los brazos de su madre (18 al 19 de marzo de 1935) en la campaña contra los germanos, en los alrededores de Mainz (Alemania); a partir de entonces comienza un período de desorden en el que el poder está en las manos de los jefes militares, los cuales procuran mantener la disciplina en el Imperio.

5. Maximino el Tracio

Gaius Julius Verus Maximinus (235-238) fue un general valeroso y el primero de los emperadores soldados. Contando con la fidelidad de su tropa se amotinó cerca de Mainz y fue proclamado emperador por el ejército. Fue entonces cuando Alejandro se vio abandonado por su tropa y asesinado. Maximino, tosco hijo de labriegos, era oriundo de una aldea de Tracia, región correspondiente a la moderna Bulgaria y la Turquía occidental.

Desconfiado y vengativo, padeciendo además de su baja extracción social y falta de educación, tuvo una reacción violenta y absurda contra quienes habían sido amigos de su predecesor, y atacó a los grupos más selectos de la sociedad romana, senadores y obispos incluidos. Dice Eusebio: "Por resentimiento contra la casa de Alejandro, que se componía de numerosos fieles, suscitó una persecución ordenando que solamente fueran eliminados los jefes de las iglesias, como culpables de la enseñanza del Evangelio. Fue entonces que Orígenes escribió su obra *Exhortación al martirio,* dedicada a su amigo Ambrosio y al presbítero de Cesarea Protecteo, ambos padecieron unos extraordinarios sufrimientos en la persecución y confesaron noblemente su fe en el reinado de Maximino".

El obispo de Roma, Ponciano (230-235), y un presbítero y docto teólogo, Hipólito, fueron deportados a Cerdeña, donde murieron. Sus cadáveres fueron llevados más tarde a Roma, donde fueron colocados uno en las catacumbas de San Calixto y otro en la vía Tiburtina. En Capadocia se desató una verdadera caza a los cristianos cuando se creyó ver en ellos a los

[644] Eusebio, *Hist. ecl.* VI, 21.

culpables de un terremoto. La revuelta popular nos revela hasta qué punto los cristianos eran todavía considerados "extraños y maléficos" por el vulgo pagano. En general, no se conocen actas de martirios con fecha de la época de Maximino. Quizá se debe a la brevedad de su gobierno, ya que, debido a su crueldad, se atrajo sobre sí el desagrado general, de tal modo que el Senado romano nombró un segundo emperador en la persona del general Papiano, dándose el nombre de Máximo (238). Maximino se dirigió contra él, pero fue asesinado por sus propios soldados. El mismo destino tuvo Pappianus-Máximo unos meses después a manos de su guardia pretoriana. Su sucesor fue el procónsul de África, Antonio Gordiano I, el cual, a causa de su edad, fue subtituido por su hijo homónimo Gordiano II. Su reinado fue breve, murió pronto en una batalla campal y su padre se suicidó (238). A continuación fue elegido como emperador su sobrino Gordiano III (238-244), asesinado en la campaña contra los persas por el prefecto de la guardia Felipe, haciéndose con el Imperio.

6. Felipe el Árabe, ¿emperador cristiano?

Después de la breve dinastía de los Gordianos, de calma para los cristianos, Marco Julio Filipo, o Felipe *el Árabe* (244-249), continúa la política de tolerancia. Nació en una pequeña aldea de la provincia romana de Arabia, de ahí su sobrenombre, en la región de Damasco.

Él y su esposa Severa mantuvieron correspondencia con Orígenes[645] y es posible que fuera simpatizante del cristianismo. Una tradición de finales del siglo IV le considera cristiano y narra su conversión por medio de Poncio, hijo del senador romano Marco. Jerónimo llama a Felipe "el primer emperador cristiano". Según cuenta una tradición recogida por Eusebio, Felipe no sólo era cristiano sino que quiso tomar parte con la multitud de los fieles en las oraciones que se hacían en la iglesia el día de la última vigilia de la Pascua. "Pero el que presidía en aquella ocasión no le permitió entrar sin haber hecho antes la confesión y haberse inscrito con los que se clasificaban como pecadores y ocupaban el lugar de la penitencia, porque, si no hacía esto, nunca lo recibiría de otra manera, a causa de los muchos cargos que se le hacían. Se dice que al menos obedeció con buen ánimo y demostró con obras la sinceridad y piedad de sus disposiciones respecto del temor de Dios"[646]. Pero Eusebio considera esa historia como habladurías y no dice nada ni de la ciudad ni del obispo bajo el cual sucedió este hecho tan extraordinario. Fuentes posteriores sitúan esta historia en Antioquía, y la relacionan con el obispo Babilas, martirizado durante la persecución de Decio, sucesor de Felipe[647].

Las fuentes no cristianas ignoran la pertenencia del emperador al cristianismo[648], que de ser cierta sorprende que no hiciese nada para mejorar el estatus legal de sus correligionarios. Contra su conversión y profesión de fe cristiana milita el hecho de su participación pública en el culto estatal romano con ocasión de la conmemoración milenaria de Roma, que se celebró el 21 de abril del 248. "La hipótesis de que él era cristiano a título privado

645 Eusebio, *Hist. ecl.* VI, 36.

646 Eusebio, *Hist. ecl.* VI, 34.

647 Juan Crisóstomo, *Saint Babilas*; *Chronicon Paschale*.

648 Hans A. Pohlsander, "Philip the Arab and Christianity", pp. 463-473. *Historia* n.º 29. 1980.

contradice la actitud de los hombres antiguos con respecto a la religión, que no conocía tales compromisos"[649].

Sea como fuere, creyente o simpatizante, en los últimos meses de su reinado los cristianos de Alejandría fueron objeto de un ataque popular, en el que muchos perdieron sus bienes e incluso sus vidas. Desde el punto de vista cronológico corresponde a los primeros meses del reinado del nuevo emperador Decio.

BIBLIOGRAFÍA

Anthony R. Birley, *Septimius Severus: the African emperor.* Yale, University Press, New Haven 1988, 2 ed.

Antonin Artaud, *Heliogábalo.* Editorial Fundamentos, Madrid 1972.

David S. Potter, *Prophecy and History in the Crisis of the Roman Empire.* Oxford University Press, Oxford 1990.

Franz Altheim, *El Dios invicto.* Eudeba, Bs. As. 1966.

Maurice Platnauer, *Life and Reign of the Emperor Lucius Sptiminus Severus.* Oxford University Press, Oxford 1918.

Narciso Santos Yanguas, *Cristianismo y sociedad pagana en el Imperio Romano durante el siglo II.* Universidad de Oviedo, Oviedo 1999.

—*El cristianismo en el marco de la crisis del siglo III en el Imperio Romano.* Universidad de Oviedo, Oviedo 1996.

Robert Turcan, *Heliogabale et le sacre du soleil.* Albin Michel, París 1985.

6. Decio y la uniformidad religiosa del Imperio

La primera persecución sistemática contra la Iglesia decretada por el poder romano estalla con el sucesor de Felipe el Árabe, Decio (249-251), el primero de los emperadores ilirios, procedentes de la frontera del Danubio. Con ellos la idea del Imperio romano entra en su estadio decisivo. Desde el principio lucharon por la conservación de la religión romana, a lo que correspondía la represión de su enemiga, la religión cristiana, relativamente favorecida por los anteriores emperadores orientales, emprendida con el fervor del nuevo converso.

Decio era un senador originario de Panonia, muy apegado a las tradiciones romanas. Sus antepasados habían luchado larga y desesperadamente contra la conquista romana. Pero cuando sucedió lo irremediable se entregaron de buen grado a la cultura vencedora, que les superaba en tantos aspectos. Casi todas las inscripciones históricas del país son latinas. Por doquier se encuentra la efigie de la loba romana, que todavía hoy está grabada en las paredes de las casas de campo de las aldeas rumanas de Transilvania.

Sintiendo profundamente la disgregación política y económica del Imperio, creyó poder restaurar su unidad juntando todas las energías alrededor de los dioses protectores del Estado. Por eso aspiraron a la renovación de la religión romana, asqueados de la degeneración del culto romano que se produjo bajo los últimos Severos por los cultos orientales, con su prostitución sagrada, sensualidad y múltiples sacrificios, despreciables para la sensibilidad romana. Entre esos cultos orientales extraños se hallaba sin duda también el cristianismo,

[649] Albert Ehrhard, *op. cit.*, p. 176.

y el cristianismo fue desde luego el más gravemente alcanzado por el edicto. Aunque no tenemos conocimiento de los motivos del edicto que se base en fuentes auténticas, esos motivos pudieron ser los señalados: la creencia de que el apartamiento de la antigua religión y la tolerancia de las autoridades provoca el castigo de los dioses manifestado en derrotas y catástrofes generales. Por eso Decio trató de reforzar la unidad del Imperio en torno a la tradicional religión de Roma y la *Pax Deorum,* a la que se atribuía la indestructibilidad de la nación. Un año antes, bajo el reinado de Felipe el Árabe, se había celebrado el mil aniversario de la fundación de la ciudad de Roma, y entre otras cosas se elevaron acciones de gracias y se renovaron los votos de fidelidad a la *Pax Deorum* para el nuevo milenio. A veces los historiadores modernos, ocupados con las victorias de las legiones romanas, olvidan que para los interesados la estabilidad del Estado romano descansaba en último término en fundamentos religiosos. Por ello, Decio, que buscaba fortalecer la capacidad de resistencia del Imperio frente a los invasores, creyó conveniente fortalecer el aspecto religioso, iniciando un movimiento de centralización y uniformidad religiosa. En lugar de dejar que cada ciudad celebrase sus propias ceremonias religiosas según el parecer de cada cual, con sus miríadas de cultos y dioses, Decio, que había aprendido el valor de contar con una religión unificada a favor del Estado, ordenó un sacrificio general controlado por los funcionarios imperiales. Para que ningún ciudadano se substrajese a este acto, introdujo la novedad de extender un certificado —*libelli*— que garantizara haberlo cumplido.

No se ha conservado el texto original del edicto, pero es posible reconstruirlo gracias a las fuentes contemporáneas. Todos los habitantes del Imperio, no sólo los cristianos[650], son llamados a tomar parte en un sacrificio general a los dioses, muy semejante a la ceremonia conocida entre los romanos por *supplicatio* en la que se ofrecían oraciones y sacrificios a los dioses que poseían un templo en la ciudad de Roma. A esto se reduce el edicto de Decio, a un acto público de adhesión al culto de los dioses de Roma, participando en una comida sagrada, libación o sacrificio, incluso reducido a su más simple expresión, como la ofrenda de algunos granos de incienso a la estatua del emperador, demostrando con ello el reconocimiento de la divinidad imperial, convertida en la síntesis de la religión oficial de Roma.

Una novedad era la inspección exacta del cumplimiento del edicto en todo el Imperio. Una comisión controlaría la veracidad del sacrificio y expediría a cada ciudadano un certificado o *libellus* en que constara que había sacrificado. Posteriormente los *libelli* tenían que ser presentados a las autoridades. No había escapatoria posible. Quien careciese de certificado era sospecho de ser cristiano e infractor de la ley. Los castigos eran la pérdida de todos los bienes, la condena *ad metalla,* es decir, a las minas, el destierro y la muerte.

Hasta nosotros han llegado algunos de esos certificados. Para hacernos una idea de su contenido, transcribimos la traducción de uno perteneciente al año 250:

> A los elegidos para [supervisar] los sacrificios, presente Aurelia Amonarión del pueblo de Teadelfia. Siempre he ofrecido sacrificios y testimonio de mi piedad a los

[650] Los historiadores antiguos pensaban que el decreto de Decio se aplicaba sólo a los cristianos, o simpatizantes. El descubrimiento y estudio de los "certificados de sacrificio" que han llegado hasta nosotros han demostrado que la orden abarcaba a todos los súbditos del Imperio.

dioses, yo y mis hijos Aurelio Dídimo, Aurelio Neófis y Aurelio Taas, y también ahora, ante ustedes, de acuerdo al edicto, he ofrecido libaciones y sacrificios, y hemos comido ofrendas sagradas. Les ruego firmar. Que estén bien.

Yo, Aurelio Sereno y Hermas, los hemos visto sacrificar.

Yo, Hermas, estoy de acuerdo.

Año 1° del emperador César Gayo Mesio Quinto Trajano Decio, pío, bienaventurado y augusto, el 20 de payni[651].

Con el fin de salvar a los convictos de no sacrificar, se les aplicaba la tortura mientras permanecían en la cárcel con vistas a quebrantar la resistencia de los que persistían en su fe cristiana y rechazo del sacrificio a los dioses. Estas medidas demuestran que "la finalidad de la persecución no era la sangre de los cristianos, sino su apostasía"[652]. A la vez, el apóstata queda irremediablemente excluido de la comunión de la Iglesia, aunque haya sacrificado por medio de la violencia. En esto se funda el plan de obligar al sacrificio incluso por la fuerza de la tortura. La ejecución fue el último recurso, aunque los mártires hubieran deseado que fuese el primero.

Las circunstancias que acompañaban al acto del sacrificio no podían menos que sobrecoger y resultar vergonzoso a todo cristiano temeroso de Dios, pero demasiado débil para soportar la idea de ser torturado salvajemente y muerto. El sacrificador se presentaba en el Capitolio o en un templo gentil, acompañado de toda su familia, mujer e hijos. Llevaba la cabeza cubierta con un velo y encima una corona de laurel: se acercaba al altar teniendo en sus manos la materia para el sacrificio, en medio de un populacho inquieto y mordaz que insultaba y señalaba con el dedo a los sospechosos de cristianismo. La primera formalidad consistía en declarar bajo juramento que no había sido nunca cristiano o que renunciaba a serlo en adelante. Luego procedía al sacrificio en honor de los dioses[653].

El mes de diciembre del 249 fueron detenidos algunos cristianos y el 20 de enero del 250 era ejecutado en Roma el obispo Fabián, y con él muchos sacerdotes y laicos. En Zaragoza, España, Félix, llamado "defensor de la fe" por Cipriano. En Alejandría hubo una persecución acompañada de saqueos. En Asia los mártires fueron numerosos: los obispos de Pérgamo, Antioquía, Jerusalén. Orígenes fue sometido a una tortura prolongada, y sobrevivió cuatro años a los suplicios en un estado lamentable, consecuencia del cual murió bien pronto.

Las comunidades cristianas se vieron desconcertadas por la tempestad. La persecución duró sólo un año pero produjo graves trastornos en la Iglesia. No todos los cristianos soportaron la persecución. Muchos aceptaron sacrificar. Otros, mediante sobornos, obtuvieron a escondidas los famosos certificados o *libellus*. En total el número de los que de una u otra forma obedecieron las órdenes del edicto superó con mucho al de los que se resistieron a hacerlo. Cipriano, obispo de Cartago, ofrece escasos nombres de confesores, entre ellos

651 En otro, hallado en Viena, se puede leer: "A los prefectos del culto del pueblo de Filadelfia, de parte de Aurelio de Siro y de Aurelio de Pasbio, hermanos, y de Demetria y de Serápida, mujeres nuestras vecinas de casa. Hemos perseverado siempre en sacrificar a los dioses, y también ahora en vuestra presencia, según las órdenes publicadas hemos hecho libación y gustado las carnes del sacrificio. Os rogamos poner vuestra firma para nuestra seguridad. Permaneced felices. Nosotros, Aurelios, Siro y Pasbio, ofrecimos. Yo, Isidoro, escribí en lugar de ellos, porque son analfabetos".

652 Hans, Barón de Soden, *op. cit.*, p. 588.

653 García Villada, *Historia eclesiástica de España,* t. I/1, p. 255. BAC, Madrid 1929.

un tal Luciano, y unos pocos mártires *coronados,* de los cuales dieciséis murieron de hambre en la cárcel. En Palestina fue martirizado Alejandro, obispo de Jerusalén, "a pesar de estar ya coronado con las canas venerables de su espléndida vejez"[654]. En Antioquía su obispo Babilas.

Cipriano acusa como *libellatici* a los obispos Basílides de Legio y Astúrica Augusta (León y Astorga) y Marcial de Emérita (Mérida). El primero de los cuales compró a los magistrados un certificado de sacrificio y el segundo consintió en firmar una declaración de apostasía. Para los problemas y conflictos disciplinares y de orden que todo esto supuso para las Iglesias véase el capítulo 6.

Decio fue un buen emperador, pero en la historia de la Iglesia, su memoria pasó como uno de los perseguidores más implacables, a quien Dios castigó en justa correspondencia a sus hechos. "Tras muchos años —escribe Lactancio—, surgió para vejar a la Iglesia el execrable animal Decio. Pues ¿quién sino un perverso puede ser perseguidor de la justicia? Como si hubiese sido elevado a la cumbre del poder con esta finalidad, comenzó rápidamente a volcar su cólera contra Dios para que rápida fuese su caída. Habiendo marchado en expedición contra los carpos, que habían ocupado Dacia y Mesia, rodeado de improviso por los bárbaros, fue destruido con gran parte del ejército. Ni siquiera pudo ser honrado con la sepultura, sino que, despojado y desnudo, como correspondía a un enemigo de Dios, fue pasto de las aves de presa en el suelo"[655].

1. Martirio de Fabián

Mártir de este período, como hemos mencionado, fue Fabián, obispo de Roma y romano de nacimiento. Cipriano se refiere a él como "hombre de nobilísima memoria" *(nobilissimae memoriae viri Fabiani)*[656]. Fue venerado en Oriente como gran taumaturgo. Orígenes le dedica un tratado en que se defiende de la acusación de herejía[657]. Su gobierno de la Iglesia coincidió, salvo al comienzo y al fin, con un período excepcional de paz, prosperidad y crecimiento. Fue administrador enérgico y clarividente. Mandó hacer muchos trabajos en las catacumbas, ordenando la ampliación de la catacumba que llevaba el nombre de Calixto.

Fabián dividió la ciudad en siete circunscripciones eclesiásticas, con sus propios *tituli* (parroquias), su propio clero y sus propias catacumbas. Contaba entonces la Iglesia de Roma con un personal de 155 clérigos: 7 diáconos, asistidos cada uno por 1 subdiácono y 6 acólitos; 46 sacerdotes y 52 entre lectores y exorcistas[658]. Se mantenía a unos mil quinientos pobres y viudas. Semejante grupo, distinto de la congregación regular, era por sí solo tan grande como la mayor de las corporaciones de la ciudad.

Fabián sostuvo intrépido el proceso en presencia del mismo emperador Decio, que dio de él este juicio: "Prefiero tener un rival en el Imperio que un obispo en Roma". Su martirio fue

[654] Eusebio, *Hist. ecl.* VI, 39.

[655] Lactancio, *De mort. per.,* IV, 1-3.

[656] Cipriano, *Cartas* 30, 5.

[657] Eusebio, *Hist. ecl.* VI, 36.

[658] Eusebio, *Hist. ecl.* VI, 43.

comunicado en seguida a las otras comunidades[659]. A la muerte de Fabián siguieron catorce meses de sede vacante en la Iglesia, porque el clero, a causa de la violenta persecución de Decio, deliberadamente pospuso la elección del sucesor y porque muchos de sus miembros estaban en prisión.

2. Los mártires de Alejandría

En una carta al obispo Fabio de Antioquía, recogida por Eusebio, *Historia eclesiástica*[660], se narran los sufrimientos que padecieron los cristianos de Alejandría bajo Decio. Es interesante notar que "la persecución no comenzó por el edicto imperial, sino que se anticipó un año entero", según Fabio, lo que demuestra que las comunidades cristianas no sólo estaban expuestas a las campañas de las autoridades contra ellas, sino a merced de la hostilidad popular. Desde su origen hasta la paz de Constantino el cristianismo sobrellevó una vida en la cuerda floja de la falta de garantías jurídicas, pendiente siempre de la espada de Damocles de la persecución.

> Tomando la delantera en esta ciudad el adivino y autor de males, quienquiera que él fuese, agitó y excitó contra nosotros a las turbas de paganos reavivando su celo por la superstición del país. Excitados por él y tomándose toda licencia para su obrar impío, comenzaron a pensar que la sed de nuestra sangre era la única forma verdadera de religión.
>
> Primero se apoderaron de un anciano llamado Metras y le mandaron que blasfemase. Cuando rehusó, le golpearon con mazos, le acuchillaron la cara y los ojos con cañas aguzadas, lo sacaron a los suburbios, y lo apedrearon hasta matarlo. Luego llevaron a una mujer creyente llamada Quinta al templo de los ídolos, e intentaron obligarla a adorar. Cuando ella se apartó horrorizada, la ataron de los pies y la arrastraron por la ciudad sobre el áspero pavimento, azotándola a la vez que estaba siendo golpeada por los grandes adoquines, y en aquel lugar la apedrearon hasta morir. Luego se precipitaron en masa hacia las casas de los piadosos y las atacaron, dándose al saqueo y al pillaje contra sus propios vecinos, robándoles sus posesiones más valiosas y quemando los artículos de madera más baratos en las calles, haciendo parecer la ciudad como conquistada por un ejército enemigo. Los hermanos cedieron gradualmente y soportaron animosos el saqueo de sus bienes, y no sé de nadie que haya negado al Señor, excepto con una posible excepción.
>
> También se apoderaron de aquella admirable anciana virgen, Apolonia, le hicieron saltar todos los dientes a golpes, levantaron una pira delante de la ciudad, y la amenazaron con quemarla viva si ella no se unía a ellos en sus blasfemias. Ella pidió un poco de respiro, y cuando la soltaron, saltó de repente al fuego y murió abrasada. A Serapión lo arrestaron en su propia casa y procedieron a atormentarle cruelmente rompiéndole brazos y piernas, y lo echaron luego de cabeza desde el piso superior.

---

[659] Cipriano, *Cartas* 55, 9.

[660] Eusebio, *Hist. ecl.* VI, 41-42.

No podíamos usar ningún camino ni carretera ni callejón, ni de noche ni de día. En todas partes había clamor de que quien no se uniera al coro de blasfemias debía ser atrapado y quemado. Este estado de cosas prosiguió durante largo tiempo y con intensidad, pero luego sobrevino la discordia y la guerra civil entre esos miserables, volviendo unos contra otros la furia que habían derramado contra nosotros. Durante un breve período pudimos respirar otra vez, porque no tenían tiempo para lanzar su furia contra nosotros, pero pronto vinieron nuevas del cambio de aquel reinado que había sido favorable para nosotros [Felipe el Árabe] y nos sobrevino un gran temor por la amenaza que pendía sobre nosotros. Finalmente llegó el edicto, casi como el predicho por el Señor con terribles palabras, "como para hacer tropezar, si es posible, hasta a los elegidos" [Mt. 24:241]. Todos se sentían aterrorizados. Algunos de los más conocidos comparecían enseguida, embargados de temor, otros que estaban en cargos públicos se veían impelidos por razones profesionales, y otros eran llevados a rastras por los que los rodeaban. Llamados por su nombre, se acercaban a los inmundos y profanos sacrificios, algunos pálidos y temblando como si no fuesen a hacer sacrificio sino a ser sacrificados como víctimas a los ídolos, suscitando las burlas de la multitud que los rodeaba, y quedaba evidente que eran unos absolutos cobardes, con miedo a morir, y con miedo a sacrificar. Otros, en cambio, iban bien dispuestos a los altares, como para demostrar que nunca habían sido cristianos. Acerca de éstos, el Señor había verdaderamente predicho que se salvarían sólo con dificultad [Mt. 19:23]. Del resto, algunos seguían a uno o a otro de esos grupos, mientras que otros huyeron. Algunos fueron capturados y encarcelados, de los que algunos, después de un largo encarcelamiento, renunciaron a su fe incluso antes de comparecer ante el tribunal, mientras que otros soportaron la tortura por un tiempo antes de ceder.

Pero los firmes y benditos pilares del Señor, fortalecidos por Él y recibiendo poder y paciencia en proporción al vigor de su fe, demostraron ser magníficos mártires de su reino. Entre éstos el primero fue Juliano, que no podía ponerse en pie ni andar debido a su gota. Fue llevado ante el tribunal por otros dos, uno de los cuales inmediatamente renegó. El otro, llamado Cronión, pero de sobrenombre Eunús, confesó al Señor, como lo hizo también el anciano Julián. Fueron puestos en camellos y azotados mientras eran llevados por toda la ciudad, que es enorme, como ya sabéis, y finalmente los quemaron en cal viva ante el populacho. Había un soldado al lado de ellos que, al ser llevados, protestó contra los insultos de la turba, la cual respondió con furia. Besas, el noble guerrero de Dios, fue llevado a juicio y, habiendo luchado heroicamente la gran guerra de la fe, fue decapitado. Otro hombre, de raza libia, fiel tanto a su nombre Macar[661] como a la bendición divina, se resistió a todos los esfuerzos del juez por hacer que negase, y fue por ello quemado vivo. Después de ésos, Epímaco y Alejandro, que habían soportado un largo encarcelamiento y grandes padecimientos de garfios y azotes, fueron también destruidos en cal viva.

[661] Del griego *mahar,* "bienaventurado".

Cuatro mujeres los acompañaron. Ammonaria, una santa virgen, aunque torturada durante largo tiempo y de manera salvaje por el juez por haber declarado con claridad y de antemano que nunca iba a repetir las cosas que él le ordenaba decir, fue fiel a su promesa y fue conducida a la muerte. Las otras incluían a Mercuria, una elegante anciana, y a Dionisia, la madre de muchos hijos pero igual de devota al Señor. Cuando el gobernador se sintió avergonzado al torturarlas sin resultado alguno, viéndose derrotado por unas mujeres, las hizo ejecutar a espada ya sin más tormentos. Ya los había soportado Ammonaria, la paladina de todas ellas, sobre sí misma.

Herón, Ater e Isidoro, que eran egipcios, y con ellos un muchacho de unos quince años llamado Dióscoro, fueron denunciados. [El juez] primero intentó inducir al muchacho con argumentos, como objetivo fácil, luego intentó forzarlo con torturas, como si así pudiese doblegarlo. Pero Dióscoro se comportó con tanto valor en público y dio unas respuestas tan sabias en privado, que lo dejó ir, diciendo que le permitía un tiempo para reflexionar debido a su juventud.

Nemesión, otro egipcio, fue falsamente acusado de asociarse con ladrones. Después de haber demostrado la falsedad de esta absurda acusación ante el centurión, fue denunciado como cristiano y conducido ante el gobernador en cadenas. De una manera abiertamente injusta, éste ordenó que se les aplicase el doble de torturas y azotes que los que se aplicaban a los ladrones, y le quemó entre ellos, honrándole con esta semejanza a Cristo.

Un grupo de soldados, Ammón, Zenón, Tolomeo e Ingenes, y también un anciano llamado Teófilo, estaban en pie ante el tribunal. Cuando alguien que estaba siendo juzgado como cristiano se manifestó a punto de negar, ellos empezaron a rechinar los dientes y a echarle miradas y gestos. Mientras todos se volvían hacia ellos, pero antes que nadie pudiera echarles la mano encima, se dirigieron corriendo hacia el estrado del acusado, diciendo que ellos eran cristianos. El gobernador y sus asesores se asustaron, mientras que los acusados se mostraban animados ante la expectativa de sus futuros padecimientos. Ufanos de su testimonio, salieron del tribunal triunfantes.

Muchos otros en las ciudades y por las aldeas fueron descuartizados por los paganos. Será suficiente con un ejemplo. Isquirión era un agente de uno de los magistrados. Éste le ordenó que sacrificara, y como él rehusó, lo insultó, y cuando se mantuvo firme en su negativa, lo hizo objeto de malos tratos. Al ver que persistía, tomó una gran estaca, y atravesándole sus órganos vitales, lo mató.

¿Será necesario hablar de las multitudes que anduvieron errantes por desiertos y montañas, muriendo de hambre, sed, enfermedades, ladrones y fieras? Los supervivientes honran a los elegidos para ser vencedores. Como un ejemplo, Queremón, el muy anciano obispo de Nilópolis, huyó con su esposa a los montes de Arabia. Nunca volvió, y a pesar de que rebuscaron por todas partes, los hermanos no los encontraron vivos ni muertos. Muchos fueron esclavizados por los bárbaros sarracenos de aquella área, y unos de ellos fueron rescatados a gran precio, y otros no, hasta el día de hoy...

BIBLIOGRAFÍA

G. W. Clarke, "Some Observations on the Persecution of Decius", pp. 63-76. *Antichthon* n.° 3, 1969.

—"Double Trials in the Persecution of Decius". pp. 650-663. *Historia* n.° 22, 1973.

J. B. Rives, "The Decree of Decius and the Religion of Empire", pp. 135-154. *Journal of Roman Studies* n.° 89, 1999.

J. Knipfling, "The Libelli of the Decian Persecution", pp. 345-390. *Harvard Theological Review* n.° 16, 1923.

Narciso Santos Yanguas, *Cristianismo e Imperio Romano durante el siglo I*. Ed. Clásicas, Madrid 1994.

—*Cristianismo y sociedad pagana en el Imperio Romano durante el siglo II*. Universidad de Oviedo, Oviedo 1999.

—*El cristianismo en el marco de la crisis del siglo III en el Imperio Romano*. Universidad de Oviedo, Oviedo 1996.

P. Keresztes, "The Emperor Maximinus' Decree of 235 A. D. Between Septimius Severus and Decius", pp. 601-618. *Latomus* n.° 28, 1969.

—"The Emperor Septimius Severus: A Precursor of Decius", pp. 565-578. *Historia* n.° 19, 1970.

—"The Decian Libelli and Contemporary Literature", pp. 763-779. *Latomus* n.° 34, 1975.

7. Valeriano y las finanzas del Imperio

Los siete años que van del edicto de Decio hasta el de Valerio son años de tranquilidad para la Iglesia, turbada solamente en Roma por una breve oleada de persecución cuando el emperador Tribonio Galo (251-253) hizo arrestar al obispo de la comunidad, Cornelio, desterrándolo a *Centum Cellae* (Civitavecchia), donde murió el año 253. La conducta de Galo se debió probablemente a condescendencia con el pueblo, que atribuía a los cristianos la culpa de la peste que asolaba al Imperio. Pese a sus avances, más en la urbe que en el campo, el cristianismo era considerado todavía como una "superstición extraña y maléfica", causante de todas las desgracias.

Galo y su hijo Volusiano fueron asesinados en el 253. Licino Valeriano (253-260) ocupó su puesto. Descendía de una vieja familia romana senatorial y, según afirma Dionisio de Alejandría, estaba inclinado a la benevolencia con los cristianos en los primeros años de su gobierno. Y añade que la corte imperial estaba llena de "servidores de Dios", hasta el punto que bien podía pasar por una "iglesia de Dios". Ningún emperador antes de él estuvo tan bondadosamente dispuesto hacia los cristianos, ni siquiera aquellos de los que se dice que han sido cristianos, porque tuvo una disposición favorable y acogedora. "Al comienzo los recibía con una familiaridad y una amistad manifiestas, y toda su casa estaba llena de hombres piadosos y era una iglesia de Dios". Sin embargo, en el cuarto año de su reinado, en agosto del 257 d. C., se originó una imprevista, dura y cruenta persecución. Según Dionisio, el cambio de actitud y de política de Valeriano se produjo cuando Macriano, ministro y presidente de los magos egipcios, "lo persuadió para que persiguiera y matase a hombres puros y santos como rivales que le impedían sus propios execrables encantamientos", remediando la situación financiera del Imperio confiscando los bienes de los cristianos ricos[662].

[662] Eusebio, *Hist. ecl.* VII, 10.

De esta noticia se deduce que los motivos religiosos escondían una cuestión de mera contabilidad: hacerse de dinero, aumentar las arcas del Estado para financiar las guerras contra los godos y los persas.

Un primer edicto afectaba sólo a los dirigentes de la Iglesia. En él se les ordenaba sacrificar a los dioses del Imperio o ser deportados. Se prohibieron las celebraciones de culto cristiano y la visita a los cementerios cristianos bajo pena de muerte, pero no el culto privado. Como estas medidas mostraron ser ineficaces, siguió un segundo edicto, en el 258 d.C., que prescribió que los obispos, presbíteros y diáconos que no hubiesen obedecido fuesen ejecutados sin demora, al tiempo que ordenaba confiscar las propiedades de los *honestiores* que fueran cristianos, es decir, los senadores y los caballeros romanos. Si este castigo no les conducía al arrepentimiento, o sea, a la renuncia de su fe cristiana, padecerían la pena capital. Sus mujeres perderían también sus bienes y serían desterradas. A los empleados imperiales en Roma y provincias, los *caesarini,* se los amenazó igualmente con la confiscación de sus bienes y trabajos forzados. El motivo financiero tan conspicuo en este edicto tuvo como consecuencia su diligente y pronta aplicación.

> Valeriano ha dado un rescripto al Senado ordenando que los obispos y presbíteros y diáconos sean ejecutados inmediatamente, y que los senadores, hombres ilustres y caballeros romanos pierdan su dignidad y sus bienes, y si después de haber sido desposeídos insisten en ser cristianos, sean condenados a muerte; que las matronas pierdan sus bienes y sean exiliadas; que a todos los cristianos que hubiesen confesado antes o que confiesen ahora les sean confiscados los bienes y, una vez encadenados, se los reparta por las posesiones del emperador, levantándose acta de ellos. El emperador Valeriano ha añadido además a su escrito una copia del documento que ha enviado a los gobernadores de las provincias sobre nosotros[663].

Consecuencia de esta persecución fue la muerte por decapitación de Cipriano, obispo de Cartago, que cada día esperaba la llegada del rescripto "mientras nos mantenemos en pie con la firmeza de la fe para sufrir los tormentos y esperando por obra y gracia del Señor la corona de la vida eterna"[664]. Decapitado murió también Sixto II, obispo de Roma, junto con sus diáconos, Jenaro, Magno, Vicente y Esteban. Lorenzo fue reservado para el fuego. En la hoguera también sellaron su martirio Fructuoso, obispo de Tarragona, y sus diáconos Augurio y Eulogio. Probablemente también en esta época fue decapitado en Troies Patroclo. Dionisio, obispo de Alejandría, fue exiliado juntamente con muchos otros obispos, sacerdotes y diáconos de África. Este mismo Dionisio menciona multitud de hombres y mujeres, jóvenes y ancianos, soldados y paisanos, de toda raza y de todas las edades, "algunos sufriendo azotes y el fuego, otros la espada, todos vencieron en la lucha y han recibido sus coronas"[665].

A pesar de estos mártires ilustres, volvemos a decir que se trataba de un robo encubierto por motivos ideológicos. Sin embargo, para los cristianos que lo sufrieron en su carne, re-

663 Cipriano, *Cartas* 80, 1.
664 Cipriano, *Cartas* 80, 1.
665 Eusebio, *Hist. ecl.* VII, 11.

presentó un nuevo sufrimiento más, escribiendo páginas de heroica resistencia, en la vida y en la muerte. Refiere Dionisio cómo en Alejandría se escondieron los presbíteros Máximo Dióscoro, Demetrio y Lucio con el objeto de visitar en secreto a los hermanos. Otros, como Faustino y Aquilas, andaban errantes por todo Egipto fortaleciendo los ánimos de las comunidades cristianas. Los diáconos que sobrevivieron a los que murieron, en especial Eusebio, se prepararon desde el principio para cumplir ardorosamente el servicio a los confesores encarcelados y llevar a cabo, no sin peligro, el enterramiento de los cuerpos de los bienaventurados mártires. El gobernador, con celo de buen funcionario, "no dejaba de dar cruel muerte a algunos de los que son conducidos ante él, de desgarrar a los otros en torturas y de consumir en cárceles y prisiones al resto, ordenando que nadie se les acerque, e indagando si alguien aparece"[666]. Y, sin embargo, Dios no cesa de aliviar a los oprimidos, gracias al ánimo y perseverancia de los hermanos.

La persecución no duró mucho. En el 260, mientras marchaba contra Sapor I, rey de los persas, Valeriano cayó en una emboscada y fue hecho prisionero, obligado a una vida de esclavo, repleta de humillaciones[667]. Su hijo Galieno no acudió en su ayuda, por otra parte difícil, ni siquiera intentó su rescate. Según Andreas Alföldi en los últimos años Galieno se había ido separando gradualmente de su padre, haciéndose cada vez más independiente.

"Finalmente le arrancaron la piel y la separaron de sus entrañas, y habiéndola pintado de púrpura la llevaron al templo de sus bárbaros dioses y la colocaron como trofeo de su esclarecido triunfo para mostrársela a nuestros embajadores a fin de que no confiasen demasiado los romanos en su fuerzas, viendo los restos de un príncipe prisionero entre los ex votos de sus dioses"[668]. Los cristianos interpretaron este fin vergonzoso del emperador perseguidor como un castigo directo de Dios.

Galieno (260-268), deshaciendo lo que su padre había hecho, de inmediato promulgó un edicto que puso fin a las persecuciones, buscando reconciliarse con los cristianos. Su esposa, la emperatriz Salonina, era cristiana. Posteriormente ordenó la restauración de la propiedad de las iglesias. El rescripto otorgaba al cristianismo una especie de estatus legal anteriormente ausente. Decía así:

> El emperador César Publio Licinio Galieno Pío Félix Augusto, a Dionisio, Pina, Demetrio y a los demás obispos: He mandado que el beneficio de mi don se extienda por todo el mundo, con el fin de que se evacúe los lugares sagrados y por ello también podáis disfrutar de la regla contenida en mi rescripto, de manera que nadie pueda molestaros. Y aquello que podáis recuperar, en la medida de lo posible, hace ya tiempo que lo he concedido. Por lo cual, Aurelio Cirinio, que está al frente de los asuntos supremos, mantendrá cuidadosamente la regla dada por mí[669].

[666] Eusebio, *Hist. ecl.* VII, 11.

[667] En los relieves de la roca de Naqsh-i-Rustam (Bichapur), Valeriano es representado de rodillas ante Sapor, quien se cree que lo cargó de cadenas y lo sometió a toda clase de humillaciones, utilizándolo incluso como silla para montar.

[668] Lactancio, *De mort. pers.* V.

[669] Eusebio, *Hist. ecl.* VII, 13.

El período de cuarenta años de paz que siguió, conocido como la "pequeña paz de la Iglesia", favoreció el desarrollo interno y externo de la Iglesia, aunque permaneció la fundamental posición hostil de las masas paganas del pueblo y de las autoridades provinciales, causantes de algunas muertes, como el martirio del soldado de Cesarea, de nombre Marino. A pesar de esto, varios cristianos ocuparon altos cargos del Estado y se mostraron hombres capaces y honestos. Sólo hubo un intento del emperador Aureliano (270-275) de instaurar el culto del dios Sol como la religión uniforme y centralizada de los romanos, pues la unidad del Imperio llevó a los pensadores religiosos a concebir la imagen de un Dios único. Al Sol se atribuía el principio generativo de todas las cosas y se le consideraba el dueño de los destinos humanos. Él dominaba sobre el ejército celeste. Después de su victoria sobre la reina Zenobia de Palmira, Aureliano erigió un templo al Sol Invicto, que asimilaba en sí a Apolo, Serapis y Mitra, y, en posición menor, a los otros grandes dioses paganos, a la vez que creó la corporación de "sacerdotes del dios-Sol". En las monedas de la época se puede leer la siguiente inscripción: "Sol señor del Imperio romano" *(Dominus imperi Romani).* Con estas tentativas religiosas el Imperio rechazaba la religión cristiana y se preparaba para desencadenar una persecución contra ella. Pero Aureliano murió poco antes en Tracia asesinado por una conjura militar[670].

1. Sixto de Roma y el diácono Lorenzo

Sixto II, obispo de Roma (257-258), nacido en Atenas, fue un hombre de gran cultura y conocimiento doctrinal. Calificado de "amante de la paz" por su intervención en el acalorado debate sobre el bautismo de los herejes. No tuvo tiempo de llevar adelante su política de reconciliación, que tan buenos resultados le dio con Cipriano de Cartago, pues en la segunda persecución desatada por Valeriano contra la Iglesia fue detenido, procesado y condenado a muerte por negarse a abjurar de su fe.

Según Cipriano, "fue ejecutado el octavo día antes de los idus de agosto"[671], es decir, el 6 de agosto del 258, junto a cuatro de sus diáconos. Al famoso diácono Lorenzo lo separaron para atormentarlo. Lorenzo era diácono y uno de los siete hombres de confianza de Sixto, quien le nombró administrador de los bienes de la Iglesia y distribución de las ayudas a los pobres y necesitados. Se cuenta que los funcionarios imperiales le pidieron que entregara los bienes y tesoros de la Iglesia. No se olvide que el edicto tenía fines mayoritariamente económicos. Lorenzo pidió tres días de tiempo para poderlos recoger; y tras ellos reunió a un gran número de pobres, huérfanos y necesitados, y los presentó a las autoridades como depositarios de dichos bienes.

Brutalmente torturado, fue asado en una parrilla y según cuenta una legendaria tradición en medio del martirio dirigiéndose a sus verdugos les dijo: "Podéis darme la vuelta, que por este lado ya estoy asado." El poeta Prudencio dice que el martirio de Lorenzo sirvió de mucho para la conversión de Roma porque a la vista del valor y tenacidad de este gran hombre se convirtieron varios senadores y desde ese día la idolatría empezó a disminuir en la ciudad.

---

670 C. G. Starr, *op. cit.,* p. 722.

671 Cipriano, *Cartas* 80, 1.

2. Vida y muerte de Cipriano de Cartago

Cipriano nació hacia el año 203-205, probablemente en Cartago, en el seno de una familia pagana miembro de la aristocracia local. Desde la niñez estudió letras, retórica y filosofía. Dedicado a la profesión de retórico y de abogado vivió una juventud entregada a los placeres propios de su edad y de su época, buscando gloria y fortuna. Él mismo confiesa que fue poco casto y que llegó a defender la idolatría en sus discursos. Pero el paganismo no podía satisfacer su inteligencia. Poco después trabó amistad con un presbítero llamado Cecilio, el cual con su testimonio de vida y sus enseñanzas lo acercó al cristianismo. La inmoralidad de los ambientes paganos contrastaba con la pureza de costumbres de los cristianos. No se olvide que por entonces se consideraba que la mejor filosofía era la que conducía a una vida casta y feliz. El Evangelio fue una revelación para él, comprendió que había encontrado la verdad. Su conversión fue radical. Sería el año 245-246. Bautizado de inmediato, reparte sus bienes a los pobres y hace voto de continencia. Cipriano experimenta el significado de la nueva creación en Cristo: "Cuando el segundo nacimiento hubo restaurado en mí al hombre nuevo, se opera en mí un extraño cambio, las dudas se aclaran, las barreras caen, las tinieblas se iluminan. Lo que yo juzgaba imposible puede cumplirse. Es la obra de Dios. Sí, de Dios. Todo lo que podemos viene de Dios"[672].

No vuelve a leer ningún libro pagano, renuncia por completo a la literatura que le había hecho célebre, hasta tal punto que no se encuentra en sus escritos la más mínima cita de un autor pagano. Sus dos guías son la Biblia y Tertuliano, a quien no nombra —le parecía mejor no mencionar un nombre a causa de su fin cismático—, pero a quien Cipriano llama "el maestro"; las afinidades doctrinales no se extienden a lo personal: Tertuliano era un aguerrido polemista, Cipriano busca siempre la armonía y la paz.

Ordenado presbítero en el año 248, un poco después, al morir Donato, el obispo de Cartago, el pueblo y los presbíteros de la comunidad le aclaman como el más digno para ser el nuevo obispo de la ciudad. Cipriano se resiste y quiere huir o esconderse, pero al fin se da cuenta de que era inútil oponerse al querer popular y aceptó tan importante cargo, diciendo: "Me parece que Dios ha expresado su voluntad por medio del clamor del pueblo y de la aclamación de los presbíteros"[673]. La sede de Cartago comprendía diseminados por la costa o por el interior de la región más de ciento cincuenta obispos. Pontio, biógrafo de Cipriano, dejó este retrato de su bondad y venerabilidad: "Era majestuoso y venerable, inspiraba confianza a primera vista y nadie podía mirarle sin sentir veneración hacia él. Tenía una agradable mezcla de alegría y venerabilidad, de manera que los que lo trataban no sabían qué hacer más: si quererlo o venerarlo, porque merecía el más grande respeto y el mayor amor".

Apenas cumple un año en su ministerio episcopal cuando estalla la persecución de Decio, en diciembre del 249 o enero del 250. La multitud pagana pide la cabeza del obispo, sabiendo que es el "papa" de las Iglesias de África. Por la calle, en el anfiteatro y en el circo muchos gritan: "Cipriano a los leones". Lo que demuestra la importancia que se le concedía en el

672 Cipriano, *Cartas* 4.

673 Pontio, *Vida de Cipriano,* 5.

orden de la propagación cristiana. Cipriano juzgó mejor retirarse a un lugar apartado, parecía que así podría defender mejor a su grey y su causa. Según su diácono y biógrafo Poncio, recibió un aviso divino para que actuara de ese modo y para no atizar aún más el fuego y el odio con su presencia. Pasó escondido quince meses sin dejar de dirigir epístolas consolatorias a los suyos. La correspondencia de ese período atestigua su sentido de la organización y su preocupación por los fieles puestos a prueba. Organiza visitas a los confesores de la fe encarcelados, aconsejando la prudencia, socorre a los que han perdido todos sus bienes. Algunos juzgaron su decisión de abandonar la ciudad como una huida cobarde, y Cipriano hubo de explicar su conducta[674].

Concluida la persecución, Cipriano volvió a su cargo de obispo donde tuvo que enfrentarse al grave problema disciplinar de los *lapsi,* caídos o apóstatas, que renunciaron a su fe por temor a las consecuencias. ¿Han de ser reincorporados a la Iglesia aprovechando la tregua? Otra grave cuestión fue la suscitada por el bautismo de los herejes. En el año 255 Cipriano recibe una carta de un tal Magno que le plantea una cuestión: "Cuando cristianos bautizados en la secta de Novaciano vuelven a la unidad de la Iglesia, ¿hay que bautizarlos de nuevo?". La cuestión no es nueva en África. Tertuliano había sido categórico: "Los herejes no pueden administrar un verdadero bautismo". Cipriano defiende el rebautismo de los que regresaban al rebaño, porque "sólo la Iglesia tiene el poder de bautizar y purificar". Postura que contradice la de Roma, donde se reconcilia a los herejes y cismáticos sin bautizarlos de nuevo, mediante la imposición de las manos y la penitencia. En septiembre del 256 ochenta y siete obispos reunidos en Cartago mantienen que se debe bautizar de nuevo a los herejes. Reciben el apoyo de Firmiliano, obispo de Cesarea de Capadocia. En medio del debate, que enfrenta a los cristianos africanos con los romanos, estalla la persecución de Valeriano en junio del 257, que pone fin al peligro de la desunión[675] de las dos Iglesias hermanas, con la muerte de los implicados principales: Esteban, el obispo de Roma, en ese mismo año 257, y Cipriano en el siguiente.

Tan pronto como el procónsul de África, Aspasio Paterno, tiene conocimiento del edicto de Valeriano, convoca a Cipriano el 30 de agosto del año 257. Éste obedece la orden y hace profesión de fe sin equívocos. En las actas proconsulares que se conservan, y en la que data del primer procesamiento el 30 de agosto, podemos leer cómo procede el interrogatorio a que le somete el procónsul:

> Procónsul: Los augustos emperadores Valeriano y Galieno[676] se han dignado de mandarme cartas en las que se ordena que aquellos que no profesan la religión romana, han de practicar sus ceremonias de ahora en adelante. Precisamente por eso te he mandado buscar; ¿qué me respondes?
>
> Cipriano: Yo soy cristiano y soy obispo. No reconozco otros dioses que al único y verdadero Dios que hizo el cielo, la tierra, el mar y todas las cosas. A Él servimos los

[674] Cipriano, *Cartas* 20.

[675] El papa Esteban llegó incluso a excluir de la comunión eclesial a Cipriano, calificándolo de "pseudocristiano y pseudoapóstol".

[676] Galieno, hijo de Valeriano, fue nombrado coemperador por su padre.

cristianos; a Él pedimos día y noche por nosotros mismos y por todos los hombres y también por la salud de los emperadores.

Procónsul: ¿Eres, pues, irremovible en ésta tu voluntad?

Cipriano: Cuando la buena voluntad ha llegado a conocer a Dios, no puede cambiarse en manera alguna.

Procónsul: Entonces, según la orden de Valeriano y Galieno, tendrás que ir desterrado a la ciudad de Curruba.

Cipriano: Iré.

Procónsul: Pero los emperadores me han mandado disposiciones no sólo para los obispos, sino también para los sacerdotes. Dime, pues, cuáles son los sacerdotes de esta ciudad.

Cipriano: La denuncia está sabiamente prohibida por vuestras leyes; y por eso yo no puedo revelarlos ni traértelos aquí. Por lo demás, tú puedes fácilmente seguirles la pista en las ciudades en que viven.

Procónsul: Pero entretanto yo quiero saber cuáles son los sacerdotes de esta ciudad.

Cipriano: Así como nuestra disciplina nos prohíbe presentarnos espontáneamente ante los tribunales, y esto también te desagrada, así ellos no se pueden presentar; pero si los haces buscar, los encontrarás.

Procónsul: Pues bien, ya los encontraré. Los augustos emperadores también han ordenado que no tengan reuniones en lugar alguno y que no se entre en los cementerios. El que no obedezca será condenado a muerte.

Cipriano: Tú haz lo que se te ha ordenado.

Terminado el interrogatorio, Cipriano es exiliado a Curruba, o Curubis, una pequeña ciudad al sudeste de Cartago, en el África proconsular. Según parece tuvo una visión el primer día de la llegada a su destino. Todavía no se había dormido del todo, cuando vio a un joven de gran estatura que lo presentaba delante del juez. Apenas lo vio éste, sin hacerle ninguna de las acostumbradas preguntas, se puso inmediatamente a escribir la sentencia en la tablilla. Entonces el joven que estaba detrás del juez, inclinado y atento a aquellas palabras, alzando los ojos y el brazo hacia Cipriano, hizo con la palma de la mano la acción de un golpe de espada que corta la cabeza. Cipriano, que comprendió bien cuál sería su martirio, siempre en visión, se puso a conjurar al juez para que le concediese alguna prórroga, aunque sólo fuese un día, con el fin de proveer a su Iglesia. Y el juez, como si consintiese a una cosa justa, con rostro sereno añadió alguna otra palabra en la tableta. Entonces el joven que estaba detrás, cerrando los otros cuatro dedos, hizo señal con el índice que se concedía una prórroga.

La realidad de los acontecimientos demostró que la prórroga no era de un día sino de un año justo. Rodeado siempre de visitantes de todo lugar y condición reanimaba a todos con su ardiente palabra y reconfortaba a los que se habían dispersado por la persecución. En ese tiempo hizo también donación a los pobres de los últimos restos de su fortuna y mantuvo correspondencia con los condenados a las minas, a los cuales, juntamente con la palabra escrita, enviaba socorros oportunos.

Al procónsul Aspasio Paterno sucedió en el cargo Galerio Máximo. La persecución se agravó desde entonces y un nuevo decreto ordenó la muerte de obispos, presbíteros y diáconos. El nombre de Cipriano es citado expresamente. La guardia romana traslada a Cipriano de Curubis a Cartago y lo encierra en los jardines de su anterior propiedad en espera de la sentencia final. En este compás de espera se entera de la ejecución de Sixto II y del endurecimiento de las medidas anticristianas adoptadas por Valeriano. Cartas imperiales expedidas a los gobernadores de las provincias imponían que se diese ejecución inmediata a las disposición del segundo edicto.

Cipriano comprende que había llegado su fin y se prepara para morir en su ciudad, pero cuando oye que el procónsul Galerio Máximo, que entonces se encontraba en Utica, había enviado soldados que lo llevasen allí, Cipriano, que quiere morir en Cartago —"es conveniente que un obispo haga pública profesión de fe en Dios en la misma ciudad en que él preside a la Iglesia del Señor y que todo el pueblo sea glorificado con el martirio de su propio pastor que da la vida en medio de él"—, se escapa a un escondite muy remoto. Desde allí escribe a los suyos una carta dando explicación a su actitud. Sin embargo, apenas conoce que el procónsul ha regresado a Cartago, Cipriano se deja encontrar en los jardines en donde había sido confinado. En vano los más nobles señores, los amigos y los mismos fieles le suplican que escape por su vida. El 13 de septiembre del 258 pasa la noche en casa de un guardia, a la mañana siguiente es conducido por dos oficiales de la guardia proconsular a Sexto, cerca de Cartago, donde se encuentra Galerio Máximo. Enterado todo el pueblo cristiano de Cartago *(universus populus fratrum),* habían acudido por la noche al lugar, temerosos de que sucediese algo sin tener ellos noticia. En la mañana del día 14, el procónsul pregunta al mártir: "¿Eres tú Tacio Cipriano?".

"Cipriano: Sí, lo soy.

Procónsul: ¿Eres tú el responsable de toda esta gente?

Cipriano: Sí, lo soy.

Procónsul: Los augustos emperadores te ordenan que ofrezcas sacrificios según los usos romanos.

Cipriano: No lo haré nunca.

Magistrado: Piénsalo bien.

Cipriano: Lo que te han ordenado hacer, hazlo pronto. Que en estas cosas tan importantes mi decisión es irrevocable, y no va a cambiar."

Entonces Galerio Máximo consultó a sus consejeros y luego, de mala gana, como refiere el acta de la sesión, dictó esta sentencia: "Tú, desde hace mucho tiempo, has vivido sacrílegamente, y has reunido en torno tuyo a muchísimos adherentes a una secta peligrosa, y te has hecho enemigo de los dioses romanos y del culto sagrado, y ni siquiera las órdenes de nuestros augustos emperadores Valeriano y Galieno han podido inducirte a sacrificar; por eso, siendo tú reo e instigador de estas infames maldades, servirás de ejemplo a los que has arrastrado a tu delito: tu sangre sancionará la fuerzas de las leyes".

Dichas estas palabras, leyó sobre la tableta la sentencia: "Ordenamos que Tacio Cipriano sea ejecutado por la espada".

Al oírla, Cipriano exclama: "¡Gracias sean dadas a Dios!".

Entonces estalló todo el pueblo indignado y los cristianos comenzaron a gritar: "Que nos maten también a nosotros, junto con él".

El tumulto fue indescriptible. Mientras tanto, Cipriano salía del pretorio en medio de los soldados, escoltado por centuriones y tribunos. La ejecución debía verificarse fuera del poblado. El diácono Poncio, que vivió a su lado hasta el momento de su muerte, nos ha dejado una narración de las circunstancias últimas que acompañaron a su martirio.

Al llegar al lugar de la ejecución, Cipriano se quitó el manto y habiéndolo extendido en el suelo, se arrodilló encima orando en la presencia de Dios. Después se quitó también la dalmática y la entregó a los diáconos que le asistían. Se quedó con la camisa blanca de lino y esperó al verdugo. Cipriano mandó regalarle veinticinco monedas de oro. Los fieles extendieron en torno a él pañuelos y paños para recoger al menos algunas gotas de su sangre.

El santo obispo se vendó él mismo los ojos, pero no pudiendo atarse las manos a la espalda, pidió que lo hiciesen un sacerdote y un subdiácono allí presentes. El verdugo le cortó la cabeza con un golpe de espada. Era el 14 de septiembre del año 258. El cuerpo quedó allí de momento, para satisfacer la curiosidad de los paganos, pero al anochecer, los fieles lo llevaron en solemne procesión, con antorchas y cantos de victoria *(cum cereis et scolacibus, cum voto et triumpho)* para darle honrosa sepultura en la vía Mappalia, cerca de los aljibes del agua. Todo el símbolo de una vida fructífera y vivificadora.

3. Fructuoso de Tarragona

Sobre Galia no poseemos ninguna noticia fidedigna. España está representada por el grupo de mártires Fructuoso, obispo de Tarragona, y sus diáconos, cuyas actas son auténticas en lo principal. Tarragona era quizá la ciudad más importante de la Hispania romana. Había sido desde antiguo modelo de devoción a la persona del emperador y al culto oficial, pese a lo cual el cristianismo era tolerado. Los edictos de Valeriano cambiaron la situación. Fructuoso, el anciano obispo de la ciudad, fue la primera víctima. El 16 de enero del año 259, domingo, fue detenido por los soldados romanos junto con sus diáconos Augurio y Eulogio. Permanecieron seis días en la cárcel, al cabo de los cuales fueron conducidos a presencia del gobernador de la provincia, Emiliano. Afortunadamente, ha llegado hasta nosotros el acta del proceso verbal oficial, siendo un precioso y fidedigno documento del martirio. He aquí el breve diálogo sostenido durante el proceso:

> El gobernador Emiliano pregunta al obispo: ¿Conoces las órdenes del emperador?
>
> Fructuoso: No, pero soy cristiano.
>
> Emiliano: Esas órdenes mandan adorar a los dioses.
>
> Fructuoso: Yo adoro a un solo Dios, que ha hecho el cielo y la tierra, el mar y todas las cosas.
>
> Emiliano: ¿Sabes que hay varios dioses?
>
> Fructuoso: Lo ignoro.
>
> Emiliano: Pues lo aprenderás. ¿Quién va a ser obedecido, temido, venerado, si se niega el culto a los dioses y la adoración a los emperadores?

Volviéndose luego hacia el diácono Augurio, le dice: No hagas caso de las palabras de Fructuoso.

Contesta Augurio: Yo adoro también al Dios omnipotente.

Pregunta el presidente: Y tú, Eulogio, ¿adoras quizá a Fructuoso?

Eulogio: De ningún modo. Yo no adoro a Fructuoso, sino a Aquél a quien Fructuoso adora.

Volviéndose de nuevo a Fructuoso, Emiliano le pregunta: ¿Eres obispo?

Fructuoso: Lo soy.

Emiliano: Lo fuiste.

Dicho lo cual Emiliano firma la sentencia, condenando a Fructuoso y a sus dos diáconos a la hoguera.

Conducidos al anfiteatro de la ciudad, los hermanos ofrecieron a los mártires una copa de vino aromático. "Aún no ha llegado la hora de romper el ayuno", dijo Fructuoso. Eran las diez de la mañana del 21 de enero del 259. Augustal, lector de Fructuoso, se acercó al mártir suplicándole con lágrimas le permitiera descalzarle. "Yo me descalzaré", dijo el mártir tranquilo y seguro de la promesa divina. Llegados a la puerta del anfiteatro, en presencia de los hermanos y bajo la atenta mirada de los soldados, Fructuoso pronunció estas palabras, llenas de inspiración divina: "No os faltará pastor, ni dejarán de cumplirse la caridad y las promesas del Señor en este mundo y en el otro. Lo que veis no es más que el dolor de una hora".

"Semejantes a Ananías, Azarías y Misael, recordaban la Santísima Trinidad. En medio de las llamas de este mundo el Padre no los abandonó, el Hijo los confortó y el Espíritu Santo estuvo a su lado". Cuando las cuerdas con que tenían atadas las manos se quemaron, ya libres, se arrodillaron, y en la postura ordinaria de la oración, y puestos en cruz, gozosos y seguros de la resurrección, oraron hasta que entregaron sus almas.

BIBLIOGRAFÍA

A. Watson, *Aurelian and the Third Century*. Londres 1999.

Andreas Alföldi, "The Crisis of the Empire", en *The Cambridge Ancient History*, vol. XII. Cambridge 1939.

E. Manni, *L'impero di Gallieno*. Rome 1949.

G. Matthew, "The Character of the Gallienic Renaissance", pp. 65-70. *Journal of Roman Studies* n.º 33, 1943.

L. De Blois, *The Policy of the Emperor Gallienus*. Leiden 1976.

M. Simon y A. Benoit, *El judaísmo y el cristianismo antiguo*. De Antíoco Epífanes a Constantino. Labor, Barcelona 1972.

Narciso Santos Yanguas, *El cristianismo en el marco de la crisis del siglo III en el Imperio Romano*. Universidad de Oviedo, Oviedo 1996.

P. Healy, *The Valerian Persecution*. Londres 1905.

R. Grunwald, *Studies in the Literary Sources for the Emperor Gallienus, 253-268 A. D.* Minnesota 1969.

8. La Gran Persecución

En el año 284, después de una brillante carrera militar, fue aclamado emperador el general Cayo Aurelio Valerio Diocleciano, de origen dálmata (actual Croacia) y de familia humilde, saludado por la propaganda oficial como *Parens Aurei saeculi* ("Padre de una nueva edad de oro"). Con él comenzaría una profunda renovación que afectó a todas las áreas del Imperio y que culminó con Constantino el Grande: el totalitarismo (civil, militar, económico, político y religioso) del Estado romano. Diocleciano terminó con la anarquía militar y se encargó de reorganizar el Imperio comenzando por la cabeza. En lugar de haber un solo emperador, se designaron dos augustos (emperadores), ambos deberían llevar las riendas del gobierno. Designó también a dos césares (co-emperadores) que estaban bajo el mando directo de los augustos, si un augusto moría debía de ser reemplazado por un césar, de esa manera el Imperio nunca quedaba vacante, y no dependía ya del Senado ni del Ejército. A esta forma de gobierno se la conoce por Tetrarquía. Los cuatro compartían el trono, pero en realidad era Diocleciano quien ejercía la máxima autoridad, el reparto del gobierno fue sólo funcional y no constitucional.

A principios del siglo IV adoptó el título de *Dominus,* "Señor", que lo elevaba por encima de todos y realzaba su condición de monarca. "Con Diocleciano termina la época del principado y comienza la de los dominantes"[677]. Con el título añadido de Joviano, "hijo de Júpiter" —hacía tiempo que circulaban sobre su persona varias noticias de portentos, que lo hacían favorito de los dioses—, se revistió con los hábitos de las monarquías persas, allanando el camino a la teoría del "derecho divino de los reyes" y la simbiosis Estado-Religión. Oriente, desde los primeros tiempos, había sido terreno propicio para un gobierno teocrático, los súbditos de cada regente creían que el mismo estaba en comunicación directa con la deidad mayor, y por tanto, la ley del Estado era vista como la ley revelada. En la misma forma los emperadores permitían que se les venerara como si fueran oráculos sagrados y como deidades y todo aquello que se relacionara con ellos era denominado *sagrado.* La palabra *sagrado* llegó a reemplazar la denominación de *imperial.*

Diocleciano se estableció en Nicomedia (actual Izmit, en Turquía), la parte oriental del Imperio, con su respectivo césar, Galerio, a quien había dejado gobernar la Iliria. En Occidente estaba Maximiano establecido en Milán, dejando a Constancio Cloro gobernar la Galia, la Bretaña y España.

En todo el Imperio se reorganizó la administración aumentando considerablemente el aparato burocrático con un ingente número de funcionarios subordinados al emperador, encargado de imponer su voluntad en cualquier rincón de sus dominios. Unificó el Imperio, ciertamente, pero a costa de su paralización. La complejidad y la estricta jerarquía funcionaria entorpeció la actividad normal de la sociedad y ralentizó en gran medida la vida común. Como escribe Indro Montanelli, la reforma de Diocleciano fue un experimento socialista con una relativa planificación de la economía, nacionalización de las industrias y multiplicación de la burocracia[678].

---

[677] Alberto di Mare, *Una crónica de la cristiandad,* "Del Edicto de Milán al Cisma de Occidente". *Acta Académica,* www.uaca.ac.cr/acta/1991may/adimare.htm.

[678] Indro Montanelli, *Historia de Roma,* p. 398.

Para hacer frente a los gastos ocasionados por sus reformas tuvo que aumentar la presión fiscal. Los tributos que se recaudaban en dinero pasaron a satisfacerse en especie, debido a la mala calidad de la moneda. Por esta causa se revivió el sistema de trueque. Los impuestos cayeron con mayor fuerza sobre los campesinos, las comunidades campesinas, y los propietarios de tierras. En lo sucesivo los impuestos serían pagados *per cápita* y por yugada, es decir, un tanto por cada persona y por cada pedazo de terreno cultivable. El cobro fue confiado a una burocracia enorme que no dejaba escapar nada haciendo imposible evadir el fisco, que castigaba de manera inhumana a quien lo hacía. Los impuestos eran tan pesados que los colonos abandonaban los campos y las tierras cultivadas se volvían salvajes. "El número de animales disminuía, y los hombres morían, mas no se dejaba de pagar impuestos por los muertos: ni vivir, ni morir gratis era posible"[679]. A lo anterior se sumaba el servicio obligatorio, cada vez más pesado, que se imponía a aquellos dedicados a las empresas industriales, las cuales fueron unidas en gremios estatales. Muchos ciudadanos se pasaron a los bárbaros para huir de tanta opresión. Para remediarlo se prohibió abandonar el puesto de trabajo, el lugar de nacimiento, el taller, el uniforme militar, ligando a cada cual a su ciudad y oficio, preludio de la feudalización de la Edad Media.

1. Ofensiva anticristiana de Diocleciano

Los primeros dieciocho años del gobierno de Diocleciano fueron tranquilos para los cristianos. El emperador se mostró justo e incluso benévolo y comprensivo con los cristianos. Prueba de ello es que tanto en las provincias como en Nicomedia, en el ejército y la alta administración y en los servicios palaciegos, aquellos que desempeñaban cargos relevantes, por favor especial, eran dispensados de participar en los sacrificios paganos. De repente, en el 303, se disparó la última gran persecución contra los cristianos, llamada usualmente de Diocleciano, aunque el emperador más activo fue su colega y yerno Galerio. Se ordenaba la destrucción de las iglesias, la quema de los libros sagrados, se declaraban infamados los cristianos que se opusieran, podían ser torturados, perdían sus privilegios y si eran esclavos no podían ser manumitidos. A este primer edicto siguieron otros que incrementaron por etapas el rigor de la persecución, en ellos se ordenaba el encarcelamiento de los jefes de la Iglesia y se publicaron panfletos contra los cristianos como parte de un programa de desacreditación cultural del cristianismo. En marzo del 304, en Nicomedia, se publicó el cuarto edicto, obra de Galerio y aprobado por Diocleciano, por el que se mandaba que todos los cristianos hicieran públicos sacrificios y libaciones a los dioses.

Es lícito preguntarse por qué Diocleciano puso fin a una larga política prudente y comprensiva. Aunque en lo personal Diocleciano abrigaba sentimientos tradicionalistas, se había abstenido, no obstante, de actos intransigentes e intolerantes. Se han adelantado varias respuestas, directamente interrelacionadas entre sí.

Religiosa. Eusebio y Lactancio, testigos oculares de esta persecución, atribuyen el cambio de actitud de Diocleciano a la influencia que ejercieron sobre el emperador envejecido los colegas y lugartenientes del Imperio: Maximino y sobre todo Galerio, hombres de acción y de escasa

[679] Lactancia, *De mort. pers.* 23.

cultura, fácilmente inclinados a la superstición. Galerio odiaba visceralmente el cristianismo, al que empezó a perseguir en la persona de los cristianos que militaban en su ejército (año 301). Diocleciano, por su parte, conservaba hacia los dioses la robusta fe de un legionario dálmata, adorando a Júpiter, Esculapio y Mitra. Su fervor pagano y las circunstancias de su vida y las del Imperio, bien pudieron inclinarlo a adoptar las medidas persecutorias de Galerio. Bajo el efecto de la laxitud, de las decepciones y de la enfermedad, de las fatigas y las luchas siempre renovadas contra dificultades de todo tipo, bien pudo preguntarse si los peligros que amenazaban a su Imperio no serían una señal de la ira de los dioses. Creyó a los adivinos y dio su consentimiento a las instancias de sus oficiales. Su madre, dice Lactancio, era adoradora de "los dioses de los montes", es decir, Cibeles y Diana, mujer en extremo supersticiosa, la cual estando en Nicomedia ofrecía sacrificios casi a diario. Y daba a sus vecinos para que participasen del banquete sagrado. Como los cristianos se abstenían de tales comidas sacrificadas a los ídolos, concibió animosidad contra los cristianos y azuzó a su hijo, no menos supersticioso que ella[680].

Defendiendo a su superior, y cubriéndose las espaldas en el momento de su desgracia, Maximino Daya recuerda al gobernador Sabino que Diocleciano tomó la decisión de perseguir a los cristianos al observar "que casi todos habían abandonado el culto de los dioses y se habían afiliado a la tribu de los cristianos", para evitar lo cual ordenó, de manera "justificable", que todos los que abandonasen el culto de los dioses inmortales fuesen llamados a volver al culto a los dioses mediante la corrección y castigo públicos[681]. A los ojos de Diocleciano los cristianos eran elementos disociadores de su gran esquema teocrático: una patria, un gobierno, una religión conforme a las glorias pasadas de Roma.

Sociológica. Diocleciano intentó y llevó a cabo muchas reformas procurando poner fin a la anarquía anterior. Según Chester Starr, Diocleciano se mostró increíblemente tolerante con sus enemigos políticos, pero no demostró ninguna simpatía por las desviaciones intelectuales. Fue el primero en prohibir la astrología; los alquimistas egipcios fueron proscritos y se quemaron sus obras. Persiguió a los maniqueos, sospechosos de haber fomentado una revuelta en Egipto. A diferencia de Aureliano, Diocleciano no favoreció el culto sincretista del Sol, sino que trató de reavivar el viejo culto estatal de Júpiter Capitolino, o *Júpiter conservator,* como se le llamó con otro título en las monedas[682]. El Imperio atravesaba lo que E. R. Dodds ha llamado situación de "angustia difusa"[683], y para subrayar la protección divina, Diocleciano se hizo llamar Jovius, el hijo de Júpiter. La suya, pues, fue una reacción tradicionalista, y asesorado por otros tantos de su mismo parecer, creyó que sólo el retorno a la antigua fe de Roma, a la *Pax Deorum,* podía reanimar al pueblo y persuadirlo a afrontar los sacrificios necesarios que el Estado exigía. Para ello se creyó que hacía falta un retorno a la *vetera instituta,* es decir, a las antiguas leyes y a la tradicional disciplina romana. La debilidad de esta solución es que los cristianos representaban mejor que nadie esos valores tradicionales de moral austera y disciplina. Por eso no hay que descartar la inveterada creencia que atribuía todos los bienes

---

680 Lactancio, *De mort. persecut.* 11.

681 Eusebio, *Hist. ecl.* IX, 9.

682 C. G. Starr, *op. cit.,* p. 740.

683 E. R. Dodds, *Pagan and Christian in an Age of Anxiety: Some aspects of religous experiencia from Marcus Aurelius to Constantine.* Cambridge University Press, 1965.

al culto a los dioses inmortales, y todos los males al descuido del mismo. Quizá por eso no todos los consejeros del emperador estuvieron de acuerdo en la medida anticristiana, escépticos respecto al favor de los dioses y la malignidad del rechazo cristiano de su culto. Según Lactancio, que durante un tiempo sirvió en la corte, se impuso la medida drástica por culpa de los que llevados por su odio personal contra los cristianos opinaron que éstos debían ser eliminados en cuanto enemigos de los dioses y del género humano; mientras los que pensaban de otro modo, al constatar los deseos de Galerio, coincidieron con este parecer movidos o bien por temor, o bien por deseo de alcanzar una recompensa[684].

Política. La religión es desde sus orígenes un substrato esencial de la sociedad previa a las primeras organizaciones políticas, que han recibido de ella su legitimación. Diocleciano sabía que los emperadores habían muerto en su mayor parte asesinados. Para evitar este mismo fin, Diocleciano se preocupó de asegurase el poder y darle una estabilidad que no tenía desde hacía un siglo. La fórmula de la naturaleza sagrada de los emperadores ya existía, sin que hubiera impedido que sus subordinados acabasen con ellos y su "divinidad". Con todo, se proclamó hijo de Júpiter y fue reconocido oficialmente como señor absoluto, con el título de *Dominus.* Se revistió de los hábitos propios de las monarquías orientales, singularmente la persa. La diadema con perlas incrustadas, manto de oro y púrpura con pedrería, cetro y globo, e incienso. Sólo tomaba consejo de altísimos funcionarios que formaban parte, junto con otros *comites,* del consejo privado o *sacrum consistorium.* Se hicieron habituales las genuflexiones de los súbditos y el recogimiento en las audiencias y ceremonias oficiales, mantenido rigurosamente por un cuerpo especial llamado los *silentarii,* todo lo cual contribuía a hacer patente la elevada majestad del emperador, como si fuera una divinidad. Los ciudadanos pasaron a ser meros súbditos, que ya no mantenían sus libertades políticas, y que perdieron además su libertad social y económica, siempre por razones de Estado. Los antiguos ciudadanos de Roma no gustaban de tales ceremoniales y por eso los emperadores mostraron una preferencia cada vez mayor al Oriente, habituados a estas costumbres y donde, por añadidura, eran mejores las condiciones económicas.

La oposición cristiana a la idolatría entorpecía el proyecto de deificación de la persona imperial, pues era condición esencial que las antiguas mitologías grecorromanas no fueran minadas en su interior, como venían haciendo con los cristianos que se burlaban de los dioses y los equiparaban a la fábulas inventadas por los poetas y a los demonios. Esto explica la reacción de Diocleciano y los colaboradores de su proyecto en el momento en que éste aspiró a la divinidad compartida con Júpiter.

En el ejército había cierto número de seguidores de Cristo y de Mani. Éstos se negaron a prestar al emperador el homenaje idolátrico que los demás le tributaban y fueron considerados rebeldes. Esto puede darnos una razón de los edictos anticristianos[685].

Reunido con sus juristas, Diocleciano declaró prohibidas ambas religiones. Primero el maniqueísmo en el año 302, seguido del cristianismo en febrero del 303. Los edictos contra los cristianos se han perdido, pero se pueden reconstruir, al menos en parte, en base al edicto antecedente contra los maniqueos. En el edicto contra los maniqueos se dice que debe

684 Lactancio, *De mort. persecut.* 12.

685 Hans, Barón de Soden, *op. cit.,* p. 591. Lactancio, *De mort. persecut.* 11.

combatirse como grave infracción las criminales acciones de hombres que establecen nuevos cultos inauditos frente a las antiguas religiones y con sus malos sentimientos debilitan lo que de antiguo es sagrado y divino, y que es necesario castigarlos.

El ejército, ciertamente, sufrió una depuración gedeónica. Los soldados que se negaran a sacrificar por el genio del emperador eran licenciados y los oficiales degradados. Esta medida tuvo como resultado la revisión total del ejército. Grandes cantidades de soldados, dice Eusebio, se sintieron felices de pasar a la vida civil para no renunciar a su fidelidad a Cristo, estimando más la confesión de su fe que el logro de gloria y prosperidad. "Unos pocos aquí y allá sufrían no sólo la pérdida del honor, sino incluso la muerte a cambio de su leal devoción, porque de momento el instigador [Galerio] de la trama estaba arriesgándose al derramamiento de sangre sólo en raras ocasiones, temiendo aparentemente la cantidad de creyentes y vacilando de hacerles la guerra a todos a la vez"[686].

La ofensiva contra la población cristiana en general comenzó en el curso de una conferencia en la que había reunido a algunos de los principales funcionarios del Imperio y recibido la aprobación formal del oráculo de Apolo de Mileto. En un principio no se intentaba derramar sangre sino destruir los lugares de reunión.

Nicomedia, lugar de residencia del emperador y capital virtual del Imperio, fue el primer escenario de la gran persecución, cuyo blanco programático fue el magnífico templo cristiano de la capital. La existencia de éste revela el grado de tolerancia de que los cristianos habían disfrutado hasta entonces. Era una mañana del 23 de febrero del 303. Desde un lugar estratégico los dos emperadores y su corte contemplan la destrucción de la iglesia cristiana. "Aquel día fue el primero de las muertes, la causa primera de los males", escribe Lactancio citando a Virgilio. "Los pretorianos, provistos de hachas y otras herramientas y, acometiéndolo por todas partes, en pocas horas arrasaron hasta el nivel del suelo este soberbio edificio"[687].

Al día siguiente, es decir, el 24 de febrero[688] se publicó el edicto en el que se estipulaba que las personas que profesasen la religión cristiana fuesen privadas de todo honor y de toda dignidad, y que fuesen sometidas a tormento, cualquiera que fuese su condición y categoría; que fuese lícita cualquier acción judicial contra ellos, al tiempo que ellos no podrían querellarse por injurias, adulterio o robo; en una palabra, se les privaba de la libertad y de la palabra. Verse privados de garantías legales en materia civil y de la posición social gozada era castigo particularmente grave en un sistema social tan preciso como el de la jerarquía diocleciana.

Lo que caracteriza esta persecución no es solamente su amplitud y duración —casi una década—, sino el aspecto inusitado de violencia universal. En las persecuciones precedentes

686 Eusebio, *His. ecl.,* VIII, 4.

687 Lactancio, *De mort. persecut.* 12.

688 Según Eusebio el edicto fue publicado en el mes de marzo. Se explica por el tiempo exigido para su publicación en las diversas partes del Imperio. "Era éste el año diecinueve del imperio de Diocleciano y el mes de Distro [Marzo] cuando, estando próxima la fiesta de la Pasión del Salvador, por todas partes se extendieron edictos imperiales mandando arrasar hasta el suelo las iglesias y hacer desaparecer por el fuego las Escrituras, y proclamando privados de honores a quienes los disfrutaban y de libertad a los particulares si permanecían fieles en su profesión de cristianismo. Tal era el primer edicto contra nosotros, pero no mucho después nos vinieron otros edictos en los que se ordenaba: primero, arrojar en prisiones a todos los presidentes de las iglesias en todo lugar, y luego, forzarles por todos los medios a sacrificar" (Eusebio, *Hist. ecl.* VIII).

se habían tenido en cuenta ciertas consideraciones. Por ejemplo, tanto en el proceso como en el castigo se respetaron ciertas formas legales, como las distinciones sociales y políticas. En esta ocasión nadie se libró de la tortura, ni se respetó el honor de las mujeres. Las garantías del derecho romano no existían para los cristianos, abandonados a la discreción de sus jueces.

Un cristiano de elevada posición se atrevió a desgarrar el texto del primer edicto. Fue un acto valiente pero de poca prudencia. Detenido en el instante, no sólo fue torturado sino cocido lentamente, lo que soportó con admirable paciencia. Por último fue quemado[689].

Poco tiempo después, dos incendios provocados accidentalmente (Eusebio) en el intervalo de unos días, o por la maquinación de Galerio, que buscaba predisponer definitivamente a Diocleciano contra los cristianos (Lactancio), prendían en el palacio. Una vez más, como antaño en los días de Nerón, los cristianos fueron acusados de enemigos públicos y conspiradores. Diocleciano reaccionó con el rigor de un príncipe absolutista. Multitud de personas inocentes fueron sometidas a torturas inhumanas. Todos los jueces y todos los magistrados que vivían en el palacio recibieron facultades para aplicar la tortura. Andaban en competencia por ver quién podía hallar primero alguna pista. Nunca encontraron nada, pues a nadie se le ocurría atormentar a la servidumbre del César Galerio, presunto instigador del fuego[690].

La represión fue brutal, indescriptible en horrores, testimonio de una barbarie que desmerece la tan alabada *civitas* romana, que en poco tiempo iba a ser substituida por la *civitas* cristiana. "Familias y grupos enteros fueron degollados a espada por orden imperial, mientras que otros eran consumados por el fuego, saltando hombres y mujeres a la pira con divino entusiasmo. Los verdugos ataron a otros muchos y los echaron al mar desde barcas. [...] Así fueron los sucesos en Nicomedia al comienzo de la persecución"[691].

Un nuevo edicto imperial ordenó encarcelar a los jefes de las iglesias y sus ayudantes. "El espectáculo a que esto dio lugar sobrepasa toda narración: en todas partes se encerraba a una muchedumbre innumerable, y en todo lugar las cárceles, preparadas desde antiguo para homicidas y violadores de tumbas, rebosaban ahora de obispos, presbíteros, diáconos, lectores y exorcistas, hasta no quedar ya sitio allí para los condenados por sus maldades"[692].

Este decreto fue seguido por otro, según el cual los presos debían ser liberados si sacrificaban, pero mutilados por constantes torturas si rehusaban. Las leyes fueron aplicadas con todo rigor en casi dos tercios del Imperio, "se ideaban sistemas de tortura desconocidos hasta entonces y, a fin de que nadie fuese juzgado sin pruebas, eran colocados altares en las salas de audiencia y delante de los tribunales para que los litigantes ofreciesen sacrificios antes de defender sus causas: se presentaba, pues, uno ante los jueces como si fuese ante los dioses"[693].

Un nuevo e incontable ejército de mártires se formó en cada provincia, especialmente en África, Mauritania, la región de la Tebaida y Egipto. Tal fue la respuesta moral que las Iglesias

[689] Lactancio, *De mort. persecut.* 13; Eusebio, *Hist. ecl.* VIII, 6.
[690] Lactancio, *De mort. persecut.* 14.
[691] Eusebio, *Hist. ecl.* VIII, 6.
[692] Eusebio, *Hist. ecl.* VIII, 6.
[693] Lactancio, *De mort. persecut.* 15.

opusieron al poder brutal y absurdo del Estado. Frente al ejército de jueces y verdugos los cristianos oponen su fuerza colectiva como "Milicia de Cristo" soportando la muerte con dignidad y glorificando a Dios en el martirio.

Se enviaron cartas al otro Augusto, Maximiano, y a su César, Constancio, para que actuasen del mismo modo; ni siquiera se solicitó su parecer en asunto tan importante. Ciertamente, el anciano Maximiano, persona que no se caracterizaba por su clemencia, obedeció de buen grado en Italia. En cuanto a Constancio, para que no pareciese que desaprobaba las órdenes de sus superiores, se limitó a permitir que fuesen destruidos los lugares de reunión, es decir, las paredes que podían ser reconstruidas, pero conservó intacto el verdadero templo de Dios que se encuentra dentro de las personas[694].

De repente, el 1° de mayo del 305, Diocleciano abdicó, obligando a Maximiano a seguir su ejemplo. Fue sucedido por Galerio como Augusto, y por Maximino Daya como César, que prosiguieron su tarea persecutoria con más rigor que el mismo Diocleciano. Al final de sus días, Galerio, que aborrecía el cristianismo, comprendió que era inútil gastar las energías del Imperio en combatirlo. Tuvo que admitir que las medidas violentas no podían doblegar la voluntad de los cristianos. Seis días antes de morir infestado de úlceras, pues según Eusebio, el "castigo divino alcanzó a Galerio comenzando por su carne y prosiguiendo hacia su alma"[695], promulgó un edicto de tolerancia, que permitía libremente las actividades del culto cristiano, en igualdad a las demás religiones, "con tal de que no actúen contra el orden legal" *(ita ut ne quid contra disciplinam agant)*. Galerio otorgaba libertad, pero deploraba la obstinación, la locura de los cristianos que en gran número habían rehusado a volver a la religión de la antigua Roma. Ni con la ayuda de la violencia estatal pudieron imponerse las antiguas formas religiosas frente a lo que sus enemigos llamaban secularmente *obstinación* y que no era otra cosa que una fe arraigada en la conciencia y en la experiencia de un cada vez mayor número de personas.

La cronología de estos años es bastante confusa, en cualquier caso el edicto debió promulgarse en el 310 y es el antecedente inmediato del de Milán, en el 313, que históricamente marcó la definitiva libertad de ser cristiano.

2. Edicto de tolerancia de Galerio

La enfermedad de Galerio y su muerte, "comido por gusanos", se prestaba fácilmente a la interpretación cristiana que veía en ella un castigo de Dios por sus maldades. De ahí la naturaleza misteriosa, repugnante, incurable y mortal de su enfermedad: "el mal de los perseguidores".

Eusebio y Lactancio consideran que Galerio puso fin a las persecuciones perseguido por la memoria de las atrocidades "que había osado cometer contra adoradores de Dios", ante la perspectiva de una muerte segura y dolorosa. Sin lugar a dudas que también intervinieron factores sociales y políticos que ahora no es posible determinar. En el edicto están representados Galerio, Maximino Daya (omitido por Eusebio), Constantino y Licino. Según la versión de Eusebio, el edicto decía lo siguiente:

---

694 Lactancio, *De mort. persecut.* 15.

695 Eusebio, *Hist. ecl.* VIII, 16.

El Emperador César Galerio Valerio Maximiano, Augusto Invicto, Pontífice Máximo, Germánico Máximo, Egipcio Máximo, Tebeo Máximo, Sármata Máximo cinco veces, Persa Máximo dos veces, Carpo Máximo seis veces, Armenio Máximo, Medo Máximo, Adiabeno Máximo, Tribuno de la Plebe veinte veces, Imperator diecinueve veces, Cónsul ocho veces, Padre de la Patria, Procónsul; y el Emperador César Flavio Valerio Constantino Augusto Pío Félix Invicto, Pontífice Máximo, Tribuno de la Plebe, Imperator cinco veces, Cónsul, Padre de la Patria, Procónsul; y el Emperador César Valerio Liciniano Licinio Augusto Pío Félix, Invicto, Pontífice Máximo, Tribuno de la Plebe cuatro veces, Imperator tres veces, Cónsul, Padre de la Patria, Procónsul, a los habitantes de sus propias provincias, salud.

Entre las otras medidas que hemos tomado para utilidad y provecho del Estado, ya anteriormente fue voluntad nuestra enderezar todas las cosas conforme a las antiguas leyes y orden público de los romanos y proveer a que también los cristianos, que tenían abandonada las creencias de sus antepasados, volviesen al buen propósito. Porque, debido a algún especial razonamiento, es tan grande la ambición que los retiene y la locura que los domina, que no siguen lo que enseñaron los antiguos, lo mismo que tal vez sus propios progenitores establecieron anteriormente, sino que, según el propio designio y la real gana de cada cual, se hicieron leyes para sí mismos, y éstas guardan, habiendo logrado reunir muchedumbres diversas en diversos lugares.

Por tal causa, cuando a ello siguió una orden nuestra de que se cambiasen a lo establecido por los antiguos, un gran número estuvo sujeto a peligro, y otro gran número se vio perturbado y sufrió toda clase de muertes. Mas como la mayoría persistiera en la misma locura y viéramos que ni rendían a los dioses celestes el culto debido ni atendían al de los cristianos, fijándonos en nuestra benignidad y en nuestra constante costumbre de otorgar perdón a todos los hombres, creímos que era necesario extender también de la mejor gana al presente caso nuestra indulgencia, para que de nuevo haya cristianos y reparen los edificios en que se reunían *(conventicula sua componant)*, suponiendo que no practiquen nada contrario al orden público. Por medio de otra carta mostraré a los jueces lo que deberán observar. En consecuencia, a cambio de esta indulgencia nuestra, deberán rogar a su Dios por nuestra salvación, por la del Estado y por la suya propia, con el fin de que, por todos los medios, el Estado se mantenga sano y puedan ellos vivir tranquilos en sus propios hogares[696].

3. La familia del emperador

El saldo cristiano de las "medidas tomadas para utilidad y provecho del Estado", y de la "voluntad nuestra de enderezar todas las cosas conforme a las antiguas leyes y orden público de los romanos", se cerró con un costosísimo balance de vidas humanas, de horror y barbarie. Oímos de la gloria de los mártires, del fulgor de sus coronas espirituales ganadas por la fe y la sangre, de su serenidad y hasta alegría ante sus verdugos, todo esto y mucho más ha sido magnificado por las generaciones que les sucedieron; pero queda en el secreto de la historia

[696] Eusebio, *Hist. ecl.* VIII, 17; Lactancio, *De mort. persecut.* 34.

íntima de cada cual el sufrimiento y la agonía de las familias destruidas, de las humillaciones, del dolor insufrible mezclado con delirios místicos, de mutilación e incapacidad para la vida, del sentimiento de culpabilidad por haber cometido actos contra la propia voluntad.

La propia familia del emperador se vio envuelta en esta oleada de barbarie y atropello. Prisca, la esposa de Diocleciano, era cristiana o muy cerca de serlo. Al principio de la persecución, en el 303, fue obligada a sacrificar a los dioses. Años después, en el 311, fue exiliada a Siria juntamente con su hija Valeria. Posteriormente fue arrestada y decapitada por el emperador Licinio en el 315.

Valeria, como su madre, era cristiana o simpatizante. Parece que en el 293 contrajo matrimonio con Galerio y que en noviembre del 308, fue elevada al rango de Augusta y *Mater Castrorum*. Galerio puso a una provincia el nombre de su esposa. Adoptó a Candidiano, hijo ilegítimo de Galerio, como a hijo propio. Después de la muerte de Galerio, en el 311, fue confiada al reinado de Maximino Daya, que la quería tomar por esposa. Negándose Valeria a ello, fue exiliada junto a su madre Prisca a Siria. A la muerte de Maximino, Licinio la sentenció a muerte. Logró escapar a sus guardias y durante un año logró permanecer escondida hasta que finalmente Licinio la capturó y la mandó matar junto a su hijo adoptivo Candidiano.

4. Los mártires de Tiro y la contención de las fieras

Eusebio dice haber estado presente en la escena de innumerables mártires anónimos de Palestina y Tiro, azotados y arrojados a las fieras. Sorprendentemente, éstas, ávidas de carne humana durante largo tiempo, no se atrevían ni a tocar ni acercarse a los cuerpos de los amigos de Dios, mientras que se precipitaban contra los gentiles que desde fuera los azuzaban con los aguijones. Sólo no tocaban absolutamente a los santos atletas que en la arena estaban de pie, desnudos, agitando las manos para atraerlos hacia ellos mismos, como les habían mandado hacer. Si alguna vez se lanzaban contra ellos, de nuevo volvían atrás, como rechazados por una fuerza divina.

Duraba mucho tiempo esta escena, que dejaba atónitos a los espectadores, y así, después que la primera fiera no osaba hacer nada, se lanzaba una segunda y luego una tercera contra un solo mártir. Era asombrosa la intrépida constancia de los santos y la resistencia inflexible que aparecía en aquellos cuerpos delicados. Así se pudo ver a un joven de apenas veinte años de edad, de pie, sin cadenas, extender las manos en forma de cruz, con ánimo sereno y tranquilo orar devotamente a Dios, no moverse nada si separarse del lugar en que estaba, mientras que osos y leopardos, respirando furor y muerte, casi tocaban sus carnes; y sin embargo, no se sabe cómo, las fieras, con las fauces cerradas por una fuerza divina y misteriosa, inmediatamente se volvían atrás corriendo. Tal fue el comportamiento de este joven mártir.

Además se podían ver otros —cinco en total— expuestos a un toro enfurecido, el cual, lanzando al aire con los cuernos a los paganos que se le acercaban, los despedazaba dejándolos medio muertos, y luego, cuando se lanzaba ferozmente contra los santos mártires, no era capaz de acercárseles, sino que tropezaban sus patas, agitaba los cuernos de una parte a otra y, bajo los aguijones de hierro candente resoplando furia y terror, era rechazado atrás por la divina Providencia. Y ya que no había hecho el mínimo daño a los cristianos, tuvieron que soltar a otras fieras en su lugar. Finalmente, después de varios y tremendos asaltos de estas fieras, todos ellos fueron degollados con la espada, y en vez de ser sepultados en tierra, los arrojaron en medio de las olas del mar. Tal fue la lucha de los egipcios que en la ciudad de Tiro mostraron combatir gloriosamente por la religión[697].

5. Los mártires de Tebaida

Admirables fueron también los egipcios que testimoniaron su fe en su propia tierra de Egipto, donde por millares, hombres, mujeres y niños, despreciando la vida presente, afrontaron varios géneros de muerte por la enseñanza de nuestro Salvador. Algunos fueron quemados vivos, después de haber sido sometidos a desgarros, garfios, latigazos y miles de otras refinadas torturas, terribles ya sólo al escucharlas. Otros fueron arrojados al mar, otros ofrecieron valientemente la cabeza a los verdugos, otros murieron entre las mismas torturas o extenuados por el hambre. Otros más fueron crucificados: algunos en la forma que se acostumbraba en caso de ladrones, otros de un modo aún más cruel, es decir, clavados con la cabeza hacia abajo y vigilados hasta tanto vivieran, es decir, hasta que murieran de hambre en las mismas cruces[698].

Si esto fue horrendo, no hay palabras que alcancen a decir las torturas y los dolores que sufrieron los mártires de la Tebaida, región del Egipto superior, llamada así por la ciudad de Tebas, célebre por sus cien puertas y por sus desiertos, lugar de residencia de los primeros monjes y anacoretas cristianos.

"Les desgarraban todo su cuerpo empleando conchas en vez de garfios, hasta que perdían la vida; ataban a las mujeres por un pie y las suspendían en el aire mediante unas máquinas, con la cabeza para abajo y el cuerpo enteramente desnudo y al descubierto, ofreciendo a todos los que miraban el espectáculo más vergonzoso, el más cruel y el más inhumano de todos. Otros, a su vez, morían amarrados a árboles y ramas: tirando con unas máquinas juntaban las ramas más robustas y extendían hacia cada una de ellas las piernas de los mártires, y dejaban que las ramas volvieran a su posición natural. Así habían inventado el descuartizamiento instantáneo de aquellos contra quienes tales cosas emprendían. Y todo esto se perpetraba no ya por unos pocos días o por breve temporada, sino por un largo espacio de años enteros, muriendo a veces más de diez personas, a veces más de veinte; en otras ocasiones, no menos de treinta, y alguna vez hasta cerca de sesenta; y aún hubo vez que en un sólo día se dio muerte a cien hombres, por cierto con sus hijitos y sus mujeres, condenados a varios y sucesivos castigos. Y nosotros mismos, hallándonos en el lugar de los hechos, vimos a muchos sufrir en masa y en un solo día, unos decapitados, otros quemados vivos, tan numerosos que hacían perder vigor a la hoja del hierro que los mataba e incluso la rompían, mientras los verdugos mismos, cansados, se veían obligados a turnarse. Contemplamos entonces el brío maravilloso, la fuerza verdaderamente divina y el celo de los creyentes en Cristo, Hijo

[697] Eusebio, *Hist. ecl.* VIII, 7.

[698] Eusebio, *Hist. ecl.* VIII, 8.

de Dios. Apenas, en efecto, era pronunciada la sentencia contra los primeros condenados, otros desde varios lugares acudían corriendo al tribunal del juez declarándose cristianos, prontos a someterse sin sombra de vacilación a las penas terribles y a los múltiples géneros de tortura que se preparaban contra ellos. Valientes e intrépidos en defender la religión del Dios del universo, recibían la sentencia de muerte con actitud de alegría y risa de júbilo, hasta el punto de que entonaban himnos y cantos y dirigían expresiones de agradecimiento al Dios del universo, hasta el momento en que exhalaban el último aliento. Maravillosos, en verdad, estos cristianos, pero aún más maravillosos aquellos que, gozando en el siglo de una brillante posición, por la riqueza, la nobleza, los cargos públicos, la elocuencia, la cultura filosófica, pospusieron todo esto a la verdadera religión y a la fe en el Salvador y Señor nuestro, Cristo Jesús"[699].

6. Los mártires de Tmuis y Alejandría

Fileas, obispo de la Iglesia de Tmuis, población del bajo Egipto, al este de Alejandría, fue un famoso patriota y filósofo cristiano que en el momento de la prueba suprema no cedió a los ruegos de sus parientes y amigos, ni siquiera al juez amigo que le instaba a que se compadeciera de sí mismo y que tuviera en cuenta a su esposa e hijos, sino que con una valiente y filosófica determinación, o mejor dicho, con un espíritu reverente y amante de Dios, ofreció el cuello al verdugo en el 306. Antes de morir y mientras permanecía en la cárcel, Fileas escribió una carta destinada a su congregación, en la que describe el inenarrable sufrimiento de los cristianos a los que había asistido personalmente, exhortándolos a permanecer firmes en la fe en Cristo también después de su muerte. Éste es el texto:

> Fieles a todos los ejemplos, sentencias y enseñanzas que Dios nos dirige en las divinas y sagradas Escrituras, los bienaventurados mártires que vivieron con nosotros, sin sombra de incertidumbre fijaron la mirada del alma en el Dios del universo con pureza de corazón y, aceptando en el espíritu la muerte por la fe, respondieron firmemente a la llamada divina, encontrando a nuestro Señor Jesucristo, que se hizo hombre por amor nuestro, a fin de cortar el pecado en las raíces y proveernos el viático para el viaje hacia la vida eterna. El Hijo de Dios, en efecto, si bien poseía naturaleza divina, no pensó en valerse de su igualdad con Dios, sino que prefirió aniquilarse a sí mismo, tomando la naturaleza de esclavo, hecho semejante a los hombres, y como hombre se humilló hasta la muerte y muerte de cruz (Flp. 2:6-8). Por lo tanto, los mártires portadores de Cristo, aspirando a los más grandes carismas, afrontaron todo sufrimiento y todo género de torturas concebidas contra ellos, y no una sola vez, sino también una segunda vez; y ante las amenazas que los soldados a porfía arrojaban contra ellos con las palabras y con los hechos, no revocaron su convicción, porque "el amor perfecto elimina el temor" (1ª Jn. 4:18).
>
> ¿Qué discurso alcanzaría a narrar su virtud y su coraje ante cada prueba? Entre los paganos, cualquiera que lo quisiese podía insultar a los mártires y entonces algunos

[699] Eusebio, *Hist. ecl.,* VIII, 9.

los golpeaban con bastones de madera, otros con varas, otros con látigos, otros con correas de cuero, otros más con sogas. El espectáculo de los tormentos era sumamente variado y en extremo cruel. Algunos con las manos atadas eran colgados de una viga, mientras aparatos mecánicos tironeaban en todos los sentidos sus miembros; entonces los verdugos, tras orden del juez aplicaban sobre el cuerpo los instrumentos de tortura; y no sólo sobre el costado, como se acostumbraba con los asesinos, sino también sobre el vientre, sobre las piernas, sobre las mejillas. Otros, colgados fuera del pórtico desde una sola mano, por la tensión de las articulaciones y de los miembros sufrían el más atroz de los dolores. Otros eran atados a las columnas con el rostro dirigido el uno hacia el otro, sin que los pies tocaran el suelo, pero, por el peso del cuerpo las junturas forzosamente se estiraban en la tracción. Soportaban todo esto, no sólo mientras el gobernador se entretenía hablando con ellos en el interrogatorio, sino casi durante toda la jornada. Cuando, en efecto, el gobernador pasaba a examinar a otros, ordenaba a sus dependientes que espiaran atentamente por si acaso alguno, vencido por los tormentos, aludía a ceder; e imponía hostigarlos inexorablemente también con cadenas y cuando, después de esto, estuvieran muertos, tirarlos abajo y arrastrarlos por el suelo.

Ésta, en efecto, fue la segunda tortura, concebida contra nosotros por los adversarios: no tener ni siquiera una sombra de consideración hacia nosotros, sino pensar y obrar como si nosotros ya no existiéramos. Hubo también quienes, después de sufrir otras violencias, fueron colocados sobre el cepo con los pies abiertos hasta el cuarto agujero, de manera que necesariamente quedaban supinos sobre el cepo, porque no podían estar erguidos a causa de las profundas heridas recibidas en todo el cuerpo con los golpes. Otros más, tirados al suelo, yacían vencidos por el peso de las torturas, ofreciendo a los espectadores de manera mucho más cruel la vista de la violencia ejercida contra ellos, porque mostraban en todo el cuerpo las señales de las torturas. En esta situación, algunos morían entre los tormentos, cubriendo de vergüenza al adversario con su constancia; otros, medio muertos, eran encerrados en la cárcel donde expiraban pocos días después sucumbiendo a los dolores; los restantes, finalmente, recuperada la salud gracias a los cuidados médicos, con el tiempo y el contacto con los compañeros de prisión cobraban un coraje renovado. Así pues, cuando el edicto imperial había concedido la facultad de elegir: o acercarse a los impíos sacrificios y no ser molestados, obteniendo de las autoridades del mundo una libertad perversa, o no sacrificar y aceptar la pena capital, sin alguna vacilación los cristianos corrían alegres hacia la muerte. Sabían, en efecto, lo que nos ha sido predestinado y anunciado por las sagradas Escrituras: "Quien sacrifica a los dioses extranjeros será exterminado" (Éx. 22:19) y "No tendrás a otro Dios fuera de mí" (Éx. 20:3)[700].

7. Los mártires de Asia Menor

Los excesos cometidos contra los cristianos en nombre de la religión antigua llegaron a extremos inimaginables en Asia Menor. Los mártires ya no eran atacados bajo la ley común,

[700] Eusebio, *Hist. ecl.* VIII, 10.

sino como enemigos de guerra. Eusebio cita como ejemplo una ciudad pequeña de Frigia, cuna del montanismo, en la que todos los habitantes eran cristianos. Asediada por las tropas imperiales de infantería fue incendiada con todos sus habitantes dentro: hombres, mujeres y niños, pagando así su negativa a sacrificar a los dioses[701].

Así se podría acumular ejemplo tras ejemplo, hasta hacer enfermar de náuseas a los lectores con la sola relación de la multitud y variedad de los tormentos de los admirables mártires. Una furia bestial y descontrolada se extendió por todo el mundo. A unos los mataron a hachazos, como ocurrió con los de Arabia; a otros les quemaron las piernas, como sucedió a los de Capadocia; a veces los colgaban de lo alto por los dos pies, cabeza abajo, y encendían debajo un fuego lento, cuyo humo los asfixiaba al arder la leña, como en el caso de los de Mesopotamia; y a veces les cortaban la nariz, las orejas y las manos y partían en trozos los restantes miembros y partes de sus cuerpos, como aconteció en Alejandría.

¿Para qué reavivar el recuerdo de los de Antioquía, de los que eran asados en braseros, no para hacerles morir, sino para alargar su tormento; y de los que preferían meter su mano derecha en el fuego antes que tocar el sacrificio maldito? Algunos de ellos, por huir de la prueba, antes de ser aprehendidos y de caer en manos de los conspiradores, ellos mismos se arrojaban de lo alto de sus casas, considerando la muerte como un premio arrebatado a los malvados. Otros, por su parte, sufrieron en el Ponto tormentos que, con sólo oírlos, hacen estremecer. A unos les traspasaron los dedos con cañas puntiagudas, clavadas por la punta de las uñas; a otros, después de fundir plomo al fuego, hirviendo y candente como estaba, se lo vertían sobre las espaldas y les abrasaban las partes vitales del cuerpo. Otros sufrieron en sus partes íntimas y en sus entrañas tormentos vergonzosos, implacables e imposibles de expresar con palabras, tormentos que aquellos nobles y legítimos jueces imaginaban con el mayor celo, mostrando su crueldad como un alarde de sabiduría y tratando a porfía de superarse los unos a los otros en la invención de suplicios, siempre más nuevos, como si estuviesen concursando para obtener un premio.

"Estos tormentos llegaron a su fin cuando las autoridades paganas, cansadas del exceso de los estragos y muertes, hartas de la sangre derramada, asumieron una actitud que, según ellos, era de misericordia y humanidad, para no hacernos ya nada malo. En efecto, no era justo —decían— manchar con la sangre de los ciudadanos ciudades enteras, ni obrar de manera que se culpara de crueldad a la suprema autoridad de los soberanos, benévola y suave con todos; por el contrario, había que extender a todos el beneficio del humano poder imperial, no condenando más a nadie a la pena capital. Por la indulgencia de los emperadores, en efecto, fue abolida esta pena con respecto a nosotros. Se ordenó entonces arrancarles los ojos a nuestros hermanos e inutilizar una pierna, porque esto, según ellos, era un acto de 'humanidad' y 'la más leve de las penas' que podían sernos infligidas. Como resultado de tal 'filantropía' de los impíos soberanos, es imposible enumerar la multitud de personas a las que con la espada les habían cortado y luego cauterizado el ojo derecho. A otros con hierros candentes les estropeaban el pie izquierdo justamente bajo la articulación y después los asignaban a las minas de cobre de cada provincia, no tanto para que pudieran producir una utilidad, sino para aumentar la miseria y desventura de su situación. Además de los martirizados de esta

[701] Eusebio, *Hist. ecl.* VIII, 11.

manera, había otros sometidos a otras pruebas que ni siquiera es posible nombrar, porque las 'proezas' cumplidas contra nosotros superan toda descripción. Habiéndose distinguido en estas pruebas en toda la tierra, los nobles mártires de Cristo impresionaron vivamente a todos aquellos que fueron testigos de su valor, y a través de su conducta ofrecieron pruebas evidentes de la secreta y verdaderamente divina fuerza de nuestro Salvador. Sería demasiado largo, por no decir imposible, recordar el nombre de cada uno"[702].

8. Los mártires españoles

La mayor parte de los mártires españoles de que tenemos noticia pertenecen a esta época. Daciano fue el prefecto encargado de hacer cumplir los edictos imperiales de Diocleciano en la Hispania romana. Sin embargo, apenas si tenemos documentos históricos fiables. Todo lo que nos ha llegado procede del magistrado calagurritano Aurelio Prudencio (348-405 d.C.), autor de una obra poética, *Peristephanon* ("Sobre los coronados"), dedicada en sus seis primeros himnos a las gestas de los mártires españoles, cuya gloriosa muerte utiliza para ensalzar la fe cristiana frente al paganismo. El carácter poético del texto puede restar importancia a la fiabilidad histórica del relato, pero no la niega. El autor, hombre versado en las letras y verdadero padre de la poesía latina cristiana, hace uso, no de las actas de los mártires, destruidas juntamente con las vidas de los mártires[703], sino de las tradiciones orales, conservadas por el pueblo y de los textos litúrgicos con que la Iglesia conmemoraba anualmente el *dies natalis* de los mártires. Todo lo cual lo pone en verso para que no se olvide la gesta de los coronados con el martirio, sobre los que el Imperio perseguidor quiso poner una losa de silencio. "¡Oh inveterado olvido de la antigüedad callada! Esto mismo se nos envidia, y se extingue la misma fama. El blasfemo perseguidor nos arrebató hace tiempo las actas para que los siglos no esparcieran en los oídos de los venideros, con sus lenguas dulces, el orden, el tiempo y el modo indicado del martirio"[704].

Según los críticos, el primer himno del *Peristephanon* fue escrito antes del año 401, fecha en que Prudencio se ausentó de Calahorra (La Rioja, España) para trasladarse a Roma. Se puede y se debe poner en duda la historicidad de algunos datos aportados por el poeta hagiógrafo relativos a las descripciones y diálogos de los mártires, así como de los lugares en que fueron enterrados, pero no de la historia en su conjunto. Gracias a él sabemos de Cucufate, martirizado en Barcelona; Félix, compañero de Cucufate, en Gerona; Eulalia en Mérida:

Y de Emérita Augusta - rauda sube hasta el cielo
el ánima de Eulalia - que alzó de niña el vuelo.

La virgen Eulalia, hablando por boca de Prudencio, dice a sus jueces durante el proceso: "Soy enemiga de vuestra demoníaca religión y coloco a los ídolos debajo de mis pies". A

702 Eusebio, *Hist. ecl.* VIII, 12.

703 Según Eusebio, y el mismo Prudencio, el edicto imperial ordenando de Diocleciano incluía la destrucción de los códices en los que se contenían las actas de los mártires, para que no quedase ningún recuerdo de ellos, pues era un hecho bien conocido que estos relatos heroicos inflamaban el ánimo de los cristianos y les servían de ejemplo para sufrir; de ahí que los colocase entre los libros de la doctrina proscrita, que ordenó recoger y quemar en la plaza pública.

704 Prudencio, *Peristephanon* I, 73-78. BAC, Madrid 1950.

continuación, "escupe a los ojos del tirano, arroja al suelo los ídolos y echa polvo con los pies sobre ellos". Luego, siendo torturada "canta alegremente" hasta que su alma vuela visiblemente al cielo en forma de paloma. En sus relatos poetizados Prudencio tiende a destacar el dominio del mártir sobre el acusador, aderezado siempre con una nota milagrosa.

La imagen de la virgen y mártir Eulalia constituirá un arquetipo de mártir cuya figura será copiada en otras vidas y martirios que alcanzaron popularidad, como Santa Leocadia de Toledo, "inventada" por razones políticas para contrarrestar la imagen de Eulalia y la influencia de Mérida, ciudad cosmopolita y de importancia política, que tras la reforma administrativa de Diocleciano fue *de facto* capital de la Hispania romana.

Su fama fue tal que los *Himnos* compuestos en su honor inaugurarán las nuevas lenguas romances en algunos países, y su figura será el icono que durante mucho tiempo enarbolarán los protagonistas de la Reconquista, hasta que fue sustituida por otro símbolo que no encarnaba ya la resistencia ante el invasor musulmán sino la lucha guerrera, como era Santiago Apóstol, el hijo del Trueno, que capitaneará en su caballo blanco a las huestes cristianas.

A partir del dato escueto del martirio de Eulalia, recogido y desarrollado en diversos martirologios romanos, algunos de los cuales presentan muchas lagunas, su significado fue utilizado con fines teológicos. Los donatistas introdujeron muchos elementos propios de su ideología, sobre todo la exaltación del martirio. En la *pasión* apócrifa de Santa Eulalia, redactada por una pluma donatista a finales del siglo VII o principios del VIII, el escritor llega a la conclusión de que una santa, cuya devoción se había extendido por toda la cristiandad, no podía tener sino una larga lista de tormentos, trece, que mostraran todavía más la grandeza de su sacrificio. El número *trece* aquí no sólo significaría "una gran cantidad", que reforzaría su figura de resistente, frente a los *libeláticos* que pagaban una cantidad de dinero para obtener el *libelo* de haber sacrificado a los ídolos, sino también contra los que sí lo habían hecho. Los donatistas no perdonaban a aquellos que habían claudicado, de ahí su interés en resaltar el valor de una mártir niña para a su vez humillar y afear la conducta de aquellos, en algunos casos hasta jerarquías religiosas, que no lo habían hecho.

Según la *Passio Sanctae Eulaliae* fue azotada con correas con plomos, le hirieron con garfios de hierro que le llegaban hasta los huesos, le derramaron sobre los pechos aceite hirviendo, le hicieron revolcarse sobre cal viva, le vertieron plomo derretido, azotaron con varas de hierro, restregaron sus heridas con trozos puntiagudos de tejas rotas, aplicaron a sus costados teas encendidas, arrojaron a un horno ardiendo, cortaron los cabellos y pasearon desnuda por la ciudad —aunque una espesa niebla le cubrió el cuerpo—, arrancaron las uñas de los pies y de las manos, fue atada a un ecúleo y la dejaron caer de golpe para descoyuntarle los huesos, sufrió estiramiento de miembros para finalmente ser quemada. En otras versiones, viendo el torturador que ninguno de los suplicios surtía efecto, ya que era inocente y al parecer, eso la libraba de todo padecimiento, mandó que le cortaran la cabeza. Una vez muerta, su alma en forma de paloma salió de su cuerpo, elevándose al cielo.

Según la *passio* Eulalia tendría doce años cuando sufrió el martirio, ya que "el juez delegado Calpurniano ejecutó trece tormentos, sobrepujando el número de ellos al de sus años, que fueron sólo doce, y por lo tanto estableceríamos el 292 como fecha de su llegada al mundo"[705].

En la actualidad esa edad es considerada casi infantil, pero en la antigüedad romana era una edad en la que las niñas ya se podían casar, lo que le daría al relato un significado mayor y más rico de contenido, que el mero hecho de ser un tiempo cronológico, detalle que justificaría, dándole un significado más amplio, el apelativo de "virgen" que juntamente con el de "mártir" enriquece aún más su figura.

Templete dedicado a Santa Eulalia edificado utilizando los escasos restos del primitivo templo romano de Marte en Mérida.

La *passio* de Eulalia inspiró a personas tan destacadas como San Agustín, y su devoción se extendió por toda la cristiandad. Su sepulcro fue objeto de peregrinación de todas las partes del mundo cristiano conocido y no sólo de Hispania. La Basílica también fue visitada por los grandes personajes del momento como San Gregorio de Tours, que dice "haber visto en Mérida junto al sepulcro de Santa Eulalia un árbol que dos veces al año producía flores blancas que tenían figura de paloma".

Otra virgen notable, cuyo suplicio canta Prudencio, es Engracia, natural de Braga (la Bracara antigua, en Portugal), la cual vino a parar a Zaragoza en su camino a la Galia Narbonense, donde iba a reunirse con su futuro esposo. A lo largo de su recorrido pudo comprobar la violenta persecución desencadenada contra los cristianos en las grandes ciudades. Cristiana ella misma, no pudo sufrirlo y se enfrentó con Daciano al llegar a Zaragoza; le explicó que era intolerable e inhumano lo que estaba haciendo con los cristianos; que eso no era gobernar un pueblo, sino masacrarlo. Entendiendo por estas palabras Daciano que Engracia era también cristiana, la encarceló y sometió a cruel martirio. Después de ser azotada su cuerpo fue atado a la cola de unos caballos y arrastrado por las calles de la ciudad. Viendo el juez que por los tormentos no arredraba a la intrépida virgen propuso seducirla con promesas. Aquí, la *Passio* juega con la imagen de la virgen destinada para las bodas eternas con el Cordero. "Si no me venciste con los tormentos, no esperes atraerme con tus hechizos malvados. Mi causa es clara. Seré esposa de Cristo. Ni tus suplicios ni tus halagos conseguirán otra cosa que unirme y estrecharme más íntimamente al Esposo de mi alma. Yo soy enviada por Él para increparte por tus crímenes e indicarte que ceses en la persecución si no quieres sentir sobre tu

[705] Bernabé Moreno de Vargas, *Historia de la ciudad de Mérida,* pág. 197. Patronato Biblioteca Pública y Casa de la Cultura, Mérida 1989, 6ª ed.

cabeza la ira de Dios". Atormentada con garfios, sus carnes desgarradas dejaron al aire libre sus entrañas palpitantes. "Le cortaron los pechos y a través de las heridas abiertas se veía latir dulcemente el corazón de la esposa de Cristo". Junto a ella murieron sus dieciocho acompañantes, degollados en las afueras de la ciudad, a orillas del Ebro, y sus cuerpos quemados.

César Augusta sola - recibió dones tantos
que se vio engalanada - por sus dieciocho santos[706].

Prudencio nos da la relación de estos mártires en el himno IV de su *Peristephanon*: Quintiliano, Urbano, Félix, Primitivo, Ceciliano, Frontonio, Apodemio, Publio, Marcial, Succeso, Euvoto, Optato y Lupercio, además de una Julia, que autores modernos proponen leer Julio, y cuatro a los que denomina Saturninos, y de los que excusa dar el nombre, porque no se recuerda ya en sus días[707].

Ejemplo de la presencia cristiana en el ejército imperial son los soldados Emeterio y Celedonio, martirizados en Calahorra, cantados por Prudencio: "Los soldados que quiso Cristo para sí, no habían llevado antes una vida desconocedora del duro trabajo; el valor, en la guerra acostumbrado y en las armas, lucha ahora en pugnas sagradas". Sorprendidos por la persecución, dejan "las banderas del César y eligen la insignia de la cruz", y, "en vez de las clámides hinchadas de los dragones con que se vestían, llevan delante la señal sagrada que deshizo la cabeza del dragón". "Ya es tiempo de dar a Dios lo que es propio de Dios". "Oh tribunos: Quitadnos los collares de oro, premios de graves heridas; ya nos solicitan las gloriosas condecoraciones de los ángeles. Allí Cristo dirige las blanquísimas cohortes y, reinando desde su alto trono, condena a los infames dioses y a vosotros, que tenéis por tales los monstruos más grotescos"[708]. Fueron degollados por mano del verdugo a orillas del río Cidacos.

Otros mártires recogidos por Prudencio son Acisclo, Zoilo, Fausto, Jenaro y Marcial en Córdoba. En Valencia, Vicente, diácono de Zaragoza. En Alcalá de Henares los niños Justo y Pastor. Las actas de su martirio, que datan de la época visigoda, no son auténticas, fueron escritas por un escritor muy posterior a los hechos, que recogería las pocas noticias transmitidas por la tradición oral y elaboradas con fines edificantes. Hoy sólo se puede admitir como histórico de estas actas un pequeño núcleo, lo substancial de ellas: Justo y Pastor, tiernos escolares, enardecidos por el ejemplo de tantos hermanos que confesaron su fe con la muerte, un día, al salir de la escuela, arrojaron sus cartillas y se presentaron ante Daciano a confesarse discípulos de Jesucristo, y el procónsul los mandó degollar[709].

---

[706] Prudencio, *Peristephanon* IV.

[707] Algunos estudiosos han querido ver recientemente en los nombres de algunos de ellos un dato para postular su procedencia africana, lo que no estaría en desacuerdo con otros indicios que poseemos.

[708] Prudencio, *Peristephanon* III, 31-69.

[709] "Mientras eran conducidos al lugar del suplicio mutuamente se estimulaban los dos corderitos. Porque Justo, el más pequeño, temeroso de que su hermano desfalleciera, le hablaba así: 'No tengas miedo, hermanito, de la muerte del cuerpo y de los tormentos; recibe tranquilo el golpe de la espada. Que aquel Dios que se ha dignado llamarnos a una gracia tan grande nos dará fuerzas proporcionadas a los dolores que nos esperan'. Y Pastor le contestaba: 'Dices bien, hermano mío. Con gusto te haré compañía en el martirio para alcanzar contigo la gloria de este combate'" (San Ildefonso de Toledo, en su apéndice a la obra *Varones ilustres,* de San Isidoro de Sevilla).

Los calendarios medievales contienen también noticias de otros mártires de esta época: Leocadia en Toledo; Vicente, Sabina y Cristeta en Ávila; Crispín en Écija; Servando y Germano en Mérida; Ciriaco y Paula en Cartagena o Málaga; Facundo y Primitivo en Sahagún; Claudio, Lupercio y Victorio en León; Verísimo, Máxima y Julia en Lisboa; Julio, Juliano y Vicente en un lugar desconocido, y Eulalia de Barcelona, aunque algunos estudiosos creen que se puede identificar a esta última con Eulalia de Mérida.

9. Destrucción de las Escrituras

La persecución de Diocleciano fue tan general que no afectó sólo a los edificios de culto y a las personas, sino también y, como nunca antes, a los libros sagrados. Y esto desde el mismo comienzo del primer edicto. Se enviaron a los funcionarios imperiales a buscar y destruir los libros sagrados de los cristianos. Éstos entregaron copias de otros libros en lugar de las Escrituras. Pero la estratagema no siempre funcionó. En otras ocasiones se procedió a guardarlas en lugares secretos, dando lugar a actos de verdadero heroísmo. Se cuenta de tres hermanas de Tesalónica, llamadas Irene, Ágape y Quionia que con gran riesgo de sus vidas juntaron todos los libros sagrados que pudieron: códices, tabletas y pergaminos y los llevaron por los montes y entre los bosques y los colocaron en un escondrijo, cuya localización no dijeron ni a sus padres, que todavía eran paganos. Descubiertas al cabo de un año y denunciadas al gobernador fueron encarceladas y encontrados los libros después de una diligente búsqueda. Durante el juicio las tres hermanas tuvieron que responder no sólo de haberse negado al sacrificio ordenado, sino también de haber substraído los libros del culto y de la religión prohibida. Ágape y Quionia fueron quemadas vivas en la hoguera sin tardanza. En cambio, Irene, por ser demasiado joven, fue encarcelada temporalmente.

Al día siguiente Irene fue llevada ante la presencia del gobernador Dulcicio. A un lado junto a los instrumentos de tortura estaba el montón de códices sagrados y pergaminos. El gobernador recriminó a la joven: "Tu necio propósito resulta manifiesto también por eso que está a la vista. Hasta hoy has querido ocultar cerca de ti tantos pergaminos, volúmenes, tabletas, códices y páginas de los impíos cristianos. Y además, cuando se te preguntaba, respondías siempre que no tenías nada que entregarnos; y así seguiste negando aun siendo testigo del suplicio de tus hermanas, y estando bajo la amenaza de una muerte cruel. Pero ahora que los tienes ahí delante, finalmente los has reconocido. No te espera, pues, otra cosa que un castigo severísimo. Sin embargo, quiero ser clemente y darte tiempo. Aún puedes librarte de la condena y del suplicio si te dispones a reconocer nuestros dioses inmortales. ¿Qué dices a esto? ¿Quieres obedecer las órdenes sagradas de nuestros augustos emperadores? ¿Estás dispuesta a comer las carnes inmoladas y a hacer el sacrificio a las divinidades?".

Irene respondió: "No, no lo hago, por aquel Dios omnipotente que creó el cielo, la tierra, el mar y todas las cosas. Para los que traicionan la Palabra de Dios está reservada una pena eterna".

El gobernador Dulcicio dijo: "¿Quién te metió en la cabeza que escondieses hasta hoy estos pergaminos y Escrituras?".

Irene: "Fue nuestro Dios omnipotente, que nos ha enseñado a amarlo hasta morir. Por eso las hemos escondido y hemos preferido ser quemadas vivas y someternos a cualesquiera pena antes que entregarlas en tus manos".

Queriendo buscar cómplices, Dulcicio prosiguió: "¿Nadie de los tuyos sabía que estaban en casa estas Escrituras?".

Irene: "Nadie, excepto Dios, que lo ve todo. Nosotras nos guardábamos bien de los de nuestra casa como de enemigos que nos quisieran traicionar".

Dulcicio: "¿En dónde os escondisteis el año pasado, cuando salió el primer edicto de nuestros emperadores?".

Irene: "En donde quiso el Señor. En los montes y a campo raso. Es verdad como hay Dios".

Dulcicio: "¿Y quién os daba de comer por esos montes?".

Irene: "El Señor que provee a todos".

Dulcicio: "¿Sabía estas cosas vuestro padre?".

Irene: "Te juro que no, él no sabía nada de nada".

Dulcicio: "¿Quién lo sabía de vuestros vecinos?".

Irene: "Infórmate e investígalo tú mismo".

Dulcicio: "Habiendo regresado de los montes, como tú dices, ¿leíais estas Escrituras a alguno?".

Irene: "Desgraciadamente las teníamos en casa y no podíamos sacarlas; y lamentábamos tanto no poder estudiarlas día y noche, como lo hacíamos el año pasado hasta el momento en que tuvimos que esconderlas".

Dulcicio: "Según lo que resultó del proceso, tus hermanas fueron condenadas a ser quemadas vivas; pero tú, aunque la más joven, las instigaste a huir y escondiste las Escrituras y los pergaminos, y así mereces una pena mayor. Por eso no te mando al suplicio inmediatamente como a ellas, sino que ordeno que bajo la vigilancia de los ediles y del siervo público Zósimo, seas expuesta en una casa infame, en donde cada día recibirás del palacio un pan, sin poder salir jamás".

Llamados con ediles y Zósimo, les dijo el gobernador: "Si llego a saber que dejáis salir a Irene del lugar establecido, aunque sólo sea por una hora, no dudéis que en ello os va la vida. Entretanto, las Escrituras, con sus cajas y custodias, sean arrojadas públicamente a las llamas".

Después, Dulcicio volvió a llamar a Irene y estando ella delante le dijo: "¿Todavía persistes en tu necia idea?"

Respondió Irene: "Idea necia no, sino culto al verdadero Dios".

Dulcicio: "Ya veo que desde el primer momento te has rebelado contra las órdenes de los soberanos, y que ahora estás más obstinada que nunca. Serás, pues, sometida a condena".

Entonces el gobernador ordenó que fuese quemada viva por rehusar sacrificar a los dioses inmortales y por persistir en el culto de la religión cristiana. El día 1° de abril del 304 Irene subió a la hoguera cantando salmos a Dios, alzándose con la corona del martirio.

BIBLIOGRAFÍA

A. Fábrega Grau, *Pasionario Hispánico,* 2 vols. Madrid 1953, 1955.

A. H. M. Jones, *The Later Roman Empire,* pp. 284-602, Oxford 1964.

C. Garcia Rodríguez, *El culto de los Santos en la España romana y visigoda.* Madrid 1966.
Edward Gibbon, *Historia de la decadencia y caída del Imperio romano,* cap. VI. Edición abreviada de Dero A. Saunders. RBA, Barcelona 2005.
J. Arce, *Caesaraugusta, ciudad romana.* Guara Editorial, Zaragoza 1978.
Jacob Burckhardt, *Del paganismo al cristianismo,* 13-274. FCE, México 1945.
Narciso Santos Yanguas, *El cristianismo en el marco de la crisis del siglo III en el Imperio Romano.* Universidad de Oviedo, Oviedo 1996.
M. Sotomayor, *Historia de la Iglesia en España,* vol. I. BAC, Madrid 1980.
Paul Allard, *La persécution de Dioclétien et le triomphe de l'Eglise,* 2 vols. Victor Lecoffre, París 1890.
Peter Brown, *Antigüedad tardía. De Marco Aurelio a Mahoma.* Taurus, Madrid 1991.
Prudencio, *Peristefanon.* BAC, Madrid 1950.
R. Jiménez Pedrajas, *El santoral hispánico del martirologio de Usuardo.* Pontificia Universidad Gregoriana, Roma 1969.
Stephen Williams, *Diocletian and the Roman Recovery.* New York 1985.
Timothy D. Barnes, *The New Empire of Diocletian and Constantine.* Cambridge University Press, Cambridge 1982.

9. Los mártires de Palestina

Los mártires de Palestina merecen un capítulo aparte. Eusebio, que dice haber presenciado con sus propios ojos algunos de los hechos narrados, conserva su memoria como un monumento a los últimos caídos bajo la furia del Imperio perseguidor. Testimonio de una época brutal, los horrores de los suplicios aplicados a los mártires nos parecen increíbles; realmente espeluznantes. Hablan en contra de la naturaleza humana abandonada a su propio arbitrio; de la locura e irracionalidad que se apoderan de la misma cuando está en posición de poder ejecutar sus planes. Sin cortapisas, la única razón de su fuerza bruta, el ser humano es capaz de cebarse en las víctimas en un grado cada vez mayor. A veces, ciertos gobernantes dan vida a las peores imágenes del Apocalipsis sobre el gobierno de ciertos personajes como una fuerza satánica que no conoce límites.

Cualesquiera que pudieran ser las razones de los perseguidores, los hechos revelan un odio y una soberbia sin límites y sin justificación. A todas luces, la compasión no entraba en el juego de valores de la Antigüedad. Como aquí tenemos ocasión de ver, se tortura indiscriminada y gratuitamente, en respuesta de furia ciega a lo que se considera una ofensa a la autoridad del magistrado.

Acosados, sin otro modo de escapar que renegando de sus creencias, un puñado de fieles mostró a las autoridades estatales, por un lado, y a la muchedumbre de miembros de las temerosas comunidades cristianas, que era posible desafiar el atropello de los gobernantes y ser fieles ante el verdugo. Pues no todos los cristianos se mantuvieron firmes, al contrario, relatos contemporáneos, como éste de Eusebio, nos muestran que cada edicto anticristiano era recibido con pavor por la mayoría de los creyentes. "Muchísimos hombres, mujeres y niños iban en tropel ante los ídolos para sacrificar", dice Eusebio. Enardecidos por el desafío de unos y el temor de otros, los mártires fueron aquellos buenos soldados de la fe, atletas del espíritu —pocos comparativamente—, dispuestos a pelear hasta el fin el combate de la fe.

Jóvenes filósofos, tales como Apfiano, Pánfilo y Edesio, o ancianos de canas venerables; mujeres igual que hombres, se atrevieron no sólo a defenderse, sino a retar a los propios jueces a cambiar de costumbre y no sólo no exigir sacrificios a los demás, sino a no hacerlo ellos mismos. Bien nos podemos imaginar al orgulloso funcionario romano detenido por una mano, de joven o doncella, en el mismo instante de ofrecer sus granos de incienso sobre el altar de sus dioses infecundos. El paso, como aquí nos los pinta Eusebio, de la sorpresa a la furia vengativa todo es uno.

¿Hasta dónde puede resistir el ser humano? Por más increíble que parezca, no hay nada más fuerte que la débil carne cuando es sostenida por el espíritu. Tal es la evidencia de esta gesta de la sangre que debería ser suficiente para recordar a todos los hombres de todos los credos y latitudes que nada perdurable se consigue por la fuerza y la amenaza.

Eusebio estudió en Palestina, allí vivió y ejerció su ministerio pastoral. Su relato de los mártires palestinos es un testimonio para la honra y gloria de su tierra y de su Iglesia. A continuación transcribimos completa su narración, dado su valor histórico y las dificultades de encontrar el texto completo en castellano. Dice así:

1. Procopio, Alfeo, Zaqueo

Corría el año decimonoveno del Imperio de Diocleciano, el mes Santico, llamado por los romanos abril (18 de abril del 303) y se avecinaba la fiesta de la Pasión del Señor, y Flaviano gobernaba el pueblo de Palestina, cuando de improviso se promulgaron por todas partes edictos que ordenaban arrasar hasta el suelo las iglesias, hacer desaparecer con el fuego las Sagradas Escrituras, declarar destituidos los que tenían algún cargo y negar la libertad a los esclavos si perseveraban en la profesión del cristianismo.

Tal era la gravedad del primer edicto contra nosotros. Poco después le siguieron otros, los cuales primeramente ordenaron que en cada lugar se metiesen en la cárcel a todos los jefes de las Iglesias y luego se les obligase, por todos los medios, a sacrificar a los ídolos.

La serie de los mártires de Palestina comenzó en Procopio, el cual antes de experimentar la cárcel, conducido inmediatamente desde el principio al tribunal del gobernador y recibida la orden de sacrificar a los pretendidos dioses, dijo que conocía un solo Dios, al que conviene sacrificar de la manera que Él quiere. Cuando luego le intimaron que hiciese las libaciones a los cuatro emperadores, les citó aquella frase del poeta Homero, poco grata a sus oídos: "No es cosa buena el gobierno de muchos, haya un señor, un rey"[710]. Inmediatamente le cortaron la cabeza el 7 del mes de Desio, esto es, como dicen los romanos, el 7 de los idus de junio, el día cuarto de la semana (7 de junio del 303); éste fue el primer martirio sufrido en Cesarea de Palestina[711].

[710] Homero, *Ilíada* II, 204.

[711] Construida por Herodes el Grande con un magnífico puerto en la costa del Mediterráneo, era la capital política de Palestina, en donde tenían su residencia oficial los procuradores romanos. Después de la destrucción de Jerusalén fue sede episcopal y más tarde la metropolitana de todas las diócesis palestinas. De esta sede fue obispo Eusebio, el historiador de estos hechos. En Cesarea estableció Orígenes su escuela cuando abandonó Alejandría. De su inmensa biblioteca se aprovechó Eusebio para su labor historiográfica.

Después, en la misma ciudad, muchísimos jefes de las Iglesias, soportando con ánimo intrépido gravísimos suplicios, mostraron a cuantos lo vieron el espectáculo de gloriosos combates. Mas otros, cuya alma estaba turbada por el temor, cedieron fácilmente desde el primer asalto. Todos los restantes sufrieron torturas de diversas clases: unos golpeados con infinitos azotes, otros dilacerados los costados con tormentos e instrumentos diversos; y aun otros atados con cadenas insoportables hasta el punto de cortar a algunos los nervios de las manos. Padecieron hasta el último todo lo que les sucedió, según los secretos juicios de Dios. A uno, cogido por las manos y arrastrado hasta tocar con la derecha el impío y sucio sacrificio, lo despachaban de allí como si hubiese sacrificado; otro, que no había tocada nada, ni siquiera participado en semejantes ritos, mientras que algunos afirmaban que había sacrificado, se marchaba tranquilo; a otro, medio muerto, cogido y levantado en alto, lo echaban en tierra como si fuese un cadáver, y luego quitándole las cadenas lo incluían en el número de los que habían sacrificado. Al que gritase y testificase que no obedecería las órdenes, pegándole en la boca y obligado a callar a puñetazos por una turba de hombres preparados a ese fin, lo echaban violentamente aunque no hubiese sacrificado. Así era para ellos una gran fortuna si parecía aparentemente que, con todos los medios, habían conseguido su fin.

Ahora bien, entre tantos, sólo Alfeo y Zaqueo fueron juzgados dignos de la corona de los santos mártires, los cuales, después de los azotes, las uñas de hierro, las penosas ataduras, los varios tormentos y diversos interrogatorios, habiendo tenido durante veinticuatro horas extendidos los pies en el nervio hasta el cuarto agujero, fueron decapitados como si hubiesen pronunciado una blasfemia el 17 de noviembre del 303.

2. Martirio de Romano

Es digno de recordar lo que en el mismo día sucedió a Romano en la ciudad de Antioquía. Éste era palestino, diácono y exorcista de la diócesis de Cesarea, se encontraba allí precisamente cuando se demolían las iglesias. Al ver a muchísimos hombres, mujeres y niños que iban en tropel ante los ídolos para sacrificar, juzgó intolerable tal espectáculo e, impulsado por el celo de la religión, se acercó y en voz alta los reprendió.

Preso enseguida por esta audacia, se comportó como un mártir más noble que ningún otro. Después de haber escuchado alegremente la sentencia con el rostro radiante y con ánimo lleno de entusiasmo, fue sacado fuera. Atado al palo, al pie del cual se apiló un montón de leña, pues los que tenían que encender la hoguera esperaban la decisión del emperador presente, gritó Romano: "¿En dónde está el fuego para mí?".

Dicho esto, lo volvió a llamar el emperador (Galerio), el cual mandó aplicarle el suplicio, verdaderamente nuevo, de la amputación de la lengua. Con el máximo valor soportó que se la cortasen y en todos sus actos mostró que un poder divino asiste a los que sufren por causa de la religión, a fin de aliviar los dolores y de fortificar el espíritu.

Por tanto, sabida la nueva especie de pena, sin ningún temor sacó voluntariamente la lengua el nobilísimo atleta, no sólo con prontitud, sino con grandísimo gozo, presentándola a los verdugos encargados de la amputación. Después del castigo fue echado a la cárcel, en donde padeció largo tiempo.

Finalmente, cuando se celebraron los juegos vicenales con ocasión del vigésimo aniversario del imperio de Diocleciano (20 de noviembre del 303), según un acto de clemencia ya legalmente en uso, se proclamó en todas partes la libertad a todos los encarcelados, sólo él, con los pies extendidos hasta el quinto agujero, fue estrangulado con un lazo en el mismo madero y obtuvo el honor del martirio, como lo había deseado. Aunque muerto en otra parte, bien merece ser contado entre los mártires palestinos, siendo natural de Palestina.

Estos hechos del primer año se desarrollaron del modo indicado, cuando la persecución se había dirigido solamente contra los Jefes de la Iglesia.

3. Timoteo, Agapio, Tecla y otros ocho mártires

Durante el segundo año (304 y 305), mientras Urbano era gobernador de la provincia, la guerra movida contra nosotros fue más encarnizada. La primera vez llegaron edictos imperiales, que de un modo general intimaban indistintamente a todos los habitantes de todas las ciudades no sólo sacrificar, sino también hacer libaciones a los ídolos.

En Gaza, ciudad de la Palestina, Timoteo consiguió la corona propia de los atletas victoriosos de la religión, después de innumerables tormentos, quemado a fuego lento, habiendo dado una prueba clarísima de la sinceridad de su fe sufriendo todo pacientemente. Con él fueron condenados a ser devorados por las fieras Agapio y Tecla, nuestra contemporánea, habiendo mostrado una fortísima resistencia.

¿Quién al ver lo que sucedió después, no lo ha admirado? ¿O quién no se ha llenado de estupor al oírlo contar? Eran las solemnes fiestas paganas acompañadas de los acostumbrados espectáculos, cuando se difundió la voz, muy conforme por lo demás a sus deseos, de que los cristianos condenados recientemente a las fieras darían un combate. La noticia de esto creció hasta llegar a los oídos de todos los ciudadanos.

Hay que recordar a seis jóvenes: uno, nacido en el Ponto, se llamaba Timolao; otro era de Trípoli de Fenicia, y se llamaba Dionisio; el tercero, subdiácono de la Iglesia de Dióspoli, tenía por nombre Rómulo; había además dos egipcios, Pauste y Alejandro, y también Alejandro, homónimo de éste, y era de Gaza. Ellos se hicieron atar las manos, como para manifestar su gran deseo del martirio, y comenzaron a correr hacia Urbano, que iba a ir a los espectáculos de la caza y, proclamándose cristianos, mostraron con la prontitud para todo padecimiento que los que se glorian del culto al verdadero Dios no temen ni siquiera los asaltos de las fieras.

Habiendo dejado extraordinariamente estupefactos al mismo gobernador y a los que allí estaban, fueron encerrados en la cárcel, en donde pocos días después fueron metidos otros dos. El uno, llamado Agapio, ya había combatido en otra profesión de fe, antes que ellos, entre varios y terribles tormentos; el otro, cuyo nombre era Dionisio, proveía a las necesidades de la vida material; los ocho fueron decapitados en un solo día en la ciudad de Cesarea, el 24 del mes de Distro (24 de marzo del 304).

Entonces hubo un cambio entre los jefes del Estado. El emperador que tenía el primer grado en el Imperio (Diocleciano) y el que después de él ocupaba el segundo puesto (Maximiano), renunciaron a su dignidad, se retiraron a la vida privada, y las cosas públicas comenzaron a ir mal. Poco después, dividido en partidos el Imperio romano, estalló entre los ciudadanos una guerra sin tregua; no cesó la discordia con sus relativos tumultos sino cuando se dio la paz a todas las regiones dependientes de la autoridad de Roma. Ésta brilló para todos como la luz que sigue a una noche bastante tenebrosa, y nuevamente tuvieron estabilidad, concordia y calma las cosas públicas, habiendo vuelto la benevolencia recíproca usada entre los antepasados. Pero expondremos esto en tiempo más oportuno; ahora será bien que prosigamos la narración ordenada de los acontecimientos.

4. Apfiano, abogado y mártir

Maximino [Daya], llegado al poder imperial desde este tiempo (1 de mayo del 305), como si quisiera demostrar a todos las señales de su impiedad y de su odio innato contra Dios, se aplicó a la persecución de los nuestros de un modo todavía más violento que sus predecesores. Turbados todos gravemente, se desparramaron por varios lugares, procurando huir del peligro; se notó una agitación general. ¿Qué discurso podría ser suficiente para explicar dignamente el amor de Dios, la franqueza de lenguaje en confesar la divinidad de que dio prueba el bienaventurado mártir, hecho verdaderamente una víctima inocente, quiero decir, Apfiano? Ante las puertas de Cesarea mostró a todos sus habitantes un ejemplo admirable de religión hacia el único Dios.

Todavía no tenía veinte años. Primeramente, para estudiar el derecho civil, además de la literatura latina, según la educación de los griegos (pues sus padres eran muy ricos) había pasado en Berito[712] la mayor parte del tiempo; y es de admirar cómo en una tal ciudad, él, domadas las pasiones juveniles, sin dejarse corromper ni del vigor del cuerpo ni de la compañía de los coetáneos, practicó la castidad, llevando una vida honesta, sobria, piadosa del todo conforme a la doctrina del cristianismo.

Si también debe recordarse su patria para procurarle el honor que le corresponde por haber sido la cuna del noble atleta de la religión, lo haremos gustosos. Si alguno conoce Gaga, ciudad no desconocida de la Licia[713], ya sabe que de allí procede este joven. Cuando, ya terminados sus estudios, regresó de Berito, su padre ocupaba el primer puesto en la ciudad; y no quiso estar con él ni con los demás miembros de la familia, porque no se decidían a vivir según las leyes de la religión cristiana. Como movido por un Impulso divino, razonando según una filosofía innata o, más bien, inspirado por Dios, despreciando la gloria del siglo, renunciando a los placeres del cuerpo, se alejó secretamente de sus padres, sin preocuparse nada del alimento cotidiano y, guiado por la fe y la esperanza en Dios, mejor dicho, como conducido por la misma mano del Espíritu Santo, llegó a la ciudad de Cesarea, en donde, por causa de la religión, se le preparaba la corona del martirio. Ha vivido junto con nosotros. En cuanto le era posible, sacando de las Sagradas Escrituras la moral perfecta en que ardientemente se alentaba, llegó a un fin tal como se podía esperar. ¿Quién, por otra parte, al verlo no quedaría asombrado? ¿Quién al oírlo más de una vez no admiraba en este joven la confianza, la franqueza en el hablar, la constancia y sobre todo la audacia de su designio y

[712] La Beirut actual. Su escuela de Derecho era la más famosa de todo el Imperio romano y a ella íban a perfeccionarse los que habían estudiado en Atenas y en Alejandría.

[713] Región del Asia Menor, en la costa mediterránea, entre la Caria y la Panfilia.

propósito? Todo lo cual son argumentos certísimos de su celo de la divina religión y de un espíritu verdaderamente sobrehumano.

Desencadenado un segundo ataque contra nosotros por parte de Maximino, en el año tercero de la persecución de Diocleciano (305-306), fueron promulgados la primera vez edictos del tirano, prescribiendo a los magistrados de las ciudades que procurasen que todos los habitantes, sin excluir alguno, sacrificasen públicamente. En la ciudad de Cesarea los heraldos convocaron a los hombres, mujeres y niños en los templos de los ídolos, con la intimación del gobernador, mientras los tribunos militares llamaban a cada uno siguiendo una lista. Los fieles estaban espantados por el indecible torbellino de los males inminentes. Entonces, dicho joven, sin que nadie supiese lo que iba a hacer, sin apercibirnos los que estábamos en la misma casa, eludiendo los soldados de toda la cohorte en torno del gobernador, se adelantó hacia Urbano mientras hacia una libación, y tomándole tranquilamente la mano derecha, le obligó a que dejase inmediatamente el sacrificio; luego, muy prudentemente, con divina prontitud de espíritu, le exhortó a desistir de su error, pues no está bien dejar al único solo verdadero Dios para sacrificar a los ídolos y al demonio.

Parece verosímil que esto lo hizo el joven movido por el influjo del poder divino, que proclamaba, por decirlo así, cómo los cristianos verdaderamente tales, una vez que han caído en la religión del Dios del universo, son tan ajenos a cambiar, que no sólo desprecian gustosos las amenazas y los castigos sucesivos, sino que también hablan francamente, manifiestan libremente con voz intrépida la verdad y exhortan a los mismos perseguidores a dejar, si esto fuese posible, su ignorancia para reconocer al que es el solo Dios.

Entonces dicho joven, como es fácil de imaginarse, después de un acto tan audaz, fue sujetado por los soldados del gobernador como por tantas bestias feroces, y soportó con el máximo valor en todo el cuerpo muchísimos golpes, hasta que por fin fue metido en la cárcel. Habiendo permanecido allí durante veinticuatro horas con los pies extendidos en el madero de la tortura, fue conducido al día siguiente ante el juez. Después, forzado para que sacrificase a los dioses, mostró una invicta constancia de ánimo en los suplicios y en los padecimientos verdaderamente horrendos; le desgarraron los costados no una sola vez ni dos, sino repetidas veces, hasta los huesos, más aún, hasta las mismas vísceras, en la cara y en el cuello recibió golpes en tanta cantidad que no pudo ser reconocido ni aun de aquellos que desde hacía mucho tiempo le conocían perfectamente, tanta era la hinchazón de las contusiones.

Pero, como no cedía a tan atroces tormentos, los verdugos, según orden recibida, le envolvieron los pies con paños empapados en aceite y les aplicaron fuego. A mí me parece que no se pueden expresar con palabras los espasmos que sintió el bienaventurado mártir. En efecto, el fuego, consumidas las carnes penetraba hasta los huesos, de tal manera que derretidos los humores del cuerpo por el calor, chorreaban gota a gota como cera. No habiéndose rendido ni siquiera a tales pruebas los adversarios estaban vencidos y extenuados ante esta fuerza sobrehumana. De nuevo lo metieron en la cárcel. Tres días después fue conducido ante el juez, profesando la misma constancia en la fe, aunque por otra parte medio muerto, y fue arrojado en las profundas simas del mar.

Los sucesos acaecidos enseguida parecerán increíbles a los que no lo vieron; pero aunque esto lo sabemos muy bien, no es una razón que nos dispense de transmitir a la historia la verdad entera, pues testigos de ello fueron, por decirlo en una sola palabra, todos los habitantes de Cesarea: en efecto, ninguno de cualquiera edad que fuese, dejó de intervenir en tal espectáculo maravilloso. Apenas, como ellos creían, fue sumergido en los vastos abismos marinos aquel hombre verdaderamente santo y tres veces bienaventurado, cuando un huracán repentino, extraordinario, acompañado de un estrepitoso movimiento agitó tan fuertemente no sólo el mar, sino también el aire, que toda la ciudad fue sacudida. Durante este terremoto prodigioso el cadáver del mártir de Dios, como si de él no fuesen dignas las olas, fue arrojado por las mismas ante las puertas de la ciudad.

Tales son los hechos referentes al admirable Apfiano, sucedidos el 2 del mes de Santico, que corresponde al día cuarto antes de las nonas de abril, siendo feria sexta (viernes 2 de abril del 306).

5. Ulpiano y Edesio el filósofo

En aquel tiempo y casi en los mismos días, en la ciudad de Tiro, un joven llamado Ulpiano, después de terribles torturas acompañadas de crueles flagelaciones, fue metido con un perro y con un áspid, reptil venenoso, en una piel de buey acabada de desollar y fue arrojado al mar.

Así me parece conveniente que se haga también mención de él en el relato de Apfiano. Suplicios semejantes a los de Apfiano los sufrió poco tiempo después Edesio, su hermano no sólo en Dios, sino también por naturaleza, pues tenía el mismo padre.

Después de las innumerables confesiones, de los prolongados maltratos de la cárcel, de las condenas del gobernador destinándolo para las minas de Palestina, se mostró él en todas las pruebas un verdadero filósofo no sólo en el vestido, sino especialmente en la conducta (tenía en efecto una instrucción más completa que su hermano, habiendo salido de las escuelas de los filósofos) y terminó la vida en la ciudad de Alejandría. Había allí un juez que decidía la suerte de los cristianos insultándolos vulgarmente más de los límites convenientes: ora injuriaba de varias maneras a hombres dignos de respeto, ora, para sujetarlas a torpes ultrajes, enviaba a los prostíbulos a las mujeres de una pureza celestial, no excluidas las que espontáneamente habían dedicado a Dios su virginidad. Edesio intentó imitar a su hermano. Pues, pareciéndole intolerables estas escenas, se acercó al juez con grande atrevimiento, avergonzándolo con palabras y con hechos. Y así, sometido con la tortura a múltiples destrozos, sufridos valerosamente, tuvo el mismo fin que su hermano, siendo arrojado al mar.

Del modo aquí dicho sucedió lo que se refiere a Edesio, aunque poco tiempo después.

6. Agapio y los juegos circenses

El año cuarto de la persecución (306-307), el 12 antes de las calendas de diciembre, el día anterior al sábado (20 de noviembre), en la misma ciudad de Cesarea sucedió un hecho verdaderamente digno de ser narrado, mientras estaba presente el mismo tirano Maximino, el cual se complacía en dar espectáculos a la muchedumbre con ocasión de su cumpleaños.

Era costumbre antigua que, en presencia de los emperadores, diversiones más magníficas que nunca procurasen a los ciudadanos un entretenimiento mucho mayor que en cualquier otra circunstancia; prodigios nuevos y extraños superaban a los acostumbrados; había algunos animales transportados de la India, de Etiopía y de otros lugares; hombres hábiles en diversos ejercicios corporales hacían divertir a los habitantes de una manera extraordinaria. Entonces, puesto que el emperador con ocasión de la fiesta suministraba los juegos, era necesario que en ellos hubiese algo más maravilloso que lo acostumbrado. ¿Qué hubo, pues?

Un mártir de nuestra fe fue conducido al centro del anfiteatro para combatir en favor de la sola verdadera religión. Era aquel mismo Agapio, que juntamente con Tecla fue condenado a ser pasto de las fieras, como dije hace poco. Había sido ya llevado tres veces y aun más frecuentemente, con gran pompa al estadio con los malhechores, desde la cárcel; pero el juez, después de las amenazas, ya sea porque se moviera a compasión, ya porque esperaba que cambiase de propósito, lo dejaba para sucesivos combates. Después, habiendo intervenido el emperador, fue arrastrado hasta allí como si estuviese reservado a propósito hasta aquel momento, a fin de que se cumpliese en él aquella frase de nuestro Salvador, que, con su ciencia divina, había predicho a los discípulos que serían conducidos ante el rey para rendirle testimonio (Mt. 10:18). Así, pues, fue llevado al centro del estadio junto con un malhechor, el cual, según voz esparcida entre la gente, fuera detenido por haber asesinado a su amo. Pues bien, este asesino de su amo, expuesto a las fieras, fue juzgado digno de piedad y de benevolencia, como si fuese el famoso Barrabás en tiempo del Salvador; entonces todo el anfiteatro comenzó a retumbar de gritos y de aclamaciones, porque el homicida, salvado por la clemencia del Emperador, fue creído digno de honor, más aún, de libertad.

En cambio, el atleta del culto cristiano, llamado antes por el tirano, requerido luego para que renegase de la fe con promesa de libertad, declara en alta voz que no por culpa alguna, sino por la religión de Dios creador de todas las cosas, valerosamente, con ánimo intrépido lleno de gozo, padecería cualquier suplicio que se le quisiera dar. Uniendo los hechos a estas palabras, corre hacia una osa dejada suelta contra él, ofreciéndose a ella voluntariamente en comida. Y como aunque despedazado respiraba todavía, lo volvieron a la cárcel, en donde vivió veinticuatro horas. Al día siguiente le ataron unas piedras a los pies y lo arrojaron al medio del mar. Tal fue el martirio de Agapio.

7. Teodosia, Domnino y Ausencio

Corría ya el quinto año de la persecución (307-308), era el segundo día del mes de Santico, que corresponde al cuarto antes de las nonas de abril (2 de abril), el Domingo mismo de la Resurrección de nuestro Salvador, cuando de nuevo en Cesarea, Teodosia, virgen de Tiro, joven fiel, digna de todo respeto, apenas de dieciocho años de edad, fue a visitar a algunos presos, los cuales, profesando libremente el Reino de Jesucristo, estaban sentados ante el tribunal, no sólo para saludarlos, sino también, como es razonable, para suplicarles que se recordasen de ella en la presencia de Dios.

En aquel momento, los soldados, agarrándola como si hubiese cometido un acto de impiedad o de irreligión, la condujeron al gobernador. Inmediatamente éste, loco como era o, más bien, excitado por un furor semejante al de las fieras, le impone tormentos crueles y horrendos, ya desgarrándole los costados, ya los pechos hasta los huesos. Ella aún respiraba y, llena de alegría, toleraba los tormentos con cara sonriente, cuando se intimó que fuese arrojada entre las olas del mar. Después, el magistrado, pasando a los demás confesores de la fe, los condenó a todos a las minas de cobre de Feno, en la Palestina.

Después de estos sucesos, el 5 de noviembre del 307, en la misma ciudad de Cesarea, los compañeros de Silvano, entonces sacerdote y confesor, que poco después honrado con el episcopado terminó la vida con el martirio dando prueba de una constancia singularísima por la religión, fueron condenados por el mismo gobernador a los trabajos de las minas de cobre ya indicadas; pero primeramente ordenó que les quemasen con un hierro candente las articulaciones de los pies, de modo que quedasen inútiles.

En el mismo tiempo en que se pronunciaba tal sentencia también se significó Domnino por muchísimas otras confesiones; muy conocido de todos los palestinos por su extraordinaria franqueza de lenguaje, fue castigado a ser quemado vivo. Después de esto, el mismo juez que, astuto inventor de tormentos como era, estudiaba nuevos planes de ataque con el fin de combatir la doctrina de Jesucristo, imaginó suplicios antes inauditos contra los adoradores del verdadero Dios. Obligó a tres de ellos a luchar como gladiadores al pugilato; dio en pasto a las fieras a Ausencio, venerando y santo anciano; otros, aunque habían ya llegado a la edad madura, fueron castrados y condenados a las mismas minas; otros, finalmente, después de terribles torturas fueron encerrados en la cárcel.

Entre ellos estaba Pánfilo[714], el más querido de todos mis amigos y el más glorioso de los mártires contemporáneos por causa de su sólida virtud. Primeramente quiso Urbano conocer con algunos experimentos su pericia ya en materias literarias ya en las ciencias filosóficas; luego intentó inducirle a sacrificar. Cuando vio que rehusaba y que nada le importaban las amenazas, irritado en sumo grado, ordenó que lo atormentasen con suplicios cada vez más dolorosos. Después de esto, este hombre ferocísimo, aún no saciado con que a aquél le surcasen con las almohazas ambos costados con obstinada perseverancia, viendo que esto era en su deshonra e ignominia, ordenó que lo juntasen con los demás confesores que se encontraban en la cárcel. Por lo que comenzó a experimentar durante su vida, es fácil de conocer qué pago haya recibido de la divina justicia quien por su crueldad hacia los santos tanto se enfureció contra los mártires de Jesucristo.

Después de las atrocidades cometidas contra Pánfilo, la mencionada justicia de Dios hirió a Urbano mientras aún tenía el cargo de gobernador. Así, aquel que ayer desde lo alto del tribunal administraba la justicia rodeado de una fila de soldados y mandaba en toda la nación palestina, aquel que, como compañero carísimo era comensal del mismo tirano, en una sola noche se vio despojado de tantas dignidades, deshonrado y avergonzado ante aquellos que antes lo reverenciaban como jefe; apareció como tímido y vil, semejante a las mujerzuelas, suplicando con grandes gritos a toda la gente a quien antes había mandado. Igualmente el mismo Maximino, de cuya amistad antes se enorgullecía lleno de arrogancia siendo estimado de un modo especial por todo lo que hacía contra nosotros, le designó en la misma Cesarea un juez inexorable y cruelísimo, puesto que, después de haberlo cubierto de oprobio por los

[714] Pánfilo, presbítero de Cesarea, admirador y discípulo de Orígenes, reunió una biblioteca de treinta mil volúmenes de los mejores libros antiguos. Él mismo escribió muchas obras: veinticinco libros de comentarios sobre los Profetas menores, que sirvieron mucho a Jerónimo, una apología de Orígenes en cinco libros, de la cual se conserva una parte. Su obra más grande fue la corrección del texto bíblico de la versión de los Setenta.

delitos de que había sido convicto, pronunció contra él sentencia de muerte. Pero esto sea dicho de una manera incidental y de paso. Podría presentarse una ocasión oportuna en que se tratara ampliamente del fin y de la muerte de los impíos que de una manera particular nos han combatido, como también del mismo Maximino y de sus consejeros[715].

8. Confesores y martirio de Valentina y Pablo

Desde hacía seis años que arreciaba la tempestad de la persecución contra nosotros continuamente. Antes de este tiempo, en la Tebaida, en un lugar llamado Porfirita, del nombre del pórfido que hay allí, había grandísima muchedumbre de confesores de la religión. Noventa y siete hombres junto con las mujeres y con los niños de tierna edad fueron enviados al gobernador de Palestina. Allí confiesan al Dios Hacedor del universo y a Jesucristo; por medio de hierros candentes les cortan los tendones y hasta los nervios del pie izquierdo; primeramente con puñales les sacan la membrana y la pupila del ojo derecho, después, por medio de metales enrojecidos, les extinguen completamente el órgano visible hasta la raíz. Habiendo ido allí Firmiliano como gobernador para suceder a Urbano, intimó esto —con pleno consentimiento del emperador—, después mandó a estos desgraciados a las minas de la provincia, para que arrastrasen su miseria entre las fatigas y los padecimientos.

Por lo demás, no son éstos solos los que con nuestros ojos hemos visto sufrir de tal modo. También fueron condenados a luchar como gladiadores los palestinos, a los cuales se aludió hace poco. Y como no querían los alimentos proporcionados por el tesoro imperial, ni ejercitarse en el pugilato, tuvieron que comparecer no sólo delante de los procuradores o gobernadores, sino delante del mismo Maximino. Tolerando el hambre y los azotes, demostraron una inquebrantable constancia en la profesión de la fe, sufriendo con otros confesores unidos a ellos, en la ciudad de Cesarea, los mismos tormentos de que arriba hemos hablado.

Éstos fueron presos en la ciudad de Gaza, cuando se reunían para leer las Sagradas Escrituras. Unos sufrieron en los pies y en los ojos las mismas mutilaciones que los cristianos precedentes; otros, bastante numerosos, experimentaron en los costados los más atroces suplicios. Entre ellos una cristiana, mujer por el sexo, pero hombre por su ánimo varonil, no soportando la amenaza de la prostitución, después de haber pronunciado una frase contra el tirano, pues que había confiado el gobierno de una provincia a jueces tan crueles, primeramente fue azotada, después suspendida al aire en el caballete y desgarrados sus costados. Mientras que, con encarnizamiento unido a la violencia, le aplicaban los verdugos las torturas según la orden del juez, otra mujer mucho más ilustre que aquellos campeones mantenedores de la libertad bastante famosos entre los griegos, no toleró la falta completa de piedad, la atrocidad, la brutalidad de lo que sucedía. Como la anterior, había determinado conservar la virginidad. En apariencia frágil de cuerpo, despreciable de aspecto, pero de ánimo fuerte, más aún, capaz de tomar una resolución superior a su débil naturaleza, en medio de la muchedumbre gritó al juez: "¿Hasta cuándo harás atormentar a mi hermana tan cruelmente?".

Éste, herido en lo vivo, ordenó que arrestasen inmediatamente a la mujer varonil. Arrastrada al medio del tribunal, después de haberse signado con el nombre augusto del Salvador,

[715] Esto es, precisamente lo que hizo Lactancio con su obra *La muerte de los perseguidores*.

exhortada al principio con muchas palabras a sacrificar, y habiendo rehusado, fue llevada a la fuerza ante el altar. Consecuente consigo misma, animada por el mismo valor del primer momento, impávida, llena de audacia, dio un puntapié al altar, tirando con el brasero y todo lo que estaba encima. Entonces el juez, como una bestia enfurecida, hizo primeramente que le diesen en los costados más golpes que a nadie, de modo que parecía como ávido de saciarse de sus carnes crudas. Cuando se satisfizo su ferocidad, juntando a las dos, es decir, ésta y la otra llamada hermana, las condenó a morir abrasadas en el fuego. La primera de ellas, como se ha dicho, era natural de Gaza; conviene saber que la otra, llamada Valentina, bien conocida de muchos, tenía por patria a Cesarea.

Pero ¿de qué modo podré narrar dignamente el martirio siguiente con que fue honrado Pablo, tres veces bienaventurado? Él, que en la misma hora de estas mujeres había sido condenado con igual sentencia a la pena de muerte, estando ya al fin, pidió al verdugo encargado de cortarle la cabeza que le concediese algún minuto de tiempo. Obtenido esto, con voz clara y sonora primeramente pidió en sus oraciones a Dios la reconciliación para aquellos que pertenecían al mismo pueblo fiel, implorando que cuanto antes posible obtuviesen la libertad; luego por los judíos, la conversión a Dios por medio de Jesucristo. Procediendo ordenadamente con sus palabras, llegó a suplicar la misma gracia para los samaritanos. Exhortaba a los paganos, que estaban en el error y en la ignorancia, a conocerlo y a aceptar la verdadera religión, no olvidándose tampoco de la multitud promiscua de los circunstantes. Después que pidió por todos éstos (¡oh grande e inefable resignación!), pidió por el juez que lo había condenado a muerte, por todos los soberanos, por el que estaba a punto de cortarle la cabeza, como también por el gentío atento a escucharle, pidió al Dios omnipotente que no les imputase como culpa el delito que cometían contra él.

Apenas dijo estas oraciones y otras semejantes en voz alta, casi todos, como si muriese injustamente, se sintieron movidos de piedad y de lágrimas. Se colocó en la actitud prescrita por la ley y, presentando el cuello desnudo al filo de la espada, fue honrado con el divino martirio el día 25 del mes Panemo, que corresponde al día octavo antes de las calendas de agosto (25 de julio del 308). Tal fue el fin de estos cristianos.

Transcurrido breve tiempo, nuevamente ciento treinta admirables atletas de la confesión de Jesucristo venidos de Egipto, después de haber sufrido allí por orden de Maximino las mismas mutilaciones que los anteriores en los ojos y en los pies, fueron condenados y enviados los unos a las minas de Palestina y los otros junto a los condenados en Cilicia.

9. Antonino, Zebina, Germano y otros mártires

Después de tantos actos valerosos realizados por los magníficos mártires de Jesucristo, comenzó a disminuir el incendio de la persecución hasta extinguirse en cierto modo bajo las sagradas olas de su sangre. Gozando entonces una cierta tranquilidad y libertad aquellos que por mantenerse fieles a la religión trabajaban en las minas de la Tebaida, se había llegado al punto de respirar un poco de aire puro, cuando no sé cómo, a consecuencia de alguna agitación, el que había obtenido la facultad de perseguir encendió otra vez el fuego contra los cristianos. De repente se publicó por todas partes un nuevo edicto de Maximino contra nosotros.

Los gobernadores de cada provincia, además del jefe que mandaba las tropas, estimulaban con órdenes, con cartas, con mandatos públicos a los procuradores de las ciudades, así como a los magistrados y empleados a cumplir el edicto imperial. Por lo tanto, se intimaba a reconstruir con todo el celo posible los templos de los ídolos que habían caído, y de obligar a todos sin excepción, hombres, mujeres, niños lactantes, a sacrificar, a hacer libaciones a los dioses inmortales, a probar las carnes de las víctimas inmoladas, a manchar los géneros de los mercados con las libaciones indicadas, a que antes de los baños mandasen los guardas a los que allí se lavasen a mancharse con sacrificios verdaderamente abominables. Mientras se cumplían estas órdenes, los nuestros, como es natural, comenzaron a turbarse con gran temor. Hasta los paganos infieles reprobaban las crueldades que se cometían como cosa superflua e inoportuna (porque todo esto, aun a ellos les parecía fastidioso e insoportable).

Siendo inminente sobre todos y en todo lugar una tempestad terrible, una vez más el poder divino de nuestro Salvador infundía a sus atletas una audacia tan grande que, sin ser empujados ni llevados de modo alguno, despreciaron la amenaza de tales peligros.

En efecto, tres fieles, puestos de acuerdo, fueron a asaltar al magistrado cuando sacrificaba a los ídolos, gritándole que desistiese de su error, puesto que no había otro Dios que el Creador y Hacedor del universo. Preguntados entonces para decir quiénes eran, declararon francamente ser cristianos. Irritado Firmiliano con semejante respuesta, sin someterlos siquiera a la tortura, los condenó al suplicio capital. De éstos el más anciano se llamaba Antonino, el otro Zebina, originario de Eleuterópolis[716], y el tercero Germano; la ejecución de la sentencia se realizó en los idus de noviembre (13 de noviembre del 308).

En el mismo día se les juntó como compañera de viaje una mujer, oriunda de Escitópolis[717], adornada también ella con la corona de la virginidad, llamada Ennata, la cual, sin haber hecho nada semejante a lo de los otros, había sido arrastrada ante el juez después de haber sufrido flagelaciones y terribles oprobios. Esto lo había hecho atrevidamente, sin permiso de la autoridad superior, un tribuno de los soldados, que se llamaba Maxys, hombre peor que su propio nombre, de una fuerza extraordinaria, malvado, violento en todas las ocasiones, aborrecido de cuantos lo conocían. Desnudó a la bienaventurada de todos los vestidos, de manera que, cubierta solamente desde los costados hasta los pies, estaba desnudo el resto del cuerpo; después, haciéndole dar la vuelta por toda la ciudad de Cesarea, se cuidaba de que, arrastrada así, fuese azotada con correas en todas las plazas. Después de tales padecimientos, mostrando ella una firmísima constancia ante los mismos tribunales del gobernador, fue condenada por el juez a ser quemada viva.

Excitando más allá de todo límite la rabia contra los adoradores de Dios, transgredió incluso las leyes naturales, pues no se avergonzó de rehusar la sepultura a los cuerpos inanimados de personas santas.

Por lo tanto, ordenó que día y noche se custodiasen cuidadosamente los cadáveres expuestos en campo abierto como pasto de las fieras, y por bastante tiempo pudo verse una gran multitud de hombres prontos a secundar semejante propósito feroz y bárbaro. Mientras éstos, como si se tratase de una cosa importante, vigilaban de lejos para que no se robasen los cadáveres, fieras, perros y aves dispersaban aquí y allí los miembros de los cristianos. Por

[716] También conocida por Betogabra, ciudad de la antigua Judea, al sudoeste de Jerusalén.

[717] Ciudad de la antigua Samaria, fundada por los escitas, llamada anteriormente Betsán, y Bisán en la actualidad.

todos los contornos de la ciudad estaban dispersos vísceras y huesos humanos, de modo que nada pareció ni más cruel ni más horrendo aun a los que antes nos eran contrarios, deplorando no tanto la desventura de aquellos contra los que se procedía de tal manera, cuanto el ultraje hecho a su propia naturaleza común a todos.

En efecto, muy cerca de las puertas de la ciudad se ofrecía un espectáculo imposible de describirse con palabras y más horripilante que tragedia alguna: las carnes humanas eran devoradas no sólo en un sitio determinado, sino que estaban tiradas por todas partes; algunos aseguraban haber visto dentro de las puertas miembros enteros, pedazos de carne y trozos de vísceras. Y como eso duró muchísimos días, he aquí que acaeció un prodigio extraordinario.

El aire estaba limpio y el cielo todo alrededor bastante sereno, cuando de repente la mayor parte de las columnas que sostenían los pórticos públicos de la ciudad destilaron gotas como de lágrimas; los mercados y las plazas, sin que hubiese caído nada de rocío de la atmósfera, aparecieron húmedos como si hubiesen sido rociados con agua de procedencia desconocida. Así enseguida se divulgó entre todos la voz de que, por un motivo misterioso, la tierra había vertido lágrimas, incapaz de tolerar las maldades sacrílegas cometidas y que, para reprobar la dureza despiadada de los hombres, las piedras juntamente, con la naturaleza inanimada, habían llorado lo sucedido.

Sé muy bien que estas palabras tal vez parecerán a los venideros una bagatela y una fábula, pero no a los contemporáneos que se convencieron de la verdad del fenómeno.

10. Pedro el monje, Asclepio el marcionita y otros mártires

El 14 del mes siguiente, llamado Apelleo (14 de diciembre del 308), de nuevo algunos cristianos de Egipto, enviados casualmente a servir a los confesores de la Cilicia, fueron presos juntos por los encargados de observar en las puertas de la ciudad quién entraba y quién salía; así, tuvieron la misma condena que aquellos a quienes habían de prestar servicio, pues fueron privados del uso de los ojos y de los pies. Tres de ellos en la ciudad de Ascalón, en donde estaban en la cárcel, habiendo mostrado una maravillosa fuerza de ánimo, consiguieron la corona del martirio de diversa manera: uno de ellos, que se llamaba Ares, fue entregado a las llamas; los otros dos, que se llamaban Probo y Elías, fueron decapitados.

El 11 del mes de Auduneo (11 de enero del 309), en la ciudad de Cesarea, un asceta, Pedro, llamado también Asselamo, natural del arrabal de Anea cerca de los confines de Eleuterópolis, probado con el fuego como oro purísimo, con noble deliberación dio la prueba de su fe en Jesucristo Hijo de Dios. Con ánimo generoso despreció al juez y a sus circunstantes que le suplicaban insistentemente que tuviese piedad de sí mismo y conservase la flor de su juventud; prefirió a todo y a su propia vida la esperanza en Dios creador.

En este tiempo, un cierto Asclepio, que parece haber sido un obispo de la secta de Marción, movido por el celo de la religión profesada por él, pero no de aquella conforme a la verdadera doctrina, emigró de esta tierra quemado sobre la misma hoguera del mártir anterior.

Así se desarrollaron estos hechos.

11. Pánfilo y sus doce compañeros

El orden de los acontecimientos me induce a contar ahora el grande y célebre espectáculo de aquellos que consumaron el martirio junto con Pánfilo, a quien yo tanto quería.

Eran doce, como los apóstoles, pero además de la paridad del número, habían sido juzgados dignos del don de la profecía y de la gracia del apostolado. Su jefe y el único honrado con la dignidad del sacerdocio en Cesarea era Pánfilo, hombre que durante su vida entera se había distinguido por el ejercicio de todas las virtudes, por la fuga del mundo, por el desprecio del mismo, por la generosa distribución de sus bienes a los pobres, por la poca estima de las esperanzas terrenas, por la conducta conforme a la sana filosofía y a la ascética. Pero entre los contemporáneos se distinguía sobre todo por su ardiente amor hacia las Sagradas Escrituras, por la asiduidad incansable que ponía en cada una de sus empresas y por los favores que prodigaba a los parientes y a cuantos se dirigían a él. Sus otras hermosas cualidades, que requerirían una descripción bastante larga, las hemos expuesto en un trabajo aparte, esto es, en los tres libros de *Memorables* que tienen a él por argumento[718].

Consúltenlos quienes quisieran conocer tales noticias, y ahora nos atenemos a proseguir la narración de nuestros mártires.

El segundo que bajó a la arena después de Pánfilo se llamaba Valente, adornado de cabellos blancos muy adaptados a su santidad, diácono de la Iglesia de Elías, viejo de venerado aspecto, instruido mejor que cualquier otra persona en las Sagradas Escrituras: mejor dicho, las conocía tan bien que no tenía necesidad de recurrir al texto; cualquier pasaje que tomase, lo recitaba de memoria. El tercero de ellos fue Pablo, oriundo de la ciudad de los Iamnitos, lleno de ardor en el trabajo; destrozado con hierros candentes, sostuvo el combate por la confesión de la fe.

Estaban detenidos en la cárcel desde hacía dos años enteros, cuando se presentó la ocasión del martirio con la llegada de los hermanos de Egipto, los cuales juntamente con ellos terminaron la vida. Estos egipcios, después de haber acompañado a los confesores hasta las minas de Cilicia, se volvían a su patria. Al entrar por las puertas de Cesarea, preguntados por los guardas, hombres bárbaros, respecto a sus costumbres, quiénes eran y de dónde venían, no ocultaron nada de la verdad, y fueron arrestados como malhechores sorprendidos en flagrante delito. Eran cinco.

Llevados ante el tirano, al que hablaron con gran franqueza, inmediatamente fueron metidos en la cárcel. Al día siguiente, esto es, el 16 del mes Peritios, correspondiente según los romanos al 14 antes de las calendas de marzo (16 de febrero del 310), por orden especial fueron conducidos ante el juez juntamente con los compañeros de Pánfilo, ya indicados.

Aquél comenzó poniendo a prueba la constancia de los egipcios con toda suerte de torturas, inventando también múltiples instrumentos de suplicio desconocidos hasta entonces.

Después de haber ejercitado al jefe de los cristianos con tales combates, le preguntó quién era; en vez de su nombre oyó pronunciar el de un profeta. Sucedió lo mismo con todos, pues los nombres impuestos por sus padres, que eran propios de los ídolos, los habían cambiado por otros, cuando les había sido posible; y así se atribuyeron los nombres de Elías, Jeremías, Isaías, Samuel y Daniel, demostrando no sólo con obras, sino también con sus nombres pro-

[718] Esta obra de Eusebio se ha perdido.

pios que ellos eran el judío oculto, el verdadero y genuino Israel. Firmiliano, habiendo oído tal nombre del mártir, sin comprender su profundo significado, le preguntó cuál era su patria. Él pronunció una segunda palabra conforme a la primera, y afirmó que su patria era Jerusalén, pensando ciertamente en aquella de la que dijo San Pablo: "La Jerusalén de arriba es libre, es nuestra madre" (Gál. 4:26) y: "Os habéis acercado al monte de Sión y a la ciudad del Dios vivo, la celestial Jerusalén" (Hb. 12:22). Él se refería a ésta; pero el juez, concentrando la mente abajo hacia la tierra, mientras hacía aplicar la tortura al fiel, para que manifestase la verdad, indagaba cuidadosamente cuál era aquella ciudad y en qué lugar del mundo se encontraba. Pero el paciente, que tenía destrozadas las manos detrás de la espalda y quebrados los pies con ciertas máquinas de construcción reciente, aseguraba haber dicho la verdad. Después, interrogado reiteradamente cuál era y en dónde se encontraba la ciudad que nombraba, el confesor afirmaba que esta patria era propia sólo de los adoradores de Dios, pues ningún otro fuera de ellos formaba parte de ella; que está situada al oriente y precisamente donde sale el sol.

Así exponía él su filosofía, según su propio sistema, no fijándose para nada en aquellos que lo atormentaban con torturas en todas sus partes y, como si hubiese estado sin carne, sin cuerpo, parecía que no sintiese el más mínimo dolor.

Intrigado, pues, el magistrado se devanaba los sesos pensando que los cristianos habrían construido en algún lugar una ciudad emula y enemiga de los romanos; por eso la buscaba con diligencia, investigando hacia el oriente la región indicada.

Después de haber hecho despedazar largamente al joven con azotes y de haberlo castigado con toda especie de tormentos, convencido de su constancia invencible en las declaraciones precedentes, le condenó a morir decapitado. He aquí cómo terminó este drama sangriento.

Respecto a los demás, después de haberlos sometido el juez a semejantes pruebas, los hizo suprimir de la misma manera. Luego, cansado y convencido de la inutilidad de castigar a aquellos hombres, desfogando completamente su pasión, se volvió a los compañeros de Pánfilo. Como sabía que también ellos antes habían mostrado en las torturas un valor invencible en defensa de la fe, les preguntó si, al menos ahora, querían obedecer a las órdenes imperiales; y teniendo de todos la misma respuesta, esto es, la última profesión acostumbrada a hacerse en el martirio, los sometió a idéntico suplicio impuesto a los anteriores fieles.

Habían sido conducidos al lugar de la ejecución, cuando un muchacho perteneciente a los criados de la casa de Pánfilo, educado de una manera digna de tan grande hombre, apenas conocida la sentencia pronunciada contra su amo, se puso a reclamar en altos gritos que se diese sepultura a los cuerpos de los mártires.

Entonces el juez ya no fue un hombre sino una bestia o algo aún más feroz: no aceptó lo que tenía de razonable tal petición, ni tuvo miramiento a la edad juvenil. Cuando, al interrogarle, supo que él se declaraba cristiano, como herido por un dardo y lleno de ira, mandó a los verdugos que se valiesen de toda su fuerza contra él. Cuando, pues, vio que rehusaba la orden de sacrificar, como si no fuera de carne humana sino de piedra o de madera o de alguna otra cosa inanimada, ordenó que surcasen los costados del joven hasta los mismos huesos, no perdonando siquiera las partes íntimas de las vísceras.

Durando esto largo tiempo sin que el joven dijese una palabra, ni mostrase dolor alguno, aunque tenía todo el cuerpo dilacerado por los tormentos y casi privado de vida, el juez comprendió que la empresa era inútil. Siempre encarnizado en la crueldad inhumana, condenó al paciente, tal como estaba, a ser inmediatamente quemado en una gran hoguera a fuego lento. Así el joven, antes de que se consumase el martirio de su amo natural, aunque llegado el último al combate, había conocido primero la muerte del cuerpo, mientras todavía se retrasaba la de aquellos que se habían adelantado en las precedentes luchas.

Entonces era hermoso ver a Porfirio en actitud de un vencedor de los juegos sagrados, con el cuerpo cubierto de polvo, pero con el rostro resplandeciente; después de tales pruebas iba a encontrar la muerte con ánimo intrépido, arrogante, verdaderamente lleno del espíritu divino; el único vestido que llevaba era un manto de filósofo, con mente tranquila daba sus instrucciones, manifestaba su voluntad a los amigos y aun atado al palo conservó el rostro sonriente. Pero, como la hoguera había sido encendida por la parte de afuera, que lo circundaba a una cierta distancia, él aspiraba fuertemente las llamas de una y otra parte y valerosamente permaneció en silencio hasta el último suspiro; pronunció una sola palabra en el momento en que la llama lo lamía, invocando en su ayuda a Jesús, Hijo de Dios. Tal fue el combate de Porfirio.

Quien anunció inmediatamente a Pánfilo este martirio fue Seleuco, confesor de la fe, que había servido en el ejército. Por haber sido el mensajero de esta noticia, fue juzgado digno de participar inmediatamente de la suerte de los demás. Mientras daba la noticia de la muerte de Porfirio y saludaba con un beso a uno de los mártires, fue preso por algunos soldados, que lo condujeron al gobernador. Éste, como si tuviese prisa en hacer que fuese compañero de viaje de aquellos que le habían precedido en el camino del cielo, mandó castigarlo inmediatamente con la pena capital.

Seleuco era de la región de Capadocia, y formaba parte de una fila de soldados escogidos y había obtenido un no mediocre grado honorífico en el ejército. En efecto, por su edad, por el vigor de su cuerpo, por su elevada estatura, por su fuerza, superaba en mucho a sus compañeros de armas, de modo que su hermosa corpulencia era celebrada por todos, como también su aspecto bello y majestuoso despertaba admiración. Al principio de la persecución se había hecho célebre bajo los golpes de los azotes en las luchas por confesar la fe, después de haber dejado el servicio militar, imitando a los ascetas en los ejercicios de piedad, se demostró inspector y a la vez protector, como si fuese un padre o procurador de los huérfanos abandonados, de las viudas privadas de ayuda, de los pobres y de los enfermos. Por eso, naturalmente, Dios, que se complace más de semejantes obras que de los sacrificios ofrecidos en medio del humo y de la sangre de las víctimas, lo juzgó digno de la admirable vocación al martirio.

Este atleta, décimo de la serie, además de aquellos ya indicados, terminó su curso, como parece, en el mismo día en que, por causa del martirio de Pánfilo, habiéndose abierto la gran puerta de la eternidad de una manera digna del héroe, les fue fácil a él y a los demás la entrada en el Reino de los cielos.

Las huellas de Seleuco siguió Teódulo, anciano piadoso y venerando, perteneciente a la familia del gobernador, estimado por el mismo Firmiliano más que todos los otros criados, ya por su edad —era padre de tres generaciones—, ya por la benevolencia y la fidelidad demostrada a sus superiores. Hizo poco más o menos lo mismo que Seleuco, y conducido por eso ante su amo, lo irritó más que los que le habían precedido; luego, puesto en la cruz, sufrió el mismo martirio que el Salvador en su Pasión.

Y como a los mártires ya indicados faltaba uno para completar el número de doce, se presentó Juliano, con el que se llegó a esta cifra. Regresando de un viaje, aún no había entrado en la ciudad; apenas supo lo que sucedía a los mártires, tal como se encontraba apresuró el paso para asistir a aquel espectáculo. Cuando vio yacer en tierra los despojos de los santos, lleno de gozo, después de abrazarlos uno a uno, saludó a todos con un beso. Sorprendido en aquel momento por los ministros de muerte, fue conducido ante Firmiliano, el cual, consecuente consigo mismo, mandó que fuese quemado a fuego lento sobre una hoguera. Así Juliano, con gestos y saltando de alegría y en voz alta, dando gracias al Señor por haberlo juzgado digno de tales héroes, fue honrado con la corona del martirio.

Durante cuatro días y otras tantas noches, por orden del impío gobernador estuvieron expuestos y vigilados los cuerpos sagrados y verdaderamente santos, para que fuesen presa de los animales carnívoros. Pero, como por milagro, ni las fieras, ni las aves, ni los perros se acercaron a ellos; más tarde, conservados intactos por la divina Providencia, tuvieron sus convenientes funerales y sin más fueron sepultados según la costumbre.

Y cuando aún todos hablaban de la pasión y del furor del presidente contra dichos Mártires, he aquí que Adriano y Eubulo, procedentes de Batanea llegaron a Cesarea para visitar a los demás confesores.

Preguntados en la puerta de la ciudad sobre el motivo de su venida, declararon sencillamente la verdad, y luego fueron conducidos ante Firmiliano. Sin dilación alguna, hizo que inmediatamente les aplicasen a los costados variadísimas torturas, y los condenó a ser devorados por las bestias feroces.

Transcurrido el intervalo de dos días, el 5 del mes de Distro, esto es, tres días antes de los nonas de marzo (5 de marzo del 310 de la era vulgar), en el natalicio de la diosa Fortuna, o sea, del Genio público, acostumbrado a celebrarse en Cesarea, fue expuesto Adriano ante un león, y luego rematado con la espada.

Después, Eubulo, en el día correspondiente a las mismas nonas, esto es, el 7 del mes de Distro (7 de marzo del 310), suplicado repetidamente por el juez que obtuviese la libertad, como la creen ellos, bajo la condición de ofrecer sacrificios, prefiriendo la muerte gloriosa en defensa de la religión a la vida caduca, después de la prueba de las fieras, hecho víctima semejante a su predecesor, puso término a los combates, siendo el último de los mártires de Cesarea.

En este punto del relato es justo recordar cómo poco después la divina Providencia se sirvió de los mismos tiranos para castigar a los impíos magistrados. Así aquel que había llegado hasta los excesos en ultrajar a los ilustres atletas de Jesucristo, esto es, Firmiliano, obligado junto con otros a padecer el extremo suplicio, murió al filo de la espada.

Tales fueron los martirios sufridos en la ciudad de Cesarea durante todo el tiempo de la persecución.

12. Los dirigentes de las Iglesias

Creo que debe omitirse todo lo que se cumplió durante estos acontecimientos y en el tiempo siguiente respecto a los dirigentes de las Iglesias; cómo éstos en vez de permanecer pastores de las ovejas espirituales de Jesucristo, que no gobernaban según la ley, fueron propuestos por la divina justicia, como si los hubiese juzgado dignos de eso, para el cuidado de los camellos, animales privados de razón y muy irregulares en la forma del cuerpo, y condenados a apacentar los caballos imperiales; cuántos ultrajes, deshonras y torturas tuvieron que sufrir los mismos, a causa de los vasos sagrados y de los utensilios eclesiásticos, por parte de los prefectos y de los magistrados contemporáneos, cómo también, por la ambición de muchos, las ordenaciones temerarias e ilegítimas y los cismas entre los mismos confesores; cuánto algunos jóvenes agitadores han tramado con ardor contra la Iglesia sobreviviente, añadiendo novedad a novedad, insultando sin moderación alguna las desventuras de la persecución y acumulando males sobre males.

Considerando que la narración de tales noticias es ajena a mi propósito, pido excusa de ello y me abstengo, como ya lo he declarado desde el principio. Además, pienso que decir, escribir y presentar a los fieles oyentes todas las cosas honrosas, todas las cosas de buen nombre, según la santa Palabra, todas las cosas virtuosas y dignas de alabanza (Flp. 4:8), es perfectamente propio de la historia de los admirables mártires; en cuanto, pues, a la paz que nos parece ha venido del cielo, me parece bien que ella adorne la conclusión de este opúsculo.

13. Silvano, Juan y otros treinta y nueve mártires condenados a las minas

Corría a su término el séptimo año de la lucha contra nosotros, y poco a poco nuestras condiciones adquirieron un ritmo tranquilo sin nada de notable, hasta que se llegó al año octavo.

En las minas de cobre de Palestina se encontraba reunida una considerable muchedumbre de confesores, que gozaban de una gran libertad, hasta para construir edificios para uso de iglesias. El jefe de la provincia, cruel, malo, como puede comprenderse fácilmente por todo lo que hizo contra los mártires, habiendo ido allá y sabiendo su modo de vida, informó de ello al emperador, escribiendo calumniosamente contra ellos lo que le parecía. Llegó después el custodio de las minas y según orden del emperador, distribuyendo la multitud de los confesores en varios grupos, a unos señaló como residencia Chipre, a otros el Líbano, y el resto lo dispersó por otras regiones de Palestina, ordenando que molestasen a todos con diversos trabajos fatigosos. Después, escogiendo cuatro, que parecían sus jefes, los mandó al caudillo del ejército regional. Dos de éstos eran Peleo y Nilo, obispos de los egipcios; el tercero era un sacerdote, y el cuarto, bastante conocido por su benevolencia hacia todos, se llamaba Patermucio.

El comandante militar les pide que renieguen de la religión, y habiéndose rehusado, los condena a morir quemados.

Se encontraban allí también otros, que habían tenido la suerte de vivir cerca de ellos en un lugar separado; se trataba de confesores que, ya por causa de su vejez, ya por causa de las mutilaciones o por otras enfermedades corporales, estaban exentos de servir en los trabajos. Su dirigente era un obispo, oriundo de Gaza, Silvano, verdadero tipo de prudencia y modelo auténtico de la religión cristiana. Se puede decir que él, desde el primer día de la persecución, como también durante las vicisitudes de la misma, habiéndose hecho célebre en los varios combates en defensa de la fe, fue conservado hasta aquel espacio determinado de tiempo para que pudiese ser el sello final de toda la lucha en Palestina. Con él estaban muchos egipcios; entre ellos se encontraba también Juan, el cual superaba a todos nuestros contemporáneos por la fuerza de su memoria prodigiosa. Ya desde el nacimiento estaba privado de la vista, mas, sin embargo, en las confesiones de la fe, en que se hizo famoso, aun teniendo como los demás estropeado uno de los pies por los hierros candentes, fue sometido a la quemadura de los mismos ojos, aunque privados de la facultad de visión; ¡a tal punto de ferocidad y de barbarie habían llevado los verdugos la crueldad inhumana de su conducta! No hay necesidad de ensalzar a este hombre por sus costumbres y por su modo de vida de filósofo, especialmente porque esto no causó tanta admiración como el poder de su memoria.

Había escrito libros enteros de la Sagrada Escritura no en tablas de piedra como dice el divino Apóstol (2ª Cor. 3:3), ni en pieles de animales o en papeles sujetos a la destrucción de los gusanos o del tiempo, sino verdaderamente, mediante el candor del alma y el ojo purísimo de su inteligencia, los había grabado en las tablas de carne de su razón. Así, cuando quería, recitaba de memoria, como si los sacase de un tesoro literario, ya un texto de la Ley mosaica y de los profetas, ya un pasaje del Evangelio o de los escritos apostólicos. Confieso haber quedado asombrado yo mismo la primera vez, cuando vi en una iglesia a este hombre, de pie en medio de una muchedumbre considerable, recitar algunas partes de la divina Escritura. Mientras me fue posible oír solamente su voz, creía que alguno leía, como se suele hacer en las reuniones; pero cuando estuve más cerca, me di cuenta de lo que sucedía. Todos los que tenían sanos los ojos estaban alrededor de él, y él, con la sola ayuda de su inteligencia, hablaba expeditamente como un profeta, superando en mucho a aquellos fornidos con robustez física.

No sabía realmente cómo dar gloria a Dios y admirar sus designios. Me parecía ver una prueba evidente y segura de ellos en los mismos hechos, de donde resulta cómo el hombre verdadero no es aquel que aparece en los miembros visibles, sino más bien aquel que consiste ya en el alma ya en la inteligencia y que muestra la virtud del espíritu superior al cuerpo mutilado.

Los cristianos antes mencionados vivían en el lugar que se les había señalado, atendiendo, según la costumbre, a los ayunos, a las oraciones y a los ejercicios acostumbrados. Dios mismo los juzgó dignos de un fin bienaventurado, dándoles la mano benévola, mientras el enemigo, no pudiendo tolerar ya más que se armasen contra él con la máxima calma mediante las oraciones al Señor, pensó matarlos y hacerles desaparecer de la tierra como personas molestas. Dios permitió esto, ya para que ello no fuese obstáculo a la maldad que se intentaba, ya para que, finalmente, los fieles recibiesen los premios de tan varios combates.

Así, treinta y nueve cristianos, por orden del execrable Maximino, fueron decapitados en un solo día. Estos martirios sucedieron en Palestina durante ocho años enteros, y tal fue la persecución contra nosotros. Había comenzado con la destrucción de las iglesias, continuó creciendo con motivo de los tumultos provocados por los mismos príncipes, según las ocasiones. Entonces los diversos y varios combates de los atletas de la religión fueron ocasión de una inmensa muchedumbre de mártires en todas las provincias, en las regiones que se extienden desde Libia hasta todo Egipto y luego desde Siria, comprendidos los alrededores de Oriente hasta Iliria, Italia, Sicilia, la Galia y cuanto se encuentra en Occidente, es decir, hacia España, Mauritania y África, no sufrieron durante los dos primeros años la guerra de la persecución.

Éstas fueron juzgadas dignas no sólo de una rapidísima intervención de Dios, sino también de la paz; la divina Providencia tuvo en cuenta la simplicidad y la fe de aquellos hombres.

Lo que jamás se ha contado o visto en los tiempos lejanos del Imperio romano, ha sucedido por vez primera en nuestro siglo contra toda expectativa. En efecto, la persecución dividió el Imperio romano en dos: gozaban de paz los hermanos que habitaban en la parte antes indicada; los que vivían en la otra parte tuvieron que soportar innumerables combates. Pero, cuando la divina clemencia nos demostró la protección benévola y propicia, entonces los príncipes contemporáneos, aquellos mismos que hacía mucho tiempo nos habían hecho la guerra, cambiando de parecer de un modo verdaderamente extraordinario, cantaron la palinodia; con edictos favorables y con ordenanzas bastante benignas para con nosotros extinguieron el incendio de la persecución encendido contra nosotros. Es necesario que conste por escrito esta retractación[719].

BIBLIOGRAFÍA

Eusebio de Cesarea, *Historia eclesiástica.* CLIE, Terrassa 2007.

10. Fracaso del paganismo

Como resultado del edicto de Sárdica, la persecución disminuyó de manera visible en Occidente, pero prosiguió en Oriente, donde el Augusto Maximino Daya (o Daza), "el último y peor de los perseguidores", "el más apasionado enemigo de Dios", no estuvo de acuerdo con lo que había sido escrito, y en lugar de publicar el edicto dio instrucciones verbales a sus subordinados para que no viera la luz del día. Se trataba de un acto de resistencia desesperada, pues si en los siglos anteriores la hostilidad y persecución de los cristianos gozaba del favor de las turbas, parece ser que las cosas ya no eran así, pues uno de los generales romanos de Maximino se vio obligado a recurrir al falso testimonio de unas prostitutas para lanzar calumnias contra los cristianos. Obligadas bajo amenaza de tortura, estas mujeres tuvieron que declarar por escrito que habían sido cristianas y que conocían por experiencia propia que los cristianos se entregaban a la inmoralidad en sus reuniones.

1. Maximino Daya y el proselitismo pagano

Generalmente se pasa por alto que en la persecución de Diocleciano y su tetrarquía: Maximiano, Constancio Cloro, Galerio y Maximino Daya, se da un fuerte elemento *proselitista* de parte del Estado a favor de la religión que legitima su política. Es un dato nuevo en esta persecución a tener en cuenta. Los escritos de las autoridades imperiales constatan

[719] Véanse los dos capítulos anteriores.

una situación preocupante: el abandono del culto a los dioses. "Cuando nuestros padres observaron que casi todos habían abandonado el culto de los dioses y se habían afiliado a la tribu de los cristianos"[720], ordenaron y determinaron, "con el más rico y más santo celo", "orientar las mentes de todos los hombres al santo y recto camino del vivir, para que, incluso los que parecían seguir una costumbre ajena a la de los romanos, rindieran el culto debido a los dioses inmortales"[721].

Luego la persecución del cristianismo en esta ocasión pretendía *recuperar* a la fuerza aquellos que se habían descarriado del culto oficial y adoctrinar al mismo tiempo a los jóvenes para que no cayeran en semejante tentación, recurriendo a los medios habituales de propaganda estatal: la educación en las escuelas, las proclamas oficiales y la invención de textos incriminatorios para los oponentes. Los cristianos eran las ovejas que había que volver al redil, aunque fuese a palos; seguidores de un "conspirador" que era preciso eliminar. Así lo mostraban las *Actas de Pilato,* antecedente histórico de los *Protocolos de Sión* respecto a los judíos.

Maximino Daya es el representante más cabal de esta reacción pagana que, de haberse alzado con el triunfo, hoy se recordaría como el Renacimiento romano de siglo IV. Maximino fue tanto más duro contra el cristianismo cuanto más creyó en la religión tradicional, o pensó que era la única que podía legitimar las pretensiones del Estado. En él se aprecian los estertores finales de un paganismo a la defensiva, que presagiaba su final y substitución por una fe espiritualmente nueva, portadora de una energía moral plenamente segura de sí misma y de su victoria. El fracaso del paganismo fue tanto más sorprendente cuando más áspero había sido el encarnizamiento[722].

Aprendiendo de sus enemigos, Maximino organizó una Iglesia pagana a manera y semejanza de la clara, con un clero jerarquizado episcopalmente. Se trata del precedente inmediato de la restauración pagana de Juliano, llamado por ello el Apóstata. Maximino quiso por todos los medios hacer fuerte al paganismo, poner algo de espíritu en sus huesos tan secos de vida como él de conciencia moral. No pudo hacer mejor favor al cristianismo. Su restauración de los dioses de Roma desde arriba, desde el poder, supuso el aumento de impuestos a las provincias, ya bastante castigadas, y la imposición de diversas multas. Su tiranía e inmoralidad no podían hacer buenas sus reformas religiosas, sino todo lo contrario. Privó a los ricos de sus propiedades ancestrales y regaló abundantes fortunas a su séquito de aduladores. Alentó a los gobernadores y comandantes militares a que atacasen a sus súbditos con saqueos y extorsiones como si fuesen sus compañeros de tiranía. Por si fuera poco, no podía pasar por una ciudad sin violar a las mujeres casadas y raptar a las vírgenes. Se había caído en el pozo más profundo de la disolución moral de las costumbres. La inseguridad ciudadana era tal que cada cual se armaba por sí mismo.

En medio de este desplome general, sólo los cristianos se mostraron firmes. La sola excepción y piedra de tropiezo de tantos emperadores. Con un absoluto desprecio a la muerte por una vida que no valía la pena vivir, desafiaron la tiranía y la religión que le servía de cobertura. "Los hombres soportaron el fuego, la espada y los clavos; las fieras y la inmersión

720 Carta de Maximino al magistrado Sabino, copiada por Eusebio, *Hist. ecl.* IX, 9.

721 Sabino, citado por Eusebio, *Hist. ecl.* IX, 1, 2.

722 Georges de Plinval y Romain Pittet, *Historia Ilustrada de la Iglesia.* vol. I, p. 142.

en el mar; la aplicación de hierros candentes y la amputación de los miembros; la punción y el arrancamiento de los ojos, y la mutilación de todo el cuerpo, y, además, el hambre, las cadenas y las minas. Prefirieron sufrir por la fe antes que dar a los ídolos la reverencia debida a Dios. En cuanto a las mujeres, inspiradas por la Palabra divina, se mostraron tan valerosas como los hombres"[723].

El edicto de tolerancia de Galerio fue hecho público en Sárdica el 30 de abril del 311, Maximino debía de encontrarse entonces en Tarso o Antioquía. Lo primero que hizo al recibir la noticia de la muerte de Galerio, separada por unos días del edicto, fue ocupar las provincias y reivindicar para sí todo el territorio hasta el estrecho del Bósforo y suprimir el edicto concedido a los cristianos. Para cubrirse las espaldas en un futuro actuó con astucia aparentando que lo hacía obligado por legaciones ciudadanas que solicitaban de él que no se permitiese a los cristianos reconstruir sus lugares de culto dentro de sus ciudades[724]. Maximino actuó muy prudentemente para no contravenir el edicto y atraerse las hostilidades de Licinio, sucesor de Galerio. Licinio estaba casado con Constancia, hija de Constancio Cloro y hermana de Constantino, y proclamaría junto a su cuñado la libertad de los cristianos en el famoso Edicto de Milán, aunque al final de su gobierno no respetara los términos del mismo.

Maximino ordenó la construcción de templos paganos en cada ciudad y la restauración de los que el tiempo y el abandono habían arruinado. Designó sacerdotes en cada ciudad y distrito y en cada provincia seleccionó sumos sacerdotes sobre ellos, dotándolos de una guardia militar personal. La intención era impedir que los cristianos pudiesen edificar lugares de culto ni reunirse en público ni en privado. Ordenó, además, que ambos tipos de sacerdotes debían aparecer en público revestidos con clámides blancas[725], capas de lino características de los sacerdotes egipcios, a quien Maximino procuraba imitar. La organización del clero, por el contrario, imita a la organización de la Iglesia cristiana, con sus obispos provinciales y presbíteros locales. Lo mismo que después hará Juliano.

Lactancio llama "nueva" costumbre a la institución de sumos sacerdotes provinciales, porque en la costumbre tradicional, desde los tiempos de Numa Pompilio, sólo existía un pontífice máximo con sede en Roma.

Por el lado propagandístico, inventaron unas *Actas de Pilato* difamatorias contra Cristo, que fueron repartidas por todo el reino, con órdenes de ser expuestas públicamente, tanto en las ciudades con en el campo. Los maestros, al servicio del aparato del Estado, debían hacerlas estudiar y memorizar a sus alumnos, en lugar de las ciencias.

Estas *Actas de Pilato* se han conservado en griego y en traducciones antiguas, y como documento literario son anteriores a la época de Maximino Daya. Ya Justino[726] hace referencia a ellas, al igual que Tertuliano[727]. Es de suponer que estas mismas actas son las referidas por Eusebio, falsificadas por los adversarios del cristianismo para ridiculizar a Cristo.

---

[723] Eusebio, *Hist. ecl.* VIII, 14.

[724] Lactancio, *De mort. pers.* 36; Eusebio, *Hist. ecl.* IX, 2, 4.

[725] Lactancio, *De mort. pers.* 36; Eusebio, *Hist. ecl.* VIII, 14.

[726] Justino, *I Apol.* 35; 48: "Después que crucificaron a Jesús dividieron por suerte sus vestidos y los partieron entre aquellos que lo habían crucificado. Y que estas cosas sucedieron así lo podéis comprobar por las *actas redactadas* en *tiempo de Poncio Pilato*".

[727] Tertuliano, *Apol.* 21, 24, donde parece aludir a una tradición que refería la conversión de Pilato.

Curiosamente, y totalmente procristiano, existe un escrito apócrifo con el título *Actas de Pilato,* que no tiene nada que ver con las actas mencionadas por Justino ni Eusebio. Fueron redactadas en griego por algún escritor cristiano y son primeramente citadas por Epifanio[728]. Un cristiano llamado Ananías cuenta cómo él ha encontrado protocolos redactados en hebreo por Nicodemo acerca del proceso de Jesús y cómo las ha traducido al griego en el año 425. Relata las negociaciones ante Pilato, la crucifixión y la sepultura de Jesús (1-11), las investigaciones del Sanedrín, las cuales habrían demostrado que la resurrección del Señor había sido un hecho real (12-16), y declaraciones de dos difuntos resucitados sobre el descenso de Jesús a los infiernos y sobre sus obras en aquel lugar (17-27). Echa totalmente a los judíos la culpa de la muerte de Jesús y excusa a Pilato[729]. Debido a la participación de Nicodemo en la redacción, estas actas son también conocidas como *Evangelio de Nicodemo.* Este escrito debió quedar unificado en el siglo V, mediante la elaboración de fragmentos anteriores, pero más tarde fue ampliado, especialmente con el "Descenso de Cristo al infierno" y también modificado.

Volvamos a la política de Maximino Daya. Como parte de su programa de recuperación ideológica de los dioses hizo grabar para su exposición pública un edicto donde describe las ventajas de servir a los dioses ancestrales, resumiendo la vieja contención de la religión romana contra la superstición cristiana, causante de todos los males. "Ellos [los dioses] —dice— defienden vuestra ilustre ciudad, vuestras mujeres e hijos, vuestro hogar y casa frente a toda destrucción. ¿Y quién es tan insensato o estúpido que no se dé cuenta de que sólo la benevolencia de los dioses impide que la tierra rehúse las semillas que le han sido confiadas y que frustre las esperanzas del labrador? ¿O que la impía guerra no acuda a la tierra para arrastrar famélicos cuerpos a la muerte y para corromper el límpido aire del cielo? ¿O que el mar no se hinche y lance sus tormentas bajo los azotes del huracán? ¿O que tifones golpeen con mortífera destrucción sin aviso alguno? ¿O que también la tierra, la nodriza y madre de todo, no se hunda con un terrible seísmo en sus más profundos abismos, y que sus montañas sean tragadas por las grietas? Todas estas calamidades, y otras aun peores, han sucedido a menudo antes de esto, como todos saben. Y todas ellas sucedieron a una debido al error y a la insensatez de esas gentes inmorales, cuando poseyó sus mentes y casi subvirtió a todo el mundo mediante sus vergonzosas acciones"[730].

Luego si todos los bienes proceden del sacrificio y culto de los dioses inmortales que los cristianos rechazan, procede que las autoridades locales expulsen de sus ciudades a los cristianos, "para que quede limpia de toda contaminación e impiedad". Expulsados de sus regiones respectivas, los cristianos, dice Eusebio, nos quedamos sin ayuda humana. Aquel año hubo sequía, guerra y peste. Todo al mismo tiempo. Todo esto echaba al traste las creencias de Maximino Daya y los suyos: "Que en sus tiempos el hambre, la peste y la guerra habían sido evitadas por su celo por los ídolos y su campaña contra nosotros. Todas estas cosas le azotaron al mismo tiempo, sirviendo de preludio para su caída"[731].

---

[728] Epifanio, *Haer.* I, 1, 5, 8.

[729] Como dato curioso decir que la Iglesia de Etiopía celebra una fiesta en honor de Pilato, a quien se considera converso al cristianismo y muerto como mártir.

[730] Eusebio, *Hist. ecl.* IX, 7.

[731] Eusebio, *Hist. ecl.* IX, 8.

Los cristianos, en lugar de dejarse llevar por los deseos de venganza sobre sus perseguidores y de alegrarse de sus calamidades, actuaron como era propio en ellos e impropio en los paganos. La misericordia, desconocida en la Antigüedad clásica, fue introducida por el cristianismo en las relaciones humanas. En la terrible adversidad que sobrevino en todas las ciudades, sólo los cristianos dieron una prueba práctica de compasión y verdadera humanidad o *filantropía,* ellos que llevaban siglos aguantando la injusta acusación de *misantropía* u odio al género humano. "Todo el día algunos cristianos cuidaban a los que morían y de su enterramiento, innumerables de ellos que no tenían quien los cuidase. Otros reunían de todas partes de la ciudad a una multitud de los marchitados por el hambre y les distribuían pan, de modo que sus acciones estaban en boca de todos, y glorificaban al Dios de los cristianos"[732].

Mientras tanto, Constantino y Licinio derrotaban a Majencio y se hacían con el poder del Imperio en Occidente y promulgaban el famoso Edicto de Milán a favor de los cristianos. Maximino Daya, Augusto de las provincias orientales comprendió que era hora de cambiar urgentemente de política. Para ganarse la amistad de los vencedores escribió una carta en la que se excusaba de todo acto violento, y decía, lo cual era totalmente falso, que había dado órdenes a los jueces para que a nadie se tratase duramente. Nadie, dice, fue desterrado en las regiones orientales, ni ultrajado, sino más bien recuperado para el culto de los dioses, porque no se les aplicó ningún trato duro[733].

Dice, además, que si alguien decide adorar a los dioses debe ser bien acogido, pero que si algunos desean seguir su propio culto, hay que dejarles en libertad. Declaración ésta que arroja una nube de sombra sobre la actuación de todos los perseguidores. Entendían el principio de la libertad religiosa, de la persuasión sin violencia, pero actuaron soberbiamente creyendo que el cristianismo era un grupo minoritario y sin futuro, al que se podía tratar sin contemplaciones, caprichosamente mantenidos fuera de la ley, convencidos de que su extinción era cuestión de tiempo.

Alentado por sus sacerdotes, que le predecían lo que él quería oír, Maximino, aspirando al primer rango imperial, hizo la guerra a Licinio. Derrotado en un primer encuentro, ejecutó a los sacerdotes y profetas de dioses que antes había reverenciado, sobre la base de que eran unos charlatanes e impostores y sobre todo unos traidores de su propia seguridad. Así terminó el experimento de la renovación del paganismo. Murió de sus propias contradicciones, pese a todo el poder y gloria que tuvo a su disposición. "La antigua religión de Roma no supo aprovechar la ayuda imperial. La de Cristo, por el contrario, no sólo no vio restringida su expansión con la persecución sufrida, sino que extrajo de ella nuevas fuerzas. Sus cuadros dirigentes que comenzaban a desunirse en la prosperidad, se soldaron férreamente ante el martirio y pronto pudo ofrecer su apoyo a aquel de los emperadores que garantizara su protección"[734].

2. Retractación de Maximino Daya

También poco antes de su muerte, como ya había hecho Galerio, Maximino tuvo que dar marcha atrás, y en un acto de total hipocresía política promulgó una ley a favor de los cristia-

---

[732] Eusebio, *Hist. ecl.* IX, 8.

[733] Cf. Eusebio, *Hist. ecl.* IX, 9.

[734] Alexandre de Saint-Phalle, *De San Pablo a Mahoma,* p. 134.

nos, mediante la cual, una vez más, intentó lavar sus manos de sangre inocente y ganarse el favor perdido de sus propios súbditos y de los nuevos amos de Roma. La orden de Maximino es ilustrativa de las situaciones de total injusticia que tuvieron que soportar los cristianos por culpa de los edictos imperiales en su contra, cuando cada gobernador los aplicó según sus intereses sin atención a la legalidad o ilegalidad de las medidas.

Maximino Daya reconoce que hubo muchos atropellos de la ley y el orden, dictaminados por la codicia de quienes aprovecharon la ocasión para quedarse con los bienes de la víctimas. Qué duda cabe de que la incautación de bienes representaba para los magistrados lo que el botín para los soldados. "Hemos sabido que, usando la excusa de que nuestros divinísimos padres Diocleciano y Maximiano mandaron abolir las asambleas cristianas, los funcionarios públicos se habían dedicado a muchas extorsiones y robos, que fueron creciendo con el paso del tiempo para daño de nuestros provincianos, el bien de quienes debe ser nuestra gran preocupación, y para destrucción de sus posesiones personales"[735].

Para corregir estos tales, Maximino dio orden, cuando era evidente que ya no le quedaba otro remedio, de no molestar a los cristianos, permiso para edificar lugares de culto y, además, "para que nuestro don sea aún mayor, decretamos que si algunas casas o tierras que habían pertenecido a los cristianos han sido, por mandato de nuestros predecesores, añadidas a la tesorería pública o confiscadas por cualquier ciudad —tanto si han sido vendidas como si han sido conferidas a alguien como un don—, todas ellas deben ser por mandato nuestro devueltas a los cristianos en calidad de anteriores propietarios legales, para que todos puedan apreciar también en esto nuestra piedad y solicitud".

Estas últimas palabras de Maximino levantaron los comentarios irónicos de Eusebio, testigo de los días inmediatamente anteriores cuando el "tirano" consideraba a los cristianos una peste impía y una plaga de la sociedad a los que no había que permitir que vivieran en el campo ni en el desierto y mucho menos en la ciudad. "¡Ese mismo hombre publicaba ahora ordenanzas y leyes en favor de los cristianos! Y los que poco antes eran víctimas del fuego y de la espada y pasto de fieras y aves de presa —mientras él lo contemplaba—, y que habían sufrido toda especie de castigos, torturas y muerte, como si fueran impíos y malvados, ahora les permite que adoren como lo deseen y que edifiquen las casas del Señor, ¡confesando el tirano mismo que tienen algunos derechos legales!"[736].

También a Maximino, "el último y peor de los enemigos de la piedad", le llegó la hora de padecer el mal o la "muerte de los perseguidores", consumido por una enfermedad extraña, dolorosamente atroz y repugnante, enviada por Dios. Se marchitó de hambre, con la carne consumida por un fuego invisible, y su forma corporal quedó disuelta en un montón de huesos, como un fantasma reducido a puro esqueleto. Ciego de dolor ordenó matar a los médicos que no conseguían aliviarle. Rufino supone que uno de ellos le dijo: "¿Por qué, oh emperador, quieres que el hombre estorbe lo que Dios ordena? Esta enfermedad tuya no es humana para que pueda ser curada por médicos. Acuérdate de lo que has hecho con los siervos de Dios y con la religión cristiana, derramando tanta sangre, y verás de dónde te viene el daño. Yo bien puedo morir por tu mandado, mas tú no serás curado por mano de médico".

---

[735] Copia de la orden de Maximiano a favor de los cristianos, transcrita por Eusebio, *Hist. ecl.* IX, 10.

[736] Eusebio, *Hist. ecl.* IX, 10.

Preso de la locura cogía con sus manos tierra seca y la devoraba como un hambriento. Seguidamente, después de innumerables y duros dolores, al golpear la cabeza contra las paredes, sus ojos saltaron de sus órbitas. Finalmente, como coinciden en señalar Eusebio y Lactancio, reconociendo que sufría justamente por su ferocidad contra Cristo, comenzó a confesar a Cristo suplicándole e implorándole que se compadeciese de él y viniera la muerte[737].

Como desde tiempos inmemoriales viene siendo típico en el destino final de todos los tiranos, los retratos que de él y de sus hijos colgaban en su honor en cada ciudad fueron tirados al suelo y rotos, ennegrecidos con pintura para cubrir sus rostros e inutilizados. Con ello se intentaba borrar su memoria, hacer desaparecer su recuerdo. Todas las estatuas que habían sido levantadas en su honor fueron igualmente derribadas y desmenuzadas, sirviendo de blanco para bromas y burlas de los que en otro tiempo le temieron en vida y le odiaron en secreto. Los cómplices fueron destituidos de sus altos cargos y acabaron bajo el hacha del verdugo. Una historia familiar hasta el día presente.

Con la muerte de Maximino Daya quedó cerrado para siempre un doloroso capítulo de la historia de la Iglesia al tiempo que se abría uno nuevo de consecuencias impredecibles, que a muchos pareció la inauguración del profetizado milenio de paz y prosperidad en la tierra. En términos teológicos, la escatología dejó de concebirse en términos futuristas para convertirse en preterista.

Sólo la historiografía posterior, sin reflexionar en los hechos antecedentes, dirá que la paz garantizada por Constantino fue un mal para la Iglesia, un "giro" que supuso la estatificación y paganización del cristianismo, su deterioro moral, espiritual y doctrinal. Lo veremos en su lugar correspondiente.

3. Mártires Catalina y Pedro de Alejandría

Los dos mártires más conspicuos en tiempo de Maximino Daya son la virgen Catalina y el obispo Pedro, ambos de Alejandría. Fueron martirizados a finales del 311. El fundamento legal serían los edictos segundo y cuarto de los edictos de Diocleciano en el 303. El segundo ordena la prisión de todas las personas dedicadas al culto cristiano, desde los jefes de las iglesias hasta los cargos subalternos como ostiarios o lectores. El cuarto extiende a todos los cristianos la obligación de sacrificar bajo pena de muerte.

3.1. Catalina

Beatificada, Santa Catalina de Alejandría es una figura muy importante en el arte cristiano, cuya veneración alcanza gran auge en Europa desde las iniciales fuentes contenidas en el *Menologium Basilianum* del siglo IX y Simeón Metafrastes en el X. Grandes artistas, como Van Dyck, Memling, Leonardo y el Veronés, plasmaron en sus lienzos los *desposorios* de la virgen alejandrina con Jesucristo. Fue, como dice la escritora Emilia Pardo Bazán, "no sólo una filósofa. Su alma es una historia de amor".

[737] Lactancio, De mort. per. 49, 6; Eusebio, *Hist. ecl.* IX, 10.

Catalina nació hacia el 290 en el seno de una noble familia de Alejandría. Dotada de una gran inteligencia destacó, muy pronto, por sus extensos estudios que la situaron al mismo nivel que los más grandes poetas y filósofos de la época. Su favorito era Platón, pero en algún momento de su vida se interesa por la doctrina cristiana, que llega a conocer por medio del obispo Pedro, el mismo que será su compañero de martirio. El carácter sublime de Jesús el Maestro y el grandioso Sermón del Monte, tan llenos de divina grandeza, llevan a Catalina a abrazar la Belleza increada: Dios. La leyenda dice que una noche se le apareció Cristo y decidió, en ese momento, consagrarle su vida, considerándose, desde entonces, su *prometida*. El tema del matrimonio místico era común en la espiritualidad católica.

Probablemente fue una virgen consagrada dedicada a la enseñanza en el *Didaskaleion* o escuela cristiana de enseñanza superior fundada por Atenágoras en unión de Panteno, y que contó con maestros tan reputados como Clemente, Orígenes, Heraclas, Dionisio, Atenodoro, Malción, Máximo, Pierio, Aquilas, Teognosto y Serapión. La existencia de vírgenes consagradas se halla atestiguada en la Alejandría de principios del siglo IV[738].

Cuando tenía solamente dieciocho años de edad, Catalina se presentó a sí misma al emperador Maximino, que había acudido a Alejandría para presidir una gran fiesta pagana. La joven aprovechó la ocasión para intentar la conversión del emperador al cristianismo, no sin antes reconvenirle por su crueldad y adoración de dioses falsos. Asombrado por la audacia de la joven, pero incompetente para rivalizar con ella en el debate, Maximino la retuvo en su palacio y citó a numerosos sabios, a quienes mandó utilizar todas sus habilidades en el arte de razonar para que de esa manera Catalina pudiera ser conducida a apostatar. Pero ella emergió victoriosa del debate. Algunos de sus adversarios, conquistados por su elocuencia, se declararon a sí mismos cristianos y fueron entonces condenados a muerte.

Furioso al ser confundido, Maximino la hizo azotar y encerrar en la prisión. Mientras tanto, la emperatriz, entusiasmada por ver a tan extraordinaria joven, fue con Porfirio, el jefe de las tropas, a visitarla en su calabozo, cuando ellos en turno se sometieron a las exhortaciones de Catalina, creyeron y fueron bautizados, e inmediatamente ganaron la corona de mártir.

El emperador ordenó, entonces, que torturaran a Catalina utilizando para ello una máquina que tenía unas ruedas guarnecidas con pinchos como cuchillos. Milagrosamente las ruedas se rompieron al tocar el cuerpo de Catalina. El emperador enfureció y perdió el control, entonces mandó que fuese decapitada.

El martirologio romano dice que los ángeles trasladaron los virginales restos al Monte Sinaí, donde posteriormente una iglesia y un monasterio fueron edificados en su honor, dando motivo a peregrinaciones de todo el mundo. La leyenda narra que los monjes del monasterio descubrieron en una gruta de la montaña el cuerpo intacto de una joven a la que reconocieron como Catalina de Alejandría, tal como habría sido depositada allí por los ángeles. La devoción a la santa fue una de las más difundidas por toda Europa, donde existen innumerables iglesias con imágenes o cuadros de Santa Catalina.

Evidentemente la narración que nos ha llegado de la vida y milagros de Santa Catalina está repleta de todos los elementos fantásticos y milagrosos propios de las leyendas de már-

---

[738] *Acta sincera S. Petri Alexandrini*, en *P. G.* 18, col. 462, y Epifanio de Salamina, *Panar. Haer.* 69, 2.

tires, que mueren convirtiendo a gran número de sus perseguidores y desbaratan los instrumentos de tortura que contra ellos son empleados. Todo esto se debe a la imaginación de los narradores, quienes cuidaron menos de declarar hechos auténticos de lo que realmente sucedió que de encantar a sus lectores con recitales de las maravillas.

Hagiógrafos contemporáneos miran con sospecha la autenticidad de varios textos que contienen la leyenda de Santa Catalina y consideran que, aunque hay un núcleo auténtico, histórico, la multitud de detalles milagrosos obscurecen los hechos, y nos dejan una narrativa maravillosa embellecida con hechos milagrosos y largos discursos puestos en la boca de la santa. La leyenda de la milagrosa traslación del cuerpo de la joven mártir al Monte Sinaí, no sólo no se sostiene racionalmente, sino que no aparece en los itinerarios de los antiguos peregrinos que visitaron el Sinaí. El benedictino Dom Deforis declaró en el siglo XVIII que la tradición sobre la santa era falsa en gran medida.

Algunos historiadores consideran que la historia de Santa Catalina es una creación literaria como contrapunto a Hipatia de Alejandría, ambas vírgenes y sabias, pero una cristiana y la otra pagana. De hecho, la fama póstuma de Catalina está vinculada a la cristianización de la escuela filosófica de Alejandría en tiempos de Justiniano I (527–565). El emperador usó a Catalina a manera de contrafigura cristiana de Hipatia y como ejemplo para los filósofos alejandrinos. Así se entiende que Justiniano I dedique a Catalina el monasterio que erige en el Sinaí entre el 542 y el 551, sobre la pequeña iglesia levantada por Constantino I hacia el 330 en respuesta a la identificación por Eusebio de Cesarea del Macizo del Sinaí con el sitio de la teofanía de Éxodo 19:16–25.

3.2. Pedro de Alejandría

No son muchos los datos que disponemos de este personaje. Según Felipe de Sidetes, Pedro fue durante un tiempo director del *Didaskaleion* o escuela catequética de Alejandría. Fue elegido obispo de la ciudad en el año 300. Según Eusebio, era un creyente muy instruido, brillante, "un dechado divino de los maestros de piedad para con Dios en Cristo"[739]; "ejemplo divino a los obispos por la nobleza de su conducta y por su inteligencia en las Santas Escrituras"[740].

En teología marca la reacción de Alejandría contra las doctrinas de Orígenes, llevadas por algunos de sus discípulos a un extremo. De su amplia obra quedan tan sólo pequeños fragmentos. Escribió varios tratados: *Sobre la divinidad* (Περὶ Θεοτητος); *Sobre la venida del Salvador* (Περὶ τῆς σωτῆρoιας ημών Επιδημία); *Sobre el alma; Sobre la resurrección* (Περὶ αναστάσεως, en esta obra la identidad del resucitado con el cuerpo terrenal se afirma contra Orígenes); *Sobre la penitencia* (Περὶ μετανοίας) y *Sobre la Pascua* (Περὶ του πάσχα, condenado como espurio por una referencia a San Atanasio, a menos que, ciertamente, la referencia sea una interpolación); así como una carta a los alejandrinos sobre Melecio.

Durante la persecución de Diocleciano, Pedro dejó Alejandría para esconderse. Ocasión aprovechada por Melecio, obispo de Licópolis (Egipto), que creó un cisma en la comuni-

739 Eusebio, *Hist. eccl.* 8, 13.7.
740 *Íd.*, 9, 6.2.

dad. Melecio era un hombre ambicioso que fue depuesto por varias razones, entre ellas por sacrificar a los ídolos. Cuatro obispos egipcios, Hesiquio, Pacomio, Teodoro y Fileas (c. 307), protestaron contra su intromisión en Alejandría. "Indudablemente" —dicen en una carta— "Melecio está consciente de la muy antigua ley que prohíbe a un obispo ordenar fuera de su propia diócesis. Sin embargo, sin respeto a esta ley, y sin consideración al gran obispo y padre, Pedro de Alejandría, ni a los obispos encarcelados, él ha creado confusión general. Para reivindicarse quizás él puede declarar que fue obligado a actuar así, pues las congregaciones estaban sin pastores. Sin embargo, tal defensa es inválida, pues un número de visitantes *(circumeuntes)* habían sido nombrados. Si ellos fueron negligentes en sus deberes, su caso debió haber sido presentado ante los obispos encarcelados. Si estos últimos habían sido martirizados, él podía haber apelado a Pedro de Alejandría, y así haber obtenido la autoridad para ordenar".

Al enterarse Pedro de las maniobras de Melecio, escribió a sus fieles de Alejandría, aconsejándoles "que eviten toda comunión con él hasta que él y yo nos podamos encontrar cara a cara en la presencia de hombres prudentes e investigar este asunto".

San Epifanio de Salamina y Teodoro dicen que Melecio estaba próximo en rango después de Pedro de Alejandría, de quien estaba celoso y a quien quería suplantar en ese momento, cuando Pedro fue obligado a huir y a vivir escondido a causa de la persecución. La supresión del cisma meleciano fue uno de los tres asuntos importantes que se presentaron ante el Primer Concilio de Nicea.

El año noveno de la persecución de Maximino Daya (311), Pedro fue apresado "de repente y fuera de toda razón o previsión", y como si fuera ordenado por Maximino, fue decapitado, recibiendo así la corona del martirio. "Juntamente con él sufrieron del mismo modo muchos otros obispos de Egipto"[741]. Eusebio no dice nada de los escritos de Pedro, probablemente por ser de naturaleza antiorigenista. Las actas del martirio de Pedro alejandrino son muy tardías como para tener algún valor histórico. En ellas aparece la historia de Cristo apareciéndosele con su vestidura rasgada, prediciendo el cisma arriano.

BIBLIOGRAFÍA

Fracaso del paganismo

A. Momigliano, *El conflicto entre paganismo y cristianismo.* Alianza Editorial, Madrid 1989.

Averil Cameron, *El Bajo Imperio romano.* Encuentro, Madrid 2001.

G. Boissier, *El fin del paganismo. Estudio sobre las antiguas luchas religiosas en el siglo IV en Occidente.* Jorro, Madrid 1908.

Henri Irénée Marrou, *¿Decadencia romana o antigüedad tardía? Siglos III-VI.* Rialp, Madrid 1980.

Luis Agustín García Moreno, *El Bajo Imperio romano.* Síntesis, Madrid 1998.

P. de Labriolle, *La réaction païenne.* París 1934.

Catalina y Pedro de Alejandría

A. Harnack, "Alexandrinische Katechetenschule und Schule", en *RPTK,* 1, 356–359. Leipzig 1896.

[741] *Íd.,* 7, 32.31; 9, 6.2.

P. Carus, "St. Catherine of Alexandria", en The Open Court. Monthly Magazine devoted to the Science of Religion. Chicago 1907.

Lewis B. Radford, *Three Teachers of Alexandria : Theognostus, Pierus and Peter: A Study in the Early History of Origenism and Anti-Origenism.* Cambridge, 1908/ reed. Adamant Media Corporation, 2004.

M. Viteau, *Passions des saints Ecaterine et Pierre d'Alexandrie,* Barbara et Amysia. París, 1897.

Tim Vivian, *St. Peter of Alexandria: Bishop and Martyr* (Studies in Antiquity and Christianity). Fortress Press, Minneapolis 1988.

11. Libertad ambivalente

1. Vuelta al hogar

El regreso a casa de los desterrados y de los condenados a la muerte lenta del trabajo en las mimas se saludó como la aurora de un nuevo y luminoso día, "como si de repente hubiera comenzado a resplandecer la luz después de una noche oscura". Así la vivió Eusebio y todos los testigos de los hechos. De repente aparecían por los caminos los atletas de Cristo, unos tuertos, otros cojos, aquéllos llenos de cicatrices, éstos mutilados en algún miembro de su cuerpo: eran las marcas y señales de su fiel combate en la milicia de Cristo, que en desfile triunfante exhibían por todas las ciudades que atravesaban. Es difícil imaginarnos lo que supuso el reencuentro de padres, hermanos, hijos, familiares, amigos separados por la cruel disposición de los enemigos de la Iglesia. ¡Qué emociones, qué alabanzas no se vivirían! A lo que hay que añadir las expectativas de los débiles que una vez pasada la tormenta se apresuraban por volver a la comunión de los santos. Sin lugar a dudas fueron días memorables, cuya celebración falta en la pobre imaginación de los historiadores modernos que piensan que el paso del sufrimiento a la libertad fue el tránsito de ser perseguidos a perseguidores, saltando sobre los acontecimientos sin respetar su cronología ni su significado para multitud de familias e individuos que arriesgaron todo sin contar con un final feliz, al menos aquí en esta tierra.

Fue un momento memorable que no podemos pasar por alto para comprender a los mártires como hombres y mujeres de carne y hueso con los mismos sentimientos que el resto de la humanidad, con los mismos deseos de paz, tranquilidad y felicidad en la voluntad divina. Sin conocer este momento, transitorio pero significativo, no podemos entender lo que sigue, con sus conveniencias e inconveniencias.

"En cada ciudad las iglesias estaban atestadas, las reuniones muy concurridas y las ceremonias llevadas a cabo como se debía. Los paganos, incrédulos, se quedaron llenos de estupor ante la maravilla de una transformación tan grande y proclamaban al Dios de los cristianos como el único grande y verdadero. Entre los nuestros, los que habían contendido valerosamente a través de los combates de la persecución volvieron a gozar de la libertad con honor, pero aquellos cuya fe había sido anémica y que sentían tormento en sus almas buscaron sanidad, rogando a los fuertes que extendieran la diestra de rescate e implorando a Dios que tuviera de ellos misericordia. Luego, también los nobles campeones de la piedad, liberados de sus padecimientos en las mimas, volvían a sus casas, gozándose y radiantes mientras transitaban por cada ciudad, emanando un indescriptible deleite y una inenarrable confianza. Multitudes de hombres viajaban en compañía alabando a Dios con himnos y salmos en medio de las carreteras y plazas públicas. Los que hacía poco habían sido prisioneros, cruelmente castigados y echados de sus lugares, ahora recuperaban sus hogares con sonrisas de gozo, de modo que incluso los que habían estado sedientos de nuestra sangre contemplaban esta inesperada maravilla y compartían nuestro gozo ante lo sucedido"[742].

2. El cambio de actitud de Licinio

La hechos posteriores mostraron que aún era pronto para entonar el canto universal de la libertad, concretamente en Oriente, fecundo en iglesias y sometido al gobierno del Augusto Licinio. Éste, como vimos, estaba casado con Constancia, hermana de Constantino, y había estado de acuerdo con el edicto de tolerancia de Galerio del 311, y promulgado el del 313 en Milán, juntamente con su cuñado. Quizá las tensiones existentes con Constantino que le habían enfrentado con él en Cibala (8 octubre del 314) y Castra Jarba (noviembre del 314), a las que siguieron una paz de diez años, influyeron en su ánimo contra el cristianismo, favorecido por su rival. Según el historiador anticonstantiniano Zósimo, Constantino "no mostró lealtad hacia lo acordado y pretendió hacerse con algunas provincias que habían correspondido a Licinio"[743]. Cerca del 322, éste emprenderá contra los cristianos una breve pero brutal persecución. Constantino, queriendo conservar a todo trance la paz religiosa, le dio batalla y lo venció en Adrianópolis. Derrotado Licinio fue desterrado a Tesalónica y posteriormente ejecutado acusado de conspiración. Justo después de la victoria sobre Licinio fue proclamado un edicto con el que se recomendaba y tutelaba la fe en la "sola verdadera Divinidad".

Eusebio dice que Licinio se volvió totalmente loco, respuesta típica cuando se quiere disculpar el comportamiento inesperado de algún ser querido. Licinio había sido favorable a la construcción de lugares de culto cristianos, como el espléndido templo inaugurado con solemnidad en Tiro. Pero un día, bajo la excusa de que no era conveniente practicar el culto en lugares cerrados y dentro de la ciudad, dio órdenes para que los cristianos se reuniesen en el exterior y lejos de las ciudades. Igualmente, afirmando que no era moral que las mujeres cristianas se reuniesen juntamente con los hombres, ni que fuesen instruidas por catequistas varones, las obligó a reunirse ellas solas y hacer enseñar por catequistas de su mismo sexo. Luego prohibió a los obispos salir de su propio territorio o celebrar concilios.

Entonces procedió a despedir a todos los cristianos de su corte que no participasen de los sacrificios públicos a los dioses; luego mandó que ciudad tras ciudad se señalase a los soldados que no sacrificaban a los dioses y fuesen privados de sus grados.

Medidas éstas de poca importancia comparadas con las tomadas con los presos. Llegó a ordenar que nadie tratase con humanidad a los que padecían en las cárceles por ser cristianos, dándoles alimentos, ni tener compasión por los encadenados que estuviesen desfalleciendo de hambre. Nadie debía mostrar bondad alguna, ni siquiera si era impulsado por la natural inclinación humana a la compasión. Llegó a decretar que todos los que mostrasen compasión

[742] Eusebio, *Hist. ecl.* IX, 1.

[743] Zósimo, *Historia nueva.*

sufriesen el mismo castigo que aquellos de los que se compadeciesen, y que los que diesen ayuda humana fuesen encadenados y encarcelados y compartiesen el castigo de los que lo padecían.

"En la última etapa de su locura emprendió acciones contra los obispos, suponiendo que se oponían a sus acciones como siervos del Dios supremo. Comenzó a urdir asechanzas contra ellos, no abiertamente al principio por temor a su superior, pero, de nuevo, a escondidas, conspirando con los gobernadores, hizo dar muerte a los más estimados. La manera en que fueron asesinados fue grotesca e inaudita, y lo que se hizo en Amasia y otras ciudades del Ponto sobrepasó a todo exceso de crueldad. Algunas de las ciudades de allá fueron desgarradas de arriba abajo, mientras que otras quedaron cerradas para impedir que los adoradores se reunieran y dieran a Dios el servicio que le es debido. Él no pensaba que las oraciones se ofrecían en su favor, pues su razonamiento era el de una conciencia llena de culpa, sino que todas nuestras súplicas eran por el emperador a quien Dios amaba. Por esta causa desencadenó su ira contra nosotros. Convencidos de que estaban haciendo lo que aquel miserable quería, los aduladores entre los gobernadores arrestaban a obispos plenamente inocentes como si fuesen criminales y los ejecutaban sin pretexto, como si fuesen asesinos. Algunos sufrieron una forma de muerte aún más novedosa: los descuartizaban con la espada y luego, después de este espectáculo brutal, horroroso, eran echados a las profundidades marinas como pasto de los peces. Esto impelió a los hombres de Dios a darse a la fuga de nuevo, y una vez más los campos, los desiertos, los valles y los montes dieron acogida a los siervos de Cristo"[744].

Finalmente, como hemos dicho, Licinio fue derrotado por Constantino y ejecutado en el 325. Las Iglesias del Imperio, tanto en Oriente como en Occidente, pudieron gozar juntas las bendiciones de la paz y de la libertad.

3. Los mártires de Sebaste

El ejército de Licinio estaba compuesto por un gran número de soldados cristianos. Se honra la memoria y el sacrificio de cuarenta de ellos que desobedecieron la orden de sacrificar a los dioses y renegar de Cristo. Desgraciadamente no tenemos las actas auténticas de su martirio, aunque se conservan varias versiones del género *Pasión*. Su historia fue divulgada en forma de homilías por los capadocios Basilio el Grande y Gregorio de Nisa y San Efrén, pronunciadas ante el pueblo y en el mismo lugar donde padecieron el suplicio: Sebaste, en Armenia Menor, la primera nación que abrazó el Evangelio con su rey en cabeza[745]. Aunque no se trate de una narración histórica, sino de discursos edificantes y panegíricos, el testimonio de estos mártires no está desprovisto de credibilidad. Contamos además con un documento de singular valor histórico, la carta colectiva que escribieron los mártires desde la cárcel antes de ir a la muerte. Este importantísimo documento yacía desconocido y olvidado hasta que fue descubierto en 1778 en un códice de la Biblioteca Imperial de Viena, que después de ser confrontado con otros códices se estableció su autenticidad.

[744] Eusebio, *Hist. ecl.* X, 8.

[745] Véase la Parte IV, 5 de esta obra.

Se trata de un emocionante testimonio de la última voluntad y testamento de la fe de los mártires, donde expresan su amor por sus padres, sus esposas, sus hijos, sus novias y por todos y cada uno de los hermanos de las Iglesias de donde procedían. Afirman su fe en la resurrección y suplican a los que todavía permanecen en este mundo que se mantengan unidos en un solo y fraternal afecto, fieles y firmes hasta conseguir la misma felicidad.

Estaban enrolados en una legión de guardia de frontera. Parece cierto que fuera la legión XII Fulminada, la cual había participado en la expugnación de Jerusalén en el año 70, y posteriormente había sido trasladada a Oriente con asiento en Melitene (Armenia Menor). Existía una especie de tradición cristiana en el seno de la legión, porque ella había tenido cristianos entre sus filas ya en el siglo III, y quizás antes; otros vínculos con cristianos, mediante amistades y parentescos, debían de haber surgido durante la estancia en Armenia, abundante en cristianos y en soldados de oficio. El martirio ocurrió bastante más al norte de Melitene, en la ciudad llamada Sebaste o Sebastia, donde tal vez la legión mantenía un fuerte destacamento. Los cuarenta eran muy jóvenes, de unos veinte años, a juzgar por los saludos que envían, uno a su mujer y a su hijo pequeño, y otro a su novia.

Cuando llegó al campamento la orden de Licinio de que los soldados participaran en los sacrificios públicos de los dioses, ellos rehusaron resueltamente; arrestados en seguida, fueron atados a una sola cadena, muy larga, y después encerrados en la cárcel. La prisión se prolongó mucho tiempo, probablemente porque se aguardaban órdenes de comandantes superiores o incluso —dada la gravedad del caso— del mismo Licinio. En esta espera los presos, previendo su fin, escribieron su "testamento" colectivo por mano de uno de ellos, de nombre Melecio.

El documento trae, como de costumbre, los nombres de todos los cuarenta mártires, y de ahí los nombres fueron copiados después en otros documentos, con pequeñas divergencias de grafía. Llegada la sentencia de condenación, a los cuarenta se les aplicó un suplicio extraño e insólito: antes de ser arrojados a las llamas debían pasar la noche desnudos, en pleno invierno, sobre un estanque helado y ahí aguardar su fin, según cuenta Efrén el sirio. El lugar elegido para la ejecución parece que fue un amplio patio delante de las termas de Sebastia, donde los condenados serían sustraídos a la curiosidad y a la simpatía del público y a la vez vigilados por los empleados de las termas. En el patio existía una amplia reserva de agua, una especie de estanque, que estaba en comunicación con las termas. Basilio dice que el lugar estaba en el medio de la ciudad, y que la ciudad estaba adyacente al estanque. Quizás la reserva de agua, para uso de las termas, no era sino una derivación del verdadero estanque externo. Más tarde sobre el lugar del martirio se construyó una iglesia, y justamente en esta iglesia parece que Gregorio de Nisa pronunció sus discursos en honor de los mártires. Sobre esa explanada helada, a una temperatura bajísima, los tormentos de esos cuerpos desnudos debieron de ser espantosos. El hielo se pegaba a las carnes tiritantes, la piel se volvía morada y se agrietaba con horrendo espanto.

Para aumentar el tormento de las víctimas, había sido dejado abierto de intento el ingreso de las termas, del cual salían juntamente con la luz los chorros de vapor del *calidarium*: para los martirizados era una tentación potentísima, puesto que bastaban pocos pasos para salir de las angustias y recuperar esa vida que se estaba yendo de sus cuerpos minuto a minuto. Las horas pasaban terriblemente monótonas: ninguno de los condenados se alejaba de la explanada helada. El vigilante de las termas asistía como estupefacto a la escena.

Se cuenta de uno de ellos que, desfalleciendo, corrió a las pilas de agua templada de las termas; pero ahí, por un hecho fisiológico regular, no bien fue envuelto por los vapores calientes falleció. Al ver esto, el vigilante, en un arranque de entusiasmo, decidió remplazar él mismo al infeliz caído completando nuevamente el número de cuarenta. Después de quitarse los vestidos, se proclamó cristiano y se tendió sobre el hielo entre los otros condenados.

El alba del día siguiente iluminó un tendal de cadáveres. Uno sólo quedaba todavía con vida: era el más joven, un adolescente al que algún documento llama Melitón. Esta tenacidad de vida asustó a su madre, cristiana de fe altamente maravillosa, la cual estaba presente cuando los cadáveres eran cargados sobre el carro para llevarlos a quemar en una inmensa hoguera que ardía cerca del río.

El joven fue dejado de lado porque aún no había muerto. Esperaban que, reponiéndose, al menos por fin renegase. La madre tomó a su hijo entre los brazos y lo llevó ella misma sobre el carro, a fin de que su criatura no quedara privada de la corona común. "Esos brazos que algunos años antes lo habían sostenido como niño de pecho, ahora lo sostenían como atleta triunfador. En ese abrazo materno el adolescente expiró" (G. Ricciotti). "No sabría imaginarme una muerte más suave y más heroica: expirar sobre el pecho de la propia santa madre e ir al cielo con la palma del martirio" (C. Gallina).

El vigilante convertido es llamado Aglaios en algunos documentos. Observaciones hechas confrontando los varios testimonios indujeron a sospechar que el sujeto pusilánime que abandonó el combate y murió en el umbral de las termas, fue justamente Melecio, el escritor del "testamento"; pero no es más que una conjetura. La narración deja paso a dudas sobre ciertos detalles; pero en su conjunto se la puede aceptar con seguridad. La veneración hacia los *Cuarenta Mártires* fue muy popular en Oriente. Pero también en Occidente, a fines del mismo siglo, habla de ellos Gaudencio de Brescia, que estaba particularmente informado acerca de Oriente. Además, en Roma escenas de su martirio se conservan todavía en un fresco del siglo VII-VIII, que se halla en un oratorio contiguo a la iglesia de Santa María Antigua en el Foro Romano[746].

3.1. El testamento

El documento escrito por los mártires dice literalmente:

> Melecio, Aecio y Eutiquio, prisioneros de Cristo, a los santos obispos, sacerdotes, diáconos, confesores y a todos los demás eclesiásticos, salud en Cristo.
>
> Cuando, por la gracia de Dios y por las oraciones de todos los fieles, habremos superado la prueba que nos espera y habremos llegado al premio de la celestial llamada, entonces queremos que se cumpla también esta nuestra última disposición, esto es, que nuestros restos mortales se recojan por nuestro sacerdote y padre Proido, y por los hermanos Crispín y Gordio junto con el pueblo celoso, y por Cirilo, Marcos y Sapricio hijo de Amonto, y que nuestros despojos sean sepultados todos juntos en la aldea de Sarein, cerca de la ciudad de Zela. Pues aunque nosotros somos de diversas regiones hemos escogido un mismo y único lugar de reposo, pues hemos convenido

[746] Giuseppe Ricciotti, *L' Era dei Martiri,* pp. 268-270; César Gallina, *Los mártires de los primeros siglos,* pp. 234-239.

tener juntos el reposo nosotros que hemos sostenido juntos el combate. Así lo ha querido el Espíritu Santo, y así nos agrada también a nosotros.

Y es por eso que nosotros, Aecio, Eutiquio y los demás hermanos en Cristo, pedimos a vosotros nuestros respectivos padres y hermanos, que os abstengáis de cualquiera lamentación o turbación, como de faltar en manera alguna a la ley de la unión fraterna, y que cumpláis exactamente nuestras disposiciones para que podáis recibir de nuestro Padre común el gran premio de la obediencia y de vuestra participación en nuestros padecimientos. Además, pedimos a todos que nadie se apropie alguno de nuestros cuerpos sacado de la hoguera, sino que procure hacerlos reunir en un lugar solo, entregándolos a las sobredichas personas, para que, por su cuidado y prudencia, todos reciban la recompensa de la participación en nuestros sufrimientos[747]. Así María, que perseveró cerca del sepulcro de Cristo y antes que todos vio al Señor, fue también la primera en recibir la gracia de la alegría y de la bendición.

Y si alguno quisiera oponerse a nuestros deseos, sea excluido del premio divino por su formal desobediencia. Pues en efecto ha violado la justicia por seguir su voluntad perversa, intentando en cuanto está en él, separamos a nosotros que, por favor y providencia especial de nuestro santo Salvador, hemos estado juntos unidos. Y si, por la gracia de Dios, también el jovencito Eunoico llegare al mismo término de la prueba, también él tendrá derecho a estar sepultado junto a nosotros. Si, al contrario, también por la gracia de Cristo, fuere dejado salvo y libre, y tuviere que permanecer aún en la lucha de este mundo, nosotros queremos que él esté al cuidado de nuestro martirio, y lo exhortamos a observar la palabra divina, para que en el gran día de la resurrección se regocije con nuestra alegría habiendo soportado con nosotros durante la vida las mismas penas.

Y ahora, queridos hermanos Crispín y Gordio, os ruego y conjuro que huyáis de todo placer mundano y error. La gloria del mundo es incierta y caduca: florece en breve y en seguida se seca como el heno que muere antes de nacer. Apresuraos más bien a correr hacia nuestro piadoso Dios, que ofrece riquezas indestructibles a los que se vuelven a Él y da la vida eterna a los que tienen fe en Él.

Éste es el tiempo útil para los que quieren salvarse, tiempo que ofrece mucha oportunidad para hacer penitencia y practicar sin tardanza el bien, si con pretextos no se deja para el futuro. No es posible prever el término de la vida. Pero, aunque uno lo pudiese conocer, aprovéchese de él y entretanto demuestre su inmaculada piedad, para que, recogido por Dios en la práctica de la misma, pueda ver cancelada la sentencia de sus pecados anteriores, pues está escrito: "Según te encontrare, así te juzgaré".

Esforzaos, pues, por haceros encontrar irreprensibles en los preceptos de Cristo, para que podáis huir del fuego inextinguible y eterno. "El tiempo es breve" [1ª Cor. 7:29], clama efectivamente desde hace tiempo la voz divina. Sobre todo tened en gran cuenta la caridad, porque ella solamente honra la justicia, agradando a Dios según la ley del amor. En efecto, en el hermano visible se honra al Dios invisible. Son palabras dirigidas a los hijos de una misma madre, pero espiritualmente se aplican a todos los

---

[747] Ésta es una juiciosa previsión contra las disputas que podrían producirse entre los cristianos, como ya había sucedido en el pasado con respecto a las reliquias de otros mártires.

que aman a Cristo. Nuestro Salvador y Dios dijo que son hermanos no ya los que están unidos con los vínculos de la sangre, sino aquellos que están unidos en la fe y en sus santas prácticas, y cumplen la voluntad de nuestro Padre que está en los cielos [Mt. 12:59; Mc.3:35].

Saludamos al venerando sacerdote Felipe con Procliano y Diógenes y su Iglesia. Saludamos al venerando Procliniano que está en la región de Fidela con la santa Iglesia y los suyos. Saludamos a Máximo con su Iglesia, Magno con su Iglesia. Saludamos a Domno con los suyos, a Ile nuestro padre y a Valente con su Iglesia.

Yo, Melecio, saludo a mis parientes Lutanio, Crispo y Gordio con aquellos que le son queridos, Elpidio con los suyos e Ipercio con los suyos. Saludamos también a los del país de Sarin, al sacerdote con los suyos, a los diáconos con los suyos, a Máximo con los suyos, a Esiquio con los suyos, a Ciriaco con los suyos. Saludamos por su nombre a todos los que están en Chaduthi y a todos aquellos que están en Carisfone. También yo, Aecio, saludo a mis parientes Marcos y Aquílina y al sacerdote Claudio y a mis hermanos Marcos, Trifón, Gordio y Crispo, a mis hermanas y a mi esposa Domna con mi hijito.

También yo, Eutiquio, saludo a los de Ximara, a mi madre Julia y a mis hermanos Cirilo, Rufo, Riglo, Cirila y a mi prometida Basilia. Y a los diáconos Claudio, Rufino y Proclo. También saludamos a los ministros de Dios Sapricio, hijo de Amonio, y a Genesia y Susana con sus seres queridos.

Finalmente, saludamos en particular todos nosotros, los cuarenta hermanos y compañeros de prisión, esto es, Meleceio, Aecio, Eutiquio, Cirión, Cándido, Agia, Gayo, Cudión, Heraclio, Juan, Teófilo, Sisinio, Esmeraldo, Filotemón, Gorgonto, Cirilo, Severiano, Teódulo, Nicalo, Flavio, Xantio, Valerio, Esiquio, Domiciano, Domno, Eliano, Leoncio llamado también Teotisto, Eunoico, Valente, Acacio, Alejandro, Bieracio llamado también Bibiano, Prisco, Sacerdón, Ecdicio, Atanasio, Lisímaco, Claudio, Ile y Melitón.

Por tanto, nosotros, cuarenta prisioneros del Señor Jesucristo, hemos aquí suscrito por mano de uno de nosotros, Melecio, y hemos aprobado cuanto está escrito y que ha agradado a todos. Animados de un espíritu divino, con todo el corazón pedimos poder todos conseguir los bienes eternos de Dios y su Reino ahora y en los siglos de los siglos. Así sea.

BIBLIOGRAFÍA

H. Delehaye, *Martyrologium romanum.* Bruselas 1940.

Jacob Burckhardt, *Del paganismo al cristianismo: la época de Constantino el Grande.* FCE, México 1996.

M. Simon y A. Benoit, *El judaísmo y el cristianismo antiguo.* De Antíoco Epífanes a Constantino. Labor, Barcelona 1972.

R. Jiménez Pedrajas, "Sebaste, Mártires", en *Gran Enciclopedia Rialp,* Madrid 1991.

Timothy D. Barnes, *The New Empire of Diocletian and Constantine.* Cambridge University Press, Cambridge 1982.

—*Constantine and Eusebius.* Cambridge University Press, Cambridge 1981.

PARTE IV
LA REVOLUCIÓN CONSTANTINIANA

"En el Año Uno no había cristianos. Ni siquiera cien o doscientos años más tarde podía nadie antever cuán radicalmente iba a cambiar la balanza, o sea, que el invencible Imperio romano había de ser transitorio mientras que la insignificante secta cristiana obtendría un día la universalidad. Para los emperadores, lo mismo que para los no cristianos, el cristianismo era un estorbo y nada más".

M. I. Finley[748]

[748] M. I. Finley, *Aspectos de la Antigüedad,* p. 272. Ariel, Barcelona 1975.

1. La paz de Constantino

Antes de entrar en la polémica moderna sobre Constantino y las hipotéticas consecuencias nefastas que tuvo su actuación para el cristianismo, conviene que primero nos situemos históricamente y sepamos cómo vivieron sus protagonistas la paz de Constantino. Hay que ponerse en la piel de los que vivieron el período de horror de la gran persecución para comprender el alcance y significado de los cambios introducidos por Constantino, para quienes el inesperado y glorioso triunfo de la Iglesia constituye la prueba evidente de la *operatio Dei,* la mano de Dios en la historia humana.

Eusebio, contemporáneo de los hechos, describe el cambio de la persecución a la tolerancia como la inauguración de una verdadera edad de oro instaurada por Dios mismo. Para dar fuerza a sus sentimientos los reviste con expresiones bíblicas tendentes a mostrar su transcendencia. Cantaré, dice, un cántico nuevo, porque "después de aquellas sombrías y horrendas escenas y narraciones, he tenido ahora el privilegio de ver y celebrar lo que muchos justos y mártires de Dios antes que yo desearon ver y no vieron, y quisieron oír, y no oyeron. Pero ellos se apresuraron a alcanzar cosas muchísimo mejores en los cielos, siendo arrebatados a un paraíso de gloria divina, mientras que yo, admitiendo que las actuales circunstancias son mucho mejores que las que merezco, me encuentro absolutamente atónito ante la magnitud de la gracia que nos ha dado y le ofrezco toda mi maravilla y adoración, confirmando la verdad de las profecías que declaran: *Venid y contemplemos las obras del Señor, qué maravillas ha hecho sobre la tierra, haciendo que cesaran las guerras hasta los confines del mundo. Él quebrará el arco y desmenuzará la lanza, y los escudos al fuego quemará* (Sal. 46:8-)". Toda la raza de enemigos de Dios fue destruida y en un momento desapareció, continúa. "A partir de ahora resplandece sobre las iglesias de Cristo, por todo el mundo, un día sin nubes, radiante y bañado de rayos de luz celestial, y no hubo vacilaciones en compartir hasta con los que estaban fuera de nuestra sociedad el goce, sino de unas bendiciones divinas idénticas, sí al menos de sus efectos".

"De modo que todos los hombres quedaron libres de la opresión de los tiranos y, rescatados de sus antiguas desgracias, reconocieron en diversas maneras que el Defensor de los piadosos era el Dios único y verdadero. Pero especialmente nosotros, los que habíamos esperado en Cristo, teníamos una dicha inenarrable, y floreció en todos nuestros corazones un divino gozo al ver lugares que poco antes habían sido devastados por la malicia del tirano y que ahora revivían como tras una larga y mortífera desolación"[749].

Otro contemporáneo de los hechos, Lactancio, advierte a sus lectores que si alguien quiere escribir la historia de lo que ocurrió debe esforzarse en no alterar la verdad silenciando el daño ocasionado a los seguidores de la fe cristiana y el juicio de Dios sobre los perseguidores, única manera de comprender el estado de ánimo del espíritu cristiano que pasó, no sin contratiempos, de ser una religión perseguida a tolerada y libre; de verse diezmada, y de qué manera, a poderse reunir públicamente sin miedo al exterminio. "Así celebramos con alegría el triunfo de Dios. Concurramos en masa a festejar con alabanzas su victoria, celebrémoslo con plegarias de noche y de día, celebrémoslo para que conserve siempre por siempre la paz que tras diez años de guerras ha concedido a su pueblo"[750].

---

[749] Eusebio, *Hist. ecl.* X, 1, 2.

[750] Lactancio, *De mort. pers.* 52.

1. De Britania a Bizancio

Constantino ha sido objeto de los juicios más dispares y contrapuestos a lo largo de la historia. Santo para unos, villano para otros, su fama corre pareja a la valoración de la institución religiosa por él protegida. Se ha llegado a decir que Constantino se "convirtió" al cristianismo e hizo de éste una institución del Estado para cubrir su condición de criminal[751]; o que se creyó Dios y Cristo y reencarnado[752]. No tan drásticos, los grupos que intentan regresar a un cristianismo "más puro" acusan a Constantino de paganizar, de corromper la Iglesia y convertirla en un instrumento de "dominio de los dominantes" (Roger Garaudy). Para salir de dudas es bueno que repasemos con algo de atención su carrera militar y religiosa.

Flavio Valerio Aurelio Claudio Constantino nació en Naissus, hoy Nis en la actual Serbia, hijo del prefecto del Pretorio y después augusto (emperador), Constancio Cloro, en su primer matrimonio informal, denominado *concubinatus,* con Elena, mujer de extracción humilde pero de carácter fuerte y habilidades extraordinarias. La fecha de su nacimiento no es conocida con certeza y se calcula entre el 274 y el 288.

Luchó contra los sármatas y se unió a su padre en Britania, en el 306. Se destacó como militar y hombre de mando férreo, fue tan popular entre sus tropas que el 25 de julio de ese año le proclamaron augusto a la muerte de Constancio. Esto tuvo lugar en Eburacum, la actual York inglesa. La Galia e Hispania eran sus dominios. En Italia y África fue reconocido Majencio, hijo de Maximiano, que arrepentido de su abdicación fue llamado por su hijo y volvió a ejercer como augusto, ignorándose los derechos del César Flavio Valerio Severo. Galerio, el augusto de más edad, reconoció a Constantino y a Severo como augustos, y se pronunció contra Majencio. Pero Severo fracasó ante Majencio, y lo mismo le ocurrió a Galerio. Severo abdicó en favor de Licinio. Entonces Maximino Daya y Licinio se proclamaron augustos y así llegó a haber seis augustos: Galerio, Maximino Daya, Licinio, Constantino, Maximiano y Majencio.

Constantino, viendo que el sistema de la tetrarquía se muestra ineficaz para el gobierno del Imperio, que se precipita a la ruina, se prepara para ser emperador único. Gran genio político, va preparando el terreno con una propaganda que asocia su nombre al del dios Sol, legitimando así su pretensión a ser único emperador, del mismo modo que el sol ilumina él solo todo el universo.

En el 311, a la muerte de Galerio, Constantino y Majencio se declararon la guerra. A pesar de que los ejércitos de Constantino eran muy inferiores a los de Majencio, que oscilaba, de acuerdo con varios testimonios, entre 25.000 a 100.000 hombres, mientras que Majencio

751 "Una vez convertido al cristianismo Constantino, se inicia una era de crímenes y persecuciones por parte del mismo a nombre de la Iglesia contra todos aquellos que habían perseguido a los cristianos y contra todo aquel que pusiera en duda sus dogmas y doctrinas. Constantino institucionalizó el crimen a nombre de la religión que acababa de abrazar y con esa legitimación aumentó su poder a través del crimen" (Ulises Casas, Director de Escuela Ideológica. www.titi.net/usuarios/casalibertad/donde/colaboradores/ucasas.html).

752 "Constantino creyendo ser Cristo reencarnado, creyendo que el Sol y Cristo eran el mismo dios, y en definitiva que si él era Cristo, también era el Sol, Constantino se consideró a sí mismo dios, y se puso en funcionamiento la maquinaria de la religión cristiana".

(Rafael Haim, www.kolisraelorg.net/koisral_geshershalom/articulos/articulos%20judaismo/constantino.htm)

contaba con 190.000 hombres fuertemente armados, no dudó en iniciar rápidamente su marcha hacia Italia en la primavera del 312. Luego de ocupar Susa y prácticamente aniquilar un poderoso ejército cerca de Turín, continuó su marcha hacia el sur. En Verona enfrentó a un ejército hostil bajo el mando de Ruricio, prefecto de la guardia de Majencio, quien se hizo fuerte en la ciudad. Mientras mantenía la ciudad bajo sitio, Constantino, con un destacamento de su ejército, atacó y eliminó fácilmente a los refuerzos frescos que venían en auxilio de las tropas que resguardaban la ciudad. La rendición de Verona fue la consecuencia inmediata. A pesar de la mayoría arrolladora de su enemigo: 100.000 hombres en las filas de Majencio contra 30.000 en las de Constantino, continuó confiado su marcha hacia la capital del Imperio.

A las puertas de Roma, Constantino tuvo un sueño que le indicaba que vencería a Majencio en el nombre de Cristo. Así lo refiere Lactancio[753]. Eusebio, por su parte, que fue "honrado con el conocimiento y el trato del emperador", dice que oyó de los propios labios de Constantino que el día en el que éste se encontraba invocando la protección divina del dios Sol, a quien veneraba, vio la imagen de la cruz dentro del disco solar. Más tarde tuvo un sueño en el que veía de nuevo la cruz dentro del sol y unas frases escritas que decían así: *In hoc signo vinces,* "con esta señal vencerás"[754]. La narración de Lactancio es verosímil, aunque falta por demostrar la existencia de un fenómeno luminoso en el cielo hacia el 10 de octubre del 312, debido quizá a la conjunción de algunos astros.

2. El signo del crismón

Impresionado por la visión mandó inscribir inmediatamente en los escudos el monograma de Cristo, a pesar de que la gran mayoría de la tropa era pagana. Constantino mandó sustituir las viejas águilas de los *lábaros,* enseñas imperiales, por un signo nuevo: el *crismón,* formado por las dos primeras letras del nombre de Cristo en griego, la X, *chi,* y la P, *rho,* entrelazadas. Batiffol sostiene que el signo era ambivalente y podía ser tanto un compromiso con los cristianos como una declaración de fe mitraísta, religión que, como sabemos, era la de la mayoría del ejército romano[755]. Según J. Gagé, también los paganos pudieron interpretarlo como signo numinoso[756]. La sospecha de ambigüedad desaparece cuando sabemos que desde comienzos del siglo II hasta el siglo IV el signo *chi,* X, es la representación simbólica más frecuente de la cruz. Mientras duró la persecución el cristianismo no pudo permitirse el lujo de elaborar ninguna tipología artística visiblemente cristiana. Las primeras cruces aparecen encubiertas y disfrazadas con los más diversos símbolos y envolturas, a saber, el áncora, el mástil de nave, el ave extendiendo sus alas, el pico de los fosores y, por encima de todos ellos, en número y frecuencia, la mencionada *chi,* X, inicial de Cristo en griego, como ya dijimos. Es la cruz, pero en aspa. Esta imagen cumplía la función de abreviatura del nombre de

---

753 Lactancio, *De mort. persec.* 44.

754 Eusebio, *Vita Constantini* I, 24-31. Para un estudio crítico de estas dos fuentes véase Martín Gurruchaga, "La visión de la cruz", apéndice a la *Vida de Constantino.*

755 Pierre Batiffol, *La paix Constantinoienne et le catholicisme,* p. 47. Lecoffre, París 1921.

756 J. Gagé, "Le signum astrologique de Constantin et le millénarisme de Roma aeterna", *Rev. de Histoire et Philosophie religieuse,* XXXI, pp. 181-223, 1951.

Cristo y de cruz simbólica a la vez. "Era una hábil forma de esconder la cruz al tiempo que se ensalzaba el nombre de Cristo"[757]. Después se le añadió la P, la segunda inicial del nombre de Cristo, dando lugar al *crismón,* origen de las cruces cristianas en el arte. Mientras los no iniciados sólo veían unas letras superpuestas, los cristianos veían el símbolo de la redención. En este sentido el símbolo era suficientemente ambiguo, y sin duda Constantino lo adoptó para no ofender a sus soldados paganos. De hecho, la P y la X también son las mismas letras de la abreviatura *archón,* "príncipe", y ya habían sido grabadas en algunas monedas de Decio, Trajano y otros emperadores. Pero la intención de Constantino era claramente cristiana, hasta donde él llegaba a alcanzar. Estaba convencido de la intervención sobrenatural a su favor en aquella ocasión, y así lo hizo constar en su famoso arco de triunfo donde ordenó colocar la siguiente inscripción: "Constantino, por inspiración de la divinidad", *instinctu divinitatis, mentis magnitudine*[758], frase que apunta a su hondo sentir religioso, abundante en alusiones a la "deidad", a la que, como su padre, rendía culto puntual, hasta que a partir de la precitada visión su informe concepto religioso —solar, mitraísta— asumió la figura del Señor de los cristianos.

Por su parte, los cristianos, testigos de estos acontecimientos, no tienen dudas y celebran el temprano favor de Constantino y de Licinio como una victoria total de la Iglesia sobre la idolatría. "Los emperadores más excelsos, conocedores del honor que recibieron de él, escupen en los rostros de los ídolos muertos, pisotean los impíos ritos de demonios, se ríen de las viejas mentiras que heredaron de sus padres, algo que nunca antes había sucedido. En cambio, reconocen como al Dios único y verdadero al Benefactor de todos y a Cristo como Hijo de Dios y Rey soberano del universo, llamándole Salvador en monumentos e inscribiendo en caracteres imperiales en el centro de la ciudad que es emperadora entre las ciudades del mundo un registro imperecedero de sus victorias sobre los malvados. Así Jesucristo nuestro Salvador es el único en la victoria en ser reconocido, no como un rey humano ordinario, sino adorado como el verdadero Hijo del Dios del universo y como Dios Él mismo"[759]. Ésta es la interpretación de Eusebio en un panegírico dirigido a Paulino, obispo de Tiro.

3. El triunfo de Constantino

Las dos fuerzas en conflicto se encontraron el 28 de octubre del 312 cerca del puente Milvio sobre el río Tíber. Fue aquí donde las fuerzas de Majencio sufrieron la derrota definitiva, y él pereció ahogado en el Tíber. Esta batalla señaló el triunfo de Constantino y señala el inicio del Imperio romano-cristiano. El Senado le aclamó como salvador del pueblo romano y le otorgó el titulo *Primus Augustus.* Tal como lo narra Lactancio:

> Ya se había iniciado entre ellos la guerra civil. Majencio, aunque permanecía en Roma, pues había recibido una respuesta del oráculo en el sentido de que perecería

[757] José Luis Quintero Sánchez, "Las primeras representaciones de la cruz", en *Revista Pasionario,* n.º 924, feb. 2007.

[758] Las voces *divinus instintus* figuran literalmente en el mismo sentido en Plutarco, *De Alex. Mag. Virt. aut Fort.* 1, 9, respecto a Alejandro Magno, que como Hércules se enfrenta a la fortuna y la vence en virtud de su *magnitudo arnimi.*

[759] Eusebio, *Hist. ecl.* X, 4.

si salía de las puertas de la ciudad, llevaba la guerra por medio de hábiles generales. Majencio disponía de mayor número de hombres porque había heredado de Severo el ejército de su padre y el suyo propio lo había reclutado recientemente, a base de contingentes de moros y gétulos. Se inició la lucha, y al comienzo lograron imponerse los soldados de Majencio hasta que, posteriormente, Constantino, con ánimo renovado y dispuesto a todo, movió sus tropas hasta las proximidades de Roma y acampó junto al puente Milvio. Estaba próxima la fecha en que Majencio conmemoraba su ascenso al poder, el 27 de octubre, y sus Quinquenales tocaban a su fin.

Constantino fue advertido en sueños para que grabase en los escudos el signo celeste de Dios y entablase de este modo la batalla. Pone en práctica lo que se le había ordenado y, haciendo girar la letra X con su extremidad superior curvada en círculo, graba el nombre de Cristo en los escudos. El ejército, protegido con este emblema, toma las armas. El enemigo avanza sin la presencia de su emperador y cruza el puente. Los dos ejércitos chocan frente a frente y se lucha por ambos bandos con extrema violencia: y ni en éstos ni en aquéllos era la huida conocida. En la ciudad estalla un motín y se increpa al emperador como traidor a la salvación nacional. Al aparecer en público, pues estaba dando unos juegos en el circo en conmemoración de su aniversario, el pueblo, al punto, prorrumpió, todos a una, que Constantino no podía ser vencido. Afectado por estos gritos, abandona el circo, llama a algunos senadores y ordena que sean consultados los libros Sibilinos. Se descubre en ellos que aquel día moriría el enemigo de los romanos. Reanimado en la esperanza de la victoria con esta respuesta, se pone en marcha y llega al campo de batalla. El puente se corta a sus espaldas con lo que, al verlo, se recrudece la batalla y la mano de Dios se extiende sobre las líneas de combate. El ejército de Majencio es presa del pánico; él mismo inicia la huida y corre hacia el puente, que estaba cortado por lo que, arrastrado por la masa de los que huían, se precipita en el Tíber. Una vez terminada esta durísima guerra, Constantino es recibido con enorme satisfacción por el Senado y el pueblo de Roma. Después se entera de la perfidia de Maximino, al caer en sus manos sus cartas y ver las efigies de ambos. El Senado concedió a Constantino, en virtud de los méritos contraídos, el título de primer augusto que Maximino reclamaba para sí. Éste, cuando tuvo noticia de la victoria que había supuesto la liberación de la ciudad, la recibió como si el vencido hubiese sido él en persona. Después, al conocer el decreto del Senado, se indignó de modo tal que le declaró públicamente su enemistad y se manifestaba, entre burlas y mofas, contra el emperador supremo"[760].

En febrero del 313, ya único emperador de Occidente, se encuentra en Milán con su colega oriental, Licinio. Allí discuten sobre el futuro del Imperio. Algunos dicen que fue entonces cuando nació el famoso Edicto de Milán, según el cual los cristianos podrían profesar libremente su fe. No tenemos este documento, aunque la tolerancia ya era efectiva en Occidente

760 Lactancio, *De mort. persec.* 44.

desde el 311 gracias al edicto de Sárdica de Galerio[761]. En Oriente se pospuso por culpa de Maximino Daya, hasta que fue derrotado por Licinio, el cual mediante un rescripto —nos queda noticia del enviado al prefecto de Bitinia— confirma la tolerancia religiosa concedida por Galerio. Y esto lo hace en su nombre y en nombre de Constantino.

A partir de entonces Constantino desarrolla una política de favor hacia el cristianismo, mientras que su colega oriental, Licinio, llega, con el tiempo, a hacer todo lo contrario, quizás para marcar diferencias y señalar su distanciamiento de la política de Constantino. Sea como fuere, en el 322 Licinio desencadenó una auténtica y cruel persecución en Oriente[762]. Constantino le presentó batalla en nombre de la religión. Reunió una infantería de 125.000 hombres y una caballería de 10.000. Adicionalmente armó 200 barcos para lograr el control del Bósforo. Licinio, por otro lado y dejando la frontera oriental sin defensas obtuvo un ejército más numeroso aún constituido por 150.000 infantes y 15.000 de caballería, mientras que su flota naval estaba formada por no menos de 350 barcos. Los dos ejércitos se encontraron en Adrianópolis el 3 de julio del 324, donde las bien disciplinadas tropas de Constantino vencieron y pusieron en retirada a las menos disciplinadas de Licinio. Licinio por otra parte se hizo fuerte en las barracas de Bizancio. Finalmente, derrotado por tierra y por mar, Licinio capituló a discreción y Constantino le perdonó la vida. Sin embargo, cuando en el año siguiente (325) Licinio reanudó sus traicioneras costumbres, fue condenado a muerte por el Senado romano y ejecutado.

Entonces Constantino quedó dueño único de todo el Imperio, cumpliéndose así su sueño de unidad imperial, modificando con sus decisiones el curso de la historia. Una de éstas, de menor relevancia, fue el traslado de la capital del Imperio a una nueva ciudad, *Bizantium* (Bizancio), antigua colonia griega situada en el Bósforo, entre el mar Negro y el Mediterráneo. Para perpetuar la memoria de su nombre la hizo llamar Constantinopla (hoy Istanbul, en Turquía), la Nueva Roma, inaugurada el 11 de mayo del 330, motivo de fiestas grandiosas durante durante días, en las que se mezclan ceremonias cristianas y ceremonias paganas.

La fundación de Constantinopla transformó el mundo romano como ninguna otra; el centro de gravedad se desplaza a Oriente, señalando el principio del acta de defunción para el mundo romano occidental, ya lejos de la capital y casi abandonado a las invasiones de los bárbaros, y la milenaria perduración del Imperio en Oriente, más próspero y estable, económicamente pujante y con grandes cantidades de terreno cultivado y en paz.

Es interesante hacer notar que, justo en el momento en que la Iglesia católica es reconocida, cuya sede principal es Roma, Constantino toma la decisión de trasladarse a una nueva capital en Oriente. Indirectamente, este cambio favoreció a la Iglesia de Roma, beneficiada al estar lejos de un poder que habría podido intentar controlarla y someterla, como a veces sucedió en el Imperio bizantino. La Iglesia occidental ganaba en libertad frente a la oriental, sometida a la rígida organización heredada de la institucionalidad del Bajo Imperio. El papa de Roma llegó a ser considerado, en cierta forma, el sucesor del emperador ausente. "La Iglesia comenzaba a crecer y a suplantar al Imperio"[763].

---

[761] Cf. Parte III, 8, 2.

[762] Cf. Parte III, 11.

[763] Roland H. Bainton, *La Iglesia de nuestros padres*, p. 42. La Aurora, Buenos Aires 1969. Véase Francisco Dvornik, *Bizancio y el primado romano*. DDB, Bilbao 1968.

Hacía tiempo que Roma había sido reducida a capital nominal del Imperio. Apenas era visitada por los emperadores, excepto para celebrar algún triunfo, y para determinados actos. Diocleciano había hecho de Nicomedia la verdadera capital, y es ésta la substituida por Constantinopla. Roma continuaba siendo la capital oficial del Imperio y nunca fue despojada de su rango de capital imperial, pues en la mentalidad de la época la ciudad era la *aeterna urbs,* la "ciudad eterna", y su eternidad se vinculaba a la del Imperio, *aeternitas imperi.* La *urbs* se convierte en *orbis,* gracias a la cual Roma estará en todas partes.

Se ha dicho muchas veces que el emperador quiso fundar una nueva capital enteramente cristiana desde sus cimientos, y que el culto pagano no estaba permitido en ella. Sus muros sólo albergarían iglesias, no templos paganos. Sin embargo, a juzgar por las evidencias históricas, especialmente arqueológicas: existencia de templos paganos en época temprana; es más real ver en tal decisión el ponderado análisis del político que comprendió, primero, la ubicación privilegiada de Bizancio, en el mar Negro, a medio camino entre Oriente y Occidente y controlando también las rutas entre el Mediterráneo Oriental, el mar Negro y la estepa rusa, como también su fácil defensa frente a las acometidas bárbaras y la mayor vigilancia de las fronteras, al mismo tiempo que su sólida situación política, social, económica y militar.

Constantino no se contentó meramente con favorecer el cristianismo, sino que en momentos significativos de su vida desafió abiertamente las tradiciones político-religiosas de Roma. Esto se deja ver en algunas anécdotas de su reinado. Por ejemplo, al celebrar su *Vicennalia* o veinte aniversario en el trono, asistió a las fiestas celebradas en Roma en su honor, pero se abstuvo de acudir a las celebraciones paganas. Esto provocó un gran descontento en la ciudad y en el Senado local[764]. Hay que tener en cuenta que su primer acto oficial después de la victoria sobre Majencio, en su desfile triunfal a través de Roma, Constantino evitó significativamente la subida al Capitolio, dando a entender claramente a todos que se distanciaba de la tradición religiosa de sus antecesores y *apostaba,* en el sentido más fuerte del término, por aquel Dios que le había dado la victoria y cuyo signo ondeaba en los estandartes de sus tropas. En la celebración de los *Tricennalia,* o treinta aniversario de su poder, Eusebio esbozó un cuadro de su soberano, que lo equiparaba al legado terrenal del Logos eterno: "Cristo es el conductor de todo el universo, Verbo de Dios que está sobre todas las cosas y en todas ellas y penetra en todas las cosas, tanto en las visibles como en las invisibles, del cual y por medio del cual nuestro emperador, como amigo de Dios, detenta una reproducción de la soberanía celestial y, a imitación del Altísimo mismo, conduce la administración de todas las tareas terrenas"[765].

Poco antes de su muerte, el movimiento hostil del rey persa, Sapor, lo lanzó de nuevo al campo de batalla. Cuando se encontraba a punto de marchar en contra de su enemigo fue atacado por una enfermedad. Presintiendo su próxima salida de este mundo, hizo que en el lecho de muerte le bautizara el obispo de la corte Eusebio —no confundir con el historiador

[764] "Cuando llegó el día de la fiesta tradicional, en el curso de la cual el ejército debía subir al Capitolio y cumplir allí los ritos habituales, Constantino tomó parte en ellos por temor a los soldados; pero como el egipcio le había enviado un signo que le reprochaba duramente el subir al Capitolio, abandonó la ceremonia sagrada, provocando así el odio del Senado y del pueblo" (Zósimo, *Historias,* II, 29).

[765] Eusebio, *Laus Const,* 1.6.

de Cesarea—, simpatizante de las tesis arrianas. Fue en la fiesta de Pentecostés del año 337 y tuvo lugar en Nicomedia. Dejando a un lado la púrpura, el emperador, en ropajes blancos de neófito esperó su final dentro de gran paz y alegría. Algunos han visto en esta tardanza en recibir el bautismo una demostración de su falta de sinceridad cristiana, ignorando las costumbres de la época[766], y no considerando razones de tipo político. Es posible, como hace notar, que en su cargo de emperador romano, que como tal seguía ejerciendo funciones de responsabilidad con el mundo pagano, le hubiera impedido dar antes aquel paso[767].

Siguiendo la última voluntad de Constantino, su cuerpo fue trasladado a Constantinopla y enterrado en la iglesia de los Santos Apóstoles, construida por él. Su tumba, en el círculo de los doce cenotafios demuestra su autoconciencia como *isapostolos,* o igual que los apóstoles. Las Iglesias de Oriente —las más castigadas por las persecuciones y las de mayor número de fieles— no tardaron en venerarle como santo, junto a su madre Elena.

4. La conversión de Constantino

La conversión de Constantino es un problema viejo y siempre nuevo, a la vez. Se ha escrito mucho sobre si fue auténtica o, más bien, un cálculo político. Desde el punto de vista histórico se han dado tres respuestas principales.

Primera, no hay conversión, sino un mero cálculo político oportunista. Segunda, Constantino acoge el cristianismo sin conocerlo, por eso lo asimila al culto del *Sol invictus.* Nunca sufrió una crisis religiosa que afectara a su conciencia ni a sus costumbres: sólo cambió de sentirse protegido de un dios por otro. Tercera, sí hay una cierta conversión que se va produciendo poco a poco. En todos estos puntos de vista hay una completa ignorancia del sentido religioso de los romanos, que cada vez se va haciendo paso con más claridad entre los historiadores de la Antigüedad tardía.

A la objeción de conveniencia política por parte de Constantino se puede responder con el juicio categórico de A. H. M. Jones: "Constantino hubiera tenido que ser un prodigio intelectual para haber sido un racionalista en la época en que vivió, y el hecho es que, hasta donde es posible penetrar en su intelecto, parece haber sido un hombre de mente sencilla"[768].

Desde el punto de vista teológico no cabe hablar de una conversión en el sentido bíblico del término, como una transformación repentina, pero eso no impide pensar en una serie de factores que llevaron a Constantino a asimilar cada vez con más fuerza la fe cristiana. No todos los ejemplos de conversión han de ser tan drásticos como los de San Pablo o San Agustín. Todo parece indicar que Constantino se hacía acompañar de obispos cristianos y sobre todo de Osio de Córdoba, a quien daría a conocer más tarde como uno de sus consejeros favoritos. Por otra parte, es un hecho que casi toda su familia fue cristiana, incluyendo a su misma madre, ganada al cristianismo por él, y no al contrario como muchos historiadores vienen repitiendo sin pruebas. Esto ha llevado a pensar que el cambio religioso, la conversión

[766] En aquella época la conversión no iba acompañada necesariamente de un bautismo inmediato; de hecho, se dieron casos en que algunos grandes personajes se hicieron bautizar cuando fueron elegidos para el episcopado; y eso no nos hace dudar de la sinceridad de su conversión.

[767] Peter Peter Stockmeier, , "Edad antigua", en Josef Lenznweger, ed. *Historia de la Iglesia católica,* p. 122.

[768] A. H. M. Jones, *Constantine and the Conversion of Europe,* p. 73.

de Constantino, fue sincero, aunque gradual. Pero, aclaremos, el concepto de "conversión" como cambio dramático, repentino, había cedido su lugar al concepto de "arrepentimiento", "penitencia", haciendo de la conversión un proceso que dura toda la vida antes que una experiencia única e irrepetible.

Es posible que la fuerza moral con la que los cristianos contrarrestaron la persecución de Diocleciano haya sido un factor determinante en la simpatía de Constantino hacia el cristianismo. Como soldado valoraba los actos heroicos y de resistencia. No sería el primero, como hemos comprobado a lo largo de esta obra, en convencerse de la grandeza de la religión cristiana gracias a la fuerza ideal y moral de los mártires. Es muy probable, reconoce Indro Montanelli, que Constantino quedase muy impresionado por la superior moralidad de los cristianos, de la decencia de sus vida, en suma, "por la revolución puritana que habían operado en las costumbres de un Imperio que ya no tenía ninguna. Poseían formidables cualidades de paciencia y de disciplina. Y ya entonces, si se quería encontrar un buen escritor, un buen abogado o un funcionario honesto y competente, entre ellos había de buscarse. No existía, puede decirse, ciudad alguna donde el obispo no fuese mejor que el prefecto. ¿Acaso no podía sustituir a los viejos y corrompidos burócratas por aquellos prelados irreprochables y hacer de ellos los instrumentos de un nuevo Imperio?"[769].

Añadamos el reconocimiento final de Galerio después de la infructuosa persecución, por el que admite la fuerza espiritual superior de los cristianos. El cristianismo salió de la prueba más fuerte y con una moral más alta. Como alguien ha escrito, "la sangre de los mártires había realmente influido sobre el desarrollo de la Iglesia; la había hecho esplendorosa. Constantino no hace sino coronar a una Iglesia digna de ser coronada"[770]. Estas razones no son mencionadas en la historia ni en la hagiografía, las cuales priman el evento milagroso y la victoria, contra toda previsión, sobre Majencio, pero que deben ser tenidas en cuenta por todo historiador consciente de las motivaciones psicológicas y pasionales.

Constancio Cloro, padre de Constantino, no parece que se distinguió en poner en práctica las medidas persecutorias dictadas por Diocleciano. Si lo hizo, fue relativamente suave. Para escritores posteriores como Eusebio esto puede significar un cristianismo incipiente y no declarado[771]. No hay que pensar que todos los funcionarios del Estado actuaron con la misma saña y motivos que sus superiores. A esas alturas de la historia del Imperio muchos comprenderían la inutilidad de acometer contra una población y, lo que es más importante, contra unos soldados fieles y de confianza. Las ideas religiosas estaban en permanente reflujo y los atrayentes cultos sincréticos al Sol Invicto y a Mitra no estaban realmente tan lejos del culto a Jesús, Hijo de Dios que vence mediante la derrota, cuyo madero patibular es asimilado desde el principio al árbol de la salvación y de la sanidad de las naciones. Constantino no vivió en un vacío religioso antes de su conversión al cristianismo, y como veremos después, su decisión por éste fue por motivos "sobrenaturales" seguidos de una consulta a

---

[769] I. Montanelli, *Historia de Roma,* p. 413.

[770] "La revolución constantiniana". www.edoctusdigital.net

[771] Es significativo que los personajes de su entorno familiar, su propio hijo Constantino y su yerno Licinio, casado con su hija Constancia, dieron el trascendente paso sin par en la historia romana de conceder libertad a los cristianos en el Edicto de Milán (313).

los que podían informarle sobre el significado de su visión. No es el primer y único caso en la historia de estas características.

Los que añoraban las viejas glorias del paganismo, con Zósimo a la cabeza, autor de una *Historia Nueva* escrita en griego, achacaban la conversión de Constantino a la necesidad de recibir perdón por el ajusticiamiento de su hijo Crispo y de Fausta, su segunda mujer[772]. En la versión de este historiador, el emperador, consciente de sus crímenes, así como de su desprecio por los juramentos, consultó a los sacerdotes sobre los medios adecuados para expiar sus crímenes. Éstos le respondieron que ninguna suerte de purificación podía borrar tales impiedades. "Es difícil de creer que un emperador todopoderoso no encontrara un solo sacerdote que le permitiera hacer sacrificios expiatorios. Quizás es menos creíble todavía que Constantino, preocupado con la guerra, con su ambición y con sus proyectos, y rodeado de aduladores, tuviera tiempo para sentir remordimientos", remarca Voltaire[773].

Pero un egipcio llegado a Roma desde Hispania, dice Zósimo, "y que se hacía escuchar por las mujeres hasta en la Corte, se entrevistó con Constantino y le afirmó que la doctrina de los cristianos estipulaba el perdón de todo pecado y prometía a los impíos que la adoptaban la absolución inmediata de toda falta".

Se presume que ese sacerdote egipcio fue Osio, obispo de Córdoba. "Constantino prestó un oído complaciente a este discurso y rechazó las creencias de los antepasados; luego, adhiriéndose a las que el egipcio le había revelado, cometió un primer acto de impiedad, manifestando su desconfianza con respecto a la adivinación. Porque, como le había predicho un éxito grande que los acontecimientos le habían confirmado, temía que el porvenir fuera igualmente revelado a los demás que se afanaban en perjudicarle. Es este punto de vista el que le determinó a abolir estas prácticas. Cuando llegó el día de la fiesta tradicional, en el curso de la cual el ejército debía subir al Capitolio y cumplir allí los ritos habituales, Constantino tomó parte en ellos por temor a los soldados; pero como el egipcio le había enviado un signo que le reprochaba duramente el subir al Capitolio, abandonó la ceremonia sagrada, provocando así el odio del Senado y del pueblo"[774].

Juliano, el sobrino díscolo de Constantino, en su ensayo sobre los Césares, estigmatiza a su tío el emperador al adjudicarle la tutela de las diosas Lujuria e Incontinencia, y presenta a Jesús, "el galileo", que va de un lugar a otro gritando: "Que el seductor, el asesino, el manchado por la polución del sacrilegio se acerque sin temor. Yo con esta agua le lavaré, y al instante quedará limpio... Y aunque de nuevo se haga culpable del mismo delito, dejaré que tal sea limpiado con sólo darse en la cabeza y golpearse en el pecho". A este galileo, dice Juliano, "fue a reunirse gozosamente Constantino"[775]. Sería una injusticia aceptar estos dichos como

[772] Crispo, hijo de su primer matrimonio, fue ejecutado bajo cargos de inmoralidad elevados contra él por Fausta, segunda esposa de Constantino. Los cargos resultaron falsos, lo cual fue conocido por Constantino, luego de los hechos, a través de su madre Elena. En castigo Fausta fue sofocada hasta su muerte en un baño caliente. Crispo fue elevado a los más altos honores: césar en el 317, cónsul en el 318, 321 y 324. Comandante de la flota de Constantino, jugó un papel capital en la victoria sobre Licinio. Su ejecución en el 326 es un gran misterio. Hay quien se inclina por la teoría del complot dirigido por Crispo y destinado sin duda a asesinar a Constantino.

[773] Voltaire, *Cartas filosóficas y otros escritos,* p. 188. Edaf, Madrid 1981.

[774] Zósimo, *Historias,* II, 29.

[775] Juliano, *Epist.* 336.

prueba del espíritu en que Constantino había abrazado el cristianismo. El historiador cristiano Sozomeno de Gaza, con buenos argumentos, demostró que las acusaciones de crimen y remordimiento de Constantino eran simples calumnias[776].

Para algunos el grave problema en la conversión *cristiana* de Constantino reside en la ausencia de referencias a Cristo en la historia que nos ha llegado de su cambio religioso, y para ello utilizan el testimonio no de sus enemigos, sino de uno de sus grandes admiradores, Eusebio de Cesarea. Pero, a pesar de todas las apariencias, lo utilizan en el peor sentido de la palabra, manipulando el sentido del escritor. Vayamos por partes. Constantino era un soldado, y como todos los soldados, su vida transcurría en un juego fatal entre la vida y la muerte, la eventualidad más improbable podía transformar una conquista en una pérdida. Por eso los soldados se armaban tanto de dioses como de armas, cada cual de los suyos. En los primeros siglos del cristianismo, paradójicamente —la profesión militar estaba prohibida a los cristianos— las legiones fueron eficaces agencias misioneras. Ejército y religión caminan de la manos desde la noche de los tiempos. Constantino era excepcionalmente religioso, y como buen romano atento a los posibles signos y presagios que los dioses pudieran enviarle, especialmente en los momentos clave. Uno de esos momentos fue el enfrentamiento con su rival Majencio, a quien se le atribuye el recurso a encantamientos malvados y mágicos.

Según Eusebio, antes de entrar en combate con las fuerzas de Majencio, Constantino estaba convencido de que necesitaba mucho más que la ayuda que podían prestarle sus ejércitos para hacer frente a los conjuros de su adversario. Por eso, conforme a la tradición romana de la benevolencia divina o *pax deorum,* buscó la *protección* de "la asistencia divina, juzgando que la posesión de armas y de una soldadesca numerosa revestía importancia secundaria, pero creyendo que el poder de la cooperación de la deidad era invencible e inamovible. Así pues, reflexionó sobre qué dios podía brindarle una protección y una asistencia seguras. Mientras pensaba en ello se le ocurrió que, de los muchos emperadores que le habían precedido, los que habían depositado sus esperanzas en una multitud de dioses, dedicándoles sacrificios y ofrendas, primero habían sido engañados por predicciones halagadoras, así como por oráculos que les prometían toda la prosperidad, y luego habían acabado mal, sin que ninguno de sus dioses les avisara de la inminente ira del cielo; en cambio, el único que había seguido una línea de conducta totalmente distinta, que había condenado el error de los otros y había honrado al único Dios Supremo durante toda su vida había comprobado que este Dios era el salvador y protector de su Imperio y el dador de todas las cosas buenas. Reflexionando sobre esto, y sopesando bien el hecho de que los que habían confiado en muchos dioses también habían encontrado la muerte de muchas formas diferentes, sin dejar familia ni descendencia, linaje, nombre o recuerdo entre los hombres, mientras que el Dios de su padre le había dado, de una parte, manifestaciones y muestras de su poder; y considerando además que los que ya se habían alzado en armas contra el tirano, marchando al campo de batalla bajo la protección de multitud de dioses, habían tenido un final deshonroso (pues uno de ellos se había retirado vergonzosamente sin descargar un solo golpe, mientras que el otro, hallando la muerte en medio de sus propias tropas, se había convertido en, por así decirlo, mero juguete de la

[776] Sozomeno, *Hist. eccl.* I, 5.

muerte); repasando, digo, todas estas consideraciones, juzgó que era en verdad una locura participar en el ocioso culto a los que no eran dioses y, después de muchas pruebas convincentes, apartarse de la verdad; y, por consiguiente, opinó que le incumbía honrar solamente al Dios de su padre"[777].

Tenemos aquí la imagen de un Constantino razonante que, en un momento de crisis, cuestiona la validez de los dioses tradicionales como protectores, a juzgar por el comportamiento de los tales respecto a sus adoradores. En ese momento de intensa conmoción espiritual, recuerda al "Dios de su padre", extraña expresión de Eusebio que, tomada literalmente, no en el contexto de lo que quiere transmitir el historiador, no puede significar el Dios y Padre de Jesucristo, pues Constancio Cloro no era cristiano. No manifiesto, en el sentir de Eusebio. Pero adoraba a un Dios que a los ojos de Constantino había dado muestras de su poder.

¿Quién es este misterioso "Dios paterno"? En principio, repetimos, no es el Dios y Padre de Jesucristo, no lo es de modo consciente en la creencia de Constantino, pero lo es como imagen premonitoria de un Dios verdadero y poderoso. Eusebio supone en varios lugares que Constantino Cloro era cristiano, lo cual es mucho decir, pero su fama de no perseguidor de los cristianos se prestaba a ello. Para el historiador cristiano Constantino Cloro es la imagen del que "emprendió una vía opuesta" a la de los perseguidores[778].

En ese primer momento de búsqueda de protección celestial Constantino no sabía que el "Dios de su padre" era el Dios cristiano, pero tenía plena conciencia de que sea cual fuere había ayudado y protegido a su padre. Para él era un Dios *escondido,* y por eso pedía y suplicaba que se le manifestara[779]. Nadie debe pretender que la conversión de Constantino tuvo lugar en esos preliminares o preparación evangélica. Ésta vino después, a raíz y consecuencia de una visión, cuando en pleno cielo vio con sus propios ojos una imagen en forma de cruz. Constancio Cloro, como su hijo Constantino, casi seguramente era mitraísta, como muchos

---

[777] Eusebio, *Vita Const.* I, 27. En un discurso del año 325 registrado por Eusebio, Constantino expresa el mismo sentir que su biógrafo le atribuye al principio, en el 312. Refleja la teología monoteísta del emperador, que debía estar en la mente de muchos: " Si hubiera varios dioses, ¿a cuál de ellos deberían los hombres dirigir sus plegarias? ¿Cómo podría yo honrar a un dios sin deshonrar a los demás? Si hubiera varios dioses, surgirían entre ellos los odios, las rivalidades y los reproches, y se produciría un desorden inimaginable. Esa discordia entre los espíritus celestes, además, sería muy perjudicial para los habitantes de la tierra: desaparecería la ordenada alternancia entre las estaciones del año, con la consecuente escasez de alimentos, y se alteraría la periódica sucesión de días y de noches. Yo te pregunto, Decio, a ti que estuviste animado por una ira tan envenenada contra la Iglesia, que perseguiste a los justos con un fervor tan implacable, yo te pregunto, digo, ¿cómo te encuentras ahora, después de muerto?, ¿cuán grandes aflicciones te acosan? El tiempo que precedió inmediatamente a tu fin, cuando tú y tu ejército fuisteis vencidos en las llanuras de Escitia y expusiste el honor de Roma al escarnio de los godos, dio pruebas suficientes de tu desdichado destino. Tú también, Valeriano, que mostraste la misma crueldad de espíritu contra los servidores de Dios, brindaste un ejemplo aterrador de su justicia cuando fuiste hecho prisionero por los persas, que te llevaron como trofeo, vestido aún de púrpura y con los atavíos de emperador, y luego te desollaron y embalsamaron para conservar la memoria de tu desgracia. Y tú, Aureliano, que eras culpable de los más enormes crímenes, ¿no recibiste acaso un castigo ejemplar cuando fuiste muerto en Tracia y regaste la tierra con tu impía sangre? ¿Qué fruto sacó Diocleciano de la guerra que declaró a Dios, sino pasar el resto de su vida temiendo siempre el golpe del rayo? Nicomedia da fe de ello, y los testigos –soy uno de ellos– lo confirman. El palacio y los aposentos privados de Diocleciano fueron devorados por el fuego del cielo. Finalmente, la Providencia castigó su crueldad" (Eusebio, *Vita* V).

[778] Eusebio, *Vita Const.* I, 27.

[779] Eusebio, *Vita Const.* I, 28.

altos jefes del ejército, y rendiría culto al *Sol invictus,* conato de monoteísmo romano. En este sentido podemos decir que Constantino siguió el ejemplo de su padre y que de adorador del Sol, considerado la manifestación visible del Dios supremo invisible y principio del universo, se fue acercando al único Dios cristiano.

Eusebio refiere el itinerario espiritual recorrido por el emperador desde sus nebulosos conceptos de religiosidad solar a la luz más clara del cristianismo. Cuenta que "estupefacto por la extraordinaria visión y reconociendo como bueno no reverenciar otro dios que el que había visto, convocó a los iniciados en sus doctrinas y les preguntaba quién era ese dios y cuál era el sentido del signo que se dejó ver en la visión. Le dijeron que se trataba del Dios hijo unigénito del único y sólo Dios, y que la señal aparecida era símbolo de la inmortalidad y constituía una trofeo de la victoria sobre la muerte"[780].

Se cree que Osio de Córdoba se encontraba entre los "iniciados" en los misterios cristianos, a los que Constantino se plega por la fuerza de la visión de la cruz. Pero eso no es todo, personalmente se instruye con la lectura de los libros sagrados de los cristianos, y asocia a su compañía a maestros cristianos como asesores. Definitivamente algo había cambiado en el emperador a raíz de la visión celestial, y el Dios escondido bajo la forma radiante del Sol comenzó a adquirir el contorno de la figura de Cristo mediante averiguaciones y estudios diligentes. No fue tan ignorante de las enseñanzas cristianas como la mayoría de los críticos censuran. Por fin, antes de la batalla que le diera la victoria sobre su rival Majencio, "propuso como su Dios al Salvador universal e invocó a Cristo como su Valedor, y colocando a la cabeza de los hoplitas y doríforos de su escolta personal el signo salvífico como victorioso trofeo de Aquél, se puso al frente de sus tropas con el fin de restituir a los romanos las libertades heredadas de sus mayores"[781].

En línea de continuidad con los conceptos romanos sobre los dioses, Constantino puso al Imperio bajo la protección de cruz. De ahora en adelante la veneración del Dios de los cristianos sería la garantía más segura para la salvaguarda de la *salus publica* y la estabilidad del Imperio, firmando así una nueva *Pax Deorum* no centrada en la colina del Capitolio, sino en el monte Gólgota. Los viejos dioses tuvieron que replegarse para hacer sitio a la nueva deidad protectora. "Al punto dio la orden de colocar en el Foro una larga asta en forma de cruz en la mano de una estatua que representaba su efigie"[782].

Hacía tiempo que las creencias del antiguo politeísmo habían entrado en crisis y abundan los escépticos en las clases más cultivadas. En personalidades más sólidas como la de Diocleciano, se mostraba su fortaleza en la forma de superstición, magia y adivinación. El mundo estaba totalmente maduro para recibir el monoteísmo, que entonces se ofrecía en diversas variedades, bajo las formas de múltiples religiones orientales: en la adoración al Sol, en la veneración de Mitra, en el judaísmo y en el cristianismo.

Probablemente muchos reconocieron la verdad contenida en estas religiones, pero creyeron que podían apropiársela sin verse obligados por ello a renunciar a la práctica de los ritos heredados del paganismo. Tal fue el caso del emperador Alejandro Severo, que incluía a Jesús

[780] Eusebio, *Vita Const.* I, 32.
[781] Eusebio, *Vita Const.* I, 37.
[782] Eusebio, *Vita Const.* I, 40.

en su panteón de dioses[783]; otro fue Aureliano, cuyas opiniones se vieron confirmadas por cristianos como Pablo de Samosata[784]. No sólo los gnósticos y otro tipo de herejes sincretistas, sino algunos cristianos que se consideraban fieles no distinguían bien entre el culto del Sol y el suyo propio. León el Grande, en su momento, decía que era la costumbre de muchos cristianos el pararse en las gradas de la Iglesia de San Pedro a rendir homenaje al Sol mediante reverencias y rezos[785]. Cuando tales condiciones prevalecían es fácil entender cómo muchos de los emperadores cedieron ante la falacia de que podían unir a todos sus súbditos en la adoración al dios Sol quien combinaba en sí el Padre —Dios de los cristianos— y el muy venerado Mitra[786]. Constantino, como dijimos, era probablemente mitraísta, y como Diocleciano y Galerio adoró al *Sol invictus,* pero dio preferencia por el Dios de los cristianos. "No creo equivocarme", escribe Constantino a su colega Sapor II, emperador de Persia, "cuando afirmo sin circunloquios que ése es el Dios único, señor y padre de todos, al que muchos de los que aquí gobernaron intentaron negar, arrastrados por errores demenciales"[787].

Para concluir, con todas sus faltas y a pesar de su intensa ambición de poder personal, Constantino creía con sinceridad que Dios le había dado una especial misión de convertir el Imperio romano al cristianismo[788], y hay que contemplar esta misión no como una transformación revolucionaria del mundo antiguo que abandonaba el helenismo para convertirse definitivamente al cristianismo. Tal es el "giro constantiniano", no sólo respecto a la Iglesia sino a la historia del mundo. Por eso el historiador marxista Santo Mazzarino no duda en presentar a Constantino como un revolucionario que toma la tremenda decisión de construir un mundo nuevo, y con tal eficacia que duraría un milenio[789]. Demostró con ello tener buen olfato para el signo de los tiempos y percibir en el cristianismo la fuerza progresista del momento. "Las revoluciones triunfan no por la fuerza de sus ideas, sino cuando logran constituir una clase dirigente mejor que la anterior. Y el cristianismo logró precisamente esta empresa"[790].

Al final de la larga contienda mantenida con el Estado, la religión cristiana se mostraba útil para respaldar una nueva política imperial. Como signo de triunfo militar, la cruz perdió, al

---

783 Véase III Parte, 5, 4.

784 Véase III Parte, 7.

785 Agustín, *Enarratio in Ps.* X; Leon I, *Serm.* XXVI.

786 "Derivado de la religión irania, el mitraísmo adoptó la astrología en Babilonia y otras ideas en Asia Menor, pero fue esencialmente una creencia con un fuerte rigor moral, que a partir del siglo I d.C. hizo presa especialmente en los hombres y las provincias orientales. Casi todos los grupos de adoradores, en general muy numerosos, tenían en el centro de su *mithraeum* una escultura que representaba a Mitra en una caverna, matando al toro del que brota la vida de los hombres de todo el universo. La admisión a esta religión se producía a través de la iniciación ritual, y después, mediante siete grados, se llegaba a ritos cada vez más elevados. El servicio divino, realizado por sacerdotes, incluía también la consagración del pan y de las bebidas. Durante la vida, los creyentes tenían que luchar contra el espíritu del mal, Ahrimán, y a su muerte eran destinados por Mitra al cielo o al infierno. El cielo estaba formado por siete grados que correspondían a las esferas. Sólo en Roma se conocen más de 60 mitreos, uno de ellos bajo la Iglesia cristiana posterior de San Clemente" (Chester G. Starr, *Historia del mundo antiguo,* p. 662. Cf. Franz Cumont, *Mysteries of Mithra.* Dover, Nueva York 1956; M. J. Vermaseren, *Mithras, the Secret of God.* Barnes and Noble, Nueva York 1963).

787 Eusebio, *Vita Const.* IV, 11.

788 Timothy D. Barnes, *Constantine and Eusebius,* p. 275.

789 Santo Mazzarino, *La fin du monde antique. Avatars d'un thème historiographique,* pp. 115-119. París 1973; "L'Impero romano", p. 694, en G. Gianelli y S. Mazzarino, *Trattato di storia romana* II. Tumminelli, Roma 1962.

790 I. Montanelli, *Historia de Roma,* p. 413.

mismo tiempo, su carácter de escándalo, y este hecho facilitaría desde entonces su presentación como signo cristiano de salvación y de la cultura occidental. En las catacumbas romanas llama la atención la ausencia absoluta de cruces, no aparecen por ninguna parte. Como mucho están inscritas y disimuladas en anclas de navíos. La simbología que domina es el Buen Pastor, el Pez (acróstico de Jesucristo, Hijo de Dios Salvador, según las iniciales griegas), pero no cruces. Al fin y al cabo los primeros cristianos de Roma eran tan hijos de su tiempo y de su cultura como sus perseguidores: les producía recelo adoptar como señal básica y primordial un instrumento de tortura para rebeldes, salteadores y esclavos. Como escribe M. J. Lagrange, "los primeros cristianos tenían horror a representar a Jesús en la cruz, porque habían visto con sus propios ojos esos pobres cuerpos sangrantes, completamente desnudos, hundidos bajo su propio peso, agitando sin cesar las cabezas, rodeados de perros atraídos por el olor de la sangre, mientras los buitres giraban sobre este campo de carnicería, mientras el reo agotado por las torturas, ardiendo de sed, llamaba a la muerte con horribles gritos inarticulados".

Constantino lo primero que hizo fue abolir la muerte en la cruz en atención a Jesucristo[791]. Todo un símbolo del cambio revolucionario de los tiempos.

5. Legislación religiosa

El Edicto de Milán es la sorprendente declaración de libertad religiosa única en su especie y primera en el tiempo. No se legisla en favor de los cristianos únicamente, sino de todas las creencias presentes en la sociedad. Es el primer manifiesto de libertad de conciencia y aconfesionalidad estatal de la historia desde una perspectiva de política religiosa: "Para que todos los poderes divinos y celestiales que puedan existir nos sean favorables y a todos los que vivan bajo nuestra autoridad". Cada cual era libre de sustentar las creencias que tuviera por más adecuadas. Ello representaba, por parte del Estado, formal y explícito abandono de todo intento de gobernar la vida espiritual, por tal modo proclamada autónoma. "La tolerancia, o mejor dicho, la completa neutralidad religiosa, fue abrazada, no sólo como expediente político, sino como principio fundamental del derecho público"[792]. Desgraciadamente esta situación no duró mucho. Hasta el reinado de Teodosio a finales de siglo. Pero vayamos por partes. En primer lugar, reparemos en el Edicto tal como podemos suponer en el texto conservado por Eusebio. Dice así:

> Durante largo tiempo ha sido nuestra intención que no sólo no se negase la libertad de culto sino que todos tengan el derecho a practicar su religión conforme elija. Por tanto, hemos dado órdenes de que tanto a los cristianos como [a todos los demás] se permita guardar la fe de su propia secta y culto. Pero como evidentemente se habían añadido tantas condiciones de toda clase a aquel edicto en el que se habían concedido tales derechos a esas mismas personas, puede que algunos de ellos se vieran poco después reprimidos de tal observancia.

[791] La noticia, referida por Sozomeno, está confirmada por Aurelio Vittore, sin embargo, todavía en el 414 está atestiguado este suplicio en casos excepcionales.

[792] C. N. Cochrane, *Cristianismo y cultura clásica,* p. 181. FCE, México 1983.

Cuando bajo unos felices auspicios yo, Constantino Augusto, y yo, Licinio Augusto, habíamos venido a Milán y estuvimos tratando todas las cuestiones referentes al bien público, entre las otras cuestiones de beneficio para el bienestar general, o mejor aún, como cuestiones de la mayor prioridad, decidimos promulgar aquellos decretos que asegurasen el respeto y la reverencia a la deidad; esto es, conceder a los cristianos y a todos los demás la libertad de seguir cualquier forma de culto que les agrade, para que todos los poderes divinos y celestiales que puedan existir nos sean favorables y a todos los que vivan bajo nuestra autoridad. Aquí, por tanto, está la decisión a que llegamos mediante un sano y prudente razonamiento: a nadie se le puede negar el derecho a seguir o escoger la forma cristiana de culto u observancia, y todos deben gozar del derecho a dar su asentimiento a aquella forma de culto que considere apropiada para sí, de modo que la deidad nos muestre su cuidado y generosidad usuales en todas las cosas. Fue apropiado enviar un edicto de que así nos agradó, de modo que canceladas todas las condiciones en la carta anterior enviada a tu solicitud acerca de los cristianos[793], pudiera también eliminarse todo aquello que parecía injustificado o extraño a nuestra clemencia, y que ahora a todo aquel que desee observar la forma cristiana de culto le sea permitido hacerlo sin obstáculo alguno. Hemos decidido explicar esto muy exhaustivamente a tu diligencia, para que puedas saber que hemos concedido a estos mismos cristianos una libre e ilimitada licencia para practicar su propia forma de adoración. Y cuando observes que les hemos concedido este permiso sin restricciones, tu solicitud comprenderá que el permiso se ha dado también a otros que deseen seguir su propia observancia y forma de culto, algo claramente en conformidad con la tranquilidad de nuestros tiempos, para que cada uno pueda tener potestad para escoger y practicar cualquier forma que escoja. Esto hemos hecho para que no parezca que hemos menospreciado ningún rito ni forma de culto en manera alguna.

Respecto a los cristianos, en la carta anterior enviada a tu dedicación, se dieron instrucciones concretas acerca de sus lugares de reunión. Ahora resolvemos adicionalmente que si alguien aparece que ha comprado estos lugares bien de nuestra tesorería o de cualquier otra fuente, debe restaurarlo a estos mismos cristianos sin pago ni demanda de compensación, y hacerlo sin negligencia ni vacilación. Si alguno lo hubiese recibido como un don, debe restaurarlo a estos mismos cristianos sin retraso, disponiéndose que si alguno de los que han comprado estos mismos lugares o los que los han recibido como don apelan a nuestra generosidad, pueden solicitar al prefecto del distrito, para que también ellos se beneficien de nuestra bondad. Todas estas propiedades deben ser entregadas al cuerpo de los cristianos de inmediato, por medio de la celosa acción de tu parte y sin retardo alguno.

Y por cuanto estos mismos cristianos no sólo poseían lugares de reunión sino que se sabe que también poseían otras que no pertenecían a personas individuales sino a la corporación de los cristianos, ordenarás que sean restituidas de manera totalmente incondicional todas dichas propiedades, bajo las disposiciones de la anterior ley, a los

[793] El edicto de Galerio. Véase III Parte, 8, 2.

> dichos cristianos, esto es, a su corporación y asociaciones, siempre, de nuevo, que los que restauren las mismas sin compensación, como se ha dicho más arriba, pueden buscar en nuestra generosidad una indemnización de sus pérdidas.
>
> En todas estas cuestiones deberías actuar con toda posible diligencia en favor de la dicha corporación de los cristianos para que nuestro mandamiento pueda aplicarse con toda prontitud, a fin de que aquí también nuestra bondad pueda fomentar la común tranquilidad pública. De esta manera, como se ha dicho antes, el cuidado divino hacia nosotros que hemos conocido en muchas ocasiones anteriores permanecerá con nosotros de manera constante. Y a fin de que nuestra generosidad y edicto puedan ser conocidos por todos, lo que hemos escrito debe ser anunciado por orden tuya, publicado en todo lugar, y llevado al conocimiento de todos, para que el edicto que incorpora nuestra generosidad no escape de la atención de nadie[794].

Los mismos cristianos fueron tomados por sorpresa. Después de tantos siglos de vivir en la cuerda floja de la ilegalidad, los sentimientos de liberación del horror pasado y del inicio de un período nuevo en la historia nunca antes soñado e imaginado luchan por expresarse en los escritores de la época. En el aspecto social, los cristianos fueron liberados de las minas y de las prisiones y fueron recibidos por sus hermanos en la fe con aclamaciones de júbilo; las iglesias se volvieron a llenar y se alzaron nuevos y grandiosos edificios. Aquellos que provenían de la milicia podían recuperar sus cargos anteriores en el ejército, y a los que se hubiera perjudicado con la confiscación, se les devolvían todos sus bienes.

Constantino no favoreció más a los cristianos que a los miembros de otras religiones, simplemente elevó a aquéllos a dignidades que les estaban vedadas. En su calidad de *Pontifex Maximus* vigiló la adoración pagana y protegió sus derechos. Muchos funcionarios paganos siguieron detentando casi todos los puestos importantes. Si se exceptúan los arúspices en las casas privadas, las costumbres paganas apenas si experimentaron recortes. En el año 320 prohibió el acceso a las casas privadas a los adivinadores y arúspices bajo la pena de muerte. Quien a su solicitud o promesa de pago ofreciera a un arúspice violar esta ley sus propiedades serían confiscadas y él mismo llevado a la hoguera. A quienes informaran de tales hechos se les recompensaría. Quien quisiera practicar los usos paganos debía hacerlo abiertamente. Debía acudir a los altares públicos o a los sitios sagrados, y en esos sitios observar las formas tradicionales de adoración. "No prohibimos —decía el emperador—, la observancia de las antiguas tradiciones a la luz del día". En una ordenanza del mismo año dirigida a los prefectos de la ciudad de Roma, Constantino ordenaba que si un rayo hubiera de caer sobre el palacio imperial o sobre un edificio público, los arúspices deberían, de acuerdo con las antiguas costumbres, interpretar el significado de tal acontecimiento y su interpretación debería ser enviada por escrito al emperador. Igualmente se le permitía a los individuos privados hacer uso de esta antigua costumbre, pero al hacerlo debían abstenerse de los prohibidos *sacrificia domestica*. De esto no puede deducirse que existía una prohibición general para la celebración de sacrificios familiares, a pesar de que en el año 341 Constancio, el hijo de Constantino

[794] Eusebio, *Hist. ecl.* X, 5.

menciona tal prohibición[795]. Una prohibición de tal naturaleza hubiera tenido mayores consecuencias, ya que la mayoría de los sacrificios eran de carácter privado. Más aún, ¿cómo hubiera podido implementarse tal prohibición si los sacrificios públicos aún eran permitidos?

En la consagración de Constantinopla se utilizó una ceremonia mitad cristiana y mitad pagana. La carroza del dios Sol fue puesta en el mercado público y sobre su cabeza se colocó la cruz de Cristo, mientras que se cantaba el *Kyrie Eleyson*. Poco antes de su muerte Constantino confirmó los privilegios de los sacerdotes de los antiguos dioses. Muchas otras medidas tomadas por él tenían la apariencia de medidas a medias como si él mismo hubiera abrazado alguna forma sincretista de religión. Acorde con lo anterior ordenó a las tropas paganas el utilizar una oración en la cual cualquier monoteísta pudiera tomar parte y que a la sazón decía: "Te reconocemos a ti solamente como dios y rey, te invocamos para que nos ayudes. Hemos recibido la victoria de ti y por ti hemos superado a nuestros enemigos. A ti debemos todo lo bueno que hemos recibido hasta ahora y en ti confiamos en el futuro. A ti elevamos nuestras súplicas e imploramos que preserves a nuestro emperador Constantino y a sus hijos temerosos de dios, libres de mal y victoriosos por muchos años". El emperador tomó un paso adicional cuando ordenó retirar sus estatuas de los templos paganos, prohibió que los templos paganos que caían en ruina fueran reparados y suprimió toda forma ofensiva de adoración. Todas estas medidas, sin embargo, no fueron mas allá de la tendencia sincretista que Constantino había demostrado durante mucho tiempo. Sin embargo, debió percibir con claridad mayor cada vez que el sincretismo era imposible.

Cuando se dice que Constantino otorgó a la Iglesia un privilegio tras otro, hay que tener en cuenta que se partía de una situación en la que no se tenía nada. Por no tener, no se tenía ni derecho a la existencia. A partir del 313 la Iglesia comienza a participar de los privilegios que disfrutaban los ministros de la religión pagana, comenzando por obtener *inmunidad* para sus clérigos, es decir, libertad de *munera,* o servicios y oficios obligatorios del Estado como era, por ejemplo, la dignidad curial, que imponía pesadas cargas. Estos privilegios están en consonancia con la práctica pagana, según la cual la realización adecuada del culto es una función política, pues sirve a la *salud pública* en lo que depende de la buena voluntad de los dioses. Por tanto, nada más natural que liberar de cargas y funciones públicas a los funcionarios de lo sagrado. Siguiendo el modelo de los colegios sacerdotales existentes en templos paganos, se clasificó al clero cristiano según el entramado religioso de aquel tiempo, con el fin de poder ofrecer sin impedimento alguno su ministerio sagrado en favor de la nación.

En el año 321 promulgó la primera ley dominical, que mandaba que todos se abstuvieran de trabajar en día *Dominicus* o Domingo, excepto cuando las necesidades del campo lo exigieran. Sin embargo, se consideraba profanación del mismo cualquier trabajo manual y actos judiciales[796]. Se impuso así un ritmo semanal que no era el tradicional romano[797]. Constantino

---

[795] *Codex Theodosianus* VI, 10, 2.

[796] *Cod. Theod.* II, 8, 1.

[797] La semana romana, astral —cuyas reminiscencias se conservan en la denominación de los días—, hacía cuenta del ritmo de la naturaleza; las fiestas no se celebraban de una manera regular. Con la semana cristiana se rompe este ritmo para hacerlo pivotar sobre un día: el Domingo, a imitación del judaísmo, para el cual el día central es el Sábado. No obstante, en la semana cristiana se conservan reminiscencias astrales en la denominación de los días: Lunes (Luna), Martes (Marte), etc.

se refiere al Domingo no como el día del Señor *(Dominis die)* sino como el eterno día del Sol —tal como todavía se dice en inglés: *Sun-day*—, observado por los adoradores del Sol y de Mitra. De acuerdo con Eusebio a los paganos también se les obligó en este día a salir a campo abierto y en conjunto, elevar sus manos y recitar la oración que ya se mencionó, una oración sin marcadas características cristianas[798].

Tocante a la polémica fecha del nacimiento de Cristo o Natividad, hacía muchos años, en el 274, que se había instituido en la parte occidental del Imperio el 25 de diciembre como fiesta del *Sol invictus,* protector del Imperio; fiesta que se celebraba por el solsticio de invierno con la idea de que en esa fecha, cuando se daba la noche más larga del año, el Sol vencía a la oscuridad y empezaba su camino para triunfar definitivamente en el solsticio de verano, con el día más largo del año. Es precisamente en este tiempo que los cristianos comienzan a celebrar la fiesta de la Navidad y escogen, para contrarrestar el culto pagano, el 25 de diciembre[799]. Para los cristianos Cristo era el verdadero Sol divino, único que surge siempre victorioso, incluso de la muerte. El primer texto conocido que relaciona el nacimiento de Cristo y el del Sol lo tenemos en Cipriano: "¡Oh, qué maravillosamente actuó la Providencia, que en el día en el que nació el Sol, Cristo debía nacer"[800]. Seguramente en la mente de muchos romanos, entre ellos Constantino, se identificó el Sol con Cristo. Ya Tertuliano[801] tuvo que afirmar que el Sol no era el Dios de los cristianos; y Agustín denuncia la identificación herética entre Cristo y el Sol[802].

Donde tal vez demostró sus tendencias cristianas de manera más pronunciada fue al quitar los impedimentos legales que, desde los tiempos de Augusto, se habían impuesto al celibato —se penaba a aquellos que no se casaban o no tenían hijos[803]—, dejando tan sólo los *leges decimarioe,* y al reconocer una amplia jurisdicción eclesiástica. Sin embargo no debe olvidarse que las comunidades judías tenían también sus propias jurisdicciones, exenciones e inmunidades, así fuera en grado más reducido. Una ley del año 318 instituye la *Episcopalis audientia,* con referencia a los juicios civiles, no penales, mediante la cual se rechaza la competencia de las cortes civiles si en un pleito se apelaba a la corte de un obispo cristiano[804] Al parecer mucha gente tenía más confianza en los obispos que en los jueces civiles. Aun antes de que el pleito fuera iniciado en una corte civil, era permitido que una de las partes lo transfiriera a la corte del obispo. Si a ambas partes se les concedía audiencia legal, la decisión del obispo tenía plena validez y obligatoriedad. Una ley del 333 ordenaba a los oficiales del Estado a imponer las decisiones de los obispos. El testimonio de un obispo debería ser considerado suficiente por cualquier juez y ningún testigo podía ser citado con posterioridad al testimonio del obispo.

---

798 Eusebio, *Vita Const.* IV, 20.

799 Cf. Dom Bernard Botte, *Los orígenes de la Navidad y de la Epifanía.* Taurus, Madrid 1964; C. Jean-Nesmy, "Navidad", *Espiritualidad del año litúrgico.* Editorial Herder, Barcelona 1965; Cyril Martindale, "Navidad", *The Catholic Encyclopedia,* vol. I. www.enciclopediacatolica.com/n/navidad.htm.

800 Cipriano, *De pasch. Comp.* XIX.

801 Tertuliano, *Apol.,* 16.

802 Agustín, *Tract. in Joan* XXXIV.

803 Al abolir la legislación antigua, Constantino hace posible que quien siguiera la vida consagrada tuviera los mismos derechos que los demás ciudadanos del Imperio.

804 *Cod. Theod.* I, 27, 1.

Dichas concesiones tenían tanto alcance que la Iglesia misma sentía que el inmenso crecimiento de su jurisdicción era una restricción en sí mismo. Posteriores emperadores limitaron esta jurisdicción a casos de sumisión voluntaria de las partes a la corte episcopal.

Constantino fue generoso, y pródigo en sus donaciones y adornó las iglesias cristianas con magnificencia. Cedió importante cantidad de terrenos para la Iglesia. Además, hubo una conversión de templos paganos en templos cristianos. Se elevaron muchas basílicas[805] de nueva planta, constatándose un verdadero incremento basilical en esta época, de hecho se levantaron más de cuarenta basílicas. Constantino impulsó la construcción de las iglesias del Santo Sepulcro en Jerusalén y la Natividad en Belén; las basílicas de San Juan de Letrán y San Pedro en Roma, y las iglesias de los Santos Apóstoles y de Santa Sofía en Constantinopla. A cada iglesia se le asignó una renta —el montante de los impuestos de radicación sobre el terreno—, tanto para el mantenimiento del templo como para el sustento del clero. Al morir en el 337 se hizo enterrar entre las estatuas de los doce Apóstoles precisamente en la iglesia de los Santos Apóstoles.

Los bienes de la Iglesia podrían ser incrementados a través de las donaciones de los mismos cristianos adinerados. Adicionalmente la Iglesia obtuvo la facultad de heredar propiedades. Desde entonces comenzó a ser costumbre dejar legados a las Iglesias, que así fueron acumulando un patrimonio considerable, dedicado en su mayor parte a la asistencia social, inexistente en la sociedad romana.

Prestó más atención a la literatura y al arte de lo que pudiera esperarse de un emperador de su época, a pesar de que mucho de lo anterior fue hecho por vanidad, como se comprueba por su agradecimiento a las dedicatorias hechas a él de trabajos literarios. Sin duda alguna estaba dotado de un fuerte sentido religioso, era sincero y piadoso y le fascinaba ser representado en actitud oratoria con sus ojos levantados hacia el cielo. En su palacio tenía una capilla a la cual le gustaba retirarse a leer la Biblia y a orar. Dice Eusebio: "Todos los días, a una hora determinada se encerraba en el sitio más recluido de su palacio, como si fuera a asistir a los sagrados misterios, y allí se comunicaba con Dios rogando a Él ardientemente de rodillas por sus necesidades". En su carácter de catecúmeno no le era permitido asistir a los misterios de la sagrada Eucaristía. Permaneció como catecúmeno hasta el fin de sus días. Crió a sus hijos como cristianos y así se separó gradualmente del sincretismo al cual parecía a veces favorecer. El Dios de los cristianos era ciertamente un dios celoso que no toleraba otros dioses fuera de Él. La Iglesia nunca pudo quejarse de que estuvo en el mismo nivel de otros cuerpos religiosos. Conquistó para sí un dominio después de otro[806].

6. Reformas sociales

Constantino logró mucho a favor de los niños, los esclavos y las mujeres, todos aquellos miembros más débiles de la sociedad, los cuales eran tratados duramente por la antigua ley

[805] El templo clásico no es un lugar de reunión, sino la residencia solitaria del dios. Por eso, los cristianos adoptaron como templo no el clásico, sino la *basílica* laica romana, a la que se dotó luego de un final redondeado *(ábside)* que acogía el altar.

[806] Sozomeno, *Historia eclesiástica* VIII, IX.

romana. Sin embargo él tan sólo continuó la labor que, bajo la influencia del estoicismo, los emperadores que lo precedieron habían iniciado y habían dejado a sus sucesores para continuar el empeño de la emancipación. Es así como algunos emperadores anteriores a Constantino habían procurado evitar, sin éxito, el abandono de niños; que como niños expósitos o abandonados eran rápidamente adoptados para ser explotados como gladiadores o prostitutas. Los cristianos, particularmente, se esforzaron para recoger a estos niños, consecuentemente, Constantino no emitió prohibición directa respecto al abandono, a pesar de que los cristianos equiparaban en gravedad a éste con el asesinato; pero intentó eliminar las causas mediante la prestación de una ayuda estatal a los padres pobres[807]. Aún en los tiempos de Juan Crisóstomo los padres mutilaban a sus hijos por necesidad. Cuando había hambruna o estando endeudados, muchos padres tan sólo obtenían alivio mediante la venta de sus hijos, si es que no deseaban venderse a sí mismos. Leyes emitidas posteriormente en contra de dichas prácticas tuvieron tan poco efecto como aquellas que prohibieron la castración y la prostitución. San Ambrosio, de manera vívida, describe el triste espectáculo de la venta de los niños por parte de sus padres, bajo la presión de los acreedores, o por parte de los acreedores mismos. Poco sirvieron las muchas formas de atención e instituciones que trataban de proteger a dichos niños y a los pobres. El mismo Constantino estableció asilos para los expósitos, pero sin embargo reconoció el derecho de los padres de vender a sus hijos y tan sólo creó excepciones para los niños de más edad. Reglamentó que los niños que habían sido vendidos podían ser vueltos a comprar por sus padres, en diferenciación clara a aquellos que habían sido expuestos. Sin embargo su disposición no tenía aplicabilidad alguna si los niños eran llevados al extranjero. Valentiniano, por tanto, prohibió el tráfico de seres humanos con tierras extranjeras. Las leyes prohibiendo tales prácticas se multiplicaron constantemente, sin embargo la mayor parte de la carga de tratar de salvar a los niños recayó sobre la Iglesia.

Constantino fue el primero en prohibir el rapto de niñas con fines matrimoniales. El ejecutor y aquellos que lo habían asistido, influenciando a la niña, eran amenazados con penas severas. Armonizando con los puntos de vista de la Iglesia, Constantino hizo más difícil el proceso de divorcio, no hizo cambios en el divorcio por mutuo consentimiento, pero impuso severas condiciones cuando la demanda de separación provenía de una de las partes solamente. Un hombre podía abandonar a su esposa por razón de adulterio, envenenamiento y prostitución, y en el proceso retener su dote, sin embargo, si la abandonaba por cualquier otro motivo, debía devolver su dote y se le prohibía volverse a casar. Si a pesar de lo anterior se casaba, la anterior esposa podía entrar a su casa y llevarse para sí todo aquello que la nueva esposa le había entregado. Constantino hizo más severas las leyes antiguas prohibiendo el concubinato de una mujer libre con un esclavo, lo cual fue visto con buenos ojos por la Iglesia. Por otra parte el haber guardado las distinciones de clases dentro de la ley de matrimonio estaba claramente en contradicción con las disposiciones de la Iglesia, la cual rechazaba cualquier discriminación por clase dentro del matrimonio, y consideraba como legítimos los matrimonios informales (los denominados *concubinatus*), puesto que poseían un carácter permanente y eran monógamos. Constantino, sin embargo, hizo la figura del *concubinatus* más

[807] *Cod. Theod.* XI, 27, 1.

difícil y prohibió a los senadores y a los altos funcionarios del Estado y del sacerdocio pagano el contraer este tipo de uniones con mujeres de clase inferior *(feminoe humiles)*, haciendo, de hecho, imposible que pudieran casarse con mujeres pertenecientes a clases inferiores, a pesar del hecho de que su propia madre pertenecía a una clase inferior. El emperador, sin embargo, en los demás aspectos siempre demostró el mayor respeto hacia su madre.

Bajo la misma inspiración cristiana, Constantino alentó la emancipación de los esclavos y en el año 316 decretó que la manumisión en la iglesia —*manumissio in ecclesia*— tendría el mismo efecto que la manumisión pública realizada ante funcionarios estatales o la realizada por testamento[808]. El esclavo liberado ante la presencia del obispo adquiría de inmediato todos los derechos de ciudadanía romana. Ni los emperadores cristianos ni los paganos permitieron que los esclavos buscaran su libertad sin la autorización de la ley, los legisladores cristianos buscaron aliviar la esclavitud limitando la intensidad del castigo corporal; el amo tan sólo podría utilizar la vara o enviar al esclavo a la prisión y si el esclavo moría dentro de dichas circunstancias su amo no era responsable. Sin embargo, si la muerte era producida por el uso de garrotes o piedras o armas o instrumentos de tortura, la persona que causaba la muerte era tratada como un asesino.

Las familias de esclavos se benefician de la ley que prohíbe que sean separados los miembros de una familia de esclavos con ocasión de la venta de bienes del Estado.

Un decreto del año 315 prohibía ultrajar el rostro de los condenados con marcas de fuego, ya que el rostro ha sido formado a semejanza de la belleza de Dios[809]. Se ordenaba, además, que los prisioneros pudieran ver todos los días la luz del sol.

Se recortaron las luchas de gladiadores, censuradas por su crueldad[810], y los condenados ya no eran arrojados a las fieras sino obligados a trabajar en las minas del Estado. Se prohibió el embargo de animales o herramientas de labranza por deudas al fisco y dispensó a los campesinos de los servicios personales en tiempos de recogida de las cosechas. Un carácter más general tienen otras disposiciones: libertad de contratación, organización de la administración de justicia, higiene de las prisiones, rebaja de los intereses, etc...

Cuando se comparan estas leyes con las emitidas por emperadores anteriores cuya disposición era considerada como humana, no se ve que las emitidas por Constantino tengan un alcance mayor. No intentó ni alcanzó ningún cambio radical en la constitución acostumbrada de la sociedad que encontró. En lo relativo a la religión Constantino siguió las huellas de Diocleciano, donde el Estado tiene el sumo deber de asegurar la paz del orbe, la *Pax Deorum*. Por eso, el Estado debía ocuparse de la religión, a él le competía entablar las relaciones de sus súbditos con la divinidad en una función mediadora, que después será substituida exclusivamente por mediación de la Iglesia: la Iglesia es el lugar de salvación por excelencia, lugar radicalmente distinto del que podía asegurar la función del Estado.

[808] *Cod. Theod.* IV, 7, 1; *Cod. Iust.* I, 13, 1.

[809] *Cod. Theod.* IX, 40, 2.

[810] *Cod. Theod.* XV, 12, 1. Paulatinamente la supresión de los juegos se impuso como idea en el espíritu de todos los emperadores cristianos. Así, en el 392, Teodosio prohibió en domingo los juegos de circo (Cod. Theod. II, 8, 20) y, dos años más tarde, cualquier tipo de espectáculo público que se celebrara ese día (Cod. Theod. XV, 5, 2). En el año 399 se cerraron en todo el mundo romano las escuelas imperiales de gladiadores, y, en el 404, Honorio terminó definitivamente con este género de espectáculos.

7. Simbiosis de la Iglesia y el Estado

En el año 324 es derrotado y muerto Licinio, el emperador de Oriente, es a partir de esa fecha cuando la política de favor y simpatía por el cristianismo se expresa públicamente y sin ambages. Soberano universal y único del Imperio, pudo llevar en adelante su programa de *oficialización* de la Iglesia sin verse constreñido por consideraciones políticas, pasando así de una cierta aconfesionalidad estatal a la integración oficiosa del cristianismo en el Estado. La cuestión religiosa era un problema de orden político, y no se puede esperar en esta época una política de separación entre la Iglesia y el Estado, por el contrario, se afianzaron los lazos, y ambos poderes se compenetraron en una simbiosis perfecta.

El cristianismo, como el Imperio romano, son dos fuerzas que gravitan sobre la historia del mundo, una política, otra espiritual, con miras universales. La conversión de Constantino iba a demostrar que el cristianismo, lejos de arruinar el Imperio legitimaba más todavía su vocación de dominio universal. De hecho, la adopción del cristianismo no provocó ruptura alguna en la concepción del poder, ya que si bien el emperador dejó de ser considerado como dios, su autoridad continuó siendo calificada de *divina*. El lenguaje oficial revela el carácter teocrático del poder supremo: su autoridad le viene de dios; el palacio pasa a ser el *Sacrum Palatium*; las promulgaciones imperiales *divina institutiones*; y el presupuesto anual impositivo pasa a ser *divina delegatio*. Lo que comenzó con Diocleciano se completó bajo Constantino. Lo que se había buscado mediante el uso de su autoridad y al costo de un incesante derramamiento de sangre inocente Constantino lo logró uniendo la Iglesia cristiana a su política y ganando su apoyo doctrinal a la noción del poder de origen divino, que ya se encuentra en los escritos de San Pablo.

La oficialización constantiniana del cristianismo vino así a respaldar religiosamente la concepción monárquica del rey-dios, que empezó con las pretensiones totalitarias debidas a Diocleciano, dios y señor, como rezan sus monedas: *dominus et deus*; no ya más *princeps* (primero), sino *dominus* (señor absoluto), en una corriente que se califica de orientalismo del orbe romano. La peculiaridad cristiana, y su nota discordante frente a la política religiosa precedente —aristocrática y orientalizante—, es su naturaleza surgida del pueblo, constituida fuera del aparato del poder y en contra de él. El recuerdo de estos orígenes populares sustentará la protesta de reformadores religiosos y sociales a lo largo de la historia e impedirá que la Iglesia no se convierta en un departamento oficial del Estado. Transformado en religión oficial, el cristianismo había de aparecer como base y sanción de la potestad monárquica, pero sin renegar de su base popular y de su independencia en el campo espiritual.

Eusebio, que creó una nueva imagen de gobernante: el gobernante cristiano, lo presenta como santo, respetuoso con Dios, e indirectamente con su Iglesia, orante y protegido por el Cielo[811], tan común en la Antigüedad remota. Al rey único sobre la tierra corresponde el Dios único, rey único en el cielo, único *Nomos* (Ley) y *Logos* real. Su poder, imperio, no des-

[811] El hijo de Constantino, Constancio, consiguió la victoria sobre el usurpador Magnencio en una sangrienta batalla en Mursa (351), sin empuñar ningún arma, entregado a la oración en la tumba de un mártir. Teodosio encara la batalla contra las fuerzas de Eugenio dedicando la noche a la oración, lo cual le trae una victoria casi milagrosa. Véase un poco más adelante cap. 4, 6.

cansa sobre la fuerza de su armada, sino, paradójicamente, sobre la oración. Estas ideas son de Eusebio, no de Constantino, pero conformarán poco a poco la imagen del emperador y será ejemplo y modelo para sus sucesores. "El emperador es el único que posee autoridad porque está siempre rezando a Dios y desea alcanzar su Reino. El origen de la *auctoritas* no es ya el prestigio sobre los demás, la *virtus* en el ejército, o la moderación, sino la *oratio,* plegaria, y la comunicación con Dios"[812].

La ley civil, según los juristas cristianos, debe ser sometida a la divina. *Legem tuam nollem esse supra Dei legem,* escribía Ambrosio en una carta a Valentiniano II, de donde también se deriva la *humilitas* de los emperadores frente a los obispos. El emperador no es *dominus* frente a la *nomos* ley; por ello, en casos de injusticia es deber de los obispos tener la "libertad de palabra", en paridad con el Senado.

Al introducir la Iglesia en el Estado en el preciso momento en que éste adoptaba forma de monarquía estatista y totalitaria, el emperador mismo erigía un poder de orden espiritual —el episcopado— frente al poder imperial. Constantino, como escribe Cochrane, encontraba la horma de su zapato. El gobierno imperial es una copia terrestre del gobierno de Dios en el cielo y, por tanto, supeditado a éste, germen de la teoría papal de las "dos espadas". Pendiente del poder imperial, la Iglesia no llega a depender de él. A veces, desde un punto de vista político, fue un riesgo para la estructura del Estado. "Por su propia naturaleza, el cristianismo siempre termina perjudicando a sus protectores seculares", escribe Paul Johnson[813]. El emperador está por debajo de Dios, aunque elevado por encima de los hombres, pero sometido a la ley, en oración, santidad y justicia, que hace del Imperio un Estado de derecho y no un gobierno despótico. "La providencia de la suma deidad —escribe Lactancio— os elevó a la dignidad de príncipe, permitiéndoos con verdadera devoción derribar dañados propósitos ajenos, reparar sus yerros y, con ánimo paternalmente benigno, tomar medidas para la seguridad de los hombres, apartando de la república los malhechores por el Señor librados a vuestras manos a fin de que la naturaleza de la genuina sabiduría se haga a todos manifiesta... Por innata santidad de carácter y hecho al reconocimiento de la verdad y de Dios, en todo lleváis a cabo obras de justicia. Era, pues, adecuado, que para la labor de ordenar los negocios humanos, el poder divino os empleara como ministro y agente suyo"[814].

Decir, como dice Eusebio, que el emperador es el vicerregente de Dios en la tierra, no es una innovación introducida por el cristianismo en la historia. Se encuentra entre los egipcios, los griegos, los persas y los judíos, por no decir, en todo el mundo antiguo, cuando en los albores de la humanidad el jefe del clan o de la tribu era al mismo tiempo rey y sacerdote, imagen e intérprete de la divinidad[815]. La novedad cristiana reside en el carácter moral del ejercicio del poder que llevará a un Ambrosio a realizar lo impensable: enfrentarse a todo un emperador, Teodosio, que en cuanto cristiano ha violado el mandamiento de "no matarás", y por lo cual es excluido de la comunión de los santos. "Castigado por la disciplina eclesiástica,

---

[812] Javier Arce, "Roma", en Fernando Vallespín, ed., *Historia de la teoría política,* vol. I, p. 210. Alianza Editorial, Madrid 1990. Cf. C. N. Cochrane, *Cristianismo y cultura clásica,* cap. V.

[813] Paul Johnson, *Historia del cristianismo,* p. 127.

[814] Lactancio, *Instituciones divinas,* VII, 26.

[815] Cf. VV. AA., *El despertar de la civilización.* Editorial Labor, Barcelona 1973, 3 ed.

de tal forma hizo penitencia que el pueblo, orando por él, lloró más al ver postrada en tierra la majestad imperial, que la había tenido encolerizada por su pecado"[816]. "¿Qué había sucedido en el mundo, que permitía a un sacerdote erigirse en juez del jefe supremo del Estado, del cual hasta aquel momento no era más que un simple funcionario?", se pregunta Indro Montanelli[817]. Este poder moral e independiente del Estado, surgido del pueblo y fundado en la revelación bíblica, es lo nuevo de la teoría política del cristianismo: nace el Estado de derecho. La ley está por encima del monarca. El poder deriva de Dios y está sometido al juicio y criterio de su ley. La historia del Occidente cristiano es un comentario a la tensión introducida en el Estado por la Iglesia; la lucha por deslindar los límites del poder temporal y el espiritual; la monarquía de origen divino y el gobierno del pueblo de Dios; la independencia de la Iglesia y la cooperación con el Estado[818].

8. La donación de Constantino

Durante siglos se aceptó como buena la falsificación formulada en el siglo VIII, conocida como *Constitutum Constantini* o Donación constantiniana, destinada a justificar el poder temporal del papa, según la cual Constantino habría cedido al papa Silvestre I (314-335) parte del Lacio y de Roma. Aparece recogida en *La leyenda áurea,* del dominico Iacopo da Varazze, o Santiago de la Vorágine, escrita entre los años 1244 y 1264. Según esta zafia creación novelesca, que retuerce la historia sin misericordia, el emperador aparece como perseguidor del cristianismo y leproso. Para remendar con una pieza creíble lo increíble se adelanta la conversión de Constantino y se relaciona, en línea, con su propósito, al papa Silvestre.

Lo de la lepra del emperador viene "en justo castigo por la tiránica persecución que había promovido en contra de la Iglesia. Como resultaran ineficaces cuantos remedios le aplicaron los médicos para curarle, los sacerdotes de los ídolos le aconsejaron que probara fortuna bañándose en la sangre pura y caliente de tres mil niños que deberían ser previamente degollados. Cuando Constantino se dirigía hacia el lugar donde estaban ya los tres mil niños que iban a ser asesinados para que él se bañara en su sangre limpia y recién vertida, saliéronle al encuentro, desmelenadas y dando alaridos de dolor, las madres de las tres mil inocentes criaturas".

A la vista de aquel impresionante espectáculo, el enfermo, profundamente conmovido, mandó parar la carroza y en un arranque de humanidad piadosa dijo: "Prefiero morir yo al salvar la vida de estos inocentes, a obtener la curación a costa de la crueldad que supondría asesinar a estos niños. Además, no existe seguridad alguna de que vaya a curarme por este procedimiento; en este caso en que nos encontramos lo único verdaderamente cierto es que recurrir a este remedio para procurarme mi salud personal constituiría una enorme crueldad".

De regreso a su palacio, la noche siguiente se le aparecieron los apóstoles Pedro y Pablo y le dijeron: "Por haber evitado el derramamiento de sangre inocente, nuestro Señor Jesucristo

816 Agustín, *Civ. Dei* V, 26, 1.

817 I. Montanelli, *op. cit.,* p. 430.

818 Hugo Rahner, *La Libertad de la Iglesia en Occidente: Documentos sobre las Relaciones entre la Iglesia y el Estado en los tiempos primeros del Cristianismo* (Desclée de Brouwer, Buenos Aires 1949).

nos ha enviado para que te indiquemos cómo puedes curarte: llama al obispo Silvestre, que está escondido en el monte Soracte; él te hablará de una piscina y te invitará a que entres tres veces en ella; si lo haces quedarás inmediatamente curado de la lepra que padeces; mas tú debes corresponder a esta gracia que Jesucristo quiere hacerte, con este triple obsequio: derribando los templos de los ídolos, restaurando las iglesias cristianas que has mandado demoler, y convirtiéndote al Señor".

Aquella misma mañana, en cuanto Constantino despertó, envió a un grupo de soldados en busca de Silvestre, quien al ver que aquellos hombres armados se acercaban al lugar de su refugio, creyó que le había llegado la hora del martirio, y sin poner resistencia alguna, tras encomendarse a Dios y exhortar a sus clérigos a que permaneciesen firmes en la fe, se dejó conducir por ellos y sin temor de ninguna clase compareció ante el emperador. Éste refirió detalladamente al pontífice la visión que en sueños había tenido y le preguntó quiénes eran aquellos dos dioses que se le habían aparecido. Silvestre le respondió que no eran dioses sino apóstoles de Cristo. Luego, de acuerdo con el emperador, el pontífice mandó que trajeran a palacio una imagen de cada uno de los referidos apóstoles, y Constantino, nada más verlas, exclamó: "Éstos son los que se me aparecieron".

Silvestre recibió al emperador como catecúmeno, le impuso como penitencia una semana de ayuno y le exigió que pusiera en libertad a los prisioneros. Al entrar Constantino en la piscina para ser bautizado, el baptisterio se llenó repentinamente de una misteriosa claridad, y al salir del agua comprobó que se hallaba totalmente curado de la lepra y aseguró que durante su bautismo había visto a Jesucristo.

A partir de entonces, y en acción de gracias por la curación recibida, Constantino promulgó una serie de beneficios y privilegios tendentes a constituir al sumo pontífice como cabeza de los demás obispos y de parte del Imperio[819].

La autenticidad de la *Constitutum Constantini* fue puesta en tela de juicio ya durante el medioevo, pero fueron los humanistas del siglo XV quienes definitivamente demostraron que era una falsificación. Lutero, que atacó duramente todo lo concerniente al poder temporal del papa, ridiculizó la pretensión de la *donatio,* juzgada por él como "grosera vergüenza, indigna en un campesino borracho". La reacción de la jerarquía católica consistió en el encargo de León X a Rafael de pintar los frescos de la sala de Constantino, en la que debían constar la aparición de la cruz, la batalla de Puente Milvio, el bautismo, y la "donación" a Silvestre.

Todo el asunto de la *donatio Constantini* delata el recurrente recurso a la manipulación de la historia, en un tiempo cuando apenas si existían medios de control. La burda leyenda sobre el bautismo de Constantino por Silvestre no sólo pretendía justificar el gobierno temporal del papa y su conversión en potentado terrenal, sino algo tan serio como la primacía del papado sobre los príncipes, los concilios y la Iglesia universal, dominio universal e indiscutible, en una palabra.

A nadie se le pasaba por alto que el primer gran concilio ecuménico de Nicea fue convocado y presidido por un emperador todavía no bautizado, mientras que el obispo de Roma, Silvestre, estuvo simplemente representado por dos sacerdotes. Tampoco estuvo presente

819 Santiago de la Vorágine, *La Leyenda Dorada,* pp. 77-79. Alianza Editorial, Madrid 1982.

en el sínodo de Arlés, celebrado en el año 314. Sólo le informaron cortésmente de las decisiones adoptadas. No puede decirse, por tanto, que Silvestre aportara gran cosa a la tarea de afirmar el primado de Roma sobre la Iglesia universal. Por ello, a partir del siglo V, se tendió a compensar su carencia de méritos forjando leyendas e historias sin mayor fundamento. Para realzar un poco el descolorido prestigio de Silvestre, se le adjudica nada más ni nada menos que la conversión del mismo emperador y de su bautismo, ciertamente "grosera vergüenza, indigna en un campesino borracho".

El autor de la *donatio* no se quedó corto. Expresa de lleno la teología medieval sobre el papado y la jerarquía vaticana. Dice entre otras cosas: "Junto con todos los magistrados, con el senado y los magnates y todo el pueblo sujeto a la gloria del Imperio de Roma, Nos [el emperador] hemos juzgado útil que, como San Pedro ha sido elegido vicario del Hijo de Dios en la tierra, así también los pontífices, que hacen las veces del mismo príncipe de los Apóstoles, reciban de parte nuestra y de nuestro Imperio un poder de gobierno mayor que el que posee la terrena clemencia de nuestra serenidad imperial, porque Nos deseamos que el mismo príncipe de los Apóstoles y sus vicarios nos sean seguros intercesores junto a Dios. Deseamos que la Santa Iglesia Romana sea honrada con veneración, como nuestra terrena potencia imperial, y que la sede santísima de San Pedro sea exaltada gloriosamente aún más que nuestro trono terreno, ya que Nos le damos poder, gloriosa majestad, autoridad y honor imperial. Y mandamos y decretamos que tenga la supremacía sobre las cuatro sedes eminentes de Alejandría, Antioquía, Jerusalén y Constantinopla[820] y sobre todas las otras iglesias de Dios en toda la tierra, y que el Pontífice reinante sobre la misma y santísima Iglesia de Roma sea el más elevado en grado y primero de todos los sacerdotes de todo el mundo y decida todo lo que sea necesario al culto de Dios y a la firmeza de la fe cristiana".

Desde este momento, continúa la *donatio,* "concedemos a nuestro santo padre Silvestre, sumo pontífice y Papa universal de Roma, y a todos los pontífices sucesores suyos que hasta el fin del mundo reinarán en la sede de San Pedro, nuestro palacio imperial de Letrán (el primero de todos los palacios del mundo). Después la diadema, esto es, nuestra corona, y al mismo tiempo el gorro frigio, es decir, la tiara y el manto que suelen usar los emperadores y además el manto purpúreo y la túnica escarlata y todo el vestido imperial, y además también la dignidad de caballeros imperiales, otorgándoles también los cetros imperiales y todas las insignias y estandartes y diversos ornamentos y todas las prerrogativas de la excelencia imperial y la gloria de nuestro poder. Queremos que todos los reverendísimos sacerdotes que sirven a la Santísima Iglesia Romana en los distintos grados, tengan la distinción, potestad y preeminencia de que gloriosamente se adorna nuestro ilustre Senado, es decir, que se conviertan en patricios y cónsules y sean revestidos de todas las demás dignidades imperiales. Decretamos que el clero de la Santa Iglesia Romana tenga los mismos atributos de honor que el ejército imperial. Y como el poder imperial se rodea de oficiales, chambelanes, servidores y guardias de todas clases, queremos que también la Santa Iglesia Romana se adorne del mismo modo. Y para que el honor del pontífice brille en toda magnificencia, decretamos también que el clero de la Santa Iglesia Romana adorne sus cabellos con arreos y gualdrapas de blanquísimo lino. Y

[820] Afirmación anacrónica, pues tales patriarcados corresponden a una evolución posterior.

del mismo modo que nuestros senadores llevan el calzado adornado con lino muy blanco (de pelo de cabra blanco), ordenamos que de este mismo modo los lleven también los sacerdotes, a fin de que las cosas terrenas se adornen como celestiales para la gloria de Dios".

La *donatio* sube de tono cuando llega a decir: "Hemos decidido también que nuestro venerable padre el sumo pontífice Silvestre y sus sucesores lleven la diadema, es decir, la corona de oro purísimo y preciosas perlas, que a semejanza con la que llevamos en nuestra cabeza le habíamos concedido, diadema que deben llevar en la cabeza para honor de Dios y de la sede de San Pedro. Pero, ya que el propio beatísimo Papa no quiere llevar una corona de oro sobre la corona del sacerdocio, que lleva para gloria de San Pedro, con nuestras manos hemos colocado sobre su santa cabeza una tiara brillante de blanco fulgor, símbolo de la resurrección del Señor y por reverencia a San Pedro sostenemos la brida del caballo cumpliendo así para él el oficio de mozo de espuelas: estableciendo que todos sus sucesores lleven en procesión la tiara, como los emperadores, para imitar la dignidad de nuestro Imperio. Y para que la dignidad pontificia no sea inferior, sino que sea tomada con una dignidad y gloria mayores que las del Imperio terrenal, concedemos al susodicho pontífice Silvestre, Papa universal, y dejamos y establecemos en su poder, por decreto imperial, como posesiones de derecho de la Santa Iglesia Romana, no sólo nuestro palacio como se ha dicho, sino también la ciudad de Roma y todas las provincias, distritos y ciudades de Italia y de Occidente".

Por si alguno ponía en duda la fecha de caducidad, el autor se encarga de remachar: "Ordenamos que todas estas decisiones que hemos sancionado mediante decreto imperial y otros decretos divinos permanezcan invioladas e íntegras hasta el fin del mundo. Por tanto, ante la presencia del Dios vivo que nos ordenó gobernar y ante su tremendo tribunal, decretamos solemnemente, mediante esta constitución imperial, que ninguno de nuestros sucesores, patricios, magistrados, senadores y súbditos que ahora y en el futuro estén sujetos al Imperio, se atreva a infringir o alterar esto en cualquier manera. Si alguno, cosa que no creemos, despreciara o violara esto, sea reo de condenación eterna y Pedro y Pablo, príncipes de los apóstoles, le sean adversos ahora y en la vida futura, y con el diablo y todos los impíos sea precipitado para que se queme en lo profundo del infierno"[821].

Durante varias centurias el papado basaría sus pretensiones temporales sobre esta sorprendente *Donación de Constantino.* Nicolás de Cusa, en el siglo XV, fue el primero que se atrevió a formular ciertas dudas acerca de la autenticidad del documento. A fines del siglo XVI, el cardenal Baronio admitía la inautenticidad de la forma, pero sin desconfiar del fondo de la *donatio.* Sólo en los últimos años del siglo XIX la Iglesia católica reconocerá oficialmente la falsificación.

BIBLIOGRAFÍA

A. Alföldi, *Conversion of Constantine and Pagan Rome.* Oxford University Press, Oxford 1948.

A. H. M. Jones, *Constantine and the Conversion of Europe.* Macmillan, Londres 1948 / Universidad de Toronto, Toronto 1978.

---

[821] *Edictum Constantini ad Silvestrem Papam,* Patrología Latina, VIII, en M. Artola, *Textos Fundamentales para la Historia.* Alianza, Madrid 1992, 10 ed.

—*The Later Roman Empire.* Londres 1964.

André Piganiol, *Historia de Roma.* Madrid 1965 / EUDEBA, Buenos Aires 1971.

—*L'empereur Constantino.* París 1932.

—*L'Empire Chrétien.* París 1947.

C. B. Bush, *Constantine the Great and Christianity.* Columbia University Press 1914.

Carles N. Cochrane, *Cristianismo y cultura clásica.* Cap. V. FCE, México 1983, 2 ed.

Charles G. Herbermann y Georg Grupp, "Constantino el Grande", *The Catholic Encyclopedia,* vol. I. www.enciclopediacatolica.com/c/constantino.htm

Eusebio, *Vida de Constantino.* Introducción, traducción y notas de Martín Gurruchaga. Gredos, Madrid 1994.

Ferdinand Lot, *La fin du monde antique et le début du moyen âge.* A. Michel, París 1951.

Franz Altheim, *El Dios invicto.* EUDEBA, Buenos Aires 1966.

G. Boissier, *El fin del paganismo. Estudio sobre las antiguas luchas religiosas en el siglo IV en Occidente.* Jorro, Madrid 1908.

Indro Montanelli, *Historia de Roma.* Plaza & Janés, Barcelona 1994.

Jacob Burckhardt, *Del paganismo al cristianismo. La época de Constantino el Grande.* FCE, México 1945, 1996.

José Vogt, *Constantino el Grande y su tiempo.* Peuser, Buenos Aires 1956.

Lloyd Holsapple, *Constantino el Grande.* Espasa Calpe, Buenos Aires 1947.

Michael Grant, *Constantine the Great: the Man and his Times.* Scribners, Nueva York 1993.

Norman H. Bayes, *Constatine the Great and the Christian Church.* Brithish Academy, Londres 1930.

—*El Imperio bizantino.* FCE, México 1949.

Pierre Batiffol, *La paix Constantinoienne et le catholicisme.* París 1929, 2 ed.

Sirley J. Case, *The Social Triumph of the Ancient Church.* Harper & Brothers, Nueva York 1933.

T. G. Elliott, *The Christianity of Constantine the Great.* University of Scranton Press, Scranton 1997.

Timothy D. Barnes, *Constantine and Eusebius.* Harvard University Press, Cambridge 1981.

—*The New Empire of Diocletian and Constantine.* Harvard University Press, Cambridge, Mass. 1982.

2. La edad de oro y barro

El cambio introducido por Constantino, el hombre más poderoso de su tiempo, heredero de un Estado empeñado en hacer desaparecer el cristianismo de la faz de la historia, convertido sorpresivamente en mecenas de una fe aborrecida, fue sentido y vivido por las Iglesias como una Edad de Oro que se manifestó principalmente en el dogma, la liturgia, el arte y las misiones. Aparte de los privilegios imperiales, la sola posibilidad de contar con los medios necesarios para expresarse produjo una explosión de vida, pensamiento, espiritualidad y literatura como pocas veces, si alguna, se volverá a repetir.

La paz y la calma relativas favorecieron la aparición de grandes figuras del pensamiento teológico y de la espiritualidad, espoleadas por el fragor de la batalla teológica, que tomó el relevo de la agitación provocada por las persecuciones. La pasión de muchos cristianos y sus dirigentes se fue tras las discusiones teológicas, no siempre mantenidas en paz. Las cuestiones doctrinales fueron la ocasión para que las mentes más agudas ejercitaran su ingenio. Hubo intrigas, celos y pasiones demasiado humanas en la casa de Dios, pero si abundó la mezquindad, sobreabundó la gracia y el espíritu entregado a la causa de la verdad. Resultado, jamás florecerá en la Iglesia un siglo donde simultáneamente aparezcan hombres como Atanasio de Alejandría, Cirilo de Jerusalén y de Alejandría, Epifanio, Teodoro de Mopsuestia, Basilio de Cesarea, Gregorio Nacianceno, Gregorio Niceno, Juan Crisóstomo, Hilario de Potiers, Ambrosio de Milán, Jerónimo y Agustín. Al cabo de los siglos, escribe el profesor André Mandouze, la edad de oro de los Padres aparece como un monumento de la Iglesia que no se volverá a repetir[822].

Después de casi tres siglos de persecuciones comienza un largo período de paz que facilitó extraordinariamente la expansión y desarrollo del cristianismo. Se produjo un gigantesco esfuerzo por la completa evangelización del mundo antiguo. Al mismo tiempo, se emprendió la evangelización progresiva de la gente del campo. El nombre de paganos, con el que aún hoy se designa a quienes no están bautizados, proviene precisamente de los habitantes de las zonas rurales, pagi en latín, que seguían casi en su totalidad la antigua religión[823].

Las Iglesias se reunieron en los grandes Concilios ecuménicos para dilucidar tan graves cuestiones teológicas como la Trinidad y la Encarnación. El siglo IV y la primera década del siguiente se hallan dominados por las discusiones sobre el misterio de la Trinidad, a las que siguen las relativas a la Encarnación. El clima de violencia se dejó sentir en las cuestiones doctrinales. El clima de pasión con que se aceptaba la creencia propiciaba la polémica acalorada e incluso el enfrentamiento violento. De la enseñanza del Sermón del Monte se pasó al Monte de Elías donde los falsos profetas son pasados por las armas. Faltaba mucho para comprender el verdadero sentido de la libertad religiosa.

1. La herejía y la imposible libertad religiosa

Los herejes y cismáticos quedaron excluidos de los privilegios imperiales. Eusebio se encarga de precisarlo. Para ello remite al rescripto dirigido al procónsul de África, Anulino, donde se dice: "Es nuestro deseo que cuando recibas esta carta dispongas que si cualquiera de las propiedades que pertenecieron a la Iglesia católica de los cristianos en cualquier ciudad o lugar está ahora en posesión bien sea de ciudadanos, bien de cualesquiera otros, que las mismas sean restauradas inmediatamente a estas mismas Iglesias, por cuanto hemos decidido que todo lo que perteneciese a estas mismas Iglesias fuese legítimamente devuelto a las mismas"[824].

Frente a la fe, reina de las virtudes, se alza la herejía, sembradora de discordias. La figura del hereje será en el cristianismo durante siglos la imagen del enemigo más abyecto y peligroso. Ni siquiera el ermitaño retirado en las soledades del desierto se ve libre de ella. Es preciso recordar una y otra vez que la herejía es "el mayor pecado". "Uno que sabía mucho" —escribe Juan Clímaco— "me preguntó una vez: 'Dejando a un lado el crimen y la negación de Dios ¿cuál es el pecado más grave?'. 'Caer en la herejía', le respondí"[825]. El triunfo del cristianismo sustituyó a la antítesis cristiano-pagano por la oposición ortodoxo-hereje. Éste, que

---

822 André Mandouze, en *2000 años de cristianismo,* vol. I, p. 196.

823 Véase Justo L. González, *Historia de las Misiones.* La Aurora, Bs. As. 1970.

824 Eusebio, *Hist. ecl.* X, 5.

825 Juan Clímaco, *Escala espiritual* XV, 46.

rompe la unidad de la doctrina y "blasfema" contra Dios, es caracterizado como el sacrílego, el bárbaro dentro del Imperio cristiano. El hereje es el enemigo por excelencia: "Nosotros consideramos como extraños y enemigos de Dios a los ateos y herejes"[826].

La herejía abanderará movimientos de protesta no sólo teológicos sino sociales, y a la vez servirá de pretexto como un arma a esgrimir contra los enemigos políticos y religiosos. ¡Qué papel tan prominente y trágico ha jugado la herejía en la historia del cristianismo!

La herejía se caracteriza como la oscuridad y el caos, elementos que contrastan con la luz y el orden simbolizados por la ortodoxia. El hereje no es ni siquiera hombre, se le somete a proceso de animalización y desciende hasta convertirse en el bicho más repugnante o monstruoso que uno pueda concebir: es la gran bestia negra que hay que aplastar sin escrúpulos, pues en cuanto alimaña esconde un carácter feroz e indomable. La constante agresividad del hereje, su actitud siempre violenta, rabiosa, furibunda, es actividad dañina que hay que atajar de golpe. Irracional y seductora la herejía atrapa a los incautos y los devora. Los animales que personifican a los herejes suelen ser casi siempre de carácter devorador o pérfido. No es de extrañar, como señala la profesora Mónica Miró, que los reptiles, los carnívoros y las aves de rapiña ocupen un lugar destacado en el bestiario creado para combatir a los herejes: lobos, leones, serpientes, culebras...[827]

Impíos, doctores sacrílegos, sacrílegos, ingratos, negadores perniciosos de Cristo, los herejes no tienen lugar en el nuevo Imperio cristiano. En el año 333 Constantino ordenó destruir todos los escritos de los herejes arrianos y la muerte de quienes los guardasen. "Si se descubre un tratado escrito por Arrio, que sea entregado a las llamas..., de modo que no quede ningún recuerdo de él... y si se sorprende a alguien ocultando un libro de Arrio y no lo trae inmediatamente y lo quema, se le aplicará la pena de muerte; el criminal sufrirá el castigo inmediatamente después de la condena". La Inquisición acaba de nacer en su formulación jurídica. El tiempo se encargaría de hacer el resto. Bajo Teodosio son numerosos los decretos que de un modo directo prohíben a los herejes que se reúnan, construyan iglesias, consagren obispos u ordenen sacerdotes, a la par que confiscan sus lugares de culto, sus bienes, herencias y terrenos[828].

Los tiempos no estaban tan maduros como para concebir una sociedad libre de injusticias e intolerancia por motivos religiosos toda vez que las mentes aún no habían alcanzado la idea de Estado social sin vinculaciones religiosas. El Estado, todos los Estados del mundo hasta fechas muy recientes, se revestía de la doble faz del poder político y religioso. Trono y altar, corona y mitra. La disidencia religiosa, la herejía, el cisma, eran vistos como un asunto de Estado, como un atentado a la integridad de la sociedad, secular y religiosa al mismo tiempo. En su calidad de perseguidos los escritores cristianos defendieron la libertad religiosa como un derecho natural y de conciencia. Tertuliano manifiesta que la religión prohíbe la compulsión

[826] Juan Clímaco, *Escala espiritual* I, 2.

[827] Mónica Miró Vinaixa, "Paganos y herejes en la obra de Aurelio Prudencio. Estado de la cuestión", Congreso Internacional La Hispania de Teodosio I, Salamanca 1997, pp. 179-192.

Edición electrónica: www.ub.es/grat/grat30.htm

[828] *Cod. Theod.* XVI 5, 4-22 y XVI 7, 30.

religiosa *(non est religionis cogere religionem quae sponte suscipi debet non vi)*[829], y Lactancio declara que "el hombre debe estar dispuesto a morir por defender la religión, pero no a matar". Orígenes enarboló igualmente la causa de la libertad. Muy probablemente la constante persecución y opresión generaron el entendimiento de que el imponer una manera de pensar y de concebir el mundo y la vida era una compulsión malvada. Pero les faltaba mucho para llegar a concebir la libertad religiosa como se entiende hoy, toda vez que la religión no era una cuestión privada, autónoma, sino una actividad ligada al Estado, la nación. Y aunque el cristianismo nació "apátrida", por ser universal, cosmopolita; "aestatal", por respetar todas las autoridades humanas puestas por Dios en el poder, cuyo mensaje se basaba en las nociones de la unidad moral y espiritual de todos los seres humanos, su mismo éxito, a saber, la conquista del Imperio, constituyó su talón de Aquiles. El cristianismo quedó absorbido en la *romanitas* y sus fines religiosos se identificaron con los del Estado. El Dios cristiano ahora estaba obligado a cumplir la misma función que antes hiciera la *Pax Deorum,* lo que llevaba aparejado una serie de obligaciones respecto al culto de la suprema y única divinidad protectora del Estado y el consecuente castigo de los que incumplieran sus condiciones.

Desde un punto de vista social, la herejía fue el instrumento utilizado por los descontentos, generalmente de círculos sociales marginados, para expresar su disconformidad con el curso de los acontecimientos, cada vez más alejados de los ideales primitivos del Evangelio de hermandad y comunidad. Por eso la herejía cristiana, como se observa en la mayoría de los grupos sectarios, es por regla general antiautoritaria y particularista. La discrepancia doctrinal es el camino más apropiado para manifestar el rechazo y la repulsa del orden establecido, del sistema que les arrincona y oprime.

A Constantino no le interesaba la verdad doctrinal, difícilmente comprensible para él. Lo que él deseaba era una Iglesia a imagen y semejanza del señuelo de un Imperio ideal, único y uniforme, bajo los principios rectores de la armonía, la serenidad y la multiplicidad en la unidad. Al Estado le correspondía ser árbitro y mediador en las disputas teológicas, con vistas a mantener la seguridad pública en el Imperio. Muy en línea con la religión tradicional de naturaleza jurídica, la ley y el orden están por encima de cualquier consideración religiosa y el hereje o disidente es penado y perseguido tan pronto parezca amenazar el dominio de la ley. El cristianismo se deslizaba así hacia el dramático y sangriento camino de la represión herética y cismática en nombre de una ortodoxia jurídica, que no es sino la negación de la ortodoxia y la práctica cristianas.

2. Donato y la "Iglesia de los mártires"

La alianza entre la Iglesia y el Imperio no iba a ser tan pacífica y ecuménica como Constantino tal vez imaginó. El cristianismo no era la unidad compacta que parecía ofrecer en la resistencia frente a los enemigos externos. La misma extensión de la fe, los cada vez más numerosos intereses personales y locales que intervenían en su campo de actividades, la importancia de la doctrina correcta, el rigor de la ética y el compromiso con el mundo, formaban un caldo de cultivo propicio a las discrepancias verbales y físicas. El clero romano fue el más

[829] Tertuliano, *Ad Scapulam*.

dispuesto a colaborar con el Imperio en la imposición del orden, la uniformidad y el control central. Pero el cristianismo albergaba en su seno fuerzas consciente o inconscientemente revolucionarias en lo social, que, por una parte cooperaban a la unidad del Imperio y, por otra, resultaban en su desintegración.

La primera y más grave crisis a la que tuvo que enfrentarse el recién estrenado emperador "cristiano" fue la controversia donatista. Se incubó durante la gran persecución dictada por Diocleciano. El obispo norteafricano Félix de Abthungi fue acusado de *traditor* por haber entregado las Escrituras a los funcionarios imperiales. Esto no hubiera llegado a más de no haber participado en la ordenación episcopal de Ceciliano para la sede de Cartago, la cual se quiso declarar nula por culpa de aquél. Se dijo que el pecado de Félix le había hecho perder la santidad personal y que, por consiguiente, no podía comunicar el Espíritu Santo.

Los adversarios de Ceciliano presentaron el caso ante el obispo Segundo de Tigisis, primado de Numidia. Un sínodo de casi 70 obispos examinó el asunto y decidió la deposición de Ceciliano. Simultáneamente se consagró un nuevo obispo, Mayorino, que tras su muerte tuvo como sucesor a Donato de Casas Negras, *Casae Nigrae,* que dio su nombre al cisma.

Los donatistas son los herederos espirituales del partido rigorista de Novaciano o de los *cátaros,* como se denominaban a sí mismos. Esto es lo que se desprende de una larga serie de pasajes de Optato de Milevi y de Agustín de Hipona y multitud de inscripciones, donde aparecen como *los puros y los santos y los hijos de los mártires,* por oposición a los católicos impuros; *manchados,* decían ellos, por su comunión con los cristianos, que llevaban el estigma de *traidores.* Los donatistas renuevan en parte el cisma novaciano, sobre todo en su concepción puritana y rigorista de la naturaleza de la Iglesia. Aseguraban que la verdadera Iglesia, la Iglesia de Cristo, es una, y santa, y católica, y apostólica, y esa Iglesia era la de ellos: "Todos los sacerdotes de la Iglesia católica transigen o han transigido con los traidores; están en contradicción declarada con la voluntad de los mártires; son indignos en absoluto de su cargo; sus sacramentos son nulos".

Constantino no se encargó personalmente del problema, sino que dejó que Milcíades o Melquiades, obispo de Roma, hallara una solución. El 1 de octubre del 313 se reunió en el palacio de Fausta en Roma un tribunal de arbitraje, bajo la presidencia del papa Melquiades. Se encuentran presentes varios obispos de las Galias y otros de Italia que optan a favor de Ceciliano. Sin embargo, Donato protesta, alegando la falta de representatividad en el sínodo, y pide que fuera de toda la Iglesia; además, los italianos, decía, no entendían el problema. Constantino, entonces, ordenó al procónsul de África, Eliano, que investigara si Félix había sido traidor; el resultado de la investigación es la inocencia total de Félix. Se organiza otro sínodo, reunido el 1 agosto del 314 en Arlés (Francia), donde se confirma la decisión del sínodo anterior y se dictan penas duras contra los falsos denunciantes. Donato, perdedor, apela a Constantino, el cual, en un primer momento, cita en Milán a representantes de ambos partidos en el año 316. Una sentencia imperial ratifica las conclusiones de los sínodos anteriores de Roma y Arlés. Donato resiste con insolencia a la voluntad del emperador. El enfrentamiento se desliza cada vez más del terreno religioso al terreno político y social.

El movimiento donatista reúne una serie de características de conciencia nacionalista y social muy interesantes. Va más allá de la polémica religiosa y del rigor moral. Bajo el estandarte de un cristianismo puro, exclusivista y enemigo de los poderes de este mundo, el donatismo alentó en su seno el descontento social de la población autóctona, humilde y marginada, contra la clase privilegiada y dominante de ascendencia romana. Muchos habitantes de Cartago y alrededores del antiguo Imperio púnico eran tradicionalmente antirromanos, separatistas y con una alta conciencia de independencia, manifestada en el uso de la lengua púnica[830] y la conservación de su cultura tanto en las ciudades como en el campo. Miraban con repugnancia la idea de que su Iglesia hiciera causa común con las autoridades romanas, que habían sido sus recientes perseguidores[831].

A esta actitud corresponde la defensa del último elemento y señal de identidad de la cultura púnica perseguida pero triunfante sobre sus jueces y torturadores. La independencia de la Iglesia cartaginesa respecto a las decisiones de los obispos de Roma expresaba las aspiraciones de los nativos frente al ímpetu avasallador del gobierno romano y frente al catolicismo ortodoxo de los terratenientes acaudalados romanizados. Por eso la sentencia pronunciada por el clero romano y la autoridad imperial es rechazada de plano. Como antaño dijera su paisano ilustre Tertuliano respecto a la filosofía, Donato pregunta desdeñoso: *"Quid est imperatori cum Ecclesia?"* ("¿Qué tiene que ver el emperador con la Iglesia?")[832].

Desafiado, Constantino recurre a la fuerza. En el 317, igual que hará su hijo Constancio en el 347, pone en acción a las legiones para reducir a los refractarios. Error enorme, porque las tropas, que en estas fechas estaban integradas en su mayoría por efectivos paganos, se comportaron con una brutalidad que hizo llegar al colmo la exasperación de los donatistas. Las basílicas fueron tomadas por asalto; ultrajes a las personas, sacrilegios, asesinatos: dos obispos donatistas muertos al pie del altar; estas atrocidades confirieron al movimiento de la aureola del sufrimiento injustamente padecido. Con una decisión firme y resuelta los africanos se ofrecieron voluntariamente a la muerte, y la Iglesia de Donato se proclama, a la faz del mundo, la sola y auténtica "Iglesia de los mártires"[833].

El movimiento alcanzó su mayor amplitud alrededor del 340, cuando a la protesta religiosa se une el sentimiento nacional agraviado por una aguda crisis socioeconómica. A juzgar por las circunstancias que lo acompañaron, el donatismo agrupó en torno a sí no sólo a los descontentos de las medidas disciplinarias de la gran Iglesia, sino a la mayoría del pueblo llano, para la cual el mensaje de rigor de los donatistas era fácilmente traducible en términos de reivindicación social. En primer término se encuentran los obreros pobres y los aldeanos arruinados y endeudados con los grandes propietarios, que llevan el descontento religioso al campo de la justicia social. Como escribe un testigo de los hechos, Optato de Milevi: "Los justificantes de deudas dejaban de tener valor, entonces un acreedor no podía exigir el pago de lo que se le debía. Todo el mundo estaba atemorizado por las cartas de los que se jactaban de ser jefes de los *santos*. Si se tardaba en obedecer sus órdenes, una banda delirante caía sobre los acreedores. [...] Cada cual se apresuraba a renunciar a sus deudas, incluso las importantes".

---

830 El idioma púnico, de origen fenicio, se mantuvo hasta la llegada de los árabes. Agustín relata en varias ocasiones cómo se vio obligado a pedir la ayuda de un intérprete para hacerse comprender en las aldeas donde no se hablaba latín.

831 Cf. Paul Johnson, *op. cit.*, p. 118.

832 Optato de Milevi, *Contra Parmenianum donatistam* III, 3.

833 G. Plinval y R. Pittet, *op. cit.*, p. 168.

La mayor parte de la jerarquía donatista, sin embargo, no intervino en estas revueltas. Sus miras eran otras y no podían solidarizarse con estas bandas de salteadores, no pensaron ni por un momento en poner la doctrina cristiana al servicio de una revolución social o política[834]. Pero el clero bajo, en contacto directo con el cuerpo general de los fieles de extracción humilde, se constituyó en jefes naturales de "las milicias de los santos", que acabaron organizándose en bandas de choque que recibieron el nombre de *circumcelliones*: "los que atacan las granjas". "En África —escribe Agustín—, se dio el nombre de *circunceliones (circum cellas)* a aquella raza de hombres que era el terror de los campos, porque rondaban sin cesar las granjas, fincas, posesiones, ya que vivían del pillaje". El grito de guerra de estas bandas era *Deo Laudes,* "Alabanzas a Dios". En la primera época de sus actos de bandidaje no llevaban espadas[835], se servían de bastones llenos de nudos, que llamaban sus "israeles". Bandidos para las autoridades y grandes propietarios, los circunciliones se consideraban a sí mismos "soldados de Cristo" en lucha contra el diablo.

Historiadores del siglo pasado suponían que los *circumcelliones,* como los *bagaudas* y otros grupos de bandoleros, tan frecuentes en el Bajo Imperio romano, era un movimiento de esclavos fugitivos, campesinos sin tierra, pero hoy está claro que se trataba de grupos cristianos proletarios que, aprovechando la ocasión de la lucha entre católicos y donatistas, se organizaron en cuadrillas animadas por un concepto milenarista del Reino de Dios. "La raíz profunda estaba en la miseria atroz del proletariado agrícola. El Imperio lo había entregado a la explotación sin piedad de la aristocracia romana o romanizada. Esta revolución, como certeramente dice E. F. Gautier, fue una revolución social, una lucha de clases y, al mismo tiempo, una insurrección en masa contra el Imperio, la latinidad, que los explotados veían que se hacía siempre solidaria de los explotadores"[836].

De hecho, en el África romana, convivían dos mundos totalmente divergentes, por un lado las ciudades, con sus artesanos, comerciantes y burgueses fenicio-libios que hablaban el latín de los señores de Roma y practicaban la religión cristiana. Por otro, el campo, con una población dedicada a la agricultura intensiva, necesaria para alimentar a Italia, que soportaba a la fuerza su sometimiento y explotación, utilizaba el idioma púnico y era mayoritariamente pagana, con un barniz cristiano en algunos casos. La protesta donatista, esencialmente eclesiástica, atrajo la simpatía del pueblo autóctono en lo que tenía de oposición a la gran metrópolis opresora. Por eso, cuando los "santos" circunciliones caían bajo la espada de los soldados imperiales, el pueblo, del que procedían, los elevaba al instante a la condición de "mártires", sin que podamos entrar ahora en la conciencia cristiana de unos y de otros. Los presbíteros de las zonas rurales, a pesar de la prohibición de los obispos donatistas, enterraron los cadáveres de los "mártires circunciliones" en las iglesias, provocando una crisis con la jerarquía, hasta el punto de que un concilio donatista prohibió instalar las tumbas de las víctimas en las basílicas.

No importaba la desaprobación de los jerarcas donatistas, el pueblo convirtió el campo de batalla en lugar de peregrinación, y los cementerios de los caídos en campo sagrado de

---

[834] Cf. Jacques Droz, ed., *Historia general del socialismo,* "De los orígenes a 1875", p. 114. Destino, Barcelona 1984.

[835] La posesión de armas por parte de la población civil era penada por las autoridades.

[836] André Julien, *Histoire de l'Afrique du Nord,* pp. 216-217.

los "mártires de la revolución". Como en el caso de los mártires cristianos, también a ellos se atribuyen milagros y prodigios en virtud de sus reliquias. Agustín se opuso el martirologio donatista, a sus milagros y pretendidas relaciones con la divinidad: "Nadie venga a venderos fábulas". Para el obispo de Hipona se trata de pseudomártires, personas que, por actos de bandidaje, fueron eliminadas por la justicia.

En el año 362 el emperador Juliano, que buscaba debilitar el cristianismo mediante la libertad de todos sus componentes ortodoxos y heterodoxos, ordenó el alto de la represión donatista y la vuelta de todos los obispos desterrados, que supuso un balón de oxígeno para el donatismo, pero un ensanchamiento del abismo existente con los católicos y "puros". El sucesor de Donato, Parmeniano (c. 391), escribió una obra contra los *traditores,* en la que consideraba a los católicos como ramas desgajadas del árbol de la Iglesia. "La Iglesia verdadera —decía— es aquella que padece persecución, no la que persigue"[837].

No es éste el lugar para una historia pormenorizada de la posterior evolución donatista, sus giros y sus cambios, baste saber que Aurelio, obispo de Cartago, y Agustín, obispo de Hipona, se asociaron en la obra de la reconciliación en un todo de respeto mutuo, renunciando a viejos reproches y acusaciones. A la idea donatista de una *Ecclesia sancta,* Agustín respondió con una *Iglesia mixta,* propuesta anteriormente por el obispo donatista Ticonio, que le ganó la enemistad y excomunión de los suyos. En el mes de junio del 411 pudo abrirse en Cartago el célebre Congreso en el que se congregaron 560 obispos, tanto donatistas como católicos. Los oradores donatistas hubieran querido discutir punto por punto, pero la autoridad del Legado imperial inclinó la balanza. Por un acuerdo casi único en la historia de la Iglesia, fue adoptada una transacción de un raro liberalismo: el clero donatista que reingresase en el catolicismo conservaría sus títulos al entrar en la Iglesia. Algunos dirigentes rehusaron someterse; pero, poco a poco, se fue haciendo el vacío a su alrededor, el grueso de sus gentes se unió a la gran Iglesia y, oficialmente al menos, se pensó que el cisma había dejado de existir[838].

La enemistad de los donatistas con los católicos persistió hasta la invasión de los vándalos de Genserico, de confesión arriana, a quien ayudaron en un principio, como posibles salvadores de la opresión romana. Pero su llegada inició un período de persecución religiosa, de la que hablaremos después, y anarquía civil que solamente benefició a las tribus nómadas —que habían descubierto la gran utilidad del camello, verdadero carro blindado de la época— y a la conquista árabe, que eclipsó al cristianismo por completo. "Se puede buscar cierta explicación de esto en el hecho de la muy parcial asimilación del cristianismo por parte de las tribus bereberes... Pero esto no puede explicar su desaparición de las ciudades, especialmente desde que las comunidades judías consiguieron mantener allí su identidad. Es evidente que el cristianismo había sido debilitado por el cisma donatista y por las subsiguientes persecuciones, primero por parte de la Iglesia oficial romana, luego por parte de los vándalos arrianos y finalmente por parte de la ortodoxia bizantina"[839].

[837] Agustín, *Ad. Donat. post. coll.* I, 31, 53.

[838] Cf. G. Plinval y R. Pittet, *op. cit.,* p. 167-179.

[839] Roland oliver y J. D. Fage, *Breve historia de África,* p. 79. Alianza Editorial, Madrid 1972.

3. La crisis arriana

En el terreno doctrinal, la Iglesia, oficializada por el Imperio, también iba a resultar problemática, en especial la demostración monoteísta de Dios y la forma de referirse a Jesús como Dios, diferente a Dios Padre y, a la vez, uno con Él. La clarificación de la cuestión sobre cómo entender la Trinidad cristiana en la unicidad de Dios dio lugar a discusiones que surgieron alrededor de Arrio (256-336), elocuente, sabio, popular entre el pueblo egipcio por su austeridad, oriundo de Libia, formado en la escuela teológica de Antioquía, y presbítero y pastor de la iglesia alejandrina de Baukalis.

No hay conformidad entre las fuentes en lo que respecta al origen de la controversia entre Arrio y el obispo Alejandro, como tampoco en cuanto al año en que comenzó dicha controversia. Sozomeno dice que se oyó decir a Arrio que "el Hijo de Dios es creado de lo no existente, hubo un tiempo en el que el Hijo no existía; capaz de bueno y de lo malo, y criatura y creado"[840]. Alejandro le reprendió, con la orden de no volver a enseñar tal doctrina.

Influenciada por la filosofía de moda, la neoplatónica, que será la de Agustín y la de tantos otros, consideraba más racional explicar el misterio de la Trinidad disociando al Hijo del Padre. Cristo no podía ser Dios pues la divinidad es única, incomunicable e inmutable (neoplatonismo). En la infinidad sublime de su esencia se encuentra Dios, absolutamente trascendente, el único increado *(agennetos),* el único eterno, el único sin comienzo; cerca de Él, pero fuera de Él, reflejo de su protección, y sin haber existido desde siempre, el Verbo, el Logos, la primera y más perfecta de sus criaturas. El Hijo está asociado únicamente a la divinidad, sin derecho al título y prerrogativas de Dios, mas que por relación con nosotros, no puede ser tenido como Dios más que en virtud de una asimilación, y no en un sentido absoluto, como lo es solamente el Padre inengendrado y eterno.

Arrio se negó a someterse al mandato de su obispo y ganó algunos seguidores para su causa. Alejandro reunió un sínodo (alrededor del 320) con más de 100 obispos de Egipto y de Libia en el que fueron excomulgados Arrio y sus discípulos. Arrio abandonó Alejandría y se dirigió a Siria, Palestina y Asia Menor donde consiguió que sus ideas fueran admitidas. Invitado por Eusebio, su antiguo condiscípulo y obispo de Nicomedia, se trasladó a esta ciudad, donde escribió su obra *Thalia* o *Banquete,* escrito al estilo de Sótades, poeta egipcio del siglo III a.C. De esta obra sólo se conservan algunos fragmentos en el escrito de Atanasio, *Apología contra arrianos.*

La crisis arriana alcanzó tan grandes proporciones, que Constantino, después de su victoria sobre su colega Licinio (año 324), decidió tomar el asunto inmediatamente en sus manos, resuelto a acabar con las divergencias, que él sin duda sólo captaba superficialmente, pero que juzgaba inútiles y peligrosas para la paz pública. Estimó que la mejor solución era reunir un gran concilio de obispos del Imperio que, en perfecta inteligencia, fijaran los límites de la fe. A su invitación se unieron en Nicea, el 20 de mayo del 325, más de 250 obispos, hasta se ha dicho que 318, llegados de todos los puntos del Imperio. En el discurso inaugural Constantino mostró cuál era su intención, y lo hizo con palabras muy claras: "Las escisiones internas de la Iglesia de Dios nos parecen más graves y más peligrosas que las guerras". De

[840] Sozomeno, *Hist. ecl.* I, 15, 3.

aquí va a nacer la nefasta convicción que considera al "hereje", al disidente doctrinal, una amenaza al bien pública, un criminal.

No resultó nada fácil encontrar una fórmula del agrado de todos los reunidos en el Concilio. Al final, contra las tesis de Arrio, se proclamó como fe de la Iglesia la creencia "en un solo Dios Padre omnipotente, creador de todas las cosas, de las visibles y de las invisibles; en un solo Señor Jesucristo, el Hijo de Dios, engendrado, no creado, por el Padre como Unigénito, de la misma sustancia (gr. *homoousios*) que el Padre", seguida del correspondiente anatema redactado en los siguientes términos: "En cuanto a aquellos que dicen: hubo un tiempo en que el Hijo no existía, o bien que no existía cuando aún no había sido engendrado, o bien que fue creado de la nada, o aquellos que dicen que el Hijo de Dios es de otra subsistencia *(hypostaseos)* o esencia *(ousias),* o que es una criatura, o cambiante y mutable, los anatemiza la Iglesia"[841].

La condena de Arrio llevaba aparejada su deposición y su envío inmediato al destierro. Éste fue el destino común de los arrianos y defensores de la ortodoxia de Nicea por igual, según se la inclinase la voluntad imperial, para la que el destierro de eclesiásticos era tan sólo un medio para evitar disputas y discordias, es decir, por razones de Estado.

La crisis arriana se prolongó durante siglos, complicándose por su difusión entre algunas tribus germánicas que habían sido evangelizadas por predicadores arrianos, que en sus sucesivos ataques e invasiones del Imperio añadieron a sus diferencias políticas sus credos enfrentados, dando ocasión a nuevas persecuciones, esta vez entre hermanos de fe, en especial en el norte de África y en España, haciendo bueno el dicho del último de los grandes historiadores romanos Amiano Marcelino (330-395): "Ninguna bestia salvaje es tan hostil a los hombres, como los cristianos lo son entre ellos"[842].

4. Mártires y ascetas

Sin apenas hacer ruido, como el que se sacude el polvo indeseable, primero uno, después ciento, un ejército innumerable, las soledades del desierto reverdecieron de hombres que abandonan las ciudades y se retiraban a los montes y a las cuevas con la firme voluntad de rechazo del mundo presente y la esperanza puesta en la inminente llegada del nuevo mundo de Dios tan largamente anunciado. Egipto, como en tantas otras cosas, fue la raíz. En pocos años se extendió por todo el mundo cristiano, no sin preocupación de las autoridades seculares y religiosas que veían disminuir el número de contribuyentes y de brazos para el campo y el ejército.

Al parecer todo empezó durante la persecución de Decio. Un joven cristiano de Tebas, de nombre Pablo, dejó su familia y su casa y se ocultó a la vista de todos para así mejor cumplir el mando evangélico de entregar todo lo que se tiene por el Reino de Dios (Mt. 19:16-29). Sin esperar la aprobación de nadie, ni buscando seguidores, se internó en el ardiente desierto egipcio de la Tebaida y allí permaneció nada menos que unos noventa años, viviendo en perfecta soledad, ejemplo de eremitas y anacoretas que vendrán después.

---

841 *Símbolo Niceno,* Denzinger, *El magisterio de la Iglesia* 54.

842 Amiano Marcelino, *Rerum Gestarum libri* o *Crónica de los Eventos.* Versión electrónica. Cf. Timothy D. Barnes, *Ammianus Marcellinus and the Representation of Historical Reality.* Cornell University Press, Ithaca 1998.

Casi al final de su vida recibió la visita de otro compatriota suyo de fama inmortal, llamado Antonio, natural de Menfis, considerado el padre del monacato cristiano, al que seguirá otro egipcio, de nombre Pacomio, que completará el primer ciclo evolutivo del monasticismo cristiano, pasando de la vida solitaria, individual, aislada, a la vida cenobita, en compañía y comunidad con sus semejantes en voluntad y propósito de vida.

Aclaremos que todos estos nombres que hoy resuenan con una aureola sagrada fueron términos tomados de la vida común, según su acepción griega. Ermitaño viene del gr. *eremos,* "desierto", anacoreta de *anakhoretes,* y éste del verbo griego *anakhorein,* "retirarse", "fugarse". Monje, del gr. *monachos,* derivado del adjetivo *monos,* "solo". En los escritores de la época clásica o helenística significa "de un solo modo", "de un solo lugar", "simple", "único en su género", "singular", "solitario", que en la época cristiana describe al hombre que sólo vive para Dios. Cenobita, del gr. *cenobio,* vida *(bios)* en común, no se refiere al monje que vive solo, retirado de todos, como el ermitaño de los desiertos o de las montañas, sino a ese mismo monje que comparte su vida con otros monjes en pequeños complejos de viviendas rudimentarias dedicadas a la oración, la disciplina y el trabajo manual.

En un principio se trató de individuos contados, que apenas si llamaron la atención de sus conciudadanos. Sin embargo, a partir del siglo IV se produjo un verdadero fenómeno de masas que se extendió por toda la cristiandad. Algunos historiadores han querido interpretar este fenómeno en términos sociales y políticos. Como vimos anteriormente, la vida había perdido movilidad y aumentaban los impuestos. Nadie era libre de abandonar el lugar y oficio en los que había nacido. Nadie excepto los anacoretas, los que situaron en la frontera del mundo civilizado. Automáticamente quedaban liberados de los fuertes tributos y exigencias del Estado. La marcha al desierto, pues, supuso, al decir de algunos, una salida airosa para muchos de los cristianos egipcios que al principio protagonizaron esta aventura. "Había individuos arruinados que huían de los impuestos; proscritos que habían desertado del servicio militar; bandoleros que escapaban de la justicia; esclavos que se habían separado de sus amos. Algunos abrigaban la esperanza de alcanzar cierta reputación de santidad (y quizá incluso de riqueza) mediante una conducta excéntrica: tenían más en común con los faquires hindúes que con los monjes según los entendemos"[843].

Pero esto no explica por qué adoptaron el rigor de la vida ascética, solitaria e indefensa, y por las más seguras y gratificantes cuadrillas de bandoleros que controlaban esa tierra de nadie, por ser tierra de demonios, lugar de espanto, en el cual ni las legiones romanas se atrevían a penetrar. "Los ribereños del Nilo, a cubierto del sol en la orilla del río, a la sombra de los sicomoros, sienten generalmente un vivo sentimiento de horror hacia el desierto; imbuidos todavía de las mismas supersticiones que sus antepasados, lo creen poblado por los genios del mal. Ni la certidumbre de descubrir un tesoro podría decidirles a pasar una noche en una de las infinitas cavernas de los montes arábigos"[844]. Y sin embargo, vio a Pablo, Antonio, Pacomio, y tantos otros, abandonar los placeres y la protección de sus ciudades para sufrir hambre, sed, calor atroz diurno, frío nocturno, combatir genios y demonios con las solas armas de su fe. Por fe escogieron la soledad como el camino más adecuado para vivir

[843] Paul Johnson, *op. cit.,* p. 192.

[844] Eliseo Reclus, *op. cit.,* p. 122.

su experiencia religiosa, llevados por una lectura ingenua, no teologizada de la enseñanza bíblica referente a la pobreza y la próxima venida de Cristo, la cercanía del fin del mundo y el estorbo de las riquezas. Por eso decidieron apartarse de todo y de todos para evitar la tentación y entregarse por entero a la oración y a la esperanza del pronto regreso de Cristo. Por eso se sometieron a prolongados ayunos, por otra parte, comunes en la pobre dieta del campesinado egipcio, velando para no caer en tentación. Dieron vida y cuerpo al texto que dice: "El que esté en la azotea, no descienda para tomar algo de su casa; y el que esté en el campo no vuelva atrás para tomar su capa" (Mt. 24:17; Lc. 17:31).

La vida monástica prolonga el ideal del nuevo héroe, el mártir, que se extenderá a lo largo de toda la Edad Media. "Animados por el deseo de morir de verdad por Cristo, pero como no tienen la oportunidad de testimoniar su amor mediante esta forma de muerte, intensifican hasta un grado sublime todos los elementos que 'sustituyen' al martirio sangriento en la vida cristiana"[845]. El nuevo *mártir,* el monje, se enfrenta a un tipo diferente de enemigos; e inmola su vida no en la arena del circo, a la vista de multitudes, sino en el yermo de las soledades enfrentado a las potencias y espíritus malignos que habitan en los páramos del desierto. Lucha encarnizada contra las fuerzas malignas de los demonios, no menos real por lo invisible y etéreo de un bando de los contendientes. Si la sangre ya no brota a resultas de los golpes del verdugo, es el propio monje quien se golpea el cuerpo en lucha cruenta contra la debilidad y la tentación. Es la *milita christiana* que encauzará los anhelos de heroica santidad de miles de cristianos a lo largo de los siglos. Los mejores intelectos, los más capacitados filosóficamente, sentirán a lo lago de su vida una atracción irresistible por el nuevo modo de ser cristiano: el monje. Agustín, los Capadocios, Juan Crisóstomo, todos y cada cual a su manera tratarán de vivir los ideales monásticos en medio de sus absorbentes ocupaciones pastorales cotidianas.

La elección del desierto como escenario de ese singular combate, es harto significativa y dramática. Aparte de sus rememoraciones bíblicas: la travesía del desierto del pueblo de Israel antes de entrar en la tierra prometida; la huida de Elías al desierto para ser alimentado por Dios, los cuarenta días de las tentaciones de Jesús en el desierto previos a su ministerio público; el desierto era todo menos la representación idílica de un espacio tranquilo y solitario. La ausencia de vida humana no significa, para los primeros eremitas, que estuviera vacío de criaturas racionales, de hecho está lleno de vida, en él pululan libremente todo tipo de demonios. Aventurarse en él no significaba únicamente exponerse a los rigores físicos propios de su naturaleza, sino a lo que era ser asaltado por los genios del mal que lo custodian. "Algunos monjes solitarios tienen que afrontar ataques mucho más duros de los demonios. No hay que maravillarse, ya que el desierto es el lugar escogido por los demonios"[846]. Los egipcios tenían un sentimiento generalizado de horror al desierto, morada predilecta de los genios del mal, los demonios.

En Egipto, más allá de los márgenes inmediatos del Nilo, todo es una inmensa soledad, y quienquiera se aísle de las poblaciones se ve fatalmente reducido a vivir en el desierto. Allí el hombre está desnudo, aprisionado entre el cielo y la tierra, el día extenuante y las noches glaciales; prisionero de un paisaje abstracto que no es la imagen de ningún mundo familiar. El desierto es un lugar inhumano, habitado por criaturas que no son hombres, sino ángeles o

---

845 T. Spidlik, *El monacato en el Oriente cristiano,* p. 27. Ed. Monte Carmelo, Burgos 2004.

846 Juan Clímaco, *Escala espiritual* 15, 60.

demonios. En el desierto, a ningún hombre le es posible vivir sin la ayuda de Dios o la de los ángeles; nadie puede permanecer allí sin enfrentarse a los asaltos de los demonios. Las referencias a los combates sostenidos contra los demonios son constantes en todos los ascetas. En primer lugar porque, desde los días de Orígenes, la paternidad de cada vicio se atribuía a un demonio particular, doctrina semejante a las que en la actualidad hablan del demonio del alcohol, y casos por el estilo.

La creencia en los demonios había cobrado una importancia extraordinaria en la cultura helénica. Es una creencia compartida por todos, cristianos y paganos. Aparte del Nuevo Testamento, casi todos los llamados Padres de la Iglesia no dejan de advertir contra las maquinaciones satánicas. Los monjes las experimentan en su carne y mantienen una batalla continua contra ellas. Como el mártir de antaño, el monje sabe que la victoria futura está de su parte.

Aunque los demonios traten de impedir el progreso en el camino de la virtud, son enemigos previamente derrotados gracias a la victoria alcanzada por Cristo en la cruz. Antonio, famoso por sus tentaciones, dice lleno de optimismo: "El diablo es atado por el Señor como un pájaro para que sea nuestro juguete. Él y los demonios que están con Él, han sido reducidos como si fuesen escorpiones y serpientes para ser pisados por nosotros los cristianos"[847]. No hay, pues, obsesión enfermiza por los demonios, en los solitarios del desierto. Al contrario, con su vida y enseñanza cumplieron un gran papel educativo y de liberación, enseñando a un mundo obsesionado con los poderes demoníacos —como era la Antigüedad tardía—, el triunfo definitivo de Cristo sobre ellos. "Con la venida del Señor, el enemigo quedó derrotado y sus poderes debilitados"[848]. Sólo a Dios, llega a decir Antonio, en un espíritu de verdadera liberación cristiana, "debemos temer y, por el contrario, despreciar a los demonios y no prestarles ninguna atención... Una vida recta y la fe en Dios son el mayor escudo contra ellos"[849].

Los últimos representantes de la Antigüedad tardía no pueden comprender, sino lamentar y llorar con amargura la extensión del fenómeno monástico que afecta no sólo a las clases humildes, marginadas, excéntricas, sino también a la alta aristocracia, influyente, culta, que abandona su privilegiado modo de vida para entrar en lo que sus amigos y parientes consideran una muerte en vida:

> Dejo aquellos peñascos, recuerdos de recientes dolores.
> Allí perdí, como sepultado vivo, a un conciudadano.
> Ayer todavía era uno de los nuestros, joven, de noble alcurnia,
> distinguido igual por su fortuna que por su noble consorte.
> Arrastrado por las Furias, abandonó a los hombres y a los dioses
> y, supersticioso, prefiere el destierro en un sórdido escondrijo.
> El infeliz cree que la inmundicia alimenta inspiraciones divinas,
> y se castiga, él mismo, más severamente que los bienaventurados dioses.
> Ahora pregunto, ¿no es esta secta peor que la ponzoña de Circe?
> Entonces sólo se cambiaron los cuerpos, ahora se cambian los ánimos[850].

[847] Atanasio, *Vida de Antonio,* 24.

[848] Atanasio, *Vida Ant.* 28.

[849] Atanasio, *Vida Ant.* 30.

[850] Rutilio C. Namatiano, De Reditu Suo, I, 439-446, cit. por A. Toynbee, *Estudio de la Historia,* vol. 2, p. 402. Alianza Editorial, Madrid 1981, 5 ed.

El emperador Juliano los equipara a los cínicos, que dejándose crecer el pelo desafían las convenciones sociales y andan errantes como vagabundos, enfadosos e insolentes[851]. Ciertamente, el monasticismo atrajo sobre todo a personas de sensibilidad aguda y temple particular, único, algo excéntrico. Aunque eclesiásticos como Atanasio lo miraban con buenos ojos, el monasticismo se hallaba en gran parte fuera de la intervención de la autoridad eclesiástica, lo que atraía a los espíritus más independientes y contestatarios de una Iglesia cada vez más complaciente y amoldada al mundo.

BIBLIOGRAFÍA

Edad de Oro

H. Drobner, *Manual de Patrología.* Herder, Barcelona 1999.

H. von Campenhausen, *Los Padres de la Iglesia,* 2 vols. Cristiandad, Madrid 1974.

J. A. Loarte, *El tesoro de los Padres.* Rialp, Madrid 1998.

J. L. González, *La era de los gigantes.* Caribe, Miami 1978.

S. J. Case, *Los forjadores del cristianismo.* CLIE, Terrassa 1987.

Donato

André Julien, *Histoire de l'Afrique du Nord.* París 1951.

Maureen A. Tilley, *The Bible in Christian North Africa: The Donatist World.* Fortress, Minneapolis 1997.

—*Donatist Martyr Stories: The Church in Conflict in Roman North Africa.* Liverpool 1996.

W. H. C. Frend, *The Donatist Church. A movement of protest in Roman North Africa.* The Clarendon Press, Oxford 1952.

Arrio

J. Ibáñez Ibáñez, "Arrio y arrianismo", en *Gran Enciclopedia Rialp,* vol. III, 71-75. Rialp, Madrid 1971.

M. Simonetti, "Arrio y arrianismo", en DPAC, I, 230-236.

Maurice Wiles, *Archetypal Heresy. Arianism through the Centuries.* Oxford 1996.

R. P. C. Hanson, *The Search for the Christian Doctrine of God: the Arian Controversy, 318-381 AD.* T & T Clark, Edimburgo 1988.

Robert C. Gregg y Dennis Groh, *Early Arianism: a View of Salvation.* Fortress Press, Philadelphia 1981.

—ed., *Arianism: Historical and Theological Reassessments.* Philadelphia Patristic Foundation, Cambridge 1985.

Rowan Williams, *Arius. Heresy and Tradition.* Darton, Longman & Todd, Londres 1987 / William B. Eerdmans, Grand Rapids 2002.

Herejías

Angelo Valastro Canal, *Herejías y sectas en la Iglesia antigua.* Universidad Pontificia Comillas, Madrid 2000.

Bernardino Llorca, *Historia de las herejías.* Labor, Barcelona 1956.

Evangelista Vilanova, *Historia de la teología cristiana,* vol. I. "De los orígenes al siglo XV". Herder, Barcelona 1987.

Everett Ferguson, ed., *Orthodoxy, Heresy, and Schism in Early Christianity.* Garland Publishing, Nueva York 1993.

[851] Juliano, *Epist.* 224a.

G. L. Prestige, *Fathers and Heretics: Six Studies in Dogmatic Faith.* SPCK, Londres 1940.
Harold O. J. Brown, *Heresies.* Baker, Grand Rapids 1988.
J. L. Illanes y J. I. Saranyana, *Historia de la Teología.* BAC, Madrid 2002.
Louis Berkhof, *Historia de las doctrinas cristianas.* TELL, Grand Rapids 1996.
Reinhold Seeberg, *Manual de historia de las doctrinas,* vol. I. El Paso 1962.
Walter Bauer, *Ortodoxy and Heresy in Earlist Christianity.* Fortress Press, Filadelfia 1971. Edición eclectrónica: http://ccat.sas.upenn.edu/~humm/Resources/Bauer.htm

Concilio de Nicea
Enrique Denzinger, *El Magisterio de la Iglesia.* Editorial Herder, Barcelona 1955.
Ignacio Ortíz de Urbina, *El Símbolo Niceno.* CSIC, Madrid 1947.
—*Nicea y Constantinopla.* ESET, Vitoria 1969.
J. N. D. Kelly, *Primitivos credos cristianos.* Secretariado Trinitario, Salamanca 1980.

Monacato
Alejandro Masoliver, *Historia del monacato cristiano,* 3 vols. Ediciones Encuentro, Madrid 1999.
Antoine Guillaumont, *Aux origenes du monachisme chrétien: Pour une phénoménologie du monachisme.* Abbaye de Bellefontaine, Bégrolles-en-Mauges 1979.
Antonio Linage Conde, *Los orígenes del monacato benedictino en la península Ibérica,* 3 vols. C. S. I. C., León 1973.
Atanasio, *Vida de Antonio.* Ciudad Nueva, Madrid 1995.
Claude J. Nesmy, *San Benito y la vida monástica.* Aguilar, Madrid 1963.
David Knowles. *El monacato cristiano.* B. H. A., Guadarrama, Madrid 1969.
Derwas Chitty, *The Desert A City.* Vladimir's Seminary Press, Crestwood 1966.
García M. Colombás, *El monacato primitivo.* BAC, Madrid 1998.
J. Lacarrière, *Los hombres ebrios de Dios.* Aymá, Barcelona 1964.
James E. Goehring, *Ascetics, Society, and the Desert: Studies in Early Egyptian Monasticism.* Trinity Press International, Harrisburg 1999.
Paladio, *Historia lausiaca* o *Los padres del desierto.* Ed. Apostolado Mariano, Sevilla 1991.
Ramón Teja, *Emperadores obispos monjes y mujeres: protagonistas del cristianismo antiguo.* Trotta, Madrid 1999.
Tomás Spidlik, *El monacato en el Oriente cristiano.* Ed. Monte Carmelo, Burgos 2004.

3. La herencia de Constantino

Con esa manía caprichosa de llamar a todo lo que le rodea a imagen y semejanza de su nombre, en especial a sus hijos: Constantino, Constante, Constancio —por no hablar de la hijas—, Constantino pone a prueba la paciencia de historiadores y de los lectores que se fatigan y embrollan a la hora de distinguirlos.

Del primer y revolucionario paso de reconocimiento del cristianismo como *religio licita,* al de religión favorecida, siguieron pronto medidas contra el paganismo que difuminaron más y más la impresión de neutralidad religiosa del Edicto de Milán, que reconoce plenamente la libertad de conciencia y de culto: "Con criterio sano y recto, hemos creído oportuno tomar la decisión de no rehusar a nadie en absoluto este derecho, bien haya orientado su espíritu a la religión de los cristianos, bien a cualquier otra religión que cada uno crea la más apropiada para sí, con el fin de que la suprema divinidad, a quien rendimos culto por propia iniciativa, pueda prestarnos en toda circunstancia su favor y benevolencia acostumbrados. Por lo cual, conviene que tu excelencia sepa que nos ha parecido bien que sean suprimidas todas las restricciones contenidas en circulares anteriores dirigidas a tus negociados, referentes al nombre de los cristianos y que obviamente resultan desafortunadas y extrañas a nuestra clemencia, y que desde ahora todos los que desean observar la religión de los cristianos lo puedan hacer libremente y sin obstáculo, sin inquietud ni molestias"[852].

El cristianismo, que durante tres siglos soportó el estatuto legal de *superstitio* y el estigma de "aborrecedores del género humano", anteriormente aplicado a los judíos, en unos pocos años emprende una carrera meteórica y de ser inscrita entre las *religiones lícitas* del Imperio romano, se alza con el estatuto de *vera religio* en exclusiva. El paganismo derrotado desciende de escala e ingresa en la denigrante condición de *superstitio.* La victoria del humilde Hombre-Dios de Nazaret no ha podido ser más completa, y los dioses ancestrales, a modo de demonios antiguos se arrojan a los cerdos y son despeñados. A partir de Teodosio I (379-395) el cristianismo es ya propiamente la *religio* del estado, y aparece en las leyes con el adjetivo de *catholica et vera religio,* mientras que el paganismo es degradado al estatuto de *superstitio* en su acepción más peyorativa.

Desaparecido Constantino, sus hijos y sucesores practicaron una política abierta de acoso y derribo del paganismo. Las turbas paganas, anteriormente lanzadas a la caza y captura de cristianos, dieron lugar a otras turbas de signo contrario, dirigidas por obispos y monjes fanáticos que se lanzaron por su cuenta a destruir los templos paganos. La persecución que los cristianos mismos habían experimentado durante siglos se dirige ahora contra los seguidores de la vieja religión, que no sólo ha caído en número de seguidores sino de condición legal. Si tres siglos no pudieron acabar con la secta de Jesús, bastó sólo un siglo para borrar del mapa del Imperio la vieja religión de los dioses fundadores y protectores de la patria. Para abril del 423 una ley de Teodosio II destinada a suprimir "a los paganos que aún sobreviven" expresa la duda sobre la existencia de alguno: "Aunque creemos que ya no queda ninguno"[853].

1. Constantino II

Como corresponde al hijo mayor, éste se llamó como el padre, Constantino, conocido por los suyos como "el Joven" y por nosotros como Constantino II, para diferenciarlo del primer gran Constantino. Había nacido en Arelatum en el 317 y fue nombrado césar en el 323 y augusto en el 335. Todo hacía prever que Constantino hijo sucedería directamente a su padre: su nombre, su condición de primogénito, su edad, su capacidad para el mando militar que había demostrado como césar, mientras que sus hermanos eran considerablemente más jóvenes. Sin embargo, circunstancialmente, el reinado de Constantino II desempeñó la función de breve paréntesis.

En el reparto del Imperio le correspondió el gobierno de la parte occidental. No era cristiano, sino que mostró claras tendencias hacia el paganismo. Sus monedas llevan abundancia de

[852] Lactancio, *De mort. persec.* 48, 2, 4.

[853] *Cod. Theod.,* XVI, 10, 22.

emblemas paganos. Con todo, se mostró partidario de la fe de Nicea en contra de las doctrinas arrianas que predominaban en la parte oriental. Las divisiones doctrinales juegan a partir de este momento importancia política. La religión sigue siendo un departamento del Estado.

En el año 340 Constantino el Joven se enfrenta a su hermano Constante en el norte de Italia. No se sabe la razón ni el por qué de este ataque. Tampoco se sabe por qué fue derrotado y muerto, pues resulta extraño que, estando en superioridad numérica, no se enfrentaba más que a una avanzadilla del ejército de su hermano, y siendo un general experimentado, muriera en el combate.

2. Constante

A pesar de haber reinado casi 14 años, Constante es uno de los emperadores más misteriosos. ¿Cuál era su *status* en relación a su hermano Constantino II? ¿Cuáles son las causas exactas y verdaderas de su conflicto con él? ¿Acaso Constante fue el primero, por deseo de independencia o por provocación, en manifestar su oposición? ¿O bien fue un efecto del celo y desconfianza de Constantino II? ¿Reinó con eficacia como defensor y como administrador, o bien fue un tirano desconfiado y violento?

Nombrado césar en el 333, Constante gobernó como augusto desde el 335. Vencedor de su hermano Constantino II, se apoderó de las provincias que éste gobernaba y controló todo el Occidente. En el 350 se rebeló el general Flavio Máximo Magnencio, probablemente un galo de origen franco que había llegado a un mando importante del ejército. Se hizo proclamar augusto y Constante no tuvo más remedio que acudir a combatirle pero con tan mala fortuna que sus tropas se pasaron al rebelde, teniendo que huir en dirección a los Pirineos, aunque lo más lógico parece que hubiera sido tomar la dirección de Oriente para refugiarse en el territorio de su hermano. Apresado cerca de Port Vendres, puerto de las Galias, fue asesinado el 18 de enero del 350.

Magnencio fue reconocido en las Galias, Hispania, Britania, África e Italia, y se pronunció por la fe de Nicea contra el arrianismo, pero al mismo tiempo restableció numerosas prácticas paganas abolidas por Constantino, como la consulta a magos y adivinos, y autorizó de nuevo los sacrificios a los dioses paganos. El gobierno de Magnencio fue breve. Constancio, el emperador de Oriente y hermano del asesinado, reunió fuerzas y le derrotó en Mursa (Hungría) en el 351. Magnencio fue perseguido hasta España, donde se le obligó a suicidarse. Así el Imperio quedó de nuevo reunido bajo el poder de un solo soberano: Constancio.

3. Constancio y la legislación antipagana

Constancio consolidó y dio carácter definitivo a lo que Constantino había inaugurado. Por carácter, por educación, por su hábil política interior, su preocupación por las clases inferiores, por su apertura a los bárbaros, por su ausencia de fanatismo religioso, por su sentido del Estado, es una figura difícil de calificar y cuyas intenciones y responsabilidades han dado lugar a las interpretaciones más diversas.

Protegió a los intelectuales y eligió a un filósofo no cristiano, Temistio, como cabeza del Senado de Constantinopla, aunque personalmente demostró una tendencia cristiana indubitable, apoyando primero al cristianismo del Símbolo de Nicea y luego al arriano. Su oposición al paganismo revela una clara voluntad de borrarlo del nuevo mapa romano. En el año 341, juntamente con su hermano Constante, prohibió los ritos sacrificiales: *"Cesset superstitio; sacrificiorum aboleatur insania"* ("Que cese la superstición, y que la locura de los sacrificios sea abolida")[854] . Posteriormente, preocupado por el hecho de que el usurpador Magnencio había permitido los sacrificios nocturnos en esta provincia, promulgó una ley aboliéndolos de nuevo[855]. Al año siguiente, para intimidar a quienes osaran contravenir sus órdenes, estableció como castigo la pena de muerte contra los infractores[856].

Constancio combatió y venció a Magnencio, culpable de la muerte de su hermano Constante; y sofocó la rebelión de Vetranión, que el 1 de marzo del 350, tras la rebelión de Magnencio, se había proclamado emperador en Iliria. Tras ambas victorias restableció la unidad imperial. Su primo Galo fue nombrado césar de Oriente (351), casado con Constancia, hermana del emperador, y establecido en Antioquía. A resultas de los problemas que estallaron en esta ciudad y de la manera violenta con que Galo reinaba en la misma, fue reclamado por su primo, encarcelado y ejecutado en el 354. Todos los autores antiguos coinciden en atribuirle un temperamento colérico y salvaje. Constancio nombró entonces césar a su otro primo, el famoso Juliano, hermanastro de Galo y único varón vivo de la familia, hijo de Julio Constancio, hermanastro de Constantino, víctima de las masacres dinásticas del 337.

En el 359 se declaró la guerra contra los persas, Constancio quiso que Juliano les cediese sus tropas para ponerse él mismo en campaña contra los persas, pero los soldados, galos de origen, se negaron a abandonar la Galia y proclamaron emperador a Juliano. Cuando Constancio, que estaba en la frontera persa, se enteró de la sublevación de los soldados galos, se dirigió apresuradamente a las Galias a combatir a Juliano, aún cuando éste le había propuesto resolver las cosas por medios amistosos. Constancio nunca llegó a destino, en el camino contrajo unas fiebres y murió en Mopsuestia o Mopsócrenes el 3 de noviembre del 361, evitándose una guerra contra Juliano.

Constancio[857] inició en la *pars Orientis* la política que llegará a ser conocida por cesaropapismo. Sometió a estricto control a las principales sedes episcopales de la parte del Imperio que controlaba y, a tal fin, llevó a cabo una serie de medidas tendentes a doblegar a aquellos obispos reacios a seguir sus indicaciones. Así, en el 337-338, se hizo efectiva la deposición de Pablo, obispo de Constantinopla; y, en el 339, consiguió expulsar de Alejandría a su obispo, Atanasio. En lo referente a la sede episcopal de la otra gran metrópolis de Oriente, Antioquía, dado que ésta fue la capital casi permanente de su reinado, y que, por consiguiente, él la controlaba férreamente, Constancio no tenía nada que temer de sus obispos, pues todos los que ocuparon esta sede durante su reinado fueron arrianos convencidos. De esta manera, el soberano tenía bajo su estrecha vigilancia las comunidades cristianas de las tres ciudades

---

[854] *Cod. Theod.*, XVI, 10, 2.

[855] *Cod. Theod.*, XVI, 10, 5.

[856] *Cod. Theod.*, XVI, 10, 6.

[857] Véase para este apartado Carlos Buenacasa Pérez, "La constitución y protección del patrimonio eclesiástico y la apropiación de los santuarios paganos por parte de la Iglesia en la legislación de Constancio II (337, 361)", Universidad de Barcelona: www.ub.es/grat/grat29.htm.

más importantes de su Imperio. Por otro lado, con esta actuación, podemos observar cómo la percepción del factor religioso por parte del Estado, ha delimitado, en época de este emperador, una determinada geografía eclesiástica, posteriormente consolidada por Teodosio, que evidencia cómo, con bastante anterioridad al reinado de este último, estas tres ciudades: Constantinopla, Alejandría y Antioquía ya gozaban de una preeminencia sobre el resto de las comunidades cristianas orientales y eran objeto de una gran atención por parte de los gobernantes del Imperio.

A raíz de la muerte de su hermano Constante y dueño de todo el Imperio, se propuso llevar a cabo, en los dominios occidentales recién incorporados a su administración, la misma política religiosa aplicada desde los inicios de su reinado en Oriente, pues consideraba la unidad dentro de la Iglesia como un elemento decisivo para la estabilidad y la paz del Imperio. Para ello, convocó una serie de concilios en diversas ciudades de Occidente, tales como Arlés, Milán y Rímini y envió al exilio a cuantos obispos se le opusieron, entre ellos, Liberio, obispo de Roma, substituido por un personaje de su propio clero, el archidiácono Félix, quien se muestra más dócil que su antecesor a seguir las órdenes imperiales; Hilario, obispo de Poitiers, Osio, obispo de Córdoba y, por segunda vez, a Atanasio; colocando en su lugar a partidarios suyos, tales como Auxencio, a quien nombró obispo de Milán, o Germinio, a quien colocó en la sede de Sirmium (Belgrado, en Serbia). Es entonces y sólo entonces que el emperador se siente más seguro y anuncia poder garantizar perpetua seguridad a los cristianos de su Imperio.

Continuando la política de su padre, Constancio prosiguió la labor de favorecer económicamente a la Iglesia cristiana. Así, en el año 353, los gobernantes del momento, Constancio II y Constante[858], publicaron una ley dirigida a todos los obispos de las diferentes provincias del Imperio renovando la exención, concedida anteriormente por su padre, a favor de los clérigos y diáconos con respecto a los *munera civilia*; es decir, que se protegía a éstos en contra del desempeño de los servicios civiles de cualquier naturaleza que eran obligatorios para el resto de los principales habitantes de cada ciudad del Imperio. Además, también se les excluía del pago del impuesto que gravaba a los negociantes, para que, con los beneficios obtenidos, la Iglesia pudiera facilitar la caridad a los pobres.

Esta situación de privilegio, sin embargo, es recortada a finales del reinado de este emperador. En el año 359, Constancio II convocó un concilio, en Rímini, para hacer aprobar a los obispos occidentales el símbolo de fe arriano. A este concilio asistieron alrededor de cuatrocientos obispos procedentes de Ilírico, Italia, África, España, Britania y Galia. El concilio se reunió bajo la presidencia de Restituto, obispo de Cartago y, contando con el asentimiento de los obispos arrianos asistentes, que serían unos ochenta, todos votaron unánimemente pedir al emperador que les concediera la inmunidad completa de los impuestos ordinarios para los fundos eclesiásticos. Esta decisión fue acordada tanto por los arrianos como por los obispos católicos, pues interesaba a ambas partes, ya que el desempeño de las funciones episcopales comenzaba a ser objeto de una persecución por parte de la élite aristocrática del Imperio, que

---

[858] G. de Bonfils, siguiendo el método ideado por T. Honoré (1979: 51-64) ha llevado a cabo una investigación de tipo lexicográfico para establecer criterios capaces de distinguir entre las constituciones emitidas originalmente por la cancillería de uno u otro emperador (1983: 299-309).

veía en ello una alternativa al *cursus honorum* de la administración civil. La carrera eclesiástica presentaba unas muy buenas expectativas para la promoción social. Es por este motivo que había numerosos obispos de la clase senatorial y, como consecuencia, éstos debían combinar sus actividades eclesiásticas con aquellas concernientes a la administración de unos patrimonios personales de una cierta entidad.

Las disposiciones de Constancio contra el paganismo y contra los judíos[859] fueron tan agresivas como ambiciosas. Los grandes progresos realizados por el cristianismo dentro de la sociedad romana todavía no eran suficientes para desplazar pacíficamente el paganismo. El gran triunfo sobre el paganismo, por vía legislativa, corresponde al reinado de Teodosio[860].

Los sucesores de Constantino realizaron una política hostil dispuesta a acabar con el paganismo, de la cual tenemos conocimiento a través de numerosos autores eclesiásticos: Sozomeno, Teodoreto y Simanco. La batalla legislativa se realizó a dos niveles: en una primera fase se atacaron las prácticas cultuales y, posteriormente, se actuó contra los templos y el mantenimiento de su clero, es decir, contra la base económica sobre la que descansaba esta religión. Un tercer nivel de actuación sería el representado por la persecución de las personas, de la que tenemos noticia en el reinado de Teodosio.

4. Represión del paganismo

Al principio de su reinado Constancio dictaminó la clausura de los santuarios paganos de la ciudad, mientras que los rurales[861] podrían seguir abiertos siempre que su único fin fuera el de servir a los juegos[862]. Algunos años después, sin embargo, en el 354 Constancio decidió prohibir todo tipo de acceso a ellos[863]. Contando con esta legislación imperial a su favor, algunos obispos, no el Estado, llevaron a cabo una serie de destrucciones de los templos paganos de sus comunidades. No todos los obispos se dedicaron a destruir los templos paganos de sus comunidades, sino que hubo quien se esforzó por preservarlos de cualquier ataque. Pero fueron los menos. La Iglesia de los mártires, de los perseguidos, aupada y favorecida por el poder del Estado, se deslizó por la trágica pendiente de los inquisidores, y de perseguida pasó a ser perseguidora. "La Iglesia que resistió la tentación de responder a las persecuciones oficiales pervirtiéndose y convirtiéndose en una asociación políticomilitar y se vio compensada por ello al transformarse en una Iglesia universal y en una heredera del futuro. Así y todo la Iglesia cristiana no salió ilesa de esta prueba. En lugar de aprender y tomar a pecho la lección del triunfo de la mansedumbre cristiana sobre la fuerza de Roma, ofreció a los derrotados perseguidores una gratuita venganza y un póstumo desquite moral, al caer en el mismo pecado que había determinado la derrota de aquéllos. Pronto se convirtió, y persistió

[859] *Cod. Theod.*, XVI, 8, 6-7.

[860] "Un fanático español ávido de persecución no sólo contra los paganos fieles a la antigua fe, sino también contra los cristianos ortodoxos", según el duro juicio de Ferdinand Gregorovius, *Roma y Atenas en la Edad Media,* p. 194. Para Agustín, Teodosio fue un ejemplo máximo de buen soberano cristiano. Agustín, *Civ. Dei* V, 26, 1.

[861] La persistencia del paganismo en el campo se atestigua, como mínimo, hasta época de Justiniano I, pues tanto él como sus antecesores en el trono todavía se vieron en la necesidad de legislar en contra de las prácticas paganas, las cuales aún estarían muy arraigadas en el campo.

[862] *Cod. Theod.*, XVI, 10, 3.

[863] *Cod. Theod.*, XVI, 10, 4.

en ello largamente, en una perseguidora"[864]. A este juicio del eminente historiador Toynbee, hay que añadir, no por motivos exculpatorios, sino para aclarar una transformación que parece reducirse a una simple fórmula de cambio de poder y de papeles, y que es mucho más compleja y conforme a la mentalidad secular de la época, en la que no existe una separación absoluta entre religión y política, bienestar social y beneplácito de los dioses y, por tanto, una vez que el cristianismo es aceptado como "religión verdadera", las desviaciones de la misma se considerarán un peligro real para la estabilidad del Estado y de la sociedad. El estudio de las leyes promulgadas en la época informan de la causa y la motivación de las mismas e ilustran de hasta qué punto los emperadores cristianos comparten la antigua creencia en el favor de la divinidad para proteger el Estado: "Nuestra protección y la del Imperio reside sólo en la divinidad suprema y para obtener este favor nos asiste la fe cristiana y la venerable religión"[865]. El desvío del culto al Dios supremo y verdadero es tipificado como delito grave que pone en peligro el sistema. El cuidado de aquella sociedad admitiría sin contradicción su creencia en la libertad de pensamiento y de conciencia, pero sin que sirviera de excusa para esparcir el error o cometer actos nefandos contra esa libertad. Una convicción que llegará intacta prácticamente hasta nuestros días, cuando sólo la separación entre Iglesia y Estado puede garantizar la libertad religiosa de los individuos sin poner en peligro el sistema.

Al principio del gobierno de Teodosio I, una ley emitida en Tesalónica el 2 de febrero del 380, ordena "tengan el nombre de cristianos católicos *(christianorum catholicorum nomen),* mientras que a los demás los juzgamos dementes y locos sobre los que pesará la infamia de la herejía. Sus lugares de reunión no recibirán el nombre de iglesias y serán objeto, primero de la venganza divina, y después serán castigados por nuestra propia iniciativa que adoptaremos siguiendo la voluntad celestial"[866].

Con el apoyo de la ley, el obispo Eleusio de Cízico (en la actual Turquía) despojó templos paganos, profanó los recintos sagrados y persuadió a los paganos para que se convirtieran, pero fue exiliado durante la restauración pagana por el emperador Juliano[867]. El obispo de Tarso de Cilicia (Turquía) aprovechó los materiales del templo de Aegeae, también en Cilicia, demolido por Constantino I, para la construcción de una basílica cristiana, y Juliano le pidió la devolución de las columnas expropiadas[868]; Marcos, obispo de Arethusa (Siria), demolió un santuario pagano para construir una iglesia cristiana y, a la muerte de Constancio se negó a las exigencias de su sucesor para que, o reconstruyera la capilla pagana, o pagara una cantidad a modo de compensación, a lo que se negó[869]; el diácono Cirilo, que había destruido muchos de los ídolos de Heliópolis (en el actual Líbano), fue asesinado por los paganos de su ciudad[870]; en Gaza (Israel), también hubo represiones contra quienes habían actuado destruyendo estatuas o saqueando los templos paganos[871]. Por otro lado, se sabe que los cristianos

[864] Arnold J. Toynbee, *Estudio de la Historia,* vol. 2, p. 316. Alianza Editorial, Madrid 1979, 4 ed.
[865] Valentiniano III, *Novellae* 17.
[866] *Cod. Theod.,* XVI, 1, 2.
[867] Sozomeno, *Hist. eccl.* V, 15, 4-10.
[868] Zonaras, *Annal.* XIII, 12, 30-34.
[869] Gregorio Nacianceno, *Or.* IV, 88-91.
[870] Teodoreto de Ciro, *Hist. eccl.* III, 7, 3.
[871] Sozomeno, *Hist. eccl.* V, 9, 2.

de Cesarea de Capadocia (Turquía) fueron castigados por Juliano por haber demolido los templos de Zeus y Apolo[872] y que el obispo arriano Jorge de Alejandría fue linchado por sus conciudadanos paganos en el 361 por haber expoliado el santuario de Mitra que se hallaba abandonado[873]. Los templos paganos eran del Estado y sus patrimonios, como los de las ciudades, habían sido incorporados a la *res priuata,* la cual actuaba como la intermediaria en la cesión a la Iglesia. Para su destrucción o expolio debía contarse con el permiso del emperador.

"Para los cristianos de los siglos IV-V, la destrucción de un templo era el preludio de la cristianización de los paganos del lugar, a los cuales se desarraigaba de esta manera de sus ancestrales creencias al faltarles el elemento geográfico referencial de su culto. Pero, además, era una inteligente manera de aprovechar una infraestructura ya existente que no sólo consistía en el edificio, considerado desde el punto de vista arquitectónico, sino también, en una dotación de tierras que servían a su mantenimiento"[874].

Ambrosio, obispo de Milán, hizo todo lo posible para que Graciano (359-383), que al decir de Sozomeno y de Sócrates pertenecía a la tradición liberal del padre, y había también permitido que "cualquiera pudiese seguir la fe religiosa que quisiera", confiscara las propiedades de los templos paganos y de las vírgenes vestales y se quitase la estatua de la diosa Victoria del Senado, convertida en símbolo de la lucha entre el paganismo y el cristianismo.

En la Galia, el obispo Martín de Tours, a la cabeza de sus monjes, procedió a derribar los ídolos y a cortar las encinas sagradas de los antiguos celtas, sustituyendo templos paganos rurales por iglesias cristianas.

La Grecia antigua fue la que menos sufrió con aquellos actos de vandalismo. Ninguno de los grandes templos de los dioses adornados por renombre fue destruido en aquellos años. Y aunque las procesiones y los ritos paganos dejaron de celebrarse en lo sucesivo, ni Teodosio ni ninguno de los emperadores que tras él ocuparon el trono hasta Justiniano extirpó por la fuerza la fe pagana de los atenienses ni se atrevió a tocar a las escuelas que funcionaban en Atenas ni a cercenar su libertad de enseñanza[875].

Se ha llamado la atención al papel destacado que en esta ofensiva antipagana jugaron los monjes y la plebe cristiana, generalmente de baja extracción social y poca cultura, si alguna. Pero esto no es aplicable en todos los casos. Aparte de que la vida monacal atrajo a intelectos muy cultivados, el susodicho Jorge de Capadocia, obispo de Alejandría bajo Constancio y Juliano, fue un hombre muy culto, un bibliófilo, aunque de carácter demasiado violento. Fue el preceptor de Juliano y Galo cuando éstos estaban recluidos en Macellum. Tras su muerte, Juliano se mostró ansioso por recuperar su biblioteca, que debía de contener obras muy importantes.

Los actos más violentos contra el paganismo tuvieron lugar en Egipto, pueblo de enardecido sentimiento religioso, en el que también volcaba y expresaba sus angustias y esperanzas sociales. Los disturbios y matanzas que marcaron el fin del culto a los dioses en Egipto están ligados al monaquismo. Por medio de la violencia, tan omnipresente en la vida común de

---

[872] Sozomeno, *Hist. eccl.* V, 4, 1-5.

[873] Sócrates, *Hist. eccl.* III, 2; Sozomeno, *Hist. eccl.* V, 7; Amiano Marcelino, *Rerum Gestarum* XXII, 11, 3-11.

[874] Carlos Buenacasa, "La decadencia y cristianización de los templos paganos a lo largo de la Antigüedad Tardía (313-423)", p. 49.

[875] Ferdinand Gregorovius, *Roma y Atenas en la Edad Media,* p. 195.

los *fellahs* o campesinos pobres, se quiso extirpar del corazón de los egipcios los últimos y agónicos vestigios del paganismo[876]. Pero la violencia llama a la violencia. Muchos paganos reaccionaron con idéntica brutalidad.

4.1. La muerte de Hipatia

Reconstrucción del muelle de Alejandría en la película Ágora, dirigida por Amenábar.

El acto más lamentable, fanático y de violencia gratuita fue la muerte de una de las últimas representantes del saber grecorromano, a saber, Hipatia de Alejandría. Lo que fue la revuelta de los campesinos para Lutero y la quema de Servet para Calvino, fue Hipatia para el cristianismo constantiniano. Ilustrados, anticlericales y librepensadores por igual de todo tiempo citan su caso como un ejemplo más de la intolerancia y criminalidad del cristianismo[877]. Hipatia fue elevada al altar de los mártires de la libertad y la ciencia muertos a manos de los fanáticos del oscurantismo religioso y de la fe.

Hipatia vivió entre el siglo IV y el siglo V d.C., era matemática y filósofa platónica. Su padre, Teón de Alejandría, era un célebre matemático y astrónomo, muy querido y apreciado por sus contemporáneos, quien seguramente trabajaba y daba clases en la Biblioteca del Serapeo, sucesora de la legendaria Gran Biblioteca que desapareció en el incendio del año 48 a.C. Hipatia, por tanto, se educó en un ambiente académico y culto. Ayudó a su padre en los estudios de matemáticas y astronomía, al que probablemente superó, y puede que muchos de los escritos conservados que se suponen de Teón sean en realidad de su hija.

Fue la primera mujer conocida en realizar una contribución en el terreno de las matemáticas[878]. Parece que fue autora de tres tratados sobre geometría y álgebra y uno de astronomía. De sus cartas con Sinesio se desprende que inventó o, al menos, explicó la fabricación y uso

---

[876] Falta por escribir una historia de las luchas religiosas, el nacimiento de las herejías y los enfrentamientos por cuestiones doctrinales desde un punto de vista sociológico, que ponga en evidencia que tras la aparente disensión religiosa se esconden y afloran antagonismos de clase, raza y posición social.

[877] Cf. James Draper, *Historia de los conflictos entre la ciencia y la religión*. Madrid 1885, varias reediciones.

[878] L. Cameron, "Isidore of Miletus and Hypatia of Alexandria: On the Editing of Mathematical Texts", en *Greek, Roman and Byzantine Studies* 31 (1990), 103-127; M. A. B. Deakin, "Hypatia and her mathematics", en *Amer. Math. Monthly* 101 (3) (1994), 234-243; Id., "Hypatia of Alexandria", *Mathematics Education* 8 (3) (1992), 187-191; H. Gorenflo, "Zum Jahr der Frau: von Hypatia bis Emmy", en *Praxis Math.* 17 (7) (1975), 173-176; I. Mueller, "Hypatia (370?-415)", in L. S. Grinstein y P. J. Campbell eds., *Women of Mathematics* (Westport, Conn., 1987), 74-79; A. W. Richeson, "Hypatia of Alexandria", *National Mathematics Magazine* 15 (1940), 74-82.

del astrolabio plano, usado para medir la posición de las estrellas, los planetas y el Sol. También se la considera inventora de la esfera plana. De un aparato para obtener agua destilada. De otro para medir el nivel del agua. Y de uno más, para determinar la densidad de los líquidos que más tarde se llamó aerómetro o hidroscopio.

Era admirada por su elegancia, según algunas fuentes por su belleza, pero especialmente por su sabiduría y ecuanimidad. "Todos los hombres la reverenciaban y admiraban por la singular modestia de su mente" (Sócrates Escolástico)[879]. No era anticristiana, su filosofía tenía conexiones y simpatías con el cristianismo, de hecho contaba con cristianos entre sus alumnos. Su labor filosófica tenía por meta alcanzar la experiencia religiosa, propia del neoplatonismo. Conforme a una convicción muy clasicista, Hipatia consideraba que la filosofía tenía que cultivarse en círculos cerrados selectos. La verdad divina debe permanecer escondida y en manos únicamente de los nobles. Hipatia no fue una pensadora original, pero sí respetada en Alejandría y en muchos lugares de Oriente Medio como una de las mujeres más sabias y de mayor categoría de su tiempo.

Educó a una selecta escuela de aristócratas cristianos y paganos que ocuparon altos cargos, como Sinesio de Cirene, quien llegó a ser elegido obispo de Ptolemaida (en Fenicia)[880]; Hesiquio el Hebreo[881] y Orestes, quien llegaría a ser prefecto romano de Egipto.

En aquellos días era obispo de la ciudad Cirilo (c. 375-444), nombrado en sustitución de su tío Teófilo (385-412), muerto el 15 de octubre del 412. Cirilo no toleraba ninguna clase de paganismo ni de herejía y luchó toda su vida defendiendo la ortodoxia de la Iglesia católica y combatiendo el nestorianismo. Era de carácter intransigente. "Detesta toda condescendencia tolerante, toda discusión en lo tocante a la verdad, y allí donde él puede ejercer su poder está siempre dispuesto a usarlo para aniquilar sin piedad a cualquiera que se resista a su dominación espiritual"[882]. A él se apunta como el principal responsable de la muerte de Hipatia, aunque no exista documentación directa que lo acredite. En los círculos cristianos afines al obispo corrían rumores sobre la maldad, brujería e impiedad de Hipatia, que era la única manera de convertirla en blanco de agresión. Un día de marzo del año 415 una banda de monjes y jóvenes cristianos impetuosos y violentos, seguidores de un lector llamado Pedro, interceptaron el carruaje en que Hipatia se dirigía hacia su trabajo en la Biblioteca. La arrastraron hacia las cercanías de una iglesia, le rasgaron la ropa, cortaron su cuerpo con ostras[883] y la mataron a golpes, según relata y condena el historiador cristiano Sócrates: "La arrancaron de su carruaje, la dejaron totalmente desnuda; le tasajearon la piel y las carnes con caracoles afilados, hasta que el aliento dejó su cuerpo..."[884].

---

[879] Sócrates, *Hist. Ecl.,* IV, 15.

[880] Por medio de él pueden llegar a conocerse los libros que ella escribió para la enseñanza, aunque ninguno ha llegado a nuestros días. Sinesio la consideraba una "auténtica iniciadora en los misterios de la filosofía", "su madre, hermana y maestra".

[881] Escribió unas obras que se conservan, en las que también hace una descripción sobre las actividades de Hipatia y asegura que los magistrados acudían a ella para consultarle sobre asuntos de la administración. Dice también que fue una persona muy influyente en el aspecto político.

[882] Campenhausen, *ob. cit.,* p. 195.

[883] Otras fuentes hablan de trozos de cerámica como armas desgarrantes.

[884] Sócrates Escolástico, *Historia Eclesiástica,* 7, 13.

Aunque hay varias versiones sobre la muerte de Hipatia, ésta parece ser la más ajustada a los hechos.

Orestes, el prefecto o gobernador civil romano, amigo y alumno de Hipatia informó de los hechos y pidió a Roma una investigación, pero luego de algunos intentos fue desestimada por falta de testigos. Orestes renunció a su puesto y huyó de la ciudad.

Nada puede justificar un crimen tan horrendo y detestable, pero en honor de la verdad hay que decir que no todos los cristianos lo aprobaron, como algunos dan a entender. El mismo historiador que nos relata el suceso, cristiano él mismo, deja constancia de su disconformidad y se queja de que el obispo Cirilo y la Iglesia de Alejandría salieran del trance sin reprensión; «ciertamente —apostilla— nada más lejos del espíritu cristiano que las matanzas y luchas"[885].

Maria Dzielska, catedrática de historia romana antigua en la Universidad Jagelónica de Cracovia (Polonia), en su estudio del caso critica reiteradamente la visión "ilustrada del asesinato de Hipatia por ideológica y poco documentada" y defiende, como lo hizo en su día el mencionado Sócrates, que la causa del asesinato fue más política que religiosa o filosófica. La "plebe cristiana" imaginó que la influencia de Hipatia enconaba el conflicto entre Iglesia y Estado y pensó que, si se la hacía desaparecer, sería posible una reconciliación. Hipatia fue asesinada, pues, no como enemiga de la nueva fe cristiana, sino como supuesto obstáculo para la comunidad terrenal[886].

A esto hay que añadir un dato sociológico. Alejandría era un conglomerado de diferentes etnias y culturas en difícil convivencia. En lo que respecta a la élite, Alejandría bien podía rivalizar con Atenas en cuanto al título de capital de la cultura clásica. Pero el sustrato de la población, la gran masa ciudadana era egipcia y oriental, marginada en lo social y oprimida en lo político por los poderosos de turno, los griegos primero, después los romanos. El pueblo mantenía una constante hostilidad por lo extranjero, que en ocasiones explotaba en revueltas callejeras, alborotos, peleas y enfrentamientos mortales. Ese elemento oriental, pobre y analfabeto, marginado y cerrado, aceptó el cristianismo como una justificación ideológica de su descontento y de su lucha, adaptándolo a su carácter austero y rígido, enemigo de las veleidades filosóficas y científicas, asociadas a los privilegios de la casta dominante, a las que echa en cara su vida sofisticada mediante la creación de un nuevo tipo de cristianismo: el monacal, que abandona la ciudad y se retira a los lugares desérticos, que rechaza el mundo y declara su pompa y gloria como vanas y enemigas del Reino de Dios.

Además, no se puede pasar por alto un dato muy importante casi nunca tenido en cuenta en el análisis de la intolerancia cristiana, a saber, el papel de la turbas y su descontento social. Se trata de un fenómeno circunscrito a la rama oriental del Imperio. Occidente era ajeno a la intervención de las turbas en los asuntos religiosos. Conducidas por monjes eran llevadas en bandas a los Concilios para forzar a los delegados hostiles y tratar de influir sobre el resultado. Obispos sin escrúpulos podían usar la intervención de una turba fanática para lograr sus propósitos en una especie de democracia populista. "Toda suerte de fuerzas poderosas —el

885 Sócrates, *Hist. Ecl.* 7, 13.

886 Maria Dzielska, *Hipatia de Alejandría.* Madrid, Siruela 2004.

localismo, el regionalismo, el patriotismo, el racismo, la clase y el interés comercial— actuaba bajo la fachada teológica, pero la religión era el factor que las cristalizaba"[887].

4.2. El furor de Schnoudi

Ejemplo paradigmático de este cristianismo monacal, que encuentra en las turbas su valedor, ya que éstas pueden poner en práctica una "democracia popular" que se alimenta de los desposeídos del poder y se sustenta del ideal eremita, lo tenemos en la vida de Shenuda de Átripe (c. 333-453), humilde pastor egipcio que desde muy joven practica la vida eremítica hasta llegar a ser archimandrita de Deir-el-Abiad (Monasterio Blanco), en el Alto Egipto. Ignorado durante siglos, en su día fue uno de los hombres más importantes del país del Nilo, además de un escritor original en el dialecto de Átripe o saídico. La Iglesia copta le venera como santo y padre espiritual. Enemigo feroz de herejes y paganos, era a la vez el principal promotor de la lucha de los pobres contra los ricos, hasta el punto de personarse en Constantinopla y protestar contra la tiranía de los funcionarios gubernamentales. No duda en castigar con sus hordas de monjes a los terratenientes paganos que abusan de sus campesinos. Durante una invasión del ejército etíope dio protección y cobijo a 20.000 personas en su monasterio, proveyendo de alimentación y ayuda sanitaria durante tres meses. En otra ocasión compró la libertad de unos cien cautivos y los envió a casa con comida, ropa y dinero para el viaje.

Hombre riguroso, obligado a soportar las inclemencias del desierto, ayunos prolongados y una vida de privaciones, era tan riguroso como violento; los monjes temían acercarse a él. Representa al sufrido hombre nativo de Egipto sometido durante siglos a la férula del dominio extranjero. Shenuda (también Schnoudi), según Lacarrière, parecía seguir la tradición de los capataces de la época faraónica que azotaban a los campesinos a propósito de todo, incluso por una simple espiga olvidada en el suelo. Con la sola diferencia, pero capital, de que los palos recibidos por el monje tenían al menos la ventaja de ayudar a su salvación, mientras que los recibidos por el campesino sólo beneficiaban a su propietario o al faraón[888]. Este hombre duro y sin contemplaciones, en medio de un mundo más duro todavía, protagonizó toda una serie de asaltos a los templos paganos de los alrededores de Akmîn. Al principio Shenuda arremetió únicamente contra los cultos y los edificios. Se contentaba con irrumpir con su turba de monjes en los templos paganos, derribar las estatuas, martillearles el rostro y arrojar los restos al Nilo. Pero más adelante, Shenuda y su turba de monjes la emprendieron también con los servidores del culto. Se dice que los paganos de Akmîn y de los pueblos limítrofes comenzaron a temblar a la mención del solo nombre de Schnoudi. Teodosio y sus sucesores no hicieron nada para impedir o reprimir estos atropellos realizados bajo el estandarte de Cristo. Ahora bien, lo que es propio del carácter del cristianismo egipcio no debería extrapolarse a la mentalidad de otras latitudes o atribuirse al cristianismo como algo intrínseco a su naturaleza y enseñanza.

---

[887] P. Johnson, *Historia del cristianismo,* p. 135.

[888] J. Lacarrière, *Los hombres ebrios de Dios,* p. 159.

5. Libanio, la protesta del "último pagano"

Pero igual que el cristianismo reaccionó a la violencia cerrando filas en torno a sus creencias y su cultura, el paganismo no sucumbió fácilmente a la violencia, sino que a causa de ella resistió durante siglos. A pesar de la dura política antipagana llevada a cabo por Teodosio ocurrieron acontecimientos tales como que, entre los años 393-394, un senador reconstruyera un templo de Hércules en Ostia. Y que el retórico Eunapio de Sardes, muerto hacia el 420, aplaudiera la resistencia pagana contra los cristianos.

Libanio, autor pagano del siglo IV, nacido en el 314 en Antioquía, de noble familia, maestro de retórica tuvo por discípulos a Juan Crisóstomo, Teodoro de Mopsuestia, Basilio el Grande y Gregorio Nacianceno. Bajo Constante y Constancio supo disimular sus sentimientos de pagano convencido, aunque en el 346 fue desterrado bajo la acusación de "mago". Con Juliano exterioriza sus ideas, y a la muerte de éste expresa su dolor por el derrumbamiento de sus esperanzas de restauración pagana. A veces fue denunciado ante la justicia, pese a ello, Teodosio le ofreció el cargo de *praefectus praetorio,* que le permite abogar por los paganos.

A estos efectos dirigió a Teodosio, celoso cristiano, una defensa de los templos, titulada *Pro Templis,* y una petición para que fuesen castigados los responsables de la muerte de Juliano, que según él habían sido los soldados cristianos de su ejército.

"¿Qué pretenden los cristianos cuando se lanzan a los saqueos, convertir a los paganos?", se pregunta Libanio en *Pro Templis,* "de ninguna manera", replica, "pues si ellos te dicen, oh emperador, que gracias a estos medios han convertido paganos, no te dejes engañar. Estos convertidos no lo son más que en apariencia; no han cambiado en absoluto de fe, sino que se contentan con decirlo; asisten a las ceremonias de sus perseguidores, se mezclan con ellos fingiendo orar, pero en realidad no invocan a nadie, salvo a sus propios dioses". Porque, "así como en las tragedias, el que desempeña el papel de tirano es un tirano, sino que sigue siendo el hombre que era antes de revestir la máscara, asimismo, también cada uno de aquéllos continúa siendo el mismo y no ha cambiado más que en apariencia".

Los altares destruidos, los sacerdotes obligados a escoger entre el silencio o la muerte, la "guerra a las piedras", no testimonia en absoluto a favor de los cristianos, concluye Libanio.

Esos monjes que representan la quintaesencia del cristianismo y que son tenidos por santos, ¿se comportan como tales? "Vedles que avanzan como torrentes y devastan las campiñas, arruinando todos los templos. Los templos, oh emperador, son el alma de las campiñas, son edificios construidos en los campos y que han llegado hasta nosotros a través de generaciones. Una campiña que ha sufrido todos estos destrozos es un campo perdido. El coraje del campesino desaparece con su esperanza, cuando se ve privado de sus dioses"[889].

6. Teodosio y el Edicto de Tesalónica

El favor otorgado por los emperadores a los arrianos hizo tomar conciencia de lo problemática que resultaba la protección política, pero precisamente la confrontación con el paga-

---

[889] Libanio, *Discursos,* 30, vol. II Gredos, Madrid 2001.

nismo giraba necesariamente en torno a los derechos dentro del ordenamiento del Estado. El carácter público de la religión romana obligaba a los cristianos a aceptar el marco de la confrontación y también el de la integración en el antiguo Estado.

En el 379 el emperador Graciano abandonó el cargo y el título de *Pontifex Maximus*. Con este acto todos entendían con claridad que el soberano se distanciaba de su tradicional responsabilidad sobre el culto a los dioses. Pero esto no significaba el comienzo de una política religiosa neutral, pues, a pesar de los intentos realizados por los círculos paganos para evitar lo que a todas luces era inevitable, se abría paso la plena incorporación del cristianismo al Estado. El día 27 de febrero del 380, el emperador Teodosio promulgaba desde Tesalónica un edicto de fe dirigido a la población de Constantinopla, pero que, en el fondo, apuntaba a todos los súbditos del Imperio. Decía así:

> Los emperadores Graciano, Valentiniano y Teodosio Augustos: edicto al pueblo de la ciudad de Constantinopla.
>
> Es nuestra voluntad que todos los pueblos regidos por la administración de nuestra mansedumbre practiquen esa religión que el divino apóstol Pedro transmitió a los romanos, en la medida en que la religión que introdujo se ha abierto camino hasta este día. Es evidente que ésta es también la religión que profesa el pontífice Dámaso y Pedro, obispo de Alejandría, hombre de apostólica santidad; esto es que, de acuerdo con el orden apostólico y la doctrina evangélica, debemos creer en la divinidad una del Padre, del Hijo y del Espíritu Santo, en igual majestad e interna Trinidad.
>
> Ordenamos que aquellas personas que siguen esta norma tomen el nombre de cristianos católicos, pero los demás, a los que consideramos dementes e insensatos, asumirán la infamia de los dogmas heréticos, y sus lugares de reunión *(conventículos)* no obtendrán el nombre de iglesias y serán castigados primeramente por el juicio divino, y, después, también mediante el castigo de la manifestación de nuestra voluntad, que recibimos mediante el poder del cielo.
>
> Dado en el tercer día de las Calendas de Marzo (28 de febrero), en Tesalónica, en el año quinto del consulado de Graciano y del primer consulado de Teodosio Augustos[890].

Teodosio, a quien se saluda como el verdadero fundador del Imperio cristiano, y modelo de "príncipe cristiano", (el nuevo ideal del *optimus princeps* de Paulino de Nola), supo colocarse con admirable coherencia histórica en el punto exacto en el que venían a fundirse la *romanitas* y *christianitas*. Para muchos esto suena hoy a intolerancia, pero era un progreso enorme en línea con el espíritu ecuménico que había animado profundamente en el pasado la acción jurídica de Roma, unido al concepto de *iustitia cristiana*. Ninguna otra cosa, sino la conformidad a los dictámenes de Dios, podía rendir *iusta una lex*. En la adhesión a la Iglesia Teodosio y otros emperadores, con él y después de él, creyeron sinceramente satisfacer la íntima necesidad del alma de justicia y catolicidad. Por la misma razón que Trajano, Marco

[890] *Cod. Theod.*, XVI, 1, 2.

Aurelio y Diocleciano habían insistido en implantar la unidad religiosa a base del paganismo, Teodosio debía insistir en la uniformidad cristiana para consolidar el Imperio.

Consecuente con sus principios Teodosio no pensó en absoluto en arrogarse para sí la autoridad y las competencias reservadas a los obispos; sino que consideró como su deber de emperador —*servitium ad salutem omnium*— sostener enérgicamente las verdades cristianas y condenar las desviaciones heréticas. La *Pax Romana* pasa a ser la *Pax Christiana* y la concepción del *Fatum Romanum* cede ante la *Providentia Deum.* Tanto los reinos como los imperios medievales heredarán esta concepción de una verdadera "teología política" sustentada en la estrecha colaboración entre el poder civil y la autoridad eclesiástica para lograr no sólo la felicidad terrena de los hombres sino, sobre todo, su salvación. "Sólo se da salvación segura cuando uno venera rectamente al Dios verdadero, que es el Dios de los cristianos, que todo lo gobierna"[891]. En esta frase Ambrosio condensa el principio salvífico y político que describe el largo régimen de la Cristiandad. Ni herejes, ni judíos, ni idólatras, "que consideramos locos e insensatos", tendrán lugar en esa nueva sociedad.

Convertida en religión del Estado, el culto de la Iglesia católica, es decir, aquella que profesa la fe nicena, con "el pontífice Dámaso y Pedro, obispo de Alejandría" a la cabeza, sustituye la tradicional *Pax Deorum* que sancionaba la grandeza y estabilidad del Imperio, y de la que Teodosio siente necesidad para compensar la acción de Constantino. Como tal, según los cánones de la mentalidad religiosa clásica, la religión católica ha de sustentar con la pureza de su culto y de su dogma la estabilidad del Estado; garante del éxito de su política y de sus gobiernos y de sus gobernantes, que detentan el poder "por la gracia de Dios". Esta unidad de Iglesia e Imperio perdurará a lo largo de los siglos, hasta bien entrado el siglo XX en el caso de las naciones confesionalmente católicas. Teodosio, y todos cuantos siguieron sus pasos, cometieron una fatal confusión de ideas. Porque "considerar la fe como principio político, más que cristianizar la civilización era civilizar la Iglesia; no venía a consagrar las instituciones humanas al servicio de Dios, sino más bien a identificar a Dios con el mantenimiento de las instituciones humanas, esto es, con el de la *pax terrena.* Y, en este caso, la *pax terrena* estaba representada por el llamativo y chillón Imperio, sistema que, originado en la persecución de fines humanos y terrestres, había de tal suerte degenerado que negaba a los hombres los propios valores que le habían dado origen, y ya sólo se mantenía trabado por cabal y cruda fuerza"[892].

7. Acoso y derribo de los templos paganos

Durante el gobierno de Teodosio, entre el 380 y el 392 se publicaron más de 25 edictos contra el paganismo, se echaron abajo un buen número de templos, otros hacía tiempo que estaban abandonados de la mano y en ruinas, y se entregaron a las llamas todos los libros que pudieran atentar contra la fe ortodoxa. A los cristianos que vuelvan a practicar la religión pagana se les priva por ley de todos sus derechos ciudadanos. Teodosio estaba resuelto a terminar con el paganismo. El suyo no fue un ataque indirecto, como el de sus antecesores, sino frontal y abierto.

[891] Ambrosio, *Ep.* 72, 1.

[892] C. N. Cochrane, *op. cit.,* p. 331.

En el 382 fueron formalmente anulados todos los privilegios del sacerdocio pagano, la supresión de las subvenciones para sus templos, pontífices, vestales y cien otras jerarquías del sacerdocio pagano, y la confiscación de todos sus bienes, prohibiéndoseles dejar legados. Fue un golpe rudo. Los templos se mantienen en pie, pero se ven privados de recurso. Símaco, el senador pagano —a quien Agustín debía su cátedra en Milán—, se queja con vehemencia: "¿Es que los religiosos no gozan de la protección de la ley que defiende a los demás ciudadanos romanos? Esclavos y libertos reciben los bienes que les ha legado su amo y, en cambio, los ministros del culto y las vírgenes vestales no tienen derecho a heredar. ¿De qué les sirve a estas doncellas guardar su castidad, procurando merecer del cielo la felicidad de la patria? En nuestro Imperio resulta más provechoso ayudar a los hombres que servir a los dioses". Por eso, concluye Símaco amenazante: "Los dioses vengarán la ofensa hecha a sus templos y sacerdotes"[893]. Ambrosio, perteneciente a una ilustre familia romana, pero converso al cristianismo, responde a Símaco que tampoco los cristianos reciben sueldo del Estado: "Prefiero que seamos pobres de dinero y ricos de gracia. Nuestro título de gloria es la sangre que derramaron los mártires en las persecuciones, mientras que los paganos no piensan más que en los bienes que les han quitado. La pobreza, que para nosotros es un honor, los paganos la consideran un ultraje. Nosotros creemos que los emperadores nos ayudaban mejor cuando nos perseguían, que ahora que nos protegen"[894].

En unos pocos años desaparecieron los templos de Edesa, el Kabeireion de Imbros, el templo de Zeus en Apamea, el templo de Apolo en Dídima y todos los templos de Palmira. En el 386 se prohíbe el cuidado de los templos paganos saqueados. Libanio escribe a Teodosio su famosa epístola *Pro Templis* antes mencionada con la esperanza de que los pocos templos helénicos restantes sean respetados y conservados.

Alrededor de los años 386-388, Marcelo, obispo de Apamea, en Siria, demolió, con la colaboración de Materno Cinegio, amigo de Teodosio y uno de los personajes más importantes de la corte, el santuario de Júpiter que estaba en su ciudad y, con posterioridad, otro en la localidad de Aulon, cerca de su ciudad, acto éste que le costó la vida. "Se mantuvo fuera del alcance de las flechas, pues su gota le impedía combatir, perseguir o huir. Cuando los soldados estaban atacando el templo, algunos paganos descubrieron que estaba solo y lo apresaron y lo quemaron vivo"[895].

Por esas mismas fechas hordas de ermitaños fanáticos del desierto inundan las ciudades de Oriente Medio y Egipto destruyendo estatuas, altares, bibliotecas y templos paganos, lo cual no siempre estuvo bien visto por parte de las autoridades civiles y religiosas[896]. El patriarca Teófilo de Alejandría (385-412), azuzado por el monje fanático Shermute de Atripe, ordenó la destrucción de los templos dedicados a Isis en Merruthi (localidad próxima a Alejandría) y otros lugares, que eran centros de peregrinación de enfermos donde iban los do-

893 Símaco, *Relatio* III.

894 Ambrosio, *Epist.* XVIII.

895 Sozomeno, *Hist. ecl.* VII, 15, 4.

896 Ambrosio, *Ep. extr. coll.* I, 27 dice: *"Monachi multa scelera faciunt"*. La jerarquía eclesiástica de los ss. IV-V tendió a controlar los movimientos de los monjes, pues éstos no siempre actuaban conforme a los deseos de los obispos de sus diócesis. Cf. Carlos Buenacasa, "La decadencia y cristianización de los templos paganos a lo largo de la Antigüedad Tardía (313-423)", *Polis* 9 (1998), pp. 25-50.

lientes a encontrar remedios en Isis. El templo de Dionisio quedó convertido en una iglesia cristiana, mientras que se destruye el templo de Zeus y se quema el *Mithraeum* de la ciudad.

En el año 391 los paganos, liderados por el filósofo Olimpio, organizan una revuelta y después de algunas peleas callejeras se encierran con llave dentro del templo fortificado del dios Serapis, el famoso *Serapeum,* el templo pagano más importante de la ciudad de Alejandría, y quizá del mundo. Después de un violento cerco, y apoyados por la decisión imperial, los paganos abandonaron el lugar y el obispo Teófilo, con el permiso de la corte y con la ayuda de las tropas imperiales, a las órdenes de Evagrio, *praefectus augustalis,* y Romano, *comes Aegypti,* hizo efectiva la toma de posesión del santuario[897]. La gigantesca estatua de Serapis dominaba el recinto, revestida de placas de bronce y en cuyo interior anidaban las ratas a su gusto. Serapis estaba sentado con un cetro en la mano, como el Zeus de Olimpia. Amenazaba provocar terremotos si alguien se atrevía a tocarlo. Teófilo, según cuenta Teodoreto de Ciro, "consideraba que esas ideas eran rumores de arpías borrachas y se burló de la enorme magnitud del monstruo enorme y ordenó derribarlo a un hombre que estaba armado con un hacha". Éste se encaramó hasta el hombro de la estatua y le dio con el hacha un tremendo golpe en la cara. Una de las placas cayó al suelo, sin que nada ni nadie castigara la profanación, sólo una legión de ratones que huyeron despavoridos al ver profanado su refugio; entonces, ya sin miedo, otros golpes terminaron por reducir la estatua a su revestimiento metálico. El tronco de madera, arrastrado al anfiteatro, fue quemado entre los gritos y algazara del populacho.

En el 392, Teodosio prohíbe de modo terminante y final todos los cultos y sacrificios paganos:

> Ninguno de cualquier rango, posición o dignidad, alto o bajo, rico o pobre, en ningún lugar de ninguna ciudad, sacrificará una inocente víctima a absurdas imágenes; ni, en los más íntimos esfuerzos de propiciación adorará el *lar* con fuego, el *genius* con vino, los *penates* con perfume, prendiendo llamas, depositando incienso o suspendiendo guirnaldas...
>
> Las personas que se atrevan a sacrificar víctimas o consultar a sus entrañas serán asimiladas a la condición de los imputados de traidores; contra ellos serán todos autorizados a presentar acusación; y, una vez convictos, sufrirán las penas previstas por la ley, aunque no hayan hecho averiguaciones contrarias o relativas a la seguridad del príncipe. Bastará para condenarles que hayan querido romper las leyes de la misma naturaleza espiando y desentrañando misterios prohibidos...
>
> Cualquiera que adore imagen construida por manos humanas y así necesariamente revele temores de lo que él mismo obró, que adore árboles con cintas o erija altares de césped cortado, recibirá como castigo la confiscación de la propiedad en la que se demuestre que cedió a tal superstición.
>
> Cualquiera que intente, ya sea en públicos templos o altares, ya en propiedades particulares diversas de las suyas, efectuar cualquier acto de sacrificio pagano, será sujeto a una multa de veinte libras de oro[898].

[897] Sócrates, *Hist. ecl.* V, 16; Sozomeno, *Hist. ecl.* VII, 15; Rufino, *Hist. ecl.* XI, 22.

[898] *Cod. Theod.,* XVI, 10, 12.

Se clausuran los misterios de Samotracia y en Chipre, los obispos locales Epifanio y Ticonio destruyen casi todos los templos de la isla. Los misterios locales de la diosa Afrodita son también clausurados. El edicto de Teodosio declara que "aquellos que no obedezcan al padre Epifanio no tienen derecho a seguir viviendo en esa isla". Los paganos se sublevan contra el emperador y la Iglesia en Petra, Aeropolis, Rafia, Gaza, Baalbek y otras ciudades de Oriente Medio.

Un año después, en el 393, se prohíben los Juegos Pitios, los Juegos de Aktia y los Juegos Olímpicos, en el marco de su política contra el paganismo, pues se trata de "idolatría helénica". Los cristianos saquean los templos de Olympia.

Un decreto del nuevo emperador Arcadio (395-408), hijo de Teodosio, ordena que el paganismo sea tratado como alta traición (7 de diciembre del 396)[899]. Se encarcelan a los pocos sacerdotes paganos que quedan y se ordena demoler todos los templos paganos que todavía sigan en pie. En el 398 el Cuarto Concilio de Cartago prohíbe a todos, incluyendo a los obispos cristianos, el estudio de los libros de los paganos. Porfirio, obispo de Gaza, derriba casi todos los templos paganos de la ciudad (excepto nueve de ellos que permanecen activos). Con un nuevo edicto, el 13 de julio del 399, el emperador Flavio Arcadio ordena la demolición inmediata de todos los templos paganos que todavía estén en pie, principalmente de las zonas rurales. Un año después el obispo Nicetas destruye el oráculo del dios Dionisio en Vesai y bautiza a todos los paganos de la zona. Podríamos continuar, pero baste saber que las medidas contra el paganismo se extendieron durante cuatro siglos más, sin que se pueda decir que éste quedara del todo eliminado. Encontró refugio en el culto a los santos y patronos locales y en fiestas tradicionales que de cristianas sólo tienen el nombre.

8. Represión del judaísmo

La causa del empeoramiento de las relaciones judías y cristianas fue la difusión de la teología que explicaba las miserias de los judíos como un castigo divino por la crucifixión de Jesús. Para cuando el cristianismo se convirtió en la religión dominante en el Imperio (año 323) la judeofobia ya tenía precedentes muy sólidos en la sociedad grecorromana. Para el nuevo Estado cristiano, la religión judía gozaba de peculiaridades nacionales y raciales que hacían difícil su tratamiento. Requería un trato distinto y especial. Como consecuencia se le asignó una condición única en el sistema teodosiano: reconocimiento de religión lícita mediante un edicto del 393. Esto significaba para los judíos el estarles garantizado el derecho de asamblea y verse protegidos en sus personas y bienes contra las acometidas de las turbas cristianas.

Esto por parte de las autoridades civiles, para las autoridades eclesiásticas el judaísmo no era reconocido como una religión distinta, sino como una distorsión de la única religión verdadera, una perfidia, una rebelión obcecada contra Dios, y no hay duda de que los sermones antijudíos de algunos predicadores, especialmente con motivo de la Pascua cristiana, inflamaron las pasiones de los oyentes hasta el punto de pasar de las palabras a los hechos.

No es correcto hablar de antisemitismo en el caso cristiano, es más propio hablar de antijudaísmo en sentido religioso. Las acusaciones de "pueblo deicida", pueblo "rehusado" por

[899] *Cod. Theod.,* XVI, 10, 14.

Dios, se revisten de los viejos textos proféticos del mismo Israel, y están encaminadas a la conversión de los judíos. Melitón de Sardes, obispo de esta ciudad en la antigua Lidia, vivió durante los reinados de Antonino Pío (138-161) y Marco Aurelio (161-180), era un orador elocuente y escritor fecundo. Sólo se ha conservado de él una Homilía sobre la Pascua (hallado por Campbell Bonner hacia 1930). En líneas generales la Homilía se centra en el relato del Éxodo y la institución de la Pascua hebrea, considerándolos como tipos de lo sucedido en la muerte y resurrección de Cristo. Llena de alusiones proféticas, Melitón reprocha, apelando a textos del Antiguo Testamento, la negativa de Israel, que comete "el crimen inaudito" (73) de "matar a su Señor" (74). El lenguaje se va tornando duro a medida que progresa en su discurso: "¡Oh Israel criminal! ¿Por qué has cometido esta injusticia inaudita de precipitar a tu Señor en sufrimientos sin nombre?" (81). "Dios ha sido asesinado, el rey de Israel ha sido descartado" (96). En consecuencia, Israel es "atropellado" y "yace muerto"[900], "mientras Él resucitó de entre los muertos y subió a lo más alto de los cielos"[901]. Pero aquí, el lenguaje, igual que en Tertuliano o Ireneo, se mueve en el plano de la controversia religiosa sin indicio alguno de menosprecio racial por el pueblo judío[902]. Se le reprocha su incredulidad y esto en defensa de la fe cristiana acusada de traicionar la fe de Abraham. El gran Orígenes recurrió a maestros judíos para estudiar hebreo y comprender mejor las Escrituras, lo cual mostraría las buenas relaciones entre los estudiosos judíos y cristianos de la época, sin por ello renegar ninguno de ellos a sus convicciones más queridas[903].

Ahora bien, es preciso reconocer que desde el momento en que el cristianismo es aupado a la esfera del poder, a partir del año 315, el lenguaje, anteriormente apologético, cambia de tono y adquiere un sonido amenazante que da lugar a un proselitismo abusivo, primero, y a una violencia incontrolada, después. Los judíos son definidos como "secta perniciosa" *(eorum feralem sectam)* e "impía" *(nefariam sectam),* además de pueblo *deicida,* enemigo natural de los cristianos. La violencia que se pudiera ejercer sobre ellos estaba así justificada como una especie de pago justo por sus maldades. En el 388, en Calínico, una ciudad sobre el Eufrates, en Mesopotamia, la chusma cristiana incitada por el obispo local incendió la sinagoga del lugar. Cuando el emperador Teodosio recibió la noticia, consideró que este acto constituía una acción injusta, y ordenó que dicha sinagoga fuera reconstruida a expensas del obispo local y de su comunidad. Ambrosio, arzobispo de Milán, protestó. Escribió a Teodosio de manera bastante atrevida: "¡Allí habrá, entonces, un templo de los inicuos judíos, construido a expensas de la Iglesia!", para él la sinagoga "es una choza miserable, un antro de insania y

[900] Simple constatación histórica con el telón de fondo de las dos últimas revueltas judías contra el dominio romano. "Ya que fue predicho —escribe Tertuliano— que los judíos sufrirían tales calamidades por su rechazo de Cristo, y que encontramos que las han sufrido de hecho, y les vemos enviados a la dispersión en la que se encuentran, es manifiesto que estas cosas les han sobrevenido por causa de su incredulidad en Cristo. El sentido de las Escrituras armoniza con estos eventos y con este orden de cosas" (*Sobre los judíos,* 13, en *Lo mejor de Tertuliano,* estudio y edición preparada por A. Ropero. CLIE, Terrassa 2001).

[901] Melitón de Sardes, *Homilía sobre la Pascua,* 94-97. EUNSA, Pamplona 1975. Quasten, *Patrología,* vol. I, pp. 231-237. BAC, Madrid 1961.

[902] Cf. Claude Aziza, *Tertullien et le judaïsme.* Publications de la Faculté des Lettres et des Sciences Humaines de Nice, Niza 1977.

[903] Nicholas R. M. De Lange, *Origen and the Jews. Studies in Jewish-Christian Relations in Third-Century Palestine.* Cambridge University Press, Cambridge 1976.

descreimiento que Dios mismo ha condenado". Sólo por negligencia, agrega Ambrosio, no ha hecho el emperador mismo destruir la sinagoga de Milán. Todas ellas expresiones de una intolerancia ofensiva, que preparan la legislación antijudía de la Antigüedad tardía, con disposiciones eclesiales y edictos imperiales directamente discriminatorios y segregacionistas.

Agustín destaca en medio de sus contemporáneos por su valoración relativamente positiva del judaísmo, como ha demostrado la profesora Paula Fredriksen[904]. Los judíos son los primeros depositarios de las Sagradas Escrituras y son un testimonio vivo y permanente de la pasión de Cristo. La permanencia histórica de la religión hebrea en medio del universo cristiano, según Agustín, cumple una función providencial de testimonio de la verdad frente a sus contradictores: paganos y herejes; por consiguiente, los judíos no deben ser maltratados por su culpa originaria, el "deicidio"; es más, desde un punto de vista escatológico, los judíos se convertirán al final de los tiempos, los últimos entre los primeros. De aquí deriva para los judíos la garantía del libre ejercicio de su religión. La autoridad de este Padre de la Iglesia latina hizo que en Occidente la situación de los judíos fuera relativamente tolerable, de modo que durante la Edad Media la situación de los judíos aunque fue uniformemente pacífica tampoco fue uniformemente trágica[905].

Juan Crisóstomo (345-407) pasa por ser uno de los Padres de la Iglesia más antisemitas de la historia debido a ocho homilías predicadas en su iglesia de Antioquía en el año 387, y utilizadas por los antijudíos de todas las épocas[906]. Su lenguaje es claramente ofensivo, brutal incluso para su época: "¿Cómo pueden los cristianos tener nada que ver con los abominables judíos, que son gente rapaz, mentirosa, ladrones, bandidos y asesinos?" (*Hom.* 4, 1). Las sinagogas "son casas de prostitución, cavernas de ladrones y cuevas de animales rapaces y sanguinarios" (*Hom.* 1, 6)[907]. De nuevo es preciso aclarar el alcance de la acusación. Crisóstomo no tiene nada contra los judíos en cuanto etnia diferente, es decir, no es antisemita. De nuevo, como en el resto de los autores eclesiásticos de la época, sus razones son de tipo religioso. Para entender, aunque no disculpar la dureza de sus afirmaciones, hay que decir que estaban dirigidas, en sus primeros días de presbítero, a los miembros de su congregación antioqueña, algunos de los cuales confraternizaban con los judíos, tomando parte en sus fiestas, asistiendo a la sinagoga y aprobando sus enseñanzas. En su reprensión de los cristianos judaizantes Crisóstomo, sin duda, se excedió en su oratoria denigrando el judaísmo en todos sus aspectos, religioso, moral, social. "Ultrajan la naturaleza, y trastornan las leyes de parentesco... son los más miserables de entre los hombres... lascivos, rapaces, codiciosos, pérfidos

---

[904] Paula Fredriksen, *Augustine and the Jews*. Doubleday, Nueva York 2007. Bernhard Blumenkranz, "Agustin et les juiüs; Agustin et le judaïsm", en *Recherche Augustiniennes* 1 (1958), 225-241.

[905] "La función del pueblo judío como testigo de la verdad de la Biblia cristiana perdió, con todo, su importancia con el tiempo, al desaparecer la necesidad de dicha confirmación después de siglos de observancia de la tradición bíblica por la abrumadora mayoría de la población de Europa medieval" (Salo Wittmayer Baron, "Los modelos cambiantes del antisemitismo", en *Jewish Social Studies* (invierno de 1976).

Edición electrónica www.jafi.org.il/education/espanol/articulos/baron/baron.html.

[906] Johnson, Paul, *A History of the Jews*, p. 165. Harper Perennial 1988, trad. cast. *La historia de los judíos*. Ed. Javier Vergara, Barcelona 2004.

[907] John Chrysostom, *Discourses against Judaizing Christians*, trad. por Paul W. Harkins. The Fathers of the Church, vol. 68. Catholic University of America Press, Washington 1979.

bandidos, asesinos empedernidos, destructores poseídos por el diablo. Sólo saben satisfacer sus fauces, emborracharse, matarse y mutilarse unos a otros... han superado la ferocidad de las bestias salvajes, ya que asesinan a su propia descendencia para rendir culto a los demonios vengativos que tratan de destruir a la cristiandad". Los estudiosos de la patrística han salido en defensa de Crisóstomo alegando que en aquel siglo era común expresarse de esta manera, conforme a un estilo retórico conocido por *psogos,* consistente convencionalmente en denigrar a los oponentes[908]. Según James Parkes, para Crisóstomo el judío aquí referido es una entidad teológica antes que una persona viva[909]. Con todo, sermones así difícilmente podían llevar a los cristianos a amar a sus enemigos ni a los judíos a simpatizar con los cristianos.

Durante el reinado de los emperadores cristianos, a partir de Teodosio I, leyes que afectan a la esfera religiosa en general se endurecen y en particular las referentes a los judíos cuya presencia se tolera como un mal menor hasta el día de su conversión futura. Mientras tanto son relegados a la condición de herejes, cuya inferioridad social es señalada por el hecho de no permitirles aspirar al servicio en la administración imperial. Se les prohíbe ocupar cargos públicos, ser jueces, ser guardias de prisión y convertir a cristianos. La unión matrimonial entre judíos y cristianos es calificada de adulterio, cayendo así bajo las atroces penas impuestas por Constantino para este delito, con la provisión añadida que de darse tal matrimonio, cualquiera era competente para la acusación[910]. Como al parecer algunos cristianos se sentían atraídos por la liturgia hebrea y por algunos aspectos de la religión judía, se les negó el derecho de erigir nuevas sinagogas y así asfixiar su posible expansión[911].

Por su parte, la autoridad eclesiástica introdujo una oración especial, en latín *Pro perfidis Judaeis,* para ser pronunciada en la liturgia del Viernes Santo. Tal como la formula el *Sacramentztrio Gelasiano* (atribuido al papa San Gelasio I, 492-496), la oración incluía el siguiente pasaje crucial: "Oremos también por los pérfidos judíos, para que nuestro Dios y Señor remueva el velo de su corazón a fin de que reconozcan al Señor Jesucristo salvador de todos los hombres"[912]. Esta fórmula no respondía a un espíritu de odio o de menosprecio hacia el pueblo judío, antes bien, se inspiraba en un texto paulino que lleno de amor ardiente suplicaba a Dios la conversión de sus compatriotas. La oración implica que los judíos no están excluidos de la misericordia divina, bastaba con quitarles el velo de sus corazones para quedar libres de su ceguera y reconocer la luz de la verdad en Jesucristo. Durante siglos la Iglesia latina oró en estos términos cada vez que celebraba el Viernes Santo, porque existía la convicción de que la conversión de los judíos es la plenitud de la redención del género humano. En palabras del judeoconverso León Bloy (1846-1917): "Los judíos han crucificado a Cristo y Cristo no bajará de la Cruz hasta que los judíos no reconozcan a Cristo"[913].

---

908 Robert Louis Wilken, *John Chrysostom and the Jews: Rhetoric and Reality in the Late Fourth Century* (University of California Press, Berkeley 1983); Wayne A. Meeks y Robert L. Wilken, *Jews and Christians in Antioch in the First Four Centuries of the Common Era* (Scholars Press, Missoula 1978).

909 James Parkes, *The Conflict of the Church and the Synagogue: A Study in the Origins of Antisemitism.* JPS, Nueva York 1934.

910 *Cod. Just.* III, 7, 2; IX, 7, 5.

911 *Cod. Just.* XVI, 8, 25.

912 Cf. E. Peterson, "Perfidia Judaica", en *Ephemerides liturgicae,* 1936, vol. 50, p. 296ss; Elio Toaff, *Perfidi giudei, fratelli maggiori.* Mondadori, Milán 1990.

913 Leon Bloy, *La salvación por los judíos.* Ed. Difusión, Buenos Aires 1969.

9. Persecución de la herejía

Por su propia naturaleza, toda religión monoteísta, absoluta y exclusivista en su concepción de Dios, es menos tolerante con la diversidad religiosa de lo que lo fueron los credos politeístas en la Antigüedad[914]. En el caso cristiano, fuertemente doctrinal en su misma constitución religiosa y abarcando aspectos tan abstractos y complejos como la encarnación de Dios, la dualidad de personas en Cristo, la unidad divina en la Trinidad, etc., la desviación doctrinal es una constante en su historia desde el principio, hasta tal punto que es posible referirse a múltiples cristianismos[915], o sea, versiones distintas de la muy pronto tenida por "fe católica", y de cristianismos derrotados[916], precisamente en relación a esa fe, de la que una vez que comienzan a disentir ya no saben dónde parar. Tal es el argumento de Ireneo de Lyon: "A partir de los que acabamos de nombrar, han surgido múltiples ramificaciones de multitud de sectas, por el hecho de que muchos de ellos, o por mejor decir, todos, quieren ser maestros, abandonando la secta en la que estuvieron y disponiendo una doctrina a partir de otra, después también una tercera a partir de la precedente, se esfuerzan en enseñar de nuevo, presentándose a sí mismos como inventores del sistema que han construido de esa manera"[917]. A la complejidad inherente del dogma hay que añadir la dificultad del idioma griego en que se trataron los dogmas cristológicos de los primeros siglos. El griego, como escribe Paul Johnson, se prestaba a una maraña de discusiones religiosas. "Ésta fue una razón importante por la cual las grandes disputas cristológicas fueron todas orientales y fueron simples importaciones en las regiones de habla latina"[918].

En el nuevo orden creado por el Imperio romano cristiano el paganismo representa el residuo de *superstitio* en su acepción más peyorativa. Y junto a él la herejía, con calificaciones que resaltan su carácter pernicioso para la sociedad: *error, crimen, insania, vesania, dementia, furor, contaminatio, pestis, venenum.* A los emperadores les corresponde ser guardianes de la nueva fe, como antaño lo fueron de la antigua, en su calidad de *Pontifex Maximus*: "Entre las demás preocupaciones que nuestro amor por el Estado nos ha impuesto debido a nuestra siempre vigilante atención, creemos que una especial responsabilidad de Nuestra Majestad Imperial es el esfuerzo por establecer la verdadera religión *(vera religio)*. Si pudiéramos imponer su culto, abriríamos el camino a la prosperidad de las cosas humanas"[919].

La herejía no se combate en cuanto opción distinta u opuesta al dogma, sino en cuanto "amenaza" que atenta contra el bien general, toda vez que se mantiene la vieja mentalidad de la *Pax Deorum,* ahora convertida en *Pax Dei.* Esta peculiaridad explica las consecuencias penales de la herejía en el plano legislativo y la represión de la misma en cuanto ofensa a la verdad de Dios y, por ende, delito que hace peligrar a la comunidad al atraer el desagrado divino. Los

---

[914] Cf. Jan Assmann, *La distinción mosaica o el precio del monoteísmo.* Akal, Madrid 2006; José A. Zamora, "Monoteísmo, intolerancia y violencia", en Reyes Mate y José A. Zamora, eds. *Nuevas Teologías Políticas. Pablo de Tarso en la construcción de occidente.* Anthropos, Barcelona 2006.

[915] Gerard P. Luttikhuizen, *La pluriformidad del cristianismo primitivo,* Editorial El Almendro, Córdoba 2007.

[916] Antonio Piñero, *Los cristianismo derrotados.* Edaf, Madrid 2007.

[917] Ireneo, *Adv. haer.* I, 28, 1.

[918] P. Johnson, *Historia del cristianismo,* p. 129. Javier Vergara, Barcelona 1999.

[919] Teodosio II, *Novellae* 12.

emperadores cristianos, como buenos gobernantes, son responsables últimos de la *Pax Dei.* En el preámbulo de una ley del 407-408 sobre la supresión de herejes y paganos, la elaborada retórica del consistorio imperial se expresa a este respecto como sigue: "Correspondería a los obispos, hombres religiosos de Dios, detectar los delitos, reprender con dulzura y enseñar con su autoridad para corregir los espíritus profanos de los herejes y la superstición pagana. Pero, no por ello, nuestras leyes han dejado de ser válidas para restablecer, aunque sea por el temor al castigo, a los que se desvían de la devoción de Dios todopoderoso porque la herejía destruye a muchas personas en el presente y lo hará en el futuro".

La herejía es un concepto tan amplio y tan vago que abarca todas las demás creencias ajenas a la fe católica, catalogadas de *superstitiones,* y consideradas por igual de heréticas. Como tales, no tienen lugar en el universo cristiano. El edicto teodosiano del 379 decreta la permanente extinción de todas las herejías vedadas "por ley divina e imperial"[920]. El Código de Teodosio establece tres categorías de *heréticos,* que se consolidarán en los sucesivos códigos legislativos: herejes propiamente dichos, esto es, disidentes del credo oficialmente sancionados, paganos y judíos. A los herejes está dedicado el título 5, que con sus 66 leyes constituye el más largo de todo el libro XVI. Se menciona en él una larga lista de grupos heréticos: maniqueos, encratitas, montanistas, novacianos, priscilianistas, varias sectas de arrianos, etc. Las leyes, muy reiterativas, persiguen la segregación de los grupos heréticos, tanto en el plano cívico como físico. Los herejes están excluidos del disfrute de los privilegios concedidos desde Constantino a la Iglesia (inmunidades fiscales, exención de desempeñar cargos curiales, posibilidad de acudir al obispo para dirimir asuntos judiciales, etc.), se les prohíbe ocupar cargos públicos y servir en el palacio imperial, se les priva del derecho de testar, confiscación de bienes y de lugares de culto, que pasarán al fisco, prohibición, en fin, del derecho de reunión y de debatir en público y privado acerca de sus ideas. Se ordena también su expulsión de las ciudades, un aislacionismo que se justifica por el carácter contagioso de la herejía, a la que se equipara con una enfermedad física. Lo leemos, entre otras, en una ley del 425: "Ordenamos que los maniqueos, herejes, cismáticos y toda secta enemiga de los católicos sea sacada de la vista de todas las ciudades, para que éstas no sean contaminadas por la presencia contagiosa de los criminales. Ordenamos que todas las personas que siguen esta infausta falsa doctrina sean excluidas, a no ser que una enmienda inmediata venga en su ayuda"[921].

A fin de que el nombre único y supremo de Dios fuese dondequiera celebrado, se ordenó que todos los edificios eclesiásticos fuesen inmediatamente entregados a los obispos que profesasen la fe católica, sinónimo de los que aceptaban el Símbolo de Nicea, y que no se levantasen iglesias heréticas en la ciudad o en el campo, bajo pena de confiscación[922]. Estas medidas se vieron completadas por otras que sometían a los seguidores de las diversas herejías a incapacidades que variaban según el grado presumido de "delito" al desviarse de la religión verdadera, garantía del bienestar político y social. Así, por ejemplo, el gobierno reclamó el derecho de tratar a los maniqueos como culpables de sacrilegio, pero como el objeto era más bien terapéutico que punitivo, se limitó a imponerles una especie de exco-

[920] *Cod. Theod.* XVI, 5, 5.
[921] *Cod. Theod.* XVI, 5, 64.
[922] *Cod. Theod.* XVI, 5, 8.

munión civil, en virtud de la cual se les negó "todo derecho de testar y de vivir según la ley romana"[923].

En el código de Justiniano se sienta que la herejía es delito público, "porque cualquier ofensa cometida contra la divina religión envuelve daño para todos"[924]. La herejía se asimila al delito de lesa majestad y declara sus testamentos nulos e inválidos. También concede protección legal a los esclavos de hereje huidos de su dueño y que se sometan al servicio de la Iglesia católica. Otro edicto promulgó que ningún enemigo de la fe católica tuviese cargo en el servicio imperial[925].

10. Prisciliano de Ávila

Prisciliano y por lo menos cinco de sus discípulos fueron los primeros herejes que murieron ejecutados por la autoridad "cristiana" en Tréveris en el año 386. La figura de Prisciliano es la más carismática de la Iglesia hispánica antigua. Son pocos los nombres de la cristiandad antigua que hayan suscitado, entre sus estudiosos, tanta polémica como el suyo. En torno a su persona gira un largo conflicto, que va de lo emblemático a lo problemático. Repele a ortodoxos, atrae a heterodoxos. Su fama de primer mártir muerto no por la insidia pagana sino por la enemistad de sus propios hermanos de fe y colegas en el ministerio sagrado le ha ganado el respeto de todos aquellos que consideran que el verdaderamente cristianismo de Cristo se encuentra en los que la Iglesia triunfante ha llamado "herejes". Aclaremos desde el principio que Prisciliano no es mártir de la Iglesia, ni hecho tal por la Iglesia. Fue condenado y ajusticiado por un tribunal civil, al que él mismo apeló. Conviene destacar que el desdichado Prisciliano fue ejecutado por el crimen de *malefitium,* es decir, brujería, prácticas de magia, grave delito en el código penal del Bajo Imperio romano, y no por sus doctrinas supuestamente heréticas. Y si hubo obispos que intervinieron como acusadores, también hubo otros, con el gran Ambrosio de Milán y el obispo de Roma, Siricio, a la cabeza, que públicamente rechazaron y condenaron el procedimiento y a los que intervinieron en él. Como hace notar el profesor Vilella, con gran aparato crítico, Ambrosio y Siricio se esfuerzan también —desde el interior de la Iglesia— por cicatrizar heridas y conseguir la reconciliación mediante una política que condena tanto la actuación de los adversarios de Prisciliano como los postulados priscilianistas. Cartas enviadas por Ambrosio y Siricio a los obispos galos instándolos a comulgar con Roma y Milán y a separarse de la comunión del obispo de Tréveris, Félix, son mencionadas en las actas del concilio de Turín, sínodo que ratifica lo establecido anteriormente por Ambrosio y Siricio en relación a Félix. Paralelamente a su actuación en contra del sector itaciano, las dos grandes sedes italianas debían actuar también —para conseguir la deseada reconciliación— en el otro frente del conflicto, esto es, entre los priscilianistas[926].

Dice Sulpicio Severo que el movimiento priscilianista posterior a la ejecución de Prisciliano en Tréveris adquirió mayor ímpetu y amplitud, y que los cuerpos de los ejecutados

[923] *Cod. Theod.,* XVI, 5, 7.

[924] *Cod. Just.* I, 5, 4.

[925] *Cod. Just.* XVI, 5, 48.

[926] Josep Vilella Masana, "Priscilianismo galaico y política antipriscilianista durante el siglo V", *Antiquité Tardive* 5 (1997), p. 178.

fueron llevados a Hispania, considerándose a Prisciliano un mártir[927]. A partir de entonces el priscilianismo se extiende por Hispania y la Galia, y particularmente por Galicia, que pasaría a ser su centro, cuyas prolongaciones alcanzan hasta mediados del siglo VI.

No es fácil reconstruir la vida de Prisciliano ni formarse una idea cabal y exacta de sus creencias. "¡Lástima" —se quejaba el erudito Menéndez Pelayo— "que la autoridad casi única en este punto sea el extranjero y retórico Sulpicio, y que hayamos de caminar medio a tientas por asperezas y dificultades, sin tener seguridad en nombres ni en hechos!"[928].

Según el *Chronicon,* obra compuesta entre el 400 y el 404 por el mencionado retórico Sulpicio Severo, Prisciliano era un hombre de origen aristócrata, rico, de gran ingenio, elocuente, natural de Galicia, en el noroeste de la península Ibérica, de raza hispanorromana, a juzgar por su nombre, que es latino, igual que los de Prisco y Priscila. El contenido de su enseñanza, entre el rigor moral y ascético, ejerció una fascinación excepcional entre determinados fieles que anhelaban con angustia el fin de su salvación. Las prédicas de Prisciliano ganaron buen número de seguidores, entre los que se cuentan algunos obispos hispanos: Instancio y Silvano, cuyas diócesis no se mencionan. Al parecer sus escritos tenían fácil resonancia en la sensibilidad popular más religiosa y podían atraer a una aristocracia provincial proclive a un cristianismo intransigente.

El priscilianismo se extendió rápidamente de Galaecia a Lusitania, y de allí a la Bética, por lo cual, receloso el obispo de Córdoba Higino, sucesor de Osio, acudió en queja a Hidacio, metropolitano de Mérida. Tras largas y reñidas contiendas se reunió un sínodo en Zaragoza en el 380. A él asistieron dos obispos de Aquitania y diez españoles, entre ellos Hidacio, que firma en último lugar. Fueron excomulgados por este sínodo los prelados Instancio y Salviano y los laicos Helpidio y Prisciliano. Los cánones promulgados en este sínodo se refieren más a la parte externa de la "herejía" priscilianista que a sus fundamentos dogmáticos.

Curiosamente, el obispo de Córdoba Higino, que fuera el primero en levantar la voz de alarma contra los priscilianistas, se negó a arremeter contra los excomulgados, siendo excomulgado a su vez por el implacable Itacio. Al parecer Higinio creyó que una actuación violenta haría imposible la reconciliación e incurable herida entre priscilianistas y católicos. "Tuvo la desgracia de quedarse entre los dos extremos. Sin ser priscilianista, se negó a apoyar a Itacio e Hidacio, cosa que habría de costarle muy caro"[929].

Pocos meses después, la sede de Ávila quedó vacante. Instancio y Salviano se trasladaron allí y, con el adecuado apoyo local, consiguieron la elección de Prisciliano y lo consagraron obispo[930]. Enterados, Hidacio e Itacio redoblaron la persecución contra los priscilianistas. Acudieron a los jueces imperiales, que expulsaron de las iglesias a algunos priscilianistas, y el mismo emperador Graciano dio un rescripto que intimaba el destierro "de todos los países", *extra omnes terras,* a los herejes españoles. Algunos cedieron y otros se ocultaron[931], todo parecía indicar que la incipiente comunidad priscilianista estaba en camino de desaparecer.

[927] Sulpicio Severo, *Chronicon,* II, 51, 7-8.
[928] Marcelino Menéndez Pelayo, *Historia de los heterodoxos españoles,* vol. I, p. 135.
[929] Henry Chadwick, *Prisciliano de Ávila,* p. 48.
[930] Sulpicio Severo, *Chron.* II, 47, 4.
[931] Sulpicio Severo, *Chron.* II, 47, 6.

Prisciliano no iba a dejarse silenciar tan fácilmente. De inmediato se puso al frente de sus más fieles seguidores, dispuesto a apelar al buen sentido y justicia de la corte del obispo de Roma, más fiable que la justicia humana, proclive a dejarse inclinar por el platillo del soborno, e inexperta en cuestiones de teología. Una multitudinaria peregrinación salió de España, que fue engrosándose con muchos prosélitos de Eauze (Elusa) y de Burdigala (Burdeos), en especial Eucrocia, mujer del retórico Delfidio, y su hija Prócula. Prisciliano, Instancio y Salviano llevaron a Roma consigo cartas de solidaridad y apoyo de su clero y de sus fieles[932]. El papa Dámaso, aunque era español, se negó a oír sus excusas ni a darle audiencia. No lo hizo por lavarse las manos, como algunos han escrito, sino por disciplina y coherencia eclesiástica: la causa ya había sido juzgada por la Iglesia española, cuya decisión aprobaba. Entonces Prisciliano encaminó sus pasos hacia Milán, confiando en el recibimiento de Ambrosio, que tampoco se produjo. El caso no estaba perdido. Prisciliano y los suyos acudieron a Macedonio, *magister officiorum,* poco amigo de Ambrosio, que obtuvo del emperador Graciano un nuevo rescripto, a tenor del cual debía ser anulado el primero y restituidos los priscilianistas a sus iglesias. Dicen los enemigos que esto se logró a costa de sobornos. ¡Vayamos a saber! Aunque, ¿quién no sobornaba a quién?[933].

Armados con el nuevo rescripto de Graciano volvieron a España, todos menos el obispo Salviano que tuvo la desgracia de morir en Roma. Itacio, el más resuelto de los antipriscilianistas, al que se acusó de calumnia, que podía ser juzgada muy duramente, consideró oportuno huir a Tréveris, donde interpuso apelación ante el prefecto pretoriano Gregorio, el cual, por la autoridad que tenía en España, llamó a su tribunal a los priscilianistas acusados, no sin antes dar parte al emperador de lo acontecido. Pero Macedonio intervino para lograr que el consiguiente interrogatorio de los priscilianistas fuera trasladado al vicario de España, delegado del prefecto de Tréveris, a quien tenía que rendir cuentas. Se supone que el resultado del interrogatorio en España sería más favorable para los priscilianistas. Entonces, en el 383, se produjo una revuelta militar en Gran Bretaña capitaneada por Magno Máximo, que pasó a las Galias al frente de 130.000 hombres. El amenazado emperador Graciano huyó hasta Lyon con pocos de sus partidarios, y fue muerto en una emboscada, según unos, asesinado por el comandante de la caballería de Máximo, según otros. Este repentino cambio político iba a afectar negativamente a Prisciliano y los suyos.

"Era Máximo muy celoso de la pureza de la ortodoxia, aunque de sobra aficionado, como todos los emperadores de la decadencia, a poner su espada en la balanza teológica"[934], y necesitado de la aprobación de la Iglesia, que legitimase su sublevación. Máximo, tan español y tan ortodoxo como Teodosio, emperador de Oriente, buscó el reconocimiento de éste mediante la persecución de la herejía. Itacio no perdió tiempo, apresurado presentó un escrito contra Prisciliano y sus seguidores, lleno de mala voluntad y de recriminaciones, según dice Sulpicio Severo. La mera enumeración de los errores gravísimos anticatólicos y antisociales de aquella secta gnóstica bastaba para que Máximo se determinara al castigo; pero más pru-

932 Prisciliano, *Tract.* II, p. 41, 7; 42, 17.

933 Existen testimonios explícitos de que nada se conseguía en la corte de Milán en esa época si no se sobornaba a los funcionarios.

934 M. Menéndez Pelayo, *op. cit.,* p. 139.

dente que Itacio, remitió la decisión al sínodo de Burdeos, ante el cual fueron conducidos Instancio y Prisciliano.

Instancio respondió en causa propia y fue condenado y depuesto por el concilio, a quienes no parecieron suficientes sus disculpas. Le tenían demasiada enemistad. Prisciliano, temiéndose igual sentencia, prefirió apelar al emperador, o por lo menos presentar su caso ante un sínodo no tan repleto de declarados enemigos suyos. Los obispos franceses, con la inconstancia propia de su nación, según el galo Sulpicio Severo, consintieron en que pasase una causa eclesiástica a un tribunal secular (cf. 1ª Cor. 6:1). Los obispos, dice Severo, debieron haber dado sentencia en rebeldía contra Prisciliano, o si los recusaba por sospechosos, confiar la decisión a otros obispos, y no permitir al emperador interponer su autoridad en causa tan manifiesta. "El incidente ilustra lo natural que parecía apelar a la autoridad secular contra una sentencia eclesiástica, fuera cual fuese la actitud de prohibición y desaprobación expresada por el derecho canónico"[935].

Si Prisciliano se presentó ante Máximo con la esperanza de encontrar en su compatriota un protector amistoso o al menos imparcial, libre de juzgar sin temores ni favoritismo, se equivocó en cuanto al hombre y en cuanto a la situación en que se hallaba. Máximo necesitaba mantener una línea ortodoxa muy firme si esperaba conservar la confianza de la Iglesia. Siguiendo a Prisciliano llegaron a Tréveris sus principales acusadores, Hidacio de Mérida e Itacio, el cual contaba con la amistad del obispo de la ciudad, Britto. Itacio comprendió que podía desentenderse de cuestiones teológicas que no interesarían al emperador, pero sí presentar acusaciones por delitos considerados criminales y merecedores de la pena capital en un edicto imperial: el maniqueísmo y el empleo de artes mágicas.

Para Ambrosio y Martín de Tours los priscilianistas eran herejes y no debían ser juzgados ante el prefecto pretoriano, pero más grave todavía era que un obispo acusara a otro de un delito capital. Esto creaba difíciles problemas de conciencia. La tradición cristiana consideraba inaceptable la pena de muerte en ninguna circunstancia[936].

Máximo confió el proceso a su prefecto pretoriano Evodio, funcionario implacable y severo. Ante la acusación de emplear magia era común recurrir a la tortura para averiguarlo, pues la brujería iba estrechamente asociada con la sospecha de alta traición. La sociedad antigua estaba atacada por el miedo a la brujería, que se extendía como una plaga por todos los ambientes de la sociedad. Algunos filósofos platónicos afirmaban que quienes se consagraban a la filosofía conseguían inmunidad contra sus efectos[937]. Sometido a tortura Prisciliano confesó crímenes cuales brujería, conciliábulos obscenos y reuniones nocturnas de mujeres y orar desnudo. Condenado a la pena capital, junto a cuatro de sus compañeros, Prisciliano apela al emperador Máximo; abrió éste nuevo juicio, en que apareció como acusador, en vez de Itacio, Patricio, oficial del fisco. Recurso inútil. Culpables de *maleficum* o brujería, son con-

[935] H. Chadwick, *op. cit.*, p. 71.

[936] La *Tradición Apostólica*, 16, 17, de Hipólito prohíbe a cualquier cristiano en posición de autoridad ordenar una ejecución. "No prohíbe el Señor —razona Jerónimo— que se reprima a los herejes, que se los reduzca al silencio, que se limite su libertad de palabra, y no se les consienta reunirse y confabularse entre sí. Pero sí prohíbe que se los condene a muerte". Cf. Niceto Blázquez, *Estado de derecho y pena de muerte*. Noticias, Madrid 1989.

[937] Orígenes, *Contra Celso* VI, 41; Plotino, *Eneadas* IV, 4, 43.

denados a muerte, son decapitados Prisciliano, los dos clérigos Felicísimo y Armenio, neófitos del priscilianismo; Asarino y el diácono Aurelio, el poeta cristiano Latroniano y Eucrocia, viuda del distinguido maestro del retórico Delfidio. Ambrosio, que llegó a Tréveris durante el proceso, rehuyó la comunión con los obispos que comulgaban con Máximo, particularmente los que pedían la pena de muerte para los priscilianistas. A causa de esto fue conminado a abandonar Tréveris por Máximo, a instigación de dichos obispos. En un párrafo de una carta escrita por Ambrosio poco después de la muerte de Prisciliano, se compara la actitud de los obispos acusadores con la de los judíos del Sanedrín entregando a Jesús para ser ejecutado por Pilato[938]. No tiene nada de sorprendente que algunos de los mártires priscilianistas llegaran a ser incluidos en los santorales del medioevo.

Martín de Tours abandonó la ciudad poco después con la conciencia atormentada por lo sucedido, y dice la leyenda que se echó a llorar al amparo de un bosque. Entonces un ángel acudió y le dijo: "Con razón te entristeces, pero no pudiste obrar de otra manera. Recobra tu virtud y tu constancia, y no vuelvas a poner en peligro la salvación, sino la vida". Martín ya nunca participó en concilios, sínodos o enjuiciamientos[939].

Prisciliano niega en el *Liber apologeticus,* atribuido a su pluma, las acusaciones de idolatría y de prácticas mágicas, relativas a conjuras sobre las primicias de las cosechas y a la consagración de un ungüento con imprecaciones al Sol y a la Luna.

10.1. Entre la reforma y la herejía

Hay *gestos* que acercan el proceder de Prisciliano y Lutero, pero llamar *reformador* a Prisciliano es un sinsentido de épocas posteriores que quisieran tener el aval de precursores históricos en cada movimiento sospechoso de herejía. Aunque Prisciliano fue un escritor prolífico y voluminoso, todos sus escritos fueron destruidos sin quedar ninguno. Precisamente por esto no es posible conocer con exactitud el contenido de la doctrina de Prisciliano. Sólo en 1886, Georg Schepss pudo descubrir en la biblioteca de la Universidad de Würzburgo un manuscrito que contiene once tratados de un autor anónimo, que todas las evidencias apuntan a Prisciliano. Escritos en un latín tardío, arrojan algo de luz sobre las creencias del heresiarca español y proporcionan un criterio totalmente seguro para valorar la doctrina del movimiento priscilianista.

El estilo de los tratados es vívido y dinámico, propio de un culto orador de la talla de Prisciliano. Abunda en referencias a textos bíblicos. "Para nosotros el saber es la Escritura y conocer el poder de la Palabra viva"[940]. Pero no hay que dejarse engañar, creyendo descubrir aquí un reformador proto-protestante[941]. Los escritos de los autores eclesiásticos antiguos están literalmente cuajados de referencias bíblicas, verdaderas cadenas de textos bíblicos ensartados por afinidad de temas, ideas o incluso similitud de palabras y sonidos. El método más antiguo de exégesis bíblica consistía, básicamente, en citas literales acompañadas de breves glosas y comentarios.

---

938 Ambrosio, *Ep.,* 68, 3.
939 F. Sánchez Dragó, *Gárgoris y Habidis,* p. 323; H. Chadwick, *op. cit.,* p. 197.
940 Prisciliano, *Tract.* I, p. 26, ed. Schepss.
941 Así lo hace E. H. Broadbent, *The Pilgrim Church,* pp. 36-38. Pickering & Inglis, Basingstoke 1985 (org. 1931).

La calificación de hereje la encontramos en los escritos de Orosio, Agustín, León Magno y la *Regula fidei* transmitida por la Colección Canónica Hispana dentro de las actas del Concilio I de Toledo del año 400; obras tardías, parciales y, a menudo, tendenciosas. La actitud de Jerónimo ante el priscilianismo ejemplifica la perplejidad ante las enseñanzas de Prisciliano. En un principio Jerónimo mantiene una actitud neutral en su galería de hombres ilustres, compuesta entre los años 392-393, en un momento próximo a la ejecución de Prisciliano. En esta obra, Jerónimo dice que Prisciliano es acusado por algunos de un gnosticismo procedente de Basílides y de Marcos, pero que es defendido por otros de esta acusación[942]. En la *Epístola* 75, fechada después del 398, Jerónimo afirma, sin dudar sobre ella, la vinculación gnóstica de los hispanos —priscilianistas— con Basílides[943]. En el *Commentario del profeta Amos,* compuesto en el 406, sigue manteniendo la vinculación de la herejía hispana con Basílides[944], pasando así de una acusación inicial de gnosticismo, que no es unánime, a una condena sumaria del priscilianismo como secta maniquea, condena muy similar a la dictada por Agustín.

Desde nuestro punto de vista, Prisciliano fue un entusiasta reformador moral sin voluntad de hereje. Se considera hijo de la madre Iglesia[945], sin intención de romper con ella ni introducir novedades ajenas al credo aceptado por todos. Sus errores son los típicos de la limitación del conocimiento humano, exacerbados por sus enemigos, lo abstruso de la materia en discusión y la mentalidad de la época. Al igual que tantos reformistas morales, los llamamientos de Prisciliano están dirigidos a inculcar la santidad de la continencia, la oración y el ayuno como un medio para purificar el abandono y conformidad mundana de las Iglesias españolas. Su lema, que repite una y otra vez, está tomado de la carta petrina del Nuevo Testamento: "Purificar vuestras almas por la obediencia a la fe" (1ª Pd. 1:22). Por el pecado, el mundo está bajo el maligno[946], y es preciso presentarle batalla mediante una guerra santa espiritual. Los cristianos no parecen darse cuenta de que las fuerzas del mal anidan en el interior de los muros de la Iglesia y de que la batalla y la renuncia al mundo y a sus potestades es el único camino a la salvación.

El cristiano es templo de Dios y el don de profecía sigue vigente entre el pueblo de Dios, no confinado al clero sino a todos los creyentes, hombres y mujeres, según la promesa divina, tomada de Hch. 2:17-21 y Joel 2:28-32. Despreciar las profecías es característico de los mundanos[947].

Para Prisciliano la máxima autoridad son las divinas Escrituras, explicadas sin sutilezas ni silogismos rebuscados. La Biblia no es un libro que el hombre haya escogido porque le guste,

[942] "Prisciliano, nombrado obispo de Ávila por sus compañeros Hidacio e Instancio, degollado en Tréveris por el tirano Máximo, publicó muchos opúsculos, de los que algunos han llegado hasta nosotros. Incluso hoy es acusado de la herejía gnóstica por algunos como Basilio y Marcos, de los que escribió Ireneo, siendo defendido por otros, con distinto criterio respecto de él" (Jerónimo, *De viris illustribus* 121).

[943] Jerónimo, *Ep.,* 75, 3.0

[944] Jerónimo, *Comment. in Amos prophet.,* 1, 3.

[945] Prisciliano, *Tract.* I, p. 7, 20.

[946] Prisciliano, *Tract.* V, p. 57.

[947] Prisciliano, *Tract.* I, p. 29.

sino que le ha sido dado por Dios[948]. Tanto el Antiguo como el Nuevo Testamento proceden del mismo Dios[949]. El Antiguo es una alegoría para nuestra edificación más que una norma con validez actual[950]. El estudio de la Biblia es esencial para ascender por el camino de la santificación[951]. La Escritura invita a sus lectores a ensanchar su mentes y ejercitar la nobleza de los judíos de Berea, que examinaron las enseñanzas de Pablo a la luz de las Escrituras[952]. Día y noche hay que dedicar a aprehender los secretos de que llena[953]. A tal propósito, el método correcto de interpretación es el alegórico o espiritual, principalmente en relación al Antiguo Testamento. Cristo es la clave de la Escritura, la llave dada por Dios, que interpreta la Escritura para los verdaderos creyentes[954]. Prisciliano recuerda la buena educación recibida, dada su elevada posición social, pero así como en el bautismo había renunciado completamente a la vida pasada, en el estudio de la Escritura renuncia a la "sabiduría mundana"[955]. Ahora todo su esfuerzo se concentra en la Palabra de Dios y no en la filosofía de este mundo[956]. Aunque Prisciliano atribuye gran importancia al misticismo de los números como clave hermenéutica de los misterios de la Escritura, el número está asociado para él con lo sucesivo y desintegrado de nuestra condición terrena y juega un papel secundario en relación a su doctrina.

Hasta aquí su proceder es del todo ortodoxo y nada susceptible de despertar sospechas. Éstas surgen a raíz de su fuerte inclinación por los libros apócrifos, objeto de polémica debido a su popularidad entre los maniqueos, para los cuales los Hechos apócrifos de Pedro, Pablo, Juan, Tomás y Andrés constituían un cuerpo adicional en su canon de textos sagrados. Prisciliano lo sabe y no tiene problemas. Encuentra un precedente en las mismas Escrituras canónicas: los escritores bíblicos citan textos apócrifos. Desde el punto de vista doctrinal, Prisciliano considera que la revelación es un concepto más amplio que el canon bíblico. Considera que sólo un intolerable clericalismo puede tratar la revelación como un depósito almacenado y confiado en los límites estrechos de los libros aceptados como canónicos[957].

Por otra parte, si el error y la herejía son lo que se teme, el uno y la otra pueden basarse en las escrituras canónicas tanto como en las apócrifas. Prisciliano defiende el derecho de los cristianos instruidos a leer textos apócrifos con discreción[958]. Considera que hay un criterio infalible y muy fácil de seguir para determinar si se puede aceptar o no un escrito apócrifo: si enseña la divinidad de Cristo. "El que no ama a Cristo sea anatema"[959].

Agustín, que manifiesta haber leído un códice priscilianista, dice que los priscilianistas se diferencian de los otros herejes por la veneración que tienen por los apócrifos, puesto que los maniqueos, marcionitas y otros rechazan parte de los libros canónicos, especialmente

948 Prisciliano, *Tract.* III, p. 48.
949 Prisciliano, *Tract.* VI, p. 72.
950 Prisciliano, *Tract.* V, p. 62; X, p. 93.
951 Prisciliano, *Tract.* I, p. 6, 16.
952 Prisciliano, *Tract.* III, p. 53, 8.
953 Prisciliano, *Tract.* VIII, p. 87, 14.
954 Prisciliano, *Tract.* I, p. 9, 27.
955 Prisciliano, *Tract.* I, p. 14, 9.
956 Prisciliano, *Tract.* I, p. 8, 12.
957 Prisciliano, *Tract. III,* p. 53.
958 Prisciliano, *Tract. III.*
959 Prisciliano, *Tract. I,* p. 30; III, p. 56, 25.

el Antiguo Testamento y los profetas, mientras que los seguidores de Prisciliano aceptan las Escrituras en su totalidad, canónicas y extracanónicas. El error priscilianista, a juicio de Agustín, es que pervierten su sentido[960]. Prisciliano, por su parte, como ocurre en la mayoría de los que aseguran limitarse a enseñar lo que la Biblia enseña, consideraba que su propia interpretación de la Escritura estaba directamente extraída de ella; los herejes eran los otros, a quienes gustaba debatir y discutir.

¿Qué atraía de los Evangelios y Hechos apócrifos a Prisciliano? No una hipotética enseñanza "secreta" sobre la figura de Jesús prohibida por la Iglesia, sino la defensa que éstos hacían del ascetismo, la virginidad y el celibato, acentuados, por otra parte, los escritos rigurosamente ortodoxos. Prisciliano da por buena la interpretación apócrifa de los *Hechos de Juan* que reinterpretaban la historia de las bodas de Caná para decir todo lo contrario del texto canónico: la presencia de Cristo no justifica la vida matrimonial, sino la vida célibe. El apóstol Juan era el novio de las bodas, pero el Señor le llama para que viva la castidad. El vino de la boda se acaba porque Cristo fue invitado. El nuevo vino que creó milagrosamente es símbolo de la nueva vida de celibato a que el cristiano más espiritual está llamado. Se suponía que la virginidad de Juan era la razón por la que Cristo le amó más que a los demás y le confió a su virgen madre[961].

Se sabe que los libros apócrifos y concretamente los *Hechos de Tomás* eran manejados por los priscilianistas. Egeria, la primera mujer peregrina en Tierra Santa entre los años 381 y 384, probablemente gallega y simpatizante de Prisciliano, visitó Edesa con la intención de conocer más de cerca lo relacionado con el apóstol Tomás. Cuenta que al llegar a Edesa, donde se creía que estaba enterrado el apóstol, se encaminó de inmediato a la iglesia y al *martyrium* de Santo Tomás. "Luego de haber hecho oración, según nuestra costumbre, y cuanto solíamos realizar en los santos lugares, leímos algunos textos relativos a Santo Tomas"[962]. Se piensa que los textos a los que hace referencia no eran otros que los apócrifos *Hechos de Tomás* (F. C. Burkitt)[963], o quizá el *Evangelio de Tomás* (K. A. D. Smelik).

El movimiento reformista de Prisciliano debe entenderse a la luz del contexto más amplio y universal de las aspiraciones ascéticas que en todo tiempo pretenden reformar la vida relajada de los cristianos nominales. Movimiento, a la vez, íntimamente relacionado con inquietudes apocalípticas y la creencia en el cercano fin del mundo. El mismo Prisciliano interpretó la oposición que encontró a sus ideas en términos de los conflictos que acompañan a "los últimos tiempos"[964].

Para Filastrio, obispo de Brescia, los priscilianistas pertenecían al grupo de los "abstinentes", es decir, de los que rechazaban la relación sexual matrimonial, propio del movimiento encratita, del griego *enkrateia,* "continencia". Se practicaba una total abstención de carnes, y de bebidas alcohólicas, se condenaba absolutamente el matrimonio y hasta se llegó a sustituir

960 Agustín, *Ep.* 237.

961 Citado por H. Chadwick, *op. cit.,* p. 145.

962 Egeria, *Itinerario* 19.

963 F. C. Burkitt conjetura sin razón que los Hechos de Tomás fueron llevados a Occidente por vez primera por Egeria después de su visita al santuario de Santo Tomás en Edesa.

964 Prisciliano, *Tract.* II, p. 35, 6-7.

el vino por el agua en la celebración de la eucaristía. Floreciente ya en el siglo II, especialmente en Alejandría y en Siria, Taciano definía el matrimonio como "fornicación y corrupción". Prisciliano participa de esta concepción encratista que por medio de la creciente popularidad de los monjes egipcios se extendía por toda la cristiandad, y que Prisciliano parece ser el primero en introducir en el Occidente cristiano desde su rincón galaico[965].

Para concluir, los *tratados* de Prisciliano no dejan lugar a dudas sobre el rechazo del mismo de las ideas maniqueas, que contempla con horror. Prisciliano considera que los maniqueos son hechiceros dignos de muerte, según Éxodo 22:17[966]. Sin embargo, como señalan Chadwick y Vilella[967], el espíritu y el tono de Prisciliano eran extraordinariamente similares al lenguaje usado por Manés. En la doctrina del asceta gallego hay elementos que objetivamente pueden ser interpretados como próximos al maniqueísmo. Esto, unido a la alarma que suscitó la rápida propagación del priscilianismo, la novedad de un modo de vida entre ascético y libre de restricciones clericales, embrollado después con pasiones y enemistades personales y pasos en falso, condujo al trágico desenlace del experimento de Prisciliano.

BIBLIOGRAFÍA

Hipatia

Clelia Martínez Maza, *Hipatia: La estremecedora historia de la última gran filósofa de la Antigüedad.* Esfera de los Libros, Madrid 2009.

Dora Russell, *Hipatia. Mujer y conocimiento.* Krk Ediciones, Oviedo 2005.

Dougles Burton-Christie, *La palabra en el desierto. La Escritura y la búsqueda de la santidad en el antiguo monaquismo cristiano.* Siruela, Madrid 2007.

Gonzalo Fernández, "Destrucciones de templos en la Antigüedad tardía", en *Archivo Español de Arqueología* 54, 1981, páginas 141-156.

—"La historia del monacato egipcio hasta el término de la reforma de Shenuda de Átripe", en *Cuadernos Monásticos* 170, 2009.

Hipólito Escolar Sobrino, *La biblioteca de Alejandría.* Gredos, Madrid 2003, 3ª ed.

I. Mueller, L. S. Grinstein y P. J. Campbell, *Women of Mathematics: A Biobibliographic Sourcebook.* Greenwood Press, Nueva York 1987.

Mangasar M. Mangasarian, "The Martyrdom of Hipatía, or, The death of the classical world", *The Rationalist,* Mayo 1915. http://en.wikisource.org/wiki/The_Martyrdom_of_Hypatia

Margaret Alic, *El legado de Hipatia. Historia de las mujeres desde la Antigüedad hasta fines del siglo XIX.* Siglo Veintiuno, Madrid 1991.

María Dzielska, *Hipatia de Alejandría.* Siruela, Madrid 2006, 2ª ed.

Otto F. A. Meinardus, *2000 Years of Coptic Christianity.* American University in Cairo Press, 1999.

Schnoudi

Alfred Butler, *The ancient Coptic Churches of Egypt.* Oxford University Press, Oxford 1884 (reeditado en 2004).

[965] El nombre de "monje" aparece por vez primera en un documento español en relación a Prisciliano: en las actas del concilio de Zaragoza del año 380.

[966] Irónicamente es el juicio y sentencia que se abatió sobre su propia persona en Tréveris.

[967] Chadwick, *op. cit.,* p. 135; Vilella, *op. cit.,* p. 519.

Émile C. Amélineau, *Hist. de Saint Pakhome et de ses communautes* (París, 1884).

—*Les moines egyptiens: Vie de Schnoudi.* E. Leroux, París 1884.

Eugene Revillout, "Les origines du schisme egyptien, Senuti le Prophete", en *Revue de l'Histoire des Religions,* VIII, 401 468; 545-58. París 1883.

G. Colin, *La version ethiopienne de la vie de Schenoudi.* CSCO, Lovaina 1982.

H. Guerin, "Sermons inédits de Senouti", en *Revue Egyptologique* 10 (1902) 148-164 y 11 (1905) 15-34.

J. Lacarrière, *Los hombres ebrios de Dios,* Aymá, Barcelona 1964.

J. Leipoldt, *Sinuthii archimandritae Vita et opera omnia.* CSCO, París 1908.

Mary Bateson, "Origin and Early History of Double Monasteries", en *Transactions of the Royal Historical Society,* vol. 13, (1899), pp. 137-198.

Tito Orlandi, "Shenoute d'Atripé", en *Dictionnaire de Spiritualité,* vol. XIV, 797-804. París 1989.

Libanio

Libanio, *Discursos,* I - *Autobiografía.* Trad. intro. notas A. Melero. Gredos, Madrid 2001.

—*Discursos,* II y III. Trad. intro. notas A. González Gálvez. Gredos, Madrid 2001.

Paganismo

A. F. Ozanam, *Los Orígenes de la Civilización Cristiana.* Ed. Agnus, México 1946.

A. Momigliano, ed., *The Conflict Between Paganism and Christianity in the Fourth Century.* Oxford 1970.

Carles N. Cochrane, *Cristianismo y cultura clásica.* Cap. IX. FCE, México 1983, 2 ed.

Carlos Buenacasa Pérez, "La constitución y protección del patrimonio eclesiástico y la apropiación de los santuarios paganos por parte de la Iglesia en la legislación de Constancio II (337-361)", *Pyrenae* 28 (1997), pp. 229-240. Edición electrónica: www.ub.es/grat/grat29.htm

—"La decadencia y cristianización de los templos paganos a lo largo de la Antigüedad Tardía (313-423)", *Polis* 9 (1998), pp. 25-50. Edición electrónica: www.ub.es/grat/grat32.htm

Ch. Pietri, "La politique de Constance II: un premier *césaropapisme* ou l'imitatio Constantini?", en *L'Église et l'Empire au IVe siècle.* Vandoeuvres-Genève 1987.

Edward Gibbon, *History Of The Decline And Fall Of The Roman Empire,* vol. 3, 1782, capítulo XX-VIII: "Destruction Of Paganism". Edición electrónica: www.fordham.edu/halsall/source/gibbon-decline28.html

Ferdinand Gregorovius, *Roma y Atenas en la Edad Media.* FCE, México 1982, 2 ed.

H.A. Drake, Constantine and the Bishops: The Politics of Intolerance. Johns Hopkins University Press, 2002.

Mar Marcos, "Ley y Religión en el Imperio Cristiano (s. IV y V)", en *Ilu. Revista de Ciencias de las Religiones.* Anejos 2004, XI, pp. 51-68. Edición electrónica: www.ucm.es/BUCM/revistas/ccr

Mónica Miró, "Paganos y herejes en la obra de Aurelio Prudencio. Estado de la cuestión", Congreso Internacional La Hispania de Teodosio I, Salamanca 1997, pp. 179-192. Edición electrónica: www.ub.es/grat/grat30.htm

P. Chuvin, *Chronique des derniers païens. La disparition du paganisme dans l'Empire romain, du règne de Constantin à celui de Justinien.* París 1991, 2 ed. (trad. inglesa *A Chronicle of the Last Pagans,* Londres 1990).

Ramsay Macmullen, *Christianity and Paganism in the Fourth to Eighth Centuries.* Yale University Press, New Haven 1997.

Robin Lane Fox, *Pagans and Christians.* Alfred A. Knopf, Nueva York 1987.

Stephen Benko, *Pagan Rome and the Early Christians.* Indiana U. Press, Bloomington 1984.

Antijudaísmo
A. T. Davies, ed., *Antisemitism and the Foundations of Christianity.* Paulist Press, New York 1979.
Bernard Lazare, *Antisemitism: Its History and Causes.* University of Nebraska Press, Lincoln 1995.
James Parkes, *Antisemitismo.* Paidós, Buenos Aires 1965.
Jules Isaac, *Las raíces cristianas del antisemitismo.* Paidós, Buenos Aires 1966.
León Poliakov, *Historia del antisemitismo.* Ediciones siglo XX, Buenos Aires 1968.
—*De Cristo a los judíos de las cortes.* Raíces, Buenos Aires 1988.
Paula Fredriksen, *Augustine and the Jews: A Christian Defense of Jews and Judaism.* Doubleday Religion, New York 2008.
Walter Laqueur, *The Changing Face of Antisemitism: From Ancient Times to the Present Day.* Oxford University Press 2006.
William I. Brustein, *Roots of Hate: Anti-Semitism in Europe before the Holocaust.* Cambridge University Press 2003.

Prisciliano
Fernando Sánchez Dragó, *Gárgoris y Habidis,* cap. "Prisciliano". Planeta, Barcelona 1994, 3 ed.
Henry Chadwick, *Prisciliano de Ávila.* Espasa-Calpe, Madrid 1978.
José Orlandis, *Historia de los Concilios de la España romana y visigoda.* EUNSA, Pamplona 1986.
Josep Vilella Masana, "Priscilianismo galaico y política antipriscilianista durante el siglo V", *Antiquité Tardive* 5 (1997), pp. 177-185. Edición electrónica: www.ub.es/grat/grat25.htm
—"Un obispo-pastor de época teodosiana: Prisciliano", *Studia Ephemeridis Augustinianum* 58 (1997), II, pp. 503-530. Edición electrónica: www.ub.es/grat/grat13.htm
Juan G. Atienza, *Monjes y monasterios españoles en la Edad Media.* Ed. Temas de Hoy, Madrid 1994.
Marcelino Menéndez Pelayo, *Historia de los heterodoxos españoles,* vol. I. BAC, Madrid 1965.
Ramón Chao, *Prisciliano de Compostela.* Seix Barral, Barcelona 1999.

4. Juliano y la reacción pagana

Entre el edicto milanés de libertad religiosa (año 313) y la asunción del cristianismo como religión oficial del Imperio (año 380), sólo se produjo un breve paréntesis cuando se tuvo la sensación de que las aguas paganas iban a volver a su cauce y revertir la creciente influencia cristiana en pro de la ancestral religión de los romanos. El personaje que encabezó la vuelta al pasado mediante la restauración de las viejas glorias del paganismo fue el emperador Juliano. De haber triunfado su nombre sería hoy uno más de los muchos emperadores romanos de la escuela aristocrática, conservadora por naturaleza, y Constantino el progresista que apostó por la religión de los marginados, de los pobres y de los esclavos, del cristianismo, en una palabra. Pero como el caso fue lo contrario, Constantino es el emperador retrógrado, mientras que Juliano será el progresista; eludiendo, o ignorando, los valores tolerantes de Constantino, pero haciéndole culpable de una evolución no siempre gloriosa pero que, mucho nos tememos, corresponde al patrón de la religiosidad clásica atrapada en la convicción de que la salud pública depende del culto tributado a la divinidad.

Es curioso ver cómo la ideología personal o social de los historiadores refleja la distinta valoración del pasado. Para los historiadores católicos Juliano es un vil apóstata, mientras que Constantino y Teodosio casi dos santos. Para los historiadores "independientes" Juliano es el héroe, mientras que Constantino y Teodosio son unos oportunistas y unos hipócritas que utilizan la religión a favor de su programa político de unificación imperial.

1. Juliano estudiante y estratega

Sobrino de Constantino el Grande, Juliano llegó a ser emperador por una de esas carambolas de la vida. Salvado milagrosamente de las matanzas del 337, en las que pereció casi toda su familia, el joven Juliano se educó en Asia Menor, y dedicó su juventud a la filosofía y la cultura griega, intentando mantenerse al margen de los acontecimientos políticos en una época en que su vida corre verdadero peligro. Junto a su amor por la filosofía, se observa un Juliano extremadamente supersticioso e influenciado por magos, oráculos y demás iluminados que no dudaron en pegarse a él. A juicio de algunos historiadores, uno de los grandes errores de Juliano fue la falta de visión crítica hacia su propia religión y sus supersticiones. Para Chester G. Starr no hay duda de que Juliano, consagrado como estaba a la magia y a la superstición, no fue un genuino representante del helenismo racional, aunque como tal se presente en sus numerosas obras[968]. Amiano Marcelino, admirador y contemporáneo de Juliano, censura al emperador por "su excesivo interés en el conocimiento de portentos *(praesagiorum suscitario)*, que, pasados los límites de la legítima adivinación, le condujo a la superstición grosera"[969].

Tras la ejecución de su hermanastro Galo —de temperamento colérico y salvaje—, Juliano se encontró aupado a una posición de mando debido a la decisión de su primo Constancio, que desconfiando de sus colaboradores, e incapaz de controlar todo el Imperio, le nombró césar de Occidente en el año 335. A partir de ese momento Juliano de repente deja su vida retraída de eterno estudiante para convertirse en soldado en territorio galo. La Galia atravesaba por una serie de invasiones germanas, ante las que Constancio se veía impotente, razón por la cual no tuvo más remedio que ceder en su oscuro primo Juliano las riendas del gobierno occidental.

Constancio le hizo casar con su hermana Elena, unos años mayor que él, y de fe nicena, dándole además diversos consejeros con la intención de que fueran los verdaderos gobernantes en la sombra. Pero Juliano, una vez en el cargo, demostró tener dotes de mando y de estrategia, que nadie sospechaba en él. Mandaba a sus tropas con tan gran disciplina, y él mismo se mostraba tan valeroso en las batallas, que pronto se convirtió en modelo y ejemplo de sus soldados. De esta manera obtuvo numerosos triunfos sobre los germanos, muy superiores en número: Autun y Colonia (año 356); Sens (años 356-357); Lyon, Rhin; Argentoratum y Estrasburgo (año 357); y Germania transrenana (año 359), reconstruyó la flota del Rhin y las fortalezas destruidas, repobló con prisioneros los campos de las Galias, redujo en un 75 por ciento el impuesto de indicciones, y administró personalmente las regiones devastadas.

Al poco tiempo se declaró la guerra contra los persas y Constancio llamó a Juliano para que acudiera con sus tropas para combatir en la frontera persa. Al conocerse la noticia, los soldados, reclutados en su mayor parte en las Galias, y cuyo único deseo era defender la frontera del Rhin para evitar las devastaciones en su tierra, se rebelaron en un movimiento instintivo de solidaridad nacional. Los soldados proclamaron augusto a Juliano, quien primero se negó, pero ante la actitud amenazadora de los soldados hubo de acceder. Escribió a Constancio explicándole lo sucedido y prometiéndole fidelidad si le ratificaba la confianza

[968] Chester G. Starr, *Historia del mundo antiguo,* p. 737.

[969] Amiano Marcelino, *Rerum Gestarum* 25, 4, 17.

(año 360). Pero Constancio, que desconfiaba de él, exigió la sumisión completa e incondicional de Juliano y pasó rápidamente, dejando la frontera persa donde se encontraba, para encaminarse apresuradamente al encuentro de los rebeldes, pero murió de fiebre en Mopsuestia o Mopsócrenes (año 361). Entonces Juliano fue nombrado legalmente augusto.

Eliminado Constancio, desaparecida Elena, su esposa, muerta tras un primer aborto poco después de la proclamación de Juliano como augusto, el nuevo emperador consideró que nada le ligaba a la familia constantiniana ni a su política y que ello le dejaba las manos libres para desarrollar sus propias ideas sobre la manera de gobernar el Imperio. En sus manos estaba la posibilidad de cambiar la historia, restableciendo el helenismo y el culto pagano, que ya se encontraban en pleno proceso de desaparición. De esta manera, se produce un cambio considerable en la orientación de la política religiosa del Imperio, que había venido cristianizándose desde los días de Constantino.

2. Reacción y "apostasía"

Hasta entonces Juliano había sido formalmente cristiano, con un comportamiento adecuado a un príncipe de la familia constantiniana. Desde que fuera designado césar de su primo, se mostró fiel partidario suyo, hasta el punto de halagar a Constancio, diciéndole que parecía que aún reinara su padre Constantino. Juliano no llevó a cabo ningún acercamiento hacia los paganos. Amiano Marcelino lo explica diciendo que durante todo ese tiempo fingió ser cristiano[970], lo cual parece explicar que nadie descubriera sus simpatías hacia el paganismo, precisamente en un reinado caracterizado por la atenta vigilancia sobre la vida pública y privada de los altos cargos del Estado derivada de la desconfianza que Constancio sentía hacia cuantos le rodeaban. El paganismo latente en Juliano nunca fue descubierto, porque jamás fue sospechado y, por consiguiente, no se le investigó. De hecho, en el año 361, en vida de Constancio, Juliano asistió a la celebración de la Epifanía en una iglesia de Vienne (Francia)[971].

Juliano había sido educado rigurosamente en las doctrinas cristianas por el obispo arriano Jorge de Alejandría, hombre tan radical como culto, pero también por un anciano siervo escita de nombre Mardonio —no se sabe si era pagano o cristiano—, que le leía a Homero y los filósofos griegos. Juliano pronto comenzó a sentir admiración por la cultura helénica a medida que aumentaba su antipatía por la fe cristiana.

De manera que lo que para sus enemigos fue considerado una apostasía, para el interesado fue una liberación de creencias y sentimientos largamente mantenidos en secreto. Hubo apostasía a nivel de Estado, pero con matices. El cristianismo venía siendo privilegiado desde los días de Constantino, pero aún no se había proclamado religión oficial del Estado, proclamación que corresponde a un tiempo posterior: año 380, siendo Graciano y Teodosio emperadores. El destino cristiano del Imperio todavía no se había sellado, y aunque Juliano resultó ser el último emperador pagano de Roma, podría haber sido lo contrario. Estaba escondido en los misterios de la Historia que el futuro sería del cristianismo, aunque a los ojos de la fe nada resultaba más evidente, incluso en los oscuros y dramáticos días de las persecuciones. El

[970] Amiano Marcelino, *Rerum Gestarum* 21, 2, 4; 22, 5, 1. Cf. Sócrates, *Hist. eccl.* III, 1 y Sozomeno, *Hist. eccl.* V, 1.
[971] Amiano Marcelino, *Rerum Gestarum* 21, 2, 5.

paganismo llevaba siglos herido de muerte, menospreciado por la clase intelectual y censurado con todo tipo de críticas y burlas por los poetas. Sólo la costumbre y el miedo inveterado a los azares de la vida hacían de él un recurso religioso-mágico en caso de necesidad. Por eso, la restauración pagana de Juliano resultaba anacrónica. Juliano, como escribe Indro Montanelli, no era un hombre de pensamientos profundos. Basta leer sus escritos para convencerse de ello. "A veces, sus razonamientos se pierden en divagaciones. Tenía mucha memoria, pero no comprendía nada de arte, se obstinaba puntillosamente sobre problemas filosóficos secundarios perdiendo de vista los principales y se complacía con citas y virtuosismos estetizantes. Era fatal que confundiese la Iglesia con sus amos pastores. Sea como fuere, no honra a su inteligencia política la idea que se le atribuyó, y que tal vez cultivó de veras, de un retorno al paganismo como religión de Estado. Pues todo retorno, en política es ya un error"[972].

3. ¿Juliano perseguidor?

Los veinte meses que suponen el reinado de Juliano constituyen una de las épocas más controvertidas de la historia y, por ello, han sido interpretados de las maneras más diversas no sólo por parte de la historiografía moderna, sino también por parte de sus propios contemporáneos, la mayoría de los cuales emitieron sus propios y particulares juicios de valor. Entre todos los aspectos de su actividad política, los historiadores de la Antigüedad tardía dieron mucha importancia a sus medidas en materia religiosa, lo que le valió el apelativo de "el Apóstata", con el que se le conoce desde entonces, y pusieron mucho empeño en la fama de "perseguidor de los cristianos".

Sin embargo, a pesar de su falta de simpatía por los cristianos, Juliano no dio lugar a ninguna persecución sangrienta, ni dio órdenes de cerrar las iglesias cristianas, como se dijo. Se trata de una exageración de sus enemigos. Las "atroces crueldades" de que a veces se habla tampoco son ciertas. "Por el cielo" —afirma Juliano—, "que no quiero que los galileos sean muertos, azotados o de otra forma injuriados contra la ley"[973]. Cuando el obispo Jorge de Alejandría fue asesinado por los paganos ofendidos con su proceder violento, o de signo contrario, cuando los cristianos incendiaron el templo de Apolo en Antioquía, Juliano no ordenó represalias ni en un caso ni en otro. Quería mostrarse imparcial. Cuando su tío, el conde Juliano, nombrado *comes Orientis* por su sobrino, aplicó en Antioquía, de una manera más vigorosa de lo que se le pedía, una política resueltamente anticristiana, organizando en particular la profanación de la catedral, Juliano le escribió aconsejándole moderación[974]. En

---

972 Indro Montanelli, *Historia de Roma,* p. 423.

973 Juliano, *Epist.* 376c.

974 El conde Juliano murió de una enfermedad especialmente horrible, en la que los autores cristianos vieron un castigo divino. Su sobrino siempre le testimonió su amistad mientras vivía. El historiador Filostorgio pretende que el conde Juliano había sido también apóstata para complacer al emperador. Pero una carta de este último, fechada en el momento de la muerte de Constancio, manifiesta ya el buen entendimiento entre ellos. Aún más; la carta está llena de invocaciones a los dioses, lo que implica que Juliano sabía ya que su tío no era cristiano. Filostorgio simplemente leyó mal alguna de sus fuentes a propósito de la profanación de la catedral de Antioquía. Esta fuente fue utilizada también por Teodoreto, por quien se sabe que el conde Juliano era asistido entonces por dos personajes, Elpidio y Félix, los cuales —y sólo ellos dos— habían sido apóstatas por complacencia. Sin duda, Filostorgio extendió esta información al profanador, lo cual le permitía ensombrecer aún más su figura.

esta línea de conducta ve Amiano el propósito del emperador de mantener la religión fuera de la política, guiado por el sentido estricto de la equidad[975].

La actitud de Juliano hacia los cristianos, pues, no debe ser calificada ni de persecución ni de "revancha provocada por el rencor", sino que tan sólo es la lógica consecuencia del apoyo que este emperador concedió de nuevo a la religión pagana, sin castigar a aquellos que se oponían a esta política, sean o no cristianos. "Por la razón debemos persuadir e instruir a los hombres, no por golpes, insultos o violencia física. Por lo tanto reitero mi orden a todos los verdaderos creyentes de que no dañen a las comunidades galileas, ni levanten mano o dirijan insultos contra ellas. Quienes yerran en materias de grave importancia merecen piedad, no el odio; y así como la religión es el mayor de todos los bienes, así la irreligión es el peor de los males. Y ésta es la situación de los que abandonaron a los dioses para adorar cadáveres y reliquias"[976].

Juliano nombró a los neoplatónicos Máximo de Éfeso y Prisco como sus consejeros, de acuerdo a un programa de gobierno teñido de neoplatonismo religioso, y aunque cuidó de que se diera igual trato a los cristianos que a los paganos, dijo preferir a los adoradores de los dioses a los cristianos. Buena parte de su epistolario muestra la opinión que éstos le merecían. Les considera culpables de la "locura" reinante en su época, pues, a su juicio, el Estado había olvidado el respeto debido hacia las divinidades tradicionales del Imperio que habían sido veneradas y protegidas por sus antepasados[977]. Juliano no reprocha a los cristianos el hecho de que adoren a Dios, pues considera que éste no es más que uno de los muchos dioses que, bajo otros nombres, adoran los paganos. La culpa de los cristianos radica en el orgullo, la presunción y el fanatismo de que dan muestra al considerar que no existe otro Dios que el suyo[978]. Además, les acusa de amar excesivamente el oro y la riqueza y de mostrarse en exceso hostiles y destructivos con respecto a la cultura pagana. Considera el cristianismo "superstición galilea", mucho más infame que el judaísmo del que deriva: "Los galileos, como sanguijuelas, chuparon la peor sangre de aquellos orígenes, y dejaron la más pura"[979]. "Siguieron deliberadamente a hombres que habían transgredido su propia ley y que pagaron adecuada pena por haber preferido vivir desafiando la ley y proclamado un nuevo y extraño evangelio"[980]. No obstante, Juliano se muestra tolerante y prohíbe que se cometan injusticias contra los cristianos, lo cual no siempre pudo evitar que sucediera.

A raíz de su decisión de nombrar funcionarios paganos para ayudarle en la administración imperial, y ocupar las magistraturas, muchos cristianos apostataron, según el testimonio de Sócrates. Si bien no se puede calcular la repercusión exacta que esta legislación tuvo entre los miembros de la administración, es posible que se llevara a cabo con cierto rigor. Es conocido que Cesario, hermano del obispo Gregorio de Nacianzo, perdió su cargo de médico en la corte por no renunciar a su fe cristiana[981]. Por otro lado, es de suponer que también

---

975 Amiano Marcelino, *Rerum Gestarum* 22, 10, 2.

976 Juliano, *Epist.* 438b.

977 Juliano, *Epist.* 83, 376d.

978 Juliano, *Epist.* 89a, 454a-b.

979 Juliano, *Contra los galileos,* 292.

980 Juliano, *Epist.,* 432.

981 Cf. Javier Arce, "Los cambios en la administración imperial y provincial con el emperador Flavio Claudio Juliano (362-363)", pp. 217-218, *Historia Antigua* n.º 6, 1976.

hubiera apostasías voluntarias, como la de Pegaso, obispo de Ilium, la antigua Troya (en la actual Turquía), quien se confesó ante el emperador como un pagano que se había convertido ante la presión de la religión del momento, seguramente para ascender socialmente. En la práctica, a pesar de que la mayoría de los cargos fueron ocupados por paganos, Javier Arce ha podido documentar un grupo reducido de cristianos entre los miembros de la Administración imperial. A pesar de ello, la mayor parte de la historiografía, tanto la antigua como la moderna, ha querido destacar que, con estas medidas restrictivas, se perseguiría, sin lugar a dudas, que la avidez de honores y cargos condujera a muchos a la apostasía.

Al mismo tiempo, Juliano pretendió expulsar a los cristianos del ejército, mediante el procedimiento de hacer cumplir las tradicionales ceremonias religiosas de la Antigüedad, y la sustitución del lábaro por emblemas paganos. Con fina ironía quiso enseñar que los ideales cristianos de no-violencia no son compatibles con la práctica de la milicia, y que lo mejor que podían hacer los cristianos era mostrarse consecuentes con sus principios. Juliano hizo que cada movimiento militar fuera precedido de elaborados ritos de adivinación y sacrificios, personalmente conducidos por el emperador. A esto llamo Jerónimo una "blanda persecución": *Blanda persecutio illiciens magis quam impellens ad sacrificandum*[982].

Para los detractores de la política julianea, la medida más importante de este emperador para combatir el cristianismo fue la publicación de un edicto de tolerancia en el que el monarca ordenó la legalidad de todos los cultos cristianos sin distinción de su credo, la restitución de los bienes usurpados por la Iglesia a las comunidades paganas y la revocación de todas las penas de exilio y de confiscaciones que habían tenido lugar en tiempos de Constancio. Tradicionalmente, la historiografía ha tendido a resaltar que con todo ello se pretendería crear conflictos entre los seguidores de las diferentes profesiones de fe cristianas, lo cual se consiguió en buena medida, pues tenemos conocimiento de la difícil situación que vivieron las Iglesias de la diócesis de África a causa de los violentos conflictos entre los cristianos y los donatistas. Los autores cristianos Filostorgio[983] y Sozomeno[984] creen que tras la revocación de las penas de exilio de los elementos heréticos había la esperanza de Juliano de dividir a los cristianos para eliminarlos más cómodamente.

Sin embargo, como indica el Dr. Carlos Buenacasa, este edicto puede explicarse desde otra óptica, pues es la consecuencia lógica de una política imperial que deja de lado el apoyo a la Iglesia católica Si estos obispos habían sido exiliados a causa de su fe y del proteccionismo otorgado por Constancio a la Iglesia arriana, ahora que Juliano opta por desentenderse de las cuestiones religiosas cristianas, no puede, por consiguiente, mantener las penas de exilio. Ahora bien, cuando, posteriormente, decide exiliar a los obispos Atanasio de Alejandría[985] y Eleusio de Cízico, no lo hace a causa de su fe, sino de su condición de contestatarios de las decisiones y del poder imperial. En el caso de Eleusio, éste desafió abiertamente la política de Juliano, despojando a los templos paganos de sus estatuas y ornamentaciones e instalando en estos recintos asilos para pobres y vírgenes consagradas. La tolerancia no autorizaba la activi-

---

982 Citado por Cochrane, *Cristianismo y cultura clásica*, p. 281.

983 Filostorgio, *Hist. eccl.* VII, 4.

984 Sozomeno, *Hist. eccl.* V, 5.

985 Juliano, *Epist.* 110-112.

dad subversiva y hostil a las órdenes del emperador. Juliano no pudo evitar sentirse frustrado porque sus contemporáneos cristianos no compartieran sus opiniones sobre cuáles eran los problemas del Imperio ni que no viesen que sus decisiones no iban encaminadas a otro fin que no fuese la preservación y la prosperidad del Imperio[986].

Relacionada con la política persecutoria y anticristiana de Juliano, se le ha atribuido la intención de prohibir la enseñanza del cristianismo en las escuelas basándose en una mala interpretación de una carta de Juliano[987]. La opinión de Amiano Marcelino[988], quien la considera una medida anticristiana, no deja de ser su interpretación personal. Con toda seguridad, según Salvatore Pricoco, no se trata de una decisión que pretenda perseguir a los cristianos, sino que su finalidad es la de reformar el cuerpo de profesores y el papel de la curia en la elección de los mismos. La fundación de escuelas privadas fue prohibida y todos lo maestros debían ser autorizados por las municipalidades[989].

Para Juliano las personas que desprecian la cultura y la literatura paganas no pueden dedicarse a su enseñanza, pues su aproximación a estos textos es ideológicamente opuesta e irreconciliable con aquello que pretenden enseñar. "Honro a quienes se dedican a estudios de importancia tan elevada; y más les alabara si no se engañasen y no se atontasen a sí mismos pensando una cosa y enseñando otra. Homero, Hesíodo, Demóstenes, Herodoto, Tucídides Isócrates y Lisias consideraban a los dioses como autores e inspiradores de su saber. ¿No estimaban algunos de ellos estar consagrados a Hermes, otros a las musas? Es, pues, absurdo que personas que exponen su obra viertan desprecio sobre la religión en que ellos creyeron"[990].

Hasta entonces los maestros cristianos habían escapado al evidente conflicto entre la doctrina cristiana y los mitos paganos recurriendo a la interpretación alegórica, tendente a descubrir en ella *prefiguraciones* del Evangelio, caminos precursores dentro del paganismo que apuntaban a la plena realización del Logos divino. Pero Juliano les cerró ese camino. "No quiero ordenarles que cambien sus opiniones para ganarse la vida. Pero insisto que debieran abstenerse de enseñar lo que no tienen por verdadero"[991]. En Roma, el filósofo cristiano Mario Victoriano, y en Atenas el retórico Proheresio renunciaron voluntariamente a su cátedra. Otros protestaron vivamente, la cuestión quedó zanjada con la muerte prematura del emperador.

4. Restauración del paganismo

Juliano es, con plena autoconciencia, un conservador, que discrepa de la revolución introducida en el Imperio por su tío Constantino. "Más encarecidamente que cualquier otra cosa detesto la innovación, especialmente en lo que a los dioses se refiere, y sostengo que

986 Carlos Buenacasa, "La persecución del emperador Juliano a debate", p. 515.

987 Juliano, *Epist.* 61. "¿No persiguió Juliano también a la Iglesia, con la prohibición intimada a los cristianos de no enseñar ni aprender las artes liberales?" (Agustín, *Civ. Dei* XVIII, 52).

988 Amiano Marcelino, *Rerum Gestarum* 22, 10, 7.

989 Salvatore Pricoco, "L'editto di Giuliano sui maestri", pp. 348-370, *Orpheus* n.º 1, 1980.

990 Juliano, *Epist.* 422-424.

991 Juliano, *Epist.* 422-424.

deberíamos mantener intactas las leyes heredadas del pasado, pues es notorio que fueron dadas por los dioses"[992]. Para Juliano, Constantino era un renegado, de cuya herencia había que librar a Roma. El joven emperador se consideró a sí mismo en el doble papel de restaurador predestinado de la *romanitas* y discípulo del dios Sol, señor del orden ideal y primer agente en la creación del mundo físico. No intimidado por el fracaso de cuantos le habían precedido emprendió la restauración de la religión clásica que curase la dolencia de la sociedad introducida, a su parecer, por el cristianismo.

Juliano creía que los cristianos, al repudiar la herencia del clasicismo, habían desperdiciado inestimables ventajas para abrazar una vida de sacrificio, abnegación y mortificación de la carne, ideal de una mentalidad bárbara y servil, que a sus ojos era adecuadamente simbolizada en el culto de un "dios ensangrentado y expirante", al que se habían añadido "una multitud de otros cadáveres recientemente muertos"[993], es decir, los mártires. Eunapio, amigo y contemporáneo del emperador, hizo la crítica más acerba a la devoción cristiana a santos y mártires, descrito como "cabezas escabechadas y huesos mohosos. Tales han venido a ser los nuevos dioses del pueblo romano"[994].

Al igual que Constantino, Juliano halló que el principio de tolerancia es compatible con la extensión de privilegios y favores a quienes compartían su creencia. "Deseo que los hombres religiosos sean alentados, y francamente digo que tienen derecho a ello. La locura galilea causó un desbarajuste casi universal, y sólo la clemencia del cielo pudo salvarnos. Deberíamos, pues, honrar a los dioses y a los hombres religiosos y ciudades de tal espíritu"[995].

Como buen platonista, creyó del todo necesario una "religión pública institucional". Su plan consistía en la restauración general de los templos paganos y de sus imágenes, unida a la elaboración ostentosa, impresionante, del sacrificio pagano. Según Amiano Marcelino y Libanio, Juliano viajó por Asia Menor distribuyendo dinero y realizando sacrificios a los dioses. A su paso ordena restaurar los templos paganos, lo cual es posible por la presencia del ejército que le acompaña. Todo ello fue completado con una reestructuración del culto pagano. Bajo el estandarte del helenismo, Juliano dio cabida tanto a su devoción por ciertos cultos orientales (la Gran Madre y Mitra, principalmente), como al culto solar y a los dioses del Olimpo griego, conformando así una nueva religión pagana sincretista.

En apoyo de este sistema religioso, el mismo Juliano emprendió la selección y educación de un sacerdocio profesional bien capacitado. Como *Pontifex Maximus,* halló en el antiguo legado romano la autoridad para organizar y dirigir el culto imperial, así como para amonestar o reprender a sus ministros. No sólo mandó a los sacerdotes paganos que dieran ejemplo de piedad, promoviendo las fundaciones caritativas: asilos para vírgenes y ancianos, albergues para viajeros, hospitales para enfermos y necesitados; sino que también les recomendó que practicaran la fraternidad. Asimismo, copió la solemnidad y la participación de los fieles en las ceremonias litúrgicas y configuró un cuerpo sacerdotal calcado de la jerarquía episcopal cristiana, nominando grandes sacerdotes para cada provincia.

---

[992] Juliano, *Epist.* 453b.

[993] Juliano, *Contra los galileos,* 335.

[994] Eunapio, *Vita Aedessi,* citado por Cochrane, *Cristianismo y cultura clásica,* p. 265.

[995] Juliano, *Epist.* 436b.

A pesar de todos los esfuerzos realizados por Juliano, la empresa de restaurar el decadente paganismo fracasó por completo. Se le dotó de cuerpo, pero le faltó espíritu. Se le libró de la opresión de la leyes, pero resultó impotente en lo moral. La *intellighentia* romana no le prestó atención, sólo algún que otro intelectual neoplatónico. Juliano no tardó en descubrir que su mensaje no levantaba convicción alguna, era incapaz de despertar ni una centella de entusiasmo en la mente de los hombres. Su temprana muerte aceleró el proceso de disolución del abortado proyecto de restauración pagana. "La llama de la fe en los dioses, artificialmente atizada, volvió a languidecer tan pronto como cayó aquel gran defensor de la antigua religión. Los sucesores de Juliano, los emperadores Joviano, Valiente y Valentiniano, devolvieron al cristianismo su prestigio legal y sus privilegios, aunque sin abolir el principio constantiniano de tolerancia del paganismo"[996].

5. Reconstrucción del templo de Jerusalén

Según parece Juliano intentó ir contra la profecía de Cristo referente a la destrucción del templo de Jerusalén, y demostrar que dejaría de cumplirse. Para ello dio permiso a los judíos para reconstruir el derruido templo. Cirilo, el obispo de Jerusalén, predijo que tal empresa sería un fracaso. Un terremoto se encargó de confirmar su predicción, destruyendo los andamiajes y el desplome de las paredes. Los escritores cristianos, Cirilo entre ellos, lo interpretaron como un castigo del cielo[997]. El suceso fue revestido de prodigios legendarios. Se dice que cayó fuego del cielo que estuvo ardiendo todo el día y abrasó las herramientas preparadas para el trabajo de reedificación —quizá se trataba de ciertos gases subterráneos—, y que los judíos, contra su voluntad, confesaron a Jesucristo, amén de otros detalles antisemitas. Lo único cierto es el desplome de las paredes por un temblor de tierra y el fuego que le rodeó.

Edward Gibbon, el gran historiador del Imperio romano y su decadencia, admite que estos sucesos están confirmados no sólo por los autores cristianos, sino también por el testimonio de Amiano Marcelino, el historiador pagano. El cristiano Teodoreto de Ciro revistió el fenómeno de un modo tan fabuloso que cualquier parecido con la realidad es mera coincidencia. Según este historiador eclesiástico, lo que miles de hombres levantaban con gran trabajo se caía sin que nadie lo tocara. Los mismos restos antiguos del templo que aún permanecían se derrumbaron. Fuertes vientos y tempestades borrascosas arrastraban los materiales, hasta que vino el terremoto. Cuando pasado el miedo cavaban los cimientos, salió de ellos fuego, que abrasó a muchos de los obreros. Por la noche se derrumbaron algunos edificios, atrapando a los que descansaban, y aquella noche y el día siguiente apareció resplandeciente en el cielo la señal de la cruz, y en los vestidos de los judíos otras cruces, no de luz, sino de color negro[998].

Tampoco en esta empresa tuvo suerte Juliano. Su trágico destino se consumó en el año 362, cuando salió de Constantinopla para combatir a los persas. Durante una escaramuza en el desierto de Mesopotamia, agobiado por el calor de julio, se quitó su coraza, desafiando a

---

[996] Ferdinand Gregorovius, *Roma y Atenas en la Edad Media,* p. 194.

[997] Sócrates, *Hist. eccl.* III, 20; Rufino, *Hist. eccl.* I, 37.

[998] Teodoreto, *Hist. eccl.* III, 4.

las flechas de los francotiradores enemigos, recibió un flechazo que él mismo arrancó con sus manos, empeorando la herida. Dándose cuenta de que se aproximaba su fin, llamó en torno a su lecho a dos filósofos amigos suyos, Máximo y Prisco, con los cuales se puso a discutir serenamente sobre la inmortalidad del alma, demostrando ser un digno heredero de Catón y Sócrates. Era el 26 de julio del 363; Juliano contaba treinta y dos años de edad. Dicen que se metió la mano en la herida, la sacó empapada en sangre y que, lanzando al aire unas gotas, exclamó con rabia: "¡Venciste Galileo!". Probablemente no es cierto.

Es muy seguro que los cristianos se regocijaron ante la noticia de su muerte, pero es totalmente falsa la acusación de Libanio, que acusa directamente a los soldados cristianos como asesinos de su jefe. Acusación demente que refleja el dolor por el derrumbamiento de sus esperanzas de restauración pagana, tal com se ve en el *Epitafio a Juliano,* el más largo de los discursos del sofista y de gran interés histórico.

6. Derrota de la Victoria

El conflicto entre el paganismo y el cristianismo culminó en la famosa controversia sobre la estatua de la Victoria, con cuyas remociones y reposiciones de su ubicación el Senado ilustra las fluctuaciones en la lucha entre la aristocracia conservadora, por una parte, y el gobierno "cristiano", por otra. El respeto con que habían jurado delante de esta Victoria tantas generaciones de padres la patria la había hecho casi sagrada y símbolo del triunfo de Roma. Constancio fue el primero que en el año 357 ordenó que se quitara del Senado. Juliano, como era de esperar, mandó reponerla en su sitio. Una vez más, Graciano ordenó quitarla de nuevo, Símaco, el orador pagano, quiso protestar ante el emperador en nombre propio y de la facción aristocrática tradicional, suplicando que les permitiera devolver la estatua a su lugar, pero Graciano se negó a recibirle. Un nuevo intento en el 384 ante Valentiniano II, hermano del difunto Graciano, tuvo más fortuna. Este emperador recibió el mensaje de la embajada, leído por Símaco, presidente de la comisión. Justina, la madre del emperador, apoyó la iniciativa. Ella, de hecho, había dado signos claros de su orientación, poniendo a la cabeza del ejército a dos paganos, Bauto y Rumoride, y a Pretestato, pagano también, como prefecto del Pretorio. Entre Justina y gran parte de la aristocracia senatorial pagana existía gran comunión de intereses afines.

Ambrosio, obispo de Milán[999], envió en seguida a su secretario a la corte para que le diesen el texto de Símaco y, teniéndolo, se puso a rebatir por escrito cada punto. Compuso un escrito dirigido a Valentiniano II, que refleja el pensamiento ambrosiano. El impetuoso obispo —de estirpe y tradición aristocrática— retó al emperador sin dudarlo: "Todos tienen que servir al emperador, pero el emperador tiene que humillarse ante Dios. Si decidís contra Dios en este asunto, los obispos no lo tolerarán; entraréis en las iglesias y no hallaréis en ellas ningún sacerdote para recibiros"[1000].

La firme determinación de Ambrosio le llevó a la victoria cristiana sobre la Victoria pagana, pero a cambio se ganó el odio declarado de Justina, juzgado por ella como un agitador.

[999] Cf. F. H. Dudden, *Life and Times of St. Ambrose,* 2 vols. Oxford University Press, Oxford 1953.

[1000] Ambrosio, *Epist.* XVIII. Cf. Aurelio Prudencio, *Contra Symmachum. Obras completas.* BAC, Madrid 1981.

Conociendo la oposición de Ambrosio al arrianismo, Justina hizo que su hijo el emperador emanase en el 385 una constitución, en la que se conminaba la pena de muerte contra cualquiera que osara oponerse al culto de los arrianos.

Símaco y los intelectuales romanos afines no desesperaron. En el año 388 dirigieron una tercera nueva embajada al emperador Teodosio, y una cuarta en el 392. Parece como si en la cuestión de la estatua de la Victoria se estuviera jugando la razón de ser del paganismo. Un *tour de force,* un pulso para saber quién tenía resistencia.

"Pedimos —dice Símaco a Teodosio— volver a aquel estado de la religión que, por largo tiempo, benefició a la República. Es cierto, se pueden enumerar príncipes de uno y otro grupo y de una y otra doctrina: de entre ellos los primeros observaron las ceremonias de los padres, mientras los más recientes no las suprimieron. Si no constituye un ejemplo la religión de los más antiguos, lo sea la tolerancia de los más recientes. ¡Quién es tan cercano a los bárbaros que no pida la restitución del Ara de la Victoria! Somos cautos respecto del futuro y evitamos los presagios adversos. El honor que ha sido denegado a la divinidad se le dé, al menos, al título. Vuestra eternidad debe mucho a la Victoria y aún mucho deberá: estén en contra de este poder aquellos que de él no han sido beneficiados. No abandonéis una protección favorable al triunfo".

Después, apelando al sentimiento tradicional dice: "Concededme, os ruego, que lo que recibimos siendo niños, posteriormente, lo entreguemos siendo ancianos. Es algo grandioso el amor a la costumbre; con razón las realizaciones de Constancio no subsistieron largo tiempo".

Como buen romano, Símaco recurre a la religión no porque crea en ella, sino porque la considera útil para refrenar a los atrevidos, una especie de policía invisible para infundir miedo. Para él, si cae el Ara de la Victoria la sociedad corre el riesgo de desintegrarse en la inmoralidad y el crimen, argumentos muy parecidos a los de los descreídos ilustrados deístas de la Revolución francesa: "¿Dónde juraremos vuestras leyes y vuestras palabras? ¿Qué religión aterrará al de mente falsa, para que no mienta en los testimonios? Ciertamente todo está lleno de Dios y en ningún lugar el pérfido está seguro, pero mucho cuenta para el temor a delinquir la presencia visible de la divinidad. Aquel altar mantiene la concordia de todos, en aquel altar converge la confianza de cada uno. Nada da más autoridad a nuestras declaraciones que el hecho de que casi todo está bajo el vínculo de juramento. Luego, ¿se abrirá a los fraudes el lugar desconsagrado y todo ello con la aprobación de mis valerosos soberanos, cuya seguridad reside en el público juramento de fidelidad?".

La restauración de la Victoria en el palacio senatorial era sólo la punta de la lanza de las reivindicaciones paganas que habían visto peligrosamente recortados sus privilegios económicos. Constancio, recuerda Símaco a Teodosio, "no quitó ninguno de los privilegios de las vírgenes y repletó los colegios sacerdotales con miembros de la aristocracia, tampoco rechazó el financiamiento al culto romano. Siguiendo al Senado en fiesta, por todos los caminos de la Ciudad Eterna, visitó los edificios sagrados con el rostro sereno, leyó los nombres de las divinidades inscritos en los frontones, se informó acerca de los orígenes de los templos y expresó admiración por sus fundadores y, si bien que personalmente seguía una creencia religiosa diversa, conservó éstas, las nuestras, para bien del Imperio".

"Cada uno tiene sus propias costumbres y sus propios ritos", continúa en el espíritu sincretista tan propio de los romanos. "La mente divina ha asignado cultos diversos para protectores de diversas ciudades. Como los hombres reciben un alma al momento de nacer, así también a los pueblos les corresponde un dios que acompaña su destino. Se agregue el argumento de la ventaja mutua: es el vínculo más sólido entre los dioses y los hombres. Puesto que la razón del todo está oculta, ¿de dónde viene más correctamente el conocimiento de la divinidad sino de los recuerdos y testimonios de los beneficios concedidos?".

A lo que suma el viejo argumento de la autoridad de lo antiguo: "Y puesto que la antigüedad le concede autoridad a las religiones, entonces se debe observar una fe practicada por tantos siglos y seguir así a los antepasados que beneficiosamente siguieron a sus antepasados. Pensemos que Roma está ahora presente y que ante vosotros proclama sus discursos: 'Óptimos emperadores, padres de la patria, reverenciad mis años a los que llegué observando los ritos. Consentidme celebrar las ceremonias ancestrales, puesto que no tengo motivos para arrepentirme. Estos cultos han reducido el mundo bajo mi dominio, estos ritos han rechazado a Aníbal de mis muros y a los invasores del Capitolio. ¿Para esto he sido salvada, para ser reprochada en la ancianidad? Esperaré antes de emitir un juicio acerca del nuevo culto que se quiere introducir. En todo caso, el propósito de corregir en la ancianidad llega tardío y ofensivo'. Luego, nosotros invocamos la paz por los dioses patrios y por los demás. Es justo considerar como único a aquel que todos rinden culto. Contemplamos los mismos astros, el cielo nos es común, nos envuelve el mismo mundo, ¿qué interesa en qué manera uno busca la verdad? Por un solo camino no se puede llegar hasta tan grande misterio. Pero estas son cuestiones de pensadores, ahora no elevamos un debate, sino una oración"[1001].

Ambrosio indignado ante la mención de Aníbal, dirá, como después Agustín en la *Ciudad de Dios*: "Decís que los dioses han salvado a Roma de Aníbal y de los galos, pero fueron los gansos los que, con sus graznidos, despertaron a los guardias del Capitolio, y ¿por qué se entretuvieron tanto los dioses en las guerras púnicas? Si se hubiesen decidido a salvar a Roma antes de la batalla de Cannas, ¡cuántas víctimas no se hubieran ahorrado!".

El caso, que pese al recurso a la antigüedad, la estatua de la Victoria no era una reliquia latina, ni conmemoraba ningún triunfo militar ni había obrado ningún prodigio: era sencillamente una estatua griega, de bronce dorado, que Julio César había llevado a Roma desde Tarento. "Causa una angustia casi dolorosa que el paganismo, herido de muerte, escogió para librar su última batalla la defensa de esta estatua de la Victoria, que no representaba nada genuino, ni desde el punto de vista moral ni el religioso. Los senadores paganos que se empeñaban en conservarla tampoco tenían ninguna fe en ella, deseaban sólo morir envueltos en los recuerdos espirituales del pasado"[1002].

En mayo del 392 fue encontrado ahorcado en su palacio el joven emperador Valentiniano II. Se habló de suicidio, pero seguramente se trató de una conspiración liderada por Arbogasto, que hizo reconocer como emperador a un letrado de Roma llamado Eugenio. Éste era cristiano, pero sostenido por el elemento pagano, principalmente por el senador Nicómaco Flaviano, yerno de Simaco. La estatua de la Victoria fue devuelta al ara del Senado, así como

[1001] Símaco, *Relationes*, III, 3-10.

[1002] José María Pisa, "El auge del cristianismo", p. 110, en *Historia Universal Salvat*, vol. 7. Barcelona 1999.

la estatua de Júpiter. Se celebraron de nuevo los misterios de Isis y de Cibeles, la *Magna Mater*. Teodosio, emperador de Oriente, que había ocupado el trono por decisión de Graciano, padre de Valentiniano II, se enfrentó en batalla a los usurpadores, que tuvo lugar en septiembre del 394. Nicómaco consideró aquella batalla como un momento decisivo del encuentro entre cristianismo y paganismo. Basándose en los oráculos se pronosticó como inminente el fin del cristianismo. Teodosio, por su parte, había recibido la confirmación de su victoria de un monje egipcio. Un frente entero anticristiano se estrechó en torno al ejército de Teodosio, formado desde los paganos del Senado y las tropas bárbaras, hasta los cristianos de la herejía arriana y del África donatista.

Rufino, traductor al latín de la *Historia eclesiástica* de Eusebio, que la actualiza a su vez, recoge la espectacularidad dramática de la vigilia: en el campo cristiano está Teodosio, el cual ora, ayuna y pide ayuda a los mártires y a los apóstoles; en el campo del adversario se sacrifican a las víctimas y se interroga a las vísceras. Al día siguiente ocurrió un milagro: un viento fuerte devolvía las flechas contra el campo enemigo. Agustín recoge la noticia maravillado:

"La lucha contra el poderoso ejército de Eugenio fue más bien con la oración que con las armas. Soldados que asistieron a este combate nos han descrito cómo un viento fuerte del lado de Teodosio les arrancaba de las manos las armas arrojadizas, lanzándolas contra los enemigos; y no sólo les arrancaba violentamente todo lo que arrojaban contra ellos, sino que volvía los dardos enemigos contra los propios cuerpos de éstos. De ahí que el poeta Claudiano, aunque adversario al cristianismo, pudo exclamar en sus elogios a Teodosio: 'Oh tú, predilecto de Dios, por quien Eolo, desde sus antros, despliega los armados huracanes; por quien lucha el éter, y acuden los vientos, conjurados al toque de las trompetas!' *(De tertio consulatu Honorri Augusti panegyris)*. Vencedor, como había creído y predicho, derribó unas estatuas de Júpiter[1003] que contra él habían sido erigidas y como consagradas con no sé qué ritos en los Alpes. Los rayos que habían tenido estas estatuas, por ser de oro, fueron pedidos entre bromas —lo permitía la circunstancia de la victoria— por los correos, diciendo que querían ser 'alcanzados por tales rayos'. Teodosio, siguiendo la broma, se los concedió con generosidad. A los hijos de sus enemigos personales, víctimas no de sus órdenes, sino del torbellino de la guerra, y refugiados en las iglesias antes de ser cristianos, les ofreció la ocasión de convertirse al cristianismo. Los trató con amor cristiano, sin despojarlos de sus bienes, los colmó de honores. No permitió que nadie, después de la victoria, vengase sus enemistades particulares"[1004].

Nicómaco se suicidó, los cristianos volvían a tener el control religioso de Roma, esta vez para liquidar y reconvertir definitivamente, sin oposición, los restos del paganismo.

BIBLIOGRAFÍA

A. H. M. Jones, *The Decline of the Ancient World.* Londres 1980.

A. Klein, *Julianus Apostata.* Darmstadt 1978.

[1003] Los enemigos de Teodosio, "sembraron los pasos de los Alpes con estatuas de Júpiter, que, armado de rayos de oro, hizo así su última aparición entre los hombres" (Indro Montanelli, *Historia de Roma,* cap. XLIX).

[1004] Agustín, *Civ. Dei* V, 26, 1.

Carlos Buenacasa Pérez, "La persecución del emperador Juliano a debate: los cristianos en la política del último emperador pagano (361-363)". *Cristianesimo nella Storia* 21 (2000), pp. 509-529. Edición electrónica: www.ub.es/grat/grat43.htm

—"La política religiosa del emperador Juliano y los Valentinianos. Los privilegios de la Iglesia entre los años 361-372". Homenaje el Profesor Montenegro. *Estudios de Historia Antigua,* Valladolid, Universidad, 1999, pp. 737-748. Edición electrónica: www.ub.es/grat/grat35.htm

Charles Norris Cochrane, *Cristianismo y cultura clásica.* FCE, México 1983, 2 ed.

D. Bowder, *The Age of Constantine and Julian.* Londres 1978.

E. J. Martin, *The Emperor Julian. An Essay on His Relations with the Christian Religion.* SPCK, Londres 1919.

Ferdinand Gregorovius, *Roma y Atenas en la Edad Media.* FCE, México 1982, 2 ed.

G. Ricciotti, *Juliano, el emperador apóstata, según los documentos.* Eler, Barcelona 1959.

G. W. Bowersock, *Julian the Apostate.* Cambridge 1978

H. Bloch, "The pagan revival in the West at the end of the Fourth Century", en A. Momigliano, *The Conflict between Paganism and Christianity in the Fourth Century.* Clarendon Press, Oxford 1963.

Indro Montanelli, *Historia de Roma.* Plaza & Janés, Barcelona 1994.

Javier Arce, *Estudios sobre el emperador Flavio Claudio Juliano.* CSIC, Madrid 1984.

Juliano, *Contra los galileos.* Editorial Gredos, Madrid 2001, 2 ed.

Klaus Bringmann, *Juliano.* Herder 2008.

P. Athanassiadi-Fowden, *Julian. An Intellectual Biography.* London-New York 1992.

Paul Allard, *Julien l'apostat,* 3 vols. París 1900-1903.

R. Browning, *The Emperor Julian.* Berkeley-Los Angeles 1975.

5. El cristianismo en Armenia y Persia

Los cristianos occidentales desconocen casi todo lo referente a sus hermanos orientales, a quienes miran por encima del hombro como reliquias de un cristianismo "ritualista", ignorando una rica historia de fe, heroísmo y santidad, que ha tenido que pagar un alto tributo de sangre por causa de su fe. La Iglesia de Armenia es una verdadera campeona en mártires, la única que permanece numerosa en aquellos territorios, pese a las terribles masacres de que ha sido objeto, cuyo holocausto ha sido obscurecido por el judío y la política de indiferencia de las potencias mundiales. "Toda la cultura e incluso la espiritualidad de los armenios están impregnadas de un sano orgullo por el signo supremo del don de la vida en el martirio" (Juan Pablo II). Sus vecinos, los cristianos persas, apenas si han conservado unos restos de la gloria y vitalidad que le arrebataron la violencia y la persecución.

"¿Qué pasa ahora en Persia?", se preguntaba en su día Agustín, echando en cara el incipiente eurocentrismo de los que pensaban que la historia comenzaba y terminaba en la Europa occidental. "¿No es verdad que hirvió —si es que ya amainó— una persecución tal contra los cristianos que algunos, huyendo de allí, han venido a parar a las ciudades romanas?"[1005].

El nuevo aire ecuménico, el mayor interés por conocer el pasado del cristianismo universal nos lleva a concluir que merece la pena volver la mirada a la luz cristiana de Oriente, y reparar así una deuda secular, expresando así la gratitud de toda la Iglesia por el innumerable

[1005] Agustín, *Civ. Dei* XVIII, 52.

ejército de santos que ha surgido en esa tierra y que resplandece con luz propia. Durante años los ojos de los cristianos, católicos y protestantes, como si no existieran más en el mundo, estuvieron puestos en Roma, Londres, Ginebra, hasta que recientemente se comenzó a ir más allá, hacia Constantinopla, Éfeso, Antioquía, Jerusalén, comprendiendo que, como hermosamente escribe Emil Kraeling, que "no pueden descansar a orillas del Tíber o detenerse sobre las siete colinas, porque buscan el Río de Agua de la Vida y la Montaña que se eleva por encima de las colinas"[1006].

1. Edesa y el rey Abgaro

Antioquía, en Asia Menor, ciudad donde los seguidores de Jesús recibieron el nombre de cristianos por vez primera, fue un centro influyente de actividad misionera. Desde allí se difunde el cristianismo con fuerza hacia el este, por las fronteras orientales del Imperio romano siguiendo la Ruta de la Seda desde Antioquía a China. Antioquía se alza con el honor de la conquista pacífica para el Evangelio del pequeño reino de Osroene, en la orilla izquierda del Eufrates, y especialmente su capital, Edesa, que bien pronto se llena de cristianos. Ya en el siglo II la Iglesia cuenta con una versión siríaca del Antiguo y del Nuevo Testamento. A fines de ese siglo se reúne allí un concilio regional. A pesar de que Caracalla anexiona el reino al Imperio, Edesa se mantiene como foco activo de evangelización, extendiendo la fe en Mesopotamia y por todo el Imperio persa. A mediados del siglo III había en Mesopotamia Iglesias tan florecientes como las del Asia Menor.

Surgió el rumor de que la conversión de Edesa al cristianismo se dio en los mismos días de Jesucristo, cuando el rey Abgaro V Ukkámá (= "el Negro"), presa de una enfermedad terrible e incurable, oyendo hablar del nombre de Jesús y de sus milagros, le envió una petición, por medio de un correo, rogándole que le librara de su enfermedad; a cambio de lo cual le ofrecía acogerle en su palacio para ponerle a salvo de las insidias de los judíos. Eusebio dice que hay evidencia escrita de esto conseguida de los archivos de Edesa, y cuya carta él traduce del siríaco palabra por palabra:

> Abgaro Ukkámá, rey de Edesa, a Jesús el Salvador, que se ha manifestado en Jerusalén. He oído hablar de las curaciones que has hecho, sin usar hierbas, ni otros remedios ordinarios. Y sé que devuelves la vista a los ciegos, y que haces andar a los cojos, y que limpias la lepra, y que arrojas los demonios inmundos, y que curas las enfermedades más crónicas, y que resucitas a los muertos. Oyendo tales cosas me he persuadido de que tú eres Dios, o Hijo de Dios, y que estás en la tierra con el fin de realizar esas maravillas. Y por eso te escribo, para suplicarte que vengas a mí, y que me cures de la enfermedad que me atormenta. También he oído decir que los judíos murmuran de ti y que quieren causarte mal. Ahora bien, Yo poseo una ciudad que es pequeña, pero honesta, y bastará para los dos[1007].

[1006] Emil G. Kraeling, *Los discípulos,* p. 253.

[1007] Eusebio, *Hist. ecl.* I, 13.

Según parece, la carta de Abgar llegó a manos de Cristo pocos días antes de comenzar la fiesta de Pascua. Jesús, al leer la carta, la contestó rápidamente. Su carta, escrita también en siríaco, fue enviada por el mismo mensajero Ananías que le había traído la del rey de Edesa, en la que le decía lo siguiente:

> ¡Bienaventurado seas, tú, Abgaro, que crees en mí, sin haberme visto! Porque de mí está escrito que los que me han visto no creerán en mí, y que los que no me han visto creerán y serán bienaventurados. En cuanto al ruego que me haces de ir cerca de ti, es preciso que yo cumpla aquí todas las cosas para las cuales he sido enviado, y que, después de haberlas cumplido, vuelva a Aquel que me envió. Cuando haya sido tomado arriba, te mandaré a uno de mis discípulos, para que te cure de tu dolencia, y para que comunique a ti y a los tuyos el camino de la bienaventuranza.

Ambas cartas, con ligeras variantes, están también contenidas en la obra siríaca *Doctrina de Addai,* de principios del siglo V, descubierta en 1876. La diferencia está en que Eusebio, que las toma por auténticas, dice que después de la ascensión de Jesús, el apóstol Tomás envió a Tadeo, en siríaco Addai, uno de los setenta discípulos, y sanó al rey Abgaro.

Cuando Eusebio, que es un historiador fiable, dice que "hay evidencia escrita de esto conseguida de los archivos de Edesa", hay que tomar por absolutamente seguro que él mismo tradujo el material del siríaco, pero afirmando, como hace notar Walter Bauer, que este material le fue entregado a él como procedente de los archivos oficiales de Edesa. Eusebio, sin lugar a dudas, no fabricó la historia, sino que fue engañado por alguien que se aprovechó de su credulidad y de su total ignorancia de la situación mesopotámica, y quizá porque quien le entregó el manuscrito siríaco se presentó a sí mismo de tal modo que pudiera inducir al equívoco[1008].

La intención del inventor de este intercambio epistolar, que con seguridad fue escrito originalmente en siríaco y que surgió alrededor de Edesa, fue la de demostrar el origen apostólico de dicha ciudad y adquirir para la misma el prestigio apostólico, puesto en cuestión por la persistencia de las herejías marcionita, maniquea y gnóstica. A pesar de todo, lo cierto es que Edesa jugó un papel muy importante en la diseminación cristiana en Asia.

Algunos historiadores eclesiásticos han conjeturado que esta leyenda anticipa unos acontecimientos que son posteriores en un siglo, y que Abgar V es en realidad Abgar IX, el primer rey cristiano de Edesa que reinó del 179 al 186[1009], pero se ven obligados a reconocer a la vez que la cuestión no está clara, y que el hecho es incierto[1010]. La única certeza histórica es que Osroene contaba con un cristianismo floreciente, que era el principal foco misionero de entonces. Al parecer algunos cristianos arameos de Palestina predicaron muy tempranamente a las comunidades judías allí establecidas, de las que surgieron las primitivas Iglesias cristianas del reino, de fuerte cariz judeocristiano.

En el siglo V, la Iglesia de Oriente se inclinó hacia las radicales formulaciones de la cristología antioqueña, las cuales habían sido articuladas por Teodoro de Mopsuestia y Nestorio,

[1008] Walter Bauer, *Ortodoxy and heresy in earliest Christinianity,* "Eusebius and the Abgar Legend".

[1009] Daniélou-Marrou, *Nueva historia de la Iglesia,* vol. I, p. 90.

[1010] Daniélou-Marrou, *op. cit.* p. 227.

cortando de este modo cualquier vinculación posible con la Iglesia del Imperio romano. Este vuelco hacia las posiciones nestorianas se produjo debido a la significativa influencia de los nestorianos en Persia, la cual se fortaleció aún más luego de la condenación de las doctrinas nestorianas por parte del concilio de Éfeso (431), y por la consiguiente expulsión de los nestorianos fuera de las fronteras del Imperio por disposición del emperador Zenón (474-491), con lo cual muchos de ellos debieron emigrar a Persia. En suma, como podemos apreciar, los cristianos persas necesitaron distanciarse de la Iglesia oficial del Imperio, con la cual, además, Persia estaba frecuentemente en guerra; de este modo ellos pudieron conservar su fe cristiana, mientras a su vez, evitaban cualquier sospecha de colaboracionismo con el Imperio romano.

2. Armenia, el primer Estado cristiano de la historia

El antiguo reino de Armenia estaba ubicado en lo que es hoy el este de Turquía, y en el área limítrofe de la ex Unión Soviética con Irán. Este país se convirtió en la primera nación en adoptar el cristianismo como religión oficial del Estado, cuando el rey armenio Dertad III (Tirídates III) fue convertido a la fe cristiana por San Gregorio "el Iluminador" a principios del siglo IV —tradicionalmente se sitúa en el año 301—, haciendo de Armenia la nación cristiana más antigua del mundo. Al poco tiempo de la conversión del rey, una importante catedral fue construida en Etchmiadzin, la cual sigue siendo el centro de la Iglesia apostólica armenia.

La historia de Armenia se remonta al III milenio antes de Cristo. La leyenda dice que el patriarca Noé edificó la madre de las ciudades armenias, la famosa Nakhitchevan, situada en una cuenca intermediaria del Araxa y no lejos de los desfiladeros a cuyo lado opuesto se halla la gran llanura de Kura. Cadenas montañosas, con el majestuoso pico del monte Ararat, donde se cree que descansó el arca de Noé, atraviesan la meseta armenia en dirección este-oeste y dividen el país en una serie de cuencas separadas, en las que los torrentes cortan profundas gargantas. La configuración geográfica de Armenia explica en gran parte el curso de su historia. Cada uno de sus poderosos vecinos —sumerios, acadios, babilonios, asirios, hititas— intentó reducir o dominar sus fortalezas naturales, pero ninguno de ellos logró adueñarse del país por completo[1011]. En cuanto a la cultura, fue principalmente afectado por la civilización mesopotámica, matriz de la humanidad.

El momento histórico de lo que sería el pueblo armenio fue la formación del reino de Urartú o reino de Ararat, que entre los siglos IX y VI a.C. disputó a Asiria el predominio político en el Asia Anterior, expandiéndose por las zonas colindantes. El nombre Urartú, en la forma Urashtu aparece frecuentemente en las inscripciones babilónicas con caracteres cuneiformes. En este período se desarrolló el proceso de formación étnico del pueblo armenio, que culminaría en los albores de la era cristiana. La primera mención conocida del pueblo armenio como "armenoi" aparece en los escritos del historiador griego Hecataeo de Mileto (c. 550 a.C.), y de Armenia *(Arminiya)* en la inscripción persa de Behistum de Darío I (c. 520 a.C.).

[1011] Cf. Sirarpie der Nersessian, "Armenia y su historia dividida", pp. 102-103.

Los sucesivos ataques asirios debilitaron el reino de Urartú, cuya caída definitiva se produjo con las invasiones cimerias y escitas, siendo destruido por Ciaxares a principios del siglo VI a.C., dando lugar al surgimiento de Armenia como formación política, tras un breve lapso independiente, bajo la dominación persa (550-331 a.C). La influencia aqueménida fue tan fuerte en la lengua armenia, que durante mucho tiempo los investigadores pensaron que el armenio era una lengua iraní en lugar de una rama separada de la familia indoeuropea.

Con posterioridad a la conquista del Imperio persa por Alejandro Magno, el país pasó a ser un reino independiente. El Imperio selúcida, uno de los herederos de Alejandro, sometió brevemente a Armenia (210-190 a.C.). Derrotados los selúcidas por el naciente poderío de Roma, Armenia volvió a independizarse bajo la dinastía de los Artashesian o Artaxiadas (189 a. C.). Cien años después, Artaxiad Tigrán el Grande (95-55 a.C.), nieto del fundador de la dinastía, transformó Armenia en un Imperio, que se extendió desde el Cáucaso hasta Palestina y desde el norte de Irán hasta Capadocia. El proyecto político de Tigrán consistía en integrar Armenia y Siria en un solo Estado que pudiera hacer frente a la amenaza conjunta de Roma y Partia, pero fue abortado por los romanos, que lo derrotaron y obligaron a devolver sus conquistas. Sin embargo, Armenia perduró como reino independiente.

Religión precristiana. Durante el período persa aqueménida, la nobleza armenia abrazó el mazdeísmo de sus señores, que se mezcló con las creencias nativas, de las que apenas se sabe algo. Desde el siglo I de nuestra era, hasta su conversión al cristianismo, Armenia fue un país eminentemente zoroástrico. Ahura Mazda, o Aramazd para los armenios, era el padre de los dioses en cuyo panteón figura Mitra, el dios de la luz y la justicia, conocido por Mihr; Anahita, diosa de la fertilidad y madre de la sabiduría, convertida en Anahit, la diosa favorita de los armenios. Verethrangna, dios de la guerra y "destructor de dragones", era adorado como Vahagn, quien confería valor a sus devotos. Astghik, diosa del amor. Tir, el escriba de Ahura-Mazda era el dios que registraba las obras buenas y malas de los hombres. Estos dioses se identificaron con la familia de dioses griegos a raíz de la conquista del macedonio Alejandro (356-323 a.C.), cuando Armenia entra en la órbita del mundo helénico. Aramazd se convierte en Zeus, Mihr en Hefaistos, Anahit en Artemisa; Vahagn en Hércules; Asghik en Afrodita y Tir en Apolo. Idéntico sincretismo se dio en Persia, donde Ahura-Mazda pasa a ser Zeus; Mitra, Apolo, y Anaita, Atena.

2.1. Gregorio el Iluminador

El cristianismo debió hacerse camino en el pueblo armenio desde los mismos inicios de la expansión misionera de los apóstoles. De hecho, la tradición atribuye el origen del cristianismo en Armenia a la predicación de los apóstoles de Cristo Tadeo y Bartolomé[1012], de quienes la Iglesia armenia deriva su nota "apostólica". El historiador armenio conocido con el nombre de Moisés de Corene, consciente de que el cristianismo arraiga en el país a raíz de Gregorio "el Iluminador", refiere la tradición según la cual Gregorio (c. 240-332), "nuestro progenitor y padre según el Evangelio", habría tenido el privilegio de ser concebido cerca de

[1012] Véase en esta misma obra la Parte II.

la tumba memorial del apóstol Tadeo, para mostrar así la continuidad entre la evangelización apostólica y la de Gregorio[1013].

La predicación apostólica en Armenia es verosímil, toda vez que en el país existían pequeñas colonias judías, que datan probablemente del tiempo de la cautividad babilónica, en el siglo VI a.C., cuando los conquistadores asirios repartieron sus prisioneros judíos por centenares de millar en los altos valles del Tigris y del Eufrates, en las montañas del Cáucaso y de Armenia. La presencia de semitas en esta zona pudo atraer a los misioneros cristianos y convertirse, como en tantos otros lugares durante los primeros siglos del cristianismo, en plataformas de futuras iglesias cristianas. En la primera carta canónica de Pedro, se envían saludos a los judíos convertidos del Ponto, de Galacia, de Capadocia, Asia y Bitinia (1:1), las cinco provincias romanas que conformaban la mayor parte de Asia Menor.

No hay que olvidar el papel tan importante de los mercaderes y viajeros armenios que visitaban con frecuencia Antioquía, una de las Iglesias misioneras más activas del cristianismo primitivo, así como las ciudades más cercanas de Edesa y Nisibis, en el norte de Mesopotamia, que contaban con florecientes comunidades cristianas. La posición central de Antioquía, en el corazón mismo de Oriente, que además era la tercera ciudad más importante del Imperio, desempeñó siempre un papel de primer orden en la historia de la expansión misionera.

El cronista armenio Agatángelo, en un relato lleno de simbolismo, narra detalladamente los hechos que la tradición coloca en el origen de esa conversión *en masa* del pueblo armenio y de sus gobernantes. El relato comienza con el encuentro providencial y dramático de Gregorio Partev (el Parto) y el rey armenio Dertad o Tirídates III (250-330 d.C.).

Gregorio era hijo del príncipe parto Anak, asesinado por el padre de Tirídates, juntamente con toda su familia. Gregorio fue el único miembro que logró escapar por su vida. Leoncio, arzobispo de Cesarea de Capadocia, le ofreció su protección y le educó como cristiano. Llegado el tiempo, Gregorio regresó a Armenia para emprender la evangelización de su país. Descubierto por el rey Tirídates, ordenó al misionero que ofreciera un sacrificio a la diosa Anahit, a lo cual se negó radicalmente, explicando al soberano que uno solo es el creador del cielo y de la tierra, el Padre de nuestro Señor Jesucristo. Gregorio, sometido por ello a crueles tormentos y asistido por la fuerza de Dios, no se doblegó. El rey, al ver su inquebrantable constancia en la confesión cristiana, mandó que lo arrojaran a un pozo profundo, un lugar estrecho y oscuro, infestado de serpientes, donde nadie había logrado sobrevivir. Pero Gregorio, alimentado por la Providencia a través de la mano piadosa de una viuda, permaneció trece años en ese pozo sin morir.

El relato prosigue refiriendo los intentos que mientras tanto realizaba el emperador romano Diocleciano para seducir a la virgen Hripsime la cual, para evitar el peligro, huyó de Roma con un grupo de compañeras, 38 en total, buscando refugio en Armenia. La belleza de la joven atrajo la atención del rey Tirídates, que se enamoró de ella "más allá de toda medida" y quiso hacerla suya. Pero Hripsime se negó a ser la esposa de un rey pagano. Frente al obstinado rechazo de Hripsime, el rey se enfureció y mandó que la mataran a ella y a sus

[1013] Moisés de Corene, *Historia de Armenia,* p. 265. Venecia 1841.

compañeras con crueles suplicios. Sólo una consiguió escapar, Nino, que más tarde habría de cristianizar a los georgianos en el Cáucaso, al norte de Armenia. "Los sufrimientos de Gregorio y el martirio de Hripsime y de sus compañeras atestiguan que el primer bautismo de Armenia fue precisamente un bautismo de sangre"[1014].

Según la tradición, como castigo por ese horrendo delito, Tirídates "contrajo la lepra, zozobró en la locura y tuvo la terrible visión de que le había crecido un hocico en medio del rostro", como si se hubiese transformado en un jabalí salvaje, sin poder recuperar su figura humana[1015]. Entonces, su hermana Chosroviducht, ya convertida al cristianismo, le recordó que Gregorio continuaba preso. El soberano perdonó a Gregorio, quien oró y curó al rey de su enfermedad incurable. Tras el milagro de esta cura, Tirídates se convirtió al cristianismo; se hizo bautizar juntamente con toda la familia real y decidió promover la evangelización del país entero. Así los armenios fueron bautizados y el cristianismo se impuso como religión oficial de la nación en el año 301, anticipándose de este modo a la decisión de Constantino en más de una década.

En el año 302 Gregorio fue a Cesarea y recibió la ordenación como obispo de Armenia de manos de su protector el arzobispo Leoncio. De esa manera, Gregorio expresó su agradecimiento a la comunidad cristiana de aquella ciudad en la que había sido formado y educado como tal. De regreso a Armenia fue escogido como cabeza, *katholikos,* de la Iglesia armenia. Junto al rey Tirídates (quien es venerado como santo), Gregorio recorrió el país, destruyendo los lugares de culto de los ídolos y construyendo templos cristianos. En el año 303 se construyó en Vagharshapat, entonces la capital del país, una iglesia catedral sobre las ruinas de un templo pagano. Según la leyenda, el propio Jesús eligió el sitio y se apareció a Gregorio para comunicárselo. Por esto el lugar tomó el nombre de Echmiadzin, es decir, lugar donde "el Unigénito descendió", literalmente: "Aquí bajó el Unigénito", situado a 12 kilómetros de Ereván, la actual capital de Armenia. Echmiadzin se convirtió en la santa sede del católico y supremo patriarca de todos los armenios.

Los sacerdotes paganos fueron instruidos en la nueva religión y se convirtieron en ministros del nuevo culto, mientras que sus hijos constituyeron el núcleo del clero y del sucesivo monacato. Gregorio se retiró pronto al desierto para llevar vida eremítica, y el hijo[1016] más joven, Aristakes, fue ordenado obispo y constituido cabeza de la Iglesia armenia. En calidad de tal, participó en el concilio de Nicea.

[1014] Carta apostólica de Juan Pablo II en el XVII centenario del bautismo del pueblo armenio, p. 4. Edición electrónica: www.vatican.va/holy_father/john_paul_ii/apost_letters/documents/hf_jp-ii_apl_20010217_battesimo-armenia_sp.html. "Si ha habido un pueblo mártir, ése es el nuestro", dice el historiador Joseph Alichoran. "Primero, fue masacrado por los persas; más tarde, por los árabes; continuaron la labor los turco-mongoles y les tomaron el relevo los otomanos y los kurdos. Y así hasta convertirse en nuestros días en una comunidad amenazada de muerte y olvidada por la humanidad entera" (citado por Fernando Pérez Barber, "Asirios en Oriente Medio: los primeros cristianos se extinguen entre minaretes", www.arrakis.es/~pirata).

[1015] El relato quiere significar que el hombre pierde su dignidad al apartarse de la ley de Dios, embruteciéndose, de forma que queda prisionero de sus propios instintos animales, aunque sea el rey y soberano: "No existe una sacralidad absoluta del poder, y de ninguna manera se puede admitir que quede justificado todo lo que hace" (Juan Pablo II, *op. cit.,* 6).

[1016] Los Sínodos del siglo V de esta Iglesia decretaron que el celibato no debería ser obligatorio para nadie, incluyendo a los mismos obispos e incluso hasta al mismísimo Patriarca, los cuales muchos de ellos estuvieron casados hasta principios del siglo VI, cuando se decidió que sólo los monjes podrían ser elegidos para el rango episcopal.

En el año 406 tuvo lugar el hecho trascendental de la creación del alfabeto armenio por el monje Mesrob Mashdotz, con el patrocinio del *katholikos* Sahag Bartev, hombre de gran erudición, y del rey Vramshapuh. Hasta entonces, el armenio había sido una lengua hablada. Los cultos religiosos se realizaban en siríaco en la Armenia persa y en griego en la Armenia bizantina. Los sacerdotes cristianos conocían bien esas lenguas y traducían oralmente las Escrituras y textos litúrgicos para el pueblo. Pero la falta de un lenguaje escrito aumentaba las posibilidades de éxito de la labor de asimilación lentamente emprendida por el Imperio romano-bizantino, y en la Armenia persa dejaba campo libre para la difusión de textos mazdeístas. La difusión y arraigo de la doctrina cristiana exigían imperiosamente la creación de un alfabeto propio. La tarea fue confiada a Mesrob Mashdotz, que realizó un largo viaje de consulta y estudio en Amida, Edesa y Samosata, donde investigó obras literarias muy reconocidas y diversos libros. En este peregrinar literario, cuentan los cronistas que tuvo una visión divina en la cual visualizó el alfabeto compuesto por treinta y seis letras, que se convertiría en testigo de la historia religiosa, nacional y cultural armenia. El nuevo alfabeto se adaptaba admirablemente bien a la lengua armenia, pues sus treinta y seis letras correspondían a todas las sutiles variaciones de los fonemas.

En posesión de un alfabeto propio se podía proceder al siguiente paso que motivó la búsqueda del mismo: la traducción al armenio de la Biblia, concebida como un auténtico medio de evangelización, para cuya tarea el incansable y erudito Mesrob emprendió un viaje a las vecinas Georgia y Albania y envió a sus discípulos a Edesa, Nisibis y Constantinopla con instrucciones especiales para traer manuscritos de la Escritura. De esta manera la Biblia se convirtió en el primer libro escrito con letras del nuevo alfabeto. La labor estuvo a cargo de Mesrob y el *katholikos* Sahag. Hasta ese momento se habían utilizado versiones griegas y siríacas, traducidas oralmente por los predicadores, como dijimos. La traducción de la Biblia al armenio se produjo en dos etapas, una entre los años 406 al 420 y la otra del 420 al 436. La segunda versión se denomina "Reina" por la perfección lingüística y la exactitud de su traducción. Sahag y Mesrob dejaron como herencia una generación de jóvenes traductores e historiadores que fueron los forjadores del "Siglo de Oro" en la historia del pueblo armenio[1017]. Los estudiantes son enviados a centros de cultura clásica y cristiana en Edesa, Cesarea, Constantinopla, Antioquía, Alejandría y Atenas, donde se forman como futuros traductores de la Biblia, la liturgia y los escritos de los padres griegos y sirios, así como de la literatura clásica latina.

Los "santos traductores", como son conocidos, gozan desde entonces de una alta consideración en la Iglesia armenia, que todos los años celebra su festividad. Muchas de las obras originales griegas y sirias que se tradujeron al armenio se han perdido, pero han logrado sobrevivir en armenio. Incluso cuando se han conservado los manuscritos griegos o siríacos, la exactitud de las traducciones armenias ha sido muy útil a los eruditos para establecer la forma primitiva del texto. No todo fue importación de pensamiento ajeno mediante el recurso de traducción. Se escribieron importantes obras originales de historia, filosofía, hagiografía, homilías, himnos y apologética, así como posteriores obras de ciencia. De este modo la Igle-

[1017] Cf. Koriun, *Historia de la vida de San Mesrob y del inicio de la literatura armenia.* Venecia 1894.

sia de Armenia proveyó a su pueblo de una fuerte cultura nacional en el mismo momento en que el estado armenio perdía su independencia política. No hay duda de que fue la Iglesia la que preservó la conciencia nacional a lo largo de la azarosa y trágica historia armenia.

2.2. *Vardan y la primera guerra de religión*

Atrapados entre dos grandes Imperios: Persia y Bizancio, en el año 387 los armenios asistieron impotentes a la partición de su territorio entre los persas y bizantinos, que pusieron fin así a sus continuas guerras. Persia, que por aquella época era la más poderosa, recibió las cuatro quintas partes del país. Medio siglo después, a partir del 428, Armenia volvió a convertirse en el centro de las interminables disputas entre bizantinos y persas. En el 450 el rey Iazdegerd o Yazdgard II de Persia (439-457), con la intención de atraer a su órbita al sector armenio y expandir el mazdeísmo, ordenó que abjuraran del cristianismo y se convirtieran a la religión de Zoroastro. Nobles y pueblo se opusieron a una. Aceptaban la sumisión política, pero no la negación de su fe cristiana. En mayo del 451, el rey de reyes Yazdgard envió un gigantesco ejército contra ellos con el fin de convertirlos por la fuerza.

La batalla tuvo lugar en el llano de Avarair, donde 60.000 armenios lucharon ferozmente contra el ejército persa, compuesto por 200.000 soldados fuertemente armados con caballos y elefantes. En vísperas del enfrentamiento, los soldados armenios son exhortados a defender la fe con estas palabras: "Quienes creían que el cristianismo era para nosotros como un vestido, ahora sabrán que no podrán arrebatárnoslo, como no nos pueden quitar el color de la piel"[1018]. El ejército de los "creyentes" luchó con valentía dando muestras de heroicidad, pero finalmente fue vencido por la aplastante superioridad numérica de los persas. Esta batalla es un episodio de heroísmo sin par, conocido en la historia armenia como la "guerra de Vartanantz", por el nombre del general armenio Vartán Mamikonian, que la comandó y que fue santificado por la Iglesia armenia como defensor de la fe. La flor y nata de la caballería armenia cayó en el campo de batalla. Ésta fue inmortalizada por el historiador nacional Egishe Vardapet, o Eliseo el Maestro[1019], y es todavía conmemorada por los armenios como la fiesta nacional más importante. No se luchó en ella por la independencia nacional, sino por el deseo de permanecer fieles a su religión. Estaban dispuestos a seguir siendo vasallos del rey, pero sin renunciar a su fe cristiana. Los 1.036 soldados armenios caídos en el campo de Avarair fueron recordados para siempre como mártires cristianos, auténticos herederos de los Macabeos. "Al tener que enfrentarse con un Imperio formidable, y ver su número seriamente mermado por los apóstatas, Vardan y su ejército murieron para preservar las *tradiciones de sus padres.* Su lealtad al cristianismo adopta la forma de una solemne *alianza,* jurada sobre los Evangelios. Se trataba de una alianza que incluía a nobles y a campesinos. A partir de ese momento, a uno y a otro lado de la frontera de los Imperios romano y persa, era de esperar que los armenios se mantuvieran fieles a una sola *fe patrimonial.* Eran semejantes al Israel

[1018] Eliseo, *Historia de Vartan y de la guerra de los armenios contra los persas,* cap.V, p.121. Venecia 1840.

[1019] Elishe, *History of Vardan and the Armenian War.* Trad. y ed. Robert W. Thomson. Cambridge Mass. 1982. Cf. P´awstos Buzand, *History of the Armenians.* Trad. Robert Bedrosian. Nueva York 1985.

En la red: http://rbedrosian.com/pbint.htm

militante de los Macabeos. Se trataba de una interpretación del Antiguo Testamento y de la historia del pueblo de Israel más concreta y más belicosa que cualquiera de las que pudieran hacer los escritores eclesiásticos de los reinos de guerreros de Occidente"[1020].

Aunque se perdió la batalla de Avarair, los armenios no perdieron la guerra; las considerables pérdidas del lado vencedor y los enfrentamientos que continuaron en las montañas hicieron desistir al rey persa de sus intenciones, advertido de que era imposible imponer un cambio religioso mediante la violencia a un pueblo heroico que veneraba a los mártires como héroes, por lo que tuvo que renunciar a sus propósitos y firmar en el 484 el tratado Nvarsak, reconociendo la libertad de conciencia de los armenios.

3. El Imperio persa

La primera civilización importante que vivió en el territorio actual de Irán fue la de los elamitas, que se establecieron en el suroeste de Irán aproximadamente en el 3.000 a.C. En el 1.500 a.C., las tribus indoarias empezaron a llegar a Irán procedentes del río Volga al norte del mar Caspio y desde Asia central. Con el tiempo, se establecieron en Irán las dos principales tribus de los arios: los persas y los medos. Una de estas tribus se asentó en el noroeste y fundó el reino de Media. La otra tribu vivió en el sur de Irán, en la región que los griegos después llamarían *Persis,* de aquí procede el nombre de Persia. Sin embargo, medos y persas llamarían a su nuevo hogar Irán, que es la forma abreviada de *Iran-sahr* o "país de los arias".

En el año 600 a.C, los medos dominaban Persia. En el 550 a.C., los persas con Ciro a la cabeza, derrocaron al rey de los medos y formaron su propia dinastía: el Imperio aqueménida. En el 539 a.C., aún en el período Ciro, Babilonia, Palestina, Siria y el resto de Asia Menor hasta Egipto, pertenecían al Imperio aqueménida. En el período de Darío se construyeron los primeros caminos y se crearon las primeras líneas marítimas, junto con la acuñación de oro y plata. Los caminos reales de Sardes a Susa y el sistema postal funcionaban con una eficacia sorprendente. En el 500 a.C., este vasto Imperio llegaba por el oeste, a la región conocida por Libia, y por el este a lo que es ahora Pakistán, desde el golfo de Omán al sur hasta el mar de Aral al norte. El valle Indo también formaba parte del Imperio aqueménida.

Aproximadamente en el 513 a.C. los persas invadieron lo que ahora es el sur de Rusia y el sureste de Europa. Darío envió su gran ejército a Grecia en el año 490 a.C., pero fue derrotado en Maratón por las fuerzas atenienses. Más tarde, en el 480 a.C., su hijo Jerjes volvió a invadir Grecia. Los persas derrotaron a los espartanos en la batalla de Termópilas. Posteriormente los persas sufrieron una aplastante derrota en Salamis y fueron expulsados de Europa en el año 479 a.C. Después de la derrota en Grecia el Imperio aqueménida entró en declive. En el 331 a.C. Alejandro Magno de Macedonia conquistó el Imperio, derrotó a un enorme ejército persa en la batalla de Arbela. Así terminó el Imperio aqueménida y Persia pasó a formar parte del Imperio de Alejandro Magno. Los reyes seléucidas, herederos de Alejandro en Irán, no mantuvieron durante mucho tiempo su autoridad más allá del Eufrates. En el siglo II a.C. los partos, a su vez, procedentes de Asia Central, se hicieron dueños del país gracias al uso de la caballería pesada que incorporaba la coraza para el jinete. Reconstruyen

[1020] Peter Brown, *El primer milenio de la cristiandad occidental,* p. 151.

el Imperio persa bajo la dinastía parta de los arscácidas. En los doscientos años que duró su dominio, los partos se enfrentaron a los romanos en occidente y a los kusanas en lo que es ahora Afganistán. En el plano cultural y religioso se opusieron a la helenización de la vida persa iniciada en tiempos de Alejandro, y prepararon el camino para la restauración de la antigua religión, es decir, el zoroastrismo.

En el año 224 d.C. Ardashir, descendiente de los aqueménidas a través de su abuelo Sasán, oficial del templo de la diosa Anahita en Istajr, acaba con el poder de los partos y se hace cargo del Imperio, inaugurando la dinastía de los sasánidas, que se mantendrán en el poder durante más de cuatro siglos, en perpetua guerra con los romanos, empeñados en un mismo propósito de dominio mundial. Romanos y persas se consideraban los únicos rivales dignos en un mundo de bárbaros o, recogiendo palabras de un embajador del sigo III, las "dos luminarias" del mundo.

Los sasánidas impulsaron un proceso de unificación que no desconocía la existencia de numerosos reinos autónomos, pero que debían jurar fidelidad al *Sha* (rey) de reyes de Irán, apoyado en la antigua aristocracia terrateniente. La organización imperial contemplaba una amplia burocracia civil y militar donde destacaban el gran visir, que dirigía la administración central, el *eran spahbadh,* ministro de guerra, y el *eran dibherbadh,* una especie de primer ministro que tenía autoridad sobre todos los "secretarios de Estado". Dentro de la burocracia imperial ocupaban un lugar destacado los sacerdotes mazdeos, especialmente el *mobadham mobedh,* o jefe de los magos. El clero mazdeísta ejercía gran influencia en todos los niveles de la sociedad persa.

El Imperio sasánida se organizó de un modo más centralizado que sus predecesores. Actuó como poder aglutinador de las diversas fuerzas actuantes en la sociedad irania y persa a base de entroncar con la grandeza y esplendor de la época aqueménida, y sobre todo con el respaldo de la religión oficial del mazdeísmo o zoroastrismo, que aunque contaba con ocho siglos de existencia entre los persas, nunca fue reconocido como religión oficial hasta la dinastía sasánida. El mazdeísmo como religión oficial tuvo el doble efecto de fortalecer el sentimiento nacional y de aumentar el prestigio de la realeza. El concepto del origen divino de la autoridad real reforzó la lealtad a la persona del rey presentado como vicerregente de Ahura Mazda. En todas las formas del arte sasánida conocidas la realeza se halla representada por todos los símbolos de la divinidad. En ellas se ve al rey recibiendo el aro del poder de manos del dios.

De hecho, la rebelión de Ardashir contra los partos reinantes fue muy semejante a la que siglos después protagonizó el *ayatolá* Jomeini contra el *Sha* de Persia. Ardashir, fundador de la dinastía sasánida, era sacerdote y miembro de una familia sacerdotal, y no podía soportar la "irreligión" de los partos arsácidas, para quienes el zoroastrismo era sólo cuestión de nombre. Ardashir y sus seguidores creían que sólo mediante la restauración plena de la antigua religión de Zoroastro alcanzarían la estabilidad y grandeza de la nación frente a la amenaza romana. Su revolución reunía la doble aspiración de restaurar la antigua fe de Zoroastro el puro gobierno ario de la nación. Su triunfo supuso la victoria de la teocracia en Irán: "La fe —dijo— no permanece sin el trono, ni el trono sin la fe".

3.1. Mazdeísmo y política religiosa

El mazdeísmo persa surgió de la reforma de Zoroastro (Zaratustra) del antiguo politeísmo indoeuropeo en el siglo V a.C. No hay duda de que Zoroastro fue un genio religioso con una poderosa mente lógica y espiritual, que se reveló como un profeta de salvación en una época de cambio y crisis social. Enseñaba una doctrina dualista basada en una divinidad creadora y único ser eterno, Ahura Mazda —Señor de la Sabiduría y Sabio Señor—, en pugna con un principio del mal, llamado Angra Mainyu (el Ahriman persa). Entre ambos principios se da una batalla cuyo desenlace marcará el fin del tiempo limitado y el inicio de una eternidad repleta de felicidad, porque al final Angra Mainyu será destruido. Esta religión veneraba elementos naturales como el agua (purificadora), el fuego y la tierra. El fuego era esencial en la religión, y se le adoraba en templos llamados *pyrés* o pireos (de donde procede nuestra palabra "pira"), donde el fuego ardía en una sala cubierta por una cúpula. Mucho antes de Zoroastro los indoarios habían atribuido características divinas al fuego. Éste constituía un objeto de culto al que se hacían ofrendas en la actividad diaria de la adoración. El culto comportaba la alimentación del fuego con madera purificada ritualmente, la ofrenda de ramas de determinada planta y ciertas oraciones.

El clero fue reclutado en principio de una de las cinco tribus del pueblo meda, los Magoi o Magi, de quienes les viene el nombre de *mago* con que son conocidos sus sacerdotes. Los *magos* aseguraban el culto, la dirección moral y la enseñanza del pueblo en todos los aspectos de su vida, por lo que poseían una formidable autoridad sobre los individuos desde la cuna a la tumba. La jerarquía poseía considerables haciendas, sobre todo en Media, y su riqueza se veía aumentada por los donativos de los piadosos por sus almas y las de su familia. Los *mobadhan,* o gran jerarquía, estaban al frente de los distritos eclesiásticos. En la cumbre de la jerarquía eclesiástica estaba el *mobedhan-mobad* o jefe de los *magos,* que era consejero del rey y llevaba la suprema dirección de los asuntos religiosos, pero que también gozaba de poderosa influencia política. El *herbadhan herbadh,* o jefe administrativo de los templos ígneos, se encontraba entre los oficiales reales más importantes.

Durante siglos, el zoroastrismo fue una doctrina oral, sin libro santo, debido a que los *magos,* tan conservadores como cualquier otro cuerpo sacerdotal, se opusieron al invento de la escritura, considerando superior la palabra oral, como una unión de sonido y significado. No encontraban adecuada para representar los sonidos indoarios de su lenguaje la escritura cuneiforme ni el alfabeto arameo. Pasaron muchos siglos para que alguien inventara el lenguaje del *Avesta,* basado en el arameo, con 44 caracteres alfabéticos, cuidadosamente diseñados para captar los sonidos de la sagrada lengua antigua. Para que el *Avesta* resultase más inteligible fue traducido al persa coloquial o *pahlavi,* resumido y glosado, siendo su parte más conocida el *Dinkart* o *Libro de la buena religión*[1021]. El mazdeísmo, como verdadera y única fuente religiosa del Imperio sasánida, aspiraba a dominar por entero todos los actos públicos y oficiales, considerando enemigos a todos los seguidores de otros credos, especialmente a los cristianos y a los maniqueos, de quienes hablaremos después.

[1021] Cf. *El Avesta.* Trad. y notas por Juan B. Bergua. Ediciones Ibéricas, Madrid 1992.

El mazdeísmo, sin embargo, se consideraba una religión demasiado buena para ser derrochada con la población extranjera. Sólo los verdaderos iranios podían compartir la *beh den* o buena religión de Zoroastro. Por lo general, mientras las comunidades religiosas sometidas se mostrasen leales y pagaran religiosamente su tributo, nadie las molestaba. Política idéntica a la adoptada más tarde por el islamismo. En consecuencia, los cristianos desempeñaron en la corte persa el papel de servidores privilegiados de la monarquía, similar al de los judíos en las cortes de los reyes cristianos de la Edad Media.

Otra peculiaridad religiosa, propia también de los musulmanes, es la pena de muerte para los iranios apóstatas convertidos a otra religión. Los pocos aristócratas que se convirtieron al cristianismo fueron ejecutados cruelmente en público y tachados de apóstatas y renegados del mazdeísmo.

Al clero mazdeo le molestaba en especial la doctrina cristiana sobre Dios creador de *todas* las cosas, las buenas y las malas. También les escandalizaba la creencia en Jesús como hombre y Dios, nacido de una mujer terrenal, impura, y muerto en cruz.

4. El cristianismo de Mesopotamia

No se sabe a ciencia cierta cuándo se introdujo el cristianismo en Mesopotamia, sin embargo se puede afirmar con certeza que ya a mediados del siglo II se habían establecido algunas comunidades. En el libro de los Hechos se hace referencia clara a los "partos, medos, elamitas y los que habitamos en Mesopotamia" (Hch. 2:9), referencia indudable a la existencia de cristianos en esas latitudes, cuya evangelización se atribuye tradicionalmente a los apóstoles Pedro y Tomás, entre los partos, Bartolomé y Addai, uno de los setenta, entre los persas. Es más seguro, sin embargo, que la evangelización de estos pueblos fuese obra de misioneros judeo-cristianos y sirios del siglo I procedentes de Edesa y Arbela. El progreso del cristianismo fue tan rápido que a principios del siglo III los documentos nos hablan de la existencia de 360 iglesias, con liturgia propia y organizadas en diócesis dependientes de la Iglesia madre en Antioquía. Las *Crónicas de Arbela* informan que para esta época ya existían 20 obispos en Persia y que el cristianismo había penetrado en Arabia y Asia Central.

Las Iglesias mesopotámicas destacan por su fuerte carácter multiétnico, con los asirios como grupo étnico preponderante. Los habitantes de habla siríaca eran descendientes de los miles de cautivos de la Siria romana, Cilicia y Capadocia, llevados cautivos por Sapor I (241-272), el vencedor del emperador romano Valeriano. Las continuas guerras con Roma, con su correlato de cuerdas de cautivos introducidos en el país, muchos de ellos cristianos, facilitaron la extensión de la religión cristiana. Sapor era un hombre muy religioso, y aunque favoreció el zoroastrismo, cada vez más distinguido como religión oficial del Imperio persa, se interesó por las doctrinas de Mani, la filosofía griega y la religión cristiana. Decretó que maniqueos, judíos y cristianos practicaran cada cual su culto con libertad, e intentó convencer a los sacerdotes mazdeos que incluyesen en el *Avesta* las obras de metafísica, astronomía y medicina tomadas de los griegos e indios. Muchos cristianos fueron empleados en grandes proyectos de construcción, destacando como buenos profesionales y artesanos. Se construyeron nuevas ciudades en regiones como Kuzistán y Mesan. La ciudad de Jundaisapor se convirtió en un importante centro cultural y educacional, con una notoria biblioteca, en la que destacaron sabios judíos y cristianos. Con el tiempo el cristianismo hizo algún progreso entre los mismos persas, a través de matrimonios mixtos y de conversiones ocasionales, pero la mayoría de la nación permaneció en el zoroastrismo. Nunca surgió una Iglesia persa autóctona. La apostasía de la población persa de su religión se castigaba con duras penas, incluida la muerte.

En el siglo IV se fundaron en su territorio prestigiosas escuelas de teología, siendo la más conocida la de Nisibis, llamada más tarde "Escuela de los Persas". Nisibis se convirtió en uno de los grandes centros universitarios del Oriente Próximo, donde también había un importante núcleo judío. Los occidentales quedaron impresionados por lo que oían contar de las escuelas de Nisibis. Era un fenómeno que no existía en el ámbito del Mediterráneo: una ciudad dedicada a la enseñanza ni más ni menos que de las Sagradas Escrituras cristianas[1022] Miles de estudiantes de toda Mesopotamia acudían a Nisibis, el nuevo centro cultural de la sabiduría. Fruto de ello sería el auge de las traducciones del griego al siríaco. Primero las obras del teólogo Teodoro de Mopsuestia, y después también de Aristóteles y Galeno. La lógica rudimentaria, cuyos principios habían sido establecidos por Aristóteles, era imprescindible para entender el significado exacto de muchos pasajes fundamentales de la Sagrada Escritura. En Nisibis las artes de la lógica y de la medicina proporcionaban los conocimientos necesarios para la controversia y la exégesis de la Biblia[1023].

Los reyes partos eran tolerantes en materia religiosa y no molestaron a los cristianos, que fueron creciendo lenta pero progresivamente en varias partes del Imperio. Muchos cristianos perseguidos por el Imperio romano buscaron refugio en Irán, cuyas autoridades les ofrecieron su protección. Varias circunstancias escalonadas van a cambiar el panorama totalmente, comenzando con el fin del período parto, año 225 d.C. La conversión del rey armenio Tirídates, a la que sigue la de su pueblo, y la del Imperio romano, una década después pondrá a los cristianos en el punto de mira de la sospecha de complicidad con Roma y potenciales enemigos políticos del Imperio persa, circunstancia aprovechada por la jerarquía mazdea para alentar la persecución contra los cristianos y otras religiones. La dinastía sasánida, que sucede a la parta de los arsácidas, se aferra al zoroastrismo como uno de los mejores baluartes para afianzar la realeza y la unidad nacional.

4.1. Mártires persas

La primera persecución de cristianos data del reinado de Bahram II (276-293 d.C.), y se inicia con el martirio de su concubina cristiana, de nombre Cándida. La persecución fue promovida por el poderoso jefe de los *magos* Kartir, quien emprendió una cruzada para purificar el zoroastrismo y la nación de herejías. En una inscripción, Kartir se vanagloria de haber terminado con los ídolos de los judíos, de los budistas, de los maniqueos y de los cristianos. A la muerte del celoso y sumo sacerdote Kartir, la persecución amainó un poco y la tolerancia se impuso. De hecho, el rey Bahram era un soberano de visión amplia, muy influenciado por su abuelo Sapor I, con el cual compartía su admiración por la cultura helénica. Bahram II

[1022] Casiodoro, *Instituciones,* Prefacio I. citado por Peter Brown, *El primer milenio,* p. 152.
[1023] Peter Brown, *El primer milenio,* p. 153.

murió en el año 293, y fue sucedido por su hijo Bahram III, que reinó sólo unos meses. Narseh de Persia fue elevado al trono y gobernó hasta el 303. Narseh pretendió restaurar la política de Ardashir, fundador de la dinastía, que dejaba en manos del soberano los asuntos religiosos en lugar de confiarlos a la jerarquía mazdea.

El reinado de Sapor II (310 al 379), uno de los soberanos más grandes de la dinastía sasánida y de todos los tiempos, acérrimo enemigo de Roma y partidario decidido del mazdeísmo nacional, coincide en el tiempo con la conversión de Constantino al cristianismo, que atrajo a los armenios a la órbita romana. Constantino era consciente de la fuerza numérica de los cristianos en el Imperio persa y a la vez de su estado precario ante las autoridades. "Valedor de los fieles sea cual fuere el lugar donde se hallaren", escribe Eusebio[1024], Constantino escribió una carta alrededor del año 324 dirigida a Sapor manifestándole su dedicación y desvelos por sus hermanos en la fe. ¿Advertencia velada de que ir contra los cristianos equivalía a ir contra los romanos? Sea como fuere, mientras vivió Constantino, Sapor no intentó nada contra los cristianos. Cuando lo hizo, el emperador romano llevaba ya dos años muerto.

Sapor, si es cierto que recibió la mencionada carta de Constantino, comenzó a sospechar de los cristianos dentro de su territorio, toda vez que mantenían una relación de amistad con César, "nuestro enemigo". Como una prueba de lealtad de parte de sus súbditos cristianos, muy numerosos en las zonas disputadas de Mesopotamia, ordenó que pagasen un impuesto especial —el doble del tributo y de la tasa de tolerancia de su fe— para financiar la guerra contra Roma[1025]. Los cristianos se negaron. Sapor los acusó de tener motivos políticos prorromanos. Fue el preludio de una cruenta persecución del cristianismo dentro del Imperio sasánida. Las *Crónicas de Arbela* acusan a *magos,* judíos y maniqueos de promover el odio contra los cristianos, llamándoles espías de Roma.

La persecución duró unos cuarenta años (339-379), más tiempo que ninguna de las persecuciones romanas. Ésta comprendía la destrucción o confiscación de las iglesias y una masacre general, especialmente de obispos y sacerdotes. Según Sozomeno el primer golpe de persecución produjo dieciséis mil mártires. Las *Pasiones* de mártires que nos han llegado se refieren a cristianos de Babilonia, Caldea, Susania y Adiabene[1026]. El ciclo de las actas de estos mártires persas no siempre es fidedigno. Existen en siríaco, que es la lengua en que fueron compuestas por un autor anónimo. Los procesos y los interrogatorios, por su forma, recuerdan las relaciones de las auténticas actas de los primeros mártires. El texto sirio y su traducción se publicó por vez primera gracias al trabajo del orientalista libanés Stephanus Evodius Assemani (1707-1782)[1027].

En el 344 d.C., Sapor procedió a decapitar la Iglesia mediante el martirio de sus dirigentes principales. Así murieron tres titulares sucesivos de la sede episcopal en Seleucia-Ctesifonte, en el Tigris, la capital persa, a saber, Mar Shimun bar Sabbaeas, Mar Shalidoste y Mar Barbashmin, junto a un centenar de sacerdotes. La sede central quedó

[1024] Eusebio, *Vida de Constantino* IV, 8. No hay seguridad sobre la autenticidad de esta carta.

[1025] Freya Stark, *Rome on the Euphrates,* p. 375. John Murray, Londres 1967.

[1026] Sozomeno, *Hist. eccl.* II, 14.

[1027] *Acta Martyrum Orientalium,* 2 vols. Roma 1748. Reedición: *Acta Sanctorum Martyrum Orientalium Et Occidentalium,* Stephanus Evodius Assemani, ed. Gregg International Publishers 1970.

vacante durante cuarenta años (348-388) aproximadamente, los mismos que duró la persecución.

Jonás y Baraquisio, tal vez hermanos, oriundos de una aldea llamada Jassa, son las víctimas más famosas de la persecución. Nueve cristianos de la zona fueron condenados a muerte, y Jonás y Baraquisio salieron de su aldea para visitarles en las mazmorras y transmitirles el aliento de sus palabras de fe, con lo cual se vieron también comprometidos y se les encarceló, exigiéndoles a su vez que adoraran al soberano y rindiesen culto a los elementos de la naturaleza. Ante su tenaz negativa, fueron azotados con varas de granado y se les separó utilizando una inteligente artimaña, todavía practicada en la actualidad en muchos casos. A cada uno de ellos se le dijo que el otro había apostatado, con el fin de debilitar su convencimiento, pero todo fue inútil. Siguieron largas controversias con los *magos* y por fin los dos murieron del modo más cruel: Jonás aplastado en una prensa para la uva mientras a Baraquisio le vertían plomo derretido ardiendo por la garganta.

Un tratado de paz firmado entre Sapor II y el emperador Joviano detuvo la persecución durante un tiempo (año 363 d.C.). Por este tratado, Mesopotamia y Armenia quedaron sometidas al control de Persia.

Yezdigerdes I (399-420), cuarto sucesor de Sapor II, puso fin a la persecución mediante un edicto de tolerancia (año 409)[1028], preocupado como estaba en la lucha contra las usurpaciones del clero mazdeísta. Además, Yezdigerdes tenía una esposa judía simpatizante tanto de judíos como de cristianos, de hecho era saludada por algunos como "reina cristiana". El Edicto de Yezdigerdes autorizaba el culto público y la construcción de iglesias. La paz ayudó a las comunidades cristianas a reorganizarse. Un año después, en el 410, tuvo lugar un concilio eclesiástico en Ctesifonte, bajo la presidencia del obispo Mar Isaac, anunciando el nacimiento de una nueva Iglesia independiente, con el fin de evitar sospechas de partidismo político por los enemigos del Estado. El concilio confirmó a Mar Isaac como el primer Catolicós y Arzobispo de todo Oriente. Yezdigerdes aprobó la organización de la Iglesia persa y promulgó un edicto reconociendo al Catolicós como cabeza de la nueva Iglesia. La población cristiana del Imperio fue reconocida legalmente, con libertad para administrar sus propios asuntos, sólo responsable ante la autoridad del Estado por medio del Catolicós, convertido en cabeza de la comunidad tanto civil como religiosa. El decreto real también dictaba que la elección del Catolicós debía contar con la aprobación del rey, y ser nominado por el mismo.

La escuela de Nisibis floreció y se convirtió en un centro cristiano de influencia en toda la región. Las misiones cruzaron la fronteras del Imperio. Desgraciadamente, la actitud intolerante de algunos dirigentes cristianos echó a perder la buena convivencia entre la Iglesia y el Estado. El obispo Abda de Susa, con un celo mal entendido, asimilando el zoroastrismo al paganismo, destruyó el pireo o templo mazdeo de la ciudad. Informado Yezdigerdes por los sacerdotes responsables del templo, ordenó cortésmente al fogoso obispo que reconstruyera el templo a sus propias expensas. Éste rehusó hacerlo. Entonces el rey amenazó con destruir todas las iglesias cristianas, a menos que cumpliera su orden. El resultado fue que el rey

[1028] Por éste y otros motivos ha sido comparado a Constantino I.

cumplió su palabra emitiendo la orden de destruir todas las iglesias y acabar con el díscolo obispo, cuya actitud demuestra una total irresponsabilidad hacia sus hermanos de fe.

El escritor eclesiástico Teodoreto dice que, en su opinión, "destruir el pireo fue un acto erróneo y sin precedentes, porque ni siquiera el divino apóstol, cuando fue a Atenas y vio la ciudad entregada a la idolatría, destruyó ninguno de los altares que los atenienses honraban, sino que les convenció de su ignorancia mediante argumentos, haciendo manifiesta la verdad". A pesar de esto, concluye Teodoreto, "el rechazo a reconstruir el templo destruido y la determinación a afrontar la muerte antes de hacerlo, yo grandemente lo alabo y honro y lo considero un hecho digno de la corona de mártir, porque construir un santuario en honor al fuego me parece a mí equivalente a adorarlo"[1029].

Lo que comenzó por los edificios terminó por las personas, ocasionando una nueva persecución general, ya bajo su sucesor en el trono, su hijo Bahram V (421-438), el más famoso de los reyes sasánidas, triunfador sobre romanos, turcos e indios. Con el fin de ganarse el favor de la aristocracia mazdea intensificó el hostigamiento de la comunidad cristiana. Entre los mártires se cuenta al aristócrata persa Hormisdas, de ascendencia aqueménida e hijo de un gobernador. Conminado a renegar de su fe cristiana, Hormisdas hizo valiente profesión de fe. Para doblegar su voluntad fue condenado a conducir los camellos del ejército, con el cuerpo desnudo expuesto al sol abrasador[1030]. Más conocido es el diácono Benjamín, personaje de cierta importancia a juzgar por una embajada de Constantinopla solicitando del rey que liberara a Benjamín de la prisión, en la que llevaba encerrado un año por causa de su fe. Al parecer tenía que prometer guardar silencio respecto a sus creencias a partir de su liberación. Benjamín se negó a ello y fue cruelmente torturado, con astillas clavadas en todas las uñas de sus pies y manos, así como en las partes más sensibles de su cuerpo, sometido a un dolor y a una agonía indescriptible. Finalmente fue empalado en una estaca que le atravesó el vientre hasta las costillas superiores.

Muchos cristianos persas cruzaron la frontera buscando refugio en territorio romano, en Constantinopla. Bahram pidió su extradición, pero el emperador Teodosio se negó. El monarca sasánida estaba dispuesto a ir a la guerra contra Constantinopla, pero su primer ministro Mihr-Narseh le convenció de que era mejor establecer un tratado de paz con los bizantinos, debido a que su poder militar era superior al persa. Entonces se firmó un acuerdo de "cien años de paz", mediante el cual los cristianos eran libres de practicar su religión en el territorio del Imperio sasánida y los mazdeos en el bizantino (422). En el 424 un nuevo sínodo episcopal proclamó la autonomía del cristianismo mesopotámico del cristianismo romano. Afirmaron que sólo eran responsables ante el Señor Jesucristo, al tiempo que declararon la indisputable comunión religiosa con los cristianos del Imperio romano sin por ello perder su independencia.

El nuevo monarca, Yazdgard II (438-57), bajo la influencia del mencionado primer ministro Mihr-Narseh, intentó desterrar el cristianismo de Armenia con vistas a instaurar el zoroastrismo. Para ello envió un gran número de misioneros mazdeos, a la vez que emprendía una persecución sistemática de cristianos y judíos. Entre el 445 y el 446 expulsó a todos

[1029] Teodoreto, *Hist. eccl.* V, 38.
[1030] Teodoreto, *Hist. eccl.* V, 38.

los cristianos del ejército y del cuerpo administrativo. Los cristianos armenios se opusieron a este intento de uniformidad religiosa a costa de su fe, pero fueron derrotados por la aplastante mayoría del ejército de Yazdgard II en la batalla de Avarair (451), a la que ya hicimos referencia. Pero la denodada resistencia armenia hizo desistir a Yazdgard de sus propósitos y los armenios pudieron conservar su fe sin cambios. Hay que esperar a Balash (484-488), un monarca noble y generoso, para que se hicieran algunas concesiones a los cristianos, lo cual los magnates persas le hicieron pagar destituyéndolo del trono y cegando sus ojos.

Cosroes I (531–579), también llamado *Anushirvan,* "alma inmortal", fue un gran monarca en lo social y militar. Introdujo los baños romanos en su reino, construyó acueductos y embalses para hacer llegar el agua a las ciudades y a los campos de cultivo. Financió orfanatos y escuelas para los niños pobres. Declaró obligatorio el matrimonio con vistas a aumentar la población y garantizó una dote a las mujeres casaderas. Introdujo el estudio de Platón y Aristóteles en la Universidad de Jund-i-Shapur, en la ciudad de Susiana, uno de los grandes centros intelectuales de la época. La Universidad contaba con profesores y alumnos de todos los países. Cuando Justiniano cerró la academia de Atenas, en su lucha contra el paganismo, muchos neoplatónicos acudieron a la corte de Cosroes. Al comienzo de su reinado mantuvo la paz con Justiniano mediante tratado (532), pero debido a un desacuerdo territorial, el monarca sasánida quebrantó el tratado de paz y declaró la guerra a Constantinopla. En el 540 invadió Siria, recibió grandes sumas de dinero como tributo para no atacar sus ciudades; saqueó la ciudad de Antioquía y masacró a gran parte de su población como pago a su desafío y sarcasmo. La misma Constantinopla se vio obligada a pagar para mantener alejado el peligro. Del 541 al 545 dirigió una campaña anticristiana principalmente contra los obispos y el clero. Se destruyeron iglesias y monasterios y nobles persas convertidos al cristianismo fueron encarcelados.

La última persecución de los reyes sasánidas fue la de Cosroes II (590-628), quien en un principio fue tolerante del culto cristiano. Esto le ganó la enemistad del influyente clero mazdeo, hasta el punto de que tuvo que buscar ayuda en la corte bizantina del emperador Mauricio, y durante un tiempo refugiarse en su territorio. Las tropas conjuntas de Mauricio y Cosroes ganaron una batalla decisiva contra el usurpador Bahram (Ganzak, 591). Cosroes II contrajo matrimonio con una princesa cristiana de Constantinopla y mantuvo buenas relaciones con Mauricio. Por algún motivo que se desconoce, entre los que no hay que descartar el cruel asesinato de su amigo Mauricio por Focas (602–610), con el apoyo de gran parte de la población cristiana, al final de su reinado Cosroes favoreció a todos los enemigos del cristianismo, principalmente a los sacerdotes de Zoroastro, que arremetieron indiscriminadamente contra los cristianos entre el 627 y el 628. Anteriormente, en el 614, el ejército de Cosroes saqueó la ciudad de Jerusalén, masacrando a unos 90.000, quemando sus iglesias y expoliando sus reliquias, posteriormente devueltas por su hijo y sucesor Khavad II (628).

Cuando llegaron los breves períodos de paz, la diezmada Iglesia persa supo aprovecharlos para proseguir su actividad misionera, que le llevó a lugares tan remotos como las islas Bahrein en el golfo pérsico y el Khorassan, en dirección a Asia Central, y finalmente a China, en el siglo VII, favorecida por la enorme extensión y posición estratégica del Imperio persa.

5. El maniqueísmo

En tiempos del primer soberano sasánida, Ardashir (224-241), surgió una nueva religión que tuvo una gran repercusión en la historia cristiana antigua. Nos referimos al maniqueísmo, que recibe esta denominación de su fundador Mani o Manes, autoproclamado como el último y más importante profeta del Dios de la verdad, después de Zoroastro, Buda y Jesús, "pioneros reveladores de la verdad que él venía a cumplir". Siglos más tarde, Mahoma, lo mismo que Manes, reconocía el carácter profético de Jesús y Abraham, antes que él, a los que superaba por la nueva revelación de sus enseñanzas. Debido a la importancia del maniqueísmo para el pensamiento cristiano de los primeros siglos, dedicaremos unas líneas a reseñar brevemente la vida y significado de este profeta de una nueva religión universal.

Manes nació alrededor del 14 de abril del año 216 d.C. seguramente en Seleucia–Ctesifonte, en el seno de una aristocrática familia de origen parto. Su padre perteneció a la secta judeocristiana de los mandeos o elkesaitas —que pretendían descender del legendario profeta Elkesai—, donde la rigurosa abstinencia de carne y vino iba unida a múltiples ritos de purificación. Practicaban la circuncisión y criticaban al apóstol Pablo. Manes fue educado en este ambiente religioso. A la edad de 12 años, primero, y luego de 24, una visión religiosa le descubrió que estaba destinado para apóstol y heraldo de una nueva religión universal —una síntesis de todas las religiones—, cuyo contenido le sería comunicado en ulteriores revelaciones.

Emprendió un viaje misionero a la India, donde recibió el fuerte influjo del budismo y predicó con éxito su nueva religión sincretista, tan en consonancia con la mentalidad india. De vuelta a Persia obtuvo el favor del rey Sapor I (241-273) quien le permitió predicar libremente por todo el Imperio. Según David Oates, puede que Sapor, que era muy religioso, previera alguna ventaja en la expansión de un credo que englobaba elementos de todas las principales religiones de su Imperio y que podría resultar aceptable para sus súbditos iranios y también no iranios[1031].

El mismo Manes y un grupo numeroso de misioneros llevaron la fe hasta Egipto y las provincias orientales de Irán, e incluso envió misioneros al Imperio romano. "He [sembrado] el grano de la vida... de este a oeste; como puedes ver [mi] esperanza [ha] ido hacia el este del mundo y hacia [todas] las regiones de la tierra (i.e. el Occidente), en la dirección del Norte y del [Sur]. Ninguno de los apóstoles hizo esto..."[1032]. La rápida propagación del maniqueísmo provocó una actitud hostil por parte de la casta sacerdotal de los *magos* que acusaron a Manes de planes revolucionarios y de herejía religiosa. Muerto Sapor, el nuevo monarca Varanes o Bahram I (273-276) mandó arrestar a Manes y detener sus actividades proselitistas, instigado por el jefe de los *magos,* Kartir o Karder, principal oponente de Manes. Los maniqueos fueron perseguidos junto con los cristianos y los budistas, apartándose por completo de la política tolerante de Sapor I. El profeta persa murió en la cárcel entre los años 274-276. Su cuerpo fue mutilado, según se hacía con los herejes, y expuesto fuera de la ciudad. Sus seguidores vieron en esto la "crucifixión" de su maestro —indicando así su carácter martirial—,

[1031] D. Oates, "Más allá de las fronteras de Roma", p. 44.

[1032] *Kephalaia,* p. 16.

de quien se creyó que había ascendido al reino de la luz. El sucesor de Manes al frente de la comunidad también sufrió el martirio.

La doctrina fundamental del maniqueísmo se basa en el conocido dualismo gnóstico de espíritu y cuerpo, luz y tinieblas, bien y mal. Es una división dualista del universo en perpetuo conflicto entre el ámbito de la luz, gobernado por Dios, y el de la oscuridad, por Satán. En un principio, estos dos ámbitos estaban totalmente separados, pero en una catástrofe original, el campo de la oscuridad invadió el de la luz y los dos se mezclaron y se vieron involucrados en una lucha perpetua. La especie humana es producto, y al tiempo un microcosmos, de esta lucha. El cuerpo humano es material, y por lo tanto, perverso; el alma es espiritual, un fragmento de la luz divina, y debe ser redimida del cautiverio que sufre en el mundo dentro del cuerpo. Se logra encontrar el camino de la redención a través del conocimiento del ámbito de la luz, sabiduría que es impartida por sucesivos mensajeros divinos, como Buda y Jesús, y que termina con Mani. Una vez adquirido este conocimiento, el alma humana puede lograr dominar los deseos carnales, que sólo sirven para perpetuar ese encarcelamiento, y poder así ascender al campo de lo divino.

Durante el siglo que siguió a la muerte de Manes, sus doctrinas decayeron en territorio persa, pero se extendieron por el este hasta China[1033], y fueron ganando adeptos en todo el Imperio romano, en especial en el norte de África. San Agustín, el gran teólogo del siglo IV, fue maniqueo durante nueve años antes de su conversión al cristianismo. A él debemos una serie de escritos antimaniqueos que son para el historiador documentos muy importantes para conocer las creencias de este movimiento religioso. A comienzos del siglo IV hay evidencia de la existencia de maniqueos en Roma, Dalmacia, la Galia y España. A pesar de que el maniqueísmo, como religión, desapareció del mundo occidental a principios de la Edad Media, se puede seguir su influencia en la existencia de grupos heréticos medievales con las mismas ideas sobre el bien y el mal como los albigenses, bogomilos, paulicianos y cátaros.

BIBLIOGRAFÍA

Edesa

H. Leclerq, "La Leyenda de Abgar". *The Catholic Encyclopedia,* vol. I. Edición electrónica: www.enciclopediacatolica.com/l/leyendaabgar.htm

Javier Teixidor, *La filosofía traducida. Crónica parcial de Edesa en los primeros siglos.* Editorial Ausa, Sabadell 1991.

La Leyenda de Abgar y Jesús. Orígenes del cristianismo en Edesa. Preparado por Jacinto González. Ciudad Nueva, Madrid 2002.

T. V. Philip, *East of the Euphrates: Early Christianity in Asia.* CSS & ISPCK, India 1998. Edición electrónica: www.religion-online.org/showbook.asp

Walter Bauer, *Ortodoxy and heresy in earliest Christinianity.* Fortress Press, Filadelfia 1971. Edición electrónica: ccat.sas.upenn.edu/~humm/Resources/Bauer/bauer01.htm

[1033] En el 694, los primeros apóstoles maniqueos hicieron su aparición en la corte imperial china, y compitieron con budistas, nestorianos y taoístas. Varios edictos se ocupan del maniqueísmo y los hombres de letras del confucionismo se opusieron a él ferozmente. En el 843-844 se produjo una sangrienta persecución de la que fueron víctimas la mayor parte de las congregaciones maniqueas.

Armenia

Agathangelos, *History of the Armenians,* tr. and ed. by R. W. Thomson. Albany, Nueva York 1976.

Cyril Toumanoff, *Studies in Christian Caucasian History.* Georgetown University Press, Washington 1963.

Les Actes des martyrs d'Orient. Traducción del siríaco por F. Lagrange. Alfred Mame et Fils, Tours 1879, 2 ed.

Leon Arpee, *A History of Armenian Christianity.* Nueva York 1946.

Malachia Ormanian, *The Church of Armenia. Her History, Doctrine, Rule, Discipline, Liturgy, Literature, and Existing Condition.* Londres 1912.

Nicholas Adontz, *Armenia in the Period of Justinian.* Trad. y ed. N. G. Garsoian. Calouste Gulbenkian Foundation, Lisbon 1970.

Paul D. Steeves, ed., "Armenia", *The Modern Encyclopedia of Religions in Russia and the Soviet Union,* vol. 3, pp. 43-58. Academic International Press, Gulf Breeze 1991. Edición electrónica: www.umd.umich.edu/dept/armenian/papazian/armenians.html.

Sirarpie der Nersessian, "Entre Oriente y Occidente. Armenia y su historia dividida", en David Talbot Rice, ed., *La Alta Edad Media. Historia de las Civilizaciones,* vol. 5. Alianza Editorial, Madrid 1988.

Georgia

Aziz S. Atiya, *History of Eastern Christianity.* Londres 1967.

D. M. Lang, *Lives and Legends of the Georgian Saints.* Crestwood, Nueva York 1976.

W. B. Allen, *History of the Georgian People.* Nueva York 1971, 2 ed.

Persia

Cristelle Jullien, *Apôtres des Confins: Processus missionnaires chrétiens dans l'empire iranien.* París 2002.

David Oates, "Más allá de las fronteras de Roma", en David Talbot Rice, ed., *La Alta Edad Media. Historia de las Civilizaciones,* vol. 5. Alianza Editorial, Madrid 1988.

Elton L. Daniel, *The History of Iran.* Greenwood Press, Westport 2001.

F. C. Burkitt, *Early Christianity Outside the Roman Empire.* Cambridge University Press 1899.

Hippolyte Delehaye, *Les versions grecques des Actes des martyrs persans sous Sapor II.* Bruselas 1905.

J. Labourt, *Le Christianisme dans l'Empire perse sous la dynastie sassanide.* Librairie Victor Lecoffre, París 1904, 2 ed.

Joel T. Walker, *The Legend of Mar Qardagh. Narrative and Christian Heroism in Late Antique Iraq.* University of California Press, Berkeley-Los Angeles-Londres 2006.

Massoume Price, *History of Christianity in Iran.* Edición electrónica en inglés: www.iranchamber.com/religions/history_of_Christianity_iran

Peter Clark, *Zoroastrianism. An Introduction to an Ancient Faith.* Sussex Academic Press, Brighton 1998.

T. V. Philip, *East of the Euphrates: Early Christianity in Asia.* CSS & ISPCK, India 1998.

W. A. Wingram, *An Introduction to the History of the Assyrian Church or the Church of the Sassanid Empire 100-604.* SPCK, Londres 1910.

Maniqueísmo

A. A. Bevan, "Manichaeism", en James Hastings, ed., *Encyclopaedia of Religion and Ethics,* vol. 8. Londres 1930.

Andrew Welburn, *Mani, the Angel and the Column of Glory.* Steiner Books 1999.

Geo Widengren, *Mani and Manichaeism.* Holt, Rinehart and Winston, Nueva York 1965 (nueva edición de Weidenfeld & Nicholson, 2004).

Henri-Charles Puech, *Sobre el maniqueismo y otros ensayos.* Siruela, Madrid 2006.
John Arendzen, "Manichæism", en *The Catholic Encyclopedia.* Vol. 9. New York: Robert Appleton Co., Nueva York 1910. Edición electrónica: www.newadvent.org/cathen/09591a.htm
Kurt Rudolph, "El maniqueísmo", en *Gnosis: the nature and history of gnosticism.* HarperOne, Nueva York 1987.
Mary Boyce, *A Reader in Manichaean Middle Persian and Parthian.* Brill, Leiden 1975.
Samuel N. C. Lieu, *Manichaeism in Mesopotamia and the Roman East.* Brill, Leiden 1993.
—*Manichaeism in the later Roman Empire and medieval China.* Manchester University Press, Manchester 1985.

6. Bárbaros y arrianos

Agustín es un anciano de 76 años de edad cuando Genserico, caudillo de los vándalos, cerca la ciudad de Hipona. Es el año 430. Años antes, en el 410, los visigodos de Alarico tomaban y saqueaban Roma. Sólo había pasado un siglo desde que Constantino el Grande diera libertad a los cristianos y pusiese bajo la protección del Dios cristiano el Imperio romano. Durante esos años, los autores eclesiásticos habían elaborado una controversial "teología del éxito": servir al Dios verdadero es beneficioso, repercute en victoria sobre los enemigos y grandeza del Estado. Los buenos emperadores, los que sirven y oran al Dios único de los cristianos, viven una larga vida coronada por el triunfo. Los malos emperadores, los que persiguen a los cristianos, mueren tempranamente y en medio de dolores atroces. Lo cual no es sino la versión cristianizada de la tantas veces mencionada *Pax Deorum.*

Ahora que las viejas reliquias de la gloria romana caían en poder de los bárbaros, los viejos paganos resentidos por su exclusión de la vida social y los cristianos deslumbrados por la teología del éxito, se preguntaban angustiados por qué Dios permitía aquellas cosas, cómo podía dejar que las mieses regadas por la sangre de los mártires fueran devastadas por el furor de los invasores. Les resultaba difícil de comprender todo lo que estaba pasando. Hubo intentos de reinstaurar el culto a los dioses ancestrales como un medio de recuperar la gloria perdida del Imperio por culpa de su abandono. Ofendido, Agustín saltó a la palestra y escribió esa formidable *Ciudad de Dios,* que cayó como un mazazo sobre los viejos ídolos, por los que algunos suspiraban, para no levantarse jamás.

La intelectualidad cristiana bien pronto encontró la respuesta para comprender el mismo hecho de las invasiones. Por un lado podían ser las consecuencias de un *iudicium Dei* por causa de los pecados de los romanos, y en especial de sus gobernantes. Por otro, fue el medio providencial para llevar a cabo la evangelización y cultura de tantos pueblos situados más allá de la frontera del Imperio. Las penetraciones bárbaras estaban permitiendo la conversión al cristianismo de anteriores pueblos gentiles.

Orosio, Agustín, son capaces de vislumbrar una luz, una esperanza, que sólo se puede explicar providencialmente: los bárbaros no carecen de valores ni cultura, y son además cristianos, arrianos herejes, pero cristianos al fin y al cabo; es, pues, posible construir con ellos un nuevo mundo. Si los romanos veían en los bárbaros la ruina del Imperio dentro de una concepción cíclica del tiempo, los intelectuales cristianos incorporan una dimensión histórica, lineal, donde existe un futuro por edificar. Agustín advierte que la caída de Roma no es más que el fin de una forma histórica, no necesariamente el fin del mundo, y que, en definitiva, el desenlace de los acontecimientos que se viven sólo Dios lo conoce. Frente al misterio y a la incertidumbre están la esperanza y la posibilidad de proyectarse al futuro sin el pesimismo fatalista de los paganos.

1. Las invasiones bárbaras

Se han denominado como bárbaros a aquellos pueblos que habitaban el norte y centro de Europa, a quienes los romanos bautizaron con el nombre de *germani*[1034], a los que aplicaron rápidamente el apelativo de *bárbaros,* dada la costumbre griega, adoptada por los romanos, de llamar bárbaros a todos aquellos pueblos extranjeros que no hablaban su idioma. A los oídos griegos y romanos los idiomas extranjeros sonaban a un "bar-bar-bar-bar" ininteligible. El significado original, pues, del vocablo bárbaro tenía el sentido de "extranjeros", no de brutos, como en nuestro idioma castellano, que por influencia de los historiadores eclesiásticos se asoció el nombre de bárbaros con seres guerreros, sanguinarios, crueles, violentos e incivilizados.

La historiografía y hasta el arte de la época del Romanticismo ofrecieron a menudo una visión catastrofista y sumamente violenta de la penetración de los bárbaros en tierras del Imperio, basados en el testimonio tanto de autores occidentales como orientales contemporáneos que dan cuenta del impacto en tonos dramáticos. Las obras de Paulo Orosio, Salviano de Marsella, Hidacio o Agustín, entre otros, nos hablan del pesimismo, el dolor y la angustia que se apoderó de la sociedad romana, que interpretaba aquellos signos como "el fin de los tiempos"[1035].

Orosio, hablando de la situación de la Galia hacia el 420, escribe:

> Véase de qué súbita forma la muerte ha pesado sobre el mundo entero, hasta qué punto la violencia de la guerra ha aplastado a los pueblos. Ni las inextricables regiones de los espesos bosques o de las altas montañas, ni las corrientes de los ríos de rápidos remolinos, ni el abrigo que constituye para las ciudadelas su situación, para las ciudades sus murallas, ni la barrera que forma el mar, ni las tristes soledades de los desiertos, ni los desfiladeros, ni siquiera las cavernas ocultas por sombrías rocas han podido escapar a las manos de los bárbaros. Muchos perecieron víctimas de la mala fe, muchos del perjurio, muchos denunciados por sus conciudadanos. Las emboscadas han causado mucho daño, mucho también la violencia popular. El que no ha sido domado por la fuerza, lo ha sido por el hambre. La madre ha sucumbido miserablemente con sus hijos y su esposo; el amo ha caído en servidumbre al mismo tiempo que sus siervos. Algunos han sido pasto de los perros. Muchos han sido víctimas de sus casas en llamas, que les han servido de pira funeraria. En las ciudades, los dominios, las campiñas, las encrucijadas de los caminos, en todas partes, aquí y allá, a lo largo de las rutas, reina la muerte, el sufrimiento, la destrucción, el incendio, el duelo. Una sola pira ha reducido en humo la Galia entera[1036].

[1034] No se sabe cuál era el verdadero sentido del término, si "hombres de guerra", "hombres de espada", "orientales" o "aulladores".

[1035] Víctor de Vita, *Hist. persc.* III, 32.

[1036] Citado J. Le Goff, *La Civilización del Occidente Medieval,* pp. 43-47. Juventud, Barcelona 1965.

Los pueblos llamados bárbaros, no todos, pero sí algunos —godos, vándalos, burgundios y longobardos—, procedían, aunque fuera remotamente, de Escandinavia, de aquella *Skanza Insula,* definida por el historiador alano Jordanes como "taller o fragua de pueblos y matriz engendradora de naciones *(vagina nationum)*"[1037]. Aunque emparentados con los griegos y con los romanos por el lenguaje, las lenguas de esos pueblos estaban hondamente diferenciadas. Dos de aquellas lenguas llegaron a ponerse por escrito, una nórdica en caracteres rúnicos y otra, más tarde, la gótica. El universo religioso de los germanos era muy amplio, con divinidades mayores como Wotan y Tiwaz —el dios de la guerra— o Gutton[1038], versión visigoda del Odín nórdico, y Donnar, dios del trueno, también llamado Thunar y Thunor, correspondiente al Thor escandinavo[1039]. Por debajo de esos dioses pululaba una muchedumbre de divinidades menores o seres semidivinos, como los elfos o las walkirias y estirpes familiares. Por Tácito sabemos también que tenían a una diosa relacionada con la tierra a la que rendían culto en una isla. Se la llamaba Nerthus, y no era más que la propia madre tierra, con su cohorte de númenes y espíritus del bosque, ríos y montañas[1040]. Esto da testimonio del modo de vida preagrario de estos pueblos, íntimamente ligados a la naturaleza. Practicaban también el sacrificio de seres humanos a los dioses, en especial los prisioneros de guerra. Hasta el fin del siglo X d.C., entre el 690 y el 970, se tienen noticias de la práctica de sacrificios humanos bajo forma religiosa, lo mismo que la muerte de las viudas sobre la tumba de los esposos, que tuvieron lugar todavía en el siglo XI, aunque en aquella época los normandos, gradualmente cristianizados por sus relaciones con las poblaciones de Europa occidental, fueron cambiando poco a poco estas costumbres[1041].

A lo largo de los siglos estos pueblos intentaron varias incursiones en el territorio dominado por el Imperio romano. Las causas de estas incursiones periódicas no son del todo conocidas. Se ha hablado de motivos climáticos, demográficos y sociológicos, factores que sin duda tuvieron su influencia. El empeoramiento de las condiciones climáticas y una serie de catástrofes a consecuencia de inundaciones en las costas del mar del Norte tienen que haber contribuido a la marcha hacia el oeste, atraídos por las riquezas de los pueblos sureños. Los godos, procedentes del norte de Europa, gradualmente a partir del 180 d.C., se fueron desplazando hacia el sur, desde el área que rodea el mar Báltico hasta la desembocadura del Vístula, buscando una tierra fértil y un clima más templado. Hacia el año 240 se asentaron en el sur de Rusia, a ambos lados del río Volga, donde combinaron su vida de pastoreo con una incipiente agricultura. Según la pragmática nomenclatura de los romanos basada en motivos geográficos, los godos de la orilla oriental fueron llamados ostrogodos (godos orientales) y los de la orilla occidental, visigodos. En los siglos que

[1037] Jordanes, *Getica* IV, 25.

[1038] Todavía en los idiomas anglosajones Dios es conocido por God y Gott.

[1039] Los idiomas europeos todavía conservan el nombre original transliterado a su propia lengua: *Trueno* en latín, *Thunder,* en inglés.

[1040] El godo Atanarico, rebelde pagano anti-romano, se independizó de sus compatriotas arrianos y predicó el regreso al paganismo naturista godo, viviendo en los bosques de los Cárpatos como habían hecho años atrás sus antepasados en las selvas de pinos de Escandinavia.

[1041] Cf. Eliseo Reclus, *El hombre y la tierra,* vol. 4, pp. 75-76.

siguieron, su número creció enormemente. Los visigodos se extendieron hacia el oeste y a mediados del siglo III d.C. hicieron tres grandes incursiones navales hacia el sur. En la tercera expedición arrasaron Nicea y Nicomedia, destruyeron el templo de Diana en Éfeso y saquearon Atenas. Esto coincidió con la plaga devastadora que desde el año 250 hasta el 265 hizo estragos sin interrupción en todas las provincias, en todas las ciudades y en casi todas las familias del Imperio romano. En el año 269 los visigodos se desplazaron en masa hacia Italia. Claudio salió a su encuentro y los derrotó, sorprendiéndose de encontrar que el ejército había viajado con todas las familias y posesiones. Al parecer, intentaban establecerse en Italia. Continuó habiendo choques entre los visigodos y los romanos durante el gobierno de Aurelio, sucesor de Claudio. De cualquier modo, ambas partes se debilitaron considerablemente por la lucha reciente y las plagas. Se convino un tratado beneficioso para ambos, favoreciéndose el matrimonio entre godos y romanos, y se estableció la paz. Aurelio retiró las fuerzas romanas de Dacia y cedió de hecho aquella gran provincia a los godos y a los vándalos, que era otra de las grandes tribus del sur de Europa en aquel tiempo.

Durante medio siglo hubo paz entre bárbaros y romanos. Pero con la irrupción de los hunos, pueblo asiático que inició su asalto europeo hacia los años 374-375, atacando a los ostrogodos instalados en la Ucrania meridional, comenzó un efecto de empuje y deriva hacia el sur, iniciado por los hunos[1042], quienes a su vez venían empujados por el agotamiento relativo de sus tradicionales estepas dedicadas al pastoreo. Tal como lo describía Ambrosio de Milán a fines del siglo IV: "Los hunos se han precipitado sobre los alanos, los alanos sobre los godos, los godos sobre los taifas y sármatas; los godos, arrojados de su patria, nos han rechazado a su vez en Iliria, ¡y esto no ha terminado todavía!".

Los visigodos, sintiéndose en peligro por la amenaza de los hunos, solicitaron del emperador Valente permiso para entrar en los dominios del Imperio romano, ofreciendo que si se les entregaba una parte de las provincias de Tracia y Moesia, al sur del Danubio, para cultivarla, vivirían con las leyes de éstos y se someterían al Imperio, y para que tuviera mayor confianza en ellos, prometieron, según Jordanes, que si se les daban doctores de su lengua se harían cristianos. Valente accedió a la demanda y las circunstancias favorecieron su natural deseo de que el pueblo visigodo abrazase el arrianismo. Nuevas tierras —*tierra* fue la moneda de cambio de casi todos los movimientos sociales antes de la revolución industrial— que compensasen las arrebatadas por los hunos, era todo lo que buscaban, donde poder instalarse y alimentar a los suyos. Por esta razón, historiadores modernos prefieren hablar de *migraciones,* más que de invasiones, para referirse al asentamiento bárbaro dentro del *limes* o fronteras del Imperio, al que no intentaban destruir.

De hecho, algunos pueblos bárbaros pactaron tratados con el Imperio, en los que, a cambio de la tierra, se ofrecían a servir como tropas auxiliares en el ejército romano. El asentamiento de los bárbaros se llevó a cabo con arreglo a las normas de la "hospitalidad militar",

[1042] "Los bárbaros y los romanos, frente a los asiáticos, se reconocían como hermanos de origen. Los hunos eran descritos como monstruos, con sus gruesas cabezas aplastadas, sus mejillas cosidas de cicatrices, su cuerpo rechoncho y sus piernas arqueadas por la costumbre de montar a caballo" (Eliseo Reclus, *op. cit.,* p. 84).

y en las comarcas donde se asentaron los inmigrantes bárbaros se exigió un reparto de tierras con los nuevos "huéspedes". El Código de Eurico —el más antiguo de los cuerpos legales de los nuevos reinos germánicos— llama *sortes gothicae* y *tercias de los romanos* a las porciones correspondientes a cada uno de los *consortes*[1043].

En virtud de ese pacto los visigodos se comprometían a servir como tropas federadas al Imperio occidental; y como primera prueba de ello, en el 416, aniquilaron a una buena parte de los grupos bárbaros que habían invadido la península Ibérica en el 409. A cambio, en lugar de obtener los tradicionales subsidios alimenticios, el Imperio permitía a los godos su asentamiento en la Aquitania, entregándoles a tal efecto dos tercios de una serie de fincas que serían repartidas entre los diversos agrupamientos nobiliarios godos y el del rey con sus séquitos.

2. Ulfilas y la conversión de los bárbaros

En el plano religioso, salvo los francos, todos los demás pueblos invasores eran originalmente arrianos. Los primeros en convertirse al cristianismo arriano fueron los visigodos, asentados en la Dacia (al norte del Danubio, en la actual Rumanía). Ellos fueron los introductores del arrianismo entre los pueblos germánicos invasores de los siglos IV y V d.C., no cristianizados hasta entonces.

¿Cómo llegaron a aceptar esa versión del cristianismo? La historia es sintomática de lo que pudo ocurrir en muchos otros lugares. El historiador Filostorgio dice que durante los reinados de Valeriano y Galieno, en la mitad del siglo III, los godos del norte del Danubio invadieron el territorio romano y asolaron la provincia de Moesia hasta el mar Negro, llegaron hasta Asia Menor, donde saquearon Capadocia y Galacia, capturando gran número de prisioneros, incluyendo algunos cristianos. "Estos piadosos cautivos, en su relación con los bárbaros, trajeron a la fe verdadera a un buen número de ellos". De sus descendientes procedería Ulfilas, el "Apóstol de los Godos", a la vez que padre de la literatura teutónica gracias a su traducción de la Biblia al godo.

Ulfilas, cuyo nombre godo era *Wulfila,* "pequeño lobo", nació probablemente en el año 313, otros dicen que en el 318. Recibió una educación cristiana, gracias a la fe de su madre. En una edad temprana fue enviado a Constantinopla quizá en representación de los suyos. Durante su estancia en la nueva capital del Imperio romano, Ulfilas conoció a Eusebio de Nicomedia, seguidor de las doctrinas de Arrio, que en esa época eran las propias de un gran segmento de la Iglesia y de los emperadores Constancio, Valerio y Valente. Ulfilas aprendió griego y latín y alcanzó el grado de lector de las Escrituras —probablemente entre su propia gente en Constantinopla o entre los *foederati* del ejército imperial—, lo que le familiarizó con la Biblia y le preparó para su futuro trabajo de traductor. Instruido por Eusebio, profesó el arrianismo y en el 341 fue consagrado como "obispo de los cristianos en tierra de los godos"

[1043] "La división hecha entre un godo y un romano con referencia a la partición de tierras de labor o de los bosques por ninguna razón sea alterada, si es que se prueba que la división tuvo lugar, de modo que ya de las dos partes del godo el romano nada usurpe para sí o reclame, ya de la tercia del romano el godo nada se atreva a usurpar o reclamar para sí, a no ser lo que pudiera ser donado por nuestra generosidad. Pero lo que por los antepasados o por los vecinos se dividió, la posteridad no se atreva a cambiar". *Liber Iudicum* X, 1, 8.

por Eusebio de Nicomedia y otros obispos de Antioquía. Poco tiempo después de su consagración volvió a la Dacia y durante los restantes cuarenta años de su vida trabajó como misionero entre sus coterráneos. Los primeros siete u ocho años de su vida misionera los pasó en Dacia. Su enseñanza se extendió con rapidez, los visigodos experimentaron un despertar espiritual y su cultura floreció como nunca antes lo había hecho; pero, inevitablemente, también se encontró con oposición por parte de su propia gente. El pagano rey Atanarico, que despreciaba el yugo del Imperio romano, veía con malos ojos el incremento de cristianos, que adoptaba la religión "romana". Este antagonismo dio lugar a una persecución que puso a prueba la fe de los nuevos conversos y obligó a Ulfilas, con gran parte de su comunidad, a pasar el Danubio —con el consentimiento del emperador Constancio— y refugiarse en la región de Nicópolis, en la provincia romana de la Moesia Inferior, que después llegaría a ser tierra de refugio de los visigodos amenazados por los hunos.

En Nicópolis Ulfilas creó una escuela en la cual formó un clero gótico-arriano, capaz de catequizar a los visigodos en su lengua, tal como pedían los jefes del pueblo godo. Fue entonces que concibió la idea de traducir la Biblia a la lengua de los godos, una tarea que exigía para empezar la invención de un alfabeto especial, el gótico, pues hasta este momento las tribus europeas habían confiado enteramente en la tradición oral y carecían de lengua escrita. Ulfilas inventó un alfabeto para la lengua gótica a partir del griego, teniendo que pedir prestadas sólo una pocas letras de otros orígenes, del rúnico y del latín. A pesar de sus muchas otras actividades Ulfilas tradujo "todos los libros de la Escritura a excepción del Libro de los Reyes, al que omitió porque es simplemente una narración de hazañas militares, y siendo que las tribus godas tenían una afición especial por la guerra, tenían más necesidad de frenos para contener sus pasiones militares que de alicientes para estimularlos a emprender actos guerreros"[1044].

No sabemos cuándo llevó a cabo la traducción de la Biblia, pero el caso es que había de constituir un instrumento decisivo para la conversión del pueblo godo. Los Libros del Antiguo Testamento fueron traducidos de la versión griega de los Setenta; y los del Nuevo Testamento del original griego.

Si bien la obra de Ulfilas, la evangelización de los godos, no prosperó de inmediato, sí lo hizo a largo plazo, gracias a su traducción de la Biblia y a la actividad misionera llevada a cabo por sus discípulos, que completaron la conversión de los godos durante las dos décadas finales del siglo IV, esto es, mientras permanecieron en las provincias romanas de los Balcanes, y antes de emprender la larga marcha hacia Occidente. El ejemplo se extendió con rapidez y los borgoñones y los suevos invasores abandonaron por esos años el viejo y decadente paganismo de sus ancestros, abrazando el cristianismo arriano. Bajo esta forma, como la modalidad propia del cristianismo germánico, el arrianismo prolongó su existencia durante otros tres siglos.

Ulfilas tomó parte en varios concilios; que coincidieron con la sucesión casi ininterrumpida de emperadores favorables al arrianismo. En el año 360 Ulfilas estuvo en el Sínodo de Constantinopla, que ratificó el Sínodo de Sirmio cuando el partido "homoiano" de Acacio

[1044] Filostorgio, *Hist. eccl.* II, 5. Cf. Sócrates, *Hist. eccl.* II, 41; Sozomeno, *Hist. eccl.* VI, 37; Teodosio, *Hist. eccl.* IV, 37.

de Cesarea triunfó y emitió un credo a mitad de camino entre la fórmula de la ortodoxia nicena y la del partido arriano. El *homoousios* —de la misma esencia o substancia— niceno, en lucha con la *iota* arriana del *homoiousios* —de similar esencia— dejó paso al *homoios,* semejante al Padre. En esta forma "homoiana" llegó el cristianismo a los visigodos. Al poco tiempo de iniciar su reinado, el emperador católico Teodosio ordenó a Ulfilas que acudiese a Constantinopla, ciudad donde enfermó y murió en el año 382. En su lecho de muerte hizo la siguiente confesión: "Yo, Ulfilas, obispo y confesor, he tenido siempre esta creencia y en ésta, la única fe, hago mi testamento a mi Señor: creo que sólo hay un Dios, el Padre, Increado e Invisible"[1045]. En cuanto a la valoración personal de Ulfilas tenemos un precioso testimonio escrito por su discípulo Auxencio, obispo de Milán, cuyo manuscrito se encontró en 1840. Describe a Ulfilas como "un hombre cuya alabanza no alcanza mi capacidad a describir según él se merece pero, no obstante, no me atrevo a guardar silencio total. A él, más que a ningún otro hombre, le estoy en deuda incluso aunque él me imponga más trabajo. Desde mis primeros años mis padres me encomendaron a él y él me aceptó como discípulo; me enseñó las Sagradas Escrituras, me mostró la verdad y, por la dulce misericordia de Dios y la gracia de Cristo, me crió tanto física como espiritualmente cual su hijo en la fe"[1046].

Fue un hecho lamentable que Ulfilas abrazase toda su vida la herejía arriana, hecho que afectó el proceso de integración de los pueblos germánicos. Pero conviene dejar claro que fueron los emperadores romanos de la parte oriental los últimos responsables de la arrianización de los invasores bárbaros. Los visigodos, en particular, abrazaron la fe cristiana en la época gloriosa del Imperio bajo los reinados de Constancio II y Valente. Como señala Peter Brown, eran fieles seguidores de lo que entonces constituía la forma ortodoxa del cristianismo en las provincias danubianas. Los visigodos tuvieron la mala suerte de llegar a la Galia cuando los emperadores ya habían abandonado el arrianismo, por lo que se encontraron con la etiqueta de herejes pegada en su frente. Los visigodos siguieron la misma "teología del éxito" de sus congéneres, por eso atribuyeron orgullosamente sus victorias a la *ortodoxia* de su fe arriana. Para los reyes "bárbaros" el "cristianismo arriano era la verdadera religión universal: el vínculo que unía a los visigodos de Tolouse, a los vándalos de Cartago y a los ostrogodos, firmemente establecidos en Ravena bajo el dominio de Teodorico, en una sola fe, distinta de la de sus súbditos católicos"[1047].

La persecución de que dimos noticia un poco más arriba dirigida y protagonizada por Atanarico, comenzó cerca del 372 y duró dos años, tal vez seis, después de su guerra con Valentiniano. San Sabas fue ahogado en el 372, otros fueron quemados, algunas veces en masa dentro de las tiendas que eran utilizadas como iglesias. Cuando, en los siglos quinto y sexto, los visigodos invadieron Italia, Galia y España, las iglesias fueron destruidas y los obispos católicos y el clero fueron asesinados; pero la política habitual de los visigodos arrianos era de tolerancia. Cuando los visigodos de Alarico entraron en Roma respetaron la vida de los que habían acogido al asilo a las iglesias católicas, por orden de su rey. San Agustín dice que, al contrario de las costumbres usuales de la guerra, esta orden se respetó honorablemente

---

[1045] C. A. Scott, *Ulfilas, Apostle of the Goths,* p. 113. Cambridge 1885.

[1046] *Ibíd.* p. 35.

[1047] Peter Brown, *El primer milenio de la cristiandad occidental,* pp. 60-61, 83.

y lo atribuye al poder del nombre de Cristo. "Cuantas ruinas, degüellos, pillajes, incendios, tormentos, se cometieron en la reciente catástrofe de Roma, producto fueron del estilo de las guerras. En cambio, lo insólito allí ocurrido, el que, cambiando su rumbo los acontecimientos de una manera insospechada, el salvajismo de los bárbaros se haya mostrado tan manso que escogió las basílicas más capaces para que el pueblo se acogiese a ellas y evitaran la condena, se lo debemos al nombre de Cristo. Allí a nadie se atacaba; de allí nadie podía ser llevado a la fuerza; a sus recintos los enemigos conducían por compasión a muchos para darles la libertad; allí ni la crueldad de los enemigos sacaría cautivo a uno solo"[1048].

3. La persecución vándala en África del norte

Los vándalos, procedentes del este de Europa, también abrazaron la fe arriana y con la Biblia como estandarte convirtieron esta confesión en la norma de su política anticatólica, caso excepcional entre los bárbaros que solían respetar las creencias católicas de los pueblos sometidos. Dirigidos por el caudillo Genserico, los vándalos se establecieron primero en el sur de España, en Andalucía, donde aprendieron el arte de la construcción naval. Al poco tiempo se habían convertido en una potencia marítima. Atacaron las islas Baleares y Mauritania (426) y tomaron la base naval de Cartagena (428). En el 429 emprendieron una expedición a África que los llevó hasta Bona. "Aquel pueblo cruel y feroz de los vándalos arribó al territorio de la miserable África, atravesando el estrecho de mar con tránsito fácil, ya que esta grande y vasta extensión de agua se estrecha entre España y África en un angosto espacio de 12 millas", se lamenta un contemporáneo de los hechos[1049]. Los romanos, incapaces de rechazarlos, establecieron un *foedus* o pacto con Genserico en virtud del cual les concedían el dominio del norte de Numidia, la Proconsular occidental y la casi totalidad de la Mauritania sitifiana (435)[1050]. Pocos años después de la firma del tratado y tomando por sorpresa la confianza que los africanos habían puesto en este pacto, los vándalos tomaron sin esfuerzo la propia ciudad de Cartago (439), prosiguiendo la invasión de África hasta Tripolitania. Un posterior *foedus* (442) les otorgó el dominio de Bizacena, de una parte de Tripolitania y de Numidia. Genserico fundaba así el primer reino germánico independiente, con capital en Cartago. Los vándalos pasaron entonces a controlar la producción cerealera del norte de África, principal fuente de abastecimiento del Imperio hasta entonces; se adueñaron del Mediterráneo occidental y estuvieron en condiciones de saquear Roma (455), sin que el Imperio pudiese hacer nada para impedirlo.

Hasta la invasión de los vándalos, el África romana se hallaba felizmente al margen de las terribles tormentas que sacudían Europa en los primeros años del siglo V y era tradicionalmente considerada muy próspera —para el Imperio— por su abundancia en grano, aceite, ganado y otros productos que exportaba a Italia y a otras partes del Mediterráneo. Los romanos habían llegado a poseer un Imperio africano que medía de este a oeste cerca de cuatrocientas mil millas y que com-

---

1048 Agustín, *Ciudad de Dios,* I, 7.

1049 Víctor de Vita, *Historia persecutionis wandalicae,* I, 1.

1050 Ch. Courtois, *Les Vandales et l'Afrique,* pp. 169-170. París 1955; María Elvira Gil Egea, *África en tiempos de los vándalos: continuidad y mutaciones de las estructuras socio-políticas romanas,* pp. 225-226.

prendía toda la tierra cultivable del norte del Sahara. Consiguieron hacer de los bereberes un pueblo agrícola sedentario al servicio de Roma. Los vándalos de Genserico hicieron pasar hambre a la Ciudad Eterna al apoderarse de sus fuentes de suministro. La población autóctona del norte de África salió beneficiada con este cambio de poder. Al desaparecer las demandas alimentarias de la capital imperial no había necesidad de cosechas ni de grandes propiedades gobernadas con disciplina férrea. Las plantaciones se abandonaron y cada uno se dedicó a cultivar su pedazo de tierra. Los cristianos leales a Roma fueron menospreciados y sufrieron las peores humillaciones.

El avance de los vándalos por tierras africanas nos ha llegado a través de fuentes eclesiásticas, en especial Fulgencio de Ruspe y Victor de Vita, quien en su *Historia persecutionis Africae* narra las persecuciones y dificultades a que se vieron sometidos los católicos africanos. La historia de estos autores está demasiado teologizada, es parcial en su valoración de los invasores, ya que el vándalo se identifica sin más con hereje y violencia, y romano con católico y civilizado; pero conserva un notable valor histórico al ponernos en contacto directo con los sufrimientos y desdichas que debieron afrontar los romano-católicos de África durante los reinados de Genserico y Hunerico.

Muertes, violaciones, incendio de las iglesias acompañaban el paso de los vándalos. Sólo tres iglesias en toda África: Cirta, Hipona y Cartago quedaron a salvo de la devastación, en especial las relacionadas con los mártires del pasado: "Transfirieron a su religión, con el permiso del tirano, la basílica de las Antiguas [donde estaban sepultados los restos de Perpetua y Felicidad], de Celerina y de los [mártires] escilitanos"[1051]. Monasterios, cementerios, santuarios, todos fueron profanados, derruidos e incendiados. Los clérigos fueron a menudo torturados para que entregasen los tesoros eclesiásticos que, naturalmente, habían ocultado. "Sometidos a torturas de diverso género, a fin de que si tenían oro o plata de su propiedad o de la iglesia se los dejasen. Y a fin de que todo esto que había fuese dado más fácilmente bajo la presión de las penas, atormentaban nuevamente a aquellos que lo entregaban con tormentos crueles, pensando que solamente una parte y no todo había sido entregado; y cuanto más se les daba, tanto más pensaban que uno poseía. A algunos les abrían la boca con palos puntiagudos y les introducían en la garganta barro podrido, a fin de que confesasen dónde estaba el dinero; a otros torturaban apretándoles la frente o las tibias con nervios resecos; a otros, acercándoles a la boca odres rellenos, les propinaban sin piedad agua de mar, y a veces vinagre, morga, agua sucia y muchos otros líquidos infames. No había nada que lograse mitigar a aquellos ánimos despiadados, ni el sexo débil, ni la consideración por la nobleza, ni el respeto por los sacerdotes"[1052]. Otro tanto ocurriría con la población civil. Pasó durante el saqueo de Roma con Alarico, y ha pasado siempre en la toma de cualquier ciudad. En la toma final de Cartago (439) Genserico exigió la entrega de todas las riquezas de sus habitantes, considerándose un delito el ocultarlas (14)[1053].

[1051] Víctor de Vita, *Hist. persc.* I, 9; 15-16.

[1052] *Ibíd.,* I, 5.

[1053] "La gran importancia de obtener un abundante botín de guerra no se nos escapa; lo era para cualquier jefe militar, pero más aún en una sociedad de tipo tribal, constituida por grupos diversos, y sin otra fuente de ingresos que lo que pudiesen obtener por la fuerza. El jefe debía pagar los servicios prestados por sus hombres, debía proporcionarles medios de vida, sólo así conservaría su prestigio y con él su poder. Si no cumplía las expectativas de sus guerreros podía ser desbancado por otro líder de mayor reputación" (María Elvira Gil Egea, *Miedo al bárbaro, miedo al hereje: Un conflicto de intereses en el África vándala*).

"¿Quién podría decir, cuántos y cuán numerosos obispos fueron entonces torturados a muerte? Entonces hasta el obispo de nuestra ciudad [Cartago], el venerable Pampiniano, fue marcado a fuego en todo el cuerpo con placas de hierro incandescente. Igualmente, también Mansueto de Uricita fue quemado junto a la puerta Fornitana. Y en este tiempo fue asediada la ciudad de Hipona Real, que gobernaba como pontífice el bienaventurado Agustín, digno de toda alabanza, autor de muchos libros"[1054].

A partir del año 442 numerosos romano-africanos ocupan puestos en la administración del nuevo reino vándalo, y en el palacio y en las casas de los príncipes, prueba de la aceptación por parte de los miembros de la aristocracia provincial romana de las nuevas condiciones políticas y de su única posibilidad de triunfar y conservar su estatus social. No parece que en un principio se les exigiera que aceptasen obligatoriamente la fe arriana, pero es seguro que muchos lo hicieron a tenor de las quejas de los obispos católicos, que acusan constantemente a los arrianos de comprar las conversiones a base de oro y favores. Al mismo tiempo, la Iglesia arriana presionó al rey para que ningún no arriano ocupase un puesto de confianza en el palacio o en las casas de los príncipes por temor a la influencia que allí pudiesen ejercer, ya que al parecer se estaban produciendo algunas conversiones al catolicismo entre los propios vándalos[1055].

Una ley de Genserico prohibía a los católicos tener basílicas y celebrar el culto en los lugares en los que residían los vándalos. No obstante, los católicos siguieron celebrando los oficios religiosos abiertamente, incluso allí donde había sido expresamente prohibido por el poder real, al que manifiestamente desafiaban al utilizar las basílicas que habían sido clausuradas, lo que acarreó castigos de todo tipo y finalizó con la dispersión y el exilio de todo el clero de Cartago[1056].

El interés de algunos de los nuevos soberanos germánicos en mantener su fe arriana se explica más por una cuestión de control político y social que dogmática. Se trataba de legitimar una supremacía contestada por muchos, en especial por la arrogante aristocracia provincial católica. Pues en las Iglesias arrianas germanas los obispos eran nombrados directamente por el rey, y éste recibía antes que nadie, y en una ceremonia diversa, la comunión. La defensa de la ortodoxia del arrianismo era, pues, también una defensa de la rectitud de sus gobernantes, de la misma justicia providencial de su nuevo poder político sobre la antigua del Imperio romano.

Tras la muerte de Genserico, acaecida en el 477, sube al trono su hijo Hunerico que restablece la Iglesia de Cartago y le permite el nombramiento de un nuevo obispo. Como contrapartida, el emperador de Oriente, Zenón, concedería igual libertad religiosa a los arrianos de sus dominios, que podrían practicar el culto según sus deseos y predicar a los fieles en la lengua que quisieran. Hunerico advirtió que en caso de no respetarse el tratado en las provincias orientales, la Iglesia católica de África sufriría las consecuencias. Ante tan peligrosas cláusulas, el clero católico respondió al legado imperial Alejandro, procurador de la casa de Placidia, que consideraban preferible conservar la situación anterior y prescindir de la tutela

[1054] Víctor de Vita, *Hist. persc.* I, 8.
[1055] *Ibíd.,* 43; I, 47.
[1056] *Ibíd.,* I, 39-42; 51.

y los oficios de un obispo, pero el legado ignoró estas protestas y en junio del 481 se nombra a Eugenio como obispo católico de Cartago, después de 24 años de sede vacante[1057].

Eugenio es el protagonista de los dos últimos libros de la *Historia persecutionis* de su contemporáneo Víctor de Vita. La santidad de su vida y generosidad de sus limosnas le granjearon la veneración popular, pero también la envidia del clero arriano, que desembocará en la persecución dictada por Hunerico.

La inicial transigencia hacia los católicos de los primeros años de su reinado no había dado buenos resultados. Dictada por la interesada convicción de que los fieles católicos serían ganados por un acto de liberalidad, se vio frustrada cuando los católicos aprovecharon la política de tolerancia para realizar nuevos avances y extender su proselitismo entre los propios vándalos. El clero arriano le apremiaba al rey a tomar medidas contundentes[1058]. En mayo del año 483, Hunerico convocó en Cartago a todos los obispos católicos, para que sostuvieran una discusión teológica con los obispos arrianos. Eugenio aceptó el encuentro, pero pidió que fueran también invitados los obispos del otro lado del mar; con esta petición quería mostrar que todo el episcopado estaba con él, y deseaba también que asistieran obispos que no temieran las posteriores represalias de Hunerico. Sus peticiones no fueron aceptadas, sino que, al contrario, el rey intentó alejar también a aquellos obispos africanos que por su inteligencia y ciencia podían estorbar sus propósitos. El 1 de febrero del 484 con la presencia de 466 obispos tuvo lugar la conferencia querida por Hunerico, pero el debate no llegó a celebrarse por la negativa de los obispos católicos a aceptar las disposiciones tomadas por el patriarca arriano Cirila para su realización y terminó siendo disuelta ante los graves disturbios que se desencadenaron, que fueron calificados de tumultos por las autoridades[1059]. Consecuencia directa de estos acontecimientos fueron las disposiciones tomadas por el rey, que ante lo que considera abierta provocación del clero católico, al que acusa de intentar levantar al pueblo y sembrar la confusión para evitar responder a las cuestiones propuestas en el debate, decidió aplicar a los clérigos católicos las leyes imperiales dictadas contra los herejes, y así procedió a exigir la entrega de los libros sagrados, a la confiscación de las iglesias y sus bienes y a la expulsión de los sacerdotes de las ciudades, además de amenazar con imponer importantes multas y castigos a los laicos y a las autoridades provinciales o locales que los protegiesen o no exigiesen el cumplimiento riguroso de las ordenanzas[1060]. A Eugenio no le quedó otra alternativa que la de redactar una *Declaración de fe,* firmada por todos los obispos católicos, y que fue recogida por Víctor de Vita en su obra[1061].

Hunerico, decidido a acabar de una vez por todas con la disidencia religiosa, en febrero del 484 promulgó un edicto de unión, en el cual el plazo dado para la conversión de todos sus súbditos a la "verdadera fe" era superior a un año ya que debía expirar el 1 de junio del octavo año de su reinado[1062]. Las conversiones parece que fueron numerosas —Víctor de

[1057] *Ibíd.,* II, 2-6.
[1058] *Ibíd.,* III, 29-30; III, 42.
[1059] *Ibíd.,* II, 53-55.
[1060] *Ibíd.,* III, 2-14.
[1061] *Ibíd.,* II, 36-101.
[1062] *Ibíd.,* III, 12.

Vita alega que fueron obtenidas mediante la fuerza o el engaño, salvo en aquellos casos en los que las produjo el interés. Los católicos que aceptaban ingresar en la fe arriana pasaban, como era tradicional, por el rebautismo, y seguidamente se les proporcionaba un justificante que lo demostrase, sin el cual no se permitía ni a mercaderes ni a ciudadanos viajar libremente por el país. Los clérigos arrianos eran los encargados de este control y disponían de fuerzas armadas para ayudarlos en su tarea[1063]. Pero también, según los edictos reales, las autoridades civiles y los propietarios de haciendas o sus administradores eran responsables del cumplimiento de lo decretado[1064].

El rey Hunerico murió en diciembre de ese mismo año, corroído su cuerpo por la enfermedad, por lo que no vio cumplirse el plazo dado para la conversión forzosa de todos sus súbditos.

Se calcula que fueron asesinados más de quinientos clérigos, entre los cuales el archidiácono Salutare, los diáconos Murita, Bonifacio y Servo, el subdiácono Rústico, los monjes Liberato, Rogato, Séptimo y Máximo, muchos jóvenes lectores, e incluso doce niños cantores. Eugenio fue desterrado al desierto. Antes de partir para el destierro dirigió a su Iglesia una espléndida carta exhortando a sus fieles a ser fuertes en la fe. Esta carta ha llegado a nosotros a través de Gregorio de Tours, y es considerada como su testamento espiritual.

En el año 534, el emperador Justiniano reconquistó el norte de África y liberó a la Iglesia católica de sus enemigos arrianos, pero los católicos nunca se recuperaron de lo que se llamó "la cautividad de los cien años". Después de la muerte de Agustín apenas hay actividad teológica alguna, a pesar de que los cristianos romano-africanos disfrutaron de un período de libertad que duró 160 años, desde la liberación de Justiniano hasta la invasión de los árabes. Quizá haya que apuntar como causante la intolerancia bizantina que sometió a una persecución aún más violenta que en la época romana a los cristianos donatistas, transformando por ley sus iglesias en iglesias ortodoxas.

BIBLIOGRAFÍA

C. A. Scott, Ulfilas. *Apostole of the Goths.* Cambridge 1885.

Charles-André Julien, *Histoire de l'Afrique du Nord des origines à 1830.* Payot, París 1951.

E. F. Gauthier, *Le Passé de l'Afrique du Nord, les siècles obscurs.* Payot, París 1937.

Eliseo Reclus, *El hombre y la tierra,* vol. 4. Ed. Doncel, Madrid 1975.

François Decret, *Le christianisme en Afrique du Nord ancienne.* Le Seuil, París 1996.

—con M. Fantar, *L'Afrique du Nord dans l'Antiguité.* Payot, París 1981.

H. Leclercq, *L'Afrique chrétienne,* 2 vols. París 1904.

J. Mesnage, *Le Christianisme en Afrique, 1.°. Origines, développement, extension.* Alger-París 1914.

—Le Christianisme en Afrique. Déclin et extinction. Alger-París 1915.

Lucien Musset, *Las invasiones. Las oleadas germánicas.* Editorial Labor, Barcelona 1967.

M. Mieses, *Les juifs et les établissements puniques en Afrique du Nord.* Societé des Études Juives, París 1933.

María Elvira Gil Egea, *África en tiempos de los vándalos: Continuidad y mutaciones de las estructuras sociopolíticas romanas.* Universidad de Alcalá de Henares 1998.

1063 *Ibíd.,* III, 47-48.

1064 *Ibíd.,* III, 12-13.

—"Miedo al bárbaro, miedo al hereje: Un conflicto de intereses en el África vándala". *Milenio: Miedo y religión.* IV Simposio Internacional de la Sociedad Española de Ciencias de las Religiones, Universidad de La Laguna, Tenerife 2000.

Edición electrónica: www.ull.es/congresos/conmirel/GILEG.htm

Orlandis Rovira, "Ulfilas" en *Gran Enciclopedia Rialp,* Madrid 1971.

Patrick J. Healy, "Ulfilas", en *The Catholic Encyclopedia.*

Edición electrónica: www.enciclopediacatolica.com/u/ulfilas.htm

Víctor de Vita, *Historia persecutionis wandalicae.* Migne, Patrología Latina 58. Edición crítica de C. Halm en MGH, Auctores Antiquissimi, III, 1879.

—*Storia della persecuzione vandalica in Africa.* Traducción, introducción y notas de Fr. Ricardo W. Corleto. Roma 1981.

—*History of the Vandal Persecution.* Traducción e introducción de John Moorhead. Liverpool University Press 1998.

W. S. Friedrichsen, *The Gothic Version of the Gospels.* Oxford 1926.

W. Streiteberg, *Die Gotische Bibel,* 2 vols. Heidelberg 191-1920.

PARTE V
CRISTIANOS BAJO EL ISLAM

"En vano buscaríamos en las crónicas árabes, sea cualquiera la fecha de su redacción, la menor alusión a los acontecimientos que llenaron de luto a la comunidad cristiana de Córdoba un poco antes de la muerte de Abd al-Rahman II".

E. Lévi-Provençal [1065]

[1065] E. Lévi-Provençal, *España musulmana,* p. 150.

1. Orígenes del islam

La aparición del islam en la historia de la religión se dio de una forma totalmente inesperada, dando lugar a la mayor revolución política acontecida en toda la historia del mundo antiguo. "Hacía siglos que Arabia era demasiado pobre para despertar el interés de los grandes conquistadores del extranjero, y demasiado anárquica para amenazar a sus vecinos"[1066]. A comienzos del siglo VII Arabia era un enclave marginal a las grandes corrientes históricas de la época, pero en menos de un siglo habría de tener un gran protagonismo gracias a las guerras de conquista que permitieron a los califas árabes crear un Estado superior por sus dimensiones al antiguo Imperio romano. Y todo gracias a la acción predicadora de un beduino, Muhammad, conocido por Mahoma en nuestra lengua, político y mítico, que supo reunir a las tribus árabes bajo el poder aglutinante de la *Ummah* islámica o comunidad musulmana.

Para el cristianismo el islam supuso un descalabro muy grande. Comunidades cristianas enteras desaparecieron para siempre bajo la acometida de los seguidores del profeta del desierto árabe. Allí donde los apóstoles predicaron y fundaron iglesias, allí donde florecieron academias cristianas, se construyeron imponentes mezquitas y escuelas coránicas, relevando de su función al cristianismo, condenado a llevar una existencia de segunda clase, sometido al poder el islam. Todo el norte de África, flor y nata del cristianismo antiguo, que había resistido con valor las persecuciones de romanos y vándalos poniendo muy alto el signo de la cruz, se perdió para siempre a favor de la media luna.

¿Fue el islam una fuerza perseguidora? No directamente, no al modo en que lo fueron los romanos o los persas, con sus actos de crueldad tan inútiles como inhumanos: encierros, cepos, torturas, fuego, fieras. El islam, como tendremos ocasión de ver, fue relativamente tolerante, para su época, más tolerante que el mismo cristianismo, en cuanto que una compensación económica era suficiente para salvaguardar la propia fe y la vida. Dicho esto, hay que aclarar que, a juzgar por los hechos, en muchas ocasiones la tolerancia musulmana se reducía a sus mínimos y la vida de los cristianos sometidos se hacía poco menos que insoportable, no tanto de parte de las leyes y autoridades musulmanas, como de parte del pueblo. Las constantes humillaciones a que fueron sometidos creó en el ánimo de muchos un espíritu de resistencia social y de exaltación religiosa que desembocó en una búsqueda del martirio como única salida compensatoria a su frustración.

1. Mahoma, profeta y enviado de Alá

Mahoma, cuyo nombre completo en árabe fue Abú-l-Qásim Muhammad ibn `Abd Alláh ibn `Abd al-Muttalib al-Hásimi, nació en La Meca (Arabia Saudí), alrededor del 570-580 d.C. Su padre, Abd-ullah, murió en un viaje de negocios antes de que Mahoma naciera. Su madre, Amina, murió cuando Mahoma tenía unos seis años de edad[1067]. La familia de Mahoma descendía del aristocrático clan quraysi de los Banú Hásim, dedicado sobre todo al comer-

[1066] Alexandre de Saint-Phalle, *De San Pablo a Mahoma,* p. 253. Ed. Castilla, Madrid 1962.

[1067] Su condición de huérfano influyó sobre su carácter, durante toda su vida cuidará especialmente de los huérfanos y de los desheredados, no tenidos en cuenta para nada en la sociedad preislámica.

cio, cuyos miembros habían gozado de elevada posición y desahogada economía, hasta que declinaron paulatinamente. Cuando nació el futuro fundador del islam, la familia se hallaba en la pobreza, rasgo que caracterizará la infancia de Mahoma. Fue educado por su abuelo Abd al-Muttalib, que murió dos años después de la muerte de su madre, entonces el joven huérfano fue confiado a Abu Talib, que era hermano uterino del padre del chico. En adelante fue uno de sus propios hijos, y su mujer Fátima hizo todo cuanto pudo por ser una madre para el joven. Más tarde Muhammad solía decir de ella que habría dejado pasar hambre a sus propios hijos antes que a él.

A partir de los doce años de edad, Mahoma acompañó a su tío en los viajes de negocios, algunos de ellos bastante prolongados y lejanos. Se cuenta que en uno de esos viajes Mahoma conoció en Bosra (Siria) a un monje nestoriano llamado Bahira (del arameo *Bekhîra,* "el elegido"), muy versado en las Escrituras. Se dice que este monje percibió, gracias a varios signos, que Mahoma sería un profeta. Aún habían de pasar muchos años para ello, pues el llamamiento profético de Mahoma se dio a una edad más bien tardía, 40 años. Hasta entonces, el profeta se había mantenido ocupado pastoreando los rebaños de su familia y administrando el negocio del tráfico caravanero de su tío. Después entró al servicio de una rica viuda, Hadiya o Kadiyya, prima lejana suya, con la que contrajo matrimonio y llevó una vida muy feliz. Mahoma tenía 25 años, Kadiyya, 40. Ella le dará dos hijos y cuatro hijas, pero sólo Fátima sobrevivirá al profeta. La riqueza del matrimonio aumentó y su casa llegó a ser una de las más ricas de La Meca.

Una epidemia se llevó a sus dos hijos. Consoló con ternura a su mujer, pero él jamás perdió la serenidad de un hombre de su rango, dando muestras de dominio propio. Pasados unos meses comienza a retirarse en algunas ocasiones, para meditar y reflexionar, lejos de todos, presa de aterradoras visiones. Kadiyya atribuyó estos cambios de comportamiento y carácter al dolor que experimentaba por la pérdida de sus hijos. Según sus hagiógrafos, iba todos los años al monte Hira, cercano a La Meca, donde se aislaba del mundo en una gruta.

En aquel tiempo, la religión de los árabes, mayoritariamente nómadas, era una forma de polidemonismo, creencia en multitud de seres espirituales, vinculado al paganismo de los antiguos semitas. Los seres que adoraban eran en un principio los moradores y patronos de lugares aislados, que vivían en árboles, fuentes y, en especial, en piedras sagradas. Existían algunos dioses en el sentido convencional, cuya autoridad transcendía los límites de los cultos puramente tribales. En común con casi todas las religiones del mundo, éstos formaban una tríada santa: Manat, Uzzá y Allat, que a su vez estaban subordinados a una deidad superior, cuyo nombre era Al-lâh, cuyo significado es "el Dios". El centro del culto se encontraba en el valle de La Meca, en el lugar sagrado de la Caaba (*Ka'aba,* "cubo", por su forma aproximadamente cúbica y sus cuatro esquinas apuntando a los cuatro puntos cardinales), un edificio sencillo de forma cúbica donde se veneraba un meteorito negro, una piedra celestial que, según la tradición, un ángel trajo a Abraham desde la cercana colina de Abu Qugbays, donde había sido conservada desde que llegó a la tierra. "Descendió del Paraíso más blanca que la leche, pero los pecados de los hijos de Adán la hicieron negra" (*Dicho del Profeta,* Tir. VII, 49). Según la misma tradición islámica, el patriarca Abraham construyó el santuario de la Caaba en conformidad con un prototipo celestial. A medida que pasaron los siglos se contaminó la pureza de la adoración al Dios Uno de la Caaba. Por influencia de las tribus paganas vecinas, se añadieron ídolos a las piedras y, finalmente, los peregrinos comenzaron a traer ídolos a La Meca, que fueron colocados cerca de la Caaba, llegando a convertirse en un santuario donde había 360 ídolos, uno por cada día del año lunar, aunque la pequeña construcción cuadrangular que albergaba la santa piedra representaba simbólicamente la existencia de la Divinidad Suprema única[1068]. Los idólatras afirmaban que sus ídolos eran poderes que actuaban como mediadores entre Al-lâh y los hombres. Mahoma había practicado este tipo de culto de sus ancestros, pero se sentía disgustado con la inmoralidad, la bebida, los juegos, el infanticidio y el enterramiento de las niñas no deseadas, prácticas comunes en todo el mundo árabe, y que el Corán condena con rigor (16, 58-19; 6, 51).

La religión no era personal sino comunal. En la sociedad beduina, la unidad social es el grupo, no el individuo. Éste posee derechos y obligaciones sólo como miembro de su grupo. El grupo se mantiene unido externamente por la necesidad de autodefensa contra las penalidades y los peligros de la vida en el desierto, e internamente por los lazos de sangre de la ascendencia por línea masculina, que es el vínculo social básico. La fe tribal se centraba en el dios de la tribu, simbolizado generalmente por una piedra y a veces por algún otro objeto. No existía sacerdocio propiamente dicho; los nómadas en sus migraciones llevaban a sus dioses consigo en una tienda roja que constituía una especie de Arca de la Alianza, que les acompañaba en las batallas. Estaba protegido por la "casa de jeques", la cual obtenía así cierto prestigio religioso. Dios y el culto eran la insignia de la identidad tribal y la única expresión ideológica del sentido de unidad y cohesión de la tribu. La conformidad al culto tribal expresaba la lealtad política; la apostasía equivalía a traición. Todo esto va a pasar a ser parte de la tradición islámica.

1.1. Judaísmo y cristianismo preislámicos

Las diversas tribus, casi todas ellas de raza árabe, componían un mosaico revoltoso y antagónico, en permanente lucha entre ellas. Había también algunas tribus judías que se habían formado por los judíos sobrevivientes a la destrucción de Jerusalén y a las constantes guerras con el Imperio durante los dos primeros siglos de nuestra era. Por otra parte, el comercio caravanero había atraído a representantes y agentes de otros países, entre ellos judíos. El rico oasis de Khaybar estaba completamente en manos de los israelitas y había numerosas familias judías diseminadas por todo el territorio. En Yatrib, la futura ciudad del profeta, Medina, los judíos vivían en clanes y tenían sus propias fortalezas. En una palabra, la religión judía estaba bastante extendida.

También existían tribus árabes de fe cristiana en sus distintas versiones: monofisita, arriana, católica, nestoriana... En el norte de la península arábiga, en torno a los confines de Siria y la Mesopotamia persa, los jeques de Banu Ghassan eran protectores de la Iglesia monofisita

[1068] Como señala Gabriel Mandel Khân, el politeísmo árabe proviene de una degeneración de un antiguo monoteísmo, cuya presencia jamás dejó de sentirse, aunque en diversos grados, por lo que el politeísmo siempre mantuvo entre los árabes una situación inestable frente a todas las divinidades paganas y por encima de ella estaba siempre la idea de un dios supremo (*Mahoma, el profeta,* p. 24).

local. La ciudad de Hira, en la frontera persa, era una ciudad santa del cristianismo, lugar de enterramiento de los catolicós de la Iglesia nestoriana.

En los confines de las montañas del Yemen, encrucijada de rutas caravaneras, la ciudad-oasis de Najran contaba con un barrio de mercaderes cristianos, convertidos por un joven árabe de estirpe noble, Abdullah, hijo de Thamir. La comunidad cristiana creció con el añadido de emigrantes monofisitas que huían de la persecución religiosa del emperador bizantino Justiniano. La afluencia de esta masa de cristianos hizo decrecer el monopolio judío del comercio, de tal manera que los judíos declararon la guerra a las compañías comerciales y a todos los cristianos de la zona.

El trágico resultado es que en el año 523 los cristianos fueron brutalmente aplastados por un rey árabe, llamado Dhu Nuwas, que había optado por el judaísmo en su afán de crear en las ricas tierras de la Arabia meridional un reino "davídico" independiente de las potencias cristianas[1069]. Dhu Nuwas unió a todos los judíos y paganos de su reino para aniquilar a todos los cristianos sin excepción alguna. Asedió Najran, donde habían acudido a refugiarse los supervivientes de la guerra, destrozó las iglesias, rompió las cruces, quemó los Evangelios e invitó a los cristianos a convertirse al judaísmo. Éstos, guiados por Abdullah, hijo de Thamir, se negaron. Entonces fueron obligados a cavar una gran fosa que, llena de leña, se convirtió en una hoguera en la que el rey judío hizo arrojar a más de dos mil cristianos. Tan tremenda masacre debió correr de boca en boca durante años y años. El mismo Corán la recoge indignado para reprobar a sus autores: "¡Por el cielo y sus constelaciones! ¡Por el día con que se ha amenazado! ¡Por el testigo y lo atestiguado! ¡Malditos sean los hombres del Foso, del fuego bien alimentado, sentados a él, dando testimonio de lo que ellos han hecho a los creyentes, resentidos con ellos sólo porque creyeron en Dios, el Poderoso, el Digno de Alabanza, a quien pertenece el dominio de los cielos y de la tierra. Dios es testigo de todo" (*Corán* 86,1-9).

Pero la cosa no quedó ahí. Y como siempre ocurre en este mundo, una acción provoca una reacción, y los asesinos de hoy son los asesinados de mañana. Tras el exterminio de Najran, el emperador de Bizancio rogó al Negus de Abisinia que interviniese para vengar a los muertos. El 18 de mayo del 524, un ejército etíope de más de 60.000 soldados desembarcó en Yemen. Du Nuwas, abandonado por las tribus paganas, fue vencido con facilidad. El abisinio Abraha, cristiano nestoriano, se convirtió en gobernador de la región y empezó a realizar razzias y a asesinar a judíos y paganos[1070].

Con estos datos queremos señalar que tanto el cristianismo como el judaísmo estaban perfectamente representados y conocidos en el mundo sociocultural de Mahoma, el cual tendría noticias orales de estos y otros acontecimientos, doctrinas y creencias, escuchados en sus largos días de viaje y mantenidos en el interior de su mente, indudablemente sensible, reflexionando en los cambios que se estaban produciendo en Arabia a la luz de toda esa información acumulada.

Algunos estudiosos han dicho que Mahoma sólo conoció del Evangelio su versión judeocristiana, en concreto la ebionita, pero es sabido que los ebionitas desaparecieron en el siglo V,

---

[1069] Peter Brown, *op. cit.,* p. 157.

[1070] Gabriel Mander Khân, *op. cit.,* p. 30. Cf. J. S. Trimingham, *Christianity Among the Arabs in Pre-Islamic Times.* Londres/Nueva York 1979.

incluso del este de Siria. Sin embargo, muchas de sus enseñanzas centrales se conservaron mezcladas con la religión del lugar y, en tiempo de las polémicas monofisitas, pasaron a Arabia a través de los nestorianos. Esto es lo que descubre Mahoma al comienzo de su actividad: el cristianismo sectario de cuño ebionita-monofisita. La absoluta unidad de Dios, la monarquía que excluye toda Trinidad, enseñada por los ebionitas se ve reflejada en el Corán. Otro elemento parece ser la secta bautista sincretista de los elkesaítas. La creencia de Mahoma de ser el último profeta que corona y sella las verdades contenidas en los profetas anteriores: Noé, Abraham, Moisés y Jesús, es una idea derivada de los elkesaítas, que opinaban que la verdad de cada uno de los representantes anteriores es asumida en el anuncio siguiente. Las *Pseudoclementinas* definían la fe del siguiente modo: "Esto es la religión: a Él sólo temer y creer sólo al Profeta de la Verdad" (*Hom.* 7, 8), que recuerdan de modo literal la afirmación central del islam, conocida como la *shahada* o confesión de fe, que todo musulmán sabe de memoria: "No hay más Dios que Allah, y Mahoma es su profeta". Para Joachim Schoeps esto explica cómo pudo el islam arraigar en las gentes de los países colindantes con Arabia, ya predispuestos por las doctrinas monofisitas y nestorianas[1071].

En Arabia existían también unos grupos llamados *hanefitas* o *hanifas,* quienes deseaban superar el politeísmo y procuraban practicar la fe de Abraham, el *hanîf* más puro. Con base en fuentes judías y posiblemente otras fuentes tradicionales, estos devotos paleoárabes tenían conocimiento acerca del único Dios. Seis *hanefitas* son conocidos por su nombre, y sabemos que al menos uno de ellos tuvo una fuerte influencia sobre Mahoma.

Debido a todos estos contactos, madurados lentamente a lo largo de los años, Mahoma se sintió llamado a intervenir en la polémica religiosa, entendiendo que él, en cuanto descendiente de Abraham, era el profeta de los árabes. A partir de ese momento alumbró unas revelaciones incubadas en su interior desde hacía años y que él entendió como "descendidas" directamente del cielo y "depositadas" en su corazón.

1.2. La revelación

Los cuarenta años del hombre es una edad suficientemente madura y determinante. Marca un punto de crisis respecto al pasado. Todo lo aprendido anteriormente se pone en cuestión y surgen en su lugar convicciones más críticas y contrastadas. En esa época, aproximadamente en el 610-612, tiene lugar la llamada por los musulmanes la Noche del Poder, durante la cual Mahoma recibió la primera revelación inaugural mientras estaba en la cueva de Hira, cuando el arcángel Gabriel le ordenó que recitara en el nombre de Alá. Mahoma no respondió, de modo que el ángel lo asió enérgicamente y apretó tanto que Mahoma no podía soportarlo. Entonces el ángel repitió el mandato. De nuevo Mahoma no respondió, de modo que el ángel le apretó la garganta de nuevo. Esto ocurrió tres veces antes de que Mahoma empezara a recitar lo que llegó a considerarse la primera de una serie de revelaciones de las que está hecho el Corán. El exegeta Al-Tabarí explica cómo fue la visión inaugural del profeta: "Otra vez se me apareció diciéndome: '¡Mahoma! ¡Tú eres el Enviado de Alá!'. Entonces pensé en arrojarme a un precipicio y, cuando me disponía a hacerlo, se me presentó una vez

[1071] Hans Joachim Schoeps, *El judeocristianismo,* p. 149. Marfil, Alcoy 1970.

más diciéndome: '¡Mahoma! Soy Gabriel y tú, el Enviado de Alá. ¡Lee!'. 'No sé leer', dije. Me abrazó y me apretó por tres veces tan fuertemente que ahogaba; caí a tierra, exhausto. Y me dijo: '¡Lee en nombre de tu Señor Creador!'. 'Y leí'" (*Corán* 96, 1-5).

Por lo general se cree que las revelaciones le vinieron durante un período de unos 20 a 23 años, desde aproximadamente el 610 d.C. hasta su muerte en el 632 d.C. Varias fuentes musulmanas explican que tan pronto como Mahoma recibía cada revelación la recitaba a los que por casualidad se hallaban cerca. Éstos, a su vez, se aprendían de memoria lo revelado y lo mantenían vivo por recitación. Una técnica muy común en el mundo antiguo, antes del invento del papel y de la imprenta. La enseñanza oral, confiada a la memoria mediante repetición, gozaba del mismo prestigio que la escritura actual. La enseñanza recitada con sonidos melodiosos bastaba para saturar el alma con experiencias espirituales. En Oriente la *lectura* de la Biblia en las iglesias no tenía el mismo sentido formal que nosotros le atribuimos. Leer, en el sentido de *recitar*, constituía un elemento fundamental del culto y recibía el nombre de *qeryana* en siríaco, idioma hablado por los cristianos sirios, armenios y persas, convertido en una lengua sacralizada por la continua y exquisita recitación de la Escritura. El término árabe *qu´ran* y el vocablo siríaco *qeryana* pertenecen a la misma raíz, *qr´*, que significa "leer", "exclamar en voz alta", "recitar"[1072]. Según ambos términos, la máxima autoridad residía en el mensaje religioso manifestado por voz humana.

1.3. Predicación y rechazo

Durante los tres primeros años, Mahoma predicó en el círculo íntimo de su familia y amigos más próximos. La primera en convertirse fue su esposa, el segundo su primo Alí, y el tercero su amigo Abú Béquer. Cuando su doctrina se hizo de conocimiento público se encontró con la oposición de su propia tribu, pero en cambio, varias familias no pertencientes a ella se convirtieron a sus enseñanzas. La aristocracia gobernante de La Meca se manifestó abierta y activamente hostil a la doctrina de Mahoma. La razón de este rechazo y hostilidad es bastante similar a la de los romanos respecto a los cristianos. La acusación de idolatría que hizo Mahoma, corolario inevitable del monoteísmo puro y espiritual que era el núcleo de su enseñanza, chocó con una mentalidad habituada a un politeísmo que admitía las divinidades más dispares y, que a la vez, obtenía grandes ventajas económicas del control de las peregrinaciones a la Caaba. "Probablemente la oligarquía temía que la acusación de idolatría atrajese sobre La Meca la ira de las deidades locales cuya legitimidad estaba siendo impugnada"[1073]. La predicación de Mahoma, pues, no podía menos de resultar ofensiva a sus oídos politeístas y perjudicial a sus intereses lucrativos.

En lo social, Mahoma enseñaba la entrega a Dios, imponía la igualdad de clases, la misericordia del rico con el pobre, del sano con el enfermo, y amenazaba con el castigo ultraterreno a todos los que no abandonasen el politeísmo a favor del Dios único. Los jó-

---

[1072] El Corán también recibe el nombre de *Alkitab,* en el sentido de el Libro por excelencia; o *Kitab-ul-lah,* el Libro de Dios, pero siempre en el sentido de "libro para leer o recitar". Así lo dice la primera palabra de la revelación a Mahoma en el sura más antiguo del Corán: "¡Lee!" (*Corán* 96, 1), en árabe *iqra,* es decir: "recita".

[1073] Edward D. Myers, *La educación en la perspectiva de la historia,* p. 262. FCE, México 1966.

venes, las mujeres, algunos cristianos, los esclavos y otras familias de desheredados son los únicos que le prestan atención y se suman a la nueva fe. Los grandes de La Meca acabaron por exasperarse. Sin atacar abiertamente la doctrina, comenzaron a perseguir a los adeptos que no pertenecían a las clases altas. Mahoma es humillado, los que carecen de amigos influyentes se ven obligados a emigrar clandestinamente a Abisinia (actual Etiopía) y buscar allí la protección del negus cristiano. Los exiliados seguidores de Mahoma ponen su vida en manos del negus abisinio, que les recibe hospitalariamente y les brinda seguridad e incluso les otorga la libertad de ejercer su fe. Los fugitivos permanecen en Abisinia como musulmanes hasta que unos trece años después Mahoma encuentra un lugar seguro en la ciudad de Yatrib, a casi 300 kilómetros al norte de La Meca, donde ha tenido que huir con unos pocos fieles. Esta emigración tiene lugar a finales del 622 y se la conoce con el nombre de *Hégira* (huida o salida), fecha clave en la historia islámica que indica el comienzo oficial del calendario musulmán. Yatrib entonces llegó a conocerse como Medina, *Madinat al-Nabí,* "la Ciudad del Profeta".

En Medina estableció los pilares del islam y proclamó la hermandad de todos los musulmanes en una sola comunidad confesional, la *ummah,* fuente, principio, prototipo y madre, al margen de las antiguas relaciones de clan y que venía siendo una necesidad para los árabes. El carácter de miembro de la *ummah* es de carácter político y religioso, aunque éste es el vínculo que configura la comunidad social. "La *ummah* será el seno materno donde los creyentes nacen a la nueva fraternidad. En esta comunidad única, al menos en su intención primera, nadie será extraño, pues todos son hermanos nacidos del mismo vientre, de la misma fe" (Emilio Galindo). La revelación de Mahoma implicaba una puesta en tela de juicio del lazo tribal y de sangre que daba cohesión a la sociedad preislámica. La fraternidad en la fe substituye a la consanguinidad familiar, sin distinción de raza, color o riqueza. Los musulmanes tenían que ser hermanos entre sí, sólo se diferenciarían por la piedad y su conducta inspirada en el Corán. La *ummah* islámica rompe con el espíritu de clan que desde los tiempos más remotos había regido y sostenido las relaciones de las tribus beduinas entre sí. El Corán lo expresa en términos que rememoran sentencias cristianas: "Recordad el bien de Dios que bajó sobre vosotros cuando erais enemigos y reconcilió vuestros corazones: con su gracia os transformaréis en hermanos" (*Corán* 3, 103)"[1074]. Al mismo tiempo, ese estatuto de fraternidad entre los miembros que aceptan el sometimiento a Dios, ponía en tela de juicio a la sociedad clasista e injusta de La Meca, suscitando la oposición sin tregua de las familias aristocráticas que veían un peligro muy serio para sus intereses.

La creación de la *ummah* y no el inicio de la revelación de Mahoma marca el comienzo de la era islámica, dando así a entender el fuerte carácter social y judicial del islam. Sólo cuando existió una constitución política por medio de la cual se podía hacer acatar la voluntad divina

[1074] Cf. Col. 1:21-22: "A vosotros también, que erais en otro tiempo extraños y enemigos de ánimo en malas obras, ahora empero os ha reconciliado en el cuerpo de su carne por medio de muerte, para haceros santos, y sin mancha, e irreprensibles delante de él". Cristo "es nuestra paz, quien de ambos nos hizo uno. Él derribó en su carne la barrera de división, es decir, la hostilidad; y abolió la ley de los mandamientos formulados en ordenanzas, para crear en sí mismo de los dos hombres un solo hombre nuevo, haciendo así la paz. También reconcilió con Dios a ambos en un solo cuerpo, por medio de la cruz, dando muerte en ella a la enemistad" (Ef. 2:14-16).

se instituyó el islam, no cuando Dios dio a conocer su voluntad, ni siquiera cuando hubo algunos fieles que la siguieron[1075].

En Medina Mahoma utilizó hábilmente la rivalidad de esta ciudad contra la opulenta Meca. Aprovechó las tensiones surgidas entre sus primeros seguidores y los nuevos creyentes que ganó en Medina y evolucionó cada vez más desde ser un profeta radical hasta convertirse en un sutil y ponderado hombre de Estado. De este profeta del desierto que llegó a cambiar la historia universal se puede decir, como concluye en su estudio del mismo el gran orientalista francés Maxime Rodinson, que "era un creyente devorado por el amor y el temor a su Dios y un político dispuesto a todos los compromisos. [...] Fue calmo y nervioso, valiente y temeroso, lleno de duplicidad y franqueza, perdonador de ofensas y tremendamente vengativo, orgulloso y modesto, casto y voluptuoso, inteligente y, en algunos aspectos, curiosamente limitado"[1076]. Complejo y contradictorio, hombre entre los hombres.

2. La guerra en la vida de Mahoma

Aunque lo matizaremos después, hay que decir desde el principio, de un modo categórico, que el recurso a la guerra constituye una parte esencial de la religión del islam, y esto no por ninguna malformación agresiva del carácter de Mahoma, sino por su tradición y por la naturaleza de su religión en la que se dan cita, estrechamente unidos, creencia y política, comunidad y Estado, espíritu y territorio. Mahoma es para los creyentes musulmanes el modelo y guía por excelencia para la vida, pero en cuanto creador de un movimiento político-religioso la espiritualidad de Mahoma no corresponde a la de los mártires cristianos, sino a la de los caudillos teocráticos. Mahoma, como señaló Montgomery Watt en su día, fue al mismo tiempo profeta y político, combinación difícil de entender para la mentalidad moderna. A la hostilidad agresiva y constante de los idólatras Mahoma respondió con el lenguaje de las armas, el único aceptado por todos. Una vez tomadas las armas ya no las abandonó. En total dirigió unas ochenta campañas militares. Si se argumenta que lo hizo en defensa propia, para no desaparecer de la faz de la tierra junto a su comunidad y su enseñanza, habría que responder que carecía de fe en la victoria de Dios por Dios mismo. ¿Acaso no está escrito: "Otras cosas cuyo logro no está en vuestras manos, pero sí en las de Dios. Dios es omnipotente" (*Corán* 48, 21)? "Dios se basta a sí mismo" (*Corán* 4, 131), pero Mahoma aparentemente actúa en contra de esta creencia, obrando como si Dios no fuese capaz de hacer nada sin ayuda de las armas. No basta decir que en la visión de Mahoma no entraba el ideal del martirio no violento, a semejanza de muchos maestros y profetas antes que él. La religión de Mahoma más que una fe que desciende del cielo parece una creencia dictada por las circunstancias terrestres.

Hay mucho de cálculo "moderno" en la religión de Mahoma. Para él es un principio que Dios rechaza "a unos hombres valiéndose de otros", de no ser así "habrían sido demolidas ermitas, iglesias, sinagogas y mezquitas, donde se menciona mucho el nombre de Dios" (*Corán* 22, 40). Dios es omnipotente y auxiliador, pero ayudará, ciertamente, a quienes le auxi-

[1075] Véase Rafael Ramón Guerrero, "Introducción", p. XIII, a Al-Fárábí, *Obras filosófico-políticas*. CSIC, Madrid 1992.

[1076] M. Rodinson, *Mahoma*, p. 436.

lien; mediante el uso de la fuerza, se entiende. "Si auxiliáis a Dios, Él os auxiliará y afirmará vuestros pasos" (*Corán* 22, 40; 47, 7).

Mahoma mantuvo hasta el final el arma que inicialmente tomó en contra de los idólatras. Él mismo dirigía en persona las operaciones, pasaba revista a las tropas, les señalaba los objetivos y les persuadía de que su muerte sería el principio de una vida llena de maravillosos goces, siendo el reparto del botín la primera manifestación terrestre de las bendiciones celestes. El ejemplo del profeta ha dejado en el islam una impronta militante y eventualmente agresiva, conocida bajo el nombre de yihad, combate, esfuerzo, guerra. "No fue en ningún momento un fenómeno puramente religioso, sino también, al menos en parte, un instrumento político. Constituyó indudablemente una transformación de la vieja tradición nómada de las razzias, cuya explicación ha de buscarse en la situación en que se hallaba Mahoma cuando únicamente tenía bajo su control Medina y unas pocas tribus aliadas. Lo normal era que cada tribu efectuara una razzia contra cualquier tribu o familia con la que no mantuviera en aquel momento relaciones amistosas. El funcionamiento del pequeño Estado de Medina era en muchos aspectos similar al de una tribu. Tenía aliados y amigos, e igualmente enemigos, entre las tribus nómadas de la región. Mahoma insistió, por lo menos en la última época de su vida, en que quienes desearan ser plenamente aliados suyos deberían convertirse al islamismo y reconocerle como profeta. En esta situación, la concepción de la guerra santa no significa sino que las incursiones de saqueo de los seguidores de Mahoma se orientan contra los no musulmanes; así pues, a medida que aumentaba el número de tribus próximas a Medina que se convertían al islam, era necesario dirigir estas expediciones más y más lejos. Hay pruebas de que Mahoma era consciente de que el crecimiento de su alianza, al impedir las contiendas entre los miembros, agravaba los problemas alimenticios, y de que hizo preparativos para llevar a cabo razzias más amplias hasta Siria, la más próxima de entre las naciones relativamente ricas"[1077].

La primera operación militar de Mahoma fue contra una caravana de mercaderes camino a La Meca, portadores de una riqueza que indudablemente necesitaba para sustentar su naciente estado. Lo que ocurre es que el ataque tuvo lugar durante el tiempo que tradicionalmente era el mes de "alto el fuego". Muchos habitantes de la ciudad criticaron esta violación de la tregua y tacharon a los combatientes de bandoleros. Mahoma les respondió con una nueva revelación. "Te preguntan por el mes sagrado, por la guerra en él. Responde: un combate en él es pecado grave, pero apartarse de la senda de Dios, ser infiel con Él y la Mezquita Sagrada, expulsar sus devotos de ella, es más grave para Dios" (*Corán* 2, 217). Aquí se condensa la mentalidad de Mahoma con luminosa claridad: todo es relativo y secundario en relación a la fe predicada por el profeta. Tiene literalmente carta blanca para discernir la voluntad divina y adaptarla a sus intereses, que justifica con nuevas revelaciones. La revelación de lo alto se modifica, cambia de perspectiva y carácter a medida que surgen nuevas situaciones. "El Corán se convirtió en una especie de periódico en que se publicaban las órdenes del día para las tropas, se emitían sentencias sobre cuestiones de orden interno, se explicaban las vicisitudes fastas y nefastas"[1078].

1077 W. Montgomery Watt, *Historia de la España islámica,* p. 12.

1078 M. Rodinson, *Mahoma,* p. 310.

En la segunda batalla, o mejor, ataque por sorpresa de Badr, los musulmanes alcanzaron el éxito militar sobre una fuerza superior y se hicieron con un rico botín. Todo esto contribuyó en gran medida a reforzar el prestigio de Mahoma, que él atribuyó a Alá: "No erais vosotros quienes mataban, era Dios quien les mataba" (*Corán* 8, 17). De este modo el profeta del islam daba el espaldarazo al combate o guerra santa, *yihád* en árabe. Todo cuanto se emprendiera en el nombre del islam estaba justificado, porque su causa era justa. La victoria sobre los enemigos certificaba la aprobación de Alá. Sus partidarios se mostraban reacios a admitir la predicación por medio de la espada, o, cuando menos, no estaban dispuestos a pasar de la predicación al combate. El profeta reaccionó dando a conocer una nueva revelación que no sólo justificaba la guerra sino la ordenaba: "Se os ha prescrito que combatáis, aunque os disguste. Puede que os disguste algo que os conviene y améis algo que no os conviene. Alá sabe, mientras vosotros no sabéis" (*Corán* 2, 216).

En respuesta a los ataques musulmanes los habitantes de La Meca enviaron sus ejércitos contra Mahoma. Éste rechazó los consejos que se le dieron para que se encerrase en la ciudad y presentó batalla en campo abierto. Los dos ejércitos se encontraron en Uhud, en marzo del 625. Se había decidido ya el combate a favor de los musulmanes, cuando los arqueros que protegían su flanco, creyendo que el combate se había decidido a su favor, debido a una estratagema de los mequíes, abandonaron sus puestos ávidos de botín. Acto seguido, Jálid b. al-Walid, general del ejército atacante, aprovechó el desorden para invertir el signo de la lucha, su caballería envolvió a los creyentes y les hizo huir en desbandada, corriéndose la voz de que Mahoma había muerto, cuando en realidad sólo sufrió pequeñas heridas. Fue un golpe terrible para él y sus seguidores, seguros de la victoria. Nuevas revelaciones llegaron para consolarlos y elevarles la moral. Es Dios quien hace todo para poder probar a los verdaderos creyentes, o "¿creéis que vais a entrar en el paraíso antes de que Alá sepa quién de vosotros ha combatido, y quién fue constante?" (*Corán* 3, 142). Los primeros en sufrir las consecuencias de la derrota fueron los hebreos medineses. De hecho, "cada derrota o victoria de los musulmanes irá seguida de un ataque a los judíos, que serán tomados como víctimas propiciatorias vengando así los desprecios e intrigas de que habían hecho objeto a Mahoma durante los dos primeros años de su residencia en Medina"[1079].

Dos años después, en el 627, un ejército aliado de 10.000 hombres, coraixíes y miembros de otras tribus de La Meca, acudió a la ciudad de Medina para acabar con los musulmanes. Mahoma organizó la defensa haciendo excavar ante la ciudad un foso suficientemente ancho para impedir que la caballería enemiga lo saltase. Esta estratagema, sugerida por un esclavo persa convertido al islam, detuvo las fuerzas coraixíes, que abandonaron el asedio dos semanas más tarde por falta de víveres. Inmediatamente después, Mahoma arremetió contra el último grupo judío de Medina, los banu Quraiza, acusándoles de conspirar con los de La Meca, lo que ellos negaron. Hasta ese momento Mahoma había ofrecido a los judíos la conversión o la emigración, pero en ese caso dejó que Sad ben Muad decidiera la suerte de los judíos derrotados. Éste había sido herido durante el sitio y estaba moribundo. Llegado al lugar dijo que los varones adultos morirían, las mujeres y los niños servían convertidos en

---

[1079] Juan Vernet, *Los orígenes del islam*, p. 66.

esclavos y los bienes divididos. Mahoma exclamó: "¡Has juzgado de acuerdo con la sentencia del mismo Alá en la altura de los siete cielos!"[1080]. De 700 a 900 judíos fueron decapitados aquel día y arrojados a un foso, las mujeres y los niños vendidos como esclavos en el mercado y sus bienes repartidos entre los fieles. Dios "hizo bajar de sus fortalezas a los de la gente de la Escritura que habían apoyado a aquéllos. Sembró el terror en sus corazones. Algunos murieron a vuestras manos, a otros les hicisteis prisioneros. Os ha dado en herencia su tierra, sus casas, sus bienes y un territorio que nunca habíais pisado. Dios es omnipotente" (*Corán* 33, 26-27).

Después de erradicar y exterminar a los judíos y dominar las tribus árabes vecinas, Mahoma progresó hacia su meta final, la conquista de La Meca, que se rinde en enero del 630 d.C. Mahoma se presentó al amanecer ante las puertas de la ciudad acompañado de un solo hombre. Se fue directamente hacia la Caaba, ejecutó los ritos, besó la piedra negra, dio las siete vueltas de rigor y luego machacó meticulosamente las estatuas colocadas en los lugares santos. Al salir, se reunió con su ejército y prohibió severamente todo pillaje, incluso la recuperación de los bienes confiscados de aquellos creyentes que huyeron con él a Medina. Con las riendas del poder religioso y político en sus manos, el islam se hacía realidad. El 8 de junio del 632, tras realizar la última peregrinación a La Meca, muere en brazos de su esposa favorita, Aisa, la del collar.

3. La cuestión económica en la expansión musulmana

Es un hecho incuestionable que el islam se impuso por la fuerza de las armas. Cuando fallaron las embajadas misioneras enviadas por Mahoma a los soberanos vecinos llamándoles a la conversión al islam, se puso en marcha la cada vez más potente maquinaria de guerra musulmana.

Abu Bakr, uno de los primeros y más honestos seguidores de Mahoma se convirtió en el *califa* o sucesor del profeta, como jefe político y religioso de la comunidad. Su primera labor fue adelantar la campaña contra los bizantinos, que ya había sido planificada durante los últimos años de Mahoma. Cuando Abu Bakr murió, la elección recayó en Omar, otro compañero del profeta árabe. Bajo su dirección se inició la primera gran oleada de conquistas islámicas: Siria, Egipto, Mesopotamia superior, Armenia, Persia y Cirenaica. Fue un avance fulminante. Los reinos cayeron uno tras otro bajo el dominio islámico como fruta madura. Y maduros estaban. Hacía tiempo que vivían de viejas glorias y se alzaban sobre un pueblo oprimido, cargado de impuestos, sumido en la más completa miseria, sacrificado en beneficio de una aristocracia palaciega cada vez más rica y poderosa.

Lo que ocurrió al otrora todopoderoso Imperio persa de los sasánidas, que tantos disgustos había dado a los romanos, es ilustrativo de que sucedió en otros lugares. El Imperio sasánida cayó fulminante ante el avance árabe víctima de sus propias contradicciones. Su cultura, su gobierno y su administración estaban minadas por profundas desigualdades sociales. A pesar de todas sus brillantes hazañas, el Imperio sasánida se caracterizaba por la opresión a las masas. El dominio árabe fue para muchos pueblos conquistados una verdadera libera-

[1080] M. Rodinson, *Mahoma,* p. 305. Cf. G. D. Newby, *A History of the Jews of Arabia.* Columbia 1988.

ción. A todos los esclavos que proclamaban su conversión al islam se les otorgaba la libertad y además una igualdad religiosa completa. A los trabajadores de la tierra, privados de su pate legítima del suelo cultivable, oprimidos por los grandes feudatarios, estrujados por el fisco, los nuevos señores del islam les concedían el derecho al cultivo y a la cosecha. Pese a todas las mejoras introducidas por los últimos gobernantes, los cristianos iraníes negaron su apoyo a los sasánidas frente a la invasión islámica.

Por otra parte, el Imperio sasánida estaba debilitado por las agotadoras guerras contra Bizancio, que le había infligido derrotas en los años 624: destrucción del templo de Gandzak, 627: batalla de Nínive, y 628: toma del Palacio de Dastgard. Los ejércitos musulmanes llegan hasta Ctesifonte, la capital imperial, en el 634. Pocos años después, con la caída de Kabul y Kandahar en el 655, quedaba definitivamente sellada la suerte del Imperio persa. La mayoría de los iraníes fueron convertidos al islam. Muchos mazdeos fueron exterminados y otros convertidos. Los judíos y los cristianos, permitidos a cambio del pago del tributo llamado *yizya,* del que hablaremos después.

Los armenios se llevaron la peor parte. En el 652 se vieron obligados a firmar con el califa un tratado en el cual reconocían la soberanía del islam y se comprometían a pagar tributo. Las rebeliones fueron sofocadas con extrema crueldad. En una ocasión, en el 705, los principales gobernantes armenios, sus familias y sus seguidores, 12.000 personas en total, fueron reunidos en una iglesia y quemados. Armenia pasó de ser una región notable por el número de sus habitantes, la abundancia de los viñedos, cereales y magníficos árboles, a un vasto desierto arruinado. Se agravaron los impuestos y la opresión fiscal redujo la población a una extrema pobreza[1081].

El fervor religioso, tal como se entiende en el Occidente cristiano, no es causa suficiente para explicar el avance vertiginoso del islam. El ejército musulmán, compuesto por tribus beduinas, actuaban tanto por afán de *botín* como por celo en propagar la nueva fe. La nueva religión de Mahoma —que es a la vez movimiento socio-político—, entre otras cosas, se convirtió en la justificación religiosa de la tendencia guerrera y de pillaje de las tribus árabes, para las que el botín era una especie de ganancia legalizada por las costumbres tribales de la época. Los historiadores concuerdan en que la península arábiga estaba pasando una serie de crisis que lograron resolverse mediante guerras externas de invasión y saqueo sancionadas por el islam. Dios dispone la recompensa en la vida futura y también en la presente: "Quien desee recompensa en la vida de acá, sepa que Dios dispone de la recompensa en la vida de acá y en la otra" (*Corán* 4, 134). Entre otras cosas, la recompensa "de acá" consiste principalmente en el *botín* militar. Dios alienta a los creyentes con firmes y seguras promesas de obtención de un buen botín, que se convierte en signo del favor de Dios: "Dios os ha prometido mucho botín, del que os apoderaréis. Os ha acelerado éste y ha retirado de vosotros las manos de esas gentes, a fin de que sea signo para los creyentes y de dirigiros por una vía recta" (*Corán* 48, 20).

El saqueo y pillaje que acompañan a todas la guerras queda religiosamente santificado y administrado en el Corán: "Sabed que, si obtenéis algún botín, un quinto corresponde a

[1081] Sirarpie der Nersessian, "Entre Oriente y Occidente", p. 116.

Dios, al Enviado y a sus parientes, a los huérfanos, a los pobres y al viajero" (*Corán* 8, 41). El estímulo del botín, tanto o más que la promesa de vida eterna a los caídos en combate por el islam, conduce a los creyentes al combate, tanto es así que se dio el caso de arrebatar a otro sus posesiones bajo la excusa de la religión. El profeta tiene que salir al frente de esta aberración: "¡Creyentes! Cuando acudáis a combatir por Dios, cuidado no digáis al primero que os salude: '¡Tú no eres creyente!', buscando los bienes de la vida de acá. Dios ofrece abundantes ocasiones de obtener botín" (*Corán* 4, 94).

En defensa del islam, se puede decir que el Corán pone un límite a las crueldades habituales en tiempo de guerra, a los musulmanes se les pide que no se excedan con los enemigos, que no actúen con los métodos corrientes en la época pero ilícitos al buen musulmán, como por ejemplo, violar a las mujeres, mutilar a los caídos, ni siquiera devastar los campos. La matanza indiscriminada está también vedada en el islam. En tanto el enemigo se incline por ella se debe pactar la paz en toda circunstancia para evitar la agresión. "Si cesan [de agredir], no haya más hostilidades que contra los impíos" (*Corán* 2, 193). "Creyentes, entrad todos en la paz y no sigáis los pasos de Satanás" (*Corán* 2, 208). Si los incrédulos "se inclinan hacia la paz, inclínate tú también hacia ella. Y confía en Alá, Él es el Oyentísimo, Sapientísimo" (*Corán* 8, 61). Principios todos ellos que contrastan con los criminales métodos de guerra practicados en esa época en el mundo cristiano. "Avanzad en el Nombre de Dios y por su causa —decía Mahoma—. Combatid a los enemigos de Dios y no seáis exagerados, ni los traicionéis, ni los asustéis, ni los mutiléis, ni matéis a los niños". Como anécdota histórica señalar que cuando el gran general árabe Jálid b. al-Walid mandó quemar algunos rebeldes, fue criticado por el califa Umar basándose en que el castigo del fuego sólo lo imparte Dios. Imagínense cuántos horrores y descrédito religioso se hubiera ahorrado Europa de haberse aplicado esta máxima.

4. Tolerancia y libertad bajo el islam

Dicho esto, se nos plantea ahora una cuestión de difícil respuesta: ¿puede ser tolerante una fe que de un modo u otro contempla el uso de las armas para expandir su doctrina? Los defensores del islam niegan que la historia de intolerancia y agresión del islamismo sea peor que la de otras religiones. Y en parte tienen razón. Desde el principio de los tiempos los dioses han intervenido en las guerras de los hombres y ni siquiera el cristianismo, religión universal, no ligada a ningún estado ni territorio nacionales, se ha visto libre de ser instrumentalizado por el poder en sus guerras, ni sus llamamientos al amor, el perdón y la reconciliación han sido suficientes para evitar la persecución y condena de los disidentes doctrinales, dando lugar a matanzas y hogueras sin cuento. No hay duda de que en toda doctrina religiosa, en especial monoteísta, hay elementos de intolerancia y de tolerancia, y quien esté libre de ella que tire la primera piedra.

Pero la cuestión es que mientras que el cristianismo ha terminado por aceptar como una verdad irrenunciable la libertad religiosa[1082] y el respeto absoluto a otras creencias, una co-

[1082] Impulsado, sin duda por la existencia de diferentes Iglesias "rivales", el pensamiento ilustrado y gobiernos seculares. Véase Fernando Fuente, dir., *Cultura de la tolerancia* (BAC, Madrid 1996); Henry Kamen, *Los caminos de la tolerancia* (Guadarrama, Madrid 1967); *Nacimiento y desarrollo de la tolerancia en la Europa moderna* (Alianza, Madrid 1987); John Locke, *Carta sobre la tolerancia* (Alianza, Madrid 1972).

rriente importante del islam sigue considerando que la *yihád* es un medio apropiado de propagación de la fe, y que la permisión de otras religiones tal cual es una falta de fe en la verdad de la propia, una debilidad que no se puede permitir el creyente auténtico que considera que su religión desciende directamente del cielo. Por eso la *yihád,* combate o esfuerzo, entendida en sentido de guerra "por la causa de Dios", sigue vigente en el islam, nunca ha sido abolida, toda vez que el mundo se divide en dos zonas claramente delimitadas: la "casa del islam" *(dar al-islam)* y la "casa de la guerra" *(dar al-harb).* La primera es la de los creyentes, la segunda la de los infieles. Aquéllos tienen no sólo el derecho, sino la *obligación* de defender y de *someter* el mundo de los no musulmanes. Es una guerra no circunscrita a un determinado período de la historia, forma parte esencial de la religión islámica. La *yihád* sólo puede acabar cuando todo el mundo haya adoptado la fe islámica —*conversión*— o se haya sometido al dominio de ésta —*tributación.*

Para Sayed Qutb (1906-1966), autor de *El futuro pertenece a esta religión (al-Mustaqbal li-hada d-din),* es una traición al islam minimizar la importancia de la obligación de la guerra santa por parte de todo buen musulmán. "De manera sinuosa, meliflua y astuta insinúan a los musulmanes que, en los tiempos actuales o por venir, no existe ninguna necesidad de recurrir a esta práctica. Y lo dicen como si quisieran negar aquella acusación que habitualmente se profiere contra el islam. Unos y otros son orientalistas que, en la guerra contra el islam, actúan en un mismo bando, adulteran sus métodos, combaten la revelación divina y todo aquello que forma parte del sentimiento de los musulmanes. Ciertamente, en el transcurso de su larga historia, el islam ha desenvainado la espada, ha luchado y defendido la causa de Allah. El islam ha llevado a cabo la Guerra Santa no para imponerse a nadie, sino para alcanzar los objetivos de su misión" (Sayed Qutb)[1083].

"¡En el pasado y en el futuro, la Guerra Santa no ha sido, y no será, cosa de poca importancia, ni cosa de utilidad limitada, como pretenden hacer creer a los musulmanes sus peores enemigos! El islam necesita un estado, un orden, una fuerza. El islam necesita de la Guerra Santa. Ésta forma parte de su naturaleza; ¡sin ella el islam no puede existir ni guiar a la humanidad! ¡No hay coacción en religión! Sí, pero ¡preparad contra ellos todas las fuerzas y guarniciones de caballos que podáis; así atemorizaréis a los enemigos de Allah, que son también los vuestros, aparte de otros que no conocéis, pero que Allah sí conoce! (*Corán* 8, 60). Este versículo es fundamental. El creyente no se deja engañar por aquellos que, pretendiendo captar los buenos sentimientos de los musulmanes, hacen ver que defienden el islam disculpándole de ejercer su derecho a la Guerra Santa. La finalidad de la Guerra Santa es la de subyugar la doblez agresiva y de gozar universalmente del bien. La Guerra Santa libera a la humanidad, todo lo contrario de lo que dicen los que la desautorizan y que astutamente la comparan con su manera de actuar. Éstos son los peores enemigos de la humanidad. La humanidad ha de combatir a estos enemigos si quiere actuar con sensatez e inteligencia. Allah ha elegido a los musulmanes y les ha dado el don de la fe. Por su propio bien y por el de la humanidad los musulmanes han de actuar así. ¡Por lo tanto, y ante Allah, los musulmanes deben reivindicar este deber!"[1084].

1083 Sayed Qutb, *Fil Zhilal al-Qur'an,* vol, 1/16, p. 291-293.

1084 Sayed Qutb, *op. cit.*

La *yihád*, no importa cómo se entienda o traduzca, significa siempre combate o guerra por la causa de Dios y, repetimos, no es circunstancial ni reivindicación de fundamentalistas extremados, es parte integrante y esencial del islam[1085]. Decir lo contrario no le hace un favor, como sus mismos maestros dicen, sino que es disimular una cuestión que para la mentalidad moderna se ha vuelto espinosa y requiere de mucha atención.

El musulmán ve al infiel como un "hipócrita agresivo", un "enemigo" que es preciso subyugar. Así las cosas los textos fundamentales de la tolerancia islámica: "No hay coacción que valga en religión" (*Corán* 2, 256). "No hay violencia que valga en religión. La verdad se antepone sin problema frente al error" (II, 257), se diluye en las interpretaciones de las mil calificaciones. Son difíciles de compaginar con los constantes llamamientos a la guerra y la imposición del islam sobre los enemigos: "¡Profeta! ¡Anima a los creyentes al combate! Si hay entre vosotros veinte hombres tenaces, vencerán a doscientos. Y si cien, vencerán a mil infieles, pues éstos son gente que no comprende. Ahora, Dios os ha aliviado. Sabe que sois débiles. Si hay entre vosotros cien hombres tenaces, vencerán a doscientos. Y si mil, vencerán a dos mil, con permiso de Dios. Dios está con los tenaces" (*Corán* 8, 65-66). "¡Combatid contra quienes, habiendo recibido la Escritura no creen en Dios ni en el último Día, ni prohíben lo que Dios y su Enviado han prohibido, ni practican la religión verdadera, hasta que, humillados, paguen el tributo directamente!" (*Corán* 9, 30).

No se ve bien a quien se excusa de salir a combatir, pertenecen a un orden inferior: "Los creyentes que se quedan en casa, sin estar impedidos, no son iguales que los que combaten por Dios con su hacienda y sus personas. Dios ha puesto a los que combaten con su hacienda y sus personas un grado por encima de los que se quedan en casa" (*Corán* 4, 95).

"¡Creyentes! ¿Qué os pasa? ¿Por qué, cuando se os dice: ¡Id a la guerra por la causa de Dios!, permanecéis clavados en tierra? ¿Preferís la vida de acá a la otra? Y ¿qué es el breve disfrute de la vida de acá comparado con la otra, sino bien poco? Si no vais a la guerra, os infligirá un doloroso castigo. Hará que otro pueblo os sustituya, sin que podáis causarle ningún daño... ¡Id a la guerra, tanto si os es fácil como si os es difícil! ¡Luchad por Dios con vuestra hacienda y vuestras personas! Es mejor para vosotros" (*Corán* 9, 38, 41).

Participar en la guerra es señal de ortodoxia: "Son creyentes únicamente los que creen en Dios y en su Enviado, sin abrigar ninguna duda, y combaten por Dios con su hacienda y sus personas. ¡Ésos son los veraces!" (*Corán* 49, 15), y garantía de vida eterna: "¿Creéis que vais a entrar en el Jardín sin que Dios haya sabido quiénes de vosotros han combatido y quiénes han tenido paciencia?" (*Corán* 3, 142). "¡Creyentes! ¿Queréis que os indique un negocio que os librará de un castigo doloroso? ¡Creed en Dios y en su Enviado y combatid por Dios con vuestra hacienda y vuestras personas! Es mejor para vosotros" (*Corán* 61: 10-13).

La ausencia del campo de batalla se equipara a la infidelidad: "Los dejados atrás se alegraron de poder quedarse en casa en contra del Enviado de Dios. Les repugnaba luchar por Dios con su hacienda y sus personas y decían: No vayáis a la guerra con este calor. Di: El

[1085] El islam distingue entre el "gran combate" y el "pequeño combate" . El primero es el combate espiritual dentro del alma humana, en el interior de cada persona, contra las propias bajezas, contra lo inferior, común al cristianismo y al resto de las religiones. Contra éste no hay nada que objetar. El "pequeño combate", sin embargo, es la lucha armada, el gran punto conflictivo que nos preocupa y resulta inadmisible.

fuego de la gehena es aún más caliente. Si entendieran. ¡Que rían, pues, un poco! Ya llorarán, y mucho, como retribución de lo que han cometido. Si Dios vuelve a llevarte a un grupo de ellos y te piden permiso para ir a la guerra, di:¡No iréis nunca conmigo! ¡No combatiréis conmigo contra ningún enemigo! Preferisteis una vez quedaros en casa. ¡Quedaos, pues, con los que se quedan detrás! ¡No ores nunca por ninguno de ellos cuando mueran, ni te detengas ante su tumba! No han creído en Dios, y en su Enviado y han muerto en su perversidad. ¡No te maravilles de su hacienda y de sus hijos! Dios sólo quiere con ello castigarles en la vida de acá y que exhalen su último suspiro siendo infieles. Cuando se revela una sura: Creed en Dios y combatid junto a su Enviado, los más ricos de ellos te piden permiso y dicen: ¡Deja que nos quedemos con los que se quedan! Prefieren quedarse con las mujeres dejadas detrás. Han sido sellados sus corazones, así que no entienden. Pero el Enviado y los que con él creen combaten con su hacienda y sus personas. Suyas serán las cosas buenas. Ésos son los que prosperarán. Dios les ha preparado jardines por cuyos bajos fluyen arroyos, en los que estarán eternamente. ¡Ése es el éxito grandioso!" (*Corán* 9, 81-89).

Politeístas, ateos, monoteístas de otras religiones, son eliminados o tolerados como un mal menor en la visión universal del reino musulmán. No hay libertad para el error, tesis harto conocida por los occidentales en su lucha a favor de la libertad religiosa. La tolerancia es un mal remedo de la libertad. Indica condescendencia, permisión, gracia, mientras que la libertad es un derecho inalienable, conquista, reconocimiento de un valor. Al islam, como a cualquier otro sistema religioso absolutista, le es imposible arribar a esta concepción toda vez que pretende realizar en la tierra lo que según el Evangelio pertenece al futuro escatológico: el gobierno universal de Dios sobre una humanidad transformada, sometida voluntaria y gozosamente a la Palabra divina. Para los ideólogos del islam la culpa de que esto no se cumpla en la actualidad se debe a que no se aplica con suficiente rigor la ley *(sharia)* islámica por aquellos que están en condición de hacerlo. De modo que a mayor implantación del islam menos libertad para los disidentes —críticos del profeta, miembros de otras religiones, escépticos religiosos—, cuya sola presencia avergüenza a los creyentes y sólo tienen derecho a la existencia en una constante situación de humillada postración ante el islam, con sus derechos civiles disminuidos y siempre amenazados[1086].

5. Estatuto de la "gente de la Escritura"

La política religiosa con los infieles o no musulmanes siguió dos cursos bien diferentes: el aplicado a politeístas e idólatras, y el aplicado a los *dimmíes* o protegidos, monoteístas y poseedores de la Escritura. Cuando Mahoma llegó a Yathrib, después renombrada Medina, algunos judíos que la habitaban recibieron a Mahoma como profeta y abrazaron el islam. Mahoma creía que el mensaje que anunciaba era sustancialmente idéntico al que los judíos habían recibido en tiempos de Moisés. Para seguir ganándose el apoyo del resto, Mahoma dictó una serie de normas entre las que se incluía el estado de purificación ritual para rezar,

[1086] Véanse los interesantes y documentados ensayos de Waraqa bin Israil. *El islam y la tolerancia.* http://personal5.iddeo.es/waraqa/toleran1.htm; y Humberto Estay Bermúdez, "Omar Khayyám y la crítica a la intolerancia islámica de su época". *Revista de Historia,* año 8, vol. 8, Concepción, Chile 1998. www.udec.cl/historia/estay.htm

la prescripción de un ayuno, el de la *ashura,* el día 10 del mes de *muharram* del calendario musulmán, correspondiente al observado por los judíos en la celebración del *yom kippur,* el 10 del mes de *tishri* del calendario judío. La ciudad santa de Jerusalén fue elegida como punto de orientación de los fieles en los rezos. Pero los judíos permanecieron indiferentes al llamamiento a la conversión y a menudo criticaban y polemizaban con las predicaciones de Mahoma, en las que discernían deformaciones de la historia del Antiguo Testamento, repletas de anacronismos y errores. Desde entonces Mahoma guardó un rencor absoluto a los judíos, pero en ese momento no tenía ningún poder político para actuar contra ellos. Irritado por las críticas de los judíos más cultivados, Medina era un centro de estudio judío, Mahoma significó su ruptura con ella sustituyendo la orientación de la oración hacia Jerusalén por la orientación hacia La Meca, convertida desde entonces en ciudad santa del islam. El ayuno judaizante de *ashura,* del *yom kippur,* dejó de ser obligatorio y caería en desuso; en su lugar instituyó el ayuno del mes de ramadán, el mes en que había ocurrido la batalla de Badr. A lo largo de su vida Mahoma demostró ser un buen estadista y estratega, no dudando en cambiar las reglas del juego según lo dictaran las circunstancias, apoyándose siempre en nuevas revelaciones que justificaban sus actos y explicaban a su favor los hechos adversos. Tan pronto como se presentó la oportunidad, después de repeler el ataque de los guerreros enviados por los mequíes, Mahoma atacó la aldea fortificada de la tribu de los judíos de los banu Quraiza y los masacró sin piedad.

Durante un tiempo los musulmanes practicaron la vieja costumbre guerrera de matar o deportar a los vencidos, someter a esclavitud a sus mujeres e hijos y repartirse el botín conseguido, pero a medida que se expandían y ampliaban los límites geográficos, las tierras ya no interesaban tanto a los fieles musulmanes del cada vez más poderoso estado de Medina, que cada vez les quedaba más lejos. Era una mejor solución permitir a los antiguos cultivadores de la tierra que siguieran trabajándola y exigirles rentas y tributos que, una vez distribuidos, proporcionaban a los musulmanes los medios para constituir una fuerza expedicionaria permanente. Por esa razón establecieron un sistema de explotación rentable sobre los pueblos vencidos que ya no representaban ninguna amenaza seria. Así se llegó al acuerdo de obligar a los judíos y a los cristianos a pagar un tributo "satisfactorio", la *yizya* o *chizya,* y reconocer la preeminencia del islam a cambio de poder conservar sus tierras y su religión. De modo que, poco antes de su muerte, Mahoma impuso a los vencidos el pago de un impuesto por cabeza. Así que cuando las restantes tribus judías de la región se sometieron al dominio del islam, no se vieron obligados a renunciar a su vida, ni a sus creencias ni a sus bienes, que conservaron gracias al pago de un impuesto. Esta política se hizo extensiva a los cristianos y, posteriormente, a los mazdeos o parsis, "adoradores del fuego", es decir, a los seguidores de Zoroastro del Imperio persa. Recuérdese lo que dijimos respecto a la política religiosa practicada por los persas, precedente histórico de la "conversión o pago"[1087].

El islam no admite la conversión forzosa ni por coacción social, al contrario, está muy mal vista. Se fundamenta en una razón teológica: "Si tu Señor hubiese querido, todos los habitan-

[1087] Parte IV, 5, 3.1. Si queremos retroceder un poco más en la historia, baste recordar que los romanos exigían de los judíos un impuesto especial, el *iudacus fiscus,* que les permitía vivir al amparo de las leyes romanas conservando su propia religión.

tes de la tierra, absolutamente todos, habrían creído. Y ¿vas tú a forzar a los hombres a que sean creyentes, siendo así que nadie está para creer si Dios no lo permite? Y se irrita contra quienes no razonan" (*Corán* 10, 99). Puede darse el caso, corriente en tiempo victorioso del islam, que haya quien abraza la fe por conveniencia, no por convicción interna. El profeta no se deja engañar: "Los beduinos han dicho: Creemos. Responde: ¡No creéis! Decid más bien: Nos islamizamos. La fe no ha entrado aún en vuestros corazones" (*Corán* 49, 14). La libertad es la condición imprescindible para el ejercicio de la fe de un modo razonable, pero cuando los infieles tientan con sus argumentos a los creyentes, acaba la libertad y comienza la guerra: "Combatid contra los infieles hasta que dejen de induciros a apostatar y se rinda todo el culto a Dios" (*Corán* 8, 39). No se trata de una batalla dialéctica, inofensiva, sino de una guerra abierta, con pérdida de vidas humanas, excusable al tratarse de "la causa de Dios": "No erais vosotros quienes mataban, era Dios quien les mataba" (*Corán* 8, 17). Los métodos no pueden ser más expeditivos; "Cuandos sostengáis un encuentro con los infieles, descargad los golpes en el cuello hasta rendirles. Entonces, atadlos fuertemente" (*Corán* 47, 4).

Aunque el libro sagrado diga: "No cabe coacción en religión" (*Corán* 2, 256), queda al instante abrogado por este otro principio: "¡Profeta! Esfuérzate en la lucha contra los incrédulos y los hipócritas. Y sé duro con ellos" (*Corán* 9, 73). Muchos exegetas coránicos dicen que la *aleya* o versículo 256 del *azora* o capítulo 2 fue abrogado porque el profeta forzó a los árabes a abrazar el islam combatiéndolos y no aceptando de ellos ninguna otra religión que no fuese la del islam. Así, hubo tribus árabes que fueron *coaccionadas* a aceptar la religión del islam porque no disponían de ningún *libro revelado*. Los judíos y cristianos fueron respetados precisamente en cuanto gentes en posesión de libros revelados *(ahl al-kitaab)*.

Mahoma creía que el Corán es la revelación de Alá a los pueblos árabes en su propia lengua, y reconocía como divinas las correspondientes revelaciones hechas a los cristianos y a los judíos, pero a la vez esperaba que éstos se abriesen a la nueva revelación y la aceptasen. Mahoma creía en su misión con toda su alma y estaba plenamente convencido de que sus revelaciones confirmaban y sellaban de un modo racional y divino las Escrituras hebreas y cristianas. La resistencia y la aversión que le mostraron judíos y cristianos le enfurecieron visiblemente. "Ni los judíos ni los cristianos estarán satisfechos de ti mientras no sigas su religión" (*Corán* 2, 120). ¿Qué hacer con ellos? En conciencia y buena religión no podía forzarles, pero tampoco dejarles tal como estaban debido el constante peligro de tentación que suponían para los creyentes musulmanes. Había que señalarles de un modo evidente para indicar su condición de sometimiento e inferioridad respecto al islam como una medida disuasoria respecto a los que pudieran sentirse atraídos por esas creencias.

El Corán dice que hay que combatir a la gente del libro hasta que se conviertan o paguen. El pago de la *yzya* será la diferencia que les permita vivir en territorio islámico conservando sus religiones respectivas. "¡Combatid contra aquellos, de los que recibieron la Escritura, que no crean en Alá ni en el último Día, no hagan ilícito lo que Alá y Su mensajero han hecho ilícito y no sigan la verdadera religión! Combatidlos hasta que, humillados paguen el tributo *(yzya)* directamente" (*Corán* 9, 29).

Se trataba de un impuesto que en el plano religioso tenía por objeto poner de manifiesto la posición de subordinación, de sometimiento de judíos y cristianos a los musulmanes.

De esta manera los cristianos quedaban bajo el estatuto de *millet* o minoría protegida, más conocidos por el término *dhimmíes,* es decir, "gentes protegidas" con carácter permanente por el islam mediante pacto o acuerdo mutuo. En retribución, tenían que pagar una cantidad determinada por cabeza, la *yizya* o "satisfacción", que constituía una importante fuente de ingresos para el Estado; razón por la cual los gobernantes no fueron demasiado celosos en procurar la conversión de la población cristiana, pues la conversión de la comunidad cristiana al islam habría significado, para los gobernantes, la pérdida de esta fuente de ingresos. Al *dimmi* se le imponían la casi totalidad de las cargas fiscales y ocupa un lugar de segunda categoría en la ciudad, recordándole constantemente su estado de inferioridad. Los orientalistas han discutido la traducción de la expresión coránica *wa hum Áaghirun* ("humillados", *Corán* 9, 29), de modo diverso: "Mientras permanecen humillados", "con toda humildad", "con sumisión y aceptando estar por debajo", "miserables", dando sólo un sentido aproximado de la palabra. Su significado auténtico es el que le dan los exegetas musulmanes. Así, comentando 2, 65: "Les dijimos: Convertíos en monos despreciables *(khasiiin)*", Al-Sabuni ofrece todo un estudio filológico del término *khasiiin* en cuanto forma plural de *khasi* que "se aplica a aquel que es vil y despreciable". Los filólogos dicen: "*Al-khasi* es *al-Áaghir,* es decir, aquel que es rechazado, despreciado, desterrado como si fuese un perro. Cuando un perro se acerca a la gente, se le grita: ¡Ikhsa!, es decir, ¡Largo!, y es rechazado[1088].

De modo que los que pagaban la *yizya* tenían que tener buen cuidado de presentar el dinero en la palma de la mano, de modo que la mano del súbdito no apareciera nunca por encima de la del musulmán encargado de cobrarle. A cambio de esta tributación fueron muchos los cristianos y los judíos a los que se permitió permanecer dentro del territorio islámico, practicando libremente sus ritos religiosos en el recinto de sus lugares de culto y bajo la administración de sus propias autoridades religiosas. En este sentido, el islam fue mucho más tolerante que el cristianismo ortodoxo. Se trata de una solución relativamente benigna respecto a las naciones donde la disidencia religiosa y la herejía no sólo se pagaban con la vida, sino con toda clase de humillaciones y sufrimiento. Las autoridades islámicas sólo castigaban la ofensa al profeta y a las leyes del islam. Aparte de esto, los *ahl-al-Kitab,* las "gentes del Libro", podían continuar practicando su religión y sus costumbres sin ser molestados. ¡Qué duda cabe que muchos se hicieron musulmanes para evitar las cargas sociales y ascender en la escala social! Además, como señala James Brown, "la presencia masiva de dos religiones superadas venía a subrayar la novedad y el éxito que suponía el islam"[1089].

6. Los nestorianos y el islam

En la primera incursión musulmana en territorio persa (año 634) los ejércitos árabes se vieron fortalecidos por la presencia de algunos cristianos nestorianos que se les unieron contra los persas. Nestorianos fueron los médicos y consejeros privilegiados de los nuevos gobernantes árabes, gracias a los cuales la vieja sabiduría griega pasó a la cultura árabe. La

[1088] Al-Sabuni, Safwat Al-Tafasir, 1/3, p. 172. Citado por Waraqa bin Israil, "El islam y la tolerancia". http://personal5.iddeo.es/waraqa/toleran1.htm

[1089] James Brown, *op. cit.,* p. 165.

corte de los califas se llenó de médicos y astrónomos nestorianos, sobre todo durante los califatos de Al-Manzor y de Harum al-Rashid. ¿Quiénes eran estos "nestorianos"?

Por de pronto, cristianos seguidores de la doctrina de Nestorio, monje de Antioquía, en donde probablemente tuvo por maestro a Teodoro de Mopsuestia, y patriarca de Constantinopla en el año 428, que por su elocuencia fue designado como "nuevo Crisóstomo". En la conflictiva era de la formación dogmática de la cristología, Nestorio afirmó la existencia de dos naturalezas y dos personas en Cristo, que no gustó a los ortodoxos que atribuían dos naturalezas a Cristo, la humana y la divina, pero en una única persona. Aunque lo que realmente estaba en juego era la querida doctrina de la *Theotokos* o Madre de Dios. Nestorio argumentaba que no se puede llamar a María *Theotokos,* sino *Christotokos*: "En todos los lugares en que la divina Escritura menciona la economía del Señor, atribuye el nacimiento y la muerte, no a la divinidad, sino a la humanidad de Cristo. Así, hablando con todo rigor terminológico, hay que llamar a María *Christotokos,* madre de Cristo, y no *Theotokos,* madre de Dios... Otras mil expresiones atestiguan al género humano que no es la divinidad la que nació recientemente, sino la carne unida a la naturaleza de la divinidad"[1090]. Cirilo respondió con *Doce Anatemas* contra Nestorio, el primero de los cuales dice: "Si alguno no reconoce que Emmanuel es Dios en verdad, y que la santa Virgen es, en consecuencia, la *Theotokos,* ya que ella dio a luz según la carne a la Palabra de Dios quien se hizo carne, sea anatema"[1091].

El resultado es que Nestorio fue condenado en el IV Concilio de Éfeso (año 431): "Nuestro Señor Jesucristo, contra quien él ha blasfemado, decreta por el Santo Sínodo aquí presente, que Nestorio sea excluido de la dignidad episcopal y de toda la asamblea sacerdotal". El emperador Teodosio II le depuso y ordenó destruir sus escritos, sucediéndole en el cargo el patriarca Juan, que consiguió que Nestorio fuera enviado al exilio a Petra. Desde allí sería trasladado al desierto de Libia y a diferentes lugares de Egipto, donde falleció.

Por disposición del emperador Zenón (474-491), los nestorianos fueron expulsados de los límites del Imperio romano-bizantino, con lo cual muchos de ellos debieron emigrar al vecino Imperio persa, donde las ya existentes comunidades cristianas no tardaron en abrazar el nestorianismo. Hacía años que la Iglesia persa buscaba emanciparse de Roma, obligada por motivos políticos —la guerra entre ambos Imperios arrojaba sospechas de colaboracionismo con el enemigo—. Lo llevó a efecto en un sínodo del año 424, declarándose Iglesia autónoma. Sin embargo, fue la adopción de la herejía nestoriana en el sínodo de Seleucia (año 486) la que provocó la ruptura con las Iglesias de la catolicidad.

Dedicados esencialmente al comercio, lejos de la capital, en los confines del Imperio persa, la conexión nestoriana acabó dominando las rutas comerciales con el lejano Oriente. Su popularidad en el mundo de las estepas fue inmensa; por eso no tiene nada de extraño que los árabes les otorgaran una protección tan clara. Los obispados nestorianos jalonaban toda la Ruta de la Seda, de Persia a China, de Afganistán a la costa de Malabar y en sus monaste-

---

1090 Segunda carta de Nestorio a Cirilo de Alejandría. Véase J. Ibáñez Ibáñez, "Nestorio", en *Gran Enciclopedia Rialp,* Madrid 1991. www.canalsocial.com/biografia/religionteologia/nestorio.htm

1091 "The Anathemas of Cyril of Alexandria", en Henry Bettenson, ed., *Documents of the Christian Church,* p. 65. Oxford University Press, Londres 1954, 6 ed.

rios recalaban todas las caravanas que circulaban entre la Sogdiana y Siria. Los nestorianos proporcionaron a la estepa una masa crítica de gente culta, consejeros perspicaces y médicos competentes, sin fidelidades restrictivas para con la tribu. "Capaces como los chamanes de curar a la vez cueros y almas, aportaban en cambio una visión más universal"[1092].

Los monjes nestorianos, conocidos como "los portadores de la luz", protagonizaron una epopeya sin igual. Siguiendo la Ruta de la Seda contribuyeron a la evangelización de Asia, llegando a Turquestán, Mongolia, China, Tíbet e India, fundando cristiandades a su paso. Hacia el siglo IX la Iglesia nestoriana contaba con 245 diócesis en lugares tan dispares como El Cairo, Jerusalén, Samarcanda y Pekín. Según algunos estudiosos la comunidad nestoriana llegó a contar entre 60 a 80 millones de fieles, cifra muy elevada para la época. Los relatos de Marco Polo (1254-1324) confirman las sólidas posiciones ocupadas por los cristianos nestorianos en la corte de los mongoles.

Durante el brillante reinado del sasánida Anushirván (531-579), los sabios persas trabajaban junto a otros de origen cristiano, en un clima de gran tolerancia, estudiándose a los filósofos griegos o los secretos de la medicina, saberes que heredarán los musulmanes más tarde. Sin embargo, como ocurrirá en el islam, el zoroastrismo condenaba con la muerte a los apóstatas, es decir, a los que abandonan la "buena religión" mazdea por cualquier otra. Es lo que le ocurrió a Mar Aba, un converso del zoroastrismo, que había estudiado griego en Nisibis y Edesa con la intención de publicar una nueva versión del Antiguo Testamento, muerto en prisión.

En la época de los abasíes, cuando el Imperio musulmán estaba gobernado desde Bagdad por califas semipersas, los cristianos nestorianos se benefician de un trato especial, conociendo desde entonces un proceso extraordinario de expansión en los países del este y del sur. Fundan comunidades en Qatar, Kuwait, Bahrein y Omán. Evangelizaron también a los turcos y convirtieron a su rey, y los keraítas, habitantes de Mongolia, se convirtieron en masa al cristianismo nestoriano en el 1007. Se podían contar hasta cerca de 200.000 convertidos. También se convirtieron en el siglo XII los ongüt, que guardaban las fronteras de China y Mongolia. Los keraítas y ongüt fueron más tarde derrotados por Gengis Khan, el unificador del pueblo mongol y creador de un Imperio poderoso desde el siglo XII. Los mongoles conocieron también el cristianismo y muchos de ellos, incluso príncipes y reyes, tomaron esposas cristianas y se hicieron cristianos. Los historiadores están de acuerdo en que los mongoles fueron respetuosos con los cristianos, excepto en algunas ocasiones, y en muchos casos los defendieron y los apoyaron, sobre todo cuando los musulmanes comenzaron a desarrollarse por Asia Central.

La situación cambió a raíz de la conversión al islam del rey mongol Ghazan, que a partir de 1295 diezmó la población cristiana. Más tarde, la paciente labor del patriarca nestoriano logró calmarle y convertirle al cristianismo. Pero Oldjaòtu, que subió al poder en 1306 y se convirtió al islam, hizo una matanza general de cristianos en Arbela, uno de los centros más importantes del cristianismo oriental. En tiempos de estas persecuciones dirigía la Iglesia nestoriana el anciano Yahballaha, y la Iglesia nestoriana contaba con 30 provincias eclesiás-

[1092] Dolors Folch, *El nestorianismo y su difusión por la ruta de la seda.* www.upf.es/materials/huma/xinamon/sabermes/nestorians.htm

ticas. Existían comunidades nestorianas desde el golfo Pérsico hasta Manchuria, y algunas ciudades eran cristianas en su totalidad.

La brutal persecución de Tamerlan (1360-1405) dio el golpe de gracia a las comunidades nestorianas centroasiáticas que se resistían a morir. A esto hay que añadir el chiísmo de los persas musulmanes violentamente anticristiano. Impotentes ante la conversión más o menos forzosa de sus fieles al islam, los cristianos nestorianos se vieron obligados en el siglo XV a replegarse en las montañas inaccesibles de Hakkari y Azerbaiyán occidental, en el actual Kurdistán. Allí vivieron, en una región pobre e inhóspita, de clima riguroso, hasta la primera guerra mundial, cuando las tropas turcas amenazaron de genocidio a los cristianos asirios y caldeos del lugar. En abril de 1915 el ejército otomano invadió Gawar, una región de Hakkari, masacrando a todos sus habitantes. El resto de la población cristiana abandonó las montañas de Hakkari en junio de 1915 y se trasladó a pie al Azerbaiyán ruso, con el Patriarca asirio a la cabeza. El balance de este éxodo cruel y dramático fue 90.000 muertos y la destrucción de 154 iglesias. Alrededor de un tercio de la población asiria pereció en esos años[1093], y la mayor parte de los sobrevivientes emigraron al Kurdistán iraquí, con la esperanza de ser protegidos por las autoridades británicas que controlaban el país; pero en 1933, el mandato inglés sobre Irak llegó a su fin. Irak accede a la independencia y niega al Patriarca el reconocimiento de su papel político, como habían hecho antes, con sus antecesores, "los reyes sasánidas, los califas del islam, los Khans mongoles y los sultanes otomanos". En agosto de ese año las tropas iraquíes penetran en los campamentos de refugiados cristianos y asesinan a millares de hombres, mujeres y niños. El Patriarca, retenido en Bagdad desde los comienzos de la crisis, es expulsado a Chipre, mientras que los supervivientes huyen a Siria y Líbano, entonces bajo mandato francés, y otros se embarcan para EE. UU.[1094]

Sus hermanos armenios en territorio otomano no corrieron mejor suerte, víctimas desde la invasión islámica de un trato vejatorio y humillante. Durante el reinado del sultán Abdul Hamid, los turcos otomanos aniquilaron a más de 200.000 cristianos armenios entre 1894 y 1896. Esto fue seguido, en el régimen de los Jóvenes Turcos, por las matanzas de Adana de 25.000 armenios en 1909, y el primer genocidio formal del siglo XX, cuando solamente en 1915 fueron ejecutados de 600.000 a 800.000 armenios más[1095]. La ideología de la *yihad* contribuyó significativamente a este proceso de décadas de aniquilación humana[1096]. Pero ésta es otra historia de la que esperamos ocuparnos en volúmenes próximos dedicados a los mártires del siglo XX.

[1093] Según Sabri Atman, especialista en el tema y autor de *I long for Mesopotamia* y *The Assyrian-Syriacs,* 750.000 cristianos asirios fueron masacrados entre 1914-1918 por el gobierno otomano, un genocidio que todavía hoy suscita enconadas polémicas y que Turquía se niega a reconocer. A principios del siglo XX un tercio de la población turca era cristiano, en la actualidad sólo un 0.01% en progresiva disminución. Cf. Salahi Ramadan Sonyel, *The Assyrians of Turkey: Victims of Major Power Policy.* Turkish Historical Society Printing House 2001; Yonan Shahbaz, *The Rage of Islam: An Account of the Massacres of Christians by the Turks in Persia.* Gorgias Press, Piscataway 2006.

[1094] Ignacio Peña, "La Iglesia asirio-caldea". www.iveargentina.org/Teolresp/religiones_sectas/Igl_ASirio_Caldea.htm

[1095] V. Dadrian, *The History of the Armenian Genocide.* Bergahn Books, Providence 1997; James Nazer, ed., *The first genocide of the 20th century.* New York 1970.

[1096] Cf. Andrew G. Bostom, "El genocidio armenio fue una *Yihad*", www.ua.es/personal/jms/hc/genocidio_armenio.htm

BIBLIOGRAFÍA

Mahoma

Alvaro Machordom Comis, *Muhammad (570-632). Profeta de Dios.* Fundamentos, Madrid 1979.

Anne-Marie Delcambre, *Mahoma, la voz de Alá.* Aguilar, Madrid 1990 / Ediciones B, 1999.

C.Virgil Gheorghiu, *La vida de Mahoma.* Luis de Caralt, Barcelona 1986, 2 ed.

Émile Demenghem, *Mahoma y la tradición islámica.* Aguilar, Madrid 1963.

Francesco Gabrieli, *Mahoma y las conquistas del Islam.* Ediciones Guadarrama, Madrid 1968.

Gabriel Mandel Khân, *Mahoma, el profeta.* Ediciones Témpora, Madrid 2002.

Hartmut Bobzin, *Mahoma.* Acento Editorial Madrid 2003.

Italo Sordi, *Qué ha dicho verdaderamente Mahoma.* Doncel, Madrid 1972.

Juan Vernet, *Mahoma.* Espasa Calpe, Madrid 1992.

M. Lings, *Muhammad.* Hipérion, Madrid 1989.

Maurice Gaudefroy-Demombynes, *Mahoma.* Ediciones Akal, 1990.

Maxime Rodinson, *Mahoma. El nacimiento del mundo islámico.* Península, Barcelona 2002.

Tor Andrade, *Mahoma.* Alianza Editorial, Madrid 1991.

W. Montgomery Watt, *Mahoma, profeta y hombre de estado.* Labor, Barcelona 1968.

Wasington Irving, *Vida de Mahoma.* Montesinos, Barcelona 2002.

Islam

A. S. Tritton, *The Caliphs and their Non-Muslim Subjects: A Critical Study of the Covenant of 'Umar.* Londres 1930.

Antoine Fattel, *Le statut légal des non-musulmans en pays d'Islam.* Beirut 1958.

Bat Ye'or, *Juifs et Chrétiens sous l'Islam, les dimmis face au défi intégriste.* Berg International, París 1994.

Bernard Lewis, ed., *El mundo del Islam: gente, cultura, fe.* Destino, Barcelona 1995.

Claude Cahen, *El islam: Desde los orígenes hasta el comienzo del Imperio otomano.* Siglo XXI, Madrid 1986.

D. Bramon, *Una introducción al islam: religión, historia y cultura.* Crítica, Barcelona 2002.

D. C. Dennet, *Conversion and the Poll Tax in Early Islam.* Cambridge (Mass), 1950.

Daniel Pipes, *El Islam de ayer a hoy.* Espasa Calpe, Madrid 1991.

David Cook, *Understanding Jihad.* University of California Press, Londres 2005.

David Waines, *El Islam.* Cambridge University Press, Barcelona 1998.

Dominique Sourdel, *El Islam.* Oikos-Tau, Barcelona 1973.

Emilio González Ferrín, *La palabra descendida. Un acercamiento al Corán.* Ediciones Nobel, Oviedo 2002.

El Corán. Nueva traducción, estudio preliminar, notas e índice analítico de Juan B. Bergua. Ediciones Ibéricas, Madrid 1990.

—Introducción, traducción y notas de Juan Vernet. Planeta, Barcelona 1963 / Óptima, Barcelona 1999.

—Edición preparada por Julio Cortés. Editora Nacional, Madrid 1980 / Herder, Barcelona 1986.

Eric Santoni, *El Islam.* Acento, Madrid 1994, 2ª ed.

Franco Cardini, *Nosotros y el Islam. Historia de un malentendido.* Crítica, Madrid 2002.

Gilles Kepel, *La Yihad.* Península, Barcelona 2001.

Hans Küng, *El Islam. Historia, presente, futuro.* Trotta, Madrid 2006.

John Alden Williams, *Islamismo.* Plaza & Janés, Barcelona 1961.

Josep Manyer, *Cuando el islam llama a tu puerta.* CLIE, Terrassa 2001.

Juan Vernet, *Los orígenes del islam.* Historia 16, Madrid 1990.

Karen Armstrong, *El Islam.* Mondadori. Barcelona 2002.

Khaled Abou El-Fadi, *The Place of Tolerance in Islam.* Beacon Press, Boston 2002.

M. A. Shaban, *Historia del Islam (600-750 d.C.)*. Guadarrama, Madrid 1976 / Labor, Madrid 1980.

Majid Khadduri, *War and Peace in the Law of Islam*. Johns Hopkins Press, Baltimore: 1955.

María Vera, *El ejército de Alá*. Tibidabo, Barcelona 1992.

Marshall G. S. Hodgson, *The Venture of Islam*. 3 vols. Univ. Chicago Press, Chicago 1974.

Maxime Rodinson, *Los árabes*. Ed Siglo XXI, Madrid 1981.

—*La fascinación del Islam*. Júcar, Madrid 1989.

Nehemiah Levtzion, ed., *Conversion to Islam*. Holmes & Meier Publishers, New York 1979.

Norman A. Stillman, *The Jews of Arab Lands*. Jewish Publ. Society of America, Philadelphia 1979.

Olivier Roy, *Genealogía del islamismo*. Bellaterra, Barcelona 2000.

Peter Brown, *El Mundo de la Antigüedad tardía. De Marco Aurelio a Mahoma*. Taurus, Madrid 1991.

Philip K. Hitti, *El Islam, un modo vida*. Gredos, Madrid 1973.

R. W. Bulliet, *Conversion to Islam in the Medieval Period: An Essay in Quantitative History*. Cambridge (Mass.) 1979.

Rudolph Peters, *La Yihad en el islam medieval y moderno*. Universidad de Sevilla, Sevilla 1998.

Walter Short, *El tributo de la jizya: ¿Igualdad y dignidad bajo la ley islámica?*, trad. de Jesús M. Sáez, versión electrónica http://www.ua.es/personal/jms/hc/jizya.pdf

Nestorianos

Bat Ye'or, *The Decline of Eastern Christianity Under Islam*. Fairleigh Dickinson University Press, Cranbury 1996.

K. S. Latourette, *A History of the Expansion of Christianity*, 3 vols. Eyre and Spottiswoode, Londres 1955.

Lawrence E. Browne, *The Eclipse of Christianity in Asia*. Cambridge University Press, Nueva York 1933.

Philip Jenkins, *The Lost History of Christianity*. Harper One, Nueva York 2008.

Pierre Maraval, *Le christianisme, de Constantin à la conquête arabe*. Presses Universitaires de France, París 1997.

R. Aubrey Vine, *The Nestorian Churches: A Concise History of Nestorian Christianity in Asia from the Persian Schism to the Modern Assyrians*. Independent Press, Londres 1937.

S. H. Moffett, *A History of Christianity in Asia*. Harper and Row, San Francisco 1992.

T. V. Philip, *East of the Euphrates: Early Christianity in Asia*. CSS & ISPCK, India 1998. Edición electrónica: www.religion-online.org/showbook.asp?title=1553

Wilfred Blunt, *The Golden Road to Samarkund*. Hamish Hamilton, Londres 1973.

Genocidio sirio y armenio

Abraham Hartunian, *Neither to laught nor to weep: a memoir of the Armenian genocide*. National Association for Armenian Studies and Research, Boston 1968.

Abraham Yohannan *The Death of a Nation, or, The Ever Persecuted Nestorians Or Assyrian Christians*. Putnam Publishers, Nueva York 1916.

Arman J. Kirakossian, ed., *The Armenian Massacres 1894-1896*. Wayne University Press, Detroit 2004.

Christopher J. Walker, *Armenia: the survival of a nation*. Routledge, Londres 1980.

David Gaunt, *Massacres, resistance, protectors: Muslim-Christian relations in Eastern Anatolia during World War I*. Gorgias Press, Piscataway 2006.

Frederick D. Greene, *Armenian massacres and Turkish Tyranny*. New York 1990.

James Nazer, ed., *The first genocide of the 20th Century*. T & T Publishing, Nueva York 1970.

—*The Armenian Massacre*. Nueva York-Montreal 1970.

Joël Kotek y Pierre Rigoulot, *Los campos de la muerte. Cien años de deportación y exterminio*. Salvat, Barcelona 2001.

John S. Kirakossian, *The Armenian genocide: the Young Turks before the judgement of history.* Sphinx Press, Madison 1992.

Richard G. Hovannisian, *The Armenian holocaust: a bibliography relating to the deportations, massacres and disperson of the Armenian people, 1915-1923.* Cambridge, Mass. 1980.

—*The Armenian Genocide, History, Politics, Ethics.* St. Martin's Press, Nueva York 1992.

Ronald Sempill Stafford, *The Tragedy of the Assyrians.* Gorgias Press, Piscataway 2006.

Salahi Ramadan Sonyel, *The Assyrians of Turkey: Victims of Major Power Policy.* Turkish Historical Society Printing House 2001.

Vahakn N. Dadrian, *The History of the Armenian Genocide.* Bergahn Books, Providence 1997.

—*Documentation of the Armenian Genocide in German and Austrian Sources.* New Brunswick 1994.

W. A. Wigram, *The Assyrians and Their Neighbours.* Gorgias Press, Piscataway 2002.

Yonan Shahbaz, *The Rage of Islam: An Account of the Massacres of Christians by the Turks in Persia.* Gorgias Press, Piscataway 2006.

Yves Ternon, *The Armenians: History of a Genocide.* Delmar/ Caravan Books, Nueva York 1981.

2. Los mártires de Córdoba

En el año 711 un contingente de guerreros del norte de África, entre los que predominaban los bereberes, cruzaron el estrecho de Gibraltar y derrotaron al ejército visigodo de don Rodrigo en la famosa batalla de Guadalete. No se trataba de una invasión musulmana de la península Ibérica. La entrada en España de los árabes fue eventual, llamados por uno de los bandos visigodos que se disputaban el poder. Se creía que las tropas auxiliares de Tarik volverían a sus tierras africanas una vez cumplieran su misión de colocar en el trono a su protegido. Pero no fue así. En una serie de rápidas campañas los musulmanes consiguieron dominar toda la península Ibérica, atravesaron los Pirineos y penetraron en Francia. Derrotados por los francos bajo Carlos Martel en la batalla de Poitiers (año 732), los árabes tuvieron que retirarse de Francia y limitar su dominio a España.

Los árabes denominaron *al-Andalus* a toda la península Ibérica, que con el paso del tiempo se fue contrayendo hasta designar exclusivamente la parte dominada por los musulmanes. Al-Andalus se convirtió en *emirato* o provincia dependiente del Califato de Damasco, gobernado por un emir residente en Córdoba, donde se había trasladado la capital del nuevo dominio, en un principio ubicada en Sevilla. Se reconstruyó el puente romano, se restauraron las murallas y en la margen izquierda del Guadalquivir se fundó el arrabal, denominado Secunda, hoy Campo de la Verdad. En menos de cincuenta años Córdoba se convirtió en la ciudad predilecta de los invasores, y en ella se fundó una primitiva mezquita aljama cuando los omeyas y los abasidas se separaron definitivamente, tras una pugna sangrienta. En el año 756, el príncipe omeya Abd al-Rahmán[1097] (latinizado Abderramán) derrotó, en las puertas de Córdoba, al emir abasida y se alzó, convertido ya en Abderramán I, como la única autoridad de al-Andalus.

Sus sucesores propiciaron el desarrollo de la cultura y en Córdoba se asentaron místicos, maestros orientales, matemáticos, médicos, filósofos, poetas. Se acabaría de construir la

[1097] Abd al-Rahmán era el único superviviente de la familia Omeya, exterminada por los abasíes. Las crónicas musulmanas lo llaman "el Emigrado". No se sabe cómo llegó a la península ni cómo adquirió su elevada condición.

mezquita que fue ampliada por el soberano Abd al-Rahmán II. Poco a poco, la civilización árabe se iba consolidando; se fueron construyendo numerosos baños, mezquitas, fábricas de tapices y distintas obras hidráulicas. Córdoba llegó a convertirse en la más importante y refinada ciudad de Occidente, con un millón de habitantes por entonces.

Los judíos españoles recibieron como una liberación la llegada de los musulmanes y en no pocas ciudades contribuyeron a su victoria y control en calidad de asociados. El *Ajbar Machmua,* al narrar la invasión árabe, dice allí donde los judíos eran numerosos, los conquistadores dejaban la comarca bajo su custodia, apoyada por un pequeño destacamento musulmán. Hay que entender esta actitud. Los reyes visigodos y la Iglesia española habían legislado cada vez más contra la minoría hebrea, haciendo su vida muy difícil en la península. El IV Concilio de Toledo (año 633) llegó a permitir que los hijos de las familias judías fuesen arrebatados a sus padres legítimos para ser educados por otros católicos. El XVII Concilio celebrado en el año 694 declaró que los judíos fuesen reducidos a servidumbre y sus bienes confiscados. Se entiende que los judíos no movieran ni un dedo para impedir el derrumbe del viejo régimen. Su número era abundante, en especial en Cataluña. Los escritores árabes llamaron a Tarragona *Medina al Yahud,* o sea, "ciudad de los judíos". En el Levante, en Elche, contaban con una sinagoga desde la época romana. Otras ciudades importantes para el judaísmo español eran Barcelona, Gerona, Zaragoza, Tudela, Sevilla, Córdoba, Lucena y Toledo, esta última conocida como la "Jerusalén de Sefarad", nombre con el que los judíos conocían España.

Los cristianos hispanogodos, por su parte, procuraron en lo posible aprovecharse de la tolerancia musulmana mediante la concertación de un pacto y el pago del tributo o *yizya* del que hablamos. De esta manera lograron salvar sus iglesias, sus monasterios, su organización y su jerarquía, con Toledo como sede primada o centro de todos los cristianos de la península, los sometidos y los no sometidos al islam.

La masa de la población cristiana debió ver con relativa tranquilad la conquista árabe —no hicieron mucho más que los judíos por defender a sus antiguos soberanos—, pues el pago de *yizya* o capitación representaba una carga fiscal muy inferior a la visigoda, cuyo sistema impositivo exprimía al pueblo con arbitrariedad. Por fuentes de la época sabemos que las condiciones de vida de las poblaciones judía y cristiana sometidas a la soberanía islámica no eran peores, antes al contrario, que las anteriores bajo el dominio de los reyes visigodos. Éstos no sólo habían mantenido el sistema tributario romano con sus numerosos gravámenes, sino también los latifundios cultivados por siervos. Gracias a la ocupación musulmana muchos de estos latifundios fueron divididos y encomendados a arrendatarios autóctonos. La mayor parte de los siervos obtuvo la libertad, unos mediante la conversión al islam, otros emancipándose mediante el pago aplazado de un rescate, operación no permitida por la legislación anterior[1098].

1. La resistencia cristiana

En un principio la masa del pueblo cristiano siguió fiel a sus antiguas creencias y sacerdotes. Pero a medida que pasaba el tiempo y se afianzaba el dominio árabe, desplegando a la

[1098] Cf. Titus Burckhardt, *La civilización hispano-árabe,* p. 32.

vez una envidiable cultura, las generaciones más jóvenes comenzaron a mirar con envidia los refinamientos de la vida árabe y a codiciar papeles de protagonismo social que les estaban vedados en su calidad de sometidos, siempre y cuando permanecieran reacios a convertirse al islam. La atracción de la riqueza y de la posibilidad de escalar en la vida político-social resultaba ser una tentación demasiado fuerte para los jóvenes cristianos más ambiciosos. Aprendieron la lengua árabe —único medio de prosperar socialmente y aspirar a cargos de relevancia— y adoptaron muchas de las costumbres ajenas, como refleja la queja de Álvaro Paulo, en un libro publicado en Córdoba en el año 854 con el título *Indículo luminoso*:

> Nuestros jóvenes cristianos, con su aire elegante y su verbo fácil, son ostentosos en el vestido y en el porte y están hambrientos de saber de los gentiles; intoxicados por la elocuencia árabe, manejan ansiosamente, devoran vorazmente y discuten celosamente los libros de los caldeos [musulmanes], y los dan a conocer alabándolos con todos los adornos de la retórica, mientras nada saben de la belleza de la literatura eclesiástica y miran con desprecio los caudales de la Iglesia que manan desde el Paraíso; ¡ay!, los cristianos son tan ignorantes de su propia ley, los latinos prestan poca atención a su propio idioma, que en toda la grey cristiana apenas hay un hombre entre mil que sepa escribir una carta[1099].

Esto debió acentuarse más en las ciudades que en los pueblos y aldeas, y es en la gran capital del emirato, Córdoba, donde dos personajes excepcionales de la vieja nobleza hispanogoda, Eulogio, presbítero de la Iglesia cordobesa de San Zoilo, y su amigo el erudito Álvaro Paulo, concebirán la idea de hacer algo para resistir la creciente influencia islámica que debilitaba las Iglesias cualitativa y cuantitativamente, amenazando peligrosamente los mismos fundamentos de la supervivencia cristiana en el emirato árabe. Algunos historiadores quieren ver en este movimiento de resistencia a la cultura árabe un residuo de motivación política de corte nacional-cristiano. Qué duda cabe que en toda acción humana intervienen multitud de intereses, unos buscados intencionalmente y otros que se van integrando según afinidades y circunstancias. En el caso de los cristianos andaluces la motivación es básicamente *religiosa,* pero decir esto de hombres de la Edad Media es tanto como decir política y social, toda vez que la religión informaba su visión de todas las cosas.

Se ha hablado mucho de que el islam necesita un Estado para vivir, esto mismo sentían los cristianos de la época respecto a su fe: el recuerdo de la época vivida bajo el reinado cristiano visigodo les hacía más hiriente la sumisión impuesta por las autoridades islámicas. Añoraban las expresiones públicas, arquitectónicas y populares de su creencia, y soñaban con el renacimiento de las letras eclesiásticas, pero la triste realidad les devolvía al triste estado de sometimiento, confinados en sus barrios y sus lugares de culto, sin posibilidad de edificar otros nuevos y obligados a pagar un impuesto para mantener un gobierno islámico que, quizá esto no entraba en sus cabezas, le permitía a cambio continuar con sus creencias. Sea como fuere, un buen número de religiosos y seglares, mayormente monjes, protagonizaron una serie de ac-

---

[1099] Alvaro, *Indiculus luminosus,* 35.

tos —desesperados, a nuestro parecer, reflejo de una situación social deprimida—, tendentes a mostrar la fuerza que todavía conservaba la fe cristiana entre ellos. Los destinatarios de estos actos eran las autoridades islámicas, pero también la comunidad cristiana que confraternizaba con los enemigos, en un intento arriesgado de despertar y captar su adhesión.

Este movimiento fue polémico entonces, y sigue siéndolo todavía en lo que respecta a sus métodos: el insulto directo contra Mahoma y su doctrina, delito condenado por la ley islámica con la pena de muerte. Por extraño que parezca, no faltaron provocadores de este tipo. Monjes convictos de los errores del falso profeta Mahoma no sólo *arriesgaron* su vida confrontando a las autoridades musulmanas, sino que voluntariamente buscaron la muerte mediante una provocadora denuncia pública de los errores de la religión dominante. Para algunos, con el obispo Saúl de Córdoba a la cabeza, esta manera de testificar la fe propia afrontando la muerte a manos de "infieles" era propio de mártires; para otros, representados por el obispo de Sevilla Recafredo, de suicidas temerarios, y un tercer grupo, compuesto por Eulogio, situado en el centro o justo medio, dispuestos siempre a la concordia, pero sin traicionar la memoria de aquellos que, inspirados por Dios, se habían presentado a confesar su fe ante los tribunales musulmanes. Eulogio, a quien la Iglesia católica venera como santo, frenó la tendencia provocativa de los cristianos más exaltados, enseñando que el martirio es el privilegio de unos pocos llamados, en paridad con la vocación religiosa. El extremismo del obispo Saúl le llevaba a considerar como excomulgados y arabizados a cuantos no estuviesen dispuestos a enfrentarse con el islam con el fervor de los confesores de la fe. Representaba el espíritu de los montanistas y donatistas de antaño. Condenado por sus colegas obispos, Saúl respondía anatematizándolos.

Eulogio recopiló la memoria de los cristianos entregados al martirio y gracias a él hoy tenemos noticias directas de lo que ocurrió en las comunidades cristianas cordobesas. Eulogio redactó su *Memoriale Santorum* en el 851, a consecuencia de lo cual fue encarcelado durante unos meses y puesto en libertad a finales de noviembre de ese mismo año, quedando bajo la vigilancia del metropolitano de Sevilla Recafredo. Unos años después, en el 856, completó su memorial con los nuevos martirios producidos hasta ese momento.

Eulogio recorrió media España, la musulmana y la cristiana, para hacerse con manuscritos latinos con que cimentar la menospreciada cultura eclesiástica. Inspirado en la otrora grandeza cristiana de España, se lamentaba de su postración bajo el dominio musulmán. Motivos conjuntos de nacionalismo y religiosidad informan su descontento con la situación presente y su firme llamado a seguir el ejemplo heroico de los mártires que les precedieron en gloria.

> La cristiandad española, en otro tiempo tan floreciente bajo la dominación de los godos, ha caído por los altos juicios de Dios en poder de los sectarios del nefando Profeta, arrebatada por ellos la hermosura de sus iglesias y la alta dignidad de sus sacerdotes. Por nuestros pecados ha pasado nuestra herencia a manos ajenas y nuestra casa a gente extranjera. Nuestras aguas la bebemos por dinero y tenemos que comprar nuestras propias maderas. No hay quien nos redima de las manos de los infieles que, oprimiendo nuestros cuellos con un yugo gravísimo, procuran exterminar en los ámbitos de su imperio todo el linaje cristiano. Ya no nos permiten ejercer nuestra religión

sino a medida de su capricho; ya nos agobian con una servidumbre tan dura como la de Faraón; ya nos sacan a pura fuerza un tributo insufrible; ya imponen un nuevo censo sobre las cervices de los miserables; ya, privándonos de todas nuestras cosas, procuran destruirnos cruelmente; ya, en fin, fatigando a la Iglesia católica con variado género de opresiones y persiguiendo de diversas maneras a la grey del señor, creen que con nuestros daños prestan a su Dios un grato obsequio. ¡Cuánto más glorificaríamos nosotros al Señor si, desechando nuestra desidia, incitados por el ejemplo de nuestros mártires, les imitásemos esforzadamente, no sufriendo más el yugo de esta nación impía! Pero a nosotros, míseros, nos dice: Mezcláronse con las gentes y aprendieron sus obras y adornaron sus ídolos. ¡Ay de nosotros que tenemos por delicia el vivir bajo la dominación gentílica, y no rehusamos estrechar vínculos con los infieles, y con el continuo trato participamos con frecuencia de sus profanaciones[1100].

Entre los años 850 y 859, cuarenta y ocho cristianos fueron decapitados por ofensas contra el islam. Se conocen las circunstancias, pero los historiadores debaten sobre los motivos que pudieron llevar a estos cristianos a buscar deliberadamente la muerte insultando en público a Mahoma y burlándose de las doctrinas islámicas. ¿Enfervorizar la alicaída vida de los cristianos y detener las conversiones al islam con ejemplos contundentes de oposición al enemigo y afirmación de la propia fe?

El estatuto de *mártires* de estos cristianos también resulta problemático, incluso en sus días y en su medio. Algunos cristianos cordobeses les aplaudieron como mártires auténticos, en especial sus compañeros de claustro. No sabemos la reacción del pueblo cristiano en general, pero conocemos la decisión del sínodo del año 852 que condenó la política de los mártires como actos propios de provocadores, más de suicidas que de cristianos respetuosos de las leyes. Sólo un pequeño grupo de religiosos, liderados por el obispo Saúl, apoyó la acción de los mártires y atizaron el fuego del martirio.

Conviene aclarar desde un principio que ninguno de los mártires fue perseguido por las autoridades cordobesas, toda vez que el islam, como ya dejamos sentado, protegía a los que concertaban un pacto con él. Sólo estaban obligados a pagar un tributo de capitación, la *yizya,* equivalente al diezmo eclesiástico y de menor cuantía que los elevados impuestos exigidos por el anterior gobierno visigodo. Estaban exceptuados de su pago mujeres, niños, minusválidos, enfermos que carecieran de medios de fortuna, mendigos y esclavos. Satisfecho el pago, tanto judíos como cristianos tenían completa libertad para practicar sus ritos religiosos, excepto aquellos que comportaban manifestaciones públicas. Cualquier restricción era cosa de poca monta comparada con la intolerancia religiosa practicada en los reinos cristianos. En el caso concreto de los judíos, obligados a convivir en ambas culturas, cristiana y musulmana, la vida en los países islámicos era una maravilla al lado de la que conocían en los países cristianos, al decir del erudito judío André Chouraqui[1101]. Por lo que se refiere a los cristianos, llamados mozárabes[1102], las autoridades musulmanas se comprometían a no intervenir en los

[1100] Eulogio, *Memoriale sanctorum* 2, 1.

[1101] Entrevista con André Chouraqui, *El País,* Madrid 26 de enero de 1991, p. 27.

[1102] Del árabe *musta'rib,* que significa "arabizado", no en materia religiosa, sino en formas o hábitos de vida propias de los árabes, incluso en lo lingüístico.

asuntos de éstos, dejarles en posesión de sus bienes y en el uso de sus derechos privados, no reducir a la esclavitud a sus mujeres e hijos, no imponerles ninguna obligación en materia religiosa, respetar sus iglesias y protegerles contra todo ataque del interior o del exterior. Los mozárabes, por su parte, se comprometían a no ocultar a esclavos fugitivos ni a enemigos y a revelar a los musulmanes la situación de sus adversarios. Durante los primeros siglos de dominio musulmán, los mozárabes conservaron sus leyes —*Lex Gothorum, Liber Iudiciorum,* más tarde Fuero juzgo— y sus jueces, y mantuvieron la tradición y la cultura visigodas en al-Andalus. Un *comes,* defensor o protector, era el responsable de cada comunidad mozárabe ante la administración musulmana.

Los mártires cordobeses pertenecen a un estatuto especial de martirio que se produjo en los primeros siglos del cristianismo, de los que los psicólogos tendrían mucho que enseñarnos, pero no recibió la aprobación ni siquiera de las propias autoridades eclesiásticas, preocupadas de mantener buenas relaciones con las autoridades musulmanas. Se trata de un movimiento de "mártires sin perseguidores", como escribe gráficamente K. Baxter Wolff[1103], en el que tuvo mucho que ver el espíritu "nacionalista" que cristalizó en un partido de oposición.

2. Isaac, el protomártir mozárabe

En la primavera del 850 un presbítero de nombre Perfecto, versado en letras latinas y arábigas, fue arrestado y ejecutado por exponer públicamente sus opiniones sobre los errores del islam ante un grupo de musulmanes[1104]. No se trata de un caso de persecución propiamente dicha, pero muestra el factor popular que, por debajo de la ley, debió intervenir en el sentimiento de sometidos de los cristianos, obligados a no expresar públicamente sus creencias, pero que tratándose de monjes y sacerdotes, su sola presencia en la calle (debido a lo distintivo de sus hábitos) con frecuencia daba lugar a escenas parecidas a la del caso que ahora nos ocupa, y de las que ya se quejaba Eulogio en su *Memoria sanctorum*: "Ninguno de nosotros puede pasar entre ellos con seguridad ni vivir tranquilo sin que se le ultraje. Cuando cualquier necesidad familiar nos obliga a salir en público y, apremiados por ella, tenemos que abandonar nuestro tugurio y salir a la plaza, tan pronto como nos advierten los signos de nuestro orden sacro se burlan de nosotros como de locos y fatuos, aparte del cotidiano ludibrio de los chiquillos, que no contentos con sus gritos provocativos e indecentes, no dejan de apedrearnos por la espalda".

Los acontecimientos se precipitaron cuando el mencionado sacerdote Perfecto, que oficiaba en la basílica de San Acisclo, extramuros de la ciudad, en su camino al mercado fue detenido un día por un grupo de musulmanes aparentemente interesados en conocer la fe cristiana y la relación de Cristo con Mahoma. Al principio Perfecto rechazó la invitación, temiendo lo que después se confirmaría. El grupo musulmán, sin embargo, insistió y juró otorgarle su protección. Animado Perfecto con este salvoconducto no se quedó corto en presentar a Mahoma como uno de los falsos profetas anunciados por Cristo y como un individuo de moral reprobada que sedujo con engaños a su esposa y sus conciudadanos. Más

[1103] K. Baxter Wolff, *Christian Martyrs in Muslim Spain,* cap. 8.

[1104] *Memoriale sanctorum* 2, 1.

o menos el tópico vigente en el cristianismo casi hasta nuestros días. Aunque irritados en extremo por el ataque del sacerdote, los musulmanes guardaron su palabra y dejaron a Perfecto seguir su camino. Pero unos pocos días después, el sacerdote se volvió a dirigir al mismo grupo que, libres ya de su promesa anterior, le agarraron y le llevaron ante el magistrado, testificando contra él que había insultado al profeta. Encerrado en una prisión, Perfecto insistía en su inocencia. Solamente cuando advirtió que su destino estaba sellado, volvió en su ataque al islam. Pasado el mes santo del Ramadán, el 18 de abril Perfecto fue decapitado ante la multitud que se reunía para celebrar el fin del ayuno[1105].

Los hechos quedaron ahí, pero un año después, el 3 de junio del 851 un monje, de nombre Isaac, abandonó su retiro, y sin mediar provocación de parte de nadie, se presentó espontáneamente ante el juez de Córdoba pidiendo irónicamente ser adoctrinado en el mahometismo, para reprenderle luego por no reconocer los errores de Mahoma y su religión, sellando así su sentencia de muerte, al haber incurrido en el delito tipificado de *istiyfaf* o público menosprecio del islam. Se le quiso presentar a Abderramán II como un demente, pero el soberano decidió ejecutarle para que no cundiese el ejemplo. Fue el primero y más prominente de los mártires, según Eulogio[1106], cuyo ejemplo arrastró a otros muchos tras de sí.

Isaac era hijo de una familia rica y noble, bien educado en la cultura árabe hasta el punto de alcanzar los puestos más altos del gobierno a los que un no musulmán podía aspirar: secretario del pacto *(kátib adh-dhimam), exceptor* o recaudador de tributos. "Pero viendo los lazos que había en el mundo y experimentando los peligros que trae consigo este oficio, dando de mano al mundo, determinó tomar el hábito de monje y recogerse en el monasterio Tabanense"[1107]. Éste era el monasterio más importante de Córdoba, llamado así por estar cerca de un pueblecito que se llamaba Tábanos. En el monasterio permaneció tres años, hasta que decidió acercarse al palacio del emir con el propósito que ya sabemos. Al parecer ardía en deseos de padecer por Cristo. Por eso él mismo se fue a "irritar" a los jueces.

En el palacio entró en conversación con uno de los jueces, aparentando interés por la fe del islam. El *cadí* o juez, de nombre Said-ben-Soleiman, muy satisfecho ante la perspectiva de una conversión religiosa y una probable conversión, le comenzó a contar todo lo relativo a la revelación del Corán, comenzando desde la aparición del arcángel Gabriel a Mahoma. Isaac, que no había preguntado para aprender, sino para tener asidero de decir mal de Mahoma, atajó la plática y con esfuerzo y osadía dijo al juez y a los circunstantes cómo Mahoma era un mentiroso engañador, que con embustes había trastornado el mundo, hasta el punto de destruirlo, por lo cual se perdían muchas almas en el infierno, junto a las del falso profeta. Todo esto se podía remediar si los musulmanes abrieran los ojos y considerasen que el verdadero profeta era Jesucristo, que había venido a dar luz al mundo y a redimir a los pecadores.

Mudo de asombro y viendo blasfemada su fe, el cadí indignado propinó un gran bofetón al deslenguado monje, al tiempo que le llamaba insensato, loco, mentecato y sin juicio. Isaac respondió que todo lo que había dicho no era por estar fuera de juicio, sino por sentir lásti-

[1105] *Ibíd.,* 2, 1.

[1106] *Ibíd.,* 2, 2.

[1107] Fray Antonio de Yepes, *Crónica general de la orden de San Benito,* vol. II, p. 109.

ma del error y ceguera en que estaban los moros, y que a cambio de haber dicho la verdad cristiana y desengañar al mundo, se alegraba de padecer de buena gana[1108].

Las leyes musulmanas disponían la pena de muerte para los ultrajes contra el islam, pero a diferencia de la crueldad habitual en los tribunales europeos cristianos, con el uso cotidiano de la violencia y el agravamiento de la muerte mediante dolorosos procesos de tortura, en principio no permitían que el delincuente muriera afrentado, ultrajado ni herido, toda vez que la muerte irrevocable le esperaba como destino, por eso Isaac fue metido en una cárcel mientras el cadí iba a dar cuenta de lo sucedido al emir, Abd al-Rahman II, personaje inteligente, culto, amante de la paz y la estabilidad. Éste ordenó la decapitación del monje e inmediatamente promulgó un edicto que reiteraba la prohibición islámica de blasfemia, *istiyfaf*, amenazando a cualquier violador futuro con la misma pena. El 3 de junio del 851 Isaac perdió su cabeza. Su cuerpo fue expuesto en un palo en el campo colgado de los pies. Pocos días después fue quemado y echadas sus cenizas al río Guadalquivir[1109].

La diferencia entre la muerte de Isaac y Perfecto es que el primero rompió la ley deliberadamente, provocando innecesariamente a las autoridades. Con todo y entendiendo el martirio como un acto voluntario, Eulogio dice que Isaac tiene el honor de ser el primero entre los mártires de su día, porque aunque Perfecto fue ajusticiado antes, el sacerdote fue arrastrado forzosamente a su pasión, mientras que el monje lo hizo por voluntad propia[1110].

3. Cosecha de mártires

En los próximos días siete monjes cristianos más animados por el ejemplo del protomártir Isaac, se ofrecieron a la muerte. "Comenzó luego a andar tan fervoroso el martirio en Córdoba, que no pasaba una semana, sin días y muy pocos entre uno y otro, y no era uno, ni dos, sino buen tropel, los que juntos coronaban". Así el lunes siguiente, ocho de junio de ese mismo año, padecieron juntos seis cristianos de claro origen hispanogodo: Pedro, Walabonso, Sabino, Wistremundo, Ebencio y Jeremías.

Pedro era sacerdote, natural de la ciudad de Écija (Sevilla), y Walabonso, monje en el monasterio de San Félix, donde fue ordenado diácono, y natural de una población cercana a Córdoba. Ambos vinieron a la capital del califato español con deseo de estudiar las artes liberales y la doctrina de la Sagrada Escritura, siendo su maestro el abad Frugelo. A Pedro se le confió el cargo del monasterio de la Sagrada Virgen María Nuestra Señora, no lejos de Córdoba, en un barrio o aldea llamado Cuteclara. Sabino y Wistremundo eran monjes jóvenes en el monasterio de San Zoilo, que estaba bien dentro de la sierra de Córdoba. Sabino era natural de Feroniano, lugar pequeño en la sierra y Wistremundo era de Écija, y hacía poco que había venido a aquel monasterio. De mayor edad era Ebencio, también llamado Avencio, natural de Córdoba, y monje en el monasterio de San Cristóbal. Allí guardaba una reclusión

[1108] *Memoriale sanctorum* 1, pref., 2-3.

[1109] *Ibíd.,* 2.2.

[1110] *"Reor quod inter ipsos haud dubie principatum obtinet Sanctus Isaac Monachus, qui prior, é Tabanemsi caenobio, in fum descendens iudicem adiit"* (*Memoriale sanctorum,* pref., 2, 6).

y encerramiento extraño, hablando siempre a los que a él iban por una ventana, haciendo tan dura penitencia que andaba vestido con unas como corazas de láminas de hierro, sin ropa interior que le protegiera. Jeremías era el anciano venerable del grupo, fundador del monasterio Tabanense, tío del mártir del mismo, el joven Isaac.

Estos seis varones "esforzados y esclarecidos salieron juntos a pelear contra el demonio y contra su maldito profeta Mahoma"[1111]. Personados ante el cadí, como si hablaran por una misma boca, los seis dijeron a una: "Nosotros también estamos en la misma opinión y decimos y afirmamos lo mismo por que nuestros santísimos hermanos Isaac y Sancho, poco ha fueron muertos; por tanto, apareja la sentencia, acrecienta la crueldad y enciéndele con toda la furia que pudieres para vengar tu profeta, porque confesando verdaderamente a Jesucristo, decimos de tu Mahoma que fue inventor de falsa y malvada ley".

Tras decir esto fueron luego mandados degollar, azotando cruelmente primero —hasta dejarlo por muerto— al santo viejo Jeremías, quebrantando la ley que impedía atormentar a los condenados a la pena capital. Fueron muertos primero Pedro, el sacerdote, y Walabonso, el diácono, y luego los demás. Sus cuerpos colgados en palos, como era costumbre, quemados pocos días después y arrojadas sus cenizas en el Guadalquivir, para que no quedase ningún rastro de sus reliquias[1112]. "Mártires del primer combate" les llamó Eulogio. El sábado siguiente, 25 julio del 851, fue ejecutado Teodomiro, monje de ascendencia goda oriundo de Carmona (Sevilla), después de haber increpado al cadí en su corte constituida en la mezquita mayor.

Ante la oleada de personas dispuestas a inmolarse en nombre de Cristo atentando contra las leyes, Abd al-Rahman II ordenó la detención de los dirigentes cristianos más partidarios de los mártires, Eulogio entre ellos. Durante cuatro meses los mantuvo encerrados en una prisión. Al parecer la medida surtió efecto. En seis meses sólo mandó ejecutar a cuatro jóvenes cristianas: las hermanas, Nunila y Alodia, la virgen Flora y la monja María.

4. María y Flora

María fue monja de la Orden de San Benito del monasterio de San Zoilo, cuyo prior había sido el mencionado Pedro. El padre de María era noble en linaje, casado con una musulmana, convertida por medio de su marido a la fe cristiana. De esta unión nacieron María y Walabonso, que imitaron y siguieron las pisadas de su padre, porque, según Eulogio, después que murió su mujer, él fue preso y llegó a ser confesor, profesando públicamente la fe de Jesucristo, aunque no se sabe si padeció martirio.

A la muerte de su hermano Walabonso, María, que le amaba mucho, sintió que no se podía consolar, sino que siempre andaba triste y llorosa, derramando infinitas lágrimas; pero, según cuentan, Walabonso se apareció a una monja del monasterio y le dijo que avisase a su hermana que dejase el sentimiento y tristeza porque pronto se había de ver con él en el cielo y tener gozo eterno, mientras Dios fuese Dios. Recibida esta revelación María experimentó un gran consuelo y desde aquel punto en adelante no sólo no lloraba al hermano muerto,

---

[1111] Antonio de Yepes, *op. cit.,* p. 112.

[1112] *Memoriale sanctorum* 2.4.

sino que se regocijaba en pensar su martirio y andaba ordenando y disponiendo maneras en cómo ella pudiese imitar y seguir a su hermano, presentándose delante del juez y ofreciéndose al martirio.

Andando con esta determinación algunos días, en uno resolvió salir del monasterio e irse a presentar delante del cadí para conseguir su deseado propósito. Antes de ello se retiró en oración a la iglesia de San Acisclo, donde se encontró con Flora, que venía con la misma intención y propósito de entregar su vida por Jesucristo.

En cuanto a familia se refiere, al revés de la de María, el padre de Flora era musulmán, natural de Sevilla, casado con una notabilísima dama cristiana, natural de Ansinianos, no lejos de Córdoba. Flora se pareció a su madre y guardó la fe cristiana en doctrina y costumbres; su hermano, por el contrario, siguió los pasos del padre en el islam, frente a la voluntad de la madre y de la hermana. De aquí nacieron riñas y pendencias entre los dos hermanos, que nunca se acabaron hasta que se acabó la vida de Flora. Un día, Flora huyó de casa para ir a otras de cristianos, donde pudiese hacer la vida que ella deseaba. El hermano la buscó sin reparar en violencias para dar con su rastro. La joven, compadeciéndose de los que por su causa eran perseguidos, se volvió a casa de su hermano, le habló con tanto ánimo tan abiertamente de Jesucristo, que el hermano se enfadó y la acusó delante del cadí, levantando falso testimonio, diciendo que, siendo musulmana, había renegado la ley de Mahoma por seguir la de los cristianos. Flora lo negó. Pasaron en esto diferentes demandas y respuestas. Al fin, el juez mandó llevasen a la joven a la cárcel, donde fue azotada cruelmente, hasta el punto de dejarla por medio muerta. Después la entregaron al hermano para que la adoctrinase en la fe del islam. Él procuró poner por obra su cometido, impidiendo que saliese de casa y que las mujeres musulmanas que trataban con ella colaborasen en la misión. Tan pronto pudo, Flora volvió a huir de su casa, refugiándose en un pueblo llamado Osaria, no lejos de Martos, en la provincia de Jaén, donde vivía una hermana suya. "Allí permaneció la santa ejercitándose en ayunos y oraciones, disponiéndose para el martirio venidero, que ella traía delante de los ojos. Llegado el tiempo que Nuestro Señor quería satisfacer los santos deseos de Flora, la sacó del pueblo y la trajo a Córdoba y la llevó a la iglesia de San Acisclo, en donde Santa Flora encontró a Santa María, la monja que estaba en aquel sagrado templo encomendándose a Dios y suplicándole la favoreciese en tan riguroso trance. Allí se conocieron las dos gloriosas santas; allí descubrieron sus amores y el fuego que abrasaba sus corazones. Allí se animaron la una a la otra y determinaron ir delante de los jueces a publicar que eran cristianas"[1113].

Salieron juntas del templo en busca del cadí y, estando en su presencia, Flora descubrió quién era y ella misma confesaba cómo anteriormente había sido atormentada por la misma causa y cómo ahora de nuevo maldecía al falso profeta Mahoma y le llamaba engañador, hechicero y adúltero. María, por su parte, declaró ser hermana de Walabonso, el que había muerto por confesar la fe de Jesucristo y decir mal de Mahoma, y que ella no sólo quería parecérsele en la sangre, sino en la ley que profesó, y así ella confesaba a Cristo y decía mal y condenaba la falsedad de Mahoma, consintiendo y teniendo por ciertas las injurias que contra él su compañera había dicho.

[1113] Antonio de Yepes, *op. cit.*, p. 114.

El cadí quedó maravillado y asombrado de estas jóvenes tan menudas como atrevidas. Ordenó que las encerraran en la cárcel, donde también se encontraba Eulogio, el apoyo más firme de los mártires cordobeses. Enterado de la presencia de las dos jóvenes inmediatamente se puso a escribir una exhortación martirial destinada a sostenerles en el ánimo y resolución primera, que transcribimos al final de este apartado. Eulogio les aseguró que el Espíritu Santo les concedería un valor que ellas nunca habían imaginado tener y que no les permitiría perder su honor. Con las promesas y razones de Eulogio, Marta y Flora se confirmaron aún más en su deseo de perder la vida por Cristo. Al cabo de unos días llevaron de nuevo a Flora al tribunal para ver si estaba firme y perseverante en lo que al principio había confesado. La joven, estando su hermano delante, se ratificó en lo que al principio había dicho y dijo de nuevo que estaba determinada a dar la vida por Cristo, y como sabía que para determinar la sentencia era necesario maldecir a Mahoma, añadió tales injurias en menosprecio del profeta que no quisieron seguir escuchándola y la volvieron a meter en la cárcel y luego condenaron a muerte. Lo mismo hicieron con su compañera María, que no la sacaron en público, viendo que era por demás y por no afrentar de nuevo a Mahoma, tantas veces ultrajado por unas mujeres tiernas.

Decapitadas el 24 de noviembre de ese mismo año, sus cuerpos fueron arrojados al río Guadalquivir. El de Flora nunca se pudo hallar, pero el de María lo sacaron del río y lo llevaron al monasterio de San Zoilo, donde la mártir había sido profesa. Las cabezas fueron sepultadas en la iglesia de San Acisclo, que era el templo donde se juntaron las dos jóvenes con determinación de presentarse delante de los jueces.

Cinco días después, el 29 de noviembre, son puestos en libertad Eulogio y todos los clérigos partidarios del martirio voluntario, debiendo prometer obediencia al obispo metropolitano de Sevilla, Recafredo, y no salir de la ciudad. Los cristianos del ala más moderada comienzan a tachar de intrepidez y soberbia a los "celotes" inmolados, juzgados de "parricidas de su propia alma".

4.1. Exhortación al martirio

La exhortación al martirio escrita por Eulogio y dirigida a Flora y a María que ha pasado a la historia de los documentos martiriales, donde se refleja el sentir cristiano y su teología de la imitación de Cristo en la pasión, dice así:

> ¡Oh hermanas mías en Jesucristo! No dejéis de tener ante los ojos del alma la pasión de nuestro Redentor, y meditando con ella constantemente, tendréis en nada todo suplicio temporal. Pues aunque sea áspero y amargo, es breve y próximo a su fin. En tales tormentos cifrad vuestro más glorioso trofeo, y el colmo de vuestra felicidad, pues, pasando por ellos vuestras almas, como oro que se prueba con el fuego, se purificarán más y más, haciéndose dignas de los premios y coronas eternas. En los mayores bienes y goces del mundo hay siempre un fondo de amargura y un vacío, porque peregrinamos lejos del bien supremo; busquemos, pues, en Dios la paz y la satisfacción del alma. Vosotras estáis adelatandas en el camino que conduce al bien completo y sumo: os importa, pues, redoblar y encender más y más los afectos pia-

dosos hacia Dios, insistir en los santos propósitos y meditar en las palabras divinas. Anhelamos contemplar a Dios libremente; es precio antes purificar. Por lo tanto, yo os ruego, vírgenes santas, que no dejéis perder la corona aparejada para vosotras, ni el halago de ningún bien mundano os aparte de la caridad de Jesucristo. Yo os ruego, hermanas bienaventuradas, que no desistáis de la empresa comenzada ni cejéis en la pelea, porque el premio no se da a los que empiezan, sino a los que perseveran.

Vosotras, vírgenes santas, desde que, esforzadas guerreras salisteis a pública lid, rechazando con intrépida confesión al enemigo de la justicia delante de los soberanos y príncipes del mundo, habéis de pelear y morir, porque esta especie de combate se glorifica con la muerte. Con ella, sí, cambiaréis las cosas terrenas por las celestes, el mundo por la gloria, y daréis un ejemplo altísimo para aliento y enseñanza de la Iglesia católica.

Inenarrables son y muy magníficos por extremos los premios que os aguardan. Porque al par recibiréis del Señor la doble palma de vuestra purísima virginidad y de vuestro glorioso martirio. Allá en el cielo saldrá a recibiros la santísima Virgen y venerable Reina del mundo, María, acompañada por lucidísimo coro de vírgenes, y con ella asistirán también los fortísimos soldados de Cristo, vuestros hermanos y compañeros. Perfecto, Isaac, Pedro, Walabonso, Sabiniano, Wistremundo, Ebencio, Jeremías, Sisenando, Pablo y Teodomiro, que os precedieron con la enseñanza de la fe, os abrieron la puerta por donde debíais entrar en el reino celestial de vuestro esposo, que amasteis hasta el punto de morir por Él; apresuraos a ver con delicia la faz gloriosa de aquel a quien servisteis en verdad y por quien moristeis para vivir eternamente. Recibid ya la recompensa de vuestro trabajo y tomad el lauro del glorioso combate[1114].

5. Desaprobación del martirio voluntario

El nuevo año del 852, a principios de enero, el día 13, presenció una nueva degollina de cristianos comenzando por el presbítero Gumesindo y un hombre llamado por nombre propio "Siervo de Dios", monje recluso que se había encerrado en la iglesia llamada comúnmente de Los Tres Santos, por estar dedicada a los tres mártires Fausto, Januario y Marcial.

Después compitieron por el honor de la sangre los seglares Aurelio, Félix, Liliosa y Sabigota, y los monjes Georgio, pariente y discípulo de Eulogio, y Leovigildo, discípulo también de Eulogio; pero la oleada de martirios llegó con los calores del verano. Abd al-Rahman II, desesperado, recurrió de nuevo a las autoridades cristianas rogándoles que pusieran fin al celo mal entendido de sus fieles. Para ello les facilitó la convocatoria de un concilio en la capital cordobesa, donde procurasen rebajar los ardores de los aspirantes a mártires[1115].

Los obispos de las diócesis andaluzas se reúnen bajo la presidencia del metropolitano Recafredo, con asistencia de un representante del gobierno omeya, el *exceptor* cristiano Gómez, funcionario de la administración fiscal. Todos los reunidos coinciden en desautorizar el

---

[1114] Eulogio, *Documentum Martyriale,* traducción de Simonet en *Historia de los mozárabes.*

[1115] *Memoriale sanctorum* 2.15.3.

martirio voluntario —"no siendo lícito a nadie hacer profesión de fe ante los jueces sin ser interrogado"—, todos menos Saúl, obispo de Córdoba, el único que defendió a los mártires frente a los insultos del *exceptor* Gómez, "que no era cristiano sino de nombre, por sus obras desconocido de Dios" (Eulogio). El resto se puso de parte de Recafredo, partidario de la buena vecindad con el islam y sus representantes legales. El concilio decretó oficialmente la prohibición del sacrificio voluntario que, al poderse considerar como un suicidio, estaría condenado por la Iglesia.

Eulogio es acusado de exaltado e instigador de los mártires con sus escritos. Éste les responde en su crónica de los santos con menosprecio y les llama "cristianos, inútiles para el granero del Señor, y merecedores —como paja— del incendio inextinguible", pues "rehusando huir o padecer con nosotros y también ocultarse, abandonan la piedad, reniegan de la fe, abjuran de la religión y blasfeman de Jesucristo. ¡Oh dolor!, éstos se entregan a la impiedad de la ley musulmana, someten su cerviz a los demonios, blasfeman, denuestan y revuelven a los cristianos. Muchos, que antes, en sano juicio, celebraban los triunfos de los mártires, ensalzaban su conducta en la lucha, así sacerdotes como legos, mudan ahora su parecer"[1116].

A continuación, Eulogio alega en su defensa:

> Mas los que en un principio no dejaron de censurar la conducta de los santos, y por todos los medios trabajaron para denigrar su intención, murmurando de ellos; esos mismos, por no poder hacer daño a los valerosos soldados, volvieron sus iras contra mí, esparciendo la especie de que yo era el autor de toda esta novedad y que instigados por mí iban voluntariamente al martirio. Llegó a tanto que un cierto *exceptor,* poderoso en riquezas y vicios, que no era cristiano sino de nombre, por sus obras desconocido de Dios y sus ángeles, quien desde un principio se había declarado detractor y enemigo de los mártires, hombre murmurador, chismoso, inicuo, arrogante, soberbio, pagado de sí mismo y malvado; éste, cierto día en presencia del concilio de obispos, con su lengua viperina lanzó contra mí muchas injurias. Decretó éste, como presidente del concilio, condenar a los cristianos que persistían en ir al martirio voluntario *(talia meditandes),* vituperarlos e ir contra ellos; él, el más desgraciado de los mortales, lo hizo por temor de perder el honor, es decir, la privanza del emir; él, que no se preocupó de honrar a los mártires, antes bien mandó se propagase por doquier a las gentes que obraban mal, presentándose a los jueces.
>
> Mas aunque forzados en parte por el miedo y en parte por el parecer de los prelados, que el emir había mandado venir por esta causa de diversas provincias, firmamos algo que halagase los oídos del rey y de los pueblos muslimes, o sea, que en adelante se prohibía presentarse al martirio, no siendo lícito a nadie hacer profesión de fe ante los jueces sin ser interrogado; pues así quedaba decretado en las actas firmadas por los padres. Sin embargo, aquel documento en manera alguna vituperaba a los que morían por esta causa; es más, dejó traslucir algún elogio hacia los que en lo sucesivo com-

[1116] *Memorialis Santorum,* 2.16, 1.

batiesen por la fe. Dicho decreto tenía un sentido alegórico, por eso no eran capaces de comprenderle, sino los más avisados. Yo no creo exento en culpa aquel decreto simulado, pues conteniendo una cosa y significando otra parecía dictado para apartar a los fieles de ir al martirio. Es más, pienso que no se debe darle publicidad, sino se explica rectamente su sentido[1117].

Los mártires no prestaron atención a las autoridades moderadas que les ordenaban someterse a las leyes del islam y la convivencia pacífica con las autoridades. Los monasterios, en especial, fueron un vivero de creyentes deseosos de afrentar la muerte por la fe. Unas semanas después de celebrado el sínodo episcopal, el 15 de septiembre, los monjes Emila (Emiliano) y Jeremías, jóvenes naturales de Córdoba, nacidos de noble linaje godo y de buena cultura, repitieron la táctica de hacer una declaración de fe, de su incondicional espíritu nacionalista y de repulsa de Mahoma y su religión delante de los cadís musulmanes reunidos en sesión solemne. Ambos fueron decapitados al instante (15 de septiembre del 852).

6. Profanación de la mezquita

Interior de la Mezquita de Córdoba.

Estando aún en la cárcel Emila y Jeremías, fueron traídos a ella otros dos candidatos al martirio, que tuvo lugar al día siguiente, 16 de septiembre. Rogelio era monje, y había nacido en una aldea de la ciudad de Ilíberi, llamada Parapanda, y era eunuco o castrado, y bastante anciano. El otro se llamaba por su propio nombre Servodeo (Siervo de Dios) y también era eunuco, y había venido desde Siria, de donde era natural, a vivir en Córdoba. Estos dos monjes, siendo conocidos y amigos, se conformaron y determinaron en un mismo propósito de morir por Jesucristo y por la confesión de su fe.

Para el buen efecto de su propósito no se les ocurrió otra cosa que entrar en la gran mezquita de Córdoba, en la cual no era lícito entrar ningún cristiano, para evitar la contaminación. Rogelio y su amigo no sólo entraron, sino que también, con gran ánimo y voces, comenzaron a predicar a Jesucristo y su divinidad y gloria eterna, donde lleva a los suyos, y la falsedad de Mahoma y la certidumbre del infierno, a donde guiaba a sus secuaces.

1117 *Memorialis Santorum*, 2.16, 2-3.

Viendo esto los fieles del islam, cargaron con gran ímpetu sobre "los dos benditos" cristianos, derribándolos en el suelo e hiriéndoles, y allí hubieran muerto de no haber acudido el emir para librarlos del linchamiento mandándolos llevar a la cárcel, determinando después degollarlos. Se sentenció en consejo que les fuesen primero cortados los pies y las manos, posponiendo la ley de no dar ningún tormento al que habían de matar, e hicieron esto para satisfacción popular, debido a la gravedad de la pública profanación del templo musulmán, "y como para purificarlo a su parecer, de esta manera".

Así los monjes fueron cruelmente primero martirizados, viéndose desmembrados de sus manos y pies, mas ellos, con grande alegría, se los tendían para que se los cortasen, mostrando más deseos de morir que los verdugos tenían de acabarlos de matar. Estando ya casi desangrados y muertos extendieron con tanta constancia sus gargantas, para recibir en ellas el cuchillo, que los cordobeses se espantaban de tanta gana y deseo como mostraban de morir. Sus cuerpos fueron puestos en palos en la otra parte del río, junto a los otros dos de Emila y Jeremías. Seis días después, molesto Abd al-Rahman II con la visión mandó que los quemasen. Fue su última orden, pues murió aquella misma noche del 22 de septiembre. Algunos autores cristianos, echando mano de la consabida tradición de la "muerte de tiranos y perseguidores", la interpretaron como un castigo de Dios. Aquella boca, se dice, con que Abd al-Rahman mandó quemar los cuerpos de sus santos mártires, "fue tapada por el ángel del Señor, sin poder hablar más palabra. Allí fue llevado en brazos por los suyos a su cama, donde aquella noche expiró y, antes de que se acabase el fuego en el que él había mandado quemar a los mártires, él comenzó a arder en el del infierno"[1118], juicio del todo injusto e impropio.

7. Fandila, Anastasio, Félix y Digna

Muhammad I, sucesor de Abd al-Rahman adopta una postura de limpieza y de aplicación de la *dimma,* procediendo a la purga de todos los cristianos de los puestos de gobierno y al aumento de los impuestos[1119].

En esta tribulación salta a la palestra un joven llamado Fandila, el primero que en tiempo del nuevo rey se ofreció al martirio, sirviendo de ejemplo a muchos que después siguieron. Natural de Guadix, Fandila fue a Córdoba para estudiar, y habiendo aprendido bien de sus maestros, entró de monje en el monasterio de Tábanos, famoso por sus mártires. Allí destacó tanto en el temor y amor de Dios, en las virtudes de obediencia y humildad, que los monjes del monasterio de San Salvador de Peña Melaria pidieron con grande instancia al abad que se lo entregaran para sacerdote. El santo monje Fandila, aunque se resistió con humildad al alto ministerio del sacerdocio, cediendo a la obediencia de su abad aceptó la invitación, y con la nueva dignidad añadió en su ayuno vigilia, oración y otros trabajos, para más dignamente ejecutar su función.

Con los ojos puestos en el martirio Fandila se fue a la ciudad y se presentó al cadí, predicando a Jesucristo con el consabido añadido de insultos a Mahoma. Puesto en la cárcel, el

---

1118 Antonio de Yepes, *op. cit.,* p. 118.

1119 *Memoriale sanctorum* 2.16.2.

juez hizo relación al emir de su causa, el cual mandó prender al obispo de Córdoba. Temiéndose lo peor, éste tuvo tiempo de esconderse y escapar, de modo que todo el peso de la ley cayó sobre Fandila, que fue degollado el 13 de julio del 853.

El día siguiente eran ejecutados otros tres mártires, el primero de ellos fue Anastasio, natural de Córdoba y diácono, e igualmente culpable de insultar al profeta delante de testigos. Con él fue degollado Félix, monje natural de *Complutum* (Alcalá de Henares, Madrid), que había estado en Asturias, foco de la resistencia cristiana al islam, donde fue instruido en la fe católica. En Córdoba, confesó la ley de Jesucristo y abominó la del falso profeta y de los moros. El tercer mártir del día fue una joven monja llamada Digna, del monasterio Tabanense, la cual siguiendo los pasos de sus antecesores deseaba verse coronada de su misma sangre. Así, habiendo oído aquel día el martirio de Anastasio y Félix, salió del monasterio, a la tarde, a los jueces y con grande fortaleza les preguntó por qué habían mandado matar a los dos siervos de Dios, siendo pregoneros de la justicia y de la verdad. "Y prosiguiendo estas y otras cosas, en alabanza de la fe cristiana y vituperio de la secta de los moros, fue luego degollada y colgada por los pies, con los otros tres mártires"[1120].

Además de todo esto, Muhammad I ordenó la destrucción de las iglesias de nueva planta, así como todos los refinamientos que pudieran adornar las viejas iglesias desde los días de la ocupación árabe[1121]. Finalmente demolió el monasterio de Tábanos, foco principal del fervor martirial cristiano. Asimismo clausuró las escuelas anexas a las basílicas y depuró a los cristianos del ejército y de la administración. Con estas medidas quiso eliminar los focos de la rebelión que, en Toledo, la vieja capital visigoda, había tomado forma activa. Aliados del rey asturiano Ordoño I, los mozárabes toledanos se habían levantado en armas, pero, después de varias vicisitudes, Muhammad I les venció en la batalla de Guazalete (854). Conforme a la tradición árabe, en las murallas de Córdoba se expuso el cupo de cabezas de vencidos que se le asignó entre las 20.000 que se repartieron por todas las ciudades de al-Andalus.

8. Eulogio y la restauración de la cultura cristiana

Eulogio, "Apóstol de los mozárabes y gloria de Andalucía", nació en Córdoba alrededor del año 800 en el seno de una familia de carácter senatorial.

Recibió educación cristiana en la escuela parroquial de San Zoilo, situada en el barrio de los Tiraceros. Después se integró en la escuela del abad del monasterio de Santa Clara, conocido por el nombre de Esperaindeo (Espera-en-Dios), a quien Eulogio llamará "gran lumbrera de nuestros tiempos, varón elocuentísimo, doctor insigne, anciano venerable y piadoso maestro mío". Hay que considerar a Esperaindeo como el inspirador y padre espiritual de los mártires cordobeses. De él partió la idea de provocar el celo cristiano arremetiendo contra el islam, que fue su radical método de despertar y fortalecer la fe. Escribió un *Apologético* contra Mahoma, del cual sólo se conoce un fragmento conservado por Eulogio.

En el monasterio de Santa Clara tuvo por condiscípulo a Álvaro Paulo, perteneciente a una de las familias más distinguidas de Colonia Patricia, de origen godo y judío, con quien

1120 Antonio de Yepes, *op. cit.,* p. 120.

1121 *Memoriale sanctorum* 3.3.

le unirá una amistad que durará hasta la muerte. Álvaro fue el primer biógrafo de Eulogio. Él nos habla del linaje senatorial de su amigo, del encanto de su trato, de la gracia de su mirada, de la suave claridad de su ambiente y de la bondad e inocencia que se escondían en su cuerpo menudo. "Era muy piadoso y muy mortificado. Sobresalía en todas las ciencias, pero especialmente en el conocimiento de la Sagrada Escritura. Su rostro se conservaba siempre amable y alegre. Era tan humilde que casi nunca discutía y siempre se mostraba muy respetuoso con las opiniones de los otros, y lo que no fuera contra la Ley de Dios o la moral, no lo contradecía jamás. Su trato era tan agradable que se ganaba la simpatía de todos los que charlaban con él. Su descanso preferido era ir a visitar templos, casas de religiosos y hospitales. Los monjes le tenían tan grande estima que lo llamaban como consultor cuando tenían que redactar los Reglamentos de sus conventos. Esto le dio ocasión de visitar y conocer muy bien un gran número de casas religiosas en España"[1122].

La vida interior de Eulogio estaba regida por el afán de cada día acercarse más y más al cielo, gimiendo sin cesar por el peso de la carga de su cuerpo. Atormentado por sus pecados, veía su monstruosidad, "meditaba el juicio futuro y sentía de antemano el merecido castigo. Apenas me atrevía a mirar al cielo, abrumado por el peso de mi conciencia", escribe.

Para aliviar el tormento que le causaba este sentimiento de su indignidad pensó ir en peregrinación a Roma. Esto era entonces una cosa casi imposible en Andalucía, y así se lo dijeron cuantos le rodeaban. Álvaro nos lo dice con estas palabras: "Todos resistimos aquella tentativa, y al fin logramos detenerle, pero no persuadirle". Tal vez Eulogio cedió, porque entre tanto las circunstancias le obligaron a hacer otro viaje, que no era menos difícil, pero que estaba justificado por la necesidad de tener noticias de dos hermanos que por cuestiones comerciales se encontraban al otro lado de los Pirineos. Por más que hizo Eulogio no pudo salir de España. En Cataluña encontró los pasos cerrados por la guerra entre Carlos el Calvo y Guillermo, hijo de Bernardo de Septimania. Retrocedió hasta Zaragoza y desde allí subió hasta Pamplona, donde le dieron las peores noticias de lo que pasaba al otro lado de Roncesvalles. Entonces, para no perder completamente el viaje, decidió visitar los monasterios del país, Seire, Siresa, San Zacarías, etc., donde le regalaron los valiosos códices latinos que no se encontraban en la España musulmana, entre ellos la *Gramática* de Elio Donato, la *Isagoge* de Porfirio, la *Eneida* de Virgilio, las obras de Horacio, Juvenal, San Agustín, los himnos de la Iglesia visigótica. Todos se los llevó a Córdoba como un botín de incalculable valor. En Toledo, sede primada de la Iglesia mozárabe de España, se detuvo junto al obispo Wistremiro. No tenemos certeza sobre la fecha de este viaje. Fray Justo Pérez de Urbel lo coloca en el 844, pero es más probable que se aproximara al 850.

Instruidos por Esperaindeo, Eulogio y Álvaro emprendieron la tarea de restaurar en al-Andalus la cultura cristiana representada por San Isidoro de Sevilla y así contrarrestar la poderosa influencia que la cultura musulmana ejercía sobre sus conciudadanos cristianos. Eulogio lo hizo con su enseñanza oral y con sus escritos hagiográficos sobre el martirio y los mártires cordobeses: *Memoriale sanctorum, Documentum martyriale, Epístola a Wiliesindo* y *Apologeticum Sanctorum Martyrum,* escritos desde el 851 al 857, las más de ellas en la cárcel,

[1122] Álvaro, *Vita divi Eulogii.*

durante la época de la persecución. Álvaro con su *Indiculus luminosus,* violenta diatriba contra los españoles que se dejaban seducir por las doctrinas islámicas y una defensa de aquellos que habían sellado su fe con el martirio, y con su *Liber Scintillarum,* recopilación de sentencias de los Santos Padres, el segundo. El lenguaje de Álvaro es más fuerte que el de Eulogio, y cuando se refiere a Mahoma llega a una crudeza increíble.

En su viaje por el norte y centro de España Eulogio no sólo adquirió los libros que le eran tan necesarios, sino que además recogió experiencias y descubrió la mentalidad de los cristianos que se habían liberado del dominio musulmán. Bibliófilo, gran lector, humilde y entusiasta a la vez, Eulogio restauró la enseñanza de la lengua latina en su cátedra de San Zoilo y entre los monjes de los conventos de la comarca cordobesa.

"Cada día" —escribe admirado su biógrafo Álvaro Paulo— "nos daba a conocer nuevos tesoros y cosas admirables que habían desaparecido. Diríase que las encontraba entre las viejas ruinas o cavando en las entrañas de la tierra... Corregía las cosas viciadas, reformaba lo que estaba roto, remozaba lo viejo y caduco, y todo lo que caía en sus manos de los antiguos varones. No hay quien pueda ponderar debidamente aquel afán incansable, aquella sed de aprender y enseñar que devoraba su alma. ¿Qué volúmenes no conoció? ¿Qué ingenios permanecieron para él ocultos, bien fueran católicos o herejes, filósofos y hasta gentiles? ¿Qué versos hay cuya armonía él ignorase?... Y, ¡oh admirable suavidad de su alma!, nunca quiso saber cosa alguna para sí solo, sino que todo lo entregaba a los demás, a nosotros, los que vivíamos con él, y a los venideros. Para todos derramaba su luz el siervo de Cristo, luminoso en todos sus caminos: luminoso cuando andaba, luminoso cuando volvía, límpido, nectáreo y lleno de dulzura"[1123].

Como sacerdote, Eulogio repartió sus actividades entre el ministerio pastoral y frecuentes contactos con los monasterios circundantes de Córdoba. El ambiente que se respiraba en torno a la escuela formada por Eulogio era de un claro nacionalismo cristiano, tan intransigente en materia religiosa como lo era el islamismo cordobés. Los primeros martirios surgidos de este entorno dividieron a la población cristiana. Los más "prudentes", que censuraban la falta de sensatez de los que testimoniaban su fe arrojadamente, y los que consideraban verdaderos mártires a los que habían dado testimonio del Señor. Eulogio se contaba entre estos últimos, aunque, como ya dijimos, se oponía a un martirio indiscriminado: "Para ser mártires —advertía— es necesaria una vocación como para ser monje. Esa gracia sólo a algunos se concede, a aquellos que fueron escogidos desde el principio".

Debido a su apoyo y aprobación a los que alcanzaban el martirio mediante la provocación de las autoridades del islam, Eulogio fue encarcelado juntamente con el obispo de la ciudad, Saúl y otros de su mismo sentir. En la cárcel redacta su *Memorial de los mártires,* defendiendo la confesión de la fe, y el *Documento martirial* dirigido a Flora y María para prepararlas al martirio.

Su escuela es clausurada por el nuevo emir Muhammad I, pero Eulogio seguía siendo el portavoz del cristianismo perseguido. Unas veces anda huido por la ciudad, otras se esconde entre las fragosidades de la sierra. Responde a los detractores de los héroes sacrificados con una obra, intitulada el *Apologético,* notable por su estilo, lleno de sinceridad y elegancia. Du-

[1123] Álvaro, *Vita divi Eulogii.*

rante esos años Eulogio va recogiendo los datos de nuevos mártires cristianos y los añade a *Memorial,* sólo acabado con su muerte.

Para manifestar su simpatía a sus correligionarios cordobeses, en el 858 los mozárabes de Toledo eligieron a Eulogio para la dignidad metropolitana de la ciudad. Tal elección, desde luego, no fue ratificada por el emir. Eulogio no llegó a asumir la diócesis. En el 859 es encarcelado por ayudar a ocultarse a una joven de padres musulmanes llamada Leocricia (Lucrecia), que había sido convertida por la monja Liliosa. Huyendo de la venganza de los suyos, se refugió en la casa de Eulogio, el cual la recibió, sin temor a las leyes, que la condenaban a ella por su apostasía[1124], y a él por el crimen de proselitismo. Eulogio confió la joven en la casa de unos amigos. Al poco tiempo los dos fueron detenidos. Acusado por el cadí de haber apartado a Lucrecia de la obediencia que debía a sus padres y al islam, Eulogio contestó que no podía negar su consejo y su enseñanza a quien se la pedía, y que, según los principios mismos de los perseguidores, era preciso obedecer a Dios antes que a los padres.

El prestigio personal de Eulogio y su dignidad de obispo electo de Toledo hicieron que el juicio se desarrollara ante el emir. Se le llevó al alcázar y allí se improvisó un tribunal, formado por los más altos personajes del gobierno. Según parece, uno de los visires, íntimo de Eulogio, compadecido de él, le habló de esta manera: "Comprendo que los plebeyos y los idiotas vayan a entregar inútilmente su cabeza al verdugo; pero tú, que eres respetado por todo el mundo a causa de tu virtud y tu sabiduría, ¿es posible que cometas ese disparate? Escúchame, te lo ruego; cede un solo momento a la necesidad irremediable, pronuncia una sola palabra de retractación, y después piensa lo que más te convenga; te prometemos no volver a molestarte". Pero la respuesta de Eulogio no dejó lugar a dudas: "Ni puedo ni quiero hacer lo que me propones. ¡Oh, si supieses lo que nos espera a los adoradores de Cristo! ¡Si yo pudiese trasladar a tu pecho lo que siento en el mío! Entonces no me hablarías como me hablas y te apresurarías a dejar alegremente esos honores mundanos". Y dirigiéndose a los miembros del consejo, añadió: "Oh príncipes, despreciad los placeres de una vida impía; creed en Cristo, verdadero rey del cielo y de la tierra; rechazad al profeta que tantos pueblos ha arrojado en el fuego eterno".

Estas últimas palabras eran más que suficientes para condenarle de inmediato a la pena capital. Al salir de la sala un eunuco molesto por la blasfemia proferida contra el Profeta le dio una bofetada, sólo logrando que Eulogio le diera la otra mejilla diciendo: "Pega también aquí". Su biógrafo Álvaro Paulo dice: "Aquel varón bienaventurado, admiración de nuestro siglo, después de enviar al cielo a otros muchos con el fruto de su predicación, ofreció al Señor con su propio sacrificio una hostia pura y pacífica"[1125]. Su cuerpo decapitado fue arrojado al Guadalquivir. Los fieles recogieron los sagrados restos y los sepultaron en la iglesia de San Zoilo. En el año 883 fueron trasladados de Córdoba a Oviedo. "Éste fue el combate hermosísimo del doctor Eulogio, éste su glorioso fin, éste su tránsito admirable. Eran las tres

[1124] Cristianos y musulmanes por igual castigaban muy duramente el delito de apostasía. Las *Siete Partidas* determina la pena de muerte para el cristiano que se convirtiera al judaísmo o al islamismo.

[1125] Álvaro, *Vita divi Eulogii.*

de la tarde de un sábado 11 de marzo del 859"[1126]. Cuatro días después, el 15, fue decapitada la joven Lucrecia[1127].

Respecto al destino del otro personaje de la resistencia y restauración cristiana, Álvaro Paulo, que no abrazó la vida religiosa sino que contrajo matrimonio, se puede decir que su condición de laico le libró de la cárcel en la gran redada del año 852. Álvaro siempre estuvo al lado de su amigo Eulogio defendiendo a los mártires y vindicando su memoria. Aconseja, sostiene, alienta y derrama el oro entre los prisioneros que llenan las cárceles. Cuando Eulogio dirige a los perseguidos sus libros inflamados, sus historias martiriales y sus apologías, él salta de gozo, felicita al doctor del pueblo de Dios y besa los folios emborronados en las penumbras del calabozo. No contento con aplaudir, tomó también la pluma para justificar aquel movimiento controvertido entonces como ahora. En el año 854 publicó su *Indículo luminoso,* que nos ha llegado incompleto.

Después de la muerte de su amigo, cuya vida escribió en páginas llenas de admiración y de cariño, y algunos escritos ocasionales, nada sabemos de sus últimos días; pero se sospecha que murió también él, como su maestro y su condiscípulo, dando su sangre por Cristo.

Parece ser que la sombra de la tristeza empañó los últimos días de la vida de Álvaro, era ya viejo y su causa parecía perdida. Por una tendencia natural del comportamiento religioso[1128], el número de conversiones al islam, particularmente en las zonas rurales del sur, aumentó considerablemente[1129]. Gabriel Jackson dice que como consecuencia del fracaso del movimiento en pro del martirio, se produjo la conversión masiva de los cristianos cordobeses al islam[1130].

Muchos cristianos de al-Andalus huyeron hacia el norte, donde se asentaron en los reinos cristianos, siendo conocidos a partir de entonces con el apelativo de mozárabes o *arabizados.* Los años que habían pasado bajo el dominio musulmán, manteniendo viva la liturgia hispano-goda les hacían diferentes de sus hermanos del norte, en contacto permanente con el cristianismo europeo y receptivos a las reformas introducidas por Roma gracias a la labor de los monjes de Cluny y del Císter. Hacia el siglo X, resultaba evidente que el futuro de los cristianos del sur era el de llegar a ser una sociedad restringida y sin libertad de movimientos. La llegada de los intransigentes almorávides en 1086, y de los almohades después, que venían dispuestos a acabar con lo que llamaban el politeísmo de los cristianos, aniquilaron casi

---

1126 Álvaro, *Vita divi Eulogii.*

1127 Sorprende que en nuestros días alguien pueda arrojar con total irresponsabilidad y falacia la sospecha de una paternidad ilícita para afear el buen carácter y ejemplar comportamiento de Eulogio. "Conociendo las costumbres de los sacerdotes cristianos, y habida cuenta del carácter piadoso de la novicia perseguida, estamos en condiciones de afirmar que Eulogio se comportó como un Padre de la Iglesia. Meses después nacería, empero, un hijo de la mujer cristiana extraordinariamente parecido al obispo cordobés". ¡Cómo no fuese por un milagro *post mortem*! Hay maneras de frivolizar que sería mejor callar.

1128 Según Richard Bulliet, al principio son pocos los que adoptan la innovación religiosa, pero cuantos más lo hacen, la probabilidad de que otros les sigan aumenta. "En el caso de la conversión al islam, a mayor número de musulmanes mayor la probabilidad de contacto entre musulmanes y no musulmanes, y por tanto, de conversión de estos últimos. Es un proceso autógeno y la tasa de conversión aumenta sin necesidad de una intervención política o social específica o de cualquier otro factor extrínseco al proceso" (Thomas F. Glick, *Cristianos y musulmanes en la España medieval,* p. 44).

1129 Harold v. Livermore, *Orígenes de España y Portugal,* p. 349.

1130 G. Jackson, *Introducción a la España medieval,* p. 29.

por completo a la población cristiana remanente. "En adelante quedaron restos aislados de mozárabes acá y allá; su lengua desapareció casi completamente; cuando Fernando III entró en Sevilla, en 1248, ya no había habitantes cristianos que lo acogiesen jubilosos, ni aconteció nada análogo a los referido respecto de Toledo y Zaragoza"[1131].

BIBLIOGRAFÍA

El islam en España

Anwar G. Chejne, *Historia de España musulmana.* Cátedra, Madrid 1980.

César Vidal, *España frente al islam.* Esfera de los Libros, Madrid 2004.

Claudio Sánchez Albornoz, *La España musulmana.* Buenos Aires 1944.

Dominique Millet-Gérard, *Chrétiens mozarabes et culture islamique dans l'Espagne des VIIIe-IXe siècles.* Paris 1984.

Eliyahu Ashtor, *The Jews of Moslem Spain.* Jewish Publ. Society of America, Philadelphia 1973.

Evariste Lévi-Provençal, *Historia de la España musulmana.* Madrid 1944.

Gabriel Jackson, *Introducción a la España medieval.* Alianza Editorial, Madrid 1979, 3ª ed.

José Angel García de Cortázar, *La época medieval.* Historia de España Alfaguara, vol. II. Alianza, Madrid 1980, 7ª ed.

Juan Vernet y Leonor Martínez, *Al-Andalus: El Islam En España.* Lunwerg, Madrid 1992.

L. Caballero y P. Mateos, eds., *Visigodos y Omeyas: un debate entre la Antigüedad tardía y la Alta Edad Media.* Madrid 2001.

P. Bonnassie, P. Guichard y M. C. Gerbet, *Las Españas medievales.* Crítica, Barcelona 2001.

Pedro Chalmeta, *Invasión e islamización. La sumisión de Hispania y la formación de al-Andalus.* Mapfre, Madrid 1994.

Pedro Damián Cano, *Al-Andalus. El islam y los pueblos ibéricos.* Sílex, Madrid 2004.

Pierre Guichard, *Al-Andalus: estructura antropológica de una sociedad islámica en occidente.* Barcelona 1970.

Rachel Arié, *España musulmana* (siglos VIII-XV), en Manuel Tuñón de Lara, dir. *Historia de España,* III. Labor, Barcelona 1984.

Reinhart P. A. Dozy, *Historia de los musulmanes en España.* Turner, Madrid 1982.

Richard Fletcher, *Moorish Spain.* Weidenfeld & Nicolson, Londres 1992.

Roger Collins, *Early Medieval Spain: Unity and Diversity, 400-1000.* Nueva York 1983.

Serafín Fanjul, *Al-Andalus contra España. La forja de un mito.* Siglo XXI, Madrid 2004.

Thomas Glick, *Islamic and Christian Spain in the Early Middle Ages.* Princeton 1979.

Titus Burckhardt, *La civilización hispano-árabe.* Alianza Editorial, Madrid 1979, 2ª ed.

W. Montgomery Watt, *Historia de la España islámica.* Alianza, Madrid 1980, 3ª ed.

Los mártires de Córdoba

Allan Cutler, "The Ninth-century Spanish martyrs movement and the origins of Western Christian missions to the Muslims", en *Muslim World* 55 (1965), pp. 321-39.

Angel Fábrega Grau, *Pasionario hispánico,* 2 vols. Monumenta Hispaniae Sacra. Barcelona 1953.

Antonio Arjona Castro, *Anales de Córdoba Musulmana.* Córdoba 1983.

[1131] Américo Castro, "Los mozárabes", en *Teresa la Santa y otros ensayos,* p. 108. Alianza Editorial, Madrid 1990, 2 ed.

—*El reino de Córdoba durante la dominación musulmana.* Córdoba 1982.

Antonio de Yepes, *Crónica general de la orden de San Benito,* vol. II. Ediciones Atlas, Madrid 1960.

C. R. Haines, *Christianity and Islam in Spain. 750-1030.* Kegan Paul, Trench and Co. Londres 1889.

E. Lévi-Provençal, *España musulmana,* en Ramón Menéndez Pidal, dir., *Historia de España,* vol. IV. Espasa-Calpe, Madrid 1976.

Edward P. Colbert, *Los Mártires de Córdoba (850-859): Un estudio de las fuentes.* Catholic University of America Press, Washington 1962.

F. R. Franke, "Die freiwilligen Märtyrer von Cordova und das Verhältnis der Mozaraber zum Islam nach den Schriften Speraindeo, Eulogius und Alvar", en *Gesammelte Aufsätze zur Kulturgeschichte Spaniens,* XIII, Münster 1958.

Francisco Xavier Simonet, *Historia de los mozárabes en España,* 4 vols. Memorias de la Real Academia de la Historia XIII. Madrid 1897-1903/ Ed. Turner, Madrid 1983.

Harold v. Livermore, *Orígenes de España y Portugal,* vol. II. Orbis, Barcelona 1985.

Isidro de las Cagigas, *Los mozárabes.* Madrid 1947-48.

J. A. Coope, *The Martyrs of Córdoba: Community and Family Conflict in an Age of Mass Conversions.* Lincoln-Londres 1995.

J. Bosch Vilá, "Mozárabes I. Historia", en *Gran Enciclopedia Rialp.* Madrid 1971.

J. M. Saéz, *El movimiento martirial de Córdoba. Notas sobre la bibliografía.* Versión electrónica http://www.ua.es/personal/jms/hc/mov_martirial.pdf

Jacques Dubois, *Le martyrologie d' Usuard: texte et commentaire.* Bruselas 1965.

James Waltz, "The significance of the voluntary martyrs movement of ninth-century Córdoba", en *Muslim World* 60 (1970), pp. 143-59, 226-36.

Javier Arbués Villa, dir., "Mártires de Córdoba", en *Gran Enciclopedia de España.* Zaragoza 1992.

José Luis Sánchez Nogales, *El islam entre nosotros. Cristianismo e islam en España.* BAC, Madrid 2004.

Juan Francisco Rivera Recio, "La Iglesia Mozárabe", en R. García Villoslada, ed., *Historia de la Iglesia en España,* vol. II-1 BAC, Madrid 1982.

—*Elipando de Toledo, nueva aportación a los estudios mozárabes.* Toledo 1940.

Kenneth Baxter Wolff, *Christian Martyrs in Muslim Spain.* Cambridge University Press 1988. Edición electrónica: www.pomona.edu/academics/departments/socialsciences/history.html

L. Ortiz Muñoz, "Mozárabes IV. Hagiografia", en en *Gran Enciclopedia Rialp.* Madrid 1971.

M. Nieto Cumplido, *Historia de Córdoba: Islam y Cristianismo.* Córdoba 1984.

Rafael Jiménez Pedrajas, "Las relaciones entre los cristianos y los musulmanes en Córdoba", p. 156. *Boletín de la Real Academia de Córdoba de Ciencias, Bellas Letras y Nobles Artes,* nº 80, 1960.

Thomas F. Glick, *Cristianos y musulmanes en la España medieval.* Alianza Editorial, Madrid 1994, 3 ed.

Vicente Cantarino, *Entre monjes y musulmanes: el conflicto que fue España.* Madrid 1978.

Z. García Villada, *Historia Eclesiástica de España,* vol. III, Madrid 1934.

Eulogio y Álvaro

1. Fuentes:

Álvaro de Córdoba, *Indículo luminoso,* en J. Lozano y L. Anaya Acebes, Literatura apocalíptica cristiana. Hasta el año 1000. Polifemo, Madrid 2002.

Eulogius. *Documentum martyriale.* PL 115:819-34.

—*Epistula.* PL 115:841-52.

—*Liber apologeticus martyrum.* PL 115:851-70.

—*Memoriale sanctorum.* PL 115:751-818.

—*Obras completas de San Eulogio,* traducción castellana por A. S. Ruíz. Real Academia de Córdoba, Córdoba 1958.

J. Madoz, *Epistolario de Álvaro de Córdoba.* Madrid 1947.

2. Estudios:

Carleton M. Sage, *Paul Albar of Cordoba. Studies on his Life and Writings.* Catholic University of America Press, Washington 1943.

Emilio Linage Conde, "La mozarabía y Europa: en torno a San Eulogio y la regla de San Benito", pp. 18-19. *Historia mozárabe,* I Congreso Internacional de Estudios Mozárabes. Toledo 1978.

F. Delgado León: Álvaro de Córdoba y la polémica contra el Islam. El "Indiculus Luminosus". Córdoba 1996.

Justo Pérez de Urbel, "Álvaro de Córdoba", en *Diccionario de Historia Eclesiástica de España,* vol. II. pp. 883-886. Madrid 1927. Edición electrónica en www.mercaba.org

—"Eulogio de Córdoba", *Ibid.,* Madrid 1942. Edición electrónica en www.mercaba.org

L. Ortiz Muñoz, "Eulogio de Córdoba", en *Gran Enciclopedia Rialp,* tomo 3, Madrid 1971.

N. López Martínez, "Álvaro de Córdoba, Paulo", en *Gran Enciclopedia Rialp,* tomo 1, Madrid 1971.

BIBLIOGRAFÍA GENERAL

Fuentes cristianas

Agustín, *La ciudad de Dios*. Edición preparada por Alfonso Ropero. CLIE, Terrassa 2008.

Cipriano de Cartago, *Cartas*. Trad. M.ª Luisa García Sanchidrián. Gredos, Madrid 1998.

—*Obras de San Cipriano*. Tratados y cartas. Intoducción, versión y notas por Julio Campos. BAC, Madrid 1964.

Eulogio, *Obras completas de San Eulogio*. Trad. A. S. Ruíz Real Academia de Córdoba. Córdoba 1958.

Eusebio de Cesarea, *Historia eclesiástica*. Trad. George P. Grayling. CLIE, Terrassa 2007.

—*Vida de Constantino*. Trad. Martín Gurruchaga. Editorial Gredos, Madrid 1994.

Ireneo de Lyon. *Contra las herejías*. Edición preparada por Alfonso Ropero. CLIE, Terrassa 2004.

Jerónimo, *De Viris Illustribus (Hombres ilustres)*. Trad. Juan Antonio Sáenz López. Ed. Apostolado Mariano, Sevilla 1999.

Juan Clímaco, *Escala espiritual*. Edición preparada por Alfonso Ropero. CLIE, Terrassa 2003.

Justino, *Apologías. Diálogo con Trifón*. Edición preparada por Alfonso Ropero. CLIE, Terrassa 2004.

Lactancio, *Sobre la muerte de los perseguidores*. Trad. Ramón Teja. Editorial Gredos, Madrid 1982.

Minucio Félix, *El Octavio*. Trad. Santos de Domingo. Ed. Apostolado Mariano, Sevilla 1990.

Orígenes, *Exhortación al martirio*. Sígueme, Salamanca 1991.

—*Contra Celso*. Trad. Daniel Ruiz Bueno. BAC, Madrid 1967.

Padres Apologetas Griegos. Edición bilingüe y traducción de Daniel Ruiz Bueno. BAC, Madrid 1996, 3ª ed.

Padres Apostólicos. Trad. de J. B. Lightfoot, introducción de A. Ropero. CLIE, Terrassa 2006.

—Edición bilingüe y traducción de Daniel Ruiz Bueno. BAC, Madrid 1985, 5ª ed.

Sócrates de Constantinopla, *Historia ecclesiastica*. Patrología Griega 67. Trad. inglesa revisada con notas de A. C. Zenos, en Library of Nicene and Post-Nicene Fathers, II, 2. 1890/ 1983. Edición electrónica: www.ccel.org/fathers2

Sozomeno, *Historia ecclesiastica*. Patrología Griega 67. Trad. inglesa revisada por Chester D. Hartranft, en Library of Nicene and Post-Nicene Fathers, II, 2. 1890/ 1983. Edición electrónica: www.ccel.org/fathers2

Teodoreto de Ciro, *Historia ecclesiastica*. Patrología Griega 80-84. Trad. inglesa revisada por Blomfield Jackson, en Library of Nicene and Post-Nicene Fathers, II, 3. 1893/ 1983. Edición electrónica: www.ccel.org/fathers3

Tertuliano, *Apología. Exhortación a los mártires*. Edición preparada por Alfonso Ropero. CLIE, Terrassa 2001.

Víctor de Vita, *Historia persecutionis Wandalicae*. Migne, Patrología Latina 58. Trad. inglesa e introducción de John Moorhead, *History of the Vandal Persecution*. Liverpool University Press, Liverpool 1998.

Historia del cristianismo, religión y sociedad

A. D. Nock, *Conversion: the Old and the New in Religion from Alexander the Great to Augustine of Hippo.* Johns Hopkins University Press, Baltimore 1998.

Agustín Fliche y Víctor Martín, dirs. *Historia de la Iglesia. De los orígenes a nuestros días.* Vol. I: *El nacimiento de la Iglesia,* Vol. II: *Desde fines del siglo II hasta la paz constantiniana,* J. Lebreton y Jacques Zeiller. EDICEP, Valencia 1978.

Alexandre de Saint-Phalle, *De San Pablo a Mahoma.* Ediciones Castilla, Madrid 1962.

Almudena Alba López, *Príncipes y tiranos. Teología política y poder imperial en el siglo IV d.C.* Signifer Libros, Madrid 2006.

Antonio Piñero, ed., *Orígenes del cristianismo.* Ediciones El Almendro, Córdoba 1995.

Arnaldo Momigliano, ed., *The Conflict between Paganism and Christianity in the Fourth Century.* Clarendon Press, Oxford 1963.

Arnold Toynbe, dir., *El crisol del cristianismo. Historia de las civilizaciones,* tomo 4. Alianza Editorial, Madrid 1988.

Averil Cameron, *Christianity and the Rhetoric of Empire: the Development of Christian Discourse.* University of California Press, Berkeley 1991.

Bernardino Llorca; R. Villoslada y F. J. Montalban, dirs., *Historia de la Iglesia católica.* Vol I: *Edad antigua (1-681). La Iglesia en el mundo grecorromano,* B. Llorca. BAC, Madrid 1976.

Charles Munier, *L'Église dans l'Empire romain, IIè et IIIè siècles, Église et Cité.* Editions Cujas, París 1979.

Charles N. Cochrane, *Cristianismo y cultura clásica.* FCE, México 1983, 2ª ed.

Chester G. Starr, *Historia del mundo antiguo.* Akal Editor, Madrid 1974.

—*Civilization and the Caesars.* Cornell University Press, Itaca 1954.

Cl. Lepelley, *L'Empire romain et le christianisme.* Flammarion, París 1969.

E. Backhouse y C. Tyler, *Historia de la Iglesia primitiva. Desde el siglo I hasta la muerte de Constantino.* CLIE, Terrassa 2004.

E. R. Dodds, *Pagan and Christian in an Age of Anxiety: Some aspects of religous experiencia from Marcus Aurelius to Constantine.* Cambridge University Press 1965 (trad. cast. *Paganos y cristianos en una época de angustia,* Madrid 1975).

Ethelbert Stauffer, *Le Christ et les Césars.* Editions Alsatia, París 1956.

Francisco Martín Hernández, *La Iglesia en la Historia,* vol. I. Sociedad de Educación Atenas, Madrid 1984.

G. Bardy, *La conversión al cristianismo durante los primeros siglos.* Encuentro, Madrid 1990.

Garth Fowden, *Empire to Commonwealth: Consequences of Monotheism in Late Antiquity.* Princeton University Press, Princeton 1993.

Georges de Plinval y Romain Pittet, *Historia Ilustrada de la Iglesia.* vol. I. Versión y adaptación al castellano de Fray Justo Pérez de Urbel. EPESA, Madrid 1956.

Giacomo Martina, Rubén García, *Historia de la Iglesia, desde el siglo I al siglo XVIII.* Estudios Proyecto N1 6, Buenos Aires 1992.

Gonzalo Bravo y Raúl González Salindero, eds., *Formas y usos de la violencia en el mundo romano.* Signifer Libros, Madrid 2007.

Harry R. Boer, *Historia de la Iglesia primitiva (1-787).* Logoi, Miami 1981.

Hubert Jedin, *Manual de Historia de la Iglesia.* Vol. I: *De la comunidad apostólica hasta Constantino,* K. Baus. Herder, Barcelona 1966.

J. L. González, *La era de los mártires.* Caribe, Miami 1982.

J. F. Hurst y A. Ropero, *Historia general del cristianismo.* CLIE, Terrassa 2008.

J. Gaudemet, *L'Église dans l'Empire romain (IVe-Ve siècles).* París 1958.

J. Guillén, *Urbs Roma. Vida y costumbres de los romanos.* Sígueme, Salamanca 1980.

J. Lebreton, *La vida cristiana en el primer siglo de la Iglesia.* Labor, Barcelona 1955.

Jaime Alvar y otros, *Cristianismo primitivo y religiones mistéricas.* Editorial Cátedra, Madrid 1995.

Jean Comby, *Para leer la historia de la Iglesia. De los orígenes al siglo XV.* Verbo Divino, Estella 1990, 4ª ed.

Jean Daniélou y H. I. Marrou, *Nueva historia de la Iglesia,* vol. I. Ediciones Cristiandad, Madrid 1964.

Jesús Álvarez Gómez, *Historia de la Iglesia. Edad antigua.* BAC, Madrid 2000.

José M.ª Candau y otros, *La conversión de Roma. Cristianismo y Paganismo.* Ediciones Clásicas, Madrid 1990.

Josef Lenznweger, Peter Stockmeier, Karl Amon, Rudolf Zinnhobler, eds., *Historia de la Iglesia católica.* Herder, Barcelona 1989.

Joseph Lortz, *Historia de la Iglesia. En la perspectiva de la historia del pensamiento,* vol. I. Cristiandad, Madrid 1982.

Kenneth Scott Latourette, *Historia del cristianismo,* vol. I. CPB, El Paso 1982, 6ª ed.

L. J. Rogier, R. Aubert, M. D. Knowles, dirs., *Nueva Historia de la Iglesia.* Vol. I: "Desde los orígenes al Concilio de Nicea", J. Danièlou. "Desde el Concilio de Nicea hasta la muerte de San Gregorio Magno", H. I. Marrou. Ed. Cristiandad, Madrid 1964.

Ludwing Hertling, *Historia de la Iglesia.* Herder, Barcelona 1979, 6ª ed.

M. Goodman, *Mission and Conversion: Proselytizing in the Religious History of the Roman Empire.* Oxford University Press, Nueva York 1994.

M. Sordi, *I cristiani e l'Impero romano.* Milán 1983.

Manuel Sotomayor y José Fernández Ubiña, eds., *Historia del cristianismo,* vol. I. Mundo antiguo. Trotta, Madrid 2006.

Michael A. Smith, *The Church under Siege.* IVP, Leicester 1976.

Michel Meslin, *Le christianisme dans l'Empire Romain.* París 1970.

Narciso Santos Yanguas, *Cristianismo e Imperio Romano durante el siglo I.* Ed. Clásicas, Madrid 1994, 2ª ed.

Norbert Brox, *Historia de la Iglesia primitiva.* Herder, Barcelona 1986.

—*Cristianismo y sociedad pagana en el Imperio Romano durante el siglo II.* Universidad de Oviedo, Oviedo 1999.

—*El cristianismo en el marco de la crisis del siglo III en el Imperio Romano.* Universidad de Oviedo, Oviedo 1996.

Olof Gigon, *La cultura antigua y el cristianismo.* Gredos, Madrid 1970.

P. R. Coleman-Norton, *Roman State and Christian Church,* 3 vols. Londres 1966.

Pablo A. Deiros, *Historia del cristianismo,* vol. I. Los primeros 500 años. Certeza-Argentina 2005.

Paul Johnson, *Historia del cristianismo.* Javier Vergara Editor, Barcelona 1999.

Peter Brown, *El primer milenio de la cristiandad occidental.* Crítica, Barcelona 1997.

—*Antigüedad tardía. De Marco Aurelio a Mahoma.* Taurus, Madrid 1991.

—*Authority and the Sacred: Aspects of the Christianisation of the Roman World.* Cambridge University Press, Nueva York 1995.

—*Power and persuasion in late antiquity: towards a Christian Empire.* University of Wisconsin Press, Madison 1992.

Philip Schaff, *History of the Christian Church,* vols. 1-4. Charles Scribner's Sons, 1910.

Philippe Ariés y Georges Duby, dirs., *Historia de la vida privada,* 1. Imperio romano y Antigüedad tardía. Taurus, Madrid 1991.

Ramsay Macmullen, *Christianizing the Roman Empire.* Yale University Press, New Haven 1984.

Robert Wilken, *The Christians as the Romans Saw Them.* Yale University Press, New Haven 1984.

Rodney Stark, *The Rise of Christianity. How the Obscure, Marginal Jesus Movement Became the Dominant Religious Force in the Western World in a Few Centuries.* Princeton University Press, 1997 (trad. cast. *El auge del cristianismo.* Ed. Andrés Bello, Barcelona 2001).

Romano Penna, *Ambiente histórico-cultural de los orígenes del cristianismo.* Editorial Desclée de Brouwer, Bilbao 1991, 2ª ed.

Stephen Benko, *Pagan Rome and the Early Christians.* Indiana U. Press, Bloomington 1984.

—*Minorías y sectas en el mundo romano.* Signifer Libros, Madrid 2006.

Stewart Perowne, *Caesars and Saints. The Rise of the Christian State.* Hodder and Stoughton, Londres 1962.

Williston Walker, *Historia de la Iglesia cristiana.* Casa Nazarena de Publicaciones, Kansas City 1988, 8ª ed.

Historia y actas de los mártires

I. *Actas de los mártires.* Edición bilingüe de Daniel Ruiz Bueno. BAC, Madrid 1974, 30ª ed.

Acta primorum martyrum sincera & selecta. Edición y estudio de Thierry Ruinart, 1 ed. en París 1689 (1859 en Ratisbona).

Actes des martyrs d'Orient. Traducción del siríaco por F. Lagrange. Alfred Mame et Fils, Tours 1879, 2ª ed.

II. Paul Allard, *El martirio,* Ed. Voluntad, Madrid 1926 / Fax, Madrid 1943, 2ª ed.

—*Histoire des persécutions pendant les deux premiers siècles,* 2 vols. París 1903-1905.

—*La persécution de Dioclétien et le triomphe de l'Eglise,* 2 vols. Victor Lecoffre, París 1890.

—*Le Christianismo el l'Empire romain de Néron à Théodose.* París 1908, 7ª ed.

—*Julien l'apostat,* 2 vols. París 1900.

A. Bernet, *Les chrétiens dans l'Empire romain. Des persécutions à la conversion (Ier-IVe siècle).* Perrin, París 2003.

A. D. Nock, *Conversion. The Old and the New in Religion from Alexander the Great to Augustine of Hippo.* Oxford 1933.

A. G. Hamman, *La gesta de la sangre.* Rialp, Madrid 1961.

—*La vida cotidiana de los primeros siglos.* Madrid 1985.

—*El martirio en la antigüedad cristiana.* DDB, Bilbao 1998.

A. Momigliano, ed., *The Conflict Between Paganism and Christianity in the Fourth Century.* Oxford 1970.

César Gallina, *Los mártires de los primeros siglos.* Ed. Lumen, Barcelona 1944.

Daniel Boyarin, *Dying for God: Martyrdom and the Making of Christianity and Judaism.* Stanford University Press, 1999.

Daniel Rops, *La Iglesia de los apóstoles y de los mártires.* Caralt, Barcelona 1955 (reedición Ediciones Palabra, Madrid 1992).

E. Griffé, *Les persécutions contre les chrétiens aux Ier et IIe siècles.* París 1967.

Elizabeth Castelli, *Martyrdom and Memory: Early Christian Culture Making.* Columbia University Press, 2007.

G. W. Bowersock, *Martyrdom and Rome.* Cambridge University Press, 2002.

Giuseppe Ricciotti, *La era de los mártires.* ELER, Barcelona 1961, 2ª ed.

H. Grégoire, *Les persécutions dans l'Empire romain.* Bruselas 1964, 2ª ed.

J. Ferrando Roig, *La Iglesia de los mártires.* Ed. Rauter, Barcelona 1950.

J. Moreau, *Les persécutions du christianismo dans l'Empire Romain.* Presses Universitaires de France, París 1956 (Bruselas 1964, 3 ed.).

James D. Snyder, *The Faith and the Power: The Inspiring Story of the First Christians and How They Survived the Madness of Rome.* Pharos Books 2002.

Jean Bernardi, *Les premiers siècles de l'Église.* Les Editions du CERF, París 1987.

John Foxe, *El libro de los mártires.* CLIE, Terrassa 1991.

Justo L. González, *La era de los mártires.* Caribe, Miami 1982.

Justo Pérez de Urbel, *Los mártires de la Iglesia. Testigos de su fe.* AHR, Barcelona 1956.

Lacey Baldwin Smith, *Fools, Martyrs, Traitors: The Story of Martyrdom in the Western World.* Diane Pub. Co. 1997.

M. Aubé, *Histoire des persécutions de l'Eglise jusqu'à la fin des Antonins.* Librairie Académique Didier et Cie, París 1875.

—*Histoire des persécutions de l'Eglise. La polémique païenne à la fin du IIe siècle.* Librairie Académique Didier et Cie, París 1878.

—*Les Chrétiens dans l'Empire romain de la fin des Antonins au milieu du IIIe siècle (180-249).* Librairie Académique Didier et Cie, París 1881.

M. L. W. Laistner, *Christianity and Pagan Culture in the Later Roman Empire.* Ithaca 1967.

Paul Thigpen, *Blood of the Martyrs, Seed of the Church.* St. Anthony Messenger Press, 2001.

Pierre Maraval, *Les Persécutions durant les quatre premiers siècles du christianisme.* Desclée, Tournai y París 1992.

—*Le christianisme, de Constantin à la conquête arabe.* París 1997.

Pierre-Marie Beaude, *Premiers chrétiens, premiers martyrs.* Gallimard, Evreux 1993.

R. A. Markus, *Christianity in the Roman World.* New York 1974.

R. MacMullen, *Christianizing the Roman Empire (A. D. 100-400).* New Haven, Londres 1984.

Raúl González Salinero, *Las persecuciones contra los cristianos en el Imperio romano. Una aproximación crítica.* Signifer Libros, Madrid 2005.

Thieleman J. van Braght, *The Boody Theater or Martyrs Mirror.* Herald Press, Scottdale 1992, 17ª ed.

Vizconde de Chateaubriand, *Los mártires o el triunfo de la religión cristiana,* 2 vols. Imprenta de D. Mariano de Cabrerizo, Madrid 1844.

W. H. C. Frend, *Martyrdom and Persecution in the Early Church.* Oxford University Press, Oxford 1965.

Y. Lehmann, *"Le christianisme dans l' empire romain, de Jésus de Nazareth à l' empereur Théodose",* en *Religions de l'Antiquité.* París 1999.

Teología del martirio

Alberto de la Sagrada Familia, "Mártir. Teología del Martirio", en *Gran Enciclopedia Rialp,* vol. 15, 200-203. Rialp, Madrid 1973.

Celestino Del Noce, *Il martirio. Testimonianza e spiritualità nei primi secoli,* Studium, Roma 1987.

Craig Hovey, *To Share in the Body: A Theology of Martyrdom for Today's Church.* Brazos Press 2008.

Glenn N. Penner, *A la sombra de la cruz. Una teología de la persecución y el discipulado.* Libros Sacrificio Vivo, Bartlesville 2007.

H. U. von Balthasar, "Martirio y misión", en *Puntos centrales de la fe.* BAC, Madrid 1985.

Jan Willem van Henten y Friedrich Avemarie, *Martyrdom and Noble Death.* Routledge 2002.

K. Rahner, *Sentido teológico de la muerte.* Herder, Barcelona 1965.

L. Boff, K. Rahner y otros, "El martirio hoy", en *Concilum* 183 (marzo 1983), pp. 335-344.

M.ª Encarnación González Rodríguez, *El martirio cristiano. Testimonio y profecía.* Ed. Edice, Madrid 2007.

R. Fisichella, "Martirio", en R. Latourelle, R. Fisichella, S. Pié-ninot, eds., *Diccionario de Teología Fundamental,* 858. San Pablo, Madrid 1992.

—"Martirio", en S. De Fioress y T. Goffi, eds., *Nuevo diccionario de espiritualidad,* 869-880. San Pablo, Madrid 1991.

R. Latourelle, *Cristo y la Iglesia, signos de salvación.* Sígueme, Salamanca 1971.

Tripp York, *The Purple Crown: The Politics and Witness of Martyrdom.* Herald Press, Scottdale 2007.

ÍNDICE ANALÍTICO

G

H

I

J

K

L

M

N

O

P

Q

R

S

T